高等学校经济与管理类核心课程教材

SHICHANG YINGXIAO XUE

市场营销学

（第四版）

主　编　王德章　赵大伟
副主编　金明华　袁慎祥

中国教育出版传媒集团
高等教育出版社·北京

内容提要

本书是高等学校经济与管理类核心课程教材。

本书分为绪论,市场分析与营销战略,营销策略,营销管理、国际市场营销与市场营销的新发展四篇,主要内容包括导论、营销观念与营销组合、市场营销环境、消费者市场购买行为分析、组织市场购买行为分析、市场营销调研与市场预测、竞争战略、目标市场营销战略、产品策略、品牌与包装策略、服务策略、价格策略、分销策略、促销策略、营销组织与控制、国际市场营销、网络营销,以及市场营销的新领域。

本书可作为高等学校经济与管理类专业市场营销学课程教材,也可作为相关从业人员的培训和参考教材。

图书在版编目(CIP)数据

市场营销学 / 王德章,赵大伟主编. -- 4 版. -- 北京:高等教育出版社,2025.1
ISBN 978 - 7 - 04 - 061302 - 5

Ⅰ.①市… Ⅱ.①王… ②赵… Ⅲ.①市场营销学-高等学校-教材 Ⅳ.①F713.50

中国国家版本馆 CIP 数据核字(2023)第 236111 号

策划编辑 林 荫 金 越　责任编辑 金 越　封面设计 张文豪　责任印制 高忠富

出版发行	高等教育出版社	网　　址	http://www.hep.edu.cn	
社　　址	北京市西城区德外大街 4 号		http://www.hep.com.cn	
邮政编码	100120	网上订购	http://www.hepmall.com.cn	
印　　刷	上海新艺印刷有限公司		http://www.hepmall.com	
开　　本	787mm×1092mm　1/16		http://www.hepmall.cn	
印　　张	27	版　　次	2005 年 7 月第 1 版	
字　　数	640 千字		2025 年 1 月第 4 版	
购书热线	010-58581118	印　　次	2025 年 1 月第 1 次印刷	
咨询电话	400-810-0598	定　　价	56.00 元	

本书如有缺页、倒页、脱页等质量问题,请到所购图书销售部门联系调换
版权所有　侵权必究
物　料　号　61302-00

教师教学资源服务指南

关注微信公众号"**高教财经教学研究**",可浏览云书展了解最新经管教材信息、下载教学资源、申请教师样书、下载试卷、观看师资培训课程和直播录像等。

🎯 下载教学资源

电脑端进入公众号点击导航栏中的"教学服务",点击子菜单中的"资源下载",或浏览器输入网址链接http://101.35.126.6/,注册登录后可搜索相应资源并下载。

🎯 申请教师样书

点击导航栏中的"教学服务",点击子菜单中的"云书展",了解最新教材信息及申请样书。

🎯 下载试卷

高教财经教学研究公众号目前提供基础会计学、中级财务会计、财务管理、管理会计、审计学、税法、税收筹划、税务会计课程试卷下载。点击导航栏中的"教学服务",点击子菜单中的"免费试卷",下载试卷。

🎯 观看教师培训课程

高教财经教学研究公众号上线了名师谈"中级财务会计教学""高级财务会计教学""财务报表分析教学""管理会计教学""审计学教学",以及"智能投资在线课程""Python量化投资在线课程"等课程。点击导航栏中的"教师培训",点击子菜单中的"培训课程"即可观看教师培训课程和"名师谈教学与科研直播讲堂"的录像。

🎯 联系我们

联系电话:(021)56718921   高教社本科会计教师论坛QQ群:116280562

第四版前言

本书第一版自2005年出版以来,受到了很多高校师生及企业营销人员的好评,多次加印。随着社会经济的进步,市场营销的理论与实践也在发展,为了更好地反映最新营销理论和实践成果,更好地为社会服务,我们在前三版的基础上对本书又做了认真的修订。本书具有以下特点:

(1) 紧密结合党的二十大战略部署,深入介绍新营销理论和新营销实践。进入21世纪以来,营销观念在不断转变,更注重消费者行为研究、互联网营销、老年人市场、食品市场的安全与营销等。第四版在关注这些变化的基础上,紧密结合党的二十大战略部署,进一步结合理论和实际,在诚信营销、诚实经营、关切顾客和服务竞争等方面给予更多的关注和体现,使读者在学习营销理论的同时,深刻理解各种理论的传承性和相关性,从而深入把握营销理论与实践的精髓。

(2) 精选海量大数据、云计算、人工智能等高新技术相关案例,帮助学生理解体会数字化市场营销与市场营销数字化。在案例的更新上,我们力求体现时代性、前瞻性和启发性,让案例对消费者和企业都有更好的启发作用。

(3) 突出了市场营销环境对营销活动的影响。世界金融危机引发的问题,至今还没有被完全消化和解决,再加上国内外市场变化的不确定性,营销环境对企业营销活动的影响进一步加大。在我国深化改革开放的新形势下,营销环境对企业的营销活动的影响加大。

第四版是在编写组成员认真讨论及原有分工的基础上,由主编提出修改意见,再做一定的交叉修改而成的。本书的分工是:王德章负责编写第一、第三、第四章,易加斌负责编写第二章,袁慎祥负责编写第五、第十四章,金明华负责编写第六、第十六章,赵大伟负责编写第七、第八、第十八章,杜会永负责编写第九、第十一章,陈建梅负责编写第十、第十三章,王甲檩负责编写第十二章,尚慧丽负责编写第十五章,姜鹏负责编写第十七章。与此同时,参加本书第一版、第二版和第三版编写的周游教授为本书的出版做出了重要贡献,在此表示衷心的感谢。

本书的编写和出版,得到了国内市场营销界不少学者和企业家的关心和指导,中国高校市场学研究会顾问、资深市场营销学教授吴健安,中国人民大学教授刘凤军,兰州财经大学教授王学军,哈尔滨中央红集团董事长栾芳等对本书的再版提出了很好的建议,高等教育出版社对本书再版给予了极大支持,在此一并深表谢意。

  由于作者水平所限,书中难免有不足和错误之处,敬请广大读者和同人批评指正。

王德章

2025 年 1 月

第一版前言

市场营销学是一门建立在经济学、管理学及行为科学基础上的交叉应用科学。它研究和探讨以满足消费者需求为中心的营销活动及其规律。源于实践、高于实践是它的突出特点。

在买方市场和市场国际化下的今天,市场营销学已成为企业生存、发展必不可少的指南,消费者行为改进和提升消费质量的指南。

自从市场营销学理论体系建立以来,其发展一直紧跟时代步伐,不断创新,几乎每隔十年左右就会有新的理论和概念出现:20世纪50年代,市场营销学的研究者和实践者们对营销学的贡献是提出了"市场营销组合""产品生命周期""品牌形象""市场细分""市场营销观念"等概念;20世纪60年代,在这一领域出现了"4P组合""营销近视""生活方式""买方行为理论""扩大营销观念"等概念;20世纪70年代初期,先后出现了"社会营销""低营销""产品定位""战略营销""服务营销"等划时代的理论。到了20世纪80年代和90年代,营销学理论和方法又有了新的发展,陆续出现了"大市场营销""内部营销""全球营销""关系营销""合作营销""绿色营销""网络营销""5R营销"等理论。进入21世纪后,市场营销学又将怎样适应发展潮流和趋势呢?本书编者针对进入21世纪后,各行业面临着的全球化、数字化、网络化等问题的特征,将本书立足于"市场国际化""网络数字化""合作竞争"和"企业家理论和方法的融合"等问题上。根据教育部2003—2007年教育行为计划,特别针对加强实践性教学环节,提高学生综合能力和素质的要求,以调动学生创新学习的积极性。在加强理论分析的同时,加强了案例分析及复习思考题的深广度,努力做到从内容到形式上都有所创新。

在写作特色上,本书对内容进行了精心的选择,并考虑了与经济、管理学科开设其他课程教材的衔接,对每一个课题我们都进行了深入详细的论述。我们相信,今天的大学生需要的不仅仅是一本介绍专业术语的书籍,而是需要理性的逻辑思考和科学知识的创新应用,为此,在每一章的最后,给出本章的思考题,便于学生自检学习效果。

在案例选择、分析上,本书坚持实用性、针对性的原则,突出理论与实践的结合,强调如何将理论应用于实际问题的分析。作为一本市场营销学的教材,与其他教科书一样,本书作者使用了大量的案例来佐证理论的正确性。不过本书作者在选择案例时,充分考虑了案例的多元化,既有知名企业的成功案例,也有大量小企业的成败经历,甚至有一些非营利机构的案例,使得本书在实践性方面更具可读性。

在表达方式上,本书力求通俗易懂,并将市场营销的最新概念和研究成果引入本书之中,帮助学生以实用而生动有趣的方式学习、了解、掌握现代市场营销的基本理论与应用。

本书的分工是:王德章编写第一、第二、第三、第五章,周文编写第四、第八章,赵大伟编写第六、第十四章,金明华编写第七、第十二、第十八章,袁慎祥编写第九、第十五章,周游编写第十、第十一、第十九章,韦恒编写第十三章,尚慧丽编写第十六、第十七章。

本书的编写和出版,得到了国内市场营销界学者和企业家的关心和指导,香港理工大学管理及市场学系副主任叶世中博士、英国龙比亚大学商学院 John Adams 教授对本书的编写提出了很好的建议,在此一并深表谢意。

由于本人水平所限,书中难免有不足和错误之处,敬请广大读者和同人批评指正。

王德章

2005 年 3 月

目 录

第一篇 绪 论

第一章 导论 ... 3
引导问题 / 3
学习目的与要求 / 3
第一节 市场营销学的产生与发展 / 3
第二节 市场营销学的研究对象与研究方法 / 7
第三节 市场营销的定义与重要概念 / 9
本章小结 / 12
关键名词 / 12
思考题 / 12
案例分析 三星智能手机为什么在中国市场溃败？ / 12

第二章 营销观念与营销组合 ... 15
引导问题 / 15
学习目的与要求 / 15
第一节 营销观念 / 15
第二节 营销观念的新发展 / 19
第三节 营销组合 / 23
本章小结 / 26
关键名词 / 26
思考题 / 27
案例分析 众乐公司如何应用4R营销策略？ / 27

第三章 市场营销环境 ... 32
引导问题 / 32
学习目的与要求 / 32
第一节 市场营销环境的含义与特点 / 32
第二节 宏观市场营销环境 / 34
第三节 微观市场营销环境 / 45
第四节 环境影响与企业应对策略 / 47

本章小结 / 50

关键名词 / 50

思考题 / 50

案例分析　比亚迪新能源汽车面临着怎样的市场营销环境？ / 51

第二篇　市场分析与营销战略

第四章　消费者市场购买行为分析 …… 55

引导问题 / 55

学习目的与要求 / 55

第一节　影响消费者购买行为的主要因素 / 55

第二节　消费需求与购买行为模式 / 62

第三节　购买决策过程 / 64

本章小结 / 69

关键名词 / 69

思考题 / 70

案例分析　李佳琦直播销售花西子眉笔为什么"翻车"了？ / 70

第五章　组织市场购买行为分析 …… 73

引导问题 / 73

学习目的与要求 / 73

第一节　组织市场的类型与特点 / 73

第二节　组织市场的购买行为 / 77

本章小结 / 84

关键名词 / 85

思考题 / 85

案例分析　推销员李宾为什么失败？ / 85

第六章　市场营销调研与市场预测 …… 87

引导问题 / 87

学习目的与要求 / 87

第一节　市场营销信息收集 / 87

第二节　市场营销调研 / 96

第三节　市场预测 / 102

本章小结 / 115

关键名词 / 115

思考题 / 115

案例分析　加速"走出去"、布局"下乡村"，新能源车企谋突围 / 116

第七章　竞争战略 …………………………………………………………………… 119

引导问题 / 119

学习目的与要求 / 119

第一节　竞争者识别与竞争战略选择 / 119

第二节　基本竞争战略 / 124

第三节　市场领导者战略 / 129

第四节　市场挑战者战略 / 134

第五节　市场追随者与市场利基者战略 / 137

本章小结 / 141

关键名词 / 141

思考题 / 142

案例分析　华为支付能撼动微信、支付宝双巨头地位吗？ / 142

第八章　目标市场营销战略 ……………………………………………………… 144

引导问题 / 144

学习目的与要求 / 144

第一节　市场细分 / 144

第二节　目标市场选择策略 / 154

第三节　市场定位策略 / 159

本章小结 / 162

关键名词 / 163

思考题 / 163

案例分析　飞鹤奶粉是如何获取消费者信任的？ / 163

第三篇　营销策略

第九章　产品策略 ………………………………………………………………… 169

引导问题 / 169

学习目的与要求 / 169

第一节　产品整体概念 / 169

第二节　产品组合决策 / 174

第三节　产品生命周期 / 183

第四节　新产品开发 / 189

本章小结 / 201

关键名词 / 201

思考题 / 201

案例分析　面对"卡脖子"，华为如何做出关键技术抉择？ / 202

第十章　品牌与包装策略 · 205

引导问题 / 205

学习目的与要求 / 205

第一节　品牌概述 / 205

第二节　品牌策略 / 212

第三节　包装策略 / 217

本章小结 / 223

关键名词 / 223

思考题 / 223

案例分析　"国潮"风起如何赋能中国品牌建设？ / 223

第十一章　服务策略 · 226

引导问题 / 226

学习目的与要求 / 226

第一节　服务的本质、分类与特点 / 226

第二节　服务营销策略 / 235

本章小结 / 246

关键名词 / 246

思考题 / 246

案例分析　海底捞的体验式服务营销强在哪儿？ / 247

第十二章　价格策略 · 249

引导问题 / 249

学习目的与要求 / 249

第一节　定价目标及其影响因素 / 249

第二节　定价方法 / 253

第三节　定价策略 / 256

第四节　价格调整 / 260

本章小结 / 264

关键名词 / 264

思考题 / 265

案例分析　雪糕刺客 VS 雪糕护卫 / 265

第十三章　分销策略 · 268

引导问题 / 268

学习目的与要求 / 268

第一节　分销渠道的职能与类型 / 268

第二节　中间商 / 272

第三节　分销渠道策略 / 282

本章小结 / 288

关键名词 / 289

思考题 / 289

案例分析　"好想来"快速扩张,量贩零食"忙起来" / 289

第十四章　促销策略 ············ 292

引导问题 / 292

学习目的与要求 / 292

第一节　促销与促销组合策略 / 292

第二节　广告宣传策略 / 297

第三节　营业推广策略 / 303

第四节　人员推销策略 / 307

第五节　公共关系策略 / 311

第六节　会展营销策略 / 314

本章小结 / 320

关键名词 / 321

思考题 / 321

案例分析　案例1　三只松鼠采用了怎样的促销组合? / 321

　　　　　　案例2　Seth 的促销计划应该怎样做? / 322

第四篇　营销管理、国际市场营销与市场营销的新发展

第十五章　营销组织与控制 ············ 327

引导问题 / 327

学习目的与要求 / 327

第一节　营销组织 / 327

第二节　市场营销控制 / 335

本章小结 / 347

关键名词 / 347

思考题 / 347

案例分析　雀巢公司的市场营销组织结构是什么样的? / 348

第十六章　国际市场营销 ············ 350

引导问题 / 350

学习目的与要求 / 350

第一节　国际市场营销概述与国际市场营销环境 / 350

第二节　国际目标市场的选择与进入模式的确定 / 358

第三节　国际市场营销策略　/　362
　　本章小结　/　371
　　关键名词　/　372
　　思考题　/　372
　　案例分析　三一重工如何开发美国市场？　/　373

第十七章　网络营销　375

　　引导问题　/　375
　　学习目的与要求　/　375
　　第一节　网络营销的产生与发展　/　375
　　第二节　网络营销的概念与特点　/　379
　　第三节　网络营销与传统营销的关系　/　382
　　第四节　网络营销的理论基础与基本方法　/　385
　　本章小结　/　389
　　关键名词　/　390
　　思考题　/　390
　　案例分析　淄博烧烤如何火爆"出圈"？　/　390

第十八章　市场营销的新领域　394

　　引导问题　/　394
　　学习目的与要求　/　394
　　第一节　体验营销　/　394
　　第二节　内容营销　/　397
　　第三节　社交媒体营销　/　402
　　第四节　数字营销　/　407
　　本章小结　/　413
　　关键名词　/　413
　　思考题　/　413
　　案例分析　元宇宙将如何影响市场营销？　/　414

主要参考文献　416

专栏目录

专栏 1-1	菲利普·科特勒简介	9
专栏 2-1	福特 T 型车	16
专栏 2-2	ESG（Environmental，Social and Governance）	18
专栏 2-3	宜家家居体验营销	21
专栏 2-4	数字营销时代的 4R 营销组合理论	25
专栏 3-1	职业价值观心理差异	40
专栏 3-2	小红书：基于推荐算法的精准推送	43
专栏 5-1	大客户营销	75
专栏 6-1	快捷的供电服务	90
专栏 6-2	淘宝"猜你喜欢"怎么猜的这么准！看电商行业花式利用大数据获取流量	91
专栏 6-3	是否应在空中提供网络服务	98
专栏 6-4	商业秘密	102
专栏 7-1	管理大师迈克尔·波特	120
专栏 7-2	微信助力企业开源节流	126
专栏 7-3	行业领导者的风格	133
专栏 7-4	不能用牵骆驼的方法牵兔子	139
专栏 8-1	胡焕庸线——中国人口密度分界线	147
专栏 9-1	华为的产品生态	178
专栏 10-1	长城汽车坦克 SUV	209
专栏 10-2	金利来的诞生	211
专栏 10-3	品牌管理的 3.0 时代	211
专栏 10-4	安踏多品牌战略	215
专栏 10-5	国货蜂花"捡箱子"获得消费者大力"护盘"	219
专栏 10-6	利乐无菌包装	220
专栏 11-1	使用有形展示定位新服务	237
专栏 11-2	美团的无接触配送、即时配送与外卖火锅	240
专栏 12-1	薄利多销策略与厚利限销策略	250
专栏 13-1	全渠道营销与 O2O 的概念区别	269
专栏 13-2	盒马鲜生——新零售的探索者	279
专栏 13-3	制造商巧妙利用窜货管理经销商	287

专栏 14-1	整合营销传播	294
专栏 14-2	事件营销	312
专栏 14-3	关系营销	313
专栏 14-4	公关危机和危机公关	314
专栏 15-1	亡羊补牢	328
专栏 15-2	新型企业形态：全球公司	332
专栏 15-3	销售差额分析法的具体应用	337
专栏 15-4	销售效率的关键控制指标下降及其解决对策	343
专栏 16-1	文化只有差异，没有对错和好坏之分	353
专栏 16-2	日本车企在华损失或比海啸时严重	353
专栏 16-3	肯德基超低价开放特许加盟	360
专栏 16-4	瓷器茶杯的畅销	363
专栏 17-1	网红直播带货营销	377
专栏 17-2	抖音短视频——借势营销新渠道	380
专栏 17-3	知识型主播——带货直播营销的新趋势	382
专栏 17-4	新媒体营销流量密码：小红书的美妆社区	386

第一篇
绪　论

第一章 导 论

 引导问题

1. 市场营销就是推销吗?
2. 市场营销经典命题:①西方命题:如何把冰卖给因纽特人?②东方命题:如何把梳子卖给和尚?

 学习目的与要求

1. 了解市场营销学的产生与发展。
2. 了解市场营销学的学习和研究方法。
3. 掌握市场营销的定义及重要概念。
4. 了解市场营销学的新发展。

第一节 市场营销学的产生与发展

"市场营销学"这一名称是由英文 marketing 一词翻译而来的。这门学科并不是包容所有市场问题(如市场体系、市场供求、市场机制、市场调控等问题)的学科,而只是研究企业市场营销活动(包括企业为占领市场、扩大销售而进行的所有经济活动及其策略)的学科;它的立足点、着眼点是企业,是从卖方和买方长远利益的角度研究市场经营问题的。同时,企业营销活动是以消费者及其行为作为基础的。全面理解市场营销学产生和发展的背景,准确把握市场营销的含义及市场营销的实质,是学好、用好市场营销学的关键。

市场营销学于 20 世纪初创建于美国,后来流传到欧洲、日本和其他国家,并在实践中不断完善和发展。我国(包括台湾、香港、澳门在内)对"marketing"一词的翻译多达十几种。我们认为译为"市场营销学"比较确切,也是目前最流行的译法。

一、市场营销学的形成

(一)萌芽阶段

市场营销学作为系统研究企业营销管理的一门独立学科,是在资本主义工业革命以后才出现的,它是市场经济发展和企业营销创新的产物。19 世纪末 20 世纪初,各主要资本主义国家经过工业革命,生产迅速发展,生产效率大为提高,生产能力的增长速度超过

市场需求的增长速度,商品销售成为扩大再生产的关键。在这种情况下,少数有远见的企业主在经营管理上,开始重视商品推销和刺激需求,注意研究推销术和广告术。与此同时,一些经济学者根据企业销售实践活动的需要,着手从理论上研究商品销售问题。1912年,美国哈佛大学教授赫杰特齐通过走访大企业主,了解他们如何进行市场销售活动,写出了第一本以"marketing"命名的教科书。这本书的问世,被视为市场营销学作为一门独立学科出现的里程碑。以后,美国的一些大学陆续开设了市场营销学的课程。但在这个时期,市场营销学的研究内容仅限于商品销售和广告业务方面的问题,而且,市场营销学的研究活动,基本上局限于大学内,尚未引起社会广泛的重视。

(二)应用阶段

自20世纪30年代开始,市场营销学就从大学的讲坛走向社会。1929—1933年的资本主义经济大危机,震撼了各主要资本主义国家。由于严重的生产过剩,商品销售困难,工商企业纷纷倒闭。这时,企业的首要问题不是怎样扩大生产和降低成本,而是如何把产品卖出去。为了争夺市场,解决产品销售问题,企业家们开始研究市场销售活动,从而使市场营销学的研究大规模地开展起来。一些经济学家和企业家相继建立了一系列组织,深入研究市场营销学。1931年,在全美市场学和广告学教员协会的基础上,成立了美国市场学协会(American Marketing Association,AMA)。这个协会有很多企业家参加,在全国各地设有几十个分会,从事市场营销的研究和培训企业销售人才,并参与企业经营决策。这就使市场营销学从大学的讲坛走向了社会,进入了应用阶段。但这时市场营销学的研究,仍然局限于推销商品的组织机构和推销策略,还没有超越商品流通的范围。

(三)发展与完善阶段

第二次世界大战以后,以美国为代表的一些发达的资本主义国家,把战争期间发展起来的军事工业转向民用。同时,随着科学技术的迅速发展,生产力水平大大提高,产品数量急剧增加,商品供过于求的矛盾严重困扰着企业。在这种形势下,政府实行了高工资、高福利和高消费的政策,以此来刺激购买力、保持供求平衡,借以缓和生产过剩的经济危机。这时,企业所面对的是一个需求状况更加复杂、竞争更加激烈的买方市场①。建立在卖方市场基础上,以研究商品推销术为主体的旧的市场营销学就很难适应企业的需要,一些市场营销学专家和企业家纷纷对过去的市场营销学理论提出了批评。于是,许多学者从不同角度提出了以需求为中心的市场营销理论,代替以产品为中心的旧的市场营销理论,认为应该把市场作为生产过程的起步,以市场为导向组织企业的经营活动。这一基本观念的变革,被西方称为"市场学革命",其理论上的意义可以与资本主义的工业革命相提并论,这就把市场营销学的研究推向了一个新阶段。这个阶段市场营销学的主要特点是:①市场营销学的研究从流通领域进入生产领域,形成了"以需定产"的经营思想;②对市场由静态研究转为动态研究,强调供求之间的信息传递与沟通;③由研究销售职能扩大到研究企业各部门之间的整体协调活动。20世纪60年代以来,反映这些变革的市场营销理论的一系列优秀著作相继问世,特别是美国市场营销学家麦卡锡的《市场营销学基础》和菲利普·科特勒的《营销管理:分析、计划、执行和控制》,全面地提出了现代市场营销理

---

① 即在市场交易活动中有利于买方的市场,也即供大于求的市场。

论,强调了市场营销的管理导向,把市场营销学作为指导企业经营决策的学科,形成了现代市场营销学的概念、方法与理论体系。20世纪70年代以后,市场营销学又进一步与经济学、管理学、社会学、心理学、行为学、公共关系学等学科紧密结合,成为一门热门的边缘应用学科,并在非营利组织得到广泛应用。

从市场营销学的产生和发展可以看出,市场营销学是商品经济发展的产物,是企业经营经验的概括和总结。随着生产力的发展和科学技术的进步,企业的市场营销问题将变得越来越重要,市场营销学有着巨大的生命力。市场营销学的发展与广泛应用,极大地提高了整个社会的经济效益。国内外经济学界和企业界对市场营销学的作用给予了高度评价。不仅经济组织离不开市场营销学,而且其他社会组织也在广泛应用市场营销学理论,尤其是在就业市场竞争激烈的形势下,以创业带动就业成了大学毕业生的目标之一,这些人对市场营销学的兴趣更加浓厚。此外,做消费市场上成熟的消费者①正在成为一种趋势,这也要求消费者熟知市场营销基本理论和方法。市场营销学不仅是高等院校经济与管理专业的核心课程,而且政府部门、工商企业都普遍重视对市场营销学的研究与应用。

二、市场营销学在我国的发展

市场营销学在中国的发展可分为四个阶段。第一阶段是20世纪三四十年代,市场营销学在中国曾有一轮传播。现存最早的教材是1933年由复旦大学丁馨伯编译出版的《市场学》。当时,一些大学的商学院开设了市场学教程,教师主要是欧美留学归来的学者。但由于长期战乱及半封建半殖民地政治经济发展水平的限制,其研究和应用有很大的局限性。第二阶段是新中国成立后,从20世纪50年代到70年代末,由于西方的外部封锁和国内实行高度集中的计划经济体制,市场和商品经济在理论上遭到否定和抵制,市场营销学的研究在中国大陆基本中断,是以商业经济学代替了市场营销学,而且商业经济学的核心内容也是作为商品计划分配的工具。第三阶段是1978年到1989年,中国实施以经济建设为中心,对外开放、对内搞活的方针。改革开放的实践不断冲击着旧体制,逐步明晰了以市场为导向,建立社会主义市场经济体制的改革目标,为我国重新引进和研究市场营销学创造了良好条件。这一阶段的市场营销学的特点是引进和仿效的多,结合实际创新的少。第四阶段是1990年至今,也是市场营销学在中国创新发展的阶段。这一阶段的特点是,一批老中青学者在继承、借鉴基础上,结合中国实际,在营销理念、研究方法、营销理论、营销手段和工具方面都提出了一些把原理与实际有机结合的理论与方法,把市场营销学的研究与应用推向了一个新的高度。

(一)市场机制的建立

市场机制作用的发挥,为市场营销理论的运用和发展创造了前所未有的良好社会环境。1992年初邓小平同志指出:计划经济不等于社会主义,资本主义也有计划;市场经济不等于资本主义,社会主义也有市场。计划和市场都是经济手段。计划多一点还是市场多一点,不是社会主义与资本主义的本质区别。这一精辟论断,从根本上解除了人们在计划经济与市场经济关系问题上的迷茫。随着社会主义市场经济体制的逐步

---

① 成熟的消费者的多少是一个市场成熟与否的标志之一,从这一意义上讲,"挑剔"的消费者对完善市场规则具有积极意义。

建立,市场对资源配置的基础性作用日益重要,这就为市场营销理论提供了极好的运用和创新的舞台。

(二) 企业主体地位的确立

企业作为独立的商品生产者和经营者地位的确立,是市场营销学发展的关键。建立市场经济体制和改革开放要明确产权关系,并要通过理顺产权关系,实行政企分开,落实企业自主权,使企业真正成为自主经营、自负盈亏、自我发展、自我约束的法人实体和市场竞争主体。过去,有的企业知道市场营销理论有用,但往往用不上,落实不了;现在,企业有了应有的自主权,市场营销的理论与方法也就有了坚实的载体。

(三) 市场体系的建立与完善

市场体系的建立与完善,扩展了市场营销理论的应用范围。发展社会主义市场经济要求大力发展商品市场,特别是培育和发展金融、技术、劳动力、信息和房地产等生产要素市场,迅速建立起全国统一开放的市场体系,加强市场管理制度和法规的建设,打破封锁和垄断,促进和保护公平竞争,建立起以市场形成价格为主的价格机制。这样,市场营销理论不仅适用于消费品的营销,而且完全适用于生产资料和各项生产要素的生产经营活动。在统一的、开放的、竞争的和不断完善法制规范的市场条件下,市场营销理论和方法在更广阔范围内充分发挥其巨大作用。

(四) 市场国际化的要求

进一步对外开放,积极开拓国际市场,要求市场营销理论和方法的运用从国内[①]延伸到国外。随着对外开放地域的扩大,多层次、多渠道、全方位对外开放的格局逐步形成,我国社会生产力进一步提高,要求大力开拓国际市场,发展多元化的国际贸易,扩大我国企业的对外投资和跨国经营。国际市场的环境和情况更为复杂,发展变化更难预测,因此,深入学习国际市场营销的理论和方法,提高营销管理决策的科学性,不断增强我国企业和产品在国际市场的竞争力,是关系到中国经济能否持续稳定发展和提高营销竞争力的重要战略问题。

(五) 思想解放与转变观念的内在动力

进一步解放思想,必须更多更好地利用国内外的市场资源和管理经验。建立社会主义市场经济是改革深化的必然结果,要求我们更加认真地去学习和借鉴经济发达国家经验,借助市场机制深入研究和掌握市场需求变化,通过市场竞争促进产品质量提高、品种更新、产品结构和企业组织结构合理、经营主体素质改善,实现生产发展、经济繁荣。社会主义市场经济体制的建立和完善,必须大胆吸收和借鉴世界各国的一切反映现代社会化生产和商品经济一般规律的先进营销理论和管理方法。

三、市场营销的新发展

(一) 营销观念的重要转变

社会市场营销观念正在日益受到重视,近年来关于企业社会责任和诚信经营的观念日益为企业所重视,也为社会高度关注,有相当一部分企业正在由市场营销观念向社会市场营销观念转变。

---

① 市场国际化下,国内市场也是国际市场的一部分。

(二)宏观市场营销和企业营销战略

(1)宏观市场营销受到重视,其标志是2007年中国高等院校市场学研究会的主题就确定为宏观市场营销,在会上很多专家和学者就搞好宏观市场营销发表了许多有价值的学术观点。

(2)企业营销战略越来越受到企业重视,总体上我国企业营销已由以策略和技巧为主转向以营销战略为主。

(三)营销的理论、应用和创新成果不断涌现

在营销理论方面,借鉴西方营销理论并与中国营销实践结合,在产品创新、资源整合、渠道创新和促销创新方面取得了很有价值的成果。一些企业应用这些理论创新的成果指导企业实践,取得了很好的业绩,如中国吉利汽车集团、华联超市、哈尔滨中央红集团、中国各地行业协会开展的会展促销等。自1978年我国开始引进西方现代市场营销学以来,我国的市场营销从无到有,从萌芽到发展,从普及到提高,从应用到创新,在40多年时间里取得了较大的成就。我国已涌现出一批营销卓越的企业如华为、联想、海尔、格力等,造就了一批知名的营销专家、学者。如海尔成功的营销管理经验被选作美国哈佛大学商学院的案例,成为国内第一家进入国际著名案例库的企业。这些专家、学者的经验和理论探索为构建和发展我国市场营销学提供了丰富的内容和良好的理论基础。

此外,网络营销、和谐营销和服务营销正在成为一种获取竞争优势的手段,被一些企业所运用,也受到广大消费者的欢迎。

第二节 市场营销学的研究对象与研究方法

一、研究对象

关于市场营销学的研究对象,中外学者有不同的表述。

美国市场营销协会定义委员会的定义是:市场营销学是研究引导商品和劳务从生产者流转到消费者和使用者手中所实行的一切企业活动的科学。

日本学者认为,市场营销学在满足消费者利益的基础上,研究如何适应市场需求而提供商品和劳务的整个企业活动。

美国著名的市场营销学家菲利普·科特勒认为,市场营销学的研究对象是企业的这样一种职能:识别目前未满足的需求与欲望,估量和确定需求量的大小,选择本企业能最好地为它服务的目标市场,并且决定适当的产品、服务和计划,以便为目标市场服务。

我国学者在论述市场营销学的研究对象时,也有多种不同的表述。有人认为,市场营销学是以商品供求关系为研究对象,揭示市场营销活动及其规律性的科学。也有学者认为,市场营销学是从市场需求出发,研究产品营销活动全过程的科学。

上述各种表述,虽然强调的角度和具体表达方法不同,但在本质上还是一致的,即直接或间接地共同强调了以消费者为中心,实施企业的营销活动及实现企业目标的过程,这就是市场营销学的共性。市场营销学就是以消费者需求为中心,从营销管理的全过程来研究企业经营战略、策略和技巧的科学。

由研究对象所决定,市场营销学具有微观与宏观经济相结合、学科交叉性、实用性与

针对性三个显著的特点。

(1) **微观与宏观经济相结合**。它是指市场营销学的研究主要是从企业的角度，着重于微观市场营销活动的理论与方法。但市场是商品交换的关键领域，市场机制的运行，市场结构、市场功能、市场环境的变化，市场调节作用的发挥都与宏观经济运行及调控密切相关，这就决定了市场营销学也要研究宏观问题。但不是从国家的角度研究，而是从企业的角度，研究企业如何适应宏观经济环境的变化，去开拓市场和实现企业的发展目标。

(2) **学科交叉性**。市场营销学是在经济学、管理学、社会学、心理学、统计学等基础上建立起来的一门学科。它利用了相邻学科的科学成果，把这些科学成果所获得的科学结论和科学概念运用于市场营销的战略、策略和技巧的研究之中。

(3) **实用性与针对性**。市场营销学的理论来源于实践，在实践中不断充实、丰富和发展。反过来，它又有效地指导实践。市场营销学的任务，就是通过对市场营销活动的研究，为企业实现利润提供有效的营销战略和策略，并实现企业的盈利目标。从这个意义上讲，市场营销学就是研究企业如何赚钱的学问，并立足企业的资源状况，面对外部环境形成应变的理论与方法。

市场营销学为什么要以消费者为研究的中心内容呢？这是因为消费者是社会再生产的终点，是实现企业生产和经营目的的关键。一个企业要能够在市场上生存和发展，就必须使自己的生产和经营满足消费者的需要；反之，企业就很难生存和发展。

二、研究方法

市场营销学是一门实用性很强的学科，它源于企业的营销实践，又反过来指导企业的营销实践。因此，在学习市场营销学时，应遵循以下原则。

（一）理论联系实际

由于市场营销学的理论和策略来源于企业市场营销实践的总结，因此，我们学习市场营销学时，应联系企业的实际，对照所学的营销学的理论和方法加以分析，看这些问题和现象应该如何处理更合适；或者反过来，在自己日常生活中，用所学的理论和方法分析身边的例子，从中找到答案或提出问题。这样，通过理论联系实际来学习，对这门课程的学习就能学得进、记得牢、运用得好，从而提高运用市场营销理论与方法的综合素质。

（二）定性与定量分析相结合

研究市场，一方面要进行定性分析，以确定问题的性质；另一方面要进行定量分析，以确定市场活动中的各种数量关系。定性与定量分析的有机结合，不仅能做到对问题性质看得准，而且又能使市场营销活动数量化，使解决问题的方法具体化，为评价和考核营销绩效打下基础。

（三）微观与宏观研究相结合

市场营销学研究微观（企业）的经济活动，但它又受宏观（国家和地区）的经济活动制约。在学习的时候，既要对微观市场营销活动进行独立分析，又要从宏观经济活动来考虑其适应性，使微观与宏观经济活动紧密结合起来。

（四）案例分析法

市场营销学以典型企业的营销活动作为例证，从而找出规律性的东西。运用案例分析法，一方面可以加深对理论的理解，总结实践经验，发展营销理论；另一方面又能指导企业的市场营销活动，提高企业的营销管理水平。

第三节　市场营销的定义与重要概念

一、市场营销的定义

国内外学者对市场营销的定义有多种表述，企业界对营销的理解也各有侧重。以发展的观点并伴随着营销理论与实践的不断创新，营销概念在不同时期有不同的主流表述。

1960年美国市场营销协会的定义是：市场营销是将物品和劳务从生产者流转到消费者过程中的一切企业活动。1985年还是这个组织对市场营销的定义是：市场营销是指通过对物品、劳务的设计、定价、制造、分销、促销等方面的计划和实施，实现个人和组织的预期目标的交换过程。

1994年美国市场营销协会主席菲利普·科特勒对市场营销的定义是：市场营销是指企业（个人和组织）以消费者需求为中心，通过创造和营销活动，在市场上同个人或组织交换产品，实现企业目标的管理过程。

我们认为，市场营销是指企业为实现其目标，以满足消费者需求为中心，引导产品和劳务从生产者到达消费者或用户手中所进行的企业活动；是在适当的时间、适当的地点，以适当的价格、适当的信息沟通和促销手段，向消费者提供质价相符的产品和服务。市场营销管理的本质是对需求及其变化的管理。

专栏1-1

菲利普·科特勒简介

菲利普·科特勒博士生于1931年，是现代营销学集大成者，被誉为现代营销学之父，美国西北大学凯洛格管理学院终身教授，具有麻省理工学院博士、哈佛大学博士后，及苏黎世大学等8所大学的荣誉博士学位。科特勒博士见证了美国经济40年的起伏坎坷、衰落跌宕和繁荣兴旺的历史，从而成就了完整的营销理论，培养了一代又一代美国大型公司的企业家。他多次获得美国国家级勋章和褒奖，是至今唯一3次获得过阿尔法·卡帕·普西奖的学者。科特勒博士出版了许多著作，其著作被翻译为20多种语言，被营销人士视为营销宝典。其中，《营销管理》一书更是被奉为营销学的圣经。其他被采用为教科书的还有：《非营利机构营销学》《新竞争与高瞻远瞩》《国际营销》《营销典范》《营销原理》《社会营销》《旅游市场营销》《市场专业服务》《教育机构营销学》《亚洲新定位》和《营销亚洲》等。

二、市场营销的重要概念

（一）需要、欲望与需求

人类的各种需要和欲望是市场营销学的出发点。需要是指人们没有得到某些基本满足的感受状态，这些需要包括对食物、衣服、房屋和安全的物质需要，对知识和自我实现的精神需要。这些需要不是市场营销者创造出来的,而是人类自身与生俱来的基本需要。

欲望是指人类想得到上述需要的具体满足品的愿望,是个人受不同文化及社会环境影响表现出来的对需要的特定追求。如为满足"解渴"生理需要,人们可能选择喝开水、茶水、汽水、果汁或矿泉水。市场营销者无法创造需要,但可以影响欲望,并通过创造、开发及销售特定的产品和服务来满足欲望。

需求是指人类的有支付能力并且愿意购买某个具体产品的欲望。当具有购买能力时,个体的欲望便转化为需求。市场营销者总是通过各种营销手段来影响需求,并根据对需求的预测结果决定是否进入某一产品(服务)市场。

(二)产品与服务

在市场营销学中,产品特指任何能用以满足人类某种需要或欲望的东西。我们一般用产品和服务这两个词来区分实体产品和无形产品。但在考虑实体产品时,其重要性不仅在于拥有它们,更在于使用它们来满足人们的欲望。我们买小汽车不是为了观赏,而是因为它可以提供交通服务。服务商品的特点则是无形的,且具有特殊性,如理发服务、旅游(导游)服务、信息服务等,随着社会经济的发展,服务业在社会经济发展中的地位和作用日益显著。

如果制造商关心产品超过关心产品提供的服务,那就会陷入困境。制造商钟爱自己的产品,往往就忘了顾客购买产品是为了满足某种需要。人们不是为了产品的实体而买产品,产品实体是服务的外壳。营销者的任务是推销产品实体中所包含的利益或服务,而不能仅限于描述产品的形貌。

(三)顾客价值与顾客满意

顾客价值是指顾客从拥有和使用某产品并从中获得的价值与为取得该产品所付出的成本之差。顾客并非能经常准确和客观地来判断产品价值,他们是根据自己所理解的价值来进行判断的。顾客价值示意图如图1-1所示。

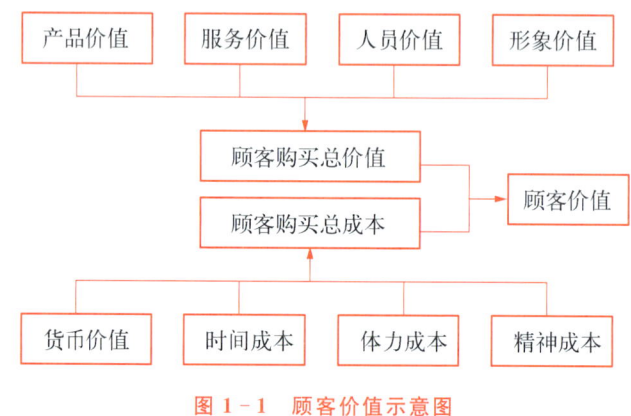

图1-1 顾客价值示意图

顾客满意是指顾客对一件产品满足其需要的绩效与期望值进行比较所形成的感觉状态。满足顾客需要的绩效是企业通过供给消费者的产品(服务)价值或实际利益实现的。顾客的期望值来源于顾客的以往购买经验、朋友和同事的影响,以及营销者与其竞争者的信息与承诺。如果满足顾客需要的绩效低于顾客的期望值,顾客便不会感到满意;反之,如果达到或高于顾客需要的绩效期望,顾客便会满意并会感到十分惊喜。

> **营销箴言** 金杯银杯不如顾客的口碑。
>
> ——民间谚语

(四)交换与市场

交换就是在互利互惠的基础上,在市场上以自己的货币(商品)换取商品(货币)的行为。交换是构成营销基础的一个概念,交换的发生,一般要有以下条件:①至少要有买卖双方;②每一方都有被对方认为有价值的物品(或服务);③每一方都能够获取有关市场供求信息;④每一方都可以自由接受或拒绝对方产品;⑤每一方都认为与另一方进行交易是适当的或称心如意的。

具备了上述条件,就可能发生交换行为。交换能否真正产生,取决于买卖双方能否找到交换的条件,即交换以后双方所得都比交换前好。这里,交换被描述成一个价值创造的过程,即交换通常总使双方所得比交换前更好。

市场是商品经济的范畴,是商品生产和商品交换发展的必然产物。在人类社会经过了原始社会,社会生产力得到进一步发展,出现了第一次、第二次、第三次社会大分工后,市场也就逐渐地由原始市场发展成为日益完善的市场。

对于市场概念的表述,目前主要有以下几种观点:

(1) **场所论**。市场是指在一定时间、一定地点条件下进行商品买卖的场所,它反映了商品交换活动的内容及其表现的时间、空间含义,因只表现出市场的一个侧面,故称为狭义的市场概念。

(2) **关系论**。市场是指进行商品交换所反映的各种经济关系和经济活动现象的总和,即把市场看作实现商品相互转让的交换活动的总体,故称为广义的市场概念。

(3) **合二为一论**。从全面角度看,将场所论和关系论合二为一才更符合实际,也更有利于企业的市场营销活动。合二为一论既包含以消费者需求为中心开展的营销活动,也包含市场对资源配置的基础性作用。合二为一论下的市场营销系统如图1-2所示。

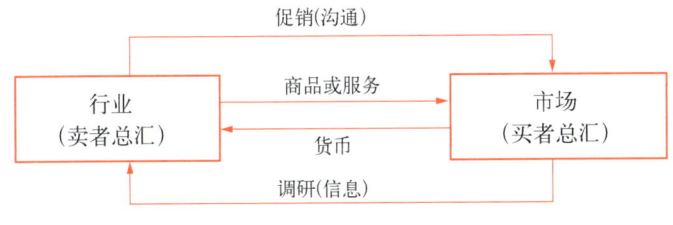

图1-2 合二为一论下的市场营销系统

市场规模的大小主要取决于三个因素:一是顾客的多少;二是购买力的大小;三是对市场预期的判断。

(五)营销者与营销

营销者是指希望从他人或机构得到资源并愿以某种有价之物作为交换的人。营销者从其他一方寻求反应,或卖或买某种东西。换言之,营销者可以是一个买主,也可以是一个卖主。假若有几个人同时想买正在市场上出售的某栋漂亮房子,每个准备购买的人都尽力使自己被卖主选中,这些消费者都在进行营销活动。在另一种场合,买卖双方都在积极寻找交换,那么就把双方都称为营销者,并称这种情况为相互营销。

 本章小结

市场营销学的产生和发展过程,也是市场竞争日趋激烈和营销观念日益完善的过程。企业为在竞争中求生存和发展,更加重视市场营销的理论与应用,这又推动了市场营销理论的完善和向应用领域的扩展。市场营销学从诞生的萌芽阶段,到日益发展、完善的今天,充分说明了这一点。

市场营销学是市场经济日益发展的产物。中国的进一步改革开放的政策,为市场营销学的研究和应用提供了社会经济制度条件。随着我国社会主义市场经济的发展,企业和社会必将更加重视市场营销理论的研究和应用。

学习和研究市场营销学,要从其核心概念入手,深入理解其基本含义和要求,这是学好、用好市场营销学的基础。

 关键名词

市场营销　需要与需求　狭义与广义市场　市场机制

 **思考题**

1. 如何理解市场营销学的发展和市场竞争是相互推动的?
2. 市场营销包含哪些重要概念?
3. 狭义市场与广义市场的区别是什么?

 **案例分析**

三星智能手机为什么在中国市场溃败?

2024年1月16日,市场研究机构IDC发布的报告显示,2023年苹果智能手机销量历史首次超越三星,成为全球智能手机市场第一。2023年,全球智能手机总销量为11.7亿部,下降3.2%,这也是十年来最低的年销量。从各品牌的市场占有情况看,苹果手机年销售总量为2.346亿部,同比增长3.7%,市场占有率达20.1%;三星手机年销售总量为2.266亿部,同比下降13.6%,市场占有率为19.4%;小米手机年销售量为1.459亿部,同比下降4.7%,市场占有率为12.5%;OPPO手机年销售总量为1.031亿部,同比下降9.9%,市场占有率为8.8%;传音手机年销售量为9490万部,同比增长30.8%,市场占有率为8.1%;其他手机年销售总量为3.618亿部,同比下降4.1%,市场占有率为31.0%。从我国国内智能手机市场看,2023年智能手机的销售总量约为2.71亿部,同比下降5.0%,创近10年以来最低;销量排在前五的智能手机厂商分别为苹果、荣耀、OPPO、vivo和小米,市场占有率分别为17.3%、17.1%、16.7%、16.5%和13.2%,三星智能手机销量在中国市场的占有率仅为1%左右。

尽管三星智能手机在全球市场保持了较高的占有率,但是首次被苹果超越,这与三星智能手机近几年在中国市场的颓势不无关系。早在2012年,三星智能手机首次在中国市场夺冠。根据Strategy Analytics中国智能手机市场数据统计,2012年三星电子在中国的智能手机销量达到3006万部(市场占有率约为17.7%)。这是三星自2009年开始在中国销售智能手机以来首次夺冠。然而,面对中国智能手机品牌的崛起,以及受三星智能手机自身"电池门"等事件的影响,三星智能手机在中国市场的销量急转直下,市场份额曾一度跌至不足1%。三星智能手机在中国市场的溃败可能更多与其自身经营策略有关。

三星公司在处理重大事件上的策略,给消费者带来了差异化待遇的印象。首先,是"字库门"事件。2013年,当三星手机在中国市场取得史无前例的成功时,却发生了"字库门"事件,三星Note和S系列手机有时会出现"猝死"现象。针对这一问题,三星为不同客户群体提供了差异化的处置措施。比如,在英国实施"保修期内免费维修或更换新机"的措施,在中国香港实施"维修费用全免"的措施,在中国内地实施消费者有偿维修的措施。从技术角度而言,软件引发的字库损坏问题,只能尽量减少概率,完全杜绝是不可能的。关键在于出问题之后的维修。手机维修如果是人为损坏,不保修收费很正常,但是字库损坏这种问题,完全可能是正常使用中,系统缺陷造成的自然损坏。这种损坏再让消费者自己承担维修费用是不应该的。其次,是Note 7爆炸事件。2016年8月末,三星手机刚刚推出的Note 7系列产品陆续在欧洲爆出手机电池爆炸事件,三星同期就发布了这款手机的召回公告;9月2日,三星宣布开放全球召回,包括美国、韩国、澳大利亚等10个国家和地区的250万部手机,但是唯独没有中国;9月,中国国行Note 7发售,三星也发布了一份企业声明,表示中国大陆销售的Note 7使用的是与其他国家不同的电池供应商,并不存在安全隐患;半个月后,三星首次召回国行1858部手机,但依旧不承认存在安全隐患;9月18日,网络上曝出两例手机爆炸新闻后,三星经过调查分析后宣称"爆炸原因为外部加热导致",直到10月11日,接连的爆炸新闻终于让三星宣布暂停生产Note 7,中国国行版本全部召回。在发生爆炸事件后,三星差异化的处理让其在中国市场的形象大打折扣,影响力逐渐下滑。对于三星手机在消费者服务方面的差异化处理方式,有财经专家指出了其可能存在的问题。他们认为,三星不是因为 Note 7 的爆炸而丢掉中国市场的,根本原因在于它的傲慢。中国产业的崛起和替代是三星等企业必然要面对的,但傲慢才是企业出现危机的根本所在。

案例思考题:

1. 三星智能手机在全球市场被苹果超越的原因有哪些?

2. 三星智能手机是否还能够重新夺回中国市场优势?如果要依托中国市场进而巩固全球竞争地位,应如何在中国市场进行营销决策和行为调整?

第二章　营销观念与营销组合

 **引导问题**

1. 企业的营销活动应遵循什么营销观念？
2. 我的产品质量这么好，消费者为什么不买？
3. 营销观念对企业营销起到什么样的作用？
4. 营销观念是如何随着时代的变化而动态演进的？
5. 数字技术发展对企业的营销观念带来了什么样的冲击与挑战？

 学习目的与要求

1. 了解营销观念的内涵。
2. 掌握营销观念的演化过程。
3. 掌握三种营销观念的根本区别与相互联系。
4. 掌握绿色营销观念。
5. 掌握关系营销观念。
6. 掌握体验营销观念。
7. 掌握数字化营销观念。
8. 掌握4P、4C、4R营销组合理论的演化。

第一节　营销观念

营销观念是指企业市场行为的指导思想，即企业在开展市场营销管理的过程中，处理企业、顾客和社会三者利益方面所持的态度、思想和理念。市场营销观念是一定社会经济环境的产物，其内涵随着社会经济环境的变化而发展和完善。

一、以企业为中心的营销观念——以产定销

（一）生产观念

生产观念是指导卖者行为的最古老的观念。生产观念认为，消费者喜爱那些可以随处得到的、价格低廉的产品。这种观念的经营着眼点是产品；经营的基本策略是生产数量多、物美价廉的商品而取得优势；经营的基本方法是等客上门，通过大量生产来取得利润，而不是研究如何促进销售产品。这种观念认为消费者主要对可以买到产品和价格低廉感

兴趣,至少在两种情况下这种观念有市场,一是对某种产品的需求大于供应,因而顾客最关心的是能否得到产品,而不是关心产品的细小特征;二是某种具有良好市场前景的产品,其技术含量和生产成本很高,必须通过提高生产率、降低成本来扩大市场。例如,福特汽车公司老板亨利·福特曾宣称:"不管顾客需要什么颜色的汽车,我只有一种黑色的。"公司倾全力于汽车市场,降低成本,扩大市场。以上是企业奉行生产观念的典型表现。

专栏 2-1

福特 T 型车

福特 T 型车是美国亨利·福特创办的福特汽车公司于 1908 年至 1927 年推出的一款汽车产品。第一辆成品 T 型车诞生于 1908 年 9 月 27 日,位于密歇根州底特律市的皮科特(Piquette)厂。它的面世使 1908 年成为工业史上具有重要意义的一年:T 型车以其低廉的价格使汽车作为一种实用工具走入了寻常百姓之家,美国也自此成为"车轮上的国度"。T 型车的起初售价是 850 美元,而同期与之相竞争的车型售价通常为 2 000 至 3 000 美元。到了 1920 年,由于生产效率提高和产能扩大,T 型车价格已降至 300 美元。

(二)产品观念

产品观念是生产观念的另一种表现形式。产品观念认为,消费者最喜欢高质量、多功能和具有某些特色的产品。因此,以为买者欣赏精心制作的产品,他们能够鉴别产品的质量和功能,并且愿意出较多的钱买质量上乘的产品。于是有些企业深深地迷恋上了自己的产品,以至于没有意识到市场可能并不是那样,甚至市场正在朝相反的方向发展。他们声称"我们制作最好的男士服装"或者"我们生产最好的电视机",但是弄不清市场为什么对此不感兴趣。例如,一位办公室文件柜制造商认为他的文件柜一定好销,因为它们是世界上最好的。这些柜子从四层楼扔下去仍能完好无损,但是顾客并不打算把它们从四层楼往下扔,而只想买到质价相符的商品。

奉行生产观念或产品观念,必然导致"营销近视症",即不适当地把注意力放在产品上,而不是放在需求上。

营销箴言 将良品率预定为 85%,那么便表示容许 15% 的错误存在。

——菲利普·克劳斯,质量管理大师

(三)推销观念

推销观念(或称销售观念)是在资本主义经济从卖方市场向买方市场转变过程中产生的。它流行于 20 世纪 20 年代后期到 40 年代之间。推销观念认为,如果推销策略和技巧得当,消费者通常会更多地购买某一产品。因此,企业必须积极推销和进行大量促销活动。这一观念认为,消费者通常表现出一种购买惰性或者抗衡心理,故需用好话去劝说他们多买一些;企业可以利用一系列有效的推销和促销工具去刺激他们大量购买。

大多数企业在产品过剩时,常奉行推销观念。它们的近期目标是销售其能够生产的东西,而不是生产能够出售的新产品。著名管理学家彼得·德鲁克曾经这样说:可以设想,某些推销工作总是需要的,然而营销的目的就是要使推销成为多余。营销的目的在于深刻地认识和了解顾客,从而使产品或服务完全适合他们的需求而形成产品自我销售。

推销要变得有效,必须以其他营销功能作为前提,例如需求评价、营销调研、产品开发、定价和分销等。如果营销者把认识消费者的各种需求,开发合适的产品,以及定价、分销和促销等工作做得很好,这些产品就会容易地销售出去。

二、以消费者为中心的市场营销观念——以需定产

(一)市场营销观念

市场营销观念是作为对上述观念的挑战而出现的一种企业经营哲学,它的核心原则直到 20 世纪 50 年代中期才基本定型。市场营销观念认为,实现企业目标的关键在于正确确定目标市场的需求,并且比竞争对手更有效、更有力地传送目标市场所期望满足的东西。其具体表现是"顾客需要什么,我就生产什么"。

推销观念和市场营销观念的比较如图 2-1 所示。

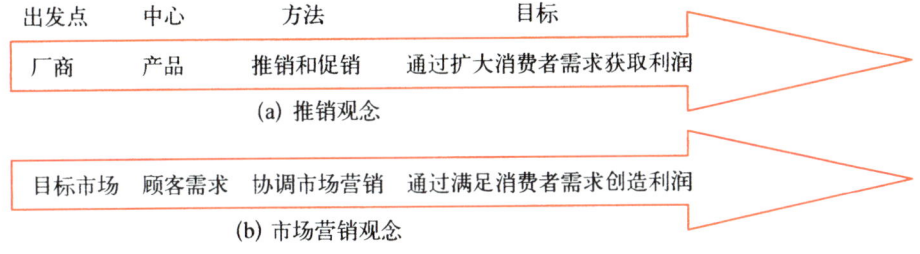

图 2-1 推销观念和市场营销观念的比较

推销观念注重卖方需要,市场营销观念则注重买方需要。推销以卖方需要为出发点,考虑如何把产品变成现金;而营销则考虑如何通过产品,以及和最终消费产品有关的服务,来满足顾客的需求,实现企业目标。推销观念的出发点是企业现有产品,市场营销观念的出发点是企业的目标顾客及他们的需求。从本质上说,市场营销观念是一种以顾客的需求为导向,并以满足需求和实现企业目标为目的的更高层次的营销观念。

营销箴言　第一条,顾客永远是对的。第二条,如果顾客错了,请参照第一条。

——琼·沃佛,沃尔玛创始人

(二)顾客让渡价值

顾客让渡价值是指企业转移的能让顾客感受到的实际价值,表现为顾客购买总价值

(total customer value)与顾客购买总成本(total customer cost)之间的差额,即:

$$顾客让渡价值 = 顾客购买总价值 - 顾客购买总成本$$

其中,顾客总价值是指顾客购买某一产品与服务所期望获得的利益组合,包括产品价值、服务价值、人员价值和形象价值等。顾客总成本是指顾客为购买某一产品与服务所耗费的资金、时间、精力等,包括货币成本、时间成本、精力成本等。

(三)顾客满意度

顾客满意度是指顾客对于所购买产品或接受服务的满意程度。它包括顾客对于产品质量、服务态度、价格合理性、售后服务等方面的评价。顾客满意度与顾客让渡价值有紧密的关系。一般而言,顾客获得的让渡价值为正数并且数值越大,顾客满意度越高;反之,顾客获得的让渡价值为负数并且数值越大顾客满意度越低。企业要提升顾客满意度,必须通过更好地提升顾客购买总价值并降低顾客购买总成本来提升顾客让渡价值。

(四)顾客忠诚度

顾客忠诚度,又称顾客黏度,是指顾客对某一特定产品或服务产生了好感,形成了依附性偏好,进而重复购买的一种趋向。顾客忠诚度主要包括顾客的情感忠诚和行为忠诚。其中,情感忠诚表现为顾客对企业的理念、行为等的高度认同和满意;行为忠诚表现为顾客再次消费时对企业的产品和服务的重复购买行为。顾客忠诚度是建立在顾客满意度的基础上的,没有顾客满意度,就不会产生顾客忠诚度。因此,企业应以满足客户的需求和期望为目标,有效地消除和预防客户的抱怨和投诉,不断提高客户满意度,促使顾客形成忠诚度,产生重复购买行为和对企业与产品的信任与依赖。

三、"三位一体"的社会市场营销观念

随着全球环境恶化,资源短缺,就业和通货膨胀压力加大,社会福利的提高被一些人忽视,以及社会经济的可持续发展日益受到挑战和引起社会高度关注,社会要求企业顾及消费者整体利益与社会长远利益的呼声越来越高,而市场营销观念难以应对这些问题。客观上要求有一种新的观念来进一步完善市场营销观念,在这个背景下,社会市场营销观念应运而生。

社会市场营销观念是在市场营销观念基础上,把满足消费者需求、实现企业利润目标和社会福利增进三个方面有机结合起来,提出企业在满足消费者需求,实现利润目标的同时,要为增进社会福利作出贡献。社会市场营销观念要求企业承担社会责任,践行商业道德,也要求管理和服务企业的政府管理部门、行业协会承担更多的社会责任。国内外的营销活动证明,奉行社会市场营销观念,才能在国内外市场上更好更快地持续发展。

专栏 2-2

ESG(Environmental, Social and Governance)

ESG 是环境、社会和公司治理三个英文单词(environmental, social and governance)的缩写。目前 ESG 还尚未有全球统一的定义和披露标准,各评级体系往往会基于全球报告倡议组织(GRI)、可持续发展会计准则委员会(SASB)等的 ESG 披露标准,根据不同的行业分类选取不同的指标构建方法论,形成 ESG 评价体系。

中国经济在经历改革开放几十年的高速发展之后，已经步入创新驱动发展的新阶段，高质量发展、共同富裕、"双碳"目标等成为新的目标，也成为企业经营与营销活动应坚持的新理念。企业践行ESG理念对于推动国家战略，实现可持续发展，具有重要的战略意义。在此背景下，我国积极推动ESG评价和披露机制的落地。

2018年9月，证监会修订《上市公司治理准则》，增加了利益相关者、环境保护与社会责任的相关内容，规定：上市公司应当依照法律法规和有关部门要求披露环境信息(E)、履行扶贫等社会责任(S)以及公司治理相关信息(G)，确立环境、社会责任和公司治理(ESG)信息披露的基本框架。

2022年5月，国务院国资委制定印发《提高央企控股上市公司质量工作方案》，对提高央企控股上市公司质量工作作出了详细部署，要求：贯彻落实新发展理念，探索建立健全ESG体系；推动央企控股上市公司ESG专业治理能力、风险管理能力不断提高；推动更多央企控股上市公司披露ESG专项报告，力争到2023年相关专项报告披露"全覆盖"。

2022年7月，深圳证券交易所推出国证ESG(环境、社会和公司治理)评价方法，发布基于该评价方法编制的深市核心指数(深证成指、创业板指、深证100)ESG基准指数和ESG领先指数，在环境、社会责任、公司治理3个维度下，设置15个主题、32个领域、200余个指标，反映上市公司可持续发展方面的实践和绩效，进一步推动ESG指数及指数产品发展创新。

2023年7月，国务院国资委办公厅发布《关于转发〈央企控股上市公司ESG专项报告编制研究〉的通知》，进一步规范了央企控股上市公司ESG信息披露工作机制。

第二节 营销观念的新发展

社会市场营销观念日益受到重视。近年来关于企业社会责任和诚信经营日益为企业所重视，也为社会所高度关注。有相当一部分企业正在由市场营销观念向社会市场营销观念转变。伴随着技术、环境以及理论研究的不断演化与发展，营销观念也呈现出动态演化。绿色营销观念、关系营销观念、体验营销观念、数字营销观念等新的营销观念出现了。

一、绿色营销观念

绿色营销观念，是指企业必须把消费者的需求、企业的利益和环保利益三者有机地结合起来，必须充分估计资源环保问题，从产品设计、生产、销售到使用的整个营销过程都要考虑到资源的节约利用和环保利益，做到安全、卫生、无公害的一种营销观念。

绿色营销观念是多种营销观念的综合。它要求企业在满足顾客需要和保护生态环境的前提下取得利润，把三方利益协调起来，实现可持续发展。绿色营销强调社会效益与企业经济效益的有机统一,要求企业在制定营销策略时,既要考虑产品的经济效益,又必须考虑社会公众的长远利益与身心健康。同时,绿色营销观念不仅要求企业树立绿色观念、生产绿色产品、开发绿色产业,同时也要求广大消费者购买绿色产品,对有害产品进行自觉抵制。

基于绿色营销观念,企业要构建起一套系统、完整的绿色营销策略,包括制定绿色营销计划、开发绿色产品、构建绿色品牌定位、形成绿色渠道体系和绿色促销策略、强化绿色管理,从而形成从营销战略到营销策略再到营销管理的全环节绿色营销体系。

二、关系营销观念

关系营销观念是把营销活动看成一个企业与消费者、供应商、分销商、竞争者、政府机构及其他公众发生互动作用的过程,其核心是建立和发展与这些利益相关者的良好关系。得克萨斯州 A&M 大学的伦纳德教授于 1983 年对关系营销进行了界定,指出关系营销是吸引、维持和增强客户关系。在 1996 年又给出更为全面的定义:"关系营销是为了满足企业和相关利益者的目标而进行的识别、建立、维持、促进同消费者的关系并在必要时终止关系的过程,这只有通过交换和承诺才能实现。"工业市场营销专家巴巴拉从工业营销的角度将关系营销描述为"关系营销关注吸引、发展和保留客户关系"。摩根和亨特从经济交换与社会交换的差异对关系营销进行了界定,认为关系营销是旨在建立、发展和维持成功关系交换的营销活动。

相较于传统营销观念认为营销的核心是一种商品交换的短期行为而言,关系营销更注重企业与消费者、供应商、分销商、竞争者、政府机构等利益相关者的长期关系构建与维护。因此,在关系营销观念下,企业的营销活动不再仅仅强调单笔交易的盈利性,而是通过与交易对象以及相关利益者建立对双方或者多方都有利的长期稳定关系实现双赢甚至多赢的结果。在当今数字经济发展带来的商业边界、组织边界被打破并驱动形成开放式创新生态系统的背景下,企业更要基于关系营销观念,与生态系统各主体建立协同营销的长期合作关系从而形成开放式的价值共创机制。

三、体验营销观念

体验营销是指企业通过看(see)、听(hear)、用(use)、参与(participate)等手段,充分刺激和调动消费者的感官(sense)、情感(feel)、思考(think)、行动(act)、关联(relate)等感性因素和理性因素,使其亲身体验企业提供的产品或服务,切身体会产品或服务的品质、性能以及使用场景等,从而促使消费者提升认知、喜好并产生购买行为的一种营销方式

1982 年,霍尔布鲁克和赫希曼率先将体验理念植入营销管理范畴。随后,学术界基于不同研究情境对体验营销驱动的营销创新进行了诸多有益的探索性研究。罗(Luo M M)等将体验营销界定为消费者的某种体验行为与主观感受。纳塔莉亚等指出,体验营销理念作为新兴营销模式,对企业重塑品牌形象、改善顾客关系质量及提升顾客忠诚具有重要实践价值。郭国庆等认为互联网营销体验应涉及行动体验、情感体验与感官体验 3 个层面,并进一步强调顾客感知体验价值对商务网站经营绩效具有显著影响。

体验营销呈现出如下 6 个特征:

(1) **参与性**。在体验营销中,顾客主动完成产品或服务的生产和消费过程,该过程是

体验营销的根本所在。

（2）**互动性**。在体验营销中，企业与顾客之间，在进行信息和情感交流的基础上，达到行为的相互配合，关系的相互促进，在实现双赢的同时形成良性的双向互动关系。

（3）**人性化及个性化**。在体验营销中，由于个体的差异性，每个人对同一刺激所产生的体验不尽相同，体验是个人所有的独一无二的感受，无法复制。因此，企业应通过与顾客之间的沟通，发掘他们内心的渴望，站在顾客体验的角度，审视自己的产品和服务能否满足顾客个性化、人性化的需求。

（4）**情感性**。满足顾客心理需求的体验营销，十分重视对顾客的感情投入，通过双方的情感交流，增进彼此情谊，满足顾客的情感需求。

（5）**无形性**。体验营销中的无形性强调的是顾客感受到的一种身临其境的体验，一种被感知的效果。

（6）**延续性**。体验作为一种顾客所有的独特的感受，并不会马上消失，具有一定的延续性，以记忆的形式存在。因此，体验营销的效果具有一定的延续性。

专栏 2-3

宜家家居体验营销

宜家成立于1943年，创始人是瑞典的17岁男孩英格瓦·坎普拉德。宜家的外文名字就是由他的姓名而来。到1948年第一个家居广告发布之前，坎普拉德主要经营圣诞贺卡和钢笔等小物品。首次销售的家居产品是咖啡椅和茶几。这次销售取得了巨大成功。从那时起，坎普拉德开始出版题为"宜家通信"的报刊，这份报刊于1951年正式成为宜家产品名册。1947年，宜家开始从事家居营销。1951年，宜家开始注重平价家居产品的生产和销售。1952年坎普拉德和他的主要干将汉森决定采用长期展览加上家居销售的经营业务模式，确保产品质量，摆脱过去单一邮购方式造成的价格战和产品质量不稳定，消费者信任缺失等问题。宜家低价处理了库存的各式小物件商品，开始专门销售家居产品。全球首家宜家家居展厅于1953年3月在瑞典开业，消费者第一次可以在购买宜家家居产品前看到和触摸到这些产品，集成邮购行业和家居行业的宜家营销之道自此产生。截至2023年2月15日，宜家家居已经在全球31个国家62个市场开设了460家门店。

宜家家居在全球市场之所以受到消费者的喜爱，与它的体验营销密切相关。可以说，宜家家居作为体验营销的经典实践者，在营销活动中将体验营销发挥得淋漓尽致。

一、感官体验

步入宜家商场，人们仿佛来到了精心设计的主题式公园。鲜明的蓝黄色调，是瑞典国旗的颜色，突出了宜家的文化背景和地域风格。宜家从视觉、听觉、触觉、嗅觉等各方面给消费者提供了一道丰富的感官大餐。步入宜家，人们会感到眼前一亮：典雅别致的家具，随意而又巧妙地散布在宽大的居室内，每一个都独有一番风味，散发着迷人的魅力，令人有一种别有洞天的感觉。宜家主要的特点是时尚、平和。时尚是因为这里处处洋溢着热情的异国风光，在这里可以看见温馨舒适的卧房、错落有致的客厅、充满童趣的婴儿房等,麻雀虽小,五脏俱全。墙面上的书橱、隔板、床头上方的小书架,显得格外温馨舒适,舒缓而和睦的气息让人感觉就像身处自己梦想中的家。除了生活必需的家具,所有配套的家饰用品也一应俱全,比如抽屉里女主人的首饰、丝巾,书架上的图书、杂志,厨房里的刀叉碗筷,周到得令人叹为观止。身处这样一个环境里,人们感到舒适心动几乎是必然的。样板间中,所有的家具和装饰物,都来自宜家,当你想要单独购买任何一件家居物品时,商品的价格和单独销售这些产品的地点都在标签上注明。值得一提的是,为了增加体验的舒适感,宜家样板间的灯光照明会选择35到60瓦之间,这样的光线最能使人感到温馨舒适。如此一来,消费者在房间里逗留的时间大大增加了,消费者的购买欲望也刺激了。

二、情感体验

宜家家居善于把握消费者内在的感情和情绪,通过营造一种触动消费者内心情感的环境氛围,成功地为消费者创造温和、柔情的快乐体验,使原本枯燥的购物过程变成一个兴趣盎然的美好情感体验。宜家能够挖掘人们的潜在需要,让消费者发自内心地爱上宜家。在宜家,随处可见提着大袋子的人们,愉快自由地购物。此外,宜家专门为儿童提供了娱乐场所,并安排专人照顾小孩,避免消费者由于哭闹的孩子所引发的顾虑。在宜家,消费者可以尽情体验,随意拉开抽屉查看,床和沙发也可以随意试躺、试坐,不会出现"样品勿坐"这类不礼貌的警告性标语。宜家的销售人员只会在客人要求的时候出现,不会喋喋不休、亦步亦趋地跟着客人,这样客人就可以尽情地欣赏任何物品,增加了体验式购物的乐趣。宜家已经成为一种生活文化的符号,融入人们的生活当中。宜家的"商场指南"中规定,14天内无理由退换货。考虑到中国的运输问题,宜家中国本土化的规定中将14天延长至60天,这在宜家的发展史上是史无前例的,也体现了宜家对于中国市场的重视。

三、思考体验

宜家家具善于利用创意的方式引发顾客的思考和兴趣,为顾客带来创造认知和解决问题的体验。无论是个性十足的产品目录,还是商场内的整体布置,都可以给人启迪和灵感。宜家还会给顾客提供一些生活小秘诀,开拓顾客的思维。宜家鼓励顾客细读标签,从中掌握充分的产品信息,包括产品的购买指南、保养方法、价格、尺寸、颜色、产地等内容。充分的信息共享在购物的过程中给顾客提供安全感,达到更好的沟通效果。宜家认为,居室还有很多未被开发利用的地方,只要用心善加利用,就能在狭小的空间里开拓新天地。宜家会引导消费者善用柜体与墙体的间隙,增加客厅的储物空间,美化厨房,达到引发思考,扩展生活空间的目的。

四、行动体验

宜家家居提倡自助式购物、自助式安装。在各分店的入口处,放置有铅笔、量尺、店铺指南、目录及购物袋和购物车,顾客可以毫无困难地进行自助式购物。选好要购买的商品后,顾客要到自选仓库提货,结账后还需要自己将包装箱拖回家。宜家鼓励消费者自己动手组装家居,体验DIY的乐趣。所有宜家产品的设计师,在设计过程中都会自己动手组装,搭配安装所需的各种工具,并制作配套的指导手册和宣传片，教会消费者购买搭配和组装的方法。随着消费者消费意识日趋成熟，对于消费过程的体验需求也愈发强烈，宜家结合这样的市场现况，提供了从现场到最终将家居搬回家之后的全套体验营销，从而拉近了产品与消费者的距离。

四、数字营销观念

数字营销观念是基于互联网和数字技术的现代营销理念，它强调了将传统的市场营销策略与数字技术、数字渠道相结合的重要性。在数字化营销观念中，企业不再仅仅依赖于传统的广告、电视或广播等媒介，而是利用网络、移动设备、社交媒体、搜索引擎优化（SEO）、电子邮件、应用程序等数字平台来推广产品和服务。数字营销观念也被视为从经营产品到经营用户的新模式。在具体的实施过程中，企业利用大数据、移动互联网、人工智能、云计算、物联网等新一代信息技术，实现全流程数字化，对用户行为进行深度分析和挖掘，从而实现精准营销和提高用户体验。总的来说，数字化营销观念是以数字网络和多媒体互动终端为载体，以品牌的智能化再造为核心理念，以满足消费者需求和升级品牌关系为终极目标的一种新型营销策略。

数字营销观念的核心特征包括：

（1）**数据驱动**：数字营销强调收集和分析数据以了解消费者行为，以便更精准地定位目标市场、定制营销信息，以及衡量营销活动的效果。

（2）**个性化推荐**：数字营销通过使用用户数据和算法，为每个用户推荐个性化的营销信息、产品与服务，提高转化率和客户满意度。

（3）**双向沟通**：传统媒体通常是一对多的传播方式，而数字化营销允许企业与消费者进行双向交流，例如通过社交媒体互动和在线客服支持。

（4）**实时反馈**：由于数字化工具能够实时监测用户的行为和反应，企业可以迅速调整其营销策略以适应市场变化。

（5）**全渠道整合**：成功的数字化营销需要整合线上和线下渠道，提供无缝的跨平台用户体验。

（6）**持续创新和迭代**：随着技术和消费者习惯的变化，企业必须不断尝试新的营销方法和技术，并根据结果快速迭代和改进。

第三节 营销组合

1953 年，尼尔·博登在美国营销协会的就职演说中使用了"营销组合"一词，表示市场需求或多或少受到"营销要素"的影响。自此，营销组合策略成为市场营销的重要组成部分。伴随着营销观念的变革，营销组合策略经历了从 4P 到 4C 再到 4R 的过程。这个演变过程不断完善和丰富了市场营销理论，也为指导市场实践活动提供了越来越可靠的理论支撑。

一、4P营销组合理论

（一）4P营销组合的理论框架

密歇根州立大学的教授杰罗姆·麦卡锡在他1960年出版的《市场营销学基础》一书中，将营销要素归纳为4个基本策略：产品(product)、价格(price)、渠道(place)、促销(promotion)，这是4P营销组合的理论框架。1967年，菲利普·科特勒进一步丰富了4P营销策略组合：

（1）产品(product)策略：企业要注重产品开发功能，要求产品具有独特的卖点，把产品的功能诉求放在营销首位。

（2）价格(price)策略：根据不同的市场定位制定不同的定价策略，企业产品定价以公司的品牌战略为基础，注重品牌的打造和价值创造。

（3）渠道(place)策略：公司不直接与消费者打交道，而是注重培养经销商，建立销售网络，公司与消费者的联系是通过经销商进行的。

（4）促销(promotion)策略：促销策略不能狭隘地理解为"宣传"。企业的促销策略应该包括一系列的营销活动，如品牌宣传(广告)、公共关系和促销。

（二）"大市场营销"理论

随着国际化的推进和竞争形势与宏观环境的变化，在20世纪80年代中期，菲利普·科特勒在营销组合理论的基础上，提出了"大市场营销"理论，即6P营销理论。6P分别为产品(product)、价格(price)、渠道(place)、促销(promotion)、公共关系(public relationship)、政治权力(political power)。与4P营销组合理论相比，6P营销组合理论注重在国际化、全球化的市场环境中，通过公共关系和政治权力进一步了解并融入东道国市场，并在此基础上形成企业的营销策略安排和市场进入决策。

整体而言，无论是4P营销组合理论，还是6P营销组合理论，其核心理念都是以企业为核心，忽视了顾客的需求和利益，没有完全体现顾客导向的经营理念，需要伴随着消费者价值诉求、话语权的增加以及市场环境的变化加以升级。

二、4C营销组合理论

竞争环境、供求关系的变化加速了市场格局的更迭，也促进了营销理念的革新，单向注重企业销售的4P理论也顺势升级。1990年，美国市场营销学者罗伯特·劳特朋教授提出了与传统营销的4P相对应的4C营销组合理论，即从产品(product)转向顾客(customer)，从价格(price)转向成本(cost)，从渠道(place)转向便利(convenience)，从促销(promotion)转向沟通(communication)。

（1）顾客(customer)：主要指顾客的需求。企业必须首先了解和研究顾客，根据顾客的需求来提供产品。同时，企业提供的不仅仅是产品和服务，更是由此产生的客户价值(customer value)。

（2）成本(cost)：不单指企业的生产成本，或者说4P中的price(价格)，还包括顾客的购买成本。产品定价的理想情况，应该是既低于顾客的心理价格，也能够让企业有所盈利。顾客购买成本不仅包括其货币支出，还包括其为此耗费的时间、体力和精力，以及购买风险。

（3）便利(convenience)：即为顾客提供最大的购物和使用便利。企业在制定分销策略时，要更多地考虑顾客的方便，而不是企业自己的方便。要通过好的售前、售中和售后服务来让顾客在购物的同时享受到便利。便利是客户价值不可或缺的一部分。

（4）沟通（communication）：企业应通过同顾客进行积极有效的双向沟通，建立基于共同利益的新型企业-顾客关系。这不再是企业单向的促销和劝导顾客，而是在双方的沟通中找到能同时实现各自目标的通道。

4C营销组合理论以顾客为核心，以高效沟通换取高价值回报，使企业的经营活动更有温度。虽然4C营销组合理论相对于4P营销组合理论有了质的提升，但营销组合理论所强调的以顾客需求为导向，是被动地适应顾客需求。如何根据市场的发展，从更高层次以更有效的方式在企业与顾客之间建立起有别于传统的新型的主动性关系，如互动关系、双赢关系、关联关系，是4C营销组合理论未能回答和解决的。

三、4R营销组合理论

唐·舒尔茨在4C营销组合理论的基础上提出了4R营销组合理论。4R营销组合理论是以关系营销为核心，注重企业和客户关系的长期互动，注重建立顾客忠诚的一种理论。它既从厂商的利益出发又兼顾消费者的需求，很好地平衡了企业和消费者的关系。4R包括关联（relevance）、反应（reaction）、关系（relationship）、报酬（reward）：

（1）关联（relevance）：4R营销组合理论认为企业与顾客是一个命运共同体，建立并发展与顾客之间的长期关系是企业经营的核心理念和最重要的内容。

（2）反应（reaction）：在相互影响的市场中，对经营者来说最难实现的问题不在于如何控制、制定和实施计划，而在于如何站在顾客的角度及时地倾听和从推测性商业模式转为高度回应需求的商业模式。

（3）关系（relationship）：在企业与客户的关系发生了本质变化的市场环境中，抢占市场的关键已转变为与顾客建立长期而稳固的关系。相应地，5个转向产生了：从一次性交易转向强调建立长期友好合作关系；从着眼于短期利益转向重视长期利益；从顾客被动适应企业单一销售转向顾客主动参与到生产过程中来；从相互的利益冲突转向共同的和谐发展；从管理营销组合转向管理企业与顾客的互动关系。

（4）报酬（reward）：任何交易与合作关系的巩固和发展，都是经济利益问题。因此，一定的合理回报既是正确处理营销活动中各种矛盾的出发点，也是营销的落脚点。

专栏2-4

数字营销时代的4R营销组合理论

数字营销时代，经营活动的主阵地由实体店迁移到互联网等虚拟场景，迫切需要一套更加科学合理的理论武器。科特勒咨询机构结合数字化营销的时代背景，提出了全新的4R营销理论，即人群画像分析（recognize）、数字化信息触达（reach）、客户关系连接（relationship）、营销关系交易与回报（return）。数字营销4R模型见图2-2。

（1）人群画像分析（recognize）。利用大数据追踪顾客的网络搜索、购物偏好、支付习惯等行为，然后刻画用户的数字画像，再分类建设标签体系，形成完整的用户信息数据库。

（2）数字化信息触达（reach）。社交 App、智能推荐、搜索引擎推广等路径被广泛运用，实现技术、数据和客户的高度融合，降低了传播成本，也提高了传播精准度。

（3）客户关系连接（relationship）。拥有客户资产是企业开展数字营销战略的重要目标，因此，企业必须为顾客提供个性化、定制化服务，扩充私欲流量池，培养稳定的客户群体。

（4）营销关系交易与回报（return）。企业通过优化产品宣传网站、页面，提高浏览满意度，从而促进流量转化，实现盈利。

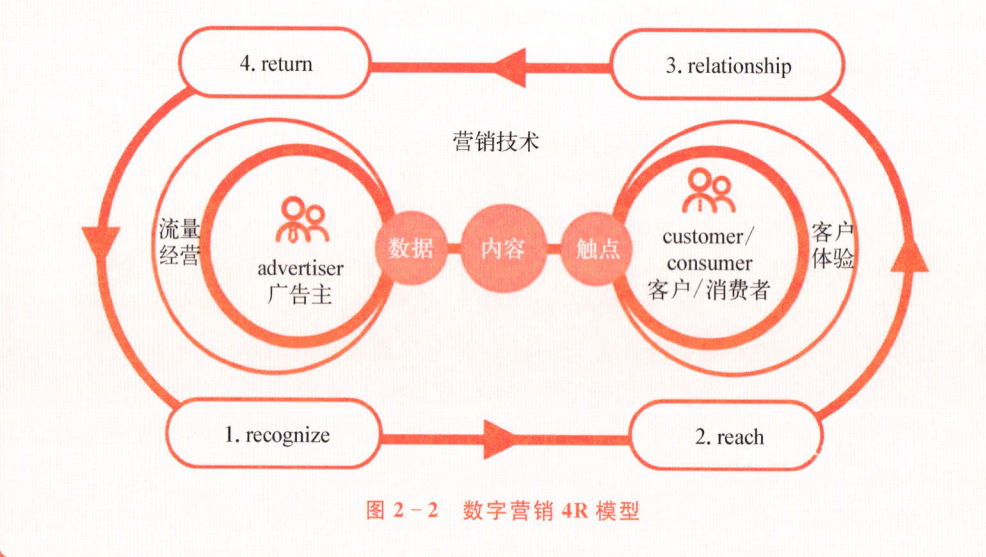

图 2-2　数字营销 4R 模型

本章小结

营销组织在开展营销活动时，会受到不同营销观念的影响。社会市场营销观念是指导企业拓展国内外市场的与时俱进的先进观念，是深受广大消费者接受的观念，也是企业营销成败的关键观念。工商业界、非营利组织和国际领域越来越多的机构认识并掌握了营销的理论和方法，必将有助于这些机构改进和提高市场营销和管理的工作绩效。

关键名词

市场营销观念　社会市场营销观念　顾客价值　顾客满意

思考题

1. 不同的营销观念产生的背景是怎样的?
2. 试结合实际分析我国家电企业处在哪一种营销观念阶段。

案例分析

众乐公司如何应用4R营销策略?

秉承"科学养宠、精细呵护"的理念,众乐宠物用品公司(以下简称众乐公司)已走过7年发展历程,在创始人的带领下,已经发展为拥有5家连锁经营店、20名精英骨干的宠物用品企业。公司为宠物主提供优质产品,帮助其简化养宠生活,提高宠物舒适度,让主人和宠物获得更多的愉悦感和幸福感。公司主要经营犬类和猫类用品,产品类目大致如下:按宠物类型分为爱犬专区、喵星人专区;按产品类型分为萌宠美食(主粮和零食)、宠物乐园(窝笼、床品、食盆等)、精致呵护(浴盆、洗液、梳子、指甲刀等)、日常用品(宠物服饰、绳索、玩具、香薰等)、健康养护(急救箱、常用药等);此外,还有智能专区,专门销售新型、网红款宠物用具。在数字经济背景下,为了更好地适应数字经济驱动的无边界化营销,呼应以消费者为主导的营销发展趋势,众乐公司构建了4R数字营销策略。

一、基于宽产品线的关联(relevance)策略

为建立企业与顾客的命运共同体模式,提高市场覆盖面,众乐公司结合多年经营经验,围绕消费者购买兴趣,以产品关联度为基础,组建了丰富的产品类目表,选择了宽产品线策略,同时,也注重产品线的纵向延伸,不断扩容产品组合,以便为消费者提供多样化选择,避免单个产品滞销影响整体业绩,这也是获取长期稳定顾客的根本方式。众乐公司产品线策略和产品线的纵向延伸分别如表2-1和表2-2所示。

表2-1 众乐公司产品线策略

犬类	猫类	其他		

表 2-2 众乐公司产品线的纵向延伸

类目	细目	图示	规格	定价/元
萌宠美食	主粮		200 g	29.8
			180 g	28.8
	零食		150 g	21.8
			80 g	16.8
			100 g	19.9
宠物乐园	窝笼		60×45×60 cm	299
	床品		M号(20斤)	59.9
精致呵护	浴盆		M号(30斤)	98.8
	浴巾		60×30 cm	29.9
日常用品	服饰		M号(20斤)	88.8
	绳索		5×20 cm	26.6
	玩具		6×6×6 cm	8.8
健康养护	急救箱		常规器具	199.9
	常规药		防虫害	58.8

在产品线延伸方向上,众乐公司注重塑造产品质量好、整体档次中高档的形象,而且从宠物用品市场的盈利情况分析,中高端产品的市场份额逐年递增,低端产品逐渐边缘化,因此,采取向上延伸的方式来提升企业档次是众乐提高经济效益、吸引顾客群体的必然选择。

二、基于用户数字标签的反应(reaction)策略

人群洞察是开展数字营销的前提,必须根据人群属性筛选出目标人群,然后构建用户数字画像,在此基础上才能准确地判断用户类型,了解其需求特征,消费行为以及获取信息路径,然后开展个性化推荐,提高市场反应速度。对此,众乐公司通过分析用户数据库筛选出目标受众,选择符合自己业务模式和产品定位的消费者,主要参考因素有消费者年龄、地域、购买相似产品经历、购买能力等。经过初次筛选,开展刻画用户数字标签工作。设定预期目标客户的画像维度后,进行角色归类,比如将消费观、学历、婚姻状况等作为归类要素,同时不能忽略差异化行为,然后梳理每一类角色的共性特征,按照预先设定的框架维度代入消费场景、推广模式等,使用户形象鲜活饱满。众乐公司用户数字标签如表2-3所示。

表2-3 众乐公司用户数字标签

狗宠物主标签				猫宠物主标签			
属性	比重	TGI	画像	属性	比重	TGI	画像
男	55%	123		女	54%	99	
25~34岁	56%	107		35~44岁	54%	92	
本科	52%	109		硕士	22%	103	
健身教练	12%	100		公务员	20%	98	
中高收入	75%	118		中高收入	82%	112	
喜欢宠物	80%	120		陪伴需要	76%	123	

三、基于目标受众App行为的关系(relationship)策略

关系营销的目标是使顾客的一次性交易转向长期友好合作,从单向接受产品转向主动参与生产设计,而实现这一目标的载体是各种社交媒体。社交媒体营销又称社会化营销,基于企业官网、公众号等平台传播产品资讯,从而推进销售、服务、公关等业务,既能便利且廉价地传播产品信息,又能增加产品的曝光率,同时,也能为用户开辟新的分享经验、抒发观点、提出意见的可靠阵地。试水数字营销策略阶段,为了集中优势力量以"投入少、见效快、低成本"换取资金迅速回笼,众乐的数字营销渠道相对单一,主要以社交媒体营销为主。根据消费者使用App的行为特征,众乐公司以社交媒体传播为核心,制定了完整的数字营销方案,形成了"场景—内容—社群—连接"的闭环模式(如图2-3所示)。

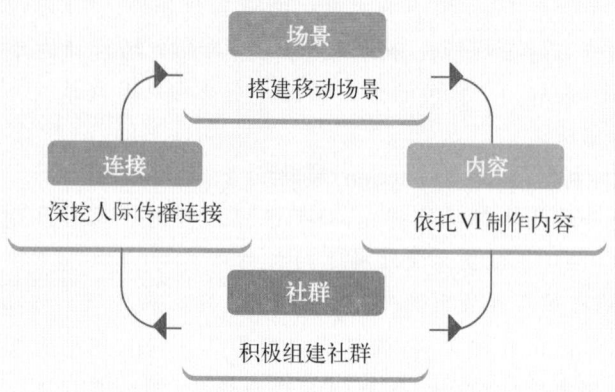

图 2-3　众乐公司数字营销闭环模式

(1) 搭建移动场景。众乐公司致力于为客户创造价值,因此,在宣传中紧扣生活场景,比如,单身女白领接受紧急任务要去异地出差,一边准备出差用品,一边为宠物猫发愁,这时,刷到微信程序里推出的手机 App 遥控的投食器皿,解了燃眉之急。在正确的时间节点,将用户的困扰与产品融合,顺理成章地投放产品。

(2) 依托视角识别系统(VI)制作内容。社交营销以内容营销为核心,通过组合图片、文字、视频、动画等元素达到宣传效果。众乐构建了完整的企业 VI,从产品的 Logo 到小程序主页、产品的呈现,都融入了立体感官和动画效果,比如在页面跳转等待期间,设计一只动态的小狗摇尾巴,既能带来欢快的体验,也能消除跳转等待环节的无聊感。

(3) 积极组建社群。众乐公司通过分析消费者 App 行为,组建了兴趣偏好社群、人际传播社群、萌宠分享社群、健康资讯社群等多个不同主题的社群,鼓励用户拉好友进群,裂变式传播帮助企业扩充社群容量。这种基于相同爱好的社群更容易消除陌生感。众乐分派专业人员制造话题、分发优惠券、推送宠物资讯等,同时积极调动群成员互相沟通,保持社群的活跃度,充分聚集人气,增强用户的黏性。在情人节来临之际,众乐以"爱宠不缺爱"为主题发起线上定时抽奖活动,向每个群的中奖用户的爱宠赠送玩具,但开始之前,会发起线上投票活动,征集用户喜好的花色、质地、功能等,在维系客户的同时也成功地开展了实地调研活动。

(4) 深挖人际传播连接。社交媒体非常注重人际传播连接,近年来,关键意见领袖(KOL)的兴起验证了人际传播连接的力度。数字化时代,人际交往更为直接、简单、便利,企业如果能抓住拥有庞大粉丝群体的人,就会成功连接产品与用户,并迅速聚集大批潜在用户,这种传播路径事半功倍。众乐曾在抖音直播销售现场连线萌宠博主助阵,为直播间带来非常大的流量,也在短时间内迅速涨粉。

四、基于需求导向定价的报酬(reward)策略

企业营销活动的落脚点在于获取经济回报,而这种报酬必须是消费者认为"合理"的,即合理的定价模式和销售机制,只有产品定价能反应产品等级、符合消费者接受范畴,才能实现营销回报,以及促成消费者复购。与以往的成本导向定价不同,众乐采取了优先考虑顾客需求程度和对价格接受程度的定价方法,即需求导向定价法,辅之以弥补成本的成本导向定价。在定价的过程中,注重提高顾客对产品价值的理解状况。首先,以产品组合、包装、服务等突出产品差异化,打造与众不同的线上浏览体验。第二,广告视频营造温馨陪伴、轻松养宠的场景,突出产品的特性。第三,加强宣传的密度,定期在微信群内投放广告程序、新品链接,保持群内活跃,吸引顾客的关注度。第四,注重公益宣传,推送企业参与宠物公益活动的报道、参与一些电台的宠物线上投票活动,提升企业爱宠、护宠的整体形象。基于以上方式,使消费者加深对企业的认知,进而接受企业的中高端定价水平,同时,还结合消费者趋吉避凶的心理特征,多采用尾数定价法,如尾数选择"6""8""9"等大家喜闻乐见的数字。

案例思考题:

1. 众乐公司的营销策略是如何体现出的4R营销组合策略?
2. 您认为在数字化营销背景下,众乐公司的营销策略还有什么需要改进的地方?

第三章 市场营销环境

 引导问题

1. 为什么很多企业会短命?
2. 对营销环境,是适应它还是改变它?
3. 营销活动过程中应该分析哪些营销环境?
4. 市场机会就是企业的机会吗?
5. 面对环境威胁,企业如何应对?

 学习目的与要求

1. 了解市场营销环境的含义与特点。
2. 掌握宏观市场营销环境的主要内容。
3. 掌握微观市场营销环境的主要内容。
4. 掌握企业应对市场机会的营销对策。
5. 掌握企业应对环境威胁的营销对策。

第一节 市场营销环境的含义与特点

企业的市场营销活动是在一定的外界条件下进行的。为了实现营销目标,企业必须认真分析和研究市场营销环境,并努力谋求企业内部条件和营销活动与企业外部市场环境之间的动态平衡。企业营销战略与策略必须随外部环境的变化而变化,才能实现企业目标或减少营销损失。研究市场营销环境,是企业制定营销战略的前提。

一、市场营销环境的含义

市场营销环境,是指影响企业市场营销活动和营销目标实现的各种因素。市场营销环境包括宏观环境和微观环境。宏观环境是指一个国家或地区的政治、法律、人口、经济、社会文化、科学技术等影响企业营销活动的宏观因素。微观环境是指企业内部条件、顾客、竞争者、营销渠道和有关公众等对企业营销活动有直接影响的诸因素。所有的微观环境都受宏观环境的制约,同时微观环境对宏观环境也有一定影响。

市场营销环境是一个不断完善和发展的概念。在 20 世纪初,工商企业仅将销售市场作为营销环境。到了 20 世纪 30 年代以后,又把政府、工会、竞争者等对企业有利害关系

者也看作环境因素。进入20世纪60年代以后,进一步把自然生态、科学技术、社会文化等作为重要的环境因素。随着政府对经济干预的加强,20世纪70年代以来,现代企业更加重视对政治、法律环境的研究。这个不断扩大的过程,国外称为"企业的外界环境化"。在市场国际化条件下,一国或地区的市场还受到世界市场的影响,同时,资本市场、房地产市场,对产品市场的影响越来越大,外部环境变化对企业的生存和发展愈加重要。国内外的企业也越来越重视对市场营销环境的研究。市场营销环境如图3-1所示。

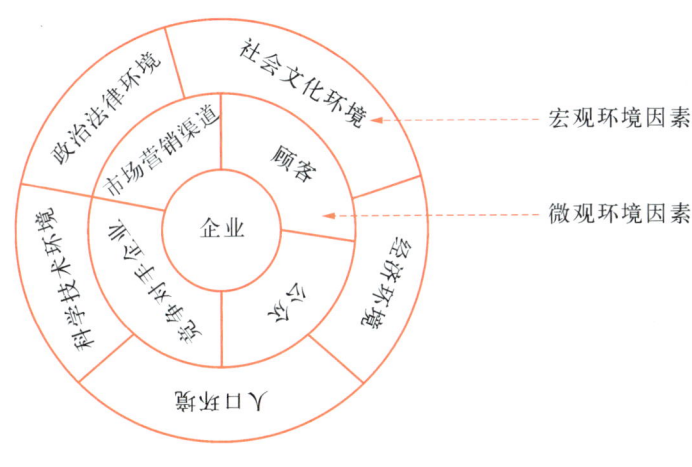

图3-1 市场营销环境

二、市场营销环境的特点

市场营销环境是企业生存和发展的条件。市场营销环境的发展变化既可以给企业带来市场机会,也可以造成严重威胁。由于生产力水平的不断提高和科学技术的进步,企业外部环境的变化经常超过企业内部因素变化的速度,企业的生存和发展越来越决定于适应外界环境变化的能力。

市场营销环境是一个多因素、多层次而且不断变化的综合体,企业要在复杂多变的环境下驾驭市场,就必须认真研究市场营销环境的特点。

(一)差异性

市场营销环境的差异性不仅表现在不同企业受不同环境的影响;而且,同样一种环境因素的变化对不同企业的影响也不相同。外界环境因素对企业作用的差异性导致企业为应对环境的变化所采取的营销战略与策略也各有其特点。例如,开采煤和使用煤的企业,面对涨价和降价的市场变化,会作出不同的反应。

(二)多变性

构成企业营销环境的因素是多方面的,每一种因素又都随着社会经济的发展而不断变化,这就要求企业应根据环境变化,及时调整其营销策略。诚然,营销环境的变化,既会给企业提供机会,也会给企业带来威胁。例如受世界金融危机和新冠肺炎疫情影响,企业市场营销活动在受到挑战的同时,也孕育着危机后的机遇。虽然企业难以准确无误地预见未来环境的变化,但可以通过设立预警系统,追踪不断变化的环境。

（三）相关性

市场营销环境不是由某个单一的因素决定的,而是受一系列相关因素的影响。如扩大就业的政策会增加大量就业和促进经济增长,但有可能引发通货膨胀。因此,企业要考虑一个因素变化会带来怎样的相应变化。市场营销环境相互影响的程度是不同的,有的可以通过调查、分析进行事前评估,有的事前就难以估计和预测,而只能通过事后一些主要指标进行分析。

（四）目的性

企业研究市场营销环境,其目的是适应不同的环境,从而求得更好的生存和发展。由于企业市场营销环境不等于整个外界环境,因此,企业所要适应的只是对企业营销活动有影响的环境因素。对这些因素,企业不但要积极主动地去适应,而且要不断创造和开拓对自己营销有利的环境因素。

第二节　宏观市场营销环境

宏观市场营销环境,通常指一个国家或地区的经济、社会、文化等因素及其发展变化的状况,它是企业不可控制的因素。企业可以通过调整企业的人、财、物及产品、定价、渠道、促销等自己可以控制的营销手段,去适应宏观环境的发展变化。宏观环境一般包括以下几个方面。

一、政治法律环境

从国内来说,政治法律环境主要是指国家的方针、政策、法律、法规及其调整变化对企业营销活动的影响。企业的营销活动,作为社会生活的组成部分,总要受到政治法律环境的影响和制约。党和国家的方针政策,不仅确定了国民经济的发展方向和速度,也直接关系到社会购买力的提高和市场消费需求的增长。

> **营销箴言**　经济工作是七分经济、三分政治。
> ——陈云,原国务院副总理、国务院财经委员会主任

政治法律环境对市场消费需求的形成和实现具有一定的调节作用。企业研究并熟悉政治法律环境,既可保证自身严格依法管理和经营,也可运用法律手段保障自身的权益。各个国家的社会制度不同、经济发展阶段和国情不同,体现统治阶级意志的法律也不同。从事国际市场营销的企业,必须认真学习、研究有关国家的政治法律制度和有关的国际法规、国际惯例,并在实践中遵循。中国的改革开放向市场营销的规范发展提出了新的要求。

（一）立法的主要目的

（1）保护各公司的利益相互不受损害。企业的经理们都承认竞争的存在,然而,一旦

竞争触及其自身利益,便设法压制竞争;但凡本企业的利益受到竞争威胁的时候,就会极力主张立法。

(2) 保护消费者利益免受不正当商业活动的损害。有些企业,如果对它们放任的话,它们就会在产品中掺假,做虚假广告,用包装欺骗消费者,以低价格引诱顾客。对于不正当竞争的商业活动,政府和有关管理部门已经作出许多限定,并由各种各样的机构强制执行。不过也有一些经理说:"用户第一主义可能是过去二十年中曾经出现过的事情中最好的事情。"

(3) 保护社会的更大利益不受失去约束的商业行为的危害。因为很可能出现这样的情况:国民生产总值增长了,但生活质量下降了。通过及实施一项新法的一个主要目的就是向企业收取其产品或其生产过程所发生的社会成本。

营销经理们需要对保护竞争、保护消费者及保护社会的更大利益的那些主要法律有一个较全面的了解。早期的法律主要为保护竞争,后期的法律主要为保护消费者。营销经理们应当了解这些法律,特别是要注意了解那些影响他们在当地的营销活动的国家及地区的法律。

(二) 法律法规要兼顾的公众利益集团

改革开放以来,公众利益集团(特别是消费者协会)的数目和力量都有所增加。这些集团对政府官员进行游说,对企业经理施加压力,要他们更加注意消费者的权利、妇女的权利、高龄公民的权利和少数民族的权利等。许多公司都已建立了公众事务部,研究、处理与这些公众利益集团有关的事务。

新法律的问世,更严格地执法和各种"压力集团"数目的增加,综合在一起对营销人员增加了更多的限制。营销人员不得不协同公司法律顾问和公共关系部门一起整理他们的计划,以期获得法律和公众利益集团的支持。

二、人口环境

市场营销人员所感兴趣的另一个环境因素就是人口环境,因为人口环境是构成市场的基本因素。市场营销者对各地人口的规模、地理分布、人口密度、流动趋势、年龄构成、出生率、结婚率和死亡率等,有着强烈的兴趣。

(一) 关心人口问题的两个基本原因

人口发展是世界各国政府及各种团体极其关切的一个问题。其原因有两个:一是地球上的资源有限,不足以养活过多人口,特别是无法维持大多数人所渴望的那种生活水平。二是人口增长最快的地方恰恰正是那些最缺乏能力养活过多人口的国家和地区。在许多发展中国家和落后地区,死亡率由于现代医学成就而下降,但出生率却一直相当稳定。要这些国家和地区为儿童提供食物、衣服和教育并提高全国人民的生活水平,显然是短期内不容易办到的事。此外,贫穷的家庭孩子最多,这又加剧了贫穷的恶性循环。

世界各地人口的增长速度,与商业有很大的关系。人口增长意味着人类需求的增长。如果人们有足够的购买力的话,人口增长就意味着市场的扩大。倘若人口的增长对粮食供应和各种资源的供应形成过大的压力,生产成本就会暴涨而利润剧降。

(二) 家庭及其变化

各国家庭的变化给市场营销提供了机会。由于晚婚、少子女、高离婚率和更多的已婚妇女就业,各国家庭的特征也在发生变化。

(1) 晚婚。近些年来各国人口结婚的年龄已经推迟,男性平均为28岁,女性平均为25岁。据调查,2007年大约有50%以上20~25岁的女子和60%以上的25~29岁的男子,还不曾结婚,这就意味着当年的订婚戒指和结婚戒指、新娘用品及家庭用品的销量会减少。

(2) 少子女。我国家庭的平均规模正在缩小。现在,家里没有18岁以下孩子的家庭,已占家庭的较大数目。新婚夫妇也推迟了生育。在有孩子的家庭里,平均每户孩子数也大大下降。这些就意味着对儿童食品、儿童玩具、儿童服装和其他儿童用品及劳务的需求将会减少。

(3) 妇女就业。妇女的就业扩大了高档服装的市场,扩大了对半托幼儿园服务、家庭打扫服务和冷冻食品的需求。已婚妇女就业人数的不断增加,也意味着观看电视连续剧和阅读有关妇女刊物的时间在减少。就业妇女的收入占家庭收入的40%左右,构成了对优质商品与劳务的需求与消费。经营女用头饰、保险、旅游、推销业务的人,越来越多地在针对就业妇女大做广告。这一切,都伴随着家庭中丈夫与妻子传统地位与价值观念的变化,丈夫承担更多的家务,比如去商店购物和看管孩子。结果,丈夫就越来越被食品公司和家用器具制造商及零售商当作自己的目标客户。

(三) 非家庭户的增加

非家庭户的增加构成一种特殊需求的目标市场。

(1) 单身成人户。许多青年人早就离开家庭,搬入公寓单独居住。此外,许多离婚丧偶的人也单独居住。这是需求增加最快的一类人口。单身、分居、丧偶的人也单独居住。单身汉有了各种能使他们相互结识的服务(如酒吧、观光、旅游等)市场。

(2) 群居户。群居户由三个或更多的同性或异性成年人组成,共同分担费用和开支。群居户成员包括大学生及住在建筑工地的简易住宅的人。

市场营销人员应当考虑非家庭户的特殊需要,因为非家庭户的增长速度远远快于家庭户的增长速度。

(四) 人口流动的主要趋势

(1) 向经济发达地区迁移。改革开放以来,经济落后地区向经济发达地区的人口迁移的规模和速度都在增长。市场营销人员对各地区人口变化情况感兴趣,是因为这给他们带来了市场机会或减少了市场机会,他们必须掌握这种情况。

(2) 从农村向城市迁移。改革开放以来我国每年农转非人口在1 000万左右。在城市里,生活节奏快,相互往来频繁,收入高,可以得到比小城镇和农村地区所能得到的多得多的商品与劳务供应。高档的服装、香水、皮包和艺术品,绝大部分都在大城市里销售;歌剧、芭蕾舞和其他"高文化"项目,也是在这些大城市里最受重视。

(五) 大规模市场向多元市场转变

家庭小型化、越来越多的非家庭户、人口老龄化、人口增长率高,所有这些变化所产生的影响,使我国市场从一个大规模市场转变为更加分散的具有年龄、性别、地理、生活方式等差别特征的微观市场。每一个群体都有他们自己强烈的爱好和消费者特点,只有通过越来越具有差别性的媒介,才能与他们互相沟通。企业正在放弃那种把虚构的"消费需求无区别"的消费者作为目标的方法,而越来越多地根据各个微观市场的需求去设计产品和制定营销计划。

这些人口统计上的变化趋势就短期和中期而言是极为可信的,警觉的企业能够认清这些人口变化的主要趋势并弄清这些变化趋势对其行业的影响。

三、经济环境

(一) 收入与支出状况

1. 消费者收入水平的变化

市场不仅是由人口构成的,这些人还必须具备一定的购买力。而一定的购买力水平则是市场形成并影响其规模大小的决定因素。消费者收入,是指消费者个人从各种来源中所得的全部收入,包括消费者个人的工资、退休金、红利、租金、赠予等收入。消费者的购买力来自消费者的收入,但消费者并不是把全部收入都用来购买商品或劳务,购买力只是收入的一部分。因此,在研究消费收入时,要注意以下几个指标:

(1) 国民生产总值。它是衡量一个国家经济实力与购买力的重要指标。从国民生产总值的增长幅度,可以了解一个国家经济发展的状况和速度。一般来说,工业品的营销与这个指标有关,而消费品的营销则与此关系不大。国民生产总值增长越快,对工业品的需求和购买力就越大,反之就越小。

(2) 人均国民收入。这是用国民收入总量除以总人口的比值。这个指标大体反映了一个国家人民生活水平的高低,也在一定程度上决定了商品需求的构成。一般来说,人均收入增长,对消费品的需求和购买力就大,反之就小。根据近40年的统计,一个国家人均国民收入达到5 000美元,机动车可以普及,其中小轿车约占一半,其余为摩托车和其他类型车。

(3) 个人可支配收入。这是在个人收入中扣除税款和其他经常性转移支出后所得的余额,它是个人收入中可以用于消费支出或储蓄的部分,它构成实际的购买力。

(4) 个人可任意支配收入。这是在个人可支配收入中减去用于维持个人与家庭生存不可缺少的费用(如房租、水电、食物、燃料、衣着等项开支)后剩余的部分。这部分收入是消费需求变化中最活跃的因素,也是企业开展营销活动时所要考虑的主要对象。因为这部分收入主要用于满足人们基本生活需要之外的开支,一般用于购买高档耐用消费品、旅游、储蓄等,它是影响非生活必需品和劳务销售的主要因素。

(5) 家庭收入。很多产品是以家庭为基本消费单位的,如冰箱、抽油烟机、空调等。因此,家庭收入的高低会影响很多产品的市场需求。一般来说,家庭收入高,对消费品需求大,购买力也大;反之,需求小,购买力也小。

需要注意的是,企业营销人员在分析消费者收入时,还要区分货币收入和实际收入,只有实际收入才影响实际购买力。因为,实际收入和货币收入并不完全一致,由于通货膨胀、失业、税收等因素的影响,有时货币收入增加,而实际收入却可能下降。实际收入是扣除物价变动因素后实际购买力的反映。

2. 消费者支出模式与消费结构的变化

随着消费者收入的变化,消费者支出模式会发生相应变化,继而使一个国家或地区的消费结构也发生变化。西方一些经济学家常用恩格尔系数来反映这种变化。恩格尔系数表明,在一定的条件下,当家庭个人收入增加时,收入中用于食物开支部分的增长速度要小于用于教育、医疗、享受等方面的开支增长速度。食物开支占总消费量的比例越大,恩格尔系数越高,生活水平越低;反之,食物开支所占比例越小,恩格尔系数越低,生活水平越高。这种消费支出模式不仅与消费者收入有关,而且受到以下两个因素的影响:①家庭生命周期的阶段影响;②家庭所在地区的影响。

消费结构指消费过程中人们所消耗的各种消费资料(包括劳务)的构成,即各种消费支出占总支出的比例关系。优化的消费结构是优化的产业结构和产品结构的客观依据,也是企业开展营销活动的基本立足点。第二次世界大战以来,西方发达国家的消费结构发生了很大变化:①恩格尔系数显著下降,目前大都下降到20%以下;②衣着消费比例降低,幅度在20%~30%;③住宅消费支出比例增大;④劳务消费支出比例上升;⑤消费开支占国民生产总值和国民收入的比例上升。而从我国的情况看,消费结构还不尽合理。长期以来,政府在住房、医疗、交通等方面实行福利政策,从而引起了消费结构的畸形发展,并且决定了我国居民的支出模式以食物、衣物等生活必需品为主。随着我国社会主义市场经济的发展,以及国家在住房、医疗等制度方面改革的深入,人们的消费模式与消费结构都会发生明显的变化。企业要重视这些变化,尤其应掌握拟进入的目标市场中的支出模式与消费结构的情况,输送适销对路的产品和劳务,以满足消费者不断变化的需求。

3. 消费者储蓄与信贷情况的变化

消费者的购买力还要受储蓄与信贷的直接影响。消费者个人收入不可能全部花掉,总有一部分以各种形式储蓄起来,这是一种推迟了的、潜在的购买力。消费者储蓄一般有两种形式:一是银行存款,增加现有的银行存款额;二是购买有价证券。当收入一定时,储蓄越多,现实消费量就越小,但潜在消费量越大;反之,储蓄越少,现实消费量就越大,但潜在消费量越小。企业营销人员应当全面了解消费者的储蓄情况,尤其是要了解消费者储蓄目的的差异。储蓄目的不同,往往影响到潜在需求量、消费模式、消费内容、消费发展方向的不同。这就要求企业营销人员在调查、了解储蓄动机与目的的基础上,制定不同的营销策略,为消费者提供有效的产品和劳务。

消费信贷对购买力的影响也很大。所谓消费信贷,就是消费者凭信用先取得商品使用权,然后按期归还贷款,以购买商品。这实际上就是消费者提前支取未来的收入,提前消费。消费者信贷主要有:①短期赊销;②购买住宅分期付款;③购买昂贵的消费品分期付款;④信用卡信贷。消费信贷允许人们购买超过自己现实购买力的商品,从而创造了更多的就业机会、更多的收入及更多的需求。同时,消费信贷还是一种经济杠杆,它可以调节积累与消费、供给与需求的矛盾。当市场供大于求时,可以发放消费信贷,刺激需求;当市场供不应求时,必须收缩信贷,适当抑制、减少需求。

(二)经济发展状况

企业的市场营销活动要受到一个国家或地区经济发展状况的制约,在经济全球化的条件下,国际经济形势也是企业营销活动的重要影响因素。

1. 经济发展水平

企业的市场营销活动要受到一个国家或地区的整个经济发展水平的制约。经济发展阶段不同,居民的收入不同,顾客对产品的需求也不一样,从而会在一定程度上影响企业的营销。例如,以消费者市场来说,经济发展水平比较高的地区,在市场营销方面,强调产品款式、性能及特色,品质竞争多于价格竞争。而在经济发展水平低的地区,则较侧重于产品的功能及实用性,价格因素比产品品质更为重要。在生产者市场方面,经济发展水平高的地区着重投资较大而能节省劳动力的先进、精密、自动化程度高、性能好的生产设备。在经济发展水平低的地区,其机器设备大多是一些投资少而耗费劳动力多、简单易操作、较为落后的设备。因此,对于不同经济发展水平的地区,企业应采取不同的市场营销策略。

美国学者罗斯托根据他的"经济成长阶段"理论,将世界各国的经济发展归纳为五种类型:①传统经济社会;②经济起飞前的准备阶段;③经济起飞阶段;④迈向经济成熟阶段;⑤大量消费阶段。凡属前三个阶段的国家称为发展中国家,而处于后两个阶段的国家则称为发达国家。不同发展阶段的国家在营销策略上也有所不同。以分销渠道为例,国外学者认为:经济发展阶段越高的国家,其分销渠道越复杂而且广泛;进口代理商的地位随经济发展而下降;制造商、批发商与零售商的职能逐渐独立,不再由某一分销路线的成员单独承担;批发商的其他职能增加,只有财务职能下降;小型商店的数目下降,商店的平均规模在增加;零售商的成本上升。随着经济发展阶段的上升,分销渠道的控制权逐渐由传统权势人物移至中间商,再至制造商,最后大零售商崛起,控制分销渠道。

21世纪初我国经济进入起飞阶段。这一时期,市场规模进一步扩大;企业投资机会增多;市场交换成为企业的根本活动;信息竞争将成为市场竞争的焦点。因此,企业应当注意经济起飞阶段市场中的变化,把握时机,主动迎接市场的挑战。

2. 经济体制

世界上存在着多种经济体制,有计划经济体制,有市场经济体制,有计划-市场经济体制,也有市场-计划经济体制等。不同的经济体制对企业营销活动的制约和影响不同。例如,在计划经济体制下,企业是行政机关的附属物,没有生产经营自主权,企业的产、供、销都由国家计划统一安排,企业生产什么,生产多少,如何销售,都不是企业自己的事情。在这种经济体制下,企业不能独立地开展生产经营活动,因而,也就谈不上开展市场营销活动。而在市场经济体制下,企业的一切活动都以市场为中心,市场是其价值实现的场所,因而企业必须特别重视营销活动,通过营销,实现自己的利益目标。现阶段,我国正处于社会主义市场经济体制的建设时期,市场情况十分复杂。一方面,通过改革,企业正在逐步摆脱行政附属物的地位,具有一定的生产经营自主权,开始真正走向市场并以市场为目标开展自己的营销活动;另一方面,企业经营机制还没有完全转变过来,企业的生产经营活动还受到较强的控制,因而企业的营销活动在一定程度上受到制约。另外,市场发育不完善,市场秩序混乱,行业垄断和地方保护主义盛行,极不利于企业开展营销活动。因此,企业要尽量适应这种局面,注意选择不同的营销策略。例如,可以运用"大营销"策略打破地区封锁,通过横向联合进入对方市场等,从而开拓自己的市场。

四、社会文化环境

社会文化主要是指一个国家、地区的民族特征、价值观念、生活方式、风俗习惯、宗教信仰、伦理道德、教育水平、语言文字等的总和。主体文化是占据支配地位的,起凝聚整个国家和民族作用的,由千百年的历史所形成的文化,包括世界观、人生观、价值观等;次级文化是在主体文化支配下所形成的文化分支,包括种族、地域、宗教等。

(一)价值观念

价值观念是人们对社会生活中各种事物的态度、评价和看法。不同的文化背景下,人们的价值观念差别是很大的,而消费者对商品的需求和购买行为深受其价值观念的影响。因此,对于不同的价值观念,企业营销人员应采取不同的策略。对于乐于变化、喜欢猎奇、富有冒险精神、较激进的消费者,应重点强调产品的新颖和奇特;而对一些注重传统、喜欢沿袭传统消费习惯的消费者,企业在制定促销策略时应把产品与目标市场的文化传统联系起来。例如,东方人将群体、团结放在首位,所以广告宣传往往突出人们对产品的共性认识;而西方人则注重个体和个人的创造精神,所以其产品包装装潢也显示出醒目或标新立异的特点。

专栏 3-1

职业价值观心理差异

一、自由型(非工资工作者型)

特点:不愿受别人指使,凭自己的能力拥有自己的小"城堡",不愿受人干涉,想充分施展本领。

相应职业类型:室内装饰专家、图书管理专家、摄影师、音乐教师、作家、演员、记者、诗人、作曲家、编剧、雕刻家、漫画家等。

二、经济型(经理型)

特点:他们断然认为世界上的各种关系都建立在金钱的基础上,包括人与人之间的关系,甚至父母与子女之间的爱也带有金钱的烙印。这种类型的人确信,金钱可以买到世界上所有的幸福。

相应职业类型:各种职业中都有这种类型的人,以商人为甚。

三、支配型(独断专行型)

特点:相当多组织的一把手,飞扬跋扈,无视他人的想法,为所欲为,且视此为无比快乐。

相应职业类型:进货员、商品批发员、旅馆经理、饭店经理、广告宣传员、调度员、律师、政治家、零售商等。

四、小康型

特点:追求虚荣,优越感也很强。很渴望能有社会地位和名誉,希望常常受到众人尊敬。欲望得不到满足时,由于过于强烈的自我意识,有时反而很自卑。

相应职业类型:记账员、会计、银行出纳、法庭速记员、成本估算员、税务员、核算员、打字员、办公室职员、统计员、计算机操作员等。

五、自我实现型

特点:不关心平常的幸福,一心一意想发挥个性,追求真理。不考虑收入、地位及他人对自己的看法,尽力挖掘自己的潜力,施展自己的本领,并视此为有意义的生活。

相应职业类型:气象学者、生物学者、天文学家、药剂师、动物学者、化学家、科学报刊编辑、地质学家、植物学者、物理学者、数学家、实验员、科研人员等。

六、志愿型

特点:富有同情心,把他人的痛苦视为自己的痛苦,不愿干表面上哗众取宠的事,把默默地帮助不幸的人视为快乐。

> 相应职业类型：社会学者、导游、福利机构工作者、咨询人员、社会工作者、社会科学教师、护士等。
>
> **七、技术型**
>
> 特点：性格沉稳，做事组织严密，井井有条，并且对未来充满平常心态。
>
> 相应职业类型：木匠、农民、工程师、飞机机械师、野生动物专家、自动化技师、机械工、电工、火车司机、公共汽车司机、机械制图等。
>
> **八、合作型**
>
> 特点：人际关系较好，认为朋友是最大的财富。
>
> 相应职业类型：公关人员、推销人员、秘书等。

（二）宗教信仰

不同的宗教信仰有不同的文化倾向和戒律，从而影响人们认识事物的方式、价值观念和行为准则，影响着人们的消费行为，带来特殊的市场需求，与企业的营销活动有密切的关系，特别是在一些信奉宗教的国家和地区，宗教信仰对市场营销的影响力更大。教徒信教不一样，信仰和禁忌也不一样。这些信仰和禁忌限制了教徒的消费行为。

（三）审美

审美通常指人们对事物的好坏、美丑、善恶的评价。不同的国家、民族、宗教、阶层和个人，往往因社会文化背景不同，其审美标准也不尽一致。有的以胖为美，有的以瘦为美，有的以高为美，有的则以矮为美，不一而足。

（四）风俗习惯

风俗习惯是人们根据自己的生活内容、生活方式和自然环境，在一定的社会物质生产条件下长期并世代相袭而形成的一种风尚，以及由于重复、练习而巩固下来变成为人们某种行动方式等的总称。它在饮食、服饰、居住、婚丧、信仰、节日、人际关系等方面，都表现出独特的心理特征、伦理道德、行为方式和生活习惯。不同的国家、不同的民族有不同的风俗习惯，它对消费者的消费嗜好、消费模式、消费行为等具有重要的影响。不同的国家、民族对图案、颜色、数字、动植物等都有不同的喜好和不同的使用习惯，企业营销者应了解和注意不同国家、民族的消费习惯和爱好，做到入乡随俗。可以说，这是企业做好市场营销尤其是国际经营的重要条件，如果不重视各个国家、各个民族之间的文化和风俗习惯的差异，就可能造成难以挽回的损失。

（五）教育水平

教育水平是指消费者受教育的程度。一个国家或地区的教育水平与经济发展水平往往是一致的。不同的文化修养表现出不同的审美观，购买商品的选择原则和方式也不同。一般来说，教育水平高的地区，消费者对商品的鉴别力强，容易接受广告宣传和接受新产品，购买的理性程度高。因此，教育水平高低影响着消费者心理、消费结构，影响着企业营销组织策略的选取，以及销售推广的方式方法。例如，在受教育程度不高的地区，用文字形式做广告，难以收到好效果，而用电视、广播和当场示范表演等形式，才容易为人们所接受。另外，企业的分销机构和分销人员受教育的程度等，也对企业的市场营销产生一定的影响。

(六)语言文字

语言文字是人类交流的工具,它是文化的核心组成部分之一。不同国家、不同民族往往都有自己独特的语言文字,即使同一国家,也可能有多种不同的语言文字,即使语言文字相同,表达和交流的方式也可能不同。

语言文字的不同对企业的营销活动有巨大的影响。一些企业由于其产品命名与产品销售地区的语言等相悖,给企业带来巨大损失。例如,我国有一种汉语拼音叫"MAXI PUKE"的扑克牌,在国内销路很好,但在英语国家不受欢迎。因为"MAXI PUKE"译成英语就是"最大限度地呕吐"。可见,语言文字的差异对企业的营销活动是有很大影响的。企业在开展市场营销尤其是国际市场营销时,应尽量了解国际市场的文化背景,掌握其语言文字的差异,这样才能使营销活动顺利进行。

五、物质与科学技术环境

20世纪60年代以来,公众越来越多地开始关心物质环境。

(一)物质环境

由于人类生存的环境日趋恶劣,消费者和一些专家、学者向立法者提出了各种环境保护措施的建议。

1. 物质环境的变化趋势

(1)日益逼近的某些原料短缺。地球上的资源由无限资源、可再生的有限资源和不可再生的有限资源组成。无限资源,如空气,尽管有些团体看到了长远的危机,但眼前还不会有问题。一些环境保护团体曾酝酿提出一项禁止使用自动喷雾罐里的某些加压剂的建议,因为这些加压剂会破坏大气的臭氧层。至于水,在世界和我国的某些地方已经出现了短缺问题。

(2)可再生的有限资源。如森林、食物,须精打细算地充分利用。林业企业在采伐之后,必须再在林带植树,以保护土壤并保证以后有足够的木材供应,满足未来的需要。食物的供应是个大问题,因为可耕地面积相对有限,我国的情况尤其突出,而城市地区的扩大却又不断地在蚕食农田。

(3)不可再生的有限资源。如石油、煤及各种矿藏,问题已变得十分严重。营销所牵涉的问题很多。使用稀有矿藏为原料的企业,即使原料供应有来源,也会面临原料成本大幅度上升的问题,并很难把成本的增加部分转移到消费者头上去。石油这一不可再生的有限资源,已经构成未来经济增长遇到的最严重的问题。世界上的主要工业国,都对石油有极大的依赖,石油将继续是左右世界政治与经济前景的一种力量。

(4)污染的增加。有些工业生产活动将不可避免地破坏自然环境的质量。如化学废物及核废料的处理,海水里水银的含量,土壤和植物里的其他化学污染物的含量,不能催化还原的瓶子、塑料及其他包装废物对环境的影响。

公众对环境问题的关心,为那些警觉的企业创造了市场机会,会促使企业探索其他不破坏环境的方法去制造和包装产品。

2. 政府对自然资源管理的有力干预

政府各机构在保护环境方面都起着积极的作用。然而,政府机构保护环境的措施常常会与增加就业的计划背道而驰,加上强制企业购置昂贵的防污设备,使企业不能购买更先进的生产设备。有时,保护环境的问题不得不放在经济增长后面加以考虑。

营销管理当局和企业必须重视物质环境,在获取所需资源时要注意保护物质环境,以防止对物质环境的破坏。企业可能会遇到来自政府和其他有影响方面的严格控制。但是,企业不应该对各种规定抱有反感,而应当去协助政府研究能解决国家所面临的原材料及能源方面问题的方法与途径。

(二)科学技术环境

决定人类命运最引人注意的因素是科学技术。科技创造了许多造福人类的奇迹,科技也制造出了恐怖魔鬼,如氢弹、神经性毒气。

营销箴言 科学技术革命正在以十倍速发展,人类进入了十倍速时代。

——安迪·格鲁夫,英特尔公司前总裁

---

1. 新技术是一种"创造性破坏"因素

晶体管危害了真空管行业,复印机伤害了复写纸行业,汽车使铁路的经营日趋清淡,电视拉走了电影的观众。如果老行业不采用新技术,而是压制它、轻视它,那么,那些老行业的生意必定衰落下去。

一个国家经济增长速度的高低,是受采纳多少重大技术发明影响的。遗憾的是,科技发明并不总是很均匀地出现。铁路行业曾吸引了大量的投资,随后却出现了投资不足,直至汽车行业问世之前。无线电行业也出现过投资不足的现象。在这两项重大发明之间这段时间里经济可能出现停滞。有些经济学家认为,目前的经济停滞或发展速度减缓还将持续下去,直到数量足够多的重大发明出现之后才会结束。

与此同时,许多小革新却在填补技术缺口,它们创造了新市场和新投资的机会。每种科技都会产生长期的重大影响,而且都超出人们原先的估计。

专栏3-2

小红书:基于推荐算法的精准推送

小红书是一个网络社区平台,创立于2013年,近年来发展迅速。根据小红书官网数据统计,截至2019年7月,用户数突破3亿,月活跃用户数突破1亿;根据有关专家研究统计,截至2023年6月,小红书月活跃用户数达到2.6亿。小红书用户通过短视频、图文等形式记录生活点滴,分享生活方式,基于兴趣形成互动。依托大量消费群体聚集的优势,小红书已成为重要的线上社区、电商平台和品牌方的营销新阵地。小红书通过机器学习对海量信息和人进行精准、高效匹配,基于推荐算法构建了大数据营销模式。以小红书App为例,流量主要集中在打开App的"发现"页和App顶端的"搜索"页。也就是说用户打开小红书App后,大部分都会停留在系统推荐的发现页内容或者直接去搜索框输入关键词,搜索自己想要看到的内容。小红书的流量分发机制与抖音相似：用户做好笔记上传到平台，平台根据账号标签、笔记标签以及用户设置的话题关键词，将用户笔记打上标签，先推送给同一领域的部分用户。如果这部分用户对笔记产生兴趣，进行转发、点赞、评论、收藏，那么平台就将笔记判定为优质内容，然后再推给更多用户，以此类推。平台根据用户4项数据的反馈结果再进行更广泛的推荐。如果用户笔记标签不精准，那么平台推送用户也不会精准，一旦推荐用户不精准，那么转发、点赞、评论、收藏4项指标就不会高。因此，笔记的标签很重要。

2. 科学技术的发展趋势

（1）科技发展步伐加快。今天供应的普通产品中，有许多是一百年前闻所未闻的。有许多新的构思正在孕育之中；新构思与成功应用之间的时间差也在迅速缩短；技术引入期至生产高峰的时间差正在大大缩短。

托夫勒在《第三次浪潮》书中预言道，电子家庭，作为把社会的工作与游戏组织起来的一种新的形式将会出现；文字处理打印机、远距离复印机、个人电脑和声像线路的出现，使人们可以坐在家里工作，而不必每天花费很多的时间往返奔波于上下班的路上。最终人们会发现在家里安装和使用远距离通信设备所花费的费用，会跌到比往返的交通费还低，使家庭与工作单位紧密地聚合在一起，并带来更多以家庭为中心的娱乐与活动，而且会对消费方式及营销体制产生巨大的影响。

（2）无限的革新机会。科学家们现在正从事范围惊人的新技术的研究，这些新技术将会给我们的产品及生产过程带来革命性的影响。正在进行的最为令人兴奋的研究领域是微生物技术、固态电子学、机器人和材料科学。科学家们现在正在加紧研究下面一些颇有希望的新的产品和劳务：癌症治疗、肺肝病治疗、智能疾病的化学药物控制、快乐药片、太阳能实用技术、实用性电动汽车、家务机器人及不会发胖的美味营养食品。

（3）高额的研究与开发预算。占用大部分研究开发费用的五大行业是飞机与导弹、电器设备与通信设备、化学及有关产品、机器、机动车辆及其他运输工具。花费研究开发费用最少的行业是木材、木制品、家具、纺织、服装、造纸与纸制品。在有些行业，研究开发费用占销售额的比例最高竟达5%到7%；在另一些行业，这个比例最低的不到1%。一些研究表明，各企业研究开发费用的支出与盈利呈高相关关系。

（4）看重小的改进，不看重大的发现。由于利率太高，许多公司都热衷于产品的小改进而不是冒风险进行重大革新。许多企业只满足于花钱模仿竞争对手的产品，稍稍进行一些特性和式样的改进。企业所进行的研究，多数是防御性的而不是进攻性的。

（5）技术增长引发新的规定。随着产品变得越来越复杂，公众需要在产品使用中保证他们的安全。因此，政府机构便扩大了对可能不安全的产品进行调查。食品、汽车、服装、电器用品和建筑等行业领域里都增加了关于安全检查和健康的规定。营销者在拟议、开发和推出新产品时，必须了解这些规定。

营销人员需要清楚地认识这些变化中的技术环境，要知道新技术如何才能为人类需要服务。他们应该与研究开发人员密切合作，鼓励研究开发人员更多地从事市场导向研究，警惕技术发明的消极方面，即那些有可能会损害使用者利益从而引起人们怀疑和反对的产品。

第三节　微观市场营销环境

一、企业内部环境

以某巧克力企业为例。该企业的巧克力和糖果的年销售额都在10亿元以上,它的产品线包括巧克力糖块及一些其他产品。该企业的市场营销是由一个庞大的营销和销售部管理的,它由品牌经理、营销研究人员、广告及促销专家、销售经理及销售代表等组成。市场营销部负责制定各个产品、各个品牌及新产品、新品牌的研究开发的营销计划。

企业的营销管理部门在制定营销计划时,必须考虑到与企业其他部门的协调,如与最高管理层、财务部门、研究开发部门、采购部门和生产部门等的协调,因为正是这些部门构成了企业内部微观环境。

企业的最高管理层由总经理、执行委员会、董事会组成,他们负责确定企业的目标、总战略及决策。营销经理只能在最高管理层所规定的范围内进行决策,此外,营销经理所提的营销方面的建议,必须得到最高管理层批准后方可付诸实施。

营销经理还须与其他职能部门密切配合。财务部门负责解决实施营销计划所需用的资金来源,把资金在各产品、各品牌及各种营销活动中进行最有效的分配,关心并监督利润指标的实现和营销计划及销售预测所冒的风险。研究与开发部把精力集中在研究和开发新产品方面。采购部门则负责获得足够的原料及企业生产所需的其他生产性投入。生产部门负责达到最大生产能力和安排足够的人员以满足生产目标的需要。

所有这些部门都对营销部门的计划与活动产生影响。各品牌经理在向最高管理层提交他们的计划之前,必须先说服生产部门和财务部门接受这些计划。

二、营销渠道企业

(一)供应商

供应商是向企业及其竞争对手供应产品和劳务的工商企业和个人。

供应商情况的变化会对企业的营销活动产生巨大的影响。营销经理需要密切注意企业主要购入原材料价格的变化趋势,砂糖或可可的价格上涨就会使巧克力糖块价格上升,从而导致相关企业原先预期的销售量下降。营销经理还应关心原材料的来源,原材料供应短缺及其他事故,都会影响对客户按时交货的承诺,使近期销售量下降,并且会影响与客户的长期关系。因此,许多企业都宁愿分头从多家供应商那里采购,避免对某一家供应商的过分依赖,从而摆脱因该供应商任意提价或限制供应的影响。企业的采购代理人应设法与一些主要供应商建立长期的供销关系,以便在供货时,特别是在原材料短缺的时候,可以得到从优考虑。

(二)营销中间商

营销中间商是指协助企业促销、销售和经销其产品给最终消费者的机构。它们包括中间商、实体分配公司、营销服务机构和财务中介机构。

1. 中间商

中间商包括商人中间商和代理中间商。商人中间商购买商品，拥有商品所有权，又称经销中间商，主要有批发商和零售商。代理中间商包括代理商、经纪人和生产商代表，专门介绍客户或与客户洽商签订合同，但不拥有商品所有权。

2. 实体分配公司

实体分配公司主要是指协助厂商储存货物并把货物运送至目的地的仓储物流公司。实体分配包括包装、运输、仓储、装卸、搬运、库存控制和订单处理等方面，其基本功能是调节生产与消费之间的矛盾，弥合产销时空上的背离，提供商品的时间效用，以有利于适时、适地和适量地把商品供给消费者。

3. 营销服务机构

营销服务机构是指市场调研公司、广告公司、各种广告媒介及市场营销咨询公司，它们协助企业选择最恰当的市场，并帮助企业向选定的市场推销产品。

4. 财务中介机构

财务中介机构包括银行、信贷公司、保险公司，以及其他为货物购销提供融资或保险的公司。大多数公司和顾客都依赖各种金融机构为他们的交易融通资金，公司的营销活动会因贷款成本的上升或信贷来源的限制而受到严重的影响。正是由于这些情况，企业必须发展与金融机构的密切关系。

三、顾客

顾客是企业经营活动的出发点和归宿。企业的一切营销活动都要以满足顾客的需要为中心。因此，顾客是企业最重要的环境因素。按照购买动机和类别分类，企业的目标市场可以分为以下几类。

（1）消费者市场：个人和家庭购买商品及劳务以供个人消费。

（2）生产者市场：组织机构购买产品及劳务，供生产其他产品及劳务所用，以达到盈利或其他目的。

（3）中间商市场：组织机构购买产品及劳务用以转售，从中盈利。

（4）政府市场：政府机构购买产品及劳务以提供公共服务或把这些产品及劳务转让给其他需要的人。

（5）国外市场：买主在国外，这些买主包括外国消费者、生产厂、转售商及政府。

四、市场竞争者

从广义上来讲，企业的市场竞争者是来自多方面的，如顾客、供应商等，都与本企业存在着某种层面上的竞争关系。狭义地讲，市场竞争者是那些与本企业提供的产品或服务相类似，并且所服务的目标顾客也相似的其他企业。根据影响顾客购买决策过程中的因素来划分，市场竞争者可以分为：愿望竞争者、类别竞争者、产品形式竞争者和品牌竞争者四种类型。

（1）**愿望竞争者**，是指提供不同的产品以满足不同需求的竞争者。例如消费者要选择一种价值万元的消费品，他所面临的选择就可能有电脑、手机、照相机、出国旅游等，这时电脑、手机、照相机、出国旅游等之间就存在着竞争关系，成为愿望竞争者。

（2）**类别竞争者**，是指提供不同的产品以满足相同需求的竞争者。如面包车、轿车、摩托车、自行车都是交通工具，在满足需求方面是相同的，它们就是类别竞争者。

（3）**产品形式竞争者**，是指生产同类但规格、型号、款式不同产品的竞争者。如自行车中的山地车与公路车、男式车与女式车，就构成产品形式竞争者。

（4）**品牌竞争者**，是指生产相同规格、型号、款式的产品，但品牌不同的竞争者。以电视机为例，海信、海尔等众多产品之间就互为品牌竞争者。

五、公众

公众是对一个组织完成其目标的能力有着实际或潜在兴趣或影响的群体。

公众包括以下类别：

（1）融资公众，是指影响企业融资能力的金融机构，如银行、投资公司、证券经纪公司、保险公司。企业可以通过发布真实而乐观的年度财务报告，回答关于财务问题的咨询，稳健地运用资金，在融资公众中树立信誉。

（2）媒介公众，指那些刊载、播送新闻或特约评论的机构，特别是报纸、杂志、电台、电视台。企业必须与媒体建立友善关系，争取有更多的有利于本企业的新闻、特写以至社论。

（3）政府公众，指负责管理企业营销业务的有关政府机构。企业的发展战略与营销计划必须和政府的发展计划、产业政策、法律法规保持一致。

（4）社团公众，包括消费者权益组织、环境保护组织及其他群众团体等。企业营销活动关系到社会各方面的切身利益，必须密切注意来自社团公众的批评和意见。

（5）社区公众，指企业所在地邻近的居民和社区组织。大企业常常指定一名负责社区关系的职员来处理社区事务，参加社区活动，回答质询和向值得支持的事业提供资助。

（6）一般公众，指上述各种公众之外的社会公众。虽然一般公众并不是有组织地对企业采取行动，但企业形象会影响他们的惠顾。

（7）内部公众，包括企业高层管理人员和一般职工。企业的营销计划需要全体职工的充分理解、支持和具体执行。员工良好的责任感和满意度必然会影响外部公众，从而有利于塑造良好的企业形象。

第四节 环境影响与企业应对策略

企业的生存与发展既与其所处的营销环境密切相关，又取决于企业对环境因素及其影响所持的对策。在相同或相似的环境中，不同企业所采取的对策不同。企业对营销环境及其变化的对策，是基于对自身所处的营销环境及其变化的客观环境准确的判断而产生的。

一、环境的变化幅度

各种环境虽然都是变量因素，但不同的环境因素在一定的时期其变化幅度有所不同，这主要取决于环境变化的程度、速度和复杂性。

有的环境在其经济、技术、法律和文化诸方面,年复一年,固定不变,在这种环境中企业无须进行太大的改变。有的环境以一种可以预见的方式缓慢地演变着,觉察到这种变化的企业可以采取适当的调整,以更好地适应环境。还有一些环境则大起大落,并且无法预料。在这种情况下,企业所面临的一个重大挑战是发展富有弹性的、适应性强的组织结构,这样才能在多变的环境中得以生存。

二、环境机会与威胁分析

分析营销环境的根本目的在于寻求市场机会,规避环境威胁。因此,企业应当建立一套问题管理程序,收集信息,了解掌握立法、外部竞争、原材料利用和其他一切可能影响企业未来的问题,识别环境中对企业可能造成重大威胁或带来重大机会的要素。但在实际经济生活中,机会和威胁往往是同时并存的,而企业在一定时期所面临的机会和威胁的程度和可能性并非一样大,对此,企业可采用环境威胁矩阵和市场机会矩阵加以分析和评价,如图3-2和图3-3所示。

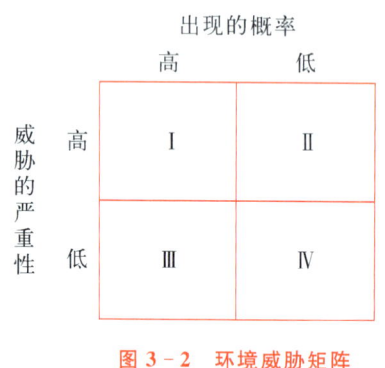

图3-2 环境威胁矩阵

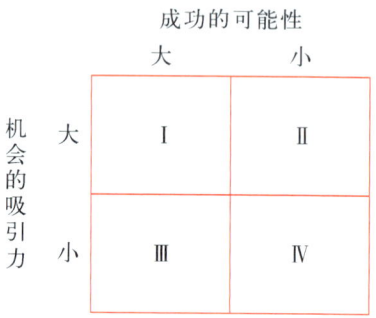

图3-3 市场机会矩阵

环境威胁,是指由于环境的变化形成的对企业营销的冲击和挑战。其中,有些冲击和影响是共性的,有些对不同的产业程度不同。即使是同处一个行业、同一环境中,由于不同的抗风险能力,企业所受的影响也不尽一致。

研究市场营销环境对企业的威胁,一般分析两方面的内容,一方面是分析威胁对企业影响的严重性,另一方面是分析威胁出现的可能性。

在图3-2中,第Ⅰ种情形,企业面临严重的环境危机,企业领导层应处于高度重视状态,严密监视和预测其发展变化的趋势,积极采取相应的对策。

第Ⅱ种情形,环境威胁一旦出现,会给企业带来特别大的危害,企业应制定相应的应对措施,力争避免危害。

第Ⅲ种情形,企业应予以重视,准备相应的对策措施。

第Ⅳ种情形,企业不必担心,但应注意观察其发展变化,是否有向其他情形发展变化的可能。

营销环境带来的对企业的威胁和机会是并存的,威胁中有机会,机会中也有挑战。在一定条件下,二者可相互转化,从而增加了环境分析的复杂性。

所谓营销环境机会,是指由于环境变化形成的对企业营销管理富有吸引力的领域。

在该市场领域里,企业将拥有竞争优势,可以将市场机会转为营销机会,利用营销机会获得营销成功。研究营销环境机会应从潜在的吸引力和成功的可能性两方面进行分析。企业在每一个特定机会中的成功概率取决于它的业务实力(即独特的能力)是否与该行业成功所需要的条件相符合。经营最佳的企业将是那些在满足该行业成功条件中拥有大量竞争优势的企业,这些优势形成企业为顾客创造价值的能力。

在图 3-3 中,第 Ⅰ 种情形,营销机会潜在吸引力和成功可能性都很大,表明对企业发展有利,企业也有能力利用营销机会,应采取积极的态度去分析、把握。

第 Ⅱ 种情形,营销机会潜在吸引力很大,但可能性很小,说明企业暂时还不具备利用这些机会的条件,应当放弃。

第 Ⅲ 种情形,营销机会潜在吸引力很小,而成功可能性大,虽然企业拥有利用机会的优势,但不值得企业去开拓。

第 Ⅳ 种情形,营销机会潜在吸引力很小,成功可能性也小,企业应当主动放弃。

三、企业对环境影响的应对策略

(一) 应对市场机会的营销策略

1. 及时利用策略

当市场机会与企业的营销目标一致,企业又具备利用市场机会的资源条件,并享有竞争中的差别利益时,企业应抓住时机,及时调整自己的营销策略,充分利用市场机会,求得更大的发展。

2. 待机利用策略

有些市场机会相对稳定,在短时间内不会发生变化,而企业暂时又不具备利用市场机会的必要条件,可以积极准备,创造条件,等待时机成熟时,再加以利用。

3. 果断放弃策略

营销市场机会十分具有吸引力,但企业缺乏必要的条件,无法加以利用,此时企业应作出决策果断放弃。因为任何犹豫和拖延都可能导致错过利用其他有利机会的时机,从而一事无成。

(二) 应对环境威胁的营销策略

面对环境对企业可能造成的威胁,企业必须给予足够的重视并制定适当的对策。企业的常用方法有以下三种。

1. 对抗策略

对抗策略即试图通过自己的努力限制或扭转环境中不利因素的发展。这是一种积极、主动的策略。如通过各种方式促使(或阻止)政府通过某种法令或与有关权威组织达成某种协议,以消除不利因素的影响。

2. 减轻策略

减轻策略即通过改变自己的某些策略,降低环境威胁对企业的负面影响。如针对原材料价格的上涨,企业可采取积极寻找替代原料、削减服务项目等措施加以应对。

3. 转移策略

转移策略即通过改变自己受到威胁的主要产品的现有市场或将投资方向转移来避免环境变化对企业的威胁。这种转移有三个方面的含义。一是市场转移。即把在某市场受威胁的产品转移到另一个有利的市场中去。二是行业转移。即放弃原有的主营产品,将主要力量转移到另一个新的有利行业中去。三是在原有产品的基础上,增加新的产品线或产品项目,以降低营销风险。

 本章小结

能否适应市场营销环境是企业营销活动成败的关键,企业必须适应市场营销环境,并通过自己的努力去影响市场营销环境的变化,以实现企业目标。市场营销环境可以分为宏观环境和微观环境。

企业的宏观环境包括与企业发展密切相关的政治法律、人口、经济、社会文化、物质科技等方面的因素。企业的微观环境包括企业内部资源整合、营销渠道企业、顾客、竞争对手和公众。企业还需要与那些已经或可能对企业实现自身目标的能力有兴趣或有影响的各种公众团体交往,这些公众有:金融界、各种宣传媒体、政府、公民活动,以及当地的、一般的和内部的公众。所有这些行动者的力量,构成了企业的微观环境。

市场营销环境既可能给企业带来市场机会,也可能给企业造成环境威胁。分析营销环境的根本目的在于寻求市场机会,规避环境威胁,对此,企业可采用环境威胁矩阵和市场机会矩阵加以分析和评价。对于市场机会,企业可采取及时利用策略、待机利用策略和果断放弃策略;对于环境威胁,企业可采取对抗策略、减轻策略和转移策略加以应对。

 关键名词

市场营销环境　中间商　价值观念　科学技术环境　宏观市场营销环境　微观市场营销环境　经济环境　人口环境　物质与科技环境

 **思 考 题**

1. 什么是市场营销环境,主要包括哪些内容?
2. 市场营销环境的特点有哪些?
3. 经济环境包括哪些主要内容?
4. 试述物质环境的变化趋势给企业带来的挑战与机遇。
5. 试述科技环境的变化趋势给企业带来的挑战与机遇。
6. 企业对环境的影响应采取哪些对策?

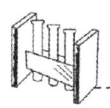 案例分析

比亚迪新能源汽车面临着怎样的市场营销环境?

比亚迪是一家致力于"用技术创新,满足人们对美好生活的向往"的高新技术企业。比亚迪成立于1995年2月,经过20多年的高速发展,已在全球设立30多个工业园,实现全球六大洲的战略布局。比亚迪业务布局涵盖电子、汽车、新能源和轨道交通等领域,从能源的获取、存储,再到应用,全方位构建零排放的新能源整体解决方案。比亚迪在香港和深圳上市公司,营业额和总市值均超过千亿元。

在俄乌冲突等不确定因素的影响下,全球经济的复苏进程仍不明朗,大宗商品市场波动加大、能源价格飙升、通胀压力持续,引发全球经济和金融市场大幅波动。受到复杂的外部环境影响,我国经济发展面临内部需求收缩、供给冲击、预期转弱的"三重压力"。汽车行业也面临诸多困难挑战——芯片结构性短缺,原材料价格居高不下,汽车供给端节奏放缓,汽车消费需求受到压制。2022年,我国汽车销量达2 686.4万辆,同比增长2.1%。其中,新能源汽车持续爆发式增长,全年销量达688.7万辆,同比增长达93.4%,连续八年位居全球第一。

根据商业战略咨询机构波士顿咨询公司(BCG)发布的2023年全球最具创新力公司50强榜单,比亚迪作为国产汽车品牌和新能源汽车的领军者两次上榜,且每次排名均在前十。BCG连续17年发布最具创新力公司报告,上榜企业都是全球顶尖品牌。作为唯一一家上榜前十的中国汽车公司,比亚迪再一次用综合实力和科技创新力得到了国际市场认可。

近年来,比亚迪汽车全球化策略顺利开展,截至2023年上半年,比亚迪业务已遍布55个国家及地区,是全球首家产量达500万辆的新能源车企,并成功进入2023年上半年车企销量全球TOP10,展示出电动化时代全球汽车竞争新格局。

比亚迪新能源汽车形成竞争优势,根本原因在于比亚迪始终坚持"技术为王,创新为本"的发展理念。根据比亚迪2023年上半年年报,公司研发投入142.46亿元,同比增长120.2%,研发投入大幅超过同期净利润。比亚迪拥有11大研究院,研发工程师超9万人,研发投入累计超千亿元,累计申请专利超4.3万项,获得专利授权超2.9万项,平均每个工作日递交19项专利申请,获得15项专利授权。比亚迪多项自主研发技术在全球的新能源汽车市场都处于领先地位,为降低新能源汽车在发生碰撞时容易因为电池漏液等原因造成车辆自燃等事故,比亚迪开发了e平台3.0,结合电池车身一体化技术,通过将刀片电池包与车身刚性连接,采用融合手段进一步加强了车身刚性。比亚迪海豹是首款集成以上技术的车型,两次被外媒拆解研究。为了让用户安心购车,比亚迪通过不断的技术创新,增强自身产品竞争力,一步步刷新了消费者对国产汽车品牌的认知。比亚迪凭借其在新能源汽车领域的多年经验与积累,为推动全球新能源汽车向更高层次迈进夯实基础。

2023年8月9日,比亚迪第500万辆新能源汽车正式下线,成为全球首家达成这一里程碑的车企。比亚迪作为新能源汽车行业最早的参与者和推动者,长期坚持新能源汽车研发和市场开拓使其获得了成功,现已推出刀片电池、DM混动、CTB电池车身一体化、易四方、云辇等一系列颠覆性技术,推动新能源汽车行业持续变革。2022年6月8日,比亚迪执行副总裁在接受记者采访时表示,特斯拉和比亚迪将展开合作,比亚迪将向特斯拉供应自研的电池产品。伴随汽车产业的发展,我国汽车企业用一个又一个里程碑推动中国汽车从追赶走向超越,充分印证了"发展新能源汽车是我国从汽车大国迈向汽车强国的必由之路"。比亚迪总裁王传福表示,新能源的发展趋势是不可逆的,2025年中国市场新能源汽车渗透率将超60%,中国汽车品牌市场份额将提升至70%,实现跨越式发展。

案例思考题:
1. 分析比亚迪新能源汽车市场营销环境及要素。
2. 分析比亚迪新能源汽车市场营销微观环境及要素。

第二篇
市场分析与营销战略

第四章　消费者市场购买行为分析

引导问题

1. 消费者的购买心理是琢磨不定的吗？
2. 消费者的购买行为有什么规律吗？
3. 消费者的购买行为可以诱导吗？从哪些角度操作？
4. 不同消费品的营销经验可以复制吗？

学习目的与要求

1. 掌握影响消费者购买行为的主要因素。
2. 了解社会阶层及其特点。
3. 了解相关群体。
4. 了解消费者需求层次理论及其应用。
5. 掌握消费者需求及其特征。
6. 掌握消费者购买决策过程。

第一节　影响消费者购买行为的主要因素

消费者的购买决策，很大程度上受到文化、社会、个人和心理等因素的影响。尽管其中大部分因素是营销人员无法控制的，但是必须充分重视每一因素对消费者购买行为的影响，并通过积极的营销活动促成消费者的购买决策。

一、文化因素

文化因素对消费者的行为具有广泛和深远的影响，在日益发展的市场活动中，这一因素对购买行为的影响越来越大。

（一）文化

文化是指在人类生活实践中建立起来的价值观念、道德、信仰、理想和其他意义的象征综合体。文化是人类欲望和行为最基本的决定因素，低级动物的行为主要受其本能的控制，而人类行为大部分是学习而来的，每一个人都在一定的社会文化环境中成长，通过家庭和其他主要机构的社会化过程学到和形成了基本的文化观念。文化差异引起消费行为的差异，表现为婚丧、服饰、饮食起居、建筑风格、节日、礼仪等物质和文化生活各个方面的不同特点。

（二）亚文化

每一文化都包含着亚文化群体。亚文化是在较大文化内与其他群体共存的一个群体，其成员具有共同的特征或经历等能提供更为具体的认同感。亚文化群体共分为四种类型。

（1）民族亚文化群。每个国家都存在不同的民族，每个民族都在漫长的历史发展过程中形成了独特的风俗习惯和文化传统。

（2）宗教亚文化群。每个国家都存在不同的宗教，每一种宗教都有自己的教规或戒律。

（3）种族亚文化群。一个国家可能有不同的种族，不同的种族有不同的生活习惯和文化传统。例如，非裔美国人购买的衣服、个人用品、家具和香水较多，食品、运输和娱乐较少。虽然他们更重视价格，但是也会被商品的质量所吸引并进行挑选，不会随便购买。他们更重视商品的品牌，更具有品牌忠诚性。美国的许多大公司如西尔斯公司、麦当劳公司、宝洁公司和可口可乐公司等非常重视通过多种途径开发非裔美国人市场。还有的公司专门为非裔美国人开发特殊的产品和包装。

（4）地理亚文化群。世界上处于不同地理位置的各个国家，同一国家内处于不同地理位置的各个省份和市县都有着不同的文化和生活习惯。

此外，亚文化还可以分为年龄亚文化、性别亚文化、职业亚文化、社区亚文化等。

二、社会因素

消费者的购买行为同样受到一系列社会因素的影响，如消费者的相关群体、家庭、角色与地位、社会阶层。

（一）相关群体

相关群体（reference groups）是指能够直接或间接对消费者的行为、态度、信念的形成具有一定影响的社会关系，包括个人、团体、协会、组织等。

1. 不同层次的相关群体

（1）**主要群体**，包括家庭成员、亲朋好友和同窗同事。主要群体对消费者的购买行为发生直接和主要的影响。

（2）**次要群体**，即消费者所参加的工会、职业协会等社会团体和业余组织。这些团体对消费者购买行为发生间接的影响。

（3）**期望群体**。消费者虽不属于这一群体，但这一群体成员的态度和行为对消费者有着很大影响。

相关群体对消费者购买不同商品的影响是有所区别的。一般来说，当消费者购买引人注目的产品，如汽车、服装等，受相关群体的影响较大；而购买使用时不太引人注意的产品，如洗衣粉等，则不受相关群体的影响。

2. 相关群体对消费者行为的影响

（1）示范性，即相关群体消费行为和生活方式为消费者提供了可供选择的模式。

（2）仿效性，相关群体的消费行为引起人们仿效欲望，影响人们对商品的选择。

（3）一致性，即由仿效而导致消费行为趋于一致。

相关群体影响的重要性在各产品和品牌中并非都是相同的。同时,相关群体的影响力随产品生命周期的变化而变化。当产品处于导入阶段时,消费者的产品购买决策受别人的影响很大,其品牌选择则受别人影响较少。在产品处于成长、成熟期阶段,相关群体对产品及品牌选择的影响都很大。在产品处于衰退阶段,相关群体对产品选择和品牌选择的影响都较小。

相关群体的凝聚力越强,其沟通过程越有效,人们也就越尊敬它,它对人们在产品和品牌选择方面的决策影响就会越大。

(二) 家庭

消费者家庭成员对消费者行为影响很大。一个家庭是由两个以上具有婚姻关系、血缘关系或收养关系的成员所构成的,同一家庭成员往往有相同的行为规范。

夫妻在产品购买行为和购买决策作用方面随产品种类的不同而各异,一般来说,妻子主要购买家庭的生活用品,特别是像食物、日用杂货和服装等项目。事实上,随着已婚妇女就业人数的增加和男子愿意更多地承担家庭用品采购的趋向,这种妻子支配家务型的观念正在改变。因此,如果日用品营销人员继续认为妇女是其产品主要或唯一的消费者时,那就会犯错误。贵重商品和劳务的购买,更多由夫妻双方共同作出决策。营销人员需要确定夫妻中哪一方在某一具体产品或劳务的采购过程中更具影响力,是丈夫支配型,还是妻子支配型,还是共同支配型。下列商品和劳务所属的类型如下:

丈夫支配型:人身保险、汽车、电视机。

妻子支配型:洗衣机、地毯、家具、厨房用品。

共同支配型:卧室家具、度假、住宅、户外娱乐。

(三) 角色与地位

一个人在一生中会参加许多群体——家庭、俱乐部及各类组织。然而,每个人在各种群体中的位置可用角色与地位来确定。角色是周围人对一个人的要求,是指一个人在各种不同场合中应起的作用。

每一角色都伴随着一种地位,这一地位反映了社会对他的总评价。人们在购买商品时往往结合自己在社会中所处的地位与角色来考虑。

(四) 社会阶层

社会阶层是社会学家根据职业、收入来源、教育水平、价值观和居住区域等对人们进行的一种社会分类,是按层次排列的、具有同质性和持久性的社会群体。

1. 社会阶层的特点

(1) 同一阶层的成员具有类似的价值观、兴趣和行为,在消费行为上相互影响并趋于一致。

(2) 人们以自己所处的社会阶层来判断各自在社会中占有的高低地位。

(3) 一个人的社会阶层归属不是仅由某一变量决定的,而是受到职业、收入、教育、价值观和居住区域等多种因素制约的。

(4) 人们可以改变自己的社会阶层归属,既可以迈向高阶层,也可以跌至低阶层,这种升降变化随着所处社会的层次森严程度的不同而不同。

2. 社会阶层与消费偏好

在服装、家具、娱乐活动和汽车等领域,各社会阶层显示出不同的产品偏好和品牌偏好。营销人员应根据不同的社会阶层,推出不同的营销策略。在新闻媒介选择方面,各阶层也截然不同,高阶层消费者与低阶层消费者相比,更偏爱于报纸杂志。即使在同一种媒介内,每一阶层的偏好也各异,高阶层消费者喜欢各种时尚活动,而低阶层消费者则乐于收看电视剧和娱乐晚会。此外,各阶层适用语言也有区别,广告商们为适应各阶层消费者不同偏好的目标要求,不得不在商业性电视广告节目中制作和撰写适合他们各自需要的文稿和对话。

三、个人因素

消费者决策也受其个人特征的影响,特别是受其不同年龄与生命周期阶段、职业、经济环境、生活方式、个性与自我概念等的影响。

(一)年龄与生命周期阶段

人们在一生中购买的商品和劳务是不断变化的,幼年时吃婴儿食品,发育和成熟时期吃各类食物,晚年吃特殊食品。同样,人们对衣服、家具和娱乐的喜好也同年龄有关。消费还根据家庭生命周期阶段来安排。根据各阶段的财务收支情况,处在每一阶段上的家庭都有自己最感兴趣的产品。营销人员经常把其目标市场瞄准生命周期中某一阶段上的顾客,并在此基础上开发适用的产品和拟订营销计划。近年来,一些研究认为人类存在心理生命周期阶段,成年人在一生中会经历数次过渡时期和转化阶段。这样,顾客可能由一位踌躇满志的品牌经理和丈夫变为不满足现状者,而去寻求新生活方式以满足自我需要,这样或许可以激励他对计算机的兴趣。营销人员应该注意与人一生各个时期有关的消费兴趣变化情况。

(二)职业

消费者的职业也影响其消费模式,蓝领工人会买工作服、工作鞋、午餐盒,公司的总经理则会买贵重的西装、旅游等商品和劳务。营销人员试图识别那些对其产品和劳务比一般人有更多需求兴趣的一些职业群体,公司甚至可以专门为某一特定的职业群体定制他们所需要的产品。因此,一些计算机软件公司可能专门为品牌经理设计计算机程序。

(三)经济条件

消费者的经济条件会严重影响其对产品的选择。人们的经济条件包括可任意支配收入、储蓄和资产、借款能力,以及对消费与储蓄的态度等。因此,营销人员应该不断注意消费者的收入、储蓄和利率的发展趋势。如果经济指标显示经济衰退时,企业就可以采取措施对产品重新设计、重新定位和重新定价,以便继续吸引目标顾客。

(四)生活方式

生活方式指一个人在生活中表现出来的活动、兴趣和看法的模式。来自相同的亚文化群、社会阶层,甚至来自相同职业的人们,也可能具有不同的生活方式。生活方式所反映的某些东西,一方面超越了一个人所处的社会阶层,另一方面也超越了他的个性。如果我们已知某一个人的社会阶层,我们就能推断出他行为的某些特征,却无法了解其本人的具体特点。再如,我们已知某一个人的个性,我们就能推断其不同的心理和行为特征,但对他的实际活动、兴趣所在和看法却往往知之不多。研究生活方式旨在用以勾画出一个人在社会上活动的整个模式。为了对某一产品制定营销战略,营销人员要研究他们的产品和品牌与具有不同生活方式的各群体之间的相互关系。

(五)个性与自我概念

每个人都有他的购买行为的独特个性。个性,是指一个人所特有的心理特征,它导致一个人对其所处的环境的相对一致和持续不断的反应。一个人的个性通常可用自信、支配、自主、顺从、交际、保守和适应等性格特征来加以描绘。假如个性可以分类,那么它可能成为分析消费者购买行为的一个有用变量,某些个性类型同产品或品牌选择之间关系密切,例如,某家经营家庭汽车的公司也许会发现,许多有可能成为顾客的人都具有如下个性特征:他们的自信心、支配欲和自主意识都极强。这就要求公司运用针对那些购买或拥有家庭汽车的顾客的某些特征所设计出来的广告手段。

许多营销人员使用一种与个性有关的概念,那就是一个人的自我概念(或称自我形象)。每个人都有一种复杂的内心图像,基于此点,其就可能对突出同样品质的家庭汽车产生好感。如果某公司家庭汽车的推销目标是那些对质量标准要求最高的人,那么,它的品牌形象必须同顾客的自我形象相匹配,营销人员应该尽力开发符合目标市场自我形象的品牌形象。

四、心理因素

一个人的购买选择也受四种主要心理因素的影响,即动机、知觉、学习、信念与态度。

(一)动机

动机是人们为了满足某种需要,而引起某种活动的欲望和意念。在任一时期,每个人总有许多需要。有些需要是生物生命活动所必需的,它是由生理状况而引起的,例如饥饿、口渴、不安等。另外一些需要是心理性的,它是由心理状况紧张而引起的,例如认识、尊重和归属。大部分需要在一定时间内不会发展到激发人的行为那种程度。只有当需要升华到足够的强度水平时,这种需要才会变为动机。动机(或称驱使)也是一种需要,它能够及时引导人们去探求满足需要的目标,一旦需要满足之后,紧张感随即消除。

> **营销箴言** 在任何时代,能满足人最深层,也是最本质需要的不是金钱和物质,而是自我价值的发现和实现。
> ——张瑞敏,海尔集团创始人

美国行为科学家马斯洛提出了需要层次论,将人类的需要按层次排列。人类首先满足最迫切的需要,然后再满足其他需要,如图 4-1 所示。这些需要按其重要程度排列,分别是生理需要、安全需要、社会需要、尊重需要和自我实现需要。一个人总会首先寻求满足最重要的需要,但当他满足了最重要的需要之后,这个需要就不再是一种激励因素,而转向满足下一个重要的需要。

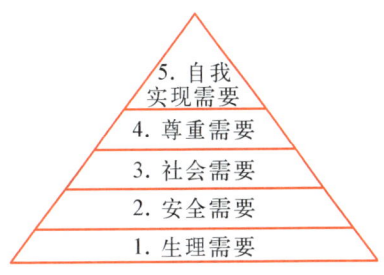

图 4-1 马斯洛需要层次论

例如,一般来说,一名饥饿者(第一需要)不会对艺术界的新鲜事情感兴趣(第五需要),也不会注意别人对他的看法或是否尊重他(第三、第四需要),他甚至对自己周围的空气纯净与否也无所谓(第二需要)。但是,当一项重要需要满足之后,下一个重要需要就随之产生。

(二) 知觉

一个被激励的人随时准备行动,然而,他如何行动则受他对情况的知觉程度的影响。两个人在处于相同的激励状态和目标情况下,其行为却可大不一样,这是由他们对情况的知觉各异造成的。为何人们对同样情况会产生不同的知觉呢?首先,我们要知道,人们对刺激物的理解是通过感觉的,也就是说,信息流通过人的五种感官,即视觉、知觉、嗅觉、触觉和味觉。但是,每个人吸取、组织和解释这种感觉信息的方式不尽相同。知觉的定义为:"个人选择、组织并解释信息的投入,以便创造一个有意义的万物图像的过程,知觉不但取决于物质刺激物的特征,而且依赖于刺激物同周围环境的关系(形态观念),以及个人所处的状况。"

人们会对同一刺激物产生不同的知觉,这是因为人们会经历三种知觉过程,那就是:选择性暴露、选择性扭曲和选择性保留过程。

1. 选择性暴露

人们在日常生活中面对众多刺激物。仅以商业性广告刺激物为例,平均每人每天要接触到100个以上的广告。一个人不可能对所有刺激物都加以注意,其中多半被筛选掉,而真正的挑战在于说明人们会注意哪些刺激物,下面是一些调研结果:

(1) 人们更多地注意那些与当前需要有关的刺激物。某人会注意所有计算机的广告,因为他有一种购买计算机的动因。他可能不会注意有关立体声设备的广告。

(2) 人们更多地注意他们期待的刺激物。某人多半会注意计算机商店内的个人计算机,而不会注意那些陈列于店内的半导体收音机,因为他对店内有无收音机不感兴趣。

(3) 人们更多地注意与刺激物的正常大小相比有较大差别的刺激物。某人会更多地注意减价500元的联想牌计算机的广告,而不大注意只减价50元的其他计算机广告。

选择性暴露意味着营销人员必须竭尽全力吸引消费者对其产品的注意。但是,对于跟其产品市场无关的多数消费者来说,他们的信息就会被忽视。即使是目标市场上的消费者,也可能忽视其信息,除非它的信息在众多的刺激物中相当突出。那些规模较大的,在大多数广告使用黑白两色的场合,使用四种颜色,或者使人们能产生新奇感,或者能进行对照比较的广告,就更能引起人们的注意。

2. 选择性扭曲

即使是消费者注意的刺激物,也并不一定会与预期的方式相吻合。每个人总想使得到的信息适合于其现有的思想形式,选择性扭曲就是人们将信息加以扭曲,使之合乎自己意愿的倾向。顾客也许听说了推销员所讲的某计算机品牌的一些优缺点,但是,只要他已倾心于某一公司的计算机,他就极有可能扭曲其他品牌计算机的特点,从而断定某一公司生产的计算机最好。人们倾向于自己的先入之见,用支持而不是用挑战的方式来对信息作出阐释。

3. 选择性保留

人们会忘记他们所知道的许多信息,他们倾向于保留那些能够支持其态度和信念的信息。由于存在选择性保留,因此顾客很可能只记住某一公司计算机的优点,而忘记了竞争对手同类产品的优点。他之所以记住该计算机,是因为每当他想购买计算机时总是较多地在盘算着这些优点。

以上三种知觉过程——选择性暴露、选择性扭曲和选择性保留意味着,营销人员必须刻苦工作,把产品信息传递给消费者;同时也说明了为什么营销人员在传递信息给目标市场的过程中需要选用大量艺术性手段和重复手段。

(三)学习

学习是指人们在社会实践中不断积累经验,求得知识和技能的过程。人类除了少数本能反应所产生的行为,绝大多数行为都是受到后天经验的影响而形成的,如见到老人知道让座,看到老鼠想到它会偷吃粮食等。心理学家认为后天经验,可用"学习的模式"来表述,如图4-2所示。

图4-2 学习的模式

学习会改变人的行为方式。就消费者购买行为而言,学习会对其产生以下四方面的影响。

(1)概括。消费者购买产品后,如果满意,就会对该产品品牌产生好感,由此及彼,对该品牌下的其他产品也会感到较满意。

(2)保留。消费者对购买产品的满意与否,都会念念不忘,保留在记忆中。

(3)加强。消费者对购买产品后,感到非常满意,就会强化购买信念,以至重复购买。

(4)辨别。消费者会基于以前的购买体会对新的购买行为加以指导,对满意的品牌与不满意的品牌区别对待。

(四)信念与态度

通过行为与学习,人们获得了自己的信念与态度,它们又转过来影响人们的购买行为。

信念是指一个人对某些事物所持有的描绘性思想。

态度是指一个人对某些事物或观念长期持有的好与坏的认识上的评价、情感上的感受和行动倾向。人们几乎对所有事物都持有态度。例如宗教、政治、衣着、音乐、食物等。态度导致人们对某一事物产生好感或恶感,亲近或疏远的心情。

态度能使人们对相似的事物产生相当一致的行为,人们没有必要对每一事物都以新的方式作出解释和反应。态度可以令人节省精力和脑筋,正因如此,态度是难以变更的。一个人的态度呈现为稳定一致的模式,要改变一种态度就需要在其他态度方面作重大调整。

企业最好使其产品与人们的既有态度相一致,而不要去试图改变人们的态度。当然,如果改变一种态度所耗的昂贵费用能得到补偿时,则另当别论。

现在我们已经了解了作用于消费者购买行为的众多因素,一个人的选择是文化、社会、个人和心理因素之间复杂影响和作用的结果。其中很多因素是营销人员所无法改变的,但是,这些因素在识别那些对产品有兴趣的消费者方面颇有用处。其他因素则受到营销人员的影响,并揭示营销人员如何开发产品、价格、地点和促销,以便引发消费者的强烈反应。

> **营销箴言** 营销是没有专家的,唯一的专家是消费者,就是你只要能打动消费者就行了。
>
> ——史玉柱,巨人网络集团董事长

第二节　消费需求与购买行为模式

消费者的需求,是指消费者对于市场上某种具有货币支付能力的商品的购买要求。消费者需求,包括消费者对工业品的需求和对消费品的需求两个方面。消费者对工业品的需求,主要是指工业、基建、交通运输等部门为了获取各种生产资料从事再生产而对于某些工业品表现出来的需求。这种需求,归根结底取决于消费者的最终消费需求,因而它是以消费者对消费品的需求为基础的。

一、消费者的基本需求及其特征

(一) 消费者的基本需求

(1) 期望在市场上买到称心如意、符合需要的商品。包括商品的花色品种、规格、式样、数量、质量、包装装潢等都要符合消费者心意,既能满足生理上的要求,又能满足心理上的要求。

(2) 期望商品价格合理,同购买能力相适应。人们在生活上和心理上对物质资料的要求是无止境的,但要受购买力的限制。因此,每个消费者在市场上购买商品时,总是希望在有限制的收入范围内,花费最少的代价得到最大的满足。

(3) 期望供应商品的时间、地点和方式方法适应自己的要求。做到购买及时、方便。

(4) 期望得到良好的市场服务。包括良好的服务态度和服务质量,优美的购货环境,周到的售后服务等。

(二) 消费者需求的基本特征

(1) 多样性。各个消费者由于收入水平、文化程度、职业、性别、年龄、民族和生活习惯的不同,自然会有各式各样的爱好和兴趣,对商品和服务的需求是千差万别、丰富多彩的。例如,对穿、用商品,每个人在品种、质量、花色、规格上的需求都不尽相同,对食物的需求也存在着习惯上的差异,这种不拘一格的要求,就是消费者需求的多样性。

(2) 发展性。随着社会主义市场经济的发展和消费者人均收入的提高,人们对商品和服务的需求也在不断变化。未曾消费过的高档商品进入消费;过去消费少的高档耐用商品现在大量消费;一种需求满足了,又会产生新的需求。

(3) 伸缩性。消费者购买商品在数量、品种等方面往往是随购买力的变化和商品价格的高低而变化。例如,基本的日常生活必需品消费需求的弹性较小,人们对它们的需求是均衡而有一定限度的,不会因为货币收入增多,而使需求急剧增加,或因销售价格降低而有更多的需求。但是,像穿着用品和装饰品,以及中、高档商品和耐用消费品则选择性强,消费需求的伸缩性就比较大,一般来说,随着货币收入的增多,购买量迅速增加,其需求也会明显增多。

(4) 层次性。人们的消费需要是有层次的,虽然各个层次很难截然分开,但在大体上还是有顺序的。一般来说,首先保证满足最基本的生活需要,然后再满足社会性需要、精神需要,即满足对"享受资料""发展资料"的需要。

(5) 可诱导性。消费者需求是可以引导和调节的。通过企业的营销活动,人们的消费需求可以变化和转移,潜在的欲望可以变为明显的购买行动,未来的消费需求可以成为现实的消费。例如,人们原来并没有准备很快购买某种商品,但由于产品的问世或广告宣传等影响,就会由不准备购买或不准备现在购买,而迅速演变为强烈的购买冲动。因此,企业不仅应当适应和满足人们的需求,而且可以启发、诱导人们的消费需求。

(6) 联系性与代替性。消费者需求在某些商品上具有联系性。如购买皮鞋时,可能附带买鞋油、鞋刷。经营有联系的商品,不仅会使消费者购买方便,还能扩大商品销售额。只要企业及时掌握市场发展趋势,就能更好地满足消费者需要。

(7) 时代性。消费需求常受到时代精神、风尚、环境的影响。时代不同,需求和爱好也会不同。例如,为适应社会主义物质文明和精神文明建设的需要,对科技书籍和文化用品的需要日益增多,这就是一种消费者需求的时代性。

二、消费者购买行为模式

消费者的行为是在其动机支配下发生的。动机的形成是消费者一系列复杂心理活动过程的结果。按照心理学上的"刺激—反应"学派的理论,人们行为的动机是一种内心活动过程,是看不见摸不着的,像一个"黑箱"。消费者购买行为模式可以总结如下:外部的刺激,经过黑箱(心理活动过程)产生反应而引起行为,如图4-3所示。

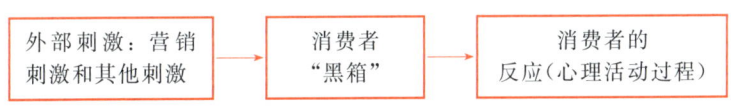

图4-3 消费者购买行为模式

营销刺激有两种:一种为企业营销的可控因素,即4P因素;另一种为环境因素(政治、经济、法律、文化等)。这些刺激通过消费者"黑箱"产生反应以后,形成消费者的购买行为。这样,消费者购买行为模式可用图4-4表示。

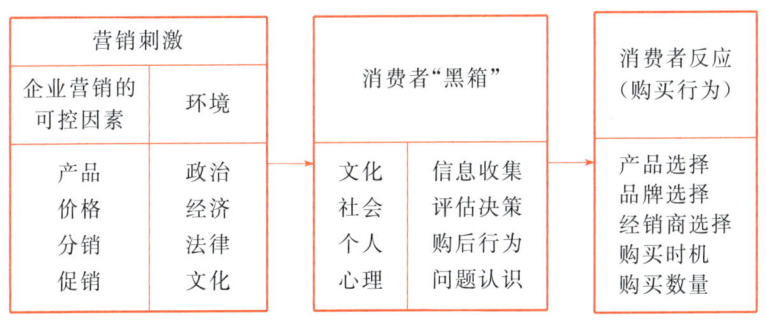

图4-4 消费者购买行为模式

运用这一模式分析消费者购买行为的关键:一是揭示形成消费者行为特征各种主要因素及其相互之间的关系;二是揭示消费者的购买决策过程。前者影响消费者对外界刺激的反应;后者导致消费者的各种选择。

第三节 购买决策过程

一、参与购买的角色

以家用汽车的选择为例,也许购买新车的提议出自儿子或女儿,购买何种类型的汽车来自朋友的推荐,汽车的结构由丈夫选择,妻子则对汽车的外表有明确的要求。在妻子的赞同下,也许由丈夫作出购车的最终决定。然而,新车的最终使用者可能是妻子而不是丈夫。

据此,我们就可以区别人们在一项购买决策过程中可能扮演的不同角色。
(1) 发起者,是指首先提出或有意向购买某一产品或服务的人。
(2) 影响者,是指其看法或建议对最终决策具有一定影响的人。
(3) 决策者,是指在是否买、为何买、何时买、哪里买等方面的购买决策作出完全的或部分的最后决定的人。
(4) 消费者,是指实际采购人。
(5) 使用者,是指实际消费或使用产品或服务的人。

一个企业有必要认识以上这些角色,因为这些角色对于设计产品、确定信息和安排促销是有关联意义的。如果丈夫对汽车的样式作出决定,那么汽车企业就会把大部分广告直接面向丈夫。同时,汽车企业也可以设计一些能取悦于妻子的汽车特色,并在妻子能接触到的一些广告媒体上做广告。了解购买决策中的主要参与者和他们所起的作用,有助于营销人员妥善地协调营销计划。

二、消费者购买行为的类型

消费者购买决策随其购买决策的类型的不同而变化。在购买牙膏、网球拍、个人计算机和新汽车之间,存在着很大的不同。消费者对于越复杂越昂贵的购买的决策往往凝结着消费者的反复权衡,而且包含许多购买决策的参与者。阿萨尔根据消费者在购买过程中的介入程度和品牌间的差异程度,区分了消费者购买行为的四种类型,如表4-1所示。

表4-1 消费者购买行为的四种类型

品牌间的差异程度	购买过程中的介入程度	
	高	低
大	复杂的购买行为	寻求多样化的购买行为
小	减少不协调的购买行为	习惯性的购买行为

(一) 复杂的购买行为

当消费者专心仔细地购买,并注意现有品牌间的重要差别时,他们也就完成了复杂的购买行为。消费者一般对花钱多的产品、风险产品及注目的产品等的购买都非常仔细。一般来说,消费者对产品的类型了解较少,需要大量的学习。消费者经历了一个认识学习的过程,即首先产生对产品的信念,然后逐步形成态度,对产品产生偏好,最后作出慎重的购买选择。高度介入产品的营销人员必须懂得对高度介入的消费者收集信息并评估其行为,有必要广泛宣传企业和产品,以便协助消费者学习这类产品的各种属性、各种属性的相对重要程度,以及本企业在比较主要的属性方面的优势。此外,营销人员还有必要区别其品牌的特征,利用一些主要的印刷媒体和内容叙述较长的广告文稿来描述本产品的优点。同时,谋求商店销售人员和消费者的朋友的支持,以影响消费者最后的品牌选择。

(二)减少不协调的购买行为

有时,消费者对于各种品牌看起来没有什么差别的产品的购买也持慎重态度。高度介入的购买行为基于这样的事实:昂贵产品和风险产品。以买地毯为例,它也是一项高度介入的决策,因为地毯既是昂贵产品,又是一种需要自我识别的产品。消费者购买产品后,有时会产生一种购后的不协调感觉,因为他注意到了地毯上的一些使他感到烦恼的缺点,或是听了有关其他地毯的一些优点。于是,他开始学习更多东西,试图证明自己的决策是正确的,以减少购后的不协调感。这样,消费者首先通过自己的行为状态,然后取得了某些新的信念,最终对自己的选择作出有利的评价。这种情况对营销人员正好说明了这样一个问题:定价、良好的店址、有效的推销人员将对品牌选择产生重要影响,同时也意味着,营销沟通的主要作用在于增强消费者的信念,使消费者对自己选择的产品在购买之后有一种满意的感觉。

(三)习惯性的购买行为

许多产品的购买是在消费者低度介入,品牌间并无大差别的情况下完成的,购买食盐就是个好的例证。消费者对这类产品几乎不存在介入情况。他们去商店购买某一品牌的食盐,如果他们长期保持购买同一个品牌的食盐,如加碘食盐,那只是出于习惯,而非出于对品牌的忠诚。消费者对大多数价格低廉、经常购买的产品介入程度很低。

在以上例子中,消费者的购买行为并没有经过正常的信念、态度、行为顺序等一系列过程。他们并没有对品牌信息进行广泛研究,也没有对品牌特点进行评价,对决定购买什么品牌也不重视。相反,他们只是在看电视或阅读印刷品广告时被动地接收信息。广告的重复,会使消费者产生对品牌的熟悉程度,而不是品牌信念。消费者不会真正形成对某一品牌的态度,他之所以选择这一品牌,仅仅因为它是熟悉的。产品购买之后,消费者由于对这类产品无所谓,也就不会对它们进行购后评价。因此,一个购买过程就是通过被动的学习而形成的品牌信念,随后产生购买行为,对购买行为有可能作出评价,或不作评价。

营销人员发现品牌差别很小的、低度介入的产品,运用价格和销售促进作为产品试销的刺激是有效的,因为消费者并不强调品牌。在对低度介入产品做广告方面,必须注意一些问题:广告文稿应该强调少数几个重点,视觉标志和形象化构思非常重要,因为这样便于消费者记忆,并跟品牌联系起来。同时,短期持续信息的广告促销活动应该反复运用,手机、电视广告比印刷品广告更为有效,因为手机、电视是一种低度介入的宣传媒介,它适合于被动的学习。此外,广告计划要根据传统的条件理论来制定,这种理论认为,消费者往往是通过广告反复宣传某一产品特点而认知该产品的。

营销人员也可以设法使低度介入产品转变为较高度介入产品。这种转变可以通过将该产品跟与之有关的问题相联系来完成,就像洁齿牙膏跟保持人们牙齿健康联系在一起那样。或者,产品也可同某些涉及个人的具体情况相联系,如清晨消费者正在寻找什么东西来消除睡意的时候,用广告宣传咖啡品牌。或者营销人员可以通过广告活动来吸引顾客,因为这一活动可以触发与一个人的价值观念和自我防御有关的强烈情感。或者在一般产品上增加一种重要特色,例如,在某种简单、可口的饮料中增加维生素。营销人员应该认识到,这些策略至多也只能把消费者从低介入提高到一种适度的介入水平,而无法将他们推入复杂的购买行为的行列。

(四)寻求多样化的购买行为

某些购买情况是以消费者低度参与但品牌差异很大为特征的,在这种情况下,消费者被认为会经常改变品牌选择。以购买小甜饼中遇到的情况为例,消费者会有某些信念,不先作充分评价,就挑选某一品牌的小甜饼,待到入口时,再对它进行评价。但在下一次购买时,消费者也许想尝新,或想体验一下口味而转向买另外一种品牌的小甜饼。品牌选择的变化通常并不是因为对产品不满意,而多为寻求多样化。

市场领先者对这类产品和次要品牌所采取的营销战略是不同的,他们会试图通过摆满商品货架,避免脱销及经常做提醒广告来鼓励多样化的购买行为。另外,一些挑战型企业会采用压低价格,提供各种优惠、赠券、免费样品,以及以宣传试用新产品为特色的广告活动来吸引那些寻求多样化的不稳定的消费群体。

三、购买决策过程的五个阶段

消费者购买决策过程是一种"阶段性模式",大致可分为五个阶段:问题认识、信息收集、方案评估、购买决策和购后行为,如图4-5所示。这个模式强调了购买过程早在实际购买发生之前就开始了,并且购买之后很久还会有持续影响。它鼓励营销人员将注意力集中于购买过程,而不是购买决策。

这一模式说明了消费者在购买物品过程中经历五个阶段,我们发现,事实并非如此,尤其在低度介入产品的购买中更是如此。消费者可能会越过或颠倒其中某些阶段。例如,一位购买固定品牌牙膏的妇女会越过信息收集和方案评估阶段,直接从对牙膏的需求进入购买决策。我们运用图4-5模式,阐述消费者面对一项高度介入的新采购时所发生的全部思考过程。

图4-5 购买决策过程的五个阶段

(一)问题认识

购买过程从消费者对某一问题或需要的认识开始,内在的和外部的刺激因素都可能引起需求。营销人员需要去识别引起消费者某种需要的环境,找出引发这种需要的内在动因和外来刺激因素,从而运用各种营销手段,促使消费者与刺激因素频繁接触,并强化刺激因素与该需要的必然联系。

一位同事买了一台计算机,这便勾起了他对计算机的需求欲望。通过从一些消费者那里收集的信息,营销人员就能识别一些会使消费者对产品产生兴趣的常见的刺激因素。这样,营销人员就可以拟订引起消费者兴趣的各种营销战略。

(二)信息收集

一位被唤起需求的消费者可能会去寻求更多的信息,当然也可能相反。如果消费者的驱使力很强,可供满足的产品就在近处,那么他就很可能会购买该产品。不然的话,消费者的需要就只能保留在记忆之中。消费者也许不进一步收集信息,或进一步收集一些信息,或积极收集信息,这都与需求有关。

营销人员最感兴趣的是消费者需要的各种主要信息来源,以及每种信息对今后的购买决策的相对影响。消费者信息来源可分为四种:①个人来源(家庭、朋友、邻居、熟人);②商业来源(广告、推销员、经销商、包装、展览);③公共来源(大众传播媒体、消费者评比机构、官方公布);④经验来源(亲身经历和感受)。

以上这些信息来源的相对影响随着产品的类别和消费者特征而变化。一般来说,就某一产品而言,消费者最多的信息来源是商业来源,也就是营销人员所控制的来源;此外,最有效的信息来自个人来源。每一信息来源对于购买决策的影响会起到某些不同的作用。

就消费者使用的信息来源而言,营销人员应该对此仔细加以识别,并评价它对消费者购买决策的影响程度。同时,企业要在对各种信息来源调查、分析的基础上,设计和安排恰当的信息渠道和传播方式,采用对目标市场影响最大、信心数量最多的促销组合。

(三)方案评估

我们已经知道了消费者如何运用信息来获得品牌选择,但是问题在于,消费者怎样在众多可供选择的品牌中加以选择,营销人员需要懂得消费者怎样为完成品牌选择而处理信息。至今还没有一种能为所有消费者在各种购买情况下可使用的简明单一的信息评价程序。消费者评价过程最流行的模式是认识导向,即营销人员认为消费者对产品的判断大都是建立在自觉的理性的基础之上的。

1. 产品属性

我们假定每个消费者都将某一产品看成有一组属性。对一些熟知产品,消费者感兴趣的属性分类如下。

(1)计算机:储存能力、图像显示效果、软件的适用性。

(2)照相机:照片清晰度、摄影速度、相机大小、价格。

(3)旅馆:位置、清洁度、气氛、费用。

(4)漱口剂:颜色、效力、杀菌能力、价格、味道。

(5)轮胎:安全、胎面弹性、行驶质量、价格。

尽管上面所述是消费者一般感兴趣的产品属性,但消费者在考虑有关属性方面不尽相同,他们会密切注意与其需要有关的产品属性,产品市场常常可根据各不同消费群所感兴趣的属性来加以细分。

2. 重要性权数

可以对产品的重要属性和产品的特色加以区分。产品的特色属性是消费者被问及如何考虑某一产品属性时,立刻想到的属性。营销人员不能据此下结论认为这就是最重要的属性,在属性中有些可能是特色属性,因为消费者得到的商业信息中曾提到过它们,或者消费者需要解决的问题中涉及这些属性,因此消费者就把这些属性放在心上。此外,在一系列非特色属性中,有些可能被消费者遗忘,但一旦被提及,消费者就会认识到它的重要性。营销人员应该更多地关心属性的重要性方面,而不是属性的特色性方面。

3. 品牌信念

消费者对某一品牌所具有的一组信念称为品牌信念,消费者由于个人经验和选择性感知、选择性扭曲及选择性保留的影响,其品牌信念有可能与产品的真实属性并不一致。

4. 效用函数

效用函数说明消费者所期望的产品满足感是怎样随着产品属性的不同而发生变化的。

5. 评价程序

对各个可供选择的品牌会有一种态度(判断、偏好),消费者为了从多重属性产品之间作出抉择而运用不同的评价程序。

(四)购买决策

决策评价阶段会使消费者对选择的各种品牌之间形成一种偏好,消费者也可能形成某种购买意图而偏向购买他们喜爱的品牌。

但是,在购买意图与购买决策之间,有两种因素会相互作用。

1. 其他人的态度

假定顾客的妻子深感他应该购买价格最低廉的计算机,以节约开支。结果,对计算机A的"购买可能性"就减少了一些。另一些人的态度会影响一个人的选择,其程度取决于两件事:①其他人对消费者所喜好的品牌持否定态度的强烈程度;②消费者对遵从旁人愿望的动机。旁人的否定态度越强烈,他对消费者越密切,消费者就越是会修改他的购买意图。

2. 未预期到的情况因素

消费者根据预期家庭收入、预期价格和期望从产品中得到的好处等因素而形成购买意图。消费者在打算作出行动时,一些未预期到的情况因素也许会突然出现,从而改变他们的购买意图。

(五)购后行为

消费者在购买产品之后会体验某种程度的满意感和不满意感。消费者会从事一些使营销人员感兴趣的购后行为,产品在被购买之后,就进入了购后时期,这时,营销人员的工作并没有结束。

决定消费者是否对一项采购感到十分满意、比较满意、稍稍不满意或很不满意的因素是什么呢?

如果产品符合期望,消费者就会满意;如果超过期望,消费者就会非常满意;如果不符合期望,消费者就会不满意。消费者根据自己从卖主、朋友及其他信息来源所获得的消息来形成他们的期望。如果卖主夸大其产品的好处,消费者就将感受到不能证实的期望,这种不能证实的期望会导致消费者的不满意感。期望与绩效之间的差距愈大,消费者的不满意感也就愈大。此时消费者的反应方式就会产生作用。当产品不完善时,有些消费者就会扩大这种差距,就对该产品表示极大的不满,而另外一些消费者则会缩小这种差距,对该产品表示较少的不满。

这一理论提出了卖主应使其产品真正体现产品绩效的要求,以便使消费者得到满意感。有些卖主甚至可能略打折扣地宣传产品带来的绩效水平,结果使消费者对其产品有了高于期望的满意感。

了解消费者的需要和购买过程是营销成功的基础。营销人员通过了解消费者如何经历问题认识、信息收集、方案评估、购买决策和购后行为,就能获得许多像如何满足消费者需要等的信息。营销人员通过了解购买过程的各种参与者并领会其对购买行为的主要影响,就能为其目标市场设计有效的营销计划。

> **营销箴言** 收入可以以其他形式出现,其中最令人愉快的是顾客脸上出现满意的微笑,这比什么都值得,因为它意味着他的再次光顾,甚至可能带个朋友来。
>
> ——雷·克罗克,麦当劳快餐店创始人

本章小结

市场是由消费者组成的,消费者的需求决定消费者的购买动机。研究消费者需求,是企业制定营销策略的出发点和前提。消费者需求具有多样性、发展性、层次性、可诱导性、可替代性。在分析消费者购买行为时,应认真研究影响购买行为的四个因素:文化因素(文化、亚文化),社会因素(相关群体、家庭、角色与地位、社会阶层),个人因素(年龄与生命周期阶段、职业、经济条件、生活方式、个性与自我概念),心理因素(动机、知觉、学习、信念与态度)。

企业在计划营销活动之前,需要识别其目标顾客及他们所经历的决策过程类型。营销人员的工作是要识别购买过程中的其他参与者,他们的购买标准和他们对消费者的影响程度。

购买慎重程度和购买参与者的数量随着购买情况的复杂性而增加,营销人员应当有效地对顾客购买行为的四种类型作出规划,即复杂的购买行为、减少不协调的购买行为、习惯性的购买行为和寻求多样化的购买行为。

在复杂购买行为中,消费者经历了由问题认识、信息收集、方案评估、购买决策和购后行为等组成的决策过程。

关键名词

消费者市场　相关群体　购买决策　选择性保留　动机　态度　购买行为
复杂性购买行为

 **思 考 题**

1. 消费者的基本需求及其特征是什么？
2. 消费者购买行为模式流程图的主要部分有哪些？
3. 试述影响消费者购买行为的主要因素。
4. 什么是社会阶层和参考群体？
5. 马斯洛的需要层次论及其对研究消费行为的意义是什么？
6. 有哪些角色参与购买？其地位是怎样的？
7. 应用购买决策流程图，设计一个案例并分析其过程。

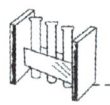 **案例分析**

李佳琦直播销售花西子眉笔为什么"翻车"了？

2023年9月10日，网红主播李佳琦直播介绍美妆品牌"花西子"时，不恰当地回复了网友评论，引发网友不满，"李佳琦带货怼网友""李佳琦 花西子"话题当日冲上微博热搜。在李佳琦直播介绍"花西子"一款定价为79元的眉笔时，有网友在评论中表示该品牌的产品越来越贵。看到评论后，李佳琦立即毫不客气地反驳："有的时候找找自己原因好吧，这么多年了工资涨没涨，有没有认真工作，好不好。"此言一出，随即引发众怒。2023年9月11日凌晨，李佳琦在微博发文致歉，在晚间直播中，李佳琦再次道歉。受此事件影响，截至2023年9月11日23时许，李佳琦个人微博粉丝数量已从3 043.5万降至2 942.3万，累计流失粉丝数量超100万。

花西子是浙江宜格企业管理集团有限公司在国家知识产权局商标局注册的彩妆类品牌，2017年3月8日诞生于杭州。花西子中的"花"，是指"以花养妆"，"西子"指西湖亦指西施，取自苏东坡的诗句"欲把西湖比西子，淡妆浓抹总相宜"。花西子探索中国千年古方养颜智慧，针对东方女性的肤质特点与妆容需求，以花卉精华与中草药提取物为核心成分，运用现代彩妆研发制造工艺，打造健康、养肤、适合东方女性使用的彩妆产品。花西子彩妆产品系列较多，包括定妆系列、底妆/颊妆系列、唇妆系列、眼眉妆系列、卸妆系列和工具系列等，具体产品包括眉笔、花露水、洗面奶、唇膏、口红、美容面膜等多种。2019年9月28日，花西子官方宣布李佳琦担任首席推荐官；2022年1月11日，抖音电商排行榜发布2021年度榜单，花西子领跑抖音电商美妆年度排行榜；2022年2月，花西子斩获2021年度最受用户偏爱国妆品牌TOP1。

李佳琦作为花西子的首席推荐官，在淘宝直播介绍79元的眉笔时引发部分消费者不满，甚至被网友调侃将花西子眉笔价格定义为打工人的专属货币单位，"1花西币＝79元"。那么，事件的关键问题之一是这款眉笔的价格到底高不高呢？热心的网友整理了多个品牌眉笔产品的克数和价格，进一步计算出各大品牌眉笔产品的单克价格。花西子0.07克眉笔的单克价格为985.71元，植村秀（经典砍刀）3.4克、YSL1.3克、卡姿兰0.26克的眉笔单克价格分别为58.82元、169.23元、207.69元。除了前述提到的这几款眉笔外，网友搜集整理的多数眉笔的单克价格均不及花西子眉笔的单克价格。有的网友甚至把花西子眉笔的单克价格与黄金价格进行比较，网友指出，2023年9月12日，包括老凤祥、周大生、老庙黄金等在内的品牌，零售黄金的价格大约在600元/克左右。这也说明，花西子的眉笔价格甚至高于黄金价格。根据新浪财经报道，按克计算的花西子散粉的价格甚至比香奈儿还贵，据悉，花西子散粉的售价为169元，净含量8.5 g，单价为19.88元/克；而香奈儿散粉的售价为590元，净含量30 g，单价为19.67元/g。

花西子眉笔的生产模式是怎样的？据悉，花西子这款眉笔的生产采用代工生产模式。从该款商品的淘宝产品页面显示，其代工厂为上海创元化妆品有限公司，该公司除了为花西子代工外，还拥有自有品牌玛丽黛佳。玛丽黛佳淘宝在售的两款眉笔，一款0.2克的价格为57元，另一款0.1克的价格为68元，价格均低于花西子。据北京商报报道，经调查发现，从源头代工厂的成本价来看，眉笔行业的利润算是可观。据眉笔生产代工业内人士透露，市场上一支49～69元的普通眉笔，成本价仅需4.3元/支，加一支替换装的成本价大概为4.6元/支，即使在眉笔中添加何首乌精华、螺子黛眉料等材料，成本价格一般也不会太高，受代工方成本控制因素影响，国内百元以下的眉笔成本大多不会高于10元。

花西子与网红主播李佳琦的合作源于2018年9月首次参与李佳琦粉丝节活动。2018年10月，花西子新品玻璃唇釉在李佳琦淘宝直播间首发；2019年3月，李佳琦在直播间帮助花西子推荐散粉，使其成为一货难求的爆款商品；2019年9月，李佳琦正式成为花西子首席推荐官，深度参与花西子产品研发。在官方公众号发布的推文中，花西子将李佳琦称作所有产品的第一体验官。在谈到与李佳琦的合作时，花西子创始人吴成龙表示："我们发现他是一个市场感、用户感、产品感都非常好，而且非常具有品牌思维的人，所以我们开始跟他探索直播的新模式——2.0带品牌模式。"吴成龙还进一步解释称，"1.0带货模式"是品牌方把产品开发好，主播直接销售，卖的只是货；而"2.0带品牌模式"则是邀请主播担任产品顾问，跟品牌方共同开发产品，共同研究产品卖点，共创直播内容等。随着与李佳琦合作的深入，花西子快速发展，在2019年"双十一"期间，花西子天猫旗舰店的销售额达到2.5亿元，闯入平台大促彩妆类目排行榜前十，也是当时为数不多能够进入该名单的国货美妆品牌。2020年"618"大促期间，花西子以2.35亿元的GMV问鼎国货美妆成交额榜；2020年"双十一"以超4.7亿元的成交额直冲天猫美妆类目第二名。花西子销量的不断突破，离不开李佳琦给其带来的加成。天猫数据显示，2019年"双十一"前后，李佳琦直播间的贡献占花西子总流量的近80%，超64%的成交额来自其直播间。2019年，花西子品牌来自李佳琦直播间的销量占比为18.48%；2020年，该占比下滑至15.55%。

案例思考题：

1. 影响消费者品牌选择和消费行为的主要因素是什么？该案例给企业加强网络直播营销管理带来了什么启示？

2. 网红主播的网络直播营销吸引消费者购买的主要因素什么？网络直播营销人员与生产企业的合作模式都有哪些？不同的合作模式对产品价格的影响有何差异？

第五章　组织市场购买行为分析

引导问题

1. 用消费者市场的营销经验能够运作组织市场吗？
2. 团购怎么运作？
3. 如何竞标？

学习目的与要求

1. 了解组织市场的特点及购买行为。
2. 掌握生产者市场的特点及购买行为。
3. 了解非营利组织市场的特点及购买行为。
4. 掌握中间商市场的特点及购买行为。
5. 掌握政府市场的特点及购买行为。

第一节　组织市场的类型与特点

一、组织市场的类型

组织市场和消费者市场的主要区别在于：消费者主要是企业或社会团体而不是个人或家庭消费者；目的是用于生产或转卖以获取利润，以及其他非生活性消费，而不是满足个人或家庭的生活需要。根据组织市场的这种特点，我们可将组织市场定义为：购买商品和服务以用于生产性消费，以及转卖、出租，或用于其他非生活性消费的企业或社会团体。组织市场的规模很大，往往是消费者市场规模的几倍，是一个数量更大、范围更广的销售市场。组织市场是由生产者市场、中间商市场、非营利组织市场和政府市场四部分构成的，如图 5-1 所示。

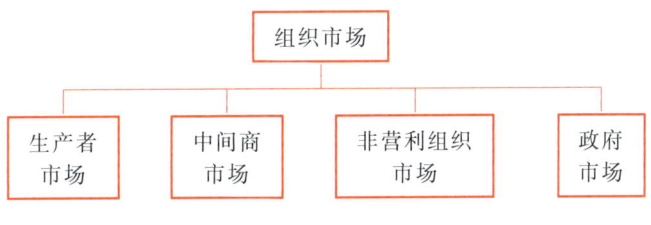

图 5-1　组织市场的构成

（一）生产者市场

生产者市场是指一切购买产品和服务并将之用于生产其他产品或劳务，以供销售、出租或供应给他人的组织。生产者市场的消费者主要来自农业、工业、建筑业、运输业、通信业、公用事业、金融保险业、服务业等部门。

（二）中间商市场

中间商市场，也称转卖者市场，是指那些通过购买商品和劳务以转售或出租给他人获取利润为目的的组织。中间商市场的消费者由各种批发商和零售商组成。对于生产者来说，中间商既是商品的消费者又是企业可供选择的销售渠道，从而使生产企业与中间商成为一种双向选择的关系。

（三）政府市场

政府是特殊的非营利组织。政府通过税收、财政预算掌握了相当部分的国民收入，形成了潜力极大的政府采购市场。

（四）非营利组织市场

非营利组织市场是指所有不以营利为目的、不从事营利性活动的社会团体。它们购买商品和服务是为了组织社会政治、经济活动和满足社会公众的需要。非营利组织市场的消费者主要包括政府、学校、医院、群众团体等非营利组织。

从组织市场的构成可以看出，组织市场是一个综合性的市场。作为生产者市场，它属于中间市场范畴，因为它所购买的商品主要是一些中间产品——生产资料，这些产品要重新投放到生产过程中去，转化成其他产品再重新出售。作为中间商市场，虽然从其购买的产品来说主要是生产消费品，但其购买目的是销售，处于生产与消费的中间环节，因而也属于中间市场的范畴。作为非营利组织市场，则属于终极市场的范畴，因为它所购买的商品主要是一些最终产品——生活消费品和服务性产品，这些产品不再进入生产过程，而要从事一些与人民生活直接相关的社会活动和公共消费。组织市场的这一特点决定了在组织市场中的各类消费者具有不同的消费行为和购买行为，并受到不同因素的影响和制约。

组织市场既要向生产企业提供生产资料以满足生产消费需要，又要向商业企业提供消费品以满足消费者需要，还要向社会集团提供各类满足社会活动和公共消费需要的产品。这就决定了组织市场在整个国民经济发展中居于重要地位，对于整个社会消费的发展起着重要的作用。它的销售状况，直接影响着消费品市场的发展规模和速度。不仅如此，组织市场在整个商品市场中也居于主导地位。因此，开展对组织市场购买行为的研究，对于企业来说，具有特殊重要的意义。

二、组织市场的共同特征

由于商品的经济用途与购买决策的差异，组织市场与消费者市场有着不同的特点。各类组织市场由于组织性质、使命等的差异，各有不同特点。尽管如此，由于各类组织市场的集团购买性质、组织生存和发展的长期稳定性要求等的影响，与消费者市场相比，各类组织市场存在着很多共同之处，主要表现在以下几个方面。

（一）消费者少而购买量大

组织市场的消费者相对于消费者市场的消费者在数量上要少得多，如大型采矿设备生产商的顾客仅是少数几个大型煤矿。虽然消费者数量上少，但每个消费者每次购买量都很大,有时一份订单的金额就达数千万元甚至数亿元。

(二)专家购买

各类组织对其购买的产品质量、规格、性能等各方面都有计划和严格要求,对技术咨询、安装维修、零配件供应、交货期和信贷条件等要求较高,且不易受广告宣传及其他促销措施的影响,购买的理智性较强。因此,企业通常由专业知识丰富、训练有素的专职人员负责采购工作。

(三)集体决策

购买决策过程的参与者往往不只是一个人,而是由很多人组成的。甚至连采购经理也很少独立决策而是由相关人员共同研究,然后作出决策。

(四)直接采购

组织市场的消费者由于购买量较大,因此往往向供应方直接采购,而不经过中间商环节,价格昂贵或技术复杂的项目更是如此。

(五)关系长期而密切

组织市场上的买卖双方倾向于建立长期的业务联系,相互依存,卖方在买方购买决策的各个阶段往往要参与决策,帮助买方解决一些购买中的问题,提供完善的售前咨询、答疑及售中、售后服务,有时要帮助买方寻找能满足其需要的商品,以便按买方要求的品种、性能、规格和时间定期向买方供货。

专栏 5-1

大客户营销

根据二八法则,多数企业80%的利润额或销售额来自20%的客户。因此,要实现企业稳步快速发展的关键在于稳定发展大客户。大客户是指对企业产品消费量大、消费频次高,通常情况下对企业的整体利润贡献大,占据企业绝大部分利润额或销售额的关键客户。大客户营销就是围绕大客户展开的营销活动,其营销的目的就是与大客户建立并维护长久的业务关系。

三、各类型组织市场的特点

各个组织市场,除了具备组织市场的共性特点,还具有一些自身的特点。

(一)生产者市场的特点

(1)**派生性需求**。购买生产资料是为了装备生产部门,使之进行物质资料的再生产。相对于消费品需求这一初始需求来说,对生产资料的市场需求则是派生需求,即生产者对生产资料的市场需求是由消费者对消费品的需求派生的。例如,消费者对服装的市场需求是初始需求,如何购买取决于消费者对该服装的需求程度、价格高低、代用品的状况等;而服装厂对布匹和服装机械的需求则是在消费者对服装的需求下派生出来的。消费品市场的需求状况,制约并决定着生产者对生产资料市场的需求;而一种生产资料市场需求的变化,又会引起对生产该种生产资料的那些生产资料需求的相应变化。

(2)**需求弹性小**。由于生产者购买产品后要投入到生产中去,生产出新的产品再投放市场,因此其需求受价格的影响较小,表现为缺乏弹性,在短期甚至可能表现为无弹性。

(3) **波动性大**。由于生产者市场需求是由消费者市场需求引起的,为了生产一定数量的消费品,则要产生多层次的派生需求,这就决定了生产者对产品的需求变化要大于消费者市场需求,从而表现出较大的波动性。生产者市场需求的波动性,给生产生产资料的企业带来了较大风险。为了分散风险,这类企业必须实行多元化营销战略,尽量增加产品品种,扩大企业的营销范围。

(4) **互惠性强**。在市场上,生产者既是商品的消费者,又是商品的出售者,这种既买又卖的特殊身份,使生产者在购买时就考虑到产品的出售,因而要求自己的供应商同时购买自己的产品,使买和卖实现"互惠"。有时买卖双方并不是直接的互惠者,从而出现了"三角形"甚至"多角形"互惠。互惠减少了企业的经营风险,因而被许多企业采用。

(二) 中间商市场的特点

(1) **派生性需求**。中间商对商品的需求是由消费者对商品的需求引发而来的,所购商品的品种、花色、规格、数量、价格、交货日期等受到消费者需求的制约和影响。

(2) **挑选性较强**。中间商进货时讲究商品组合配置,需要品种齐全、花色丰富,以满足消费者的多样化需求,提高他们的购买效应。

(3) **需求弹性较大**。中间商购买商品是为了转售,对购货成本即中间商市场的价格变化较为敏感,其需求量随价格涨落的变化而变化。

(4) **批量购买与定期进货**。中间商大都有固定的进货渠道,一次性购买的数量较大,且有较为规律的进货时间。

(三) 非营利组织市场的特点

(1) **限定总额**。非营利组织的采购金额是既定的,不能随意突破。例如,政府采购经费的来源主要是财政拨款,拨款不增加,采购经费就不可能增加。

(2) **强调价格低廉**。非营利组织大多数不具有宽裕的经费,在采购中要求商品价格低廉。采购用的是纳税人的钱,要求仔细精算,用较少的钱办较多的事。

(3) **要求保证质量**。非营利组织购买商品不是为了转售,也不是使成本最小化,而是维持组织运行和履行组织职能,所购商品的质量和性能必须保证实现这一目的。例如,医院以劣质食品供病人就会损害声誉,采购人员必须购买价格低廉但质量符合要求的食品。

(4) **受到控制**。为了使有限的资金发挥更大的作用,非营利组织采购人员受到较多的控制,只能按照规定的条件购买,缺乏自主性。

(5) **程序复杂**。非营利组织购买过程的参与者多,程序也较为复杂。例如,政府采购要经过许多部门签字盖章,受到许多规章制度约束,准备大量的文件,填写大量的表格,遭遇官僚气息严重的状况则更加难办。

(四) 政府市场的特点

(1) **需求受到较强的政策制约**。一国的经济政策对政府集团的消费影响较大,财政开支紧缩时,需求减少;反之,则相应增加。

(2) **需求计划性较强**。一国政府开支要列入财政预算,各级政府部门购买什么、购买多少都要受到财政预算的限制,且要制定购买计划,还要经过预算、审批等过程。

(3) **购买方式多样**。政府市场购买方式明显区别于消费者市场或中间商市场,较为复杂。对日用办公品购买,往往先选定供应商,然后采取连续再购买的形式定期购买;对价格昂贵的大宗商品,如飞机、汽车等,采用公开招标的方式竞购;对公共福利品,则容易受到推销商的影响,等等。

(4) **购买需求受到公众社会的监督。**各级政府机构的开支来自财政拨款,财政拨款来自社会公众的税收,社会公众有权以各种形式对政府机构的购买活动加以监督,要求政府富有效率、公正、廉洁,能以最低标准的购物数量实现政府的各项职能。

(5) **购买目标的多重性。**购买目标的多重性由其社会职能决定,政府在购买时除了考虑价格较低等经济性因素,还要追求其他政治性、军事性、社会性目标。如国防用品、军火的采购,关系到两国或多国之间政治与外交关系的购买行为,对某些地区、某些产业的产品的扶持性购买等。

第二节 组织市场的购买行为

一、影响组织购买行为的主要因素

组织的购买行为主要受环境因素、组织因素、人际因素和个人因素的影响,如图 5-2 所示。

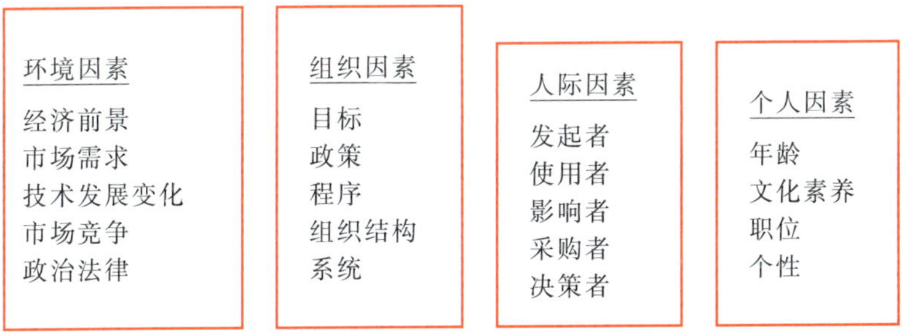

环境因素	组织因素	人际因素	个人因素
经济前景 市场需求 技术发展变化 市场竞争 政治法律	目标 政策 程序 组织结构 系统	发起者 使用者 影响者 采购者 决策者	年龄 文化素养 职位 个性

图 5-2 影响组织购买行为的主要因素

(一) 环境因素

环境因素是指一个组织外部周围环境的因素,如一个国家的经济前景、市场需求、技术发展变化、市场竞争和政治法律等情况。例如,经济前景不佳,市场需求不振,产业购买就不会增加投资,甚至会减少投资,减少原材料采购量和库存量。

(二) 组织因素

组织因素是指组织本身的因素,如组织的目标、政策、程序、组织结构、系统等。显然这些组织因素也会影响产业消费者的购买决策和购买行为。

(三) 人际因素

组织的采购中心通常包括发起者、使用者、影响者、采购者、决策者,这些成员都参与购买决策过程。这些参与者在组织中的地位、职权、说服力,以及他们之间的关系不能不影响产业消费者的购买决策和购买行为。

(四）个人因素

个人因素是指采购人员因素。采购决策制定以后，要由采购人员具体实施。在具体洽谈购买业务和现场交易的时候，采购人员的个人因素，如年龄、文化素养、职业、个性，直接影响到交易的成功与否。

二、组织中的购买角色

在组织市场大宗购买活动中，除了专职的购买人员，单位的领导者和部分专业人员也参与购买决策过程。决策的人员均从不同的角度对购买决策施加着影响。这些人员一般包括以下五种。

（一）发起者

发起者是指首先提议购买某种产品的人。在不同的组织市场中，发起者有所不同。在生产者市场上，发起者可能是使用者，也可能是基层管理者，还可能是工程技术人员。发起者向购买组织提交了第一次信息，采纳的可能性较大，因而商品供应者应做好发起者的工作，以便让他们提议购买自己的产品。

（二）使用者

使用者是指生产企业或社会集团中实际使用所购买产品或转卖者市场上销售这些产品的人。这些人由于直接使用产品，了解这些产品的性能、优点和存在的问题，因此往往是首先提出购买某种商品建议的人，并在所购买产品的种类、规格等方面起着重要的作用。

（三）影响者

影响者是指组织内部和外部直接或间接影响购买决策的人员。组织内部的人员，如财务部门会从成本核算的角度影响决策者；质量检查部门从所购买产品的质量和性能上施加影响；技术部门则从技术的要求提出建议；使用者或销售者则从使用方面提出要求；等等。组织外部的人员主要是供应企业的推销人员和市场咨询机构。

（四）采购者

采购者是指具体执行购买任务的人。他们受组织的派遣，参加与供应者的谈判。因此，他们对商品的价格和其他购买条件或者涉及产品的特殊要求等方面的决定，起着重要的作用。

（五）决策者

决策者是指最终有权批准购买意向的人或集体。决策者不仅决定选择购买对象和供应商，也决定购买时间、购买批量。在组织市场上，决策者可能是一个人，也可能是集体决策。一般来说，消费者也参与全新购买的决策过程。在标准品的重复购买中，决策者经常就是消费者。

三、生产者市场购买行为分析

（一）购买行为类型

按购买情况的复杂程度，生产者市场的购买行为可分为三种类型，即直接重购、调整重购和全新购买。

（1）**直接重购**。直接重购是指企业的采购部门按过去的采购目录，再次向原供货单位采购的购买行为。这种情况下采购人员所需作出的决策最少,他们的工作只是从以前有过购销关系的原供应商中,选取那些供货能满足本企业的需要,以及能使本企业满意的供应商,向他们继续订货。入选的供应商将会尽最大的努力,保持产品和服务的质量,以巩固和老客户的关系。落选的供应商则将努力做一些新的工作,消除买方的不满,设法争取到部分订货,为以后争取到更多的订货创造条件。

(2) **调整重购**。调整重购是指企业消费者对以前已采购过的产品需要改变其规格、价格、交货条件或其他事项。这类购买较直接重购复杂,由于以前的采购单在一些项目上发生了改变,购销双方需要重新谈判,因而双方均需要有较多的决策人员参加。在调整重购中被采购方选中的原供应商,为了保持这笔交易将感受到压力,需要继续努力,而落选的供应商,则常提出更令采购者满意的供货条件以争取获得订货。

(3) **全新购买**。全新购买是指企业第一次购买所需货品的购买行为。全新购买的成本费用越高,风险越大,决策的参加者就越多,需要信息量也越多,制定决策花费的时间也就越长。全新购买由于并没有可供沿用的供货商,所以对一切有关供货企业都是良好的市场机会。供货企业应选择得力的推销人员,向采购者提供有用的市场信息并帮助解决可能发生的问题,努力争取到这些新顾客。

采购者作出决策的数目,在直接重购时最少,全新购买时最多。在全新购买时采购者必须决定拟购产品的规格、价格上限、交货条件及时间、服务条件、付款条件、订购数量,以及选定供应商。不同的决策参与者会影响每一次决策,因而购买决策的程序并不是完全一样的。

(二)购买决策的参与者

生产者市场的购买行为与消费者市场不同,它是一个有组织的活动。在该组织中,直接从事订货的人员通常称为"采购员",他们参与本单位的购买决策,并执行购买行动。购买活动是各单位整体任务的重要环节。各单位由于规模不同,任务不一,购买组织的机构和决策权力也各不相同。大单位的购买组织人数多些,小单位的购买组织人数少些,有些小型转卖者和社会团体甚至没有专职购买人员。在决策权方面,有的购买组织的购买决策权大些,基本决定整个购买意向;有的则只有重复购买时才有决策权,否则只负责从事购买业务活动。因此,供应企业不仅要了解组织市场的购买行为,还必须了解谁参与购买决策过程,他们在决策中各充当什么角色,起什么作用,以便有针对性地开展工作,争取更多的订货机会。

(三)购买决策过程

生产者市场购买过程与消费者市场购买过程有相似之处,但也有许多不同。可以说没有一个统一的模式支配各产业客户的实际购买过程,而只能归纳出大多数情况下遵循的典型过程。这个过程可以分为以下几个阶段。

(1) **提出需要**。当企业在运行中发现某个问题,有人提出可以通过增购某些产品和服务来解决时,采购过程便开始了。

(2) **确定需要**。如产品的可靠性、耐用程度、价格和其他属性,并按其重要性加以排序。

(3) **说明需要**。进一步对所需产品的规格型号等作详细的技术说明,并形成书面材料,作为采购人员采购的依据。

(4) **物色供应商**。可通过工商名录或其他资料查找,也可通过其他企业介绍。然后对这些工商企业的生产、供货、人员配备及信誉等方面进行调查,从中选出理想的供应商作为备选。

(5) **分析建议**。向合格的备选供应商发函,请他们尽快寄来产品说明书、价格表等有关资料,如果是复杂、贵重产品的新购买,更需要寄来详尽的材料。若尚未得到买方订单,此时供应商要特别注意向买方企业提供特别详尽的书面资料,除对产品加以介绍外还须强调本企业的生产能力和资源条件等。

(6) **选择供应商**。买方企业采购中心的成员们将对各供应商提供的报价材料一一评价,经过比较,作出选择。他们通常特别重视以下因素:交货能力,产品质量、规格、价格,企业信誉及历来履行合同情况,维修服务能力,技术和生产能力,财务状况,对顾客态度,地理位置等。采购中心成员可以通过对每个供应商在上述诸方面的表现评分,从中选出最具吸引力的供应商。

此外,多数企业不愿仅依靠单一的供应商,而是选取若干供货方,然后将其中较大的份额给予其中的一个厂家,小份额分给其他厂家,这样,买方企业就不会仅依赖一个供应源。卖方企业为争得较大份额则不得不竞相提供优惠条件。

(7) **签订合同**。选定供应商后,买方即正式发出订单,订单上写明所需产品规格、数量、交货时间、退货条款、保修条件等。双方签订合同后,合同或订单副本被送到进货部门、财务部门及企业其他有关部门。

(8) **评价反馈**。产品购进使用后,采购部门将与使用部门保持联系,了解该产品使用情况,消费者满意情况,并考察比较各供应商的履约情况,以决定今后对各家供应商的态度。

生产者市场购买过程的八个步骤,并不是所有的购买类型都需要。全新购买要求每一个步骤的工作都要做,调整重购和直接重购则只需经过其中几个阶段。生产者市场购买过程与购买类型的关系如表5-1所示。

表5-1 生产者市场购买过程与购买类型的关系

购买过程	全新购买	调整重购	直接重购
1. 提出需要	需要	可能需要	不必
2. 确定需要	需要	可能需要	不必
3. 说明需要	需要	需要	不必
4. 物色供应商	需要	可能需要	不必
5. 分析建议	需要	可能需要	不必
6. 选择供应商	需要	可能需要	不必
7. 签订合同	需要	需要	需要
8. 评价反馈	需要	需要	需要

四、中间商市场购买行为分析

中间商在地理分布上比产业消费者分散，比消费者较为集中。产业市场的大部分特征中间商也具备。中间商的购买行为与购买决策，同样受到环境因素、组织因素、人际因素和个人因素的影响。尽管如此，中间商购买行为与决策仍有一些独特之处。

（一）购买行为类型

（1）全新品种。全新品种即中间商第一次购买某种从未采购过的新产品。在这种购买行为情况下，中间商可根据市场前景的好坏、买主需求强度、产品活力的可能性等多方面因素，决定是否购买。购买决策过程的主要步骤与产业消费者的大致相同，即也由提出需要、确定需要、说明需要、物色供应商、分析建议、选择供应商、签订合同、评价反馈八个阶段构成。

（2）选择最佳卖主。选择最佳卖主即中间商对要购买品种已经确定，但须考虑选择最佳的供应商，以确定从哪家卖主进货。当中间商拟用中间商品牌销售时，或由于自身条件限制不能经营所有供应商（而只能是一部分供应商）的产品时，就需要从众多的供应商中选择最优者。

（3）寻求最佳条件。寻求最佳条件即中间商并不想更换供应商，但试图从原有供应商那里获得更为有利的供货条件，如更及时的供货、更合适的价格、更积极的合作等。

（二）购买决策的参与者

中间商购买过程参与者的多少与中间商的规模和类型有关。在小型"方便店"中，店主人亲自进行商品的选择和采购工作。在大公司里，由专人或专门的组织从事采购工作，重要的项目有更高层次和更多的人员参与。虽然不同类型中间商如百货公司、超级市场、杂货批发商等采购方式不同，同类中间商的采购方式也有差别，但是其中也有许多共性。

以连锁超市为例，参与构成的人员和组织主要有：

（1）商品经理。他们是连锁超级市场公司的专职采购人员，分别负责各类商品的采购任务，收集不同品牌的信息，选择适当的品牌和品种。

（2）采购委员会。采购委员会通常是由公司总部的各部门经理和商品经理组成，负责审查商品经理提出的新产品采购建议，作出采购与否的决策。

（3）分店经理。分店经理是连锁超市下属各分店的负责人，掌握着分店的采购权。美国连锁超级市场各个分店的货源，有 2/3 是由分店经理自行决定采购的。即使某种产品被连锁公司总部的采购委员会接受，也不一定被各个分店接受，这加大了制造商的推销难度。

（三）中间商购买决策

中间商的购买决策主要包括配货决策、供应商组合决策和供货条件决策。配货决策是指决定拟经营的花色品种及中间商的产品组合。供应商组合决策是指拟决定选择从事交换活动的各有关供应商。供货条件决策是指决定具体采购时所要求的价格、交货期、相关服务及其他交易条件。

在以上所有决策中，最基本、最重要的购买决策是配货决策。因为中间商经营的货色会影响到从哪家供应商进货，以及中间商的供应商组合，还影响到中间商的市场营销组合和顾客组合。中间商的配货战略主要有四种：

(1) 独家配货。即中间商决定只经营某一家制造商的产品。如只经营李宁体育用品有限公司的产品。

(2) 专深配货。即中间商决定经营许多家制造商生产的同类产品的各种型号规格。如经营"飞利浦""创维""康佳"等许多厂商的各种型号的电视机。

(3) 广泛配货。即中间商决定经营种类繁多、范围广泛但尚未超出行业界限的产品。

(4) 杂乱配货。即中间商决定经营范围广泛且没有关联的多种产品。

五、非营利组织市场购买行为分析

(一) 非营利组织的类型

非营利组织的类型包括公益性组织、互益性组织、服务性组织。

(1) 公益性组织。这类非营利组织通常以国家或社会整体利益为目标,服务于全社会,有各级政府和有关部门,还有军队、警察部队等。

(2) 互益性组织。这类非营利组织较重视内部成员利益和共同目的,看重对成员的吸引力,例如职业/业余团体、宗教团体、学会和协会、同业公会。

(3) 服务性组织。这类非营利组织以满足某些公众的特定需要为目标或使命,常见的有学校、医院、新闻机构、图书馆、博物馆及文艺团体、福利和慈善机构。

(二) 非营利组织的购买方式

(1) 公开招标选购。公开招标选购即非营利组织的采购部门通过传播媒体发布广告或发出信函,说明拟采用商品的名称、规格、数量和有关要求,邀请供应商在规定的期限内投标。有意竞争这笔业务的企业要在规定时间内填写标书,密封后送交非营利组织的采购部门。招标单位在规定的日期开标,选择报价最低且其他方面符合要求的供应商作为中标单位。

(2) 一家合约选购。一家合约选购即非营利组织的采购部门同若干供应商就某一采购项目的价格和有关交易条件展开谈判,然后与符合要求的某一家供应商签订合同,达成交易。这种方式适合于复杂的工程项目,因为它们涉及重大的研究开发经费和风险。

(3) 日常性采购。日常性采购指非营利组织为了维持日常办公和组织运行的需要而进行采购。这类采购金额较少,一般是即期付款、即期交货,如购买办公桌椅、纸张文具、小型办公设备等。

六、政府市场购买行为分析

政府采购市场是组织消费者中比较特殊的一个市场,也是一个十分重要的市场。在西方已有200年左右的历史,英国政府在1782年设立了文具公用局,专门负责政府部门所需办公用品的采购工作,并同时开始对政府采购的管理进行立法。美国在1861年颁布了《联邦政府采购法》,并建立了专门的机构和制度。对于中国政府来说,推行法治化、现代化的政府采购制度是一个较新的国家财政管理概念。《中华人民共和国政府采购法》于2002年6月29日由全国人大常委会审议通过,自2003年1月1日起施行,中国采购制度领域开始有了自己的基本法。目前在世界各国政府采购的金额一般要占GDP的10%以上,美国则高达25%,无疑这是一个十分庞大的组织购买市场,必然会引起相关企业的重视。

（一）采购主体

政府采购活动中的采购主体包括各级国家机关、事业单位和团体组织。国家机关是指依法享有国家赋予的行政权力，具有独立的法人地位，以国家预算作为独立活动经费的各级机关。事业单位是指国家为了社会公益目的，由国家机关举办或者其他组织利用国有资产举办的，从事教育、科技、文化、卫生等活动的社会服务组织；团体组织是指中国公民自愿组成，为实现会员共同意愿，按照其章程开展活动的非营利性社会组织。

（二）采购模式

国外政府采购一般有三种模式：集中采购模式，即由一个专门的政府采购机构负责该级政府的全部采购任务；分散采购模式，即由各支出采购单位自行采购；半集中半分散采购模式，即由专门的政府采购机构负责部分项目的采购，而其他的则由各单位自行采购。中国的政府采购中集中采购占了很大的比重，列入集中采购目录或达到一定采购金额以上的项目必须进行集中采购。

（三）采购资金

采购人全部或部分使用财政性资金进行采购的，属于政府采购的管理范围。财政性资金包括预算资金、预算外资金和政府性基金。使用财政性资金偿还的借款，视同为财政性资金。

（四）采购内容与限额

政府采购的内容应当是依法制定的《政府集中采购目录》以内的货物、工程和服务，或者虽未列入《政府集中采购目录》，但采购金额超过了规定的限额标准的货物、工程和服务。

《政府集中采购目录》和政府采购最低限额标准由国务院和省、自治区、直辖市人民政府规定。

《政府集中采购目录》中的采购内容一般是各采购单位通用的货物、工程和服务，如计算机、打印机、复印机、传真机、公务车、电梯、取暖锅炉等货物，房屋修缮和装修工程，会议服务、汽车维修、保险、加油等服务。中央预算单位《政府集中采购目录》的采购内容还包括在中央部门内通用的货物、工程和服务，如防汛抗旱和救灾物资、医疗设备和器械、气象专用仪器、警用设备和用品、质检专用仪器、海洋专用仪器等。《政府集中采购目录》中的采购内容，无论金额大小都属于政府采购的范围。

《政府集中采购目录》以外的采购内容，采购金额超过政府采购的最低限额标准的，也属于政府采购的范围。《中华人民共和国政府采购法》实施以来，国务院办公厅公布的中央预算单位政府采购的最低限额标准为：货物和服务单项或批量为50万元，工程为60万元。

（五）地域范围

中国政府采购法律管辖的地域范围，是指在中华人民共和国境内从事的政府采购活动。

（六）采购方式

政府机构购买商品是为了有效地履行其维护社会安全，保护社会公众利益，建设与维护公共设施等职能，购买的商品种类繁多，数量巨大，购买行为深受社会密切关注，购买方式也较为特殊。根据《中华人民共和国政府采购法》规定，政府采购基本上采用公开招标、邀请招标、竞争性谈判、单一来源采购、询价采购等方式。其中公开招标是政府采购的主要方式。

（1）公开招标。公开招标竞购指政府部门以向社会公开招标的方式择优购买商品和服务。一般的程序是先由政府的采购机构在媒体上刊登广告或发出信函，说明要采购的商品的名称、品种、规格、数量等具体要求,邀请供应商在规定的期限内投标。然后由自愿投标的供应商在规定的期限内按投标人规定填写标书,写明可供商品的名称、品种、规格、数量、交货日期、价格、付款方式等,密封后送达政府采购机构。最后由政府的采购机构在规定的日期开标,选择报价最低又符合要求的供应商成交。

(2)邀请招标。邀请招标采购是指将投标企业限定在一定的范围内(一般必须三家以上),主动邀请他们进行投标。邀请招标一方面是由于所采购货物、工程或服务具有一定的特殊性,只能向有限范围内的供应商进行采购;另一方面是由于进行公开招标所需要费用占采购项目总价值的比例过大,即招标成本过高。因此,采购规模较小的政府采购项目一般会采用邀请招标的方式。

(3)竞争性谈判。竞争性谈判是指采购单位采用同多家供应商同时进行谈判,并从中确定最优供应商的采购方式。一般在需求紧急情况之下,不可能有充裕的时间进行常规性的招标采购;或招标后没有合适的投标者;以及项目技术复杂、性质特殊无法明确招标规格等情况下,就可不采用招标方式而采用竞争性谈判的采购方式。

(4)单一来源采购。即定向采购,虽然所采购的项目金额已达到必须进行政府采购的标准,但供应来源因资源专利、合同追加或后续维修扩充等只能是唯一的,就适用于采取单一来源的采购方式。

(5)询价采购。主要是指采购单位向国内外的供应商(通常不少于三家)发出询价单,让其报价,然后进行比较选择,确定供应商的采购方式。询价采购一般适应于货物规格标准统一、现货货源充足且价格变化幅度较小的政府采购项目。对于某些急需采购项目,或招标谈判成本过高的项目也可采用询价采购的方式。

以上采购方式主要是指列入政府采购管理范围之内的采购项目的采购。所谓列入管理范围主要是指两方面:一是属于法定的《政府集中采购目录》之内的采购项目,二是达到所规定的采购金额标准以上的采购项目。规定的采购金额标准(通常也称作"门槛价")是由政府有关部门(一般必须由财政部门参与)根据实际情况所规定的。在采购金额标准以下的采购项目,一般不受政府采购有关程序的约束,但也要求采用比价择优的方式。

 本章小结

与消费者市场相对应的是组织市场,它由生产者市场、中间商市场、非营利组织市场和政府市场四部分构成。组织市场具有消费者少而购买量大、专家购买、集体决策、直接采购、关系长期而密切的特点。其中,生产者市场具有派生性需求、需求弹性小、波动性大、互惠性强的特点;中间商市场具有派生性需求、挑选性较强、需求弹性较大、批量购买与定期进货的特点;非营利组织市场具有限定总额、强调价格低廉、要求保证质量、受到控制、程序复杂的特点;政府市场具有需求受到较强的政策制约、需求计划性较强、购买方式多样、购买需求受到公众社会的监督、购买目标的多重性等特点。

基于组织市场的特点,研究其购买行为是做好组织市场营销的基础。组织的购买行为主要受制于环境因素、组织因素、人际因素和个人因素的影响,其购买角色包括发起者、使用者、影响者、采购者、决策者五种。不同类型的组织市场有着不同的购买行为类型和购买决策程序。其中,生产者购买决策过程最为复杂,包括提出需要、确定需要、说明需要、物色供应商、分析建议、选择供应商、签订合同和评价反馈八个阶段。从购买行为类型上看,中间商的购买决策包括配货决策、供应商组合决策和供货条件决策,而其中最基本、最重要的购买决策是配货决策,其配货决策包括独家配货、专深配货、广泛配货和杂乱配货;生产者市场购买行为包括直接重购、调整重购和全新购买三种类型;中间商购买行为包括全新品种、选择最佳卖主和寻求最佳条件三种类型;非营利组织的购买方式包括公开招标选购、一家合约选购和日常性采购三种类型;政府采购的方式包括公开招标、邀请招标、竞争性谈判、单一来源采购、询价采购五种主要类型。

关键名词

组织市场　非营利组织市场　政府市场　中间商市场　生产者市场　派生性需求

思 考 题

1. 组织市场有哪些特点?
2. 不同类型的组织市场有哪些特点?
3. 生产者购买决策过程包括哪几个阶段?
4. 中间商的购买行为有哪几种类型?其配货决策类型又有哪些?
5. 生产者市场购买行为有哪几种类型?
6. 非营利组织的采购方式有哪几种类型?
7. 政府采购的方式有哪几种类型?

案例分析

推销员李宾为什么失败?

推销员李宾销售一种安装在发电设备上的仪表,工作非常努力,不辞劳苦地四处奔波,但是收效甚微。

李宾得悉某发电厂需要仪表，就找到该厂的采购部人员详细介绍产品，经常请他们共同进餐和娱乐，双方关系相当融洽，采购人员也答应购买，却总是一拖再拖，始终不见付诸行动。李宾很灰心，却不知原因何在。

在一次推销中，李宾向发电厂的技术人员介绍说，这是一种新发明的先进仪表。技术人员请他提供详细技术资料并与现有同类产品做一个对比。可是他所带资料不全，只是根据记忆大致作了介绍，对现有同类产品和竞争者的情况也不太清楚。

李宾向发电厂的采购部经理介绍现有的各种仪表，采购部经理认为都不太适合本厂使用，说如果能在性能方面做些小的改进就有可能购买。但是李宾反复强调本厂的仪表性能优异，认为对方提出的问题无关紧要，劝说对方立刻购买。

某发电厂是李宾所在公司的长期客户，需购仪表时就直接通知送货。该发电厂原先由别的推销员负责销售业务，后来转由李宾负责。李宾接手后采用许多办法与该公司的采购人员和技术人员建立了密切关系。一次，发电厂的技术人员反映有一台新购的仪表有质量问题，要求给予调换。李宾当时正在忙于同另一个重要的客户洽谈业务，拖了几天才处理这件事情，认为凭着双方的密切关系，发电厂的技术人员不会介意。但是，那家发电厂以后购买仪表时，转向了其他供应商。

李宾去一家小型发电厂推销一种受到较多用户欢迎的优质高价仪表，可是说破了嘴皮，对方依然不为所动。

某发电厂同时购买了李宾公司的仪表和另一品牌的仪表，技术人员、采购人员和使用人员在使用两年以后对两种品牌进行绩效评价，列举事实说明李宾公司的仪表耐用性不如那个竞争性品牌。李宾听后认为事实如此，无话可说，听凭该电厂终止了同本公司的生意关系而转向竞争者购买。

案例思考题：
推销员李宾对生产者市场推销失败的原因有哪些？

第六章　市场营销调研与市场预测

引导问题

1. 企业如何去了解复杂多变的市场营销环境？
2. 要进行科学的营销决策企业需要哪些信息？
3. 什么是企业营销安排与调控的基础？
4. 市场营销调研资料为什么不能被公司充分利用？

学习目的与要求

1. 了解市场营销需要搜集的信息。
2. 了解建立市场营销信息系统需要经常、连续地收集市场营销信息。
3. 掌握市场营销调研的主要内容及市场营销调研的主要方法。
4. 掌握市场预测的主要内容与基本方法。

第一节　市场营销信息收集

利用和管理好信息，是现代市场营销管理的核心问题。将管理信息系统（MIS）应用于营销管理之中，建立完善且运行良好的营销管理信息系统，能从根本上保证企业有效利用与管理好市场营销信息，并制定正确的营销决策。

一、市场信息的内容与分类

> **营销箴言**　市场信息与市场研究是企业开展市场营销的前提条件。

（一）市场信息的内容

市场信息是指市场上各种经济（特别是市场要素）活动和相关环境的数据、资料、情报的统称，它反映了市场活动和环境的变化、特征和趋势等情况；或是指一定时间和条件下，市场产品营销及与之相联系的多功能服务有关的各种消息、数据资料、报告等的总称。一般以文字、数据、凭证、图表、符号、报表、商情等形式表现出来。

市场信息包括的内容非常广泛、复杂。归纳起来，与企业市场营销密切相关的市场信息主要包括市场环境信息、市场产品信息、市场价格信息、市场销售渠道信息、市场促销信息和市场竞争信息等。

1. 市场环境信息

市场环境信息主要是指与市场营销有关的宏观、微观环境信息（详见市场营销环境一章）。

2. 市场产品信息

市场产品信息主要包括目标市场对产品的数量、质量、服务、偏好等要求，以及替代品和互补品状况。其具体内容如下：①市场对产品的总供求量、供求结构、供求特点及其变化趋势；②消费者对产品的购买动机、购买习惯和禁忌偏好；③消费者对产品质量、商标、包装、装潢、设计、性能等的要求和意见；④产品生命周期和产品发展趋势；⑤市场上该产品的替代品与互补品情况；⑥消费者购买的品牌偏好和忠诚度等。

3. 市场价格信息

价格与产品销量和企业盈亏密切相关。企业在进入市场时，通常先从成本和利润考虑最低限价，从竞争力的角度确定最高限价。确定最低限价和最高限价之间的合理尺度，必须靠准确的价格信息作为依据，市场价格信息一般包括以下内容：①市场上不同企业的同类产品价格档次的差异；②不同细分市场上同类产品的价格差异；③市场上产品的价格需求弹性；④市场上互补品和替代品的价格状况及发展趋势；⑤在产品生命周期不同阶段，不同企业的价格策略；⑥中间商的加价比例和加价幅度；⑦市场定价的法律规定；⑧影响定价的主要因素的变化趋势等。

4. 市场销售渠道信息

市场销售渠道信息主要是指产品从生产者转到消费者手中这一过程中，有关流通环节、流通渠道、流通方式的信息，即有关销售渠道和实体分配的信息。其具体内容如下：①市场上产品分销渠道的主要类型；②市场上产品实体分配的方式、成本及利弊；③分销渠道系统中的各中间商的基本情况；④中间商与生产者、中间商与中间商之间的协作方式；⑤市场上分销渠道和中间商的发展趋势等。

5. 市场促销信息

市场促销信息主要是指反映市场上有关人员推销、商业广告、营业推广和公共关系等促销方面情况的信息。其具体内容如下：①市场上各种促销方式的运用情况；②市场上中间商、消费者对各种促销方式的反应；③市场上各种促销方式的成本、效果，以及具体实施中的主要困难；④与市场促销相关的法律、法规等。

6. 市场竞争信息

市场上的竞争有直接竞争和间接竞争、现实竞争和潜在竞争之分。在收集市场竞争信息、评价竞争状况时，最好集中于市场上居领先地位的或者有巨大潜力的竞争者。竞争信息的内容主要包括：①市场竞争结构和竞争强度等。②企业主要的竞争者是谁？是直接竞争，还是间接竞争？③竞争者的具体的营销策略是什么？特别是竞争者的价格策略及其价格反应。④竞争者的主要优势与劣势是什么？⑤生产企业与中间商，以及中间商之间的竞争情况。企业对竞争信息的了解，还要求把握竞争对手过去的成就、现在状况和将来发展等方面的信息，以便制定企业的竞争目标和竞争策略。

(二)市场信息的分类

市场错综复杂,反映市场状况的市场信息也多种多样。市场信息既有类别之分,又有质、量、度之别,而且市场信息的范畴本身也很广泛。在整个市场营销运作过程中,市场信息无时不在,无处不有,但我们通常所说的市场信息,都是指在一定程度上经过人们加工整理的信息,有序化、规范化程度较强。从不同的角度来看,市场信息有不同的类别:

1. 从信息来源方式的角度划分

市场信息的种类可分为公开信息和非公开信息两种,这两种信息常以记录形式和非记录形式出现。其中,公开信息来自公开的信息源,是国际市场信息中最普遍、使用也最广的一类信息;非公开信息是指有关组织的不对外提供或发布的内部信息。记录信息是由各类文献中提供的信息;非记录信息包括实物信息(如样品、样本、模型等)和口头信息。口头信息是指人们通过直接交流(如交谈、参观、出席学术会议、访问等)所获得的非记录信息,在进行市场调研、掌握市场动态的过程中,口头信息占有重要地位。

2. 从信息存储方式的角度划分

市场信息的种类可分为数字化信息和非数字化信息。数字化信息是指利用计算机处理和存储在计算机存储器中的数据,这类信息由于已经数字化,处理时可以利用计算机的高速、精确、自动等特性及时获取所需有用信息,以供决策使用;同时计算机存储器容量随着技术发展越来越大,数字化的电子信息将越来越丰富,许多大型数据库在世界各地纷纷建立,提供各种各样的信息和数据,因此开发和利用电子信息将是市场营销中可行的手段。非数字化信息是指一般信息,如纸印刷品、书本等,这类信息由于无法利用高速计算机处理,而依赖于人的处理,将导致信息处理迟缓和误差,因此将这类非数字化信息转化为数字信息,是信息采集处理过程中的一个重要步骤。

3. 从信息来源渠道的角度划分

市场信息的种类可分为传统信息源和计算机信息源。传统信息源主要是非数字化信息,不易于信息的处理、存储和传播,信息在使用传播过程中需要多次重复的处理。如复印、抄写、记录等低效率渠道传播。而计算机信息源,由于存储的信息是数字化信息,信息的复制、传播和存储相当容易且高效,可全部由计算机完成而且准确无误,同时减少传统上不必要的纸张文件信息。特别是由于互联网的出现,世界上不同数字化信息源通过互联网可以在全世界范围内共享、传播和使用,而且传播效率高,信息准确,不受时间、地理的限制,只要能连接上互联网,就可以容易获取网上所有允许共享的信息资源。因此,信息社会不缺信息,反而容易被"信息海洋"淹没,现在的关键是如何提炼信息,获取知识,识别有价值的信息。

4. 从信息形态的角度划分

市场信息的种类可分为文件式的市场信息和非文件式的市场信息。文件式的市场信息包括与市场有关的报告、信件、决议、计划、指令、总结、会议记录、说明、图纸、报表等,即通过文字记录和传递的市场信息。非文件式的市场信息大部分是口头传递的,如打电话、讲话、口头汇报等形式,即通过口头语言直接传递的市场信息。一般来说,非文件式市场信息有价值的部分,最后也要以不同的方式变成文件式市场信息,以便进行传递和储存。

5. 从信息的时间特征角度划分

市场信息的种类可分为过时市场信息、市场现状信息和市场发展信息。过时市场信息是了解过去市场状况的历史资料；市场现状信息和市场发展信息则是人们了解市场形势，企业制定市场战略决策和营销策略，预测未来市场发展趋势的重要依据。

6. 从信息自身的稳定性角度划分

市场信息的种类可分为流动性市场信息和固定性市场信息。流动性市场信息反映市场上经常变化、无规律出现的信息，如某个时间目标市场产品竞争格局。这种信息的时间性较强。及时搜集这类市场信息，并与企业的市场营销决策进行比较分析，有助于了解市场变化的全貌，调整企业的市场营销活动。固定性市场信息具有相对稳定性，在一定时期在市场上重复出现，而不发生根本变化，如一定地区的消费者偏好、消费习俗等。这种信息的有效期较长，可以存储并重复使用。固定性市场信息占市场信息的大部分，企业开展市场营销的决策质量和经营效果，在很大程度上取决于固定性市场信息的搜集和利用。

专栏 6-1

快捷的供电服务

2012年5月6日，湖南长沙温度突然升至31℃，闷热难当。家住人民路的易女士发现自家突然停电，空调不运转了，而且怎么也找不到原因。于是，她拨通了95598供电服务热线。不到30分钟，供电服务人员就来到了易女士家。供电服务人员经过一番检查，发现原来是她家里用电负荷突增，造成了电表故障。供电服务人员请易女士确认故障后，现场为她办理了相关的换表手续，更换了电表。从拨打95598，到电表更换完毕，前后不到3个小时。

供电服务之所以能如此快捷，是因为SG186营销信息系统的全面深化应用。在长沙电业局信息中心，负责人向记者介绍了SG186营销信息系统的"故障报修"功能。95598接到报修信息后，可通过系统，将报修工单同时发送给几个相关抢修班组和部门；抢修部门通过客户语音录音描述及文字记录，迅速判断故障性质，确定抢修方案；抢修人员到达现场及工作完毕后，均须按系统要求进行回复；最后，95598值班员再进行回访。记者在系统中看到了这样一些栏目："故障受理信息""故障派工信息""故障处理信息""故障回访信息""故障归档信息""客户催办信息""录音信息"。其服务完全实现了闭环管理。据统计，依托SG186营销信息系统建立起来的低压快速抢修机制，2010年以来，该局共挽回电量损失26.72万千瓦时，实现了企业、客户双赢。

二、市场信息的来源

（一）市场直接信息的来源

市场直接信息的来源有两大类：一类是企业信息人员亲自搜集、整理、加工的各种原始信息，即主要靠实地考察得来的直接信息；另一类是他人搜集并通过整理、加工的各种间接信息资料，即第二手信息资料。

直接信息主要是靠实地考察得来的。市场直接信息主要有四种来源：①企业派技术人员、信息人员或推销人员等，到一定的市场进行实地考察、收集市场信息；②企业在各地的销售网点,不断从市场上反馈得到的信息资料;③委托市场所在地区的代理商、零售商、批发商或其他的中间商,帮助搜集有关的市场信息;④网络信息。在收集信息时,一定要注意通过便宜、不受地理位置及时间约束的互联网收集信息,既可以保证信息的正确性和直接性,同时保证信息的时效性,例如,通过互联网可以同时了解各地乃至世界的实时金融、商品、价格等市场信息。

(二)市场间接信息的来源

1. 内部资料来源

内部资料主要是来源于竞争对手或被调研企业的各经营环节、各管理部门和各层次的活动记录。主要包括三个方面:①来自被调研方职能管理部门的资料,如会计统计、计划部的统计数字、报表、会计账目、分析总结报告等。②来自被调研方经营机构的资料,如进货统计、销售报告、库存动态记录、合同签订及执行情况、消费者意见反映等。③来自被调研方的各类其他记录,如来自被调研企业领导决策层的各种规划方案,企业自己做的专门审计报告,以及以前的国际市场调研报告等。

2. 外部资料来源

外部资料主要是来自被调研企业外部的信息资料。它主要包括以下几大信息来源:

(1)政府机构及经济管理部门的有关方针、政策、法令、经济公报、统计公报等。

(2)行业协会经常发表和保存的有关行业销售情况、经营特点、发展趋势等信息资料。

(3)各种信息咨询机构,如国家经济信息中心、国家统计信息中心所提供的各类统计资料。随着数据库联网服务成为一种必然趋势,市场调研人员可以通过已有的计算机数据库系统进行信息的查询和分析。

(4)其他各种大众传播媒介。如电视、广播、报纸、杂志及文献资料等,也含有丰富的经济信息和产品技术情况信息。

(5)市场调研人员可以充分利用各种类型的图书馆,获得关于某个特定调研主题的各种信息资料。

专栏 6-2

淘宝"猜你喜欢"怎么猜的这么准!
看电商行业花式利用大数据获取流量

这些年,移动电商 App 的出现,让购物变得越来越便捷,电商行业快速发展。各电商的促销方式越来越多样,还出现了"双十一""618"等几乎全民兼知的购物节。除了淘宝、京东以外,还有拼多多、网易严选等各大大小小的电商平台,甚至一些工具类应用中,也出现了电商的板块。在用户有限的时间里,流量变成了稀缺资源。那么,在这种情况下,电商该如何利用大数据获取更多流量呢?

一、市场分析

利用历史的数据,对现有的购买人群画像进行分析、归纳、总结,清楚地知道产品的用户人群分布,从而验证产品定位是否合适,并及时进行调整,以此作为基础设计营销策略、产品方案等。通过数据挖掘,还可能会有一些意料之外的发现,从而改进商品销售策略。

例如,明尼苏达州一家塔吉特门店被客户投诉,一位中年男子指控塔吉特将婴儿产品优惠券寄给他的女儿——一个高中生。但没多久他却来电道歉,因为女儿经他逼问后坦承自己真的怀孕了。塔吉特百货就是靠着分析用户所有的购物数据,然后通过相关关系分析得出事情的真实状况。

二、用户挖掘

在流量化和粉丝的挖掘上,电商可以通过将明星、IP作品的流量作为自己的流量入口,获得人群流量。

通过对消费者的分析,来了解所定位的人群平时喜欢哪个明星,平时关注哪些内容,用哪些App比较多,然后通过这些渠道来提高曝光,种草新用户,转化潜在用户,从而有效带动用户和订单增长。

例如,雅诗兰黛口红的"杨幂色""大表姐色",就是通过数据分析后发现,使用雅诗兰黛口红的客户里有较多关注杨幂及大表姐等明星的人群,因此推出了以明星名字命名的口红色号,以此达到吸引流量的目的。

再比如,现在很多年轻人喜欢刷b站、微博等,有些美妆博主通过化妆教程视频,用自己的妆面效果吸引粉丝,电商可以通过美妆博主带货的方式来吸引流量。

不管是活动推广,还是应用推广,社交网络都是最好的媒介之一,因为社交网络作为用户流量的超级入口,很容易发生化学反应,从而引起规模化增长,拼多多便是最好的案例。

三、用户留存

质量是消费者首要考虑的因素。

在互动方面,品牌可以设置不同等级的粉丝会员,在某个产品上享有不同程度的优惠折扣,遇到店内活动的时候可以优先通知粉丝会员,针对每一位用户提供定制化产品服务推荐,进行精细化运营。

要根据实际情况制作合适的内容,然后将内容推送给合适的人群。比较常见的是基于设备的维度,同时也包括App的相关属性。比如机型、地域、操作系统、渠道、App版本、系统语言等等。比如生鲜电商类应用,葡萄上市之后在北方城市搞促销,那么就应该将信息推送到地域在北方的用户手机上。

而更高级的推送则是,根据用户的购买历史和购买周期以及商品浏览行为,对用户的购买预期做出预测,在合适的时间向用户推送合适的商品内容。这种级别的推送相对来说会比较困难,需要构建相对完善的数据分析系统以及数据模型。但是效果上确实会好很多。比如淘宝的"猜你喜欢",就是依据用户搜索偏好、历史浏览、关注店铺、收藏商品等数据给用户进行推送相关产品和关键词,让用户产生浏览依赖,从而感叹"为什么猜我喜欢猜的这么准!"。

购物车下方、订单页面、成交页面下面的"你可能还喜欢"也是依据这些数据进行推送,在用户刚下完单或者准备下单的时候,紧跟精准推送,让你"买了还想继续买"。尽管现在的推送手段很多,但是存在一个很明显的问题就是打开率非常低。

> 以应用内的推送来说,目前的打开率只有3%～10%,更多的用户选择将推送划掉或者直接将推送通知关掉。短信和邮件营销的打开率更是低得可怜。结果经常是,投入了大量人力物力,却没有带来交易转化。
>
> 还有些推送,提供给用户的推送链接并不能将用户带到与所浏览内容对应的应用页里,而是将用户带到了应用的首页,如果要找到想浏览的页面或者想购买的商品,还需要在应用里进行对应的检索。这样的用户体验就特别糟糕,用户不愿意再自行进行检索,开发者达不到推送所想要达到的目的。
>
> 目前,技术上其实是可以实现直接从链接跳转到对应的页面的,如果能将深度链接与用户画像进行结合,实现精准推送,那么对应的打开率及成单交易势必会有很大提高。

三、市场营销信息系统

(一) 市场营销信息系统的含义、特点和功能

1. 含义

市场营销信息系统是由人、设备和程序所构成的持续与相互作用的系统,其任务在于收集、区分、分析、评估与分配(传递)那些合适、及时与准确的市场信息,以供营销决策者用来改善市场营销计划、执行与控制的工作。

2. 特点

市场营销信息系统有如下特点:

(1) 市场营销信息系统是系统观念在营销作业上的应用,这个系统首先决定所需要的信息,然后产生或搜集所需要的信息,再利用各种统计分析模型及其他数量分析技术来处理这些信息,具有典型的系统性特点。

(2) 市场营销信息系统是具有未来导向性质的,它的目的是预防问题的发生,并且解决问题,具有预测性特点。

(3) 市场营销信息系统是连续作业的系统,而不是一种间歇的、断断续续的活动,具有连续性特征。

(4) 市场营销信息系统所强调的是系统的整个过程,而不仅仅是其所用的分析技术或信息处理设备,具有适应性和高效性的特点。

市场营销信息系统是企业进行营销决策和编制计划的基础,也是监督、调控企业营销活动的依据。一个四通八达的营销信息网络可以把各地区、各行业的营销组织连成多结构、多层次的统一大市场。因此,市场营销信息系统关系到企业营销的顺利开展乃至有效的社会营销系统的形成。

3. 功能

市场营销信息系统建立在市场营销管理系统之上,配合管理信息系统提供各种经常性及特定性的信息,协助营销人员规划及控制各种营销活动。它一方面提供规划所需要的信息,作为制定目标及拟定营销规划的基础;另一方面,提供反馈信息,作为评估营销计划执行结果的依据,并以评估结果作为再规划的基础。因此,市场营销信息系统有利于企

业寻找更多的销售机会;有助于企业了解产品的销售状况;有利于企业监测市场营销环境的变化;有利于企业综合衡量营销战略的实施情况及效果。

一个理想的市场营销信息系统应能解决以下问题:

(1) 能向各级管理人员提供从事其工作所必需的一切信息。

(2) 能够对信息进行选择,以便使各级管理人员获得他们能够且必须采取的行为有关的信息。

(3) 提供信息的时间限于管理人员能够且应当采取行动的时间。

(4) 提供所要求的任何形式的分析、数据与信息。

(5) 所提供的信息一定是最新的,并且所提供的信息形式都是有关管理人员最易了解和消化的。

(二) 市场营销信息系统的内容

市场营销信息系统可由内部报告系统、营销调研系统、营销情报系统和营销决策支持系统四个子系统组成,如图 6-1 所示。营销信息系统开始和结束于信息的使用者。首先由营销管理者确定其所需要的信息范围,然后根据需要建立各子系统,最后对所收集到的信息进行处理,使之具有实用价值。

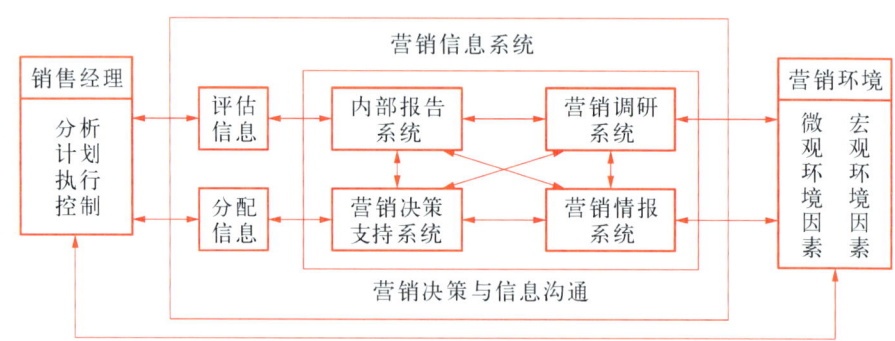

图 6-1 市场营销信息系统

1. 内部报告系统

内部报告系统是最基本的信息系统,它向管理人员提供订单、销售额、存货水平、应收账款和应付账款等信息。这类信息通常由不同的部门按产品品种、时间、地区、推销人员来分类归集和贮存。这类信息对企业营销管理人员的日常计划、管理和控制起着至关重要的作用,从对这类信息的分析结果中可以发现营销过程中存在的问题和新的市场机会。

内部报告系统的核心是"订单—汇款"的循环。该循环主要包括:销售代表、经销商和顾客将订单送交公司;订货部门准备好发货清单并将副本分送各有关部门;对库存不足的产品重新订货;装运的产品则附上装运单和发票,同时也将副本分送各有关部门。购货单位总是希望能够及时和准确地收到订购的商品。

而企业从收到订单到最后收取货款,需要经过许多相关部门的协调活动,企业必须提高"订单—汇款"这一循环的运行效率和准确性。这就要求企业的销售代表应该在每天业务终了时将订单发回企业,重要的订单还应立即传回企业;企业的业务部门收到订单后要尽快处理,仓库应尽快发货;财会部门也应及时办理货款结算手续,尽早收回货款。目前,许多公司已开始运用全面提高程序质量的方法来提高部门间工作流程的速度和准确性。计算机和互联网的普及也为企业提高"订单—汇款"这一循环过程的运行效率提供了有利条件。

2. 营销情报系统

营销情报系统为企业管理人员提供的是正在发生的与外部营销环境有关的重要信息。如果说内部报告系统是为营销管理人员提供反映企业营销活动结果数据的,那么,营销情报系统所提供的则是与企业正在进行的营销活动有关的数据。

企业管理人员自身也通过多种渠道来搜集营销情报。

(1) 通过无目的地观察,一般性地了解信息。这时,管理人员并无任何特定的目的。

(2) 通过有条件地观察,有目的地了解信息。这时管理人员通常具有一定的目的,即已确定了所寻找信息的范围或类型。

(3) 非正式地收集。这时,管理人员是在经过周密思考的基础上,制定出一定的计划,按照一定的程序或方法来收集所需的特定信息。在营销过程中的不同阶段,管理人员会采取不同的方式来搜集信息,以确保信息的时效性和准确性。

企业管理人员通常通过阅读有关书籍、报刊和行业协会的出版物,或与顾客、供应商、中间商、其他外部人员及企业内部人员的接触、交谈来收集信息,或向相关行业和地区信息中心及一些专业调研咨询机构购买情报。这些信息有助于企业制定并及时调整营销计划与策略。

3. 营销调研系统

营销调研系统的主要任务是为解决企业面临的某项具体的营销问题,而对有关信息进行系统的收集、分析和评价。该系统的功能是:系统地设计、收集、分析和提出数据资料,以及提出与公司所面临的特定的营销状况有关的调研研究结果。公司可以用多种方式委托市场调研。小公司可以请本地大学的学生或教授来设计和从事调研项目,也可以聘请市场调研公司帮助调研。

4. 营销决策支持系统

营销情报系统和调研系统收集到的信息,往往要通过决策支持系统进行分析。该系统由一个统计工具库和一个决策模型库组成。统计工具库包括一系列统计程序,利用回归分析和相关分析等分析方法,解释或预测与市场营销有关的因素。决策模型库包括产品设计模型、定价模型、位置选择模型、媒体组合模型、广告预算模型等一系列数学模型,这些模型有助于营销管理者作出较科学的营销决策。

营销决策支持系统如图6-2所示。假定市场营销经理要分析一个问题并采取

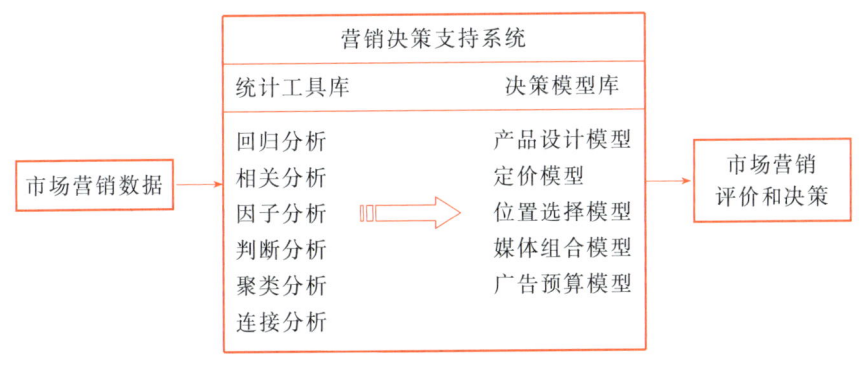

图6-2 营销决策支持系统

行动,他先将问题输入到营销决策支持系统相应的模型中,此模型调用统计分析过的数据,接着经理可以使用某个程序来优化行动方案,然后实施这个行动。这个行动和其他因素又一起影响了环境,进而又产生了新的数据。

第二节 市场营销调研

中国有句名言:智者千虑,必有一失。无论多么高智商的韬略英雄,也有他见识上的片面性和局限性。只有科学的调研,才是照亮商海的明灯!市场营销调研就是运用科学的方法,有目的、有计划地收集整理和分析研究有关市场营销方面的信息,获得合乎客观事物发展规律的见解,提出解决问题的建议,供营销管理人员了解营销环境,发现机会与问题。

一、市场营销调研的内容与分类

> **营销箴言** 没有调查就没有发言权,没有正确调查同样没有发言权。
> ——毛泽东

企业进行有效市场营销所需的信息主要包括两大部分:企业内部有关情况的信息和企业外部环境的信息。由于企业营销管理人员多对企业自身情况较为了解,因此市场营销调研以获得特定的外部环境信息为主要目的。

(一)市场营销调研的内容

1. 宏观环境调研

市场营销的宏观环境是影响企业及其市场营销活动的重要因素,它同时也对市场需求产生影响。分析宏观环境变化及其趋势,是寻求市场机会的重要途径。市场营销宏观环境调研的主要内容有:人口环境调研、经济环境调研、政治法律环境调研、技术环境调研、自然环境调研、文化环境调研。

2. 消费需求调研

消费需求调研是市场营销调研的核心内容,其目的是了解市场需求量。调研内容主要包括:消费者的主要特点、市场需求及其变化、消费结构及其变化、消费心理及其变化、消费者购买行为。

3. 市场营销活动调研

市场营销活动调研主要包括产品调研、分销渠道调研、市场价格调研、促销活动调研和销售服务调研。

(1) **产品调研**。主要包括:产品生产能力调研;产品设计、功能和用途调研;产品品牌命名、设计及决策调研;产品形态、外观和包装调研;产品质量调研;产品使用的方便性、操作的安全性调研;产品线、产品组合调研;产品生命周期调研;产品市场占有率调研等。

(2) **分销渠道调研**。其主要包括：分销渠道现状调研；中间商的销售情况；中间商资信与经营能力调研。

(3) **市场价格调研**。其主要包括：市场供求趋势及产品价格的影响；制约企业价格政策的有关因素；各种可能的价格政策对产品销量的影响；产品价格的供给弹性和需求弹性；产品生命周期不同阶段的价格情况；目标市场对本企业产品价格水平的反映。

(4) **促销活动调研**。其主要包括：推销人员的安排和使用情况；推销人的销售业绩；本企业各地销售机构和网点的分布及销售效果；各种促销措施对用户和消费者产生的影响；有效的人员促销战略与战术调研；什么样的广告最受欢迎；什么样的广告媒体效果最好；什么时间做广告的效果最好；经营者的广告策略；各种公关活动和宣传措施对产品销售量的影响；各种营业推广措施对产品销量的影响。

(5) **销售服务调研**。从促销角度讲，产品的销售服务也是一种重要的促销手段。其主要包括：消费者需要在哪些方面得到服务；服务质量如何；服务网点分布；主要竞争对手提供服务的内容和质量等。

4. 竞争对手调研

竞争对手调研主要包括：竞争者的产品核心优势、竞争者所占的市场份额、竞争是直接竞争还是间接竞争、竞争者的生产能力和市场营销计划、竞争者对分销渠道的控制程度、竞争者类型及主要竞争者、竞争者对市场的控制能力、消费者对主要竞争者的产品的认可程度、竞争者产品的缺陷、消费者的要求中还有哪些未在竞争者的产品中得到满足。

(二) 市场营销调研的分类

市场营销调研可根据不同的标准，划分为不同的类型。如按调研时间可分为一次性调研、定期性调研、经常性调研、临时性调研；按调研目的可分为探测性调研、描述性调研、因果性调研、预测性调研。

1. 探测性调研

当企业对所需研究的问题不甚清楚时，可通过探测性调研帮助确定问题的关键或产生的原因，为进一步的调研做准备。

2. 描述性调研

这是一种对客观情况进行如实描述的调研。回答消费者买什么？什么时间买？在哪儿买？怎样买之类的问题。

描述性调研需要对实际资料如实记录，因此多采用询问法和观察法。

3. 因果性调研

因果性调研通常是在收集、整理资料的基础上，通过逻辑推理和统计分析方法，找出不同事实之间的因果关系或函数关系。因此，因果性调研最理想的是采用实验法收集数据，再运用统计方法或其他数学模型进行分析，得出的结果最为可靠，当然，在调研实践中，难度也较大。

4. 预测性调研

在收集历史和现在数据的基础上，对事物未来发展的趋势作出预测。人们有时把这类调研归入预测范围，正如预测方法中有市场调研法一样。

在正式调研过程中，为保证调研结果的准确、可靠及不致花费过高，遵循科学的调研程序和掌握必要的调研方法实属必要。

二、市场营销调研的程序

对市场营销调研程序有各种不同的说法,确实也没有一种一成不变的程序可适用于各种各样的调研。不过,典型的市场营销调研通常可分为以下三个阶段:调研准备阶段、正式调研阶段和结果处理阶段。三个阶段又可进一步分为明确问题、制定调研计划、组织实施计划、分析调研资料和提出研究报告。

(一)明确问题

企业总会面临着这样或那样的问题,但一项调研的目标必须非常清晰。相反,只有将每次调研所要解决问题的范围圈定到一个确定的限度内,才便于有效地制定计划和实施调研,才能将信息采集量和处理量减至最低。

> **营销箴言** 提出一个问题往往比解决一个问题重要。
>
> ——爱因斯坦

问题明确之后,可以先进行初步调研。所谓初步调研,主要是利用第二手资料或通过与企业内有关人员进行讨论获得信息。其目的有两个:已经提出的调研目标可能还嫌分散,可通过初步调研进一步集中和明确;有些问题通过初步调研就能作出回答了,从而可免去进行正式调研的复杂过程。

明确问题阶段提出的假设或目标,就是正式调研阶段所要验证或解决的。

专栏 6-3

是否应在空中提供网络服务

美国航空公司(American Airlines)是在飞机上安装电话的首批公司之一。如今公司正在关注许多新的服务创意,特别是那些为满足长途飞行的头等舱乘客的需要的创意。头等舱乘客通常是商务人士,他们搭乘头等舱的机票费用占总机票收入的大部分。这些创意包括:①提供网络服务,使头等舱的乘客能够在飞机上浏览网页与传送电子邮件;②提供24个卫星电视频道;③提供可以播放50片CD歌曲的系统,使每位头等舱的乘客能够自己选择喜爱的音乐享受旅途。这就要求营销调研经理了解头等舱的乘客对这些创意的评价,特别是对提供网络服务创意的评价。同时了解乘客为此项服务所愿意支付的价格。每架飞机安装机上网络连接系统大概需要支出90 000美元。据估计,航空公司在未来10年仅从空中网络接入方面可赚取700亿美元,如果头等舱的乘客愿意为机上网络连接支付25美元的话,美国航空公司则能够在合理的时间内收回成本。

在上面案例中,如果营销经理对营销调研人员说:"找出头等舱乘客的所有需要。"则调研人员会收集许多不必要的信息。同样,如果营销经理讲:"在搭乘芝加哥

> 飞往东京的波音747航班的乘客中,是否有足够的乘客愿意支付25美元使用网络连接服务,这种收费标准能否使美国航空公司提前一年达到收支平衡。"则这样的问题界定就显得过于狭隘单一。对问题恰当的界定应该是:"在飞机上提供网络服务是否拥有足够的顾客偏好?这项服务是否能比美国航空其他的投资方案创造更多的利益?"具体的调研内容为:
> (1) 哪一类型的头等舱乘客最有可能使用机上网络服务?
> (2) 网络服务的每一档价格,分别会有多少头等舱乘客愿意支付?
> (3) 头等舱乘客中有多少人会因为这项新服务而选择搭乘美国航空?
> (4) 这项新服务对美国航空的企业形象会带来多少长期声誉?
> (5) 相对于提供电源插头或增加更多的娱乐设施,网络连接服务对于头等舱乘客的重要性有多高?

(二) 制定调研计划

调研计划和方案应包含以下内容。

(1) 确定需要的信息。这是整个计划的基础。例如,某公司打算向市场推出家用个人计算机,在研究这种产品是否能很快达到一定的销售规模时,可能需要收集以下信息:有多少家庭的收入和储蓄水平可足以支付购买家用电脑的费用?人们购买家用电脑的主要动机是什么?哪些人对购买家用电脑更可能感兴趣?有多少人近期有购买家用电脑的打算?有什么因素可能阻止人们的购买决心?

(2) 信息来源。信息可分为第一手资料和第二手资料。一般来说,调研中应尽可能利用第二手资料,因为获得第二手资料相对来说较容易且快捷。不过,在正式营销调研中,收集第一手资料往往必不可少,一是第一手资料对解决当前问题针对性更强;二是第二手资料可能存在可获性、时效性和准确性方面的问题。实际上,营销调研的核心之一就是如何有效地收集到必要、充分且可靠的第一手资料。

(3) 调研方法。收集第一手资料的方法主要有三种:观察法、实验法和询问法。

(4) 抽样计划。这一计划要解决下面三个问题:谁是抽样对象?调研样本是多大?样本应如何挑选出来?

抽样方法常见的有随机抽样和非随机抽样两大类。在随机抽样中包括单纯随机抽样、分层抽样、分类抽样和地区抽样等几种具体方法;在非随机抽样中包括任意抽样、判断抽样和配额抽样等几种具体方法。这些方法各有利弊,可根据实际情况权衡之后选择使用。关于样本数量的确定和抽样程序请参照有关专业书籍。

(5) 调研工具。在收集原始数据时,有两类可供选择的调研工具:一是前面提到的问卷;二是某些机械工具,如录音机、照相机、摄像机、收视测试器、印象测试机等。其中,最常见的是问卷。

问卷由一组被调研者回答的问题组成。如果决定了使用问卷,就还有一个问卷的设计问题,这是一项需认真谨慎、小心对待的工作,并且,经验和技巧也必不可少。

除以上内容外,调研计划还应包含时间安排和费用预算。

（三）组织实施计划

计划报上级主管部门批准后，就要按计划规定的时间、方法、内容着手信息的收集工作。这一阶段的实际工作量最大，支出费用最大，最易出错。包括根据调研任务和规模要求建立调研组织或外请专业调研公司，训练调研人员，准备调研工具，实地展开调研等。

（四）分析调研资料

收集来的信息必须经过分析和处理才能使用。这一阶段包括：检查资料是否齐全；对资料进行编辑加工；去粗取精，找出误差，指出前后矛盾之处；对资料进行分类、列表，以便于归档、查找、使用；运用统计模型和其他数学模型对数据进行处理，以充分发掘从现有数据中可推出的结果，在看似无关的信息之间建立起内在联系。

（五）提出研究报告

调研的目的显然不是让大量的统计数字、表格和数学公式搅昏决策者的头脑，而是要对决策者关心的问题提出结论性的建议。规范的市场调研必须就所研究问题的结论提出正式的报告。调研报告应包含这样几项内容：

（1）引言：说明调研的目的、对象、范围、方法、时间、地点等；

（2）摘要：简洁概括整个研究的结论和建议，这也许是决策者有时间读的最重要的部分；

（3）正文：详细说明调研目标、调研过程、结论和建议；

（4）附件：包括样本分配、数据图表、问卷副本、访问记录、参考资料目录等。

报告交出后，调研人员的工作并没有结束，他们还需跟踪了解报告的建议是否被决策者采纳，采纳后的实际效果如何，并决定是否需要提出修改意见。

三、市场营销调研的方法

（一）文案调研法

文案调研法是指通过收集各种历史和现实的动态资料（第二手资料），从中摘取与市场调研课题有关的情报，在办公室内进行统计分析的调研方法。有的书中也称间接调研法、资料分析法或室内研究法。采用这种方法收集资料，花费时间不多，费用较少。

第二手资料的收集主要通过调研人员向有关方面索取，从电脑网络查询或通过剪报、摘录等方式获得。其资料来源主要有企业内部积累的各种资料，如业务记录、统计报表、工作总结等；国家机关公布的国民经济发展计划统计资料、政策、法令、法规等，以及一些内部文件；各行业协会、联合会提供的资料；国内外公开出版物，如报纸、杂志、图书刊登的新闻、报道、消息、评论、调研报告等；各研究单位、学会、专业情报机构和咨询机构提供的市场情报和研究结果；企业之间交流的有关资料。

一般来说，文案调研的方法可以归纳为两种：公开的和秘密的。在我国，文案调研的主要方法是公开的。公开收集文献资料的方法有：

（1）**文献资料筛选法**。文献资料筛选法就是从各类文献资料中分析和筛选出与企业生产经营有关的信息和情报。在收集资料时，通常是根据市场调研课题的目的和要求，有针对性地查找有关文献资料。

文献资料筛选法的特点是：所得情报资料记录方便、传播广泛、积累系统、便于长期保存和直接使用。它是企业获取技术、经济情报的最主要来源。

(2) **报刊剪辑分析法**。报刊剪辑分析法是调研人员平时从各种报刊上所刊登的文章、报道中分析和收集营销信息。信息社会最主要的特点是信息量大和信息流快。市场情况的瞬息万变在日常新闻报道中都有所体现,只要调研人员用心去观察、收集和分析,便可以从各种报刊中获得与企业市场营销有关的情报信息,以开阔视野、灵通耳目。

(二) 询问法

询问法是调研人员采用询问方式向被调研者了解市场情况的一种调研方法。具体方式有面谈调研、电话调研、问卷邮寄调研、送交问卷调研、在线调研等。各种调研方式的优缺点如表6-1所示。

表6-1 各种调研方式的优缺点

项 目	面 谈	电 话	问卷邮寄	送交问卷	在 线
灵活性	很好	好	差	差	好
所收集数据的质量	很好	较好	好	好	好
调研者影响的控制	差	较好	很好	很好	好
对象的控制	较好	很好	较好	好	较好
数据收集速度	快	快	慢	快	较快
回答速度	快	快	较快	快	较快
成本	高	低	低	低	较低

(1) **面谈调研**。面谈调研是调研人员对被调研者面对面地询问有关问题,从而获得第一手调研资料的一种调研方法。这种调研方法具有回收迅速、信息真实性强、搜集资料全面的优点,但所需费用高,调研结果容易受调研人员业务水平和态度的影响。

(2) **电话调研**。电话调研是由调研人员根据事先确定的抽样原则抽取样本,用电话向被调研者提出询问以取得信息资料。这种方法速度快、时间省、费用低,但由于通话时间不宜过长,因此不易收到深层信息。

(3) **问卷邮寄调研**。问卷邮寄调研是调研人员将预先设计好的调研问卷表格邮寄给调研者,请被调研者按要求填好后再邮回的一种调研方式。采用这种调研方式调研区域广泛,调研成本低,但回收率也低,回收时间长,且调研者难以控制回答过程。

(4) **送交问卷调研**。送交问卷调研是调研人员将设计好的问卷送交被调研者,待填写好后再由调研人员收回。这实际上是面谈调研和邮寄调研两种方式的结合。

(5) **在线调研**。企业可以以互联网为媒介开展营销调研,把调查问卷发布在网站或社交平台上,或发送电子邮件邀请人们回答提问。常见的在线调研渠道有问卷星、腾讯问卷等平台。诸如小红书、微博这样的社交平台多有投票功能,也可用于简单的营销调研。

(三) 观察法

观察法是由调研人员到各种现场进行观察和记录的一种市场调研方法。在观察时,既可以耳闻目睹现场情况,也可以利用照相机、录音机、摄像机等设备对现场情况作间接的观察,以获取真实的信息。观察法的优点是被调研者往往是在不知不觉中被观察调研的,总是处于自然状态,因此所收集到的资料较为客观、可靠、生动、详细。但这种方法只能观察到事实的发生,观察不到行为的内在因素,所需费用也较大。

专栏 6-4

商业秘密

帕科·昂得希尔是著名的商业密探,他所在的公司叫思维罗塞尔市场调查公司。他通常的做法是坐在商店的对面,悄悄观察来往的行人。而此时,在商店里他的属下正在努力工作,跟踪在商品架前徘徊的顾客。他们的目的是找出商店生意好坏的原因,了解顾客走进商店以后如何行动,以及为什么许多顾客在对商品进行长时间挑选后还是失望地离开。他们的工作给很多商店提出了许多实际的改进措施。

如对一家主要是青少年光顾的音像商店,昂得希尔通过调查后发现,这家商店把磁带放置过高,孩子们往往拿不到。于是,昂得希尔建议把商品放置高度降低。结果,这家音像店的销售量大大增加。

再如在调查一家叫伍尔沃思的公司时,发现商店的后半部分场地的销售额远远低于其他部分场地的销售额。昂得希尔通过观察拍摄的现场解开了这个谜:在销售高峰期,现金出纳机前的顾客排着长长的队伍,一直延伸到商店的另一端,妨碍了顾客从商店的前面走到后面。

针对这一情况,商店专门安排了结账区,结果使商店后半部分的销售额迅速增长。

(四)实验法

实验法是指先在一定的范围内进行实验,然后再研究是否大规模推广的市场调研方法。具体做法是:从影响调研对象的若干因素中选出一个或几个因素作为实验因素,在其他因素处于不变的条件下,了解实验因素变化对调研对象的影响。对实验结果进行总结分析后,再决定是否大规模推广。在展销会、试销会、订货会等场合,均可采用这种方法进行市场调研。

第三节 市场预测

一、市场预测的含义

预测是根据过去和现在推测未来,由已知推测未知,即事先对某一观察对象进行的计量和推测,根据过去和现在预测未来的一种活动。

市场预测是在市场调研的基础上,利用收集到的各种信息资料,运用逻辑推理和数学的方法,对决策者关心的市场变量的未来变化趋势及其可能水平作出估计与测算,从而为企业的正确决策提供科学依据的过程。

二、市场预测的基本原理

市场预测活动也像任何其他市场营销活动一样有自己的活动规律。凡属预测活动，都具有预测主体及其预测客体组成的预测结构或系统，二者之间有着内在和本质的联系，这决定了预测者可以对被预测对象进行预测并得到预测结果。要想使预测活动符合事物的客观发展规律，预测主体应能够把握住预测客体的发展方向。预测活动应坚持以下基本原理：

（一）可知性原理

辩证唯物主义认为，世界上一切事物的运动变化和发展，都不是孤立、静止和永远不变的，而是按照自身固有的规律不断运动和发展的。预测活动既然是对事物的未来发展作出预见和判断，就应符合唯物辩证法的理论思想：客观世界是可知的，客观事物的运动和发展变化规律是可以认识的。人们可以通过一次或多次实践、认识、再实践、再认识，不断反复的过程，不断发现和认识真理，揭示客观事物发展变化的规律性。

（二）延续性原理

任何事物未来发展的各个阶段都具有一定的连续性，现在的情况是由过去演变来的，今后的情况又是现在顺势发展的一个结果，也就是说，过去和现在的事情将持续到未来。因此，可以根据其过去和现在，推测到未来。时间序列预测法就是基于这一理论。

（三）类推性原理

这一原理认为，经济事件的发展存在着相似性或类推性，也就是说，可以根据已出现的某一经济事件的变化规律来预测即将出现的类似事件的变化规律。例如，已知某种产品在某一市场的生命周期规律，就可以推测它在另一个相似的市场产品销售的生命周期情况。

（四）因果性原理

客观事物是普遍联系着的，任何事物的发展变化都是一系列因素发挥作用的结果。而这些因素又都是相互联系、相互依存、相互制约的，存在着一定的因果关系，因而使得人们能够根据某一或某些事物的变化，推测出另一事物所产生的相应变化。回归分析就是根据这一原理建立起来的预测方法。

三、市场预测的作用

20世纪以来，商品经济有了迅猛的发展，打破了国家和地区界限。尤其是21世纪以来，随着世界经济一体化进程的发展，市场规模空前广阔，企业间竞争愈演愈烈。企业更加迫切地需要了解市场变化和竞争对手的情况以便制定自己的战略计划和经营决策。市场预测的必要性和重要性日益凸显。

市场预测的作用表现在宏观和微观两个方面。从宏观来看，市场预测有利于保证社会需要的满足，有利于提高计划的科学性；有利于政府经济管理部门掌握市场动态和商品产销变化趋向。从微观来看，即从企业经营的角度，市场预测的作用表现在以下三个方面：

（一）市场预测是企业经营决策的重要前提条件

通过市场预测，企业可以预见未来市场发展趋势，了解和掌握本企业产品的未来市场需求状况，使决策者能够拥有确定企业经营方向，制定生产经营计划的客观依据，从而作出比较可靠和正确的经营决策。

（二）市场预测是企业制定经营计划的重要依据

企业在制定经营计划时，除依据国家计划外，还必须考虑到社会、市场和用户的需求，竞争对手的情况，这就要求企业必须通过市场预测来把握"市场的脉搏"，才能编制出正确可行的经营计划。同时，企业还要根据市场需求的不断变化，及时动态地调整经营计划。

（三）市场预测是提高企业竞争能力的重要手段

市场的购买力，消费需求与结构是经常变化的，企业只有加强预测工作，才能对上述变化作出正确的预计、反映，通过预测来掌握其变化的规律，从而在经营上取得主动权，使自己的生产经营活动适应市场的需求，提升竞争能力，取得竞争优势。

四、市场预测的内容

市场预测的内容十分广泛。从国家宏观经济管理部门角度进行的宏观市场预测，主要包括生产的发展及其变化、市场容量及其变化、市场价格的变化趋势、消费需求的变化趋势以及对外贸易的变化等内容。从企业角度进行的市场预测，主要是在宏观预测指导下，根据已有资料预测企业目标市场的未来发展趋势，预测企业的市场占有率变化，以便及时调整企业经营发展方向，作出正确的经营决策，争取在市场竞争中立于不败之地。

（一）市场需求预测

市场需求预测是预测有货币支付能力的消费者、用户在一定时期、一定市场范围内，对某种商品的需求。消费者的市场需求受多种因素的影响。因此，也要预测影响市场需求的各种因素的变化趋势。

1. 收入分配政策

在市场经济条件下，企业经营决策者应熟悉国家收入分配政策，不仅包括工资和就业政策，也包括信贷和税收政策。同时还要分析企业目标市场现有顾客和潜在顾客的购买力的变化趋势。

2. 价格政策

企业要了解市场上某一特定时期受国家宏观控制的商品价格。同时，企业更应加强对有权控制的商品的价格及影响因素，如劳动生产率、生产成本和利润的变化，市场供求发展趋势，商品的需求弹性等方面内容的研究，从而合理地制定价格、引导需求。

3. 购买力投向及其变化趋势

居民收入水平的变化，即居民的生活消费支出中商品性消费支出与非商品性消费支出的比例变化，决定着居民消费结构，企业通过对消费支出模式的研究，例如通过恩格尔系数的变化来预测居民的购买力投向。

4. 消费需求倾向变化

随着生产的发展，社会购买力和文化水平的提高，消费者的需求在质和量上都发生了明显变化。因此，企业决策者要根据其需求倾向，预测出市场畅销商品的品种、数量，滞销的商品，应改进及更新换代的商品，并根据预测结果决定企业生产开发新产品的方向和销售计划。

市场需求在特定的市场环境和影响因素影响下，会在某一时期形成一个需求量的最高点,即市场潜量。

(二) 市场供应量预测

市场供应量是指在一定时期内可以投放市场以供出售的商品资源数量。这些商品资源主要来自生产部门、进口、国家储备、商业部门的商品储存及社会潜在物资等五个方面。

市场供应量预测是指对进入市场的商品资源总量及其构成和各种具体商品市场可供量的变化趋势的预测。它同市场需求预测相结合,可以预见未来市场供求矛盾的变化趋势。

预测生产的发展及其变化趋势,要收集历史资料,了解有关产品历年的产值、产量、成本和销售等情况;要了解同类产品现有的生产企业的数量、生产能力、原材料供应、生产设备、生产技术和产品质量的现状、各项经济指标在同行业达到的水平;要了解生产企业的设备更新、技术引进,以及近期挖潜、革新、改造的措施和基建规划,并在预测生产结构的基础上,研究各种产品在预测期内可能提供商品资源的企业及其生产能力,已有产品的数量、质量、花色、式样、规格等发展变化;新产品的生产发展趋势、生产技术、原材料和能源消耗、成本和价格等的变化,产品销售竞争能力及市场需求动向等,进而测算出商品资源量,适应市场需求的程度及其发展趋势。

只有在摸清商品资源的基础上,预测出各种产品的发展前景,才能结合市场需求的变化,较精确地预测市场供求关系的发展趋势,作出正确的经营决策。

此外,还应关注进口商品的数量、品种及国内市场的分配情况,进口设备在国内形成新生产能力的时间和可能提供的商品量,进口原料制成品及其在国内外市场的分配比例等,并据此推断进口贸易额的变化对国内市场商品资源与需求可能产生的影响及发展趋势。

(三) 市场占有率预测

市场占有率是指在一定时期、一定市场范围内,企业所生产的某种产品的销售额(量)占市场同一种产品总销售额(量)的比率。

市场占有率预测是对一定市场范围未来某个时期内,企业市场占有变动趋向作出估计。它是企业商品销售预测的重要内容。在社会商品需求量既定的情况下,企业的商品销售量大小,主要取决于它的市场占有率,即取决于企业销售在整个市场销售中所占份额的大小。市场占有率高,销售量就大;反之,销售量就小。影响一个企业市场占有率高低的主要因素有两个:一是企业本身的生产经营条件;二是企业竞争对手的生产经营能力。因此,在预测企业未来销售前景时,必须对市场占有率的变化趋势作出预测。

影响企业市场占有率的因素是多方面的。要准确地预测企业的市场占有率,必须认真分析商品资源、价格、广告促销、企业形象等因素的影响,并通过企业积极的营销对策来促进企业市场占有率的提高。

(四) 产品生命周期预测

产品生命周期预测是对产品进入市场直至退出市场的全过程中所处不同阶段的发展变化前景作出估计。产品生命周期的变化,既体现了需求的发展变化趋向,又反映了产品生产和供应的变动趋势,以及企业间的竞争状况。因此,预测产品的生命周期,使企业能够根据产品生命周期的变动趋势,针对生命周期的不同阶段,采取相应的生产经营措施,为老产品开拓新市场,积极开发新产品、新品种。

影响产品生命周期的主要因素有:购买力水平的高低;产品本身的特点;消费心理、消费习惯、社会风尚的变化;商品供求与竞争状况;科学技术的发展,新技术、新工艺、新材料的推广应用。

(五)企业生产经营能力预测

任何企业要从事生产经营活动,完成和实现其经营目标,都离不开人、财、物三要素。三要素的有机构成,其能力和水平的发挥,直接影响着企业的生产经营能力。企业生产经营能力包括企业的研究与发展能力、营运能力、销售能力。

1. 研究与发展能力预测

企业研究与发展能力是指企业管理人员对企业经营与环境变动关系的历史考察、现状分析和发展趋势预测,所制定的企业经营目标和达到目标手段的能力。这一能力预测的主要内容包括:市场调研与研究,预见未来趋势;科技水平发展与趋势研究;企业规模、组织机构的研究;信息接收与判断能力;目标选择能力,管理改革和创新研究能力,以及企业发展水平研究等内容。

2. 营运能力预测

企业营运能力是指企业运用各种营销力量从事经营活动和实现经营目标的能力。它具体是指企业通过对经营要素的总指挥、协调、组织和控制来实现和完成企业的采购与销售、储存与运输、经营与服务、内部管理与对外公共关系等一系列经营活动,以达到最大效益目标的经营能力和水平。其内容主要包括对企业营销诸因素,如设备的利用,营运人员的技术水平、经验,商品流通组织机构,经营成本、质量、资源的控制与管理等,在统一目标的指挥和协调下,对企业的全部运行过程进行系统、整体的分析和预测。

3. 销售能力预测

企业销售能力是指企业对各种促进产品销售手段的综合运用所具有的力量和能力。它主要包括产品创新、推销技术、销售服务等内容。产品销售能力的预测是企业生产经营能力预测的中心内容。由于市场上消费者需求受到多种因素的影响,企业经营就是要把影响的因素转变为企业能力,转变为促进企业销售的手段。例如,根据环境的影响预测来制定企业的促销策略,通过各种促销手段来影响和促进消费者的购买行为。

除以上预测内容外,国家的方针政策、社会形势的变化;科学文化、教育事业的发展;就业人数的增加及社会风俗等的变化,都是影响市场未来变化的重要因素,企业也应根据需要将其作为市场预测的内容。

五、市场预测的步骤

市场预测涉及面较广,为了提高预测工作的效率和质量,必须按照一定的工作程序来进行。市场预测大致包括以下几个步骤:

(一)明确预测目的

明确预测目的,并根据预测的目的来拟订预测项目、制定工作计划、调配预测人员,以及编造费用预算,是进行预测工作的第一步。明确了预测目的,才能为进一步收集资料、选择预测方法指明方向,才能有的放矢地提高预测质量。在确定预测项目、制定工作计划时,要从实际出发,分清主次缓急,抓住决策计划中所需解决的主要问题,并根据主观力量,量力而行。此外,预测项目计划,应避免流于空泛形式,而应使要求明确,以便在整个预测工作中有所遵循。

总之,明确预测目的,即明确预测什么、通过预测要解决什么问题、规定预测项目、明确预测期限和预测目标。

(二) 调研收集资料

调研收集资料,是市场预测的基础工作。任何预测,都要从市场历史的和现有的资料出发来进行。收集资料一定要以预测目的和要求为转移,力求做到收集的资料具有广泛性、适用性。不全面、不系统的资料,将影响预测的质量。

市场预测的资料,有历史资料和现实资料两大类。经过调研得到的历史资料和现实资料,必须按照一定的预测目的和要求对资料进行分类、排列和加工,使之系统化,以便在预测中得到充分的利用。

(三) 分析判断

分析判断,即依靠预测人员的丰富经验和综合分析能力,根据调研和收集的资料,对事物的未来发展性质和程度作出判断。市场预测成果的有效性,在很大程度上是在分析判断的过程中形成的,分析判断是市场预测的关键阶段。

分析判断的内容主要有以下几个方面:

1. 分析观察期内市场影响因素同市场需求量的依存关系

市场需求量变化的影响因素有很多,在实际工作中,由于受时间、条件、能力的限制,往往难以捕捉和分析太多的因素,而只能选择其中主要的因素加以分析。

(1) 国家政治经济形势和方针政策的变化对市场需求的影响。这些客观因素在一定情况下对市场需求的影响很大,尤其是在对企业或地区发展前景进行预测时,不可忽视国际国内政治形势、国民经济发展情况、工农业生产的增长幅度、国家对经济工作和市场安排的方针政策等因素的作用。

(2) 社会商品购买力及其构成的增长变化对市场需求量的影响。随着人们收入的增加和生活水平的不断提高,不仅购买力会增加,而且购买力的投向也会变化,它反映了商品需求的结构变化,直接影响到各类商品的销售比重。

(3) 进出口贸易的发展变化对市场需求量的影响。进出口贸易的发展变化,一方面引起国内市场商品供应量及结构的变化,另一方面引起消费者心理及需求商品结构的变化。

(4) 不同产品或同样产品的适用性。花色、款式、成本、价格、竞争的变化,对市场需求量的影响。

(5) 互补商品的市场需求和替代品市场需求的相互影响,例如,咖啡和牛奶的市场需求量,就是相互关联、相互影响的。

2. 分析预测期的产供销关系

商品的产供销是一个有机的整体,没有商品生产,商品供应和销售就不能实现,而没有供销保证最后实现商品的价值,其生产也无法继续进行。所以在预测时,必须对各方面的情况进行分析。

(1) 分析市场需求情况。即分析市场需求商品的品种、数量、结构及其流通渠道的发展变化等。

（2）分析社会生产力。即一方面分析社会生产能力是否与市场需求商品总量相适应，另一方面分析各种生产企业生产的商品结构是否与消费结构相适应。这就要在预测总的社会生产能力的前提下，对产业结构的变化进行预测，为生产部门提供信息，从而压缩长线产品的生产，大力发展短线产品，尽可能从商品结构上满足人民需要。

（3）分析原材料供应情况。原材料供应充足与否，直接关系到生产能力的实现，关系到市场上商品的供应状况。

3. 分析当前的消费心理、消费需求及其发展变化趋势

消费者的购买心理直接影响到购买商品的数量、品种、花色、规格等，所以，必须从收入增长的时代潮流、政治因素、广告宣传等方面来分析，从而预测其发展变化趋势。

最后，在上述分析的基础上，对市场供需关系作出判断。这种判断主要有三个方面：①各种商品社会拥有量的供需差额，包括顺差和逆差；②对供应需求基本平衡的商品、有顺差的商品、有逆差的商品，还要分别判明反映各种现象的实际情况怎样；③应当进一步判明它们的发展趋势与主要影响因素的关系。

（四）作出预测

作出预测是预测的最后一个阶段。它是在经过调研取得资料，并对其进行分析判断的基础上，根据每次预测的具体要求，选择预测方法，制定预测模型，并对预测方法和模型进行分析评价，最终得出预测值。

1. 选择预测方法，提出预测模型

预测方法有很多，既有质的分析预测方法，又有量的分析预测方法。选择预测方法应根据预测的具体要求。如果只要求预测出一个总体发展趋势，则可选择定性预测的分析方法；如果要求预测出一个具体数据，且有误差要求，就必须运用定量预测的分析法。选择预测方法应根据一定的标准，如预测期长短、数据样式、适用性、预测费用等。

选择定量预测，无论是时间序列分析法，还是因果关系分析法，都可以建立数学预测模型。选择定性预测，无论采用何种判断分析方法，应该将分析判断的预测逻辑思路（亦称逻辑思维模型）表达清楚，尽量转化为数量概念。

2. 确定预测值，提交预测结果

一个合理的预测应该是：利用选择的预测方法进行预测模型的计算或估计；分析预测误差原因与计算误差大小，作出预测精度分析；根据市场最新发展动态和掌握的最新信息，对原计算或估计的预测值进行判断、修改或调整。有时还可以另选预测方法或用几种不同的预测方法进行综合预测，使预测值更符合实际，具有可靠性。最后写出预测报告提交决策者使用，同时也要将预测存档保存。

六、市场预测的基本方法

市场预测的方法有很多，国外统计的在实际中应用的方法有上百种之多。但若按预测方法的性质分，基本上可以分为两大类，即定性预测与定量预测。

（一）定性预测法

定性预测法，也称判断分析法。它是凭借人们在市场活动实践中获得的经验、知识和综合分析能力，通过对有关资料的分析推断，对未来市场发展趋势作出估计和测算的方法。

在市场预测中,定性预测法是一种不可缺少的方法。特别是当不具备定量分析条件时。如消费者的消费心理变化、国家方针政策变化对市场未来的影响等,都无法用定量预测的方法进行预测,这就需要通过对市场发展变化质的分析,对未来的市场作出判断,推测市场未来的发展趋势。

定性预测法的优点是简便易行,不需要多少费用,花费时间也较短;特别是遇到十分复杂且难识别的模糊市场现象时,经常运用定性预测法能充分发挥人的智力,对其进行综合分析、逻辑推理,作出正确判断,若运用得当是很有实用价值的。其缺点是估计欠准确,有时也有失误:一方面单凭自己的经验进行预测,难免使预测结果带有主观片面性而不符合客观实际;另一方面常常忽视如何使质的分析数量化的问题,不能给决策者提供明确的数量概念。

在预测中经常使用的定性预测法主要有以下几种。

1. 对比类推法

世界上有许多事物的变化发展规律带有某种相似性,尤其是同类事物之间。所谓对比类推法是指利用事物之间的这种相似特点,把先行事物的表现过程类推到后继事物上去,从而对后继事物的前景作出预测的一种方法。对比类推法依据类比目标的不同可以分为产品类推法、地区类推法、行业类推法和局部总体类推法四种。

(1) **产品类推法**。有许多产品在功能、构造技术等方面具有相似性,因而这些产品的市场发展规律往往会呈现某种相似性,人们可以利用产品之间的这种相似性进行类推。例如,彩色电视机与黑白电视机的功能是相似的,因此可以根据黑白电视机市场的发展过程类推彩电的市场需求变化趋势。电视机与家电产品的发展过程遵循一条萌芽、成长、成熟、衰退的生命周期演变过程,不同阶段,其市场需求特征是不同的。通过对黑白电视机的发展过程进行系统的分析,掌握电视机各个阶段的市场需求特征及发生转折的时机,就可以对彩电市场需求进行估计。

(2) **地区类推法**。地区类推法是依据其他地区(或国家)曾经发生过的事件进行类推。同一产品在不同地区(或国家)有领先滞后的时差,可以根据领先地区的市场情况类推滞后的市场。地区类推法有两类:一类是国内不同地区间的类推,另一类是不同国家之间的类推。例如,就许多高档家电产品而言,总是先在城市开始进入家庭,而后再进入农村家庭,可以利用家电产品在城市市场的发展规律类推家电产品在农村的发展规律。

(3) **行业类推法**。有许多产品的发展是从某一个行业市场开始,逐步向其他行业推广的。如铝合金材料最初是用于航天工业,现已广泛应用于其他各行各业,甚至家庭装潢。根据这一特点,可以运用行业类推法对产品的行业市场加以预测。例如,预测者可以根据军工产品市场的发展预测民用产品的市场。因为军工产品一般都是些技术上领先的产品,军工行业市场的现在就是民用市场的未来。预测者应密切注视军工产品的发展动向,推测军工产品或技术在民用市场发展的可能性。如有些今天用于军工的新材料和计算机控制技术可能在未来的民用市场上普及。人们可以利用领先行业市场类推滞后的行业市场,这就是行业类推法。

(4) **局部总体类推法**。局部总体类推法是通过典型调研或其他方式进行一些具有代表性的调研,分析市场变化动态及发展规律,预测和类推全局或大范围的市场变化。这是一种应用范围较广的类推方法。例如,需要预测今后一段时间全国手机市场需求状况,只需选取若干大、中、小城市及一些有代表性的农村地区进行调研分析,以此类推全国的总需求状况。这种类推法在我国市场预测中经常使用,预测效果较好。在应用类推法进行预测时,应注意一点:对比类推法是建立在事物发展变化相似性的基础上。相似性并不等于相同,再加之事物发生的时间、地点、范围等许多条件的不同,常会使两个对比事物的发展变化有一定差异。例如,我国新能源车需求前景预测,应结合我国在社会、经济、消费习惯等方面与其他国家的差异,进行一定的修正,以提高类推预测法的精度。同时,在选择类比目标时,预先从各个方面充分考虑可比性,这对对比类推法的有效应用有重要意义。

2. 集体经验判断法

集体经验判断法,国外又称专家小组意见法,它是利用集体的经验、智慧,通过思考分析、判断综合,对事物未来的发展变化趋势作出估计。这种预测方法的做法是:首先,由若干个熟悉预测对象的人员(经理人员、业务人员、管理人员等)组成一个预测小组;其次,要求每个预测者在做出预测结果的同时,说明其分析的理由,并允许小组成员在会上充分争论;再次,在分析讨论基础上,预测者可以重新调整其预测结果;最后,把若干名预测者的预测结果运用主观概率统计法进行综合处理后,得出最终的预测结果。在某些情况下,会把各位预测者的预测结果直接进行统计处理,得出最终的预测结果,而不经过集体讨论这一程序。无论何种方式,相对个人独立预测而言,集体经验判断法具有十分明显的优点,它可以避免个人掌握信息量有限,看问题片面等不可避免的弱点所引起的预测误差,从而使得预测结果更接近实际。

运用集体经验判断法,最后需要将每个预测者的预测结果进行综合处理才能得到最终预测结果。预测结果的综合处理一般分两步进行,第一步采用主观概率统计法计算出每个预测者的预测期望值,第二步运用加权平均法或算术平均法计算出预测最终结果。下面举例说明这一处理过程。

某企业为使下一年度的销售计划制定得更为科学,组织了一次销售预测,由经理主持,参与预测的有供销科、财务科、计划科、信息科四位科长,他们的预测估计如表 6-2 所示。

表 6-2 某企业年度销售额预测值估计表

预测人员	销售额估计值						预测期望值/万元
	最高销售额/万元	概率	最可能销售额/万元	概率	最低销售额/万元	概率	
销售科科长	4 000	0.3	3 600	0.6	3 200	0.1	3 680
财务科科长	4 200	0.2	3 700	0.7	3 200	0.1	3 750
计划科科长	3 900	0.1	3 500	0.7	3 000	0.2	3 440
信息科科长	4 100	0.2	3 600	0.6	3 100	0.2	3 600

表内预测期望值栏的数据是在各种情形下的销售额估计值与概率乘积之和。例如,对销售科长而言:

$$其预测期望值 = 4\,000 \times 0.3 + 3\,600 \times 0.6 + 3\,200 \times 0.1 = 3\,680(万元)$$

其他各位预测者的预测期望值计算方法同上,结果如表6-2所示。

由于预测参加者对市场了解的程度以及经验等因素不同,因此他们每个人的预测结果对最终预测结果的影响力、作用有可能不同,可分别给予不同的权数表示这种差异,最后采用加权平均法获得最终预测结果。若给每个预测者以相同的权数,则表示各位预测者的预测结果的重要性相同,则最后结果可直接采用算术平均法获得。在此例中,经理从各方面因素考虑,给各人的权数分别为:销售科长6,财务科长5,计划科长5,信息科长7,则:

$$\text{该企业下一年度销售额的最终预测值} = \frac{3\,680\times 6+3\,750\times 5+3\,440\times 5+3\,600\times 7}{6+5+5+7}=3\,618.7(万元)$$

应用集体经验判断法,最明显的优点是可以集思广益,避免个人独立分析判断的片面性,但它同样也存在着不足之处。例如,有许多企业都把完成销售计划的情况作为考核销售人员业绩的主要依据,故销售人员一般都希望尽量把计划压低,从而超计划部分可获得更多的奖励。这样,在预测时销售人员就不愿把那些有可能争取到的销售数字估计进去。这一切的最终结果是降低销售预测的准确性。因此,在使用销售人员预测时可采取一定的措施加以限制。如把预测结果同评定销售业绩分开。国外用得比较多的办法是用一个经验系数去修正每个销售人员的原预测结果,具体做法是统计每个销售人员历年的预测值与实际销售额的差距,并计算出这一差距的百分比(与实际销售额比)作为调整系数,用调整系数来修订预测值。例如,某销售人员预测下一年度企业的销售额为2 200万元,依据以往资料分析,实际值总是比该销售员的预测值高10%,因此,预测的修正值为2 200×(1+10%)=2 420万元,最后由每个销售人员的预测修正值得到最终销售预测值。

3. 德尔菲法

德尔菲法(Delphi method)也称专家调研法或专家意见法,这一方法是以匿名方式,轮番征询专家意见,最终得出预测结果的一种集体经验判断法。由于这种方法与第二节的集体经验判断法相比较为特殊,故在此专门进行介绍。

德尔菲法是美国兰德公司于20世纪40年代末首创的。德尔菲是古希腊城市名称,相传为预言之神阿波罗的神殿所在地,有许多预言家到此发布预言演说,故以此地名作为这种专家预测法名称。这种方法是市场预测定性方法中最重要、最有效的一种方法,应用十分广泛,可用于预测商品供求变化、市场需求、产品的成本价格、商品销售、市场占有率、商品生命周期等方面。这种方法不但在企业预测中发挥作用,还在行业预测、宏观市场预测中采用。不仅用来进行短期预测,还可用来进行中长期预测,效果比较好,尤其是当预测中缺乏必要历史数据,应用其他方法有困难时,采用德尔菲法预测能得到较好效果。

德尔菲法是借用社会各方面专家的头脑,综合他们的预测经验进行判断预测,因此,其预测的准确性要比其他经验判断法高。同时,特尔斐法采用匿名反馈的形式,大大减少和避免了面对面预测可能带来的诸如附和权威意见,或主观意气用事等倾向,使专家充分发表个人预测意见,减少预测误差。

(二) 定量预测法

定量预测法是依据大量的数据资料,运用统计分析和数学方法建立预测模型,描述预测对象发展过程中质的规定性的规律,据此作出预测值的估计。

定量预测法的特点是：数据资料完整是条件；统计方法和数学模型是工具；量与质的分析要结合。其优点是预测结果精确程度较高，一定条件下能明确指出误差的可能发生范围，能比较科学地说明预测目标未来发展的量度及其结构关系。不足之处是它对市场现象中非量化的因素，如社会文化、政治、法律等尚不能纳入数学模型内；应用这类方法需要系统、完整、可靠的数据，必要的现代化数据处理手段等条件。

1. 移动平均法

移动平均法是以预测对象最近一组历史数据（实际值）的平均值直接或间接地作为预测值的方法。当预测者得到每一个新的历史数据时，就可以计算出新的平均值用作预测。由于所计算的平均值随着时间的推移而逐期向后移动，故称移动平均法。

(1) **一次移动平均法**。这种方法适用于具有明显线性趋势的时间序列数据的预测，是一种简易可行的预测方法。其预测模型如下：

$$Y_{t+1} = M_t = (1/n) \times \sum X_i \quad (i=1, 2, 3, \cdots, n) \tag{6-1}$$

式中，Y_{t+1} 为第 $t+1$ 期的预测值；M_t 为到第 t 期的移动平均值；n 为跨越期数，即参加平均的历史数据的个数；$\sum X_i$ 为跨越期内各实际值之和。

(2) **二次移动平均法**。当时间序列数据具有明显线性趋势时，二次移动平均法也是一种常用的预测方法。二次移动平均法是对一次移动平均值再进行移动平均，并在两次移动平均值的基础上，建立预测模型进行预测。二次移动平均值计算公式如下：

$$M_t^{(2)} = (1/n) \times \sum M_t^{(1)} \tag{6-2}$$

式中，$M_t^{(2)}$ 为到第 t 期的二次移动平均值；n 为跨越期数；$\sum M_t^{(1)}$ 为跨越期内的一次移动平均值之和。

二次移动平均法的预测模型如下：

$$Y_{t+T} = A_t + B_t \times T \tag{6-3}$$

$$A_t = 2M_t^{(1)} - M_t^{(2)} \tag{6-4}$$

$$B_t = [2/(n-1)] \times [M_t^{(1)} - M_t^{(2)}] \tag{6-5}$$

式中，Y_{t+T} 为第 $t+T$ 期的预测值；t 为本期，如以月份为时期，则 12 月份（本期）的 t 为 12。T 为本期到预测期的时期数，如预测下一年元月值，则到预测期的 T 为 1。A_t、B_t 为参数值，其中 A_t 为截距，B_t 为斜率；n 为移动平均的期数。

2. 指数平滑法

指数平滑法是一种特殊的加权平均法，加权的特点是对离预测期较近的历史数据给予较大的权数，对离预测期较远的历史数据给予较小的权数，权数由近到远按指数规律递减，所以称指数平滑法。

(1) **一次指数平滑法**。其预测模型为：

$$S_t^{(1)} = \alpha X_t + (1-\alpha) \times S_{t-1}^{(1)} \tag{6-6}$$

式中，$S_t^{(1)}$ 为第 t 期的预测值；X_t 为第 t 期的实际值；$S_{t-1}^{(1)}$ 为第 $t-1$ 期的预测值；α 为平

滑系数或称加权系数,且 $0 \leqslant \alpha \leqslant 1$。

指数平滑法的下期预测值是以上期实际值和上期预测值为基础得到的,因此,必须解决第一个预测值即初始值的问题。初始值常通过估计方法确定:当实际值数据多于10个时,可用 X_1 代替 S_1;当实际值数据少于10个时,可以把离预测期最远的几个历史数据(实际值)的平均值作为初始值。

平滑系数 α 是新旧数据在平滑过程中的分配比率,其数值大小反映了不同时期数据在预测中的作用高低。α 越小,则数据在平滑值中所占的比重越低,预测值越趋向平滑;反之,则新数据所起的作用越大。

确定 α 值时应注意以下几点:

① 当对初始值有疑问时应取较大的 α 值,以便扩大近期数据的作用,减小初始值的影响,一般取 α 为 0.4~0.7。

② 当时间序列有迅速且明显的变动趋势时,宜取较大的 α 值,以使新数据对平滑结果有较大的作用,一般取 α 为 0.3~0.7。

③ 当时间序列变化较小时,宜取较小的 α 值,一般取 α 为 0.1~0.3。

(2) **二次指数平滑法**。二次指数平滑法与二次移动平均法的原理相同,它是在一次指数平滑基础上进行的,即:

$$S_t^{(2)} = \alpha S_t^{(1)} + (1-\alpha) \times S_{t-1}^{(2)} \qquad (6-7)$$

式中,$S_t^{(1)}$ 和 $S_t^{(2)}$ 分别为第 t 期的一次平滑值和二次平滑值。

二次指数平滑是对时间序列数据作两次平滑,并利用一次平滑与二次平滑之间的滞后差建立预测模型,即为:

$$Y_{t+T} = A_t + B_t \times T \qquad (6-8)$$

$$A_t = 2S_t^{(1)} - S_t^{(2)} \qquad (6-9)$$

$$B_t = \alpha/(1-\alpha) \times [S_t^{(1)} - S_t^{(2)}] \qquad (6-10)$$

式中,Y_{t+T} 为第 $t+T$ 期的预测值;t 为本期;T 为由本期到预测期的时期数;A_t、B_t 为参数值,其中 A_t 为截距,B_t 为斜率;n 为平滑的期数。

3. 一元线性回归分析法

回归分析法是研究两组已知的数据资料,从中找出因变量与自变量之间的依存关系,建立回归方程进行预测的一种方法。这种方法在市场需求、商品销售、价格变动、成本与效益等方面的预测中被广泛使用。

一元线性回归分析是通过揭示自变量与因变量之间的关系(这种关系是线性的)及其变化来预测未来市场状况的一种方法。其主要步骤是:

(1) 确定预测目标与影响因素。

(2) 收集整理历史统计数据,建立一元线性回归方程:

$$Y = a + bX \qquad (6-11)$$

式中,X 为相关因素中的自变量值;Y 为因变量(预测目标因素)的预测值;a 和 b 为回归系数,a 为直线的截距,b 为直线的斜率;

（3）求回归系数 a 和 b，计算公式是：

$$b = \sum (X_i - X) \times (Y_i - Y) / \sum (X_i - X)^2 \qquad (6-12)$$

$$a = Y - b \times X \qquad (6-13)$$

式中，X_i 为自变量（实际值），$i = 1,2,3,\cdots,n$；Y_i 为因变量（实际值），$i = 1,2,3,\cdots,n$。

（4）预测并对预测结果进行分析。

（5）计算相关系数，进行相关分析：在有依存关系的现象之间，对代表原因的自变量与代表结果的因变量（预测目标因素）之间的依存关系密切程度的研究，称为相关分析。一元线性回归方程中的两种变量呈线性相关时，其相关密切程度的量为相关系数。习惯上用 r 表示，计算公式是：

$$r = \sum (X_i - X) \times (Y_i - Y) / \sqrt{\sum (X_i - X)^2 \times \sum (Y_i - Y)^2} \qquad (6-14)$$

式中，当 $r > 0$ 时为正相关；当 $r < 0$ 时为负相关；$r = 0$ 为完全无关（或称为零相关）；$r = \pm 1$ 为完全相关。

相关系数求出后，可通过查相关系数表，考察变量 X_i 与变量 Y_i 的相关程度。

当 r 大于相关系数表中给定的数值时，表明 X_i 的变化对 Y_i 的变化影响很大，即表明 X 与 Y 存在强相关关系；反之，当 r 小于相关系数表中给定的数值时，表明 X 与 Y 存在弱相关关系。

（6）估计置信区间：置信区间的估计需用到标准误差（σ）。标准误差表示因变量实际值与其估计值的平均误差。因变量实际值总是在其估计值的上下波动。数理统计表明，在数据足够多时，因变量实际值在回归直线上下的分布呈正态分布。越接近回归直线，所分布的实际值越多；反之，分布的实际值越少。因此，根据正态分布理论，可利用标准误差进行因变量的区间估计，即估计置信区间。

根据正态分布理论，因变量的值分布范围如下：

y 值在 $y \pm 1\sigma$ 之间的约占 68.27%，即因变量 y（实际值）在 $y \pm 1\sigma$ 范围内的可靠程度（概率）为 68.27%；

y 值在 $y \pm 2\sigma$ 之间的约占 95.45%，即因变量 y（实际值）在 $y \pm 2\sigma$ 范围内的可靠程度（概率）为 95.45%；

y 值在 $y \pm 3\sigma$ 之间的约占 99.73%，即因变量 y（实际值）在 $y \pm 3\sigma$ 范围内的可靠程度（概率）为 99.73%。

标准误差的计算公式：

$$\sigma = \sum (Y_i - Y)^2 / n \qquad (6-15)$$

式中，σ 为标准误差（估计标准误差。严格地讲，n 应为 $n-2$）；Y_i 为某期的实际值；Y 为某期的预测值。

同理，根据上述理论，推断因变量 y（预测值）所在的区间与可靠程度，有公式：$y \pm t\sigma$。这里，t 为把握程度所对应的概率度，可从 t 分布表中查得。

本章小结

市场信息是市场上各种经济（特别是市场要素）活动和相关环境的数据、资料、情报的统称，它反映了市场活动和环境的变化、特征和趋势等情况；市场信息主要包括市场环境信息、产品信息、价格信息、销售渠道信息、促销信息和竞争信息等。

市场信息的来源分为两大类：一是企业信息人员亲自收集、整理、加工的各种原始的第一手信息；二是收集并通过整理、加工的各种间接信息资料，即第二手信息资料。

为满足市场开发与营销的需要，有必要了解和掌握市场信息，并全面采用市场营销信息系统。市场营销信息系统主要包括四个子系统，即企业内部环境报告系统、市场营销情报系统、市场营销调研系统和市场营销决策支持系统。

市场营销调研是企业获得更深入、更有针对性的市场营销信息的重要途径之一。市场营销调研是为实现营销管理和决策的目的，运用科学方法，对有关信息进行收集、整理、分析和报告的过程，被广泛应用于营销活动的各方面。实际上，在企业市场营销决策过程中，每一步都离不开营销调研。掌握进行营销调研的技能十分重要。市场营销调研方法主要有：文案调研法、询问法、观察法、实验法等。

市场预测是在市场调研的基础上，利用收集到的各种信息资料，运用逻辑推理和数学的方法，对决策者关心的市场变量的未来变化趋势及其可能水平作出估计与测算，从而为企业的正确决策提供科学依据的过程。

市场预测的方法很多，国外统计的在实际中应用的方法有上百种之多。但若按预测方法的性质分，基本上可以分为两大类，即定性预测与定量预测两类。

 ## 关键名词

市场营销信息系统　市场营销调研系统　市场营销决策支持系统　营销情报系统　企业内部报告系统　市场营销调研　市场调研方法　市场预测　市场需求潜量

 ## 思　考　题

1. 试说明市场营销信息的主要内容。
2. 市场信息的主要来源有哪些？如何进行市场营销信息的开发和利用？

3. 试分析市场营销信息系统的基本结构和主要功能。
4. 市场营销调研的主要内容有哪些?
5. 市场营销调研的程序和方法是什么?
6. 加强市场营销调研工作对参与市场竞争有何意义?
7. 常用的定性市场预测方法主要有哪些?
8. 试述常用的定量市场预测方法。

 案例分析

加速"走出去"、布局"下乡村",新能源车企谋突围

2023年4月,新能源汽车出口10万辆,环比增长28.6%,同比增长8.4倍。业内人士指出,近期新能源市场进一步分化,市场竞争趋于激烈。同时,国内品牌在海外市场逐渐得到认可,加上相关政策引导支持完善乡村地区充电设施等基础设施建设,未来新能源汽车有望在海外市场与乡村市场等领域取得更进一步的发展。

一、竞争加剧带来市场分化

"目前新能源车企前十位销售额和销售占比还处在较快提升的阶段,排名靠前的企业和相对靠后的企业差距正在拉大。"中汽协副秘书长陈士华表示。

中汽协数据显示,2023年1—4月,新能源汽车销量排名前十位的企业集团销量合计为188.7万辆,同比增长58.6%,占新能源汽车销售总量的84.9%,高于上年同期8.4个百分点。

一方面是主流车企表现延续良好势态,另一方面,华泰证券研报指出,造车新势力表现有所分化,除了理想和哪吒保持较高增速,小鹏蔚来表现相对乏力。4月,小鹏销量同比下滑21%,蔚来环比下滑36%。

崔东树也提到,近期新能源市场进一步分化,比亚迪和特斯拉强势上涨,长安、广汽埃安、吉利等增速较好,上汽通用五菱、奇瑞等面临调整。

"2023年初新能源市场增速放缓,一季度的价格战对很多车企来说都是一场艰难的挑战,但从长期来看,今年的新能源汽车市场将持续增长。"哪吒汽车相关负责人说。

上汽通用五菱相关负责人表示,2023年以来,市场竞争进一步白热化。随着新能源汽车在用户群体中的接受度越来越高,新一代消费者逐渐走上消费群体主力的地位,市场对产品和企业也提出了更高的要求。

二、新能源汽车出口持续增长

面对海外潜在市场,各个车企纷纷加快布局。

哪吒汽车近期表示其正式进军马来西亚市场,旗下车型哪吒V在马来西亚上市。目前,哪吒汽车已成立欧洲事业部、泰国子公司并在泰国建立首个海外工厂,推

出了包括哪吒Ⅴ右舵版在内的3款海外产品。上汽通用五菱品牌与公关总监张益勤也表示,中国五菱新能源将加大全球化战略布局,以"三步走"战略快速推进新型能源体系走出去:第一阶段以印尼为中心,打通东南亚、中东市场,推广建立当地电动车标准;第二阶段开拓印度、埃及等市场,实现关键零部件走出去,在海外建厂供货,提高海外工厂国产化率;第三阶段进军欧洲、日韩等市场。

车企布局的底气来自新能源汽车出口市场的持续增长。根据中汽协数据,2023年4月,新能源汽车出口继续延续良好表现,新能源汽车出口10万辆,环比增长28.6%,同比增长8.4倍;1—4月,新能源汽车出口34.8万辆,同比增长1.7倍。

海关总署数据也显示,2023年第一季度,电动载人汽车、锂电池、太阳能电池三类产品合计出口2 646.9亿元,增速达66.9%,成为支撑中国外贸走向世界的新优势产业。

具体来看,上汽通用五菱4月海外销量17 259台/套,同比增长8.4%。相关负责人表示,4月底,五菱印尼与印尼政府签订了新能源投资谅解备忘录。哪吒数据显示,第一季度,哪吒Ⅴ在泰国上牌量达2 502台,约占第一季度泰国纯电动车上牌总量的17%。

乘联会秘书长崔东树表示,从自主出口的海外市场零售数据监控看,上汽等自主品牌在欧洲表现较强,比亚迪在东南亚崛起。除了传统出口车企的靓丽表现,近期新势力出口也逐步启动,海外市场也有数据开始显现。"随着中国新能源规模优势的扩大,以及服务网络的不断完善,中国制造新能源产品品牌越来越多地走出国门,在海外的认可度持续提升,新能源出口市场仍然向好,前景可期。"崔东树说。

三、乡村市场前景广阔

对于乡村市场,中汽协数据显示,2022年"下乡"车型销量达265.98万辆,同比增长87%,全年共有28家汽车企业、64款车型积极响应参加新能源汽车下乡活动。

华泰证券研报指出,2023年4月,三线及以下城市的新能源汽车渗透率为28%,低于一二线城市的37%,同时三线及以下城市具有较大的消费潜力,2023年3月其占全国乘用车销量的47%,占全国新能源乘用车销量的41%。

国务院常务会议审议通过了加快推进充电基础设施建设、更好支持新能源汽车下乡和乡村振兴的实施意见。4月19日,国家发展和改革委员会召开的新闻发布会也提到,将加快推进充电桩和城市停车设施建设,大力推动新能源汽车下乡,鼓励汽车企业开发更适宜县乡村地区使用的车型。

在市场广阔与政策支持的多重利好下,车企也在积极布局,谋求在乡村市场占据更多份额。奇瑞近期公布下乡优惠举措,旗下QQ冰激凌下乡推出1 000元/台的购车补贴优惠,并对快充设备提供优惠。比亚迪、长安、零跑等国内汽车企业也开始积极部署相关工作。

崔东树表示,新能源汽车在乡村市场具有比城市更大的普及潜力。目前,新能源汽车在大城市市场的普及率高,销量占比高,这是重要的消费增长机会,但推进新能源汽车在中小城市乡村市场发展也是必然趋势,中老年化电动车发展有着巨大的机会。

中汽协副总工程师许海东也表示,随着中国式现代化建设的推进,乡村地区居民收入稳步增长,新能源汽车逐渐成为乡村地区居民的可选消费,加上相关部委与政策的支持,乡村地区新能源汽车市场前景巨大。

"建议政府在乡村地区加强集中式快充场所建设,助力新能源汽车在乡村地区更好地得到普及。"许海东说。

案例思考题:

1. 为什么新能源汽车在我国得到了快速发展,现已形成怎样的市场特点?
2. 分析我国新能源车企未来区域市场机会。
3. 为制定有针对性的营销方案,设计针对乡村地区居民或中老年细分市场需求的调研方案。

第七章 竞争战略

引导问题

1. 如何才能向竞争者发动有效的竞争?
2. 面对竞争者的竞争,企业应该如何反击?
3. 竞争可以规避吗?
4. 竞争策略可以效仿吗?

学习目的与要求

1. 了解市场竞争者、领导者、挑战者、追随者、利基者的含义。
2. 掌握市场领导者的营销战略。
3. 掌握市场挑战者的营销战略。
4. 掌握市场追随者的营销战略。
5. 掌握市场利基者的营销战略。

竞争是市场经济的基本特性。迈克尔·波特在他的《竞争战略》一书中,根据各公司在行业中的行为,把它们分成领导者、挑战者、追随者或利基者。其中,市场领导者掌握了40%的市场份额,它拥有整个市场中的最大市场份额。另外30%的市场份额掌握在市场挑战者手中,而其正在为获得更多的市场份额而不断努力。还有20%的市场被市场追随者所掌握,它只试图维持原有的市场份额,并且不希望扰乱市场局面。剩余的10%掌握在一些市场利基者(补缺者)的手中,这些公司为大公司不感兴趣的小细分市场服务。

第一节 竞争者识别与竞争战略选择

企业在发展壮大时,仅仅了解消费者是远远不够的,还必须了解竞争者、识别竞争者并对竞争行为作出合适的应对。只有"知彼知己,百战不殆",才能在竞争中取得比较优势和竞争优势。适度的竞争,有利于企业的发展和壮大,好的角逐能催生伟大的传奇。比如,没有阿里巴巴的支付宝对腾讯的财付通不遗余力地竞争,腾讯的财付通不会如此的有生机和活力,移动支付就不会成为消费者使用的重要支付方式之一;没有空客(Airbus)与波音(Boeing)的多年激烈竞争,空中旅行不会像现在这样迅速而美好,也就没有中国商飞

(COMAC)期望未来在全球范围内共同打造出一种"ABC共存模式"了。企业应当以长远的眼光,在产品导向、技术导向和需求导向层面内去积极识别竞争者。

一、竞争者的概念

竞争者一般是指那些与本企业提供的产品或服务相类似,并且所服务的目标顾客也相似的其他企业。企业确定自身业务范围时着眼点不同,业务范围导向就不同,竞争者识别和竞争战略也随之不同。识别竞争者看起来简单,其实并不尽然。企业的现实竞争者和潜在竞争者的范围很广。一个企业很可能被潜在竞争者,而不是当前的主要竞争者吃掉。例如,给银行带来重大冲击的不是其他同行,而是移动支付;康师傅最大的对手不是统一,而是美团;中国移动的最大对手不是联通、电信,而是腾讯。通常可从产业和市场两个方面来识别企业的竞争者。

迈克尔·波特认为:分析竞争的基本单位是产业。因为产业是由一群企业以产品生产或劳务服务直接进行竞争。从产业竞争方面来看,产业竞争包含五种竞争因素:①新加入者的威胁;②替代产品或替代服务的威胁;③供应商谈判力量;④客户谈判力量;⑤与现有竞争对手竞争。如果一种产品价格上涨,就会引起另外一种替代产品的需求增加。例如,从2018年下半年开始,苹果价格就开始不断上涨,而到2019年5月份的时候已经上涨至8元/斤的高价,本以为这个价格已经到顶了,但没想到2019年7月份,价格已经上涨到了13~15元/斤,而同年柑橘类水果销量大增。企业要想在整个产业中处于有利地位,就必须全面了解本产业的"五力"竞争结构,以便确定自己的竞争者。例如,某扫描仪制造商以其他同行业的公司为竞争者,顾客需要的是"扫描功能",这种需要也可以通过复印件、手机来满足,因而生产这些产品的企业均可成为该扫描仪制造商的竞争者。从产业角度分析竞争者,可使企业开阔眼界,看清自己的现实竞争者和潜在竞争者,从而制定长期的发展规划。

专栏 7-1

管理大师迈克尔·波特

迈克尔·波特是当今全球商业第一战略权威,被誉为竞争战略之父,是现代最伟大的商业思想家之一。迈克尔·波特32岁即获哈佛商学院终身教授之职,毕业于普林斯顿大学,后获哈佛大学商学院企业经济学博士学位。曾在1983年被任命为美国总统里根的产业竞争委员会主席,开创了企业竞争战略理论,并引发了美国乃至世界的竞争力讨论。迈克尔·波特获得的崇高地位缘于他所提出的"五种竞争力量"和"三种竞争战略"的理论观点。他先后获得过大卫·威尔兹经济学奖、亚当·斯密奖,五次获麦肯锡奖。迈克尔·波特的三部经典著作《竞争战略》《竞争优势》《国家竞争优势》被称为"竞争三部曲"。

二、竞争者分析

在确定了谁是竞争者之后,企业还要进一步研究每个竞争者在市场上追求的目标和实施的战略,以及每个竞争者行为的内在动力。可以假设,所有竞争者努力追求的都是利润的最大化,并据此采取行动。但是,各个企业对短期利润或长期利润的侧重有所不同。有些企业追求的是"满意"的利润而不是"最高"的利润,只要达到既定的利润目标就满意了,即使其他战略能获得更多的利润,企业也不予考虑。

(一) 竞争者的目标

每个竞争者都有侧重点不同的目标组合,如获利能力、市场份额、现金流量、技术领先和服务领先等。企业要了解每个竞争者的重点目标是什么,这样才能对不同的竞争行为作出适当的反应。例如,一个以低成本领先为主要目标的竞争者,对其他企业在降低成本方面的技术创新的反应,要比对增加广告预算的反应强烈得多。企业还必须注意监视和分析竞争者的行为,如果发现竞争者开拓了一个新的子市场,那么,这可能是一个营销机会;或者发觉竞争者正试图打入属于自己的子市场,那么,应抢先下手,予以回击。

(二) 竞争者的战略

各企业采取的战略越相似,它们之间的竞争就越激烈。在多数行业中,根据所采取的主要战略的不同,可将竞争者划分为不同的战略群体。例如,在中国家电行业,格力、美的、海尔、奥克斯都提供高端电器产品,因此可将它们划分为同一战略群体。

企业想进入某一战略群体,必须注意以下两点:一是进入各个战略群体的难易程度不同。一般小型企业适合进入投资和声誉门槛较低的群体,因为这类群体的竞争性较弱;而实力雄厚的大型企业则可考虑进入竞争性强的群体。二是当企业决定进入某一战略群体时,首先要明确谁是主要的竞争对手,然后决定自己的竞争战略。假如某公司要进入上述公司的战略群体,就必须具有战略上的优势,否则很难吸引相同的目标顾客。

除在同一战略群体内存在激烈竞争,在不同战略群体之间也存在竞争。因为:第一,不同战略群体可能具有相同的目标顾客;第二,顾客可能分不清不同战略群体的产品差异,如分不清高档产品与中档产品;第三,属于某个战略群体的企业可能改变战略,进入另一个战略群体,如提供中档产品的企业可能转产高档产品。

(三) 竞争者的优势与劣势

企业需要估计竞争者的优势与劣势,了解竞争者执行各种既定战略的情报,以及其是否达到了预期目标。

为此,企业需要收集过去几年中关于竞争者的资料,如销售额、市场份额、利润率、投资收益、现金流量、发展战略等。但这不是一件容易的事,有时要通过间接的方式取得,如通过二手资料、别人的介绍等。企业可以对中间商和顾客进行调查,如以问卷调查形式请顾客给本企业和竞争者的产品在一些重要方面分别打分,借以了解竞争者的优势与劣势,或比较自己和竞争者在竞争地位方面的优劣。

对竞争者的优劣势分析应集中在以下五种关键的能力上。

1. 创新能力

它是指企业在掌握现代科技的基础上,利用从研究和实际经验中获得的知识或从外部引进技术,为生产新的产品、装置,建立新的工艺和系统而进行实质性改进工作的能力。对竞争者创新能力的评价有助于预测新产品面市的可能性,或使用新技术避开现有产品的可能性。这种能力的标志有技术资源,如持有的专利和版权数量;人力资源,如员工的技术和创新素质;资金能力,表现为相对全行业平均水平而言,全部可用资金及用于研发的比例。

2. 生产能力

它是指企业在一定时期为市场提供产品或服务的能力。在制造行业中,生产能力包括产能及其利用情况;而在服务行业中,指提供服务的能力。能力充裕的公司明显更有机会应对增长的需求。与此相类似,能通过吸引娴熟、主动性强的业余员工来灵活管理自身资源的服务公司,比雇用具有特定技能的固定员工的公司享有更多的灵活性。物质资源和人力资源,前者包括厂房、设备等,后者包括员工的技能和灵活性等,都可以反映生产能力。

3. 营销能力

它是指企业统筹利用内外部资源,满足目标市场需要,实现营销目标,确保企业持续发展的能力。一个拥有很强创新能力和生产能力的竞争者,可能在向顾客营销产品或服务方面相对较弱。考察竞争者的营销组合是评价其营销能力的最佳方法。此时,分析的重点是评价销售、营销、广告和分销等领域中的人员技能。竞争者对市场的了解程度和投入营销活动的资金也是重要内容。

4. 融资能力

它是指企业从自身生产经营、资金拥有和使用的实际出发,充分考虑未来企业发展需要,通过科学预测和决策,采用一定的方式,从一定的渠道向投资者和债权人筹集资金,组织资金供应,以保证企业正常生产经营需要的能力。任何企业的财务资源都是有限的。例如,在我国推进供给侧结构性改革的过程中,难融资、缺资金是制约民营企业发展的一个重要因素。可以通过考察公开财务报告,了解竞争者在流动性和现金流方面的特点。不过,在考察这种敏感数据的同时,还必须考虑竞争者在金融方面的人力资源的质量和能力。

5. 管理能力

重要管理者的品质也可以传递有关战略意图的信息。获取信息的线索包括强势管理者以前的职业生涯和活动、正在使用的薪酬制度、管理者个人拥有的自主权限,以及公司的招聘和晋升政策等。

三、竞争战略选择

竞争者的反应模式、实力等特征决定了本企业竞争战略选择。

(一) 竞争者反应模式与竞争战略选择

竞争者反应模式指本企业对竞争者的攻击战略实施之后竞争者的回应方式。竞争者常见的反应模式有以下四种。

1. 从容型竞争者

从容型竞争者指竞争者对某些特定的攻击行为没有迅速反应或强烈反应。这类竞争者"从容不迫"的原因是多种多样的。一是认为自己的顾客忠诚度高,不会转换购买。这类竞争者通常实力强大,市场份额高,品牌知名度高,市场掌控能力强。对于其他同类企业可能不放在眼里,认为小泥鳅掀不起大风浪。企业选择此类竞争者作为攻击对象,应当进行投入产出分析,测定所投入的竞争资金能否收到预期效果,能否吸引竞争者顾客转换购买。如果竞争者的顾客果真不会转换购买,则本企业的竞争战略和策略就是无效或低效的,竞争资金投入就是不值得的。二是竞争者正在对该业务进行收割榨取。竞争者或者认为该产品已经处于衰退期,没有大力发展的价值,没有必要费力地争夺市场扩大份额;或者正在进行战略转移,减少甚至放弃该业务。因此,不打算继续投入资金应对竞争,能销多少就销多少,能得多少利润就得多少利润。企业选择这类竞争者作为攻击对象,首先要分析该业务是否已经进入衰退期,如果已经进入衰退期,本企业是否有必要投入资金争夺市场扩大份额?如果竞争者是因为战略转移而不作反应,则可以成为本企业乘虚而入抢占市场的有利时机,攻击战略就易于收到显著效果。三是竞争者反应迟钝,举棋不定,对于受到攻击之后的可能效果缺乏认识,同时也缺乏作出迅速反应或强烈反应的条件,比如资金不足,等等。这类竞争者的一般实力不强,市场开拓能力不强。选择这类竞争者作为攻击对象易于取得显著效果。

2. 选择型竞争者

选择型竞争者指竞争者只对某些类型的攻击作出反应,而对其他类型的攻击无动于衷。企业如果尚不具备与竞争者正面决战的实力,就应当分析竞争者在哪些方面反应敏感,在哪些方面反应不敏感,以制定最为可行的攻击战略,避免引起竞争者强烈反应。

3. 凶狠型竞争者

凶狠型竞争者指竞争者对所有的攻击行为都作出迅速而强烈的反应。这类竞争者意在警告其他企业最好停止任何攻击。选择这类竞争者作为攻击对象必须慎之又慎,除非本企业的实力远在竞争者之上,有把握一举击溃而不畏惧它的凶猛反扑。否则,就会损失惨重或者两败俱伤。

4. 随机型竞争者

随机型竞争者指对竞争攻击的反应具有随机性,有无反应和反应强弱无法根据其以往的情况加以预测。此类竞争者大多是实力弱小的企业。本公司在具备一定实力的条件下,选择此类竞争者作为进攻对象易于取胜并实现预期效果。

(二) 竞争者的其他特征与竞争战略选择

迈克尔·波特认为:企业选择竞争战略的考察标准有二。第一项是企业所属产业。不同产业在竞争上的差异可能就很大,也不是所有的产业都能提供同样的持续获利机会,就像制药和化妆品产业的平均获利极高,但钢铁业就完全相反。第二项是企业在某一产业中的定位。一个产业不论其平均获利高或低,总有部分环节比其他环节更赚钱。企业要攻击的竞争者不外乎下列三类。

1. 强竞争者与弱竞争者

攻击弱竞争者在提高市场占有率的每个百分点方面所耗费的资金和时间较少,但能力提高和利润增加也较少。在自身实力强大的条件下,攻击强竞争者可以提高自己的生产、管理和促销能力,更大幅度地扩大市场占有率和利润水平。

2. 近竞争者和远竞争者

多数企业重视同近竞争者对抗并力图摧毁对方,但是竞争胜利可能招来更难对付的竞争者。

3. 良性竞争者与恶性竞争者

良性竞争者的特点是:遵守行业规则;对行业增长潜力提出切合实际的设想;按照成本合理定价;喜爱健全的行业,把自己限制在行业的某一部分或某一细分市场中;推动他人降低成本,提高差异化;接受为他们的市场份额和利润规定的大致界限。恶性竞争者的特点是:违反行业规则;企图靠花钱而不是靠努力去扩大市场份额;敢于冒大风险;生产能力过剩仍然继续投资。总之,他们打破了行业平衡。企业应支持良性竞争者,攻击恶性竞争者。更重要的是,竞争者的存在会给企业带来一些战略利益,如增加总需求,导致产品更多的差别,为效率较低的生产者提供了成本保护伞,分摊市场开发成本,服务于吸引力不大的细分市场,减少了违背反垄断法的风险等。

第二节 基本竞争战略

制定竞争战略的实质就是将一个企业与其所处环境建立联系。环境中的关键部分主要由企业所在的相关行业、行业结构及行业竞争状态构成。迈克尔·波特的五种力量模型认为,行业内部的竞争状态取决于如下五种基本的竞争势力:供应商讨价还价的能力、消费者讨价还价的能力、潜在进入者的威胁、替代品的威胁以及现有厂商之间的竞争。波特进一步提出,有三种基本竞争战略可以使企业成为行业中的佼佼者,即成本领先战略、差异化战略和目标集聚战略(如图7-1所示)。

图7-1 基本竞争战略

一、成本领先战略

成本领先战略主要依靠追求规模经济、专有技术和优惠的原材料等因素,以低于竞争对手或低于行业平均水平的成本提供产品和服务,来获得较高的利润和较大的市场份额。成本领先战略要求企业建立达到有效规模的生产设施,在经验基础上全力以赴降低成本,抓紧成本与管理费用的控制,最大限度地减少研发、服务、推销、广告等方面的成本费用。尽管质量、服务以及其他方面也不容忽视,但贯穿这一战略的主题是使企业的成本低于竞争对手。

(一)成本领先战略的优势、潜在风险及适用范围

1. 成本领先战略的优势

即便处于竞争激烈的市场环境中,处于低成本地位的企业仍可获得高于行业平均水平的收益。成本优势可以使企业在与竞争对手的争斗中受到保护,低成本意味着当别的

企业在竞争过程中已失去利润时,这个企业仍然可以获取利润。低成本地位有利于企业在强大的买方压力中保护自己,考虑到需要有多种选择及降低购买风险的要求,购买方最多只能将价格压到效率居于其次的竞争对手的水平。低成本也有利于企业抵御来自供应商的威胁,它使企业应对供应商产品涨价时具有较高的灵活性。导致低成本地位的各种因素通常也以规模经济或成本优势的形式产生进入障碍,提高了进入壁垒,削弱了新进入者的竞争力。低成本企业可以采取降低价格的办法保持、维护现有消费者,提高消费者使用替代品的转换成本,降低替代品对企业的冲击,为企业赢得反应时间。因此,成本领先战略可以使企业在面临五种竞争势力的威胁时处于相对主动的地位,有效地保护企业。

2. 成本领先战略的潜在风险

实施成本领先战略时,为了占据较高的市场份额,通常会产生高昂的购买先进设备的前期投资和初始亏损。一旦出现具有破坏性的变革技术并在生产中得以应用,企业成本方面的高效率优势就不复存在,前期高额投资的收益率急剧下降,同时给竞争对手造成以更低成本进入市场的机会。因此,采用成本领先战略的企业必须对这种潜在风险加以注意,加强对企业外部环境,尤其是技术环境方面的认识和了解,降低因技术发展而产生的投资风险。

此外,有些低成本企业将注意力过多地放在成本上,忽视了客户需求的变化,在产品技术开发方面投入不足,难以生产出符合消费需求的产品,无法使顾客满意,这对企业发展非常不利。如果低成本企业的产品被认为与其对手不能相比或不被顾客接受,那么低成本企业为了增加销售量而被迫削价以至于采用远低于竞争者的价格,将抵消其理想的成本地位所带来的收益,甚至会导致企业在激烈的市场竞争中被淘汰出局。

3. 成本领先战略的适用范围

成本领先战略有一定的适用范围,当产品的市场需求具有较高的价格弹性,产生差异化的途径很少,价格构成市场竞争的主要因素,而且购买转换成本较低时,企业可以考虑这一战略。

(二)成本领先战略的实现途径

1. 实现规模经济

规模经济是指通过扩大生产规模而引起经济效益提升的现象。根据经济学原理,在超过一定规模之前,产量越大,单位平均成本越低。因而,实现成本领先,通常应选择那些同质化程度高、技术成熟、标准化的产品进行规模化生产。

2. 做好供应商营销

所谓供应商营销,就是与上游供应商如提供原材料、能源、零配件等物品的厂家建立起良好的协作关系,以便获得低廉、稳定的上游资源,并在一定程度上影响和控制供应商,对竞争者建立起资源性壁垒。企业在获取供应成本优势的同时应与供应商建立互动互利、平等的长期战略合作伙伴关系。

3. 塑造企业成本文化

一般来说,追求成本领先的企业应着力塑造注重细节、精打细算、讲究节俭、严格管理、以成本为中心的企业文化。企业在关注外部成本的同时,也要重视内部成本,不仅应把握好战略性成本,也要控制好生产成本,同时要兼顾短期成本与长期成本。

4. 生产技术创新

降低成本最有效的办法是生产技术创新。一场技术革新和革命会大幅降低成本,生产组织效率的提高也会带来成本的降低。例如,福特汽车公司通过流水线生产方式大幅度降低了汽车生产成本,让汽车进入了千家万户。

专栏 7-2

微信助力企业开源节流

2019 年新年伊始,企业微信推出"定制红包封面",打响了 2019 年腾讯全面 TOB"第一枪"。马化腾提出,腾讯必须成为连接人与人、连接人与应用、连接人与设备的"连接器"。而企业微信则是这个连接器的核心部件。移动互联网时代已经彻底改变了用户与企业间的联系方式。在企业与 C 端客户之间,企业微信通过与个人微信的打通,让客户能够以个人微信的方式,建立起与企业业务人员、服务人员间亲切而又私密的联系,进一步提升销售。同时,通过提供开放的 API 接口,企业微信能够让员工以便捷、无缝的方式,实现与包括 ERP、财务等各种应用的连接,使得业务流程高度简化。通过这些 API 接口,企业人员也实现了随时随地对生产设备的连接和掌控。企业内部就此形成了集成化、一体化、移动化的生产、管理、业务解决方案,大大提升效率、降低成本,通过与微信生态的互通,企业微信真正帮助企业做到了"开源节流"。

二、差异化战略

差异化战略是指企业就消费者广泛重视的某些方面在行业内独树一帜,使企业产品、服务或形象与众不同,以一种独特的定位满足客户的需求。企业往往因其产品独特性而获得溢价报酬。实现差异化可以有许多方式,如产品特色、性能质量、产品风格、可维修性、产品设计、品牌形象。理想的情况是企业在产品、服务、人员、营销渠道和形象等几个方面都实现差异化,以便享有品牌溢价能力带来的厚利。应当强调的是,差异化战略并不意味着企业可以忽略成本,只是此时成本不是企业的首要战略目标。

(一)差异化战略的优势及潜在风险

1. 差异化战略的优势

差异化战略利用顾客对产品特色的偏爱和忠诚,降低了产品价格的敏感性,从而使企业可以避开价格竞争,在相关领域获得持续经营优势,使利润增加却不必追求低成本。顾客的偏爱和忠诚构成了较高的进入壁垒,竞争对手要战胜这种"独特性"需付出很大的代价。产品差异给企业带来了较高的边际收益,企业可以用来应对供方威胁。顾客缺乏选择余地使其价格敏感度下降;差异化也缓解了来自买方的压力。因采取差异化战略而赢得顾客忠诚的企业,在面对替代品威胁时,其所处地位比其他竞争对手更为有利。

2. 差异化战略的潜在风险

实现产品差异有时会与争取占领更大的市场份额相矛盾,它往往要求企业对于这一战略的排他性有思想准备,即这一战略通常与提高市场份额不可兼顾。较为普遍的情况是，企业实现产品差异化意味着以高成本为代价，如广泛的研究、高质量的材料和周到的顾客服务。因此，实行差异化战略的企业的产品价格一般高于行业平均价格水平。但是，并非所有顾客都愿意或有能力支付企业因其独特性所要求的较高价格，从而导致目标市场较为狭窄，无形中扩展了竞争对手的市场空间和价格优势。这是企业采取差异化战略时需要特别注意的问题。

此外，如果企业的差异化并不是建立在独具特色的营销资产之上的，就极有可能被竞争者模仿。要把这一风险降到最低限度，只有将差异化建立在企业特有的技术或者营销资产的基础之上，使竞争者无法模仿。风险还有可能源自公司的某个差异化因素对消费者而言变得不重要了，或者市场上出现了消费者更加推崇的差异化因素，以及形成差异化的成本可能超过它所带来的价值。

（二）差异化战略的实现途径

1. 产品差异化

产品差异化主要体现在以下几方面：

（1）**形式**。考虑到人们的审美及实际需要，许多产品在形式上是有差异的，包括产品的尺寸、形状或者结构。实践表明，人们偏爱流线型外观包装的饮料，而旅行者更喜欢携带小瓶装矿泉水。

（2）**性能质量**。大多数产品处于以下四种性能水平之中：低、平均、高和超级。性能质量是指产品主要特点在运用中的水平。研究发现，在产品质量和投资回报之间存在很高的正相关性。

（3）**耐用性**。耐用性是衡量一个产品在自然或重压条件下的预期使用寿命的指标。消费者一般愿意为产品的耐用性支付溢价。不过，技术更新较快的产品不在此列。

（4）**设计**。在快速变化的市场中，仅有价格和技术是不够的。设计能成为企业竞争的突破口。设计是从顾客要求出发，影响一个产品外观和性能的全部特征的组合。随着竞争日趋激烈，设计将能提供一种最有效的方法使公司的产品和服务差异化。

事实上，企业在选择产品差异化的时候往往并不拘泥于一种形式，而是根据产品特征和消费者市场需求等因素综合运用。

2. 服务差异化

当产品差异化已不明显时，企业可以通过服务差异化来增加产品价值。

（1）**物流**，指如何将产品和服务送达顾客手中。无论是线上还是线下服务，物流的准时性、速度和对产品的保护程度等都是顾客所关注的因素。

（2）**客户咨询**，指卖方向买方无偿或有偿地提供有关资料、信息和建议等服务。

（3）**维修保养**，指建立服务计划以帮助购买企业产品的顾客正常运作。许多软件公司设立的客户在线支持系统就是很好的例子。

（4）**其他服务**。企业还可以选择其他途径为顾客提供各种服务以增加价值，例如客户培训、产品更新担保。

3. 人员差异化

雇佣及培训优秀的员工可使企业获得明显的竞争优势。优秀的员工具备以下几个特征。

（1）**礼貌**。员工对顾客态度友善，充满敬意并细心周到。

(2) **诚实可靠**。员工能自始至终提供准确、可靠的服务并值得信任。

(3) **沟通能力强,反应迅速**。员工能够很好地理解顾客,并对顾客的要求和问题做出迅速反应。

4. 营销渠道差异化

企业可以通过营销渠道的差异化来提高其竞争力。在营销渠道差异化的过程中尤其要注意渠道的覆盖面、专业化和绩效。

5. 形象差异化

消费者往往因为企业或品牌形象的不同而做出不同的购买决策,形象能形成不同的"个性",便于消费者识别。例如,企业可以借助便于识别的各种标志或各种公关活动来塑造企业个性和形象。

三、目标集聚战略

目标集聚战略(又称聚焦战略)是指企业在详细分析外部环境和内部条件的基础上,针对某个特定的顾客群、产业内一种或一组细分市场开展生产经营活动,充分发挥企业资源效力,为这个市场的消费者提供量体裁衣式的服务,赢得竞争优势。目标集聚战略有两种形式:一种是企业寻求目标市场上的成本领先优势,称为成本集聚战略;另一种是企业寻求目标市场上的差异化优势,称为差异化集聚战略。

(一) 目标集聚战略的优势

实施目标集聚战略,企业能够划分并控制一定的产品势力范围。在此范围内其他竞争者不易与其竞争,因此市场份额比较稳定。通过目标市场的战略优化,企业围绕一个特定的目标进行密集性的生产经营活动,可以更好地了解不断变化的市场需求,能够比竞争对手提供更为有效的产品和服务,提供更高的顾客价值和更好的顾客满意,从而获得那些以更广泛市场为经营目标的企业所不具备的竞争优势。尽管从整个市场的角度看,目标集聚战略未必能使企业取得低成本和差异优势,但它的确能使企业在其细分的目标市场中获得一种或两种优势地位。这一战略尤其有利于中小企业利用较小的市场空隙谋求生存和发展,以小博大,在小市场做成大生意。

(二) 目标集聚战略的潜在风险

企业在实施目标集聚战略时,常常需要放弃规模较大的目标市场,否则竞争对手可以从企业目标市场中划分出更细的市场,并以此为目标市场来实施目标集聚战略,使企业在该市场的竞争优势丧失殆尽。倘若企业所集聚的细分市场非常具有吸引力,以致多数竞争对手蜂拥而入瓜分这一市场的利润,则会使企业付出很高的代价,甚至导致企业目标集聚战略的失败。细分市场之间差异性的减弱,会降低该目标市场的进入壁垒,从而削弱实施目标集聚战略企业的竞争优势,使之不得不面对更为激烈的竞争。

需要指出,成本领先与差异化两种战略并非相互排斥,而是可以同时运用的。实践表明,差异化特别是高质量产品,往往能通过高市场份额及伴随而来的规模经济或经验效应获得较低的单位成本。成本领先战略在高度差异化的市场中无疑是一种高风险战略,差异化战略能够说明顾客为什么需要购买某种产品,而成本领先战略却不能,但在特殊的细分市场中目标集聚战略能够取得更低的生产成本,或者拥有价值更高的独特性,因此,在高度细分的市场中,运用上述两种战略都可能面临较高的风险。三种基本竞争战略都是可供选择的、抗衡竞争作用力的可行方案。这些方案的选取必须基于行业特点、企业的能力、限制条件及竞争状况。成功地贯彻每一类基本战略意味着投入不同的资源、力量、组织安排以及管理风格,只有选择适合本企业的最佳战略才能成功。

第三节 市场领导者战略

市场领导者是指占有最大的市场份额,在价格变化、新产品开发、分销渠道建设和促销战略等方面对本行业其他公司起着领导作用的公司。在国内外市场上有一些较著名的市场领导者,如电脑软件市场的微软、快餐市场的麦当劳、手机市场的华为、空调市场的格力、电冰箱市场的海尔、微波炉市场的格兰仕。

市场领导者必须随时保持警惕其他企业的不断挑战或攻击其弱点。市场领导者战略的核心是保持其领导地位,要继续保持第一位的优势,必须从三方面努力:扩大市场需求总量;保持现有的市场份额;进一步扩大现有的市场份额。

一、扩大市场需求总量

一般来说,市场领导者应采用市场渗透战略和市场发展战略来寻找产品的新使用者、新用途以及更多的使用量。

所谓市场渗透战略是指采取积极的营销措施,在现有的市场中增加现有产品的销量。例如,可设法更好地吸引产品的使用者,使现在的使用者使用更多的产品。市场发展战略是指把现有产品推到新的市场,从而使该产品市场容量扩大,这一战略又可细分为地理扩张战略(即把产品推广到其他地区和国家)和新市场战略(即发现和推广现有产品的新用途,从而达到扩大销售量的目的)。

(一) 发现新用户

市场领导者占有的市场份额最大,在市场总需求扩大时受益也最多。扩大总需求的途径是寻找产品的新用户、开发产品的新用途和增加顾客使用量。

(1) **转变未使用者**:转变未使用者即说服那些尚未使用本行业产品的人开始使用,把潜在顾客转变为现实顾客。例如,航空公司通过比较广告,说明空运比陆地运输(铁路、公路和水路)有优势,争取潜在乘坐飞机旅行的消费者成为自己的顾客。

(2) **进入新的细分市场**:新的细分市场是指将原来适用于某一类顾客群体的产品推向新的顾客群体。

(3) **地理扩展**:地理扩展是指寻找尚未使用本产品的地区,开发新的地理市场。例如,由本地市场转向外地市场,城市市场转向农村市场,国内市场转向国际市场。销售区域的变化,可使企业摆脱原来的竞争者,在与新对手的较量中或许能够改变力量对比。应注意,如果销售区域的变化导致分销费用增大,就必须从其他方面降低成本,否则,价格提高会影响竞争力。

(二) 开辟新用途

开辟新用途是指设法找出产品的新用法和新用途以增加销售。例如,食品生产者常常在包装上印制多种食用或烹制方法,有冷食、热食、浸泡、炸炒、干食等。产品的许多新用途往往是顾客在使用中发现的,企业应及时了解和推广这些发现。杜邦公司的尼龙提供了一个新用途扩大市场的典型案例。每当尼龙变成一个成熟阶段的产品时,某些新用途又被发现了。尼龙最初作为降落伞的合成纤维;后作为妇女丝袜的纤维;再后,它作为男女衬衣的主要原料;最后,又用于制作汽车轮胎、沙发椅套和地毯。美国的小苏打制造厂阿哈默公司发现有些顾客把小苏打当作冰箱除臭剂使用,就开展了大规模的广告活动宣传这种用途,使得美国1/2的家庭把装有小苏打的开口盒子放进了冰箱。

企业应注意消费者对产品的使用方式,此种做法对于工业产品和消费产品同样都适用。大量调查研究表明,大多数新工业产品的最初构思都来自顾客的建议,而不是企业的研究开发实验室。这一研究结果十分重要,它指出了营销调研能对公司的成长和利润作出贡献。

(三)扩大使用量

(1) **提高使用频率**:企业应设法使顾客更频繁地使用产品。例如,洗发水广告说服消费者天天洗发、形象更好。

(2) **增加每次使用量**:例如,有的调味品制造商将调味品瓶盖上的小孔改成大孔,使消费者每次使用时都不由自主地"倒"多了,销售量就明显增加。

(3) **增加使用场合和机会**:电视机生产企业可以宣传在卧室和客厅等不同房间分别摆放电视机的好处,如观看方便、避免家庭成员选择频道的冲突等,宣传这是美好生活的需要,是生活水平提高的表现而不是奢侈或浪费,打破原先只买一台的习惯和"节俭"思想,使有条件的家庭乐于购买两台以上的电视机。

(4) **有计划废弃**:有计划废弃是指公司在顾客购买产品后追踪其使用情况,在产品毁损或使用期限到期时提醒和促进顾客及时废弃和重购。

二、保持市场份额

在努力扩大总市场规模的同时,处于领导地位的企业还必须时刻注意保卫自己的现有业务不受竞争对手侵犯。这就更需要采取保持现有市场份额的战略,常用的战略有:

(一)阵地防御

围绕企业目前的主要产品和业务建立牢固的防线,根据竞争者在产品、价格、渠道和促销方面可能采取的挑战性进攻战略而制定自己的防御性营销战略,并在挑战者发起进攻时坚守原有的产品和业务阵地。它是防御战略的基本形式,是静态的防御,在许多情况下是有效的、必要的,但单纯依赖这种防御则是一种"营销近视症"。当年亨利·福特固守T型车的阵地就惨遭失败,使得年盈利10亿美元的公司险些破产。今天的可口可乐,尽管生产着全世界近一半的软饮料,它还积极地进入酒类市场,还兼并了水果饮料公司并进入脱盐设备和塑料业以使经营多元化。受到进攻的市场领导者把它们的全部资源用于建立保卫现有产品堡垒的做法是愚蠢的。

(二)侧翼防御

侧翼防御是指企业在自己主阵地的侧翼建立辅助阵地以保卫自己的周边和前沿,并在必要时作为反攻基地。例如,微信创立以来,就不断地在侧翼进行防御,相继推出小程序、公众号、朋友圈、摇一摇、钱包、视频号。

(三) 先发防御

这是一种先发制人的防御,是一种积极的防御,即在竞争者尚未构成严重威胁或采取进攻之前,先主动攻击它。它主张防御胜于治疗,事半功倍。具体做法是,当竞争者的市场占有率达到某一危险高度时,就向它主动发起攻击,或对市场上的所有竞争者全面攻击。如最初,支付宝的诞生是为了解决互联网支付的安全问题。后来,支付宝开通生活缴费场景的应用,如缴水电费、停车费等。再到推广"境外支付"和聚焦推广"交通出行",鼓励使用支付宝乘坐公交车、地铁等公共交通工具等。

(四) 反击防御

当市场领导者遇到竞争对手发动降价、促销进攻,或改进产品、占领市场阵地等进攻后而采取的反击措施。反击战略主要有:一是正面反击,采取与竞争对手相同的降价促销等措施,正面迎击,以牙还牙;二是侧翼反击,选择对手的薄弱环节下手,进行反击;三是钳形反击,同时实施正面和侧翼攻击;四是退却反击,以退为进,在竞争者发动进攻时我方先从市场退却,避免正面交锋的损失,待对手放松进攻或麻痹大意时再发动进攻、收复市场,以较小的代价取得较大的战果;五是围魏救赵,在对手攻击我方主要市场区域时,我方去进攻其主要市场区域,迫使其撤销进攻以保卫自己的大本营。

(五) 运动防御

运动防御又称机动防御。这种战略的目的是不仅要防御目前的阵地,而且要扩展到新的市场阵地,作为未来防御和进攻的中心。市场扩展主要不是过多地依赖正常的品牌扩展,而是通过两条战线上的创新活动进行,即市场扩大化和市场多样化。市场扩大化就是企业将其注意力从目前的产品转到有关该产品的基本需要上,并且研究与开发有关该项需要相关联的整套技术。如把"石油"公司变成"能源"公司,就意味着市场范围扩大了,不限于一种能源——石油,而是要覆盖整个能源市场。市场多元化是向无关的其他市场扩展,实行多元化经营战略。

(六) 收缩防御

在所有市场阵地上进行全面防御时会得不偿失,在这种情况下,最好实行战略收缩,放弃某些疲软的市场阵地,把力量集中用到主要的市场阵地上去。如茅台从2017年进行战略性收缩。先后砍掉200多个品牌、近2000多个产品,以及400多家授权经销商。将兵力聚焦到,打造核心主干品牌和核心品项上来,强化稳固了"中国高端白酒第一品牌"的心智地位。

三、进一步扩大现有市场份额

(一) 扩大市场份额与投资收益率

营销战略对利润影响的研究指出了盈利率与市场份额的某种相关性。因此市场领导者可以通过进一步增加市场份额而成长。

市场领导者如何提高市场占有率,一般可采取以下几项战略措施。

1. 增加新产品

研制新产品和出售新产品是提高市场占有率广泛使用的重要手段。根据市场战略对收益影响的有关调查资料显示:新产品在销售额中所占比例比竞争对手高或该比例有所增加时,其市场占有率就增加;无论对已经形成或开始形成的产品市场,革新产品是广泛使用的战略。电子计算机与半导体工厂总是不断地更新产品，不仅对性能也对体积及功能不断改良。加工食品、日常生活用品、家庭用品的工厂也定期创新，改革成分、香味、大小、包装以便吸引消费者。

2. 提高产品质量

开发新产品扩大市场占有率的战略渐渐扩大到对原有产品或劳务的改良方面。有些企业是经过一段缓慢过程对原有产品逐步改良的。例如，节省燃料的汽车是经过长期逐步改良成功的。家用电器的小型化、使用机械的简单化都曾经过一个改良的过程，提高产品质量是扩大市场占有率的有力手段。

靠提高质量扩大市场占有率并不意味着产品档次的提高。美国一家汽车公司出售一种豪华车后，其市场占有率并未扩大。因为质量与美观一样毕竟是相对的。大部分市场一般销售量最大的是中档商品。制造质量比其他企业产品好的中档商品出售是最重要的。美国一家制造圆珠笔企业生产一种19美分一支的圆珠笔，而且质量比其他工厂产品好，销售十分成功。后来制造一种5美元一支的高级圆珠笔就没有取得成功。

3. 增加开拓市场费用

扩大市场占有率战略的第三个因素是市场费用，即市场营销人员费用、广告费用、促销费用。与市场占有率增减关系最密切的是市场营销人员费用。消费资料和生产资料企业的促销费用是扩大市场占有率的关键。但在经营原材料企业，促销费用的作用就不太明显。至于广告费用，对消费资料企业扩大市场占有率可以作出很大贡献。在生产资料和原材料企业，广告费用在市场费用中所占比例不大，只是竞争的一种手段而已。

促销活动的方式很多，所以使用促销费用的方法也多种多样。以经营消费资料企业为例，一般采用临时降价、赠送样品、商品展销等，尤其在开始出售新产品期间。近年来耐用消费品企业常用现金折扣，生产资料企业常用赠送样品目录、对销售企业给予佣金、暂时降价等方法。

调查结果已导致许多公司把扩大市场份额作为其行动的目标，因为这既可以产生更多的利润金额，也可以得到更高的盈利率（投资报酬率）。例如，通用电气公司决定，它要求在其每一个市场中应成为第一位或第二位，否则就退出。通用电气公司摆脱掉了它的计算机业务和空调业务，因为它不能在这些行业中取得领导地位。

（二）扩大市场份额需考虑的因素

企业分析家已经举出了许多高市场份额低盈利率的公司和许多低市场份额高盈利率的公司例子。获取高市场份额的费用可能会大大超过它的收入价值，在追求市场份额增加之前，公司必须考虑三个因素。

（1）**反垄断法**：为了保护自由竞争，防止出现市场垄断，许多国家出台了反垄断法。如，2020年12月24日，市场监管总局根据举报，依法对阿里巴巴实施"二选一"等涉嫌垄断行为展开了立案调查。2021年4月10日市场监管总局认定阿里巴巴构成《中华人民共和国反垄断法》规定的滥用市场支配地位行为，依法对其作出了行政处罚并处以182.28亿元的罚款。紧接着，2021年4月，市场监管总局依据《中华人民共和国反垄断法》对美团在中国境内网络餐饮外卖平台服务市场滥用市场支配地位行为立案调查。2021年10月8日，市场监管总局根据《中华人民共和国反垄断法》依法作出行政处罚决定，责令美团停止违法行为,全额退还独家合作保证金 12.89 亿元,并处以其 2020 年中国境内销售额 1 147.48 亿元 3% 的罚款,计 34.42 亿元。同时,向美团发出《行政指导书》,要求其围绕完善平台佣金收费机制和算法规则、维护平台内中小餐饮商家合法利益、加强外卖骑手合法权益保护等进行全面整改,并连续三年向市场监管总局提交自查合规报告。

(2) **经济成本**:在获得了一个大市场份额后进一步再扩大市场份额,其费用就可能上升得很快而减少了获利率。已经拥有 40% 市场的公司必须明白:"坚持不买"的顾客可能是他们不喜欢本公司,或者忠诚于其他的供应商,或者有特殊的需要,或者喜欢同较小的供应商打交道。再者,竞争者很可能为保卫其下降着的市场份额而正在做着顽强的战斗。法律工作、公共关系和游说费用将随着市场份额的上升而上升。因此,领导者往往宁可集中力量于扩大总市场的规模,而不愿为进一步扩大市场份额而奋斗。有些市场领导者甚至有选择地减少在薄弱地区的市场份额以使主要市场得益。

(3) **可能奉行了错误的营销组合战略**:公司在争取较高的市场份额时,未能增加它们的利润。某些营销组合变量在建立市场份额上是较有效的,但是运用它们并不一定能导致利润增长。

专栏 7-3

行业领导者的风格

风格一:自杀式领导风格

引发行业危机的行业领导者大都是这一风格的代表。如长虹、格兰仕,不断地发动"价格战",杀敌一千,自损八百。

风格二:理智型领导风格

在成为行业领导者之后,将自己定位为行业秩序的维护者,以企业综合能力的建设巩固其领导地位,奉行"我做狮子,允许其他动物存在"的生存哲学,不主动挑起损害整个行业利益的恶性竞争。这一风格的代表比较多,有美的、联想等。

风格三:恃强凌弱型领导风格

这种风格集中在通过占据资源垄断优势而成为行业领导者的群体中。它们惧怕竞争,通过其强大的背景力量打压竞争对手。比如,通信行业的领导企业。

风格四:不知自己是谁型领导风格

这种领导风格体现在对自己的认知不清,成为领导者之后,认为自己是"万能的",不顾及企业自身的实际能力,妄自尊大,最后归于乌有。代表企业是爱多,在 VCD 行业成为领导者之后,迅速进入其他行业,导致企业经营重心分散,能力不足,最后破产。

风格五:协同竞争型领导风格

麦当劳、肯德基是这种领导风格的代表,他们一方面竞争,另一方面又有默契,不通过自杀式策略来进攻市场。这在垄断竞争型的行业中容易实现。即行业中存在为数极少的企业,他们各自占有相对稳定的市场份额,不希求通过打死对方来成就自己。

> **风格六：以创新推动行业进步型领导风格**
>
> 宝洁公司以不断创新产品，通过自我否定来拉开与竞争者的差距，同时，通过持续不断地进行消费者研究，发现创新的方向，引导行业较平稳地发展。
>
> **风格七：清理门户型领导者**
>
> 在中国市场上，形形色色的竞争者都存在，它们采取极端恶劣的手段，以牺牲消费者利益为生存法则，行业领导者则不允许他们的存在。比如，以华帝为代表的燃气灶与燃气热水器行业的领导者，通过制定行业的技术标准与市场准入标准，并通过国家行业协会颁布，从而打击非法生产者，净化行业生态环境。

第四节　市场挑战者战略

市场挑战者是指在行业中居第二位及以后位次，有能力对市场领导者和其他竞争者采取攻击行动，希望夺取市场领导者地位的公司。如基础设施即服务（IaaS）行业的微软、阿里巴巴，空调行业的美的。

一、确定战略目标与选择竞争对手

（一）确定战略目标

军事上的"目标原则"主张，每次军事行动必须指向一个明确规定的、决定性的和可以达到的目标。大多数市场挑战者的战略目标是增加自己的市场份额和利润，减少对手的市场份额。

（二）选择竞争对手

1. 攻击市场领导者

这种进攻方式风险很大，吸引力也很大。如果市场领导者不是一个"真正的领导者"，并且没有为市场服务好，那么攻击它就会产生非常大的意义。在这里，需要仔细检查的"领域"是指消费者的需要或不满。如果有一个实际区域无服务或服务得不好，它就提供了一个大的战略目标。例如，米勒公司在啤酒市场发动的战役非常成功，因为它一开始就指向了未被发现的有许多消费者的市场，即发现有许多消费者需要"较淡"的啤酒。可供选择的另一个战略是在整个细分市场中，在创新上胜过领导者。例如，施乐公司通过开发出一个较好的复印方法（用干印代替湿印），从而从3M公司那里夺走了复印机市场。

2. 攻击与自己实力相当者

需要仔细调查消费者的满足程度和创新潜力，如果发现其他公司的资源有限，可以考虑开展一个正面进攻。

3. 攻击规模较小的企业

这种情况在我国比较普遍，当年许多实力雄厚的跨国企业进入中国市场，就选择攻击资金不足、规模较小的企业。

（三）分析竞争对手

在选择对手和目标的评论上，需要作一个系统的竞争分析。每一个企业都必须收集关于竞争者的最新信息，它的竞争信息和分析系统必须能回答下列问题：

(1) 我们的竞争者是谁？

(2) 竞争者的销售额、市场份额和财务状况如何？

(3) 竞争者的目的和设想是什么？

(4) 竞争者的战略是什么？

(5) 竞争者的实力和弱点是什么？

(6) 竞争者在对环境的、竞争的和内部发展的反应作出未来战略时，可能会有什么变化？

二、选择挑战战略

选择挑战战略应遵循"密集原则"，即把优势兵力集中在关键的时机和地点，以取得决定性的胜利。

（一）正面进攻

正面进攻是指向对手的强项而不是弱项发起进攻。例如，以更好的产品、更低的价格、更大规模的广告攻击对手的拳头产品。决定正面进攻胜负的是"实力原则"，即享有较大资源（人力、财力和物力）的一方能取得胜利。当进攻者比对手拥有更大的实力和持久力时才能采取这种战略。降低价格是一种有效的正面进攻战略，如果让顾客相信进攻者的产品与竞争对手的产品相同但价格更低，这种进攻就会取得成功。要使降价竞争得以持久并且不损伤自己的元气，必须大量投资于降低生产成本的研究。如果防守者具有某些防守优势，例如在某市场上有较高的声誉、广泛的销售网络、牢固的客户关系等，则实力原则不一定奏效，资源上略占优势的一方不一定取得胜利。军事上的进攻原则认为，当对方占有防守优势（如高地或防御工事）时，进攻者必须具有绝对的优势才有把握取得胜利。

（二）侧翼进攻

侧翼进攻是指寻找和攻击对手的弱点。寻找对手弱点的主要方法是分析对手在各类产品和各个细分市场上的实力和绩效，把对手实力薄弱或绩效不佳或尚未覆盖而又有潜力的产品和市场作为攻击点和突破口。侧翼进攻的方法具体包括：

(1) 分析地理市场：选择对手忽略或绩效较差的产品和区域加以攻击。例如，一些大公司易于忽略中小城市和乡村，进攻者可在那里发展业务。

(2) 分析其余各类细分市场：按照收入水平、年龄、性别、购买动机、产品用途和使用率等因素辨认细分市场并认真研究，选择对手尚未重视或尚未覆盖的细分市场作为攻占的目标。侧翼进攻使各公司的业务更加完整地覆盖了各细分市场，进攻者较易收到成效，并且避免了攻守双方为争夺同一市场而造成的两败俱伤的局面。侧翼进攻的营销目的就是发现需要并为之提供服务，成功概率高于正面进攻，特别适用于资源较少的攻击者。

（三）包抄进攻

包抄进攻是指在多个领域同时发动进攻以夺取对手的市场。例如，向市场提供竞争对手所能提供的一切产品和服务，并且更加质优价廉，配合大规模促销。其适用条件是：

(1) 通过市场细分未能发现对手忽视或尚未覆盖的细分市场，补缺空档不存在，无法

采用侧翼进攻;

(2) 与对手相比拥有绝对的资源优势,制定了周密可行的作战方案,相信包抄进攻能够摧毁对手的防线和抵抗意志。

(四) 迂回进攻

迂回进攻是指避开对手的现有业务领域和现有市场,进攻对手尚未涉足的业务领域和市场,以壮大自己的实力。这是最间接的进攻战略,主要有三种方法:①多元化地经营与竞争对手现有业务无关联的产品;②用现有产品进入新的地区市场;③用竞争对手尚未涉足的高新技术制造的产品取代现有产品。

在高新技术领域实现技术飞跃是最有效的迂回进攻战略,可以避免单纯地模仿竞争者的产品和正面进攻造成的重大损失。公司应致力于开发新一代的技术,时机成熟后就向竞争对手发动进攻,把战场转移到自己已经占据优势的领域中去。

(五) 游击进攻

游击进攻是指向对手的有关领域发动小规模的、断断续续的进攻,逐渐削弱对手,使自己最终夺取永久性的市场领域。游击进攻适用于小公司打击大公司。主要方法是在某一局部市场上有选择地降价、开展短促的密集促销、向对方采取相应的法律行动等。游击进攻能够有效地骚扰对手、消耗对手、牵制对手、误导对手、瓦解对手的士气、打乱对手的战略部署而己方不冒太大的风险。适用条件是对方的损耗将大于己方。采取游击进攻必须在开展少数几次主要进攻还是一连串小型进攻之间作出决策,通常认为,一连串的小型进攻能够形成累积性的冲击,效果更好。

三、适用于市场挑战者的几种特定的营销战略

上述的进攻战略是非常概括的,挑战者必须把几个特定战略组成一个总体战略,应用于市场营销活动中。

(1) **价格折扣战略**。挑战者可以用较低的价格提供与领导者品质相当的产品。当然,欲使价格折扣战略奏效,则必须符合下列三个条件:①挑战者必须使消费者相信该企业的产品与服务可以与市场领导者相媲美;②消费者对于价格差异必须具有敏感性,并且乐于转换供应商;③无论竞争者如何攻击,市场领导者决不降价。

(2) **廉价品战略**。廉价品战略即提供中等或者质量稍低但价格较低的产品。这种战略适用于有足够数量、只对价格感兴趣的消费者的细分市场。这种战略只能是过渡性的,因为产品质量不高,这一战略造成的市场营销优势是不能持久的,企业必须逐渐提高产品质量,才可能在长时间内向领导者挑战。

(3) **名牌产品战略**。名牌产品战略即努力创造一种名优产品,虽然价格较高,却更有可能抢占领导者同类产品的一部分市场。

(4) **产品扩散战略**。产品扩散战略即挑战者紧随领导者,创造出不同种类的新产品,这是产品创新战略的变相形式。这种战略成功与否,一是取决于对新产品市场的预测是否合理;二是取决于对"领导企业"和其他势均力敌的企业反应是否迅速和有效。

(5) **产品创新战略**。产品扩散战略主要是扩大产品组合广度的发展战略,而产品创新战略主要是加深产品组合深度的发展战略,即企业在其核心产品方面不断创新,精益求精。

（6）**降低制造成本战略**。这是一种结合定价战略和成本管理及技术研究等因素的产品发展战略。挑战者可以通过有效的材料采购、较低的人工成本和更现代化的生产设备，来求得比竞争对手更低的制造成本。企业用较低的成本，作出更具进攻性的定价来获取市场份额。

（7）**改善服务战略**。挑战者可以找到一些新的或更好的服务方法来为顾客服务。

（8）**分销渠道创新战略**。挑战者可以发现或发展一个新的分销渠道，以增加市场份额。

（9）**密集广告促销战略**。有些挑战者可依靠它们的广告和促销手段，向领导者发动进攻，当然这一战略的成功必须基于挑战者的产品或广告信息有着某些能胜过竞争对手的优越之处。

第五节 市场追随者与市场利基者战略

一、市场追随者战略

市场追随者指那些在产品、技术、价格、渠道和促销等大多数营销战略上模仿或跟随市场领导者的企业。在很多情况下，追随者可以让市场领导者和挑战者承担新产品开发、信息收集和市场开发所需的大量经费，自己坐享其成，减少支出和风险，并避免向市场领导者挑战可能带来的重大损失。许多居第二位及以后位次的企业往往选择追随而不是挑战。当然，追随者也应当制定有利于自身发展而不会引起竞争者报复的战略。

（一）市场追随者战略的分类

按追随的紧密程度，追随者的具体战略可以分为三类：紧密追随、有距离追随和有选择追随。

1. 紧密追随

追随者在尽可能多的细分市场和营销组合领域中模仿领导者。追随者往往以一个几乎市场挑战者的面貌出现，但是如果它并不激进地妨碍领导者，直接冲突不会发生。有些追随者甚至可能被说成是寄生者，它们在刺激市场方面很少有动作，它们只是希望靠市场领导者的投资生活。

2. 有距离追随

追随者保持某些距离，但又在主要市场和产品创新、一般价格水平和分销上追随领导者。市场领导者十分欢迎这种追随者，因为领导者发现它们对它的市场很少干预，而且乐意让它们占有一些市场份额，使自己免遭独占市场的指责。

3. 有选择追随

这类企业在有些方面紧跟领导者，但有时又走自己的路。这类企业可能具有完全的创新性，但它又避免直接竞争，并在有明显好处时追随领导者的许多战略。这类企业常能成长为未来的挑战者。

市场追随者，虽然它们占有的市场份额比领导者低，但它们可能赚钱，甚至可能赚得更多。最近的研究报告指出，许多企业的市场份额不到领导者份额的二分之一，但其五年的资本净值报酬率超过本行业的平均水平。它们成功的关键在于能主动地细分和集中市场；有效地研究和开发；着重盈利而不着重市场份额；以及有着坚强的高级管理层。

（二）市场追随者的营销战略

市场追随者成功的关键在于正确地选择营销战略。

（1）竞争导向定价战略。这一战略特别适用于紧密追随者，选用竞争导向定价，既有利于紧跟领导者，又不会与领导者发生直接的正面冲突。

（2）市场发展战略。这一战略适用于有距离追随者。选用这一战略可减少对领导者的市场计划的干扰，又可依靠与同行业的小企业竞争而得到成长。

（3）市场细分化战略。这一战略适用于有选择追随者。选择不同于领导者的市场区划，能避免与领导者直接发生冲突，追随者集中于某些区划，有效地研究和开发新产品，条件一旦成功，就有可能成为迂回进攻的挑战者。

二、市场补缺者战略

（一）市场补缺者的含义与利基市场的特征

市场补缺者是指精心服务于市场的某些细小部分，而不与主要的企业竞争，只是通过专业化经营来占据有利的市场位置的企业。市场补缺者的作用是拾遗补阙，见缝插针，虽然在整体市场上仅占有很少的份额，但是它们比其他企业更充分地了解和满足某一细分市场的需求，能够通过提供高附加值而得到高利润和快速增长。企业处于发展初期尚比较弱小时大多采用这种战略。例如，有的企业专门生产卫生间去污粉，有的企业专门生产家用胶粘剂，有的企业专门生产鼠标，有的企业专门生产医用口罩。由于补缺市场有利可图，许多大中型企业也设立专门的业务部门或分公司进入这一市场。有的工具厂设立近百个部门生产数千种小五金产品。耐克公司一直在为各种不同的运动员设计特殊的鞋，如登高鞋、跑步鞋、骑车鞋、啦啦队鞋、气垫鞋以创造利基市场。补缺者盈利的主要原因是能够比其他大众化营销的企业更好地了解和满足顾客需要，当大众化营销者取得高销量的时候，补缺者取得了高毛利。

理想的补缺市场具备以下特征：①有足够的市场潜力（具有一定的市场规模）和购买力，能够盈利；②具备发展潜力；③主要竞争者对这一市场不感兴趣；④本企业具备向这一市场提供优质产品和服务的资源和能力；⑤本企业在顾客中建立了良好的声誉，能够抵御竞争者入侵。

（二）市场补缺者竞争战略

市场补缺者发展的关键是实现专业化，主要途径有：

（1）最终用户专业化。企业专门为某一类型的最终使用顾客服务。例如，航空食品公司专门为民航公司生产飞机乘客的航空食品。

（2）垂直专业化。企业专门为处于生产与分销循环周期的某些垂直层次提供服务。例如，一个铜公司可能集中生产原铜、铜制零件或铜制成品。

（3）顾客规模专业化。企业可以专门为某一规模（大、中、小）的顾客群服务。市场利基者专门为大公司不重视的小规模顾客群服务。

（4）特定顾客专业化。企业可以专门向一个或几个大客户销售产品。许多小公司只向一家大公司提供其全部产品。

(5)地理市场专业化。企业只在某一地点、地区或范围内经营业务。

(6)产品或产品线专业化。企业只经营某一种产品或某一类产品线。例如,某公司专门为实验室生产显微镜,或甚至仅仅生产显微镜镜片。

(7)产品特色专业化。企业专门经营某一类型的产品或特色产品。例如,某书店专门经营"古旧"图书,某公司专门出租儿童玩具。

(8)客户订单专业化。企业专门按客户的订货生产特制产品。

(9)质量(价格)专业化。企业只在市场的底层或上层经营。

(10)服务专业化。企业向大众提供一种或多种其他企业所没有的服务。例如,银行进行电话申请贷款,并送现金上门。

(11)销售渠道专业化。企业只为某类销售渠道提供服务。例如,某家软饮料企业决定只生产大容器包装的软饮料,并且只在加油站出售。

(三)市场补缺者的主要任务

市场补缺者是弱小者,面临的主要风险是当竞争者入侵或目标市场的消费习惯变化时有可能陷入绝境。因此,它的主要任务有三项:①创造利基市场;②扩大利基市场;③保护利基市场。企业要争取不断地创造多种利基市场,而不是坚持单一利基市场。如果能够在多种利基市场上发展,企业就避免了风险,增加了生存机会。

企业在密切注意竞争者的同时不应忽视对顾客的关注,不能单纯强调以竞争者为中心而损害更为重要的以顾客为中心。以竞争者为中心是指企业行为完全受竞争者行为支配,逐个跟踪竞争者的行动并迅速作出反应。这种模式的优点是使营销人员保持警惕,注意竞争者的动向;缺点是被竞争者牵着走,缺乏事先规划和明确的目标。以顾客为中心是指企业以顾客需求为依据制定营销战略;其优点是能够更好地辨别市场机会,确定目标市场,根据自身条件建立具有长远意义的战略规划;缺点是有可能忽视竞争者的动向和对竞争者的分析。在现代市场中,企业营销战略的制定既要注意竞争者,也要注意顾客,实现顾客导向与竞争者导向的协调。

(四)市场补缺者的营销战略

(1)企业的目标高度集中化。企业在较狭窄的细分市场上,集中在一个较狭窄的产品线上,这是一种彻底细分市场的战略。

(2)正确选择补缺的目标市场。许多能盈利的补缺企业是在很稳定的低成长市场上被发现的,它们中的大多数只生产经常被购买的工业部件或供应品。

(3)注重实际效益,注意降低成本。市场利基者应十分重视实际效益,而不应过分注意销售增长率和市场占有率,利基者的单位成本常常较低,因它们集中在一个较狭窄的产品线上,在产品的研究和开发、新产品引入、广告、促销和销售队伍的支出较少。

专栏7-4

不能用牵骆驼的方法牵兔子

几乎所有企业管理人员都有这样的困惑:为什么绝大多数企业管理理论总是远水不解近渴?换句话说,我们为什么不能像西方跨国企业那样做营销和管理?

广泛流行的那些理论说得都对,你找不到一句不对的话,可当你真正应用的时候,却总是不管用。是这些企业的管理理论错了吗? 或者说,传到中国的这些理论不是真正的西方管理方法,还是我们的理解能力真的很差?

十多年的一线营销运作和多家企业咨询经历告诉我们:产生这些困惑的根本原因是我们陷入了一个误区:用牵骆驼的方法牵兔子。

广泛流行的管理理论,是西方跨国企业成功的经验总结。几乎所有的管理书籍所谈的企业都是世界上非常优秀、非常卓越的企业,例如,波音公司、通用公司、沃尔玛、宝洁公司、雀巢等。这些公司已经足够大,中国的绝大多数企业在未来10年内都很难达到它们的规模。它们的经验尽管是正确的,但对我们目前众多的中国企业来说并没有太多的现实意义。因为它们谈的是成人的生活方式,是富人的生活方式,是如何活得更好的方法;而我们需要的是如何生存下来的方法,如何从生存到发展的方法。

但我们一直在虔诚学习并一直在努力做的却是试图用牵骆驼的方法来牵兔子,并对此坚信不疑。这正是中国企业管理的最大误区!

骆驼和兔子有两个本质的不同:

第一个不同是:骆驼骨架大,前进需要稳健,不能跑得太快,太快就散架了;而兔子比较小,速度是其生存需要,它前进需要奔跑和灵活。因此,跨国企业谈战略管理、谈品牌、谈市场占有率、谈沟通,方向不能出错,否则调整起来很费力。兔子跑起来,速度是获胜的前提。因此,在中国企业运作中,所谓的战略管理,所谓的平等沟通管理,远没有西方跨国企业管理那样重要。

如果我们牵着兔子,却花大量的时间研究战略,或片面追求市场占有率,或片面追求完美产品等,只能造成投入产出严重失衡,同时错失企业获胜的机会。

第二个不同是:骆驼有驼峰,有足够的储存,即使六七天不喝不吃,照样可以穿过沙漠到达目的地;而兔子不行,兔子必须一边跑,一边找到吃的和喝的,否则很快就会饿死、渴死或累死。因此,西方跨国企业谈大投入大产出,谈先用数年建立品牌的运作策略,它们往往把数年的亏损作为实现占有中国市场抱负的基石。看看饮料行业、医药行业、食品行业、零售行业、家具行业等莫不如此。而中国企业的营销必须务实,运作出利润,在运作销售的同时逐步提升品牌,因为我们没有西方跨国企业那么多的储备,每天必须挣到吃饭钱。中国企业亏不起,亏了就没了。

一个必须产生当期利润的营销和一个可以亏损数年的营销,怎么可能有同样的运作?

重速度,重利润,这正是目前中国众多规模不够大的企业的运作方法。

那么,怎样才能快速获取利润? 怎样才能在强大对手的打压下找到自己的立足点? 你必须了解成功营销的核心运作,那些除"4P"以外的东西。不要局限于疲于奔命式的买赠促销或无休止的价格战。

首先,你必须建造"产品基点"! "产品基点"就是将一支普通的产品和人性的某一部分连到一起,从而创造出产品被接受的广泛空间。产品基点是撬动基本市场的有力武器。它能够激发人类内心深层的渴望,将潜在的心理渴求激发为巨大的现实消费。

其次,你必须找到"竞争支点",利用杠杆原理改变强弱对比,从而达成另外一种可能,实现以小搏大,以弱击强,以轻胜重。当我们很多企业还没有明白市场经济的规律时,大批跨国企业带着惊人的资本到中国来,我们没有选择,我们注定要进行一场场力量悬殊的竞争,同时还要在竞争中获胜。弱者和强者怎样去竞争呢?最有效的办法就是要找到一个支点,就像小孩想推动一块大石头向前滚动,硬推是推不动的,最有效的办法就是要找一块砖头作为支点。"竞争支点"的作用在于:它微妙地、有效地改变强弱之间的力量对比,使强不再那么强,弱不再那么弱,从而达成另外一种可能。

在具体运作中,竞争支点可能在产品、概念上,也可能在渠道、促销上。找准了营销支点,你还要在营销运作中有意识地创造"营销势能",以便产生"物流动能"来实现销售的迅速放大。

本章小结

本章着重论述了识别竞争者的主要方法和竞争战略,市场挑战者战略,市场追随者与市场利基者战略。

市场领导者要保持第一位的优势,必须从扩大市场需求总量,保持市场份额,进一步扩大现有的市场份额入手。在扩大市场份额的战略制定过程中,应当考虑反垄断法、经济成本、营销组合战略等因素。一般来说,市场挑战者的目标是增加自己的市场份额和利润,减少对手的市场份额。可选择的进攻对象有:市场领导者、与自己实力相当者、规模较小的企业。采用追随战略一般是让市场领导者和挑战者承担新产品开发、信息收集和市场开发所需的大量经费,减少自己的支出和风险,并避免向市场领导者挑战可能带来的重大损失。市场补缺者的竞争战略主要有:最终用户专业化,垂直专业化,顾客规模专业化,特定顾客专业化,地理市场专业化,产品或产品线专业化,产品特色专业化,客户订单专业化,质量(价格)专业化,服务专业化,销售渠道专业化等。企业在密切关注竞争者的同时,还要密切关注顾客需求,实现顾客导向与竞争者导向的平衡。

关键名词

竞争者　市场领先者战略　市场挑战者战略　市场追随者战略　市场补缺者战略

思考题

1. 一个处于统治地位的公司为了对付挑战者以保护它的市场份额，它可以采取的一个"扰乱"战略是什么？
2. 试评论下述有关适宜小公司的营销战略的陈述：
  (1) "小公司应集中力量拉走大公司的顾客，而大公司应该集中力量刺激新的顾客进入市场。"
  (2) "大公司应开拓新产品，而小公司应仿效它们的产品。"
3. 如何理解市场挑战者战略？
4. 市场领先者如何巩固和发展领先地位？
5. 如何理解市场追随者和市场利基者战略？

案例分析

华为支付能撼动微信、支付宝双巨头地位吗？

继美团支付、滴滴支付、多多支付、字节支付后，如今华为支付也来了。2022年4月华为钱包App上线了"华为支付"功能，为个人用户提供类似支付宝和微信支付的余额支付、银行卡支付、红包、充值、提现等服务。

一、华为支付与华为Pay不一样

2014年，苹果公司推出了基于NFC的手机支付方式——Apple Pay，2016年华为Pay在华为Mate、荣耀系列智能手机上线，但那时，华为尚未获得第三方支付牌照。2021年年初，华为公司全资收购了深圳市讯联智付网络有限公司，这家公司早在2014年就获得了央行发布的互联网支付等牌照。这意味着，华为支付能为用户提供类似支付宝、微信支付的支付、充值、提现、红包等服务。这样一来，华为钱包既有NFC功能，也有银联扫码收付款功能，还有类似微信支付及支付宝的零钱支付功能，更像是一个聚合支付方案。

"与华为支付容易混淆的华为Pay仅仅是帮助银行、交通卡公司提供一个便捷支付的工具，是软件工具，而不是金融服务。华为支付则不一样，它更偏向于金融功能，基于讯联智付提供的支付资质，以合规为前提，可以为用户提供支付账户服务。"移动支付网分析师慕楚告诉《中国电子报》记者。

二、巨头手中的支付"入场券"

阿里巴巴的支付宝和腾讯的财付通，是最早一批通过申请获得支付牌照的，也是目前中国支付市场上的两大寡头。剩余者的体量和规模，均远远不及阿里巴巴与腾讯。

京东的京东支付，2012年通过收购网银在线而获得。

百度的百付宝,2013年通过申请获得。
网易的网易支付,2014年6月通过申请获得。
小米的小米支付,2016年1月通过收购捷付睿通而生成。
美团的美团支付,2016年9月通过收购钱袋宝而得。
滴滴的滴滴支付,2017年12月通过收购一九付而得。
拼多多的付费通,2020年1月收购付费通而得。
字节跳动2020年9月通过合众易宝获得牌照,并相继申请"抖音支付""字节付"商标。
在中国的科技巨头里,华为几乎是最后一个拥有支付牌照的企业。

三、华为为何强行"加塞"

华为本是一家信息与通信技术(ICT)解决方案供应商,而非金融科技公司,并且一直保持着良好的发展态势。但是到了2020年整个发展环境、市场环境在变化,华为的处境也在变化。

首先,2020年美国发布对华为的禁令,切断了华为的芯片供应链,这让华为的手机业务受到重创,多款手机在商城上都处于缺货状态。芯片问题一时很难解决,这让华为需要寻求新的营收增长点。

其次,网络技术的发展促进了产业的数字化转型,疫情又成为线上线下的融合的加速器。华为为此推出了"1+8+N"全场景战略,构建万物互联的"全连接时代"。在这一战略中,华为的智慧引擎要通过获取用户数据来感知、预测用户的需求,而支付数据就是用户的关键数据之一。

最后,如今线上支付广泛覆盖全国,新兴金融科技的发展,线上支付将会成为"兵家必争之地",华为一直在参与数字人民币的开发,线上支付必定会有华为的身影。拿下支付牌照有利于华为在将来数字人民币投入使用后获得主动权。

四、能否撼动支付市场格局

虽是新员,但来势凶猛。在业内看来,华为的入局,将进一步提振支付市场活力,但要撼动目前市场支付格局,仍有不小的难度。主流的第三方支付牌照有三种:预付卡发行与受理、互联网支付、银行卡收单。支付宝获得了囊括三者的"全牌照",微信支付的运营主体财付通的牌照包括互联网支付和银行卡收单,能够在线上提供互联网业务交易,以及线下条码支付。而被华为收购的讯联智付的支付牌照类型为互联网支付,无法在线下通过条码支付。这就意味着,华为支付难以和支付宝、微信支付抢客户。不过,伴随着数字人民币试点的不断推进,以硬件钱包为切入口开启获客与活客业务,或将成为手机巨头们影响支付业格局的一个契机。在一些垂直场景中,微信支付、支付宝与华为支付可能会面临一定的竞争。比如华为商城中的商品,原来可以用微信、支付宝进行支付,现在还可以用华为支付。通过一定的补贴或优惠,华为支付可能会夺走支付宝、微信支付一定的市场份额,在自己体系内有可能逐渐替换。

案例思考题:
1. 华为支付能撼动支付市场格局吗?
2. 华为支付为何强行"加塞"进入支付市场?

第八章　目标市场营销战略

引导问题

1. 企业怎样才能找到目标市场？
2. 怎样确定企业应该进入哪一个市场？
3. 怎样才能有效占领消费者心智？

学习目的与要求

1. 了解市场细分的主要作用。
2. 掌握市场细分的标准和基本原则。
3. 了解产业市场细分依据。
4. 掌握市场细分有效性原则。
5. 掌握目标市场选择的主要方式。
6. 掌握目标市场选择策略与方法。
7. 掌握市场定位程序和定位策略。

第一节　市场细分

消费者是一个庞大而复杂的群体，其购买心理、购买习惯、收入水平和所处的地理文化环境等，都存在很大差异性，不同消费群对同一产品的消费需求和购买行为存在很大差异。这就决定了任何一个企业都不可能满足全体消费者对产品互有差异的整体需求。因此，确定满足谁的需求是企业面临的一种营销抉择，这种抉择也是选择目标市场的过程。正确地选择目标市场，明确特定的服务对象，是企业制定营销战略的首要内容和基本出发点。企业一旦选择了目标市场，就要在目标市场上进行产品的市场定位。市场细分、目标市场选择和市场定位是不可分割的一个系统，也构成了目标市场营销的全部过程。

一、市场细分的概念

市场细分是美国市场营销学家温德尔·斯密于20世纪50年代中期提出的一个极为重要的概念。市场细分由于为企业的营销活动提供了新的视角和方法而受到企业的高度重视，并广泛应用于营销实践。后来市场细分理论被进一步发展为"目标市场营销"，简称STP，即市场细分化（segmenting）、目标化（targeting）和市场定位（positioning）。STP是企业营销战略的核心,也是营销活动成败的关键,而市场细分则是其中的基础。

所谓市场细分,就是指企业通过市场调研,依据企业自身条件和营销目标,以消费者需求的某些特征或变量为依据,区分具有不同需求的消费者群体的过程。市场细分是企业开展战略营销活动的基点,它不是对产品进行分类,而是对消费者进行分类。属于同一细分市场的消费者群在需求与欲望、购买行为及习惯上表现出极大相似性。企业进行市场细分是源于以下的客观基础,其中,前两点决定市场细分的可能性,后一点决定市场细分的必要性。

第一,市场细分的客观基础源于消费者需求的差异性,它决定了市场可以被细分,即细分过程。在整体市场上,每个消费者购买商品与劳务时的需求与欲望、购买决策与习惯会受到地理、人口、心理、行为和受益期求等因素的影响而呈现一定的差异性。如同样购买汽车,不同的消费者对其品牌知名度、性能差异、外观设计、价格高低甚至颜色不同等方面的需求可能完全不一样。这就使得企业可以根据这些客观差异性,划分出具有相同或者类似需求与购买行为特点的不同的消费者群体,即不同的子市场,之后就可以结合企业特点与自身的优势作出满足该类消费者需求的决策。

第二,市场细分的客观基础源于消费者需求的相似性,它决定了目标市场的形成,即细分结果。每个细分市场之所以能成为相对独立、稳定的市场,是因为在整体市场上总会存在着一定规模的具有相同或者类似消费需求的群体,他们在共同的社会文化、民族宗教、价值观念、风俗礼仪等环境因素影响下,形成了消费心理和购买行为的某些共同的特征,并且具有相对的稳定性。

第三,市场细分的客观基础源于企业营销能力的限制,它决定了企业实施市场细分及目标市场选择的决策。任何企业,其实际拥有和可获取的资源及经营能力都是有限的,不可能提供市场上所有消费者需要的全部商品与劳务。只能依据其自身情况把自己的经营活动限定在力所能及的范围内,生产经营某类或几类商品,去满足某一部分消费者的一个或几个方面的需要。这就要求企业必须对规模庞大、需求复杂的整体市场进行细分,确定目标市场,明确服务对象。

二、市场细分要解决的问题

市场细分是企业营销者面对纷繁复杂的市场和众多的竞争者所作出的选择,要深入理解市场细分的概念就必须清楚其背后蕴含的基本原理和要解决的根本问题。市场细分从本质上讲是对消费者需求的细分,它是一个先分解后聚集的过程,其过程是分解而结果是聚集,其手段是分解而目的是聚集。在这一过程中,市场细分必须解决以下几个根本问题:

第一,要解决由异转同的问题。从市场的角度看,现代市场既是一个异质市场,又是一个同质市场,通常表现为整体上的异质和个体上的同质;而从需求的角度看,市场的同与异是相互转化的,虽然异转同是存在的,但同转异却是主流趋势,表现为消费者的需求越来越呈现出个性化,企业的营销活动也越来越表现为尽力识别并满足消费者小批量的个性化需求。因此,市场细分就是要解决在千差万别的市场需求中寻求个性化同质部分的问题。

第二,要解决存大异求小同的问题。"大"指的是整体市场,"小"指的是细分市场,市场细分是一种"存大异求小同"的市场分类方法，即忽略整体市场中大的差异，而追求每一个细分市场中的消费者都具有相同或者类似的消费倾向，它不是对产品进行分类，而是对同种产品消费者需求差异的分类，是识别具有不同需求或者需要的消费者或者用户群的活动。因此，各细分市场之间差异的显著性及每个细分市场内部需求同质性的程度是衡量市场细分成败的重要标志。

第三，要解决小市场大份额的问题。市场细分要解决的不是在整体市场上占有一席之地，这既会浪费资源又会降低效率，不会产生良好的市场效果，企业通过市场细分是要尽可能提高在目标市场上的占有率。虽然在目标市场上也会有许多竞争者，但由于企业具有资源、技术和经验等方面的相对优势，因此有可能通过正确的决策和持续的执行占有较大的市场份额。

三、市场细分的作用

（1）有利于企业发现市场机会。通过市场细分企业可以充分认识每个细分市场需求特点及需求状况的满足程度，尚未得到满足或被满足程度较低就是市场机会。有市场就会有机会，但市场机会并不等于企业机会。把市场机会变成企业机会通常需要符合三个条件：一是该市场机会是否与企业的任务和目标相一致；二是企业是否有利用该市场机会、经营这种业务的条件；三是企业是否在利用这种机会、经营这种业务上比其潜在竞争者有更大的优势。而通过市场细分，企业可以发现市场机会，不断开拓市场；可以有针对性地调整营销组合策略；可以发挥资源优势，提高企业竞争能力，创造理想经济效益。

（2）有利于企业制定或调整营销组合策略。企业市场营销策略出现问题，通常有两个原因，一是营销策略制定得不科学，导致实施过程中出现问题；二是市场需求和竞争发生变化，营销策略需要进行相应的调整。通过市场细分可以跟踪了解目标市场的具体变化，从而有针对性地对消费者所反映出来的产品在质量、品种、性能、价格、销售渠道和促销方式等方面进行适当的调整和改进，并准确及时地开发新产品以充分满足消费者多样化的需求，或者寻求新市场以获得更大的发展空间。

（3）有利于企业提高竞争能力。军事指挥艺术中的有一条重要思想即集中优势兵力打歼灭战，并且各个击破。这一思想的现代营销解读是：企业集中其优势资源，在所选定的目标市场上与对手展开竞争。企业在市场细分的基础上，可以在较小目标市场上有针对性地开展市场调查，进行产品研发和营销活动，减少或避免在整体市场上四处出击、盲目投入导致的浪费，从而可以使企业把有限的人力、财力和物力资源都集中用于一个或若干个细分市场上，避免力量的分散，形成优势以击败竞争对手，凭借集中、有效的投入获取较大的利益，为企业创造较高的经济效益。

另外，企业的市场细分也有利于促进整体社会的发展。在市场竞争中，每个企业都在不断地进行市场细分，寻找新市场，发现新需求，研发新产品，有针对性地开展营销活动，客观上拓展了满足消费者需求的广度和深度，对于促进整体社会经济快速而和谐发展起到了良好的推动作用。

四、市场细分的标准与原则

市场细分是消费者需求的分类过程，其中两个问题非常重要，一是正确选择作为分类标准的因素,它关系到市场细分的正确性;二是确定分类原则,它关系到市场细分的有效性。

(一)市场细分的标准

企业很难根据单一因素来进行市场细分,这是由市场需求的复杂多样性和消费者购买决策的特点决定的。在进行市场细分时,即使区分了各种不同的细分因素,每个因素中也会包含许多子因素,即变量。理论上的讨论是从细分因素开始的,而实际的细分是从变量切入的,即市场细分的实际操作是从选取变量的集合入手的。

1. 按地理因素进行市场细分

这是进行市场细分的最基本的因素,许多其他因素都可以直接或间接地归结为地理因素,所谓"一方水土养一方人"。地理因素中包含的变量主要有:地理位置、人口密度、城市规模和气候条件等。

(1)**地理位置**。根据消费者所在的地理位置不同,可以把市场划分为若干不同的细分市场。如按照领土范围,可以把市场划分为国内市场和国际市场,其中国内市场又可进一步细分为城市市场和农村市场,这种划分会对制造和供应化妆品、保健品的企业具有指导意义;按照地理方位,又可划分为东北市场、华北市场、华南市场、华东市场、西南市场和西北市场等,地理方位不同所形成的"南甜北咸,东辣西酸"饮食偏好,可以为食品和餐饮企业的营销提供有用的线索。处于不同地理方位的消费者在风俗习惯、消费方式、收入水平和接受教育程度等方面都对商品的爱好、需求表现出不同的特征。营销人员应利用不同地理环境下消费者的这些不同点,有选择性地开展目标市场营销活动。

(2)**人口密度**。人口密度是指单位面积内居住人口的数量,它决定了某一地区市场的规模和可能的市场潜量,人口密度大,该地区对商品的需求量也就大,反之则小。我国人口分布现状很不均衡,东部沿海地区人口密度大,每平方公里在100人以上,西部地区较小,每平方公里则在10人左右,有的地区甚至不到1人。企业应根据产品特点决定是否按此标准细分市场。对于生产生活必需品、日用消费品的企业按人口密度细分则显得十分必要。

专栏 8-1

胡焕庸线——中国人口密度分界线

胡焕庸(1901—1998),地理学家,生于江苏宜兴。1923年,胡焕庸毕业于南京高等师范学校。1926年,赴巴黎大学和法兰西学院进修,师从人文地理学家白吕纳,为日后的人口地理研究埋下伏笔。

胡焕庸线最初叫"瑷珲—腾冲线",1935年由地理学家胡焕庸提出,后来被美国学者称为胡焕庸线,随着地名的变迁又被改名为"黑河—腾冲线"。这条连接中国版图上黑河与腾冲两地的直线是中国人口密度的分界线,但背后也是中国农牧经济的分界线和自然景观的分界线。根据1982年的人口普查,胡焕庸线东侧以不到44%的国土面积,养育了超过94%的人口;西侧以超过56%的国土面积,只养育不到6%的人口。如此悬殊的人口格局,几十年来始终如一。2020年第七次人口普查显示,西半壁常住人口占比6.5%,东半壁常住人口占比93.5%——变化之小,几乎可以忽略不计。这昭示着中国自然地理格局,道理很简单:人丁兴旺之地,意味着自然条件更适合生活;人口稀疏之处,自然条件对人口的承载力有限。胡焕庸线并非自古就有、一蹴而就的,而是千百年来,中国人身体力行,用自身的迁徙给自然"投票",才逐渐形成了人口密度、文化圈子、民族分布的突变线。

（3）**城市规模**。按照人口数量、经济发展水平、基础设施建设、交通通信条件等若干项指标把城市划分为大城市、中等城市、小城市等细分市场。不同规模的城市,经济发展水平,消费者的收入水平、受教育水平和价值观念都存在一定差异,从而影响其商品需求结构和购买决策。因此,企业可按城市规模来细分市场,根据大、中、小城市居民的需求特点确定目标市场和制定营销策略。

（4）**气候条件**。我国疆域广大,不同地区气候也呈现不同的特点。我国气候总体分为热带、亚热带、温带、寒带等。不同气候条件造成不同地区对商品的需求及产品的结构等方面呈现一定差异。对南方亚热带气温较高的地区,防暑降温的产品如空调、电扇、凉席、单衣等需求量较大,而对北方寒冷气温较低地区,消费者对御寒保暖的产品如电暖器、电褥子、棉衣、皮衣等商品需求量较大,从而形成需求差异明显的南、北方市场。

地理因素中大多数因素是静态变量,不能充分反映消费者的动态变化特征。我们必须考虑动态因素,以对消费者进行更细致的划分。

2. 按人口因素进行市场细分

人口是构成市场需求的最基本因素,从而成为市场细分的最常用和最主要的依据之一,其中包含的主要变量有年龄、性别、家庭、经济收入、文化程度与职业等。

（1）**年龄**。人从出生到死亡要经历婴儿期、儿童期、成年期、青年期、中年期、老年期六个阶段。处在不同年龄阶段消费者的生理、心理、性格、兴趣、爱好等都会有所不同,对消费品品种、类别需求有明显的差别。随着数字经济快速发展,不同年龄阶段的人群在信息获取、心态和行为上日趋相同,年龄界限逐渐变得模糊起来,因此,在市场细分时,用年龄作为细分指标时,要统筹考虑消费者的生理年龄和心理年龄差异。

（2）**性别**。性别变量对于市场细分的意义主要表现在两个方面,一是直接产生基于性别的需求,如男性用品和女性用品需求;二是消费者的性别不同,对产品偏好、购买动机和购买行为会存在明显差异,例如,大多数男性消费者购物目的理性成分更多一点,大多数属于功利型购买,追求购物快捷、便利;大多数女性消费者购物目的感性成分更多一点,大多数属于休闲型购买,追求购物货比三家。

（3）**家庭**。家庭是许多商品购买和使用的基本单位,它对市场细分的影响主要是通过人口数量和所处生命周期来实现的,前者影响的是家庭需求数量,后者主要影响的是家庭需求结构。处在生命周期不同阶段的家庭需求的侧重点不同,也会形成企业可以选择的目标市场。

（4）**经济收入**。它决定着消费者需求满足的程度和层次,即能够消费什么和消费到什么程度,并直接产生出高、中、低不同档次的市场,企业可以选择任何一个作为目标市场,并采取不同的营销组合策略。

（5）**文化程度**。如果说经济收入决定了消费需求的品质,那么文化程度就可以影响消费需求的品位。教育会影响人的价值观,进而改变其审美观,导致不同文化程度的人,对商品的需求、生活方式、接受营销信息的能力都存在客观差异,最终会影响其购买产品的种类、购买行为和购买习惯。

(6) **职业**。消费者职业可以作为细分市场的依据,一是因为职业可以直接产生需求,一些商品就是针对职业特征设计的;二是职业可以对从业人员产生有形或无形的要求或约束,导致其消费需求的差异,形成基于不同职业属性的目标市场,同时也为企业营销策略的制定提供线索。

人口细分的标准尽管简单易行,但存在局限性:第一,人口因素的细分作用有时并不明显。第二,消费者的需求很少只受单一人口细分变量的影响,所以企业应该将众多人口细分变量结合起来作为市场细分的标准。

3. 按心理因素进行市场细分

按照消费者心理特征的差异对市场进行细分,主要包括个性、生活方式、价值取向等一系列细分变量。

(1) **个性**。个性是指一个人独有的区别于他人性格的倾向性特征,其表现是多方面的,如个性有外向与内向之分,有乐观与悲观之分,有开放与保守之分,有急躁与缓慢之分,等等。个性主要影响消费者的购买行为方式,因此可以为市场细分和制定相应的目标市场策略提供依据。

(2) **生活方式**。生活方式是指人们生活、花费时间和金钱的方式的统称,它反映了人们的个人活动、兴趣和态度。不同生活方式显然有不同的购买需求。VALS(values and lifestyles)方法按照消费者的自我导向和资源丰缺两个标准,将消费者生活方式定义了八个类别:现实者、满足者、信念者、成就者、奋斗者、经历者、工作者和挣扎者。

(3) **价值取向**。消费者的价值取向是其所追求生活方式和购买动机深层次心理原因之一,因此,消费者总是会有意或无意地通过其生活方式和购买行为来表现或趋近价值取向。

4. 按行为因素进行市场细分

根据消费者的购买行为将市场分为不同的消费者群体,其变量主要包括介入程度、消费时机、使用率和品牌忠诚度。

(1) **按消费者进入市场的程度细分**。消费者可细分为常规消费者、初次消费者、潜在消费者。一般而言,资金雄厚、市场占有率高的大企业,特别注重吸引潜在消费者,通过营销策略,把潜在消费者变为企业产品的初次消费者,进而再变为常规消费者。而一些中、小企业,特别是无力开展大规模促销活动的企业,更重视吸引常规消费者。

(2) **按消费时机细分**。消费者的许多消费行为都表现出明显的时间性,而许多商品也主要是按时间来组织生产和供应的,从而产生了基于时间的细分市场,如节假日消费的商品和季节性消费的商品等。企业可以在深入研究消费者购买商品的时间、数量、方式和规律性的基础上,利用营业推广、商品展示、广告宣传等有效促销方式开展营销活动。

(3) **按消费者的使用率细分**。消费者可细分为大量使用户和少量使用户。大量使用者往往在消费者中的占比不大,但他们所消费的商品数量在商品消费总量中所占比重却很大。例如,根据二八定律,商业银行80%的利润来自占顾客数量20%的高端客户,剩余20%的利润由普通储户提供,因此抓住少量使用户,就能实现利润最大化。

（4）**按消费者的品牌忠诚度细分**。消费者可细分为绝对品牌忠诚者、多种品牌忠诚者、变换型忠诚者和非忠诚者。在绝对品牌忠诚者占很高比例的市场上，其他品牌难以进入；在变换型忠诚者占比例较大的市场上，企业应努力分析消费者品牌忠诚转移的原因，以调整营销组合，加强品牌忠诚程度；而对于那些非品牌忠诚者占较大比例的市场企业来说，则应审查原来的市场定位是否准确，并且随营销环境变化重新对市场定位进行调整。

5. 按利益因素进行市场细分

消费者往往因为各有不同的购买动机、追求不同的利益而购买不同的产品和品牌。以购买牙膏为例，有些消费者购买口腔护理和清新口味牙膏，有些消费者购买防治龋齿牙膏，有些消费者购买防治牙周炎牙膏。进行利益细分的关键是通过调研掌握消费者对于某类产品的多种多样的预期利益追求。需要强调的是，消费者寻求的利益要比前几种因素更能准确地决定顾客行为。正因为如此，近年来，国内外企业都非常重视按利益细分市场。

（二）产业市场细分的标准

上述讨论是以消费者市场为背景的，细分的对象是消费者需求。而对于产业市场，市场细分的对象是企业需求，二者有所不同。一般来说，能够用来细分消费者市场的因素都可以直接或间接地用于细分产业市场，但因其需求特点不同，细分因素的选择会有所侧重，主要表现在用户需求、用户规模、地理位置三类因素上。

1. 按产品用户需求细分市场

其重要性表现在两个方面，一是与消费资料相比，生产资料的替代性小，用户需求必须充分满足；二是用户对同一种产品会有不同的需求和利益追求点。例如，对生产橡胶轮胎的企业，其用户可分为一般工业用户和特殊工业用户，前者如农用拖拉机轮胎的消费者，要求适当的价格、产品符合国标即可，而后者如飞机轮胎，要求绝对安全可靠的产品质量，对价格考虑较少。

2. 按顾客规模细分市场

生产资料消费者在资金投入、购买数量、经营范围上的不同形成的用户规模差异是细分生产者市场的重要标准。这不仅仅表现为购买能力的大小和购买数量的多少，更表现为由于规模不同，其议价能力和决策行为的不同。因此，企业应根据产品消费者的大、中、小不同用户分别制定对策，采取不同措施区别对待。

3. 按顾客地理位置细分市场

任何一个国家或地区都会由于自然资源、气候条件和历史传统等方面的情况，形成若干工业地区和优势产业集群区，如江浙两省的丝绸工业、黑龙江的石油、森林工业，山西的煤炭工业，沿海地区的水产养殖业等。相对说来，生产者市场比消费者市场在地域上更为集中。因此，按用户地理位置细分生产者市场，可以使企业把有限的资源在用户集中的地区，进而取得较高的营销效益。

（三）市场细分的有效性

需要指出的是，无论消费者市场还是产业市场，企业在选择和使用上述标准进行市场细分时都应注意以下问题：

1. 有效市场细分标准选择时应注意的问题

（1）细分变量的动态性。市场细分标准中变量会随着时间的推移和环境的变化而发生改变，并对购买心理和购买行为产生影响。企业应通过经常性的调查和预测跟踪目标市场的变动趋势,及时作出适应性调整。

(2) 细分标准的组合性。市场细分的正确性既取决于细分因素选取的准确性,主要包括选取数量的适度和组合方式的合理。市场的复杂性使企业难以用单一的因素进行市场细分,通常是由若干细分变量的有机组合,综合运用。这样细分出的市场,会更加明确具体,更有利于企业的选择。

(3) 细分标准的适用性。每个细分变量有其适用范围,即使同一细分标准也不会对所有市场都有效。由于在产品属性、资源条件和市场环境等方面的不同,企业选择细分标准也不尽相同。企业应注意根据企业自身情况和营销目标有针对性地选择细分变量,尤其不能简单地效仿他人的方法。

2. 有效市场细分的原则

在实际的市场细分过程中,有许多原因会导致无效的细分结果,如细分因素不清晰,选择因素过多,等等。因此,有必要确定一些有效市场细分的基本原则。

(1) 可衡量性。可衡量性是指每个细分市场的内涵和外延应该可以测度,其范围、规模及购买力状况能够判断识别,可以衡量。细分市场的可衡量性取决于使用的细分变量的可衡量性,能提供可以量化的细分结果,其重要意义在于为企业提供目标市场选择的准确依据。

(2) 可进入性。可进入性是指细分市场一定是企业的人力、物力和财力资源和信息可以抵达的市场。企业的营销组合策略等能够在该市场上发挥作用。能满足该市场消费者对某商品的需要,也就是说,这一细分市场具有实际价值。

(3) 可营利性。可营利性是指细分的市场要有适当的规模和相当的发展潜力,有一定的现实需求量、潜在需求量和足够的购买力,使企业有利可图,成本收益比合理,获取良好的经济收益,从而支持企业作出进入该市场的决策。

(4) 可区分性。可区分性是指不同细分市场的特征可以明确地加以区分。也就是说,不同细分市场上的顾客对企业营销组合应该产生不同的反应。从理论上讲,细分市场之间的排斥性越强越好。

五、市场细分应注意的问题

随着竞争的加剧和企业的发展壮大,实施市场细分是总体趋势。但市场细分并非灵丹妙药,也不是有百利而无一害的,并非对所有市场环境和企业都有效,是否使用及如何使用它,要注意一些问题。

(一) 考虑成本费用

降低成本和节约费用是企业永恒的主题。市场细分推动市场需求更具多样化,从而增加了产品的复杂性。而差异化的产品增多,小批量生产,多品种推销,意味着规模效益较小,其结果是有可能增大生产成本和宣传促销及市场维护费用。因此,应当把握住市场细分的层次,适可而止,使市场细分带来的利益超过因细分而增加的成本。

(二) 区分具体情况

市场细分不能为细分而细分,事实上有些市场难以细分或者不必要细分。一个市场可能没有足以辨别的特征来加以细分,或者由于市场已经充分细分而进一步的细分意义不大,或者在有些情况下,用户已经占有销售量的很大部分,以致成为唯一恰当的目标市场,如果过度细分对于企业来说反而是有害的。

（三）避免多数谬误

理论上讲，各企业通过市场细分找到了适合的目标市场，整体社会需求得到满足。但实际情况常常是，某一企业按照利益最大化原则选择了规模最大、足以实现其利润，并且相对容易进入的市场作为目标市场时，其竞争者也会作出同样决策，这时就会出现多数谬误，所谓"千条线一针穿"。过度竞争会"俱败俱伤"，严重影响企业的经济效益；会造成社会资源的无端耗费；也不能满足本来有条件满足的其他多种多样的市场需求。

（四）实施反细分化

由于消费需求、购买行为的多样性，从理论上讲，一个市场可以依据不同的细分变量一个层次一个层次地连续地细分下去，而在实践中，考虑到规模效益却不能太细。当发现细分市场过细而带来不利影响时，就应当实施反细分化策略：减少细分市场的数目，略去某些细分市场，或者把几个细分市场集合在一起。成功的反细分化应能扩大产品的适销范围，降低生产成本和推销费用，增加销售量。

六、市场细分的程序与方法

企业在实际市场细分时，需要按照科学的工作程序进行，同时，根据具体情况，采用适合的技术手段对细分变量进行组合，从而形成不同的细分方法。

（一）市场细分的程序

程序是指为保证市场细分操作的科学性，按照各细分环节的内在关系形成的逻辑顺序，它是一种形式，其意义在于确保市场细分内容的规范性。美国市场学家麦卡锡提出细分市场的程序一般应包括以下七个步骤。

(1) **选定产品市场范围**。即确定进入什么行业，生产什么产品。产品市场范围应以顾客的需求，而不是产品本身特性来确定。例如，某一房地产公司打算在乡间建造一幢简朴的住宅，若只考虑产品特征，该公司可能认为这幢住宅的出租对象是低收入顾客，但从市场需求角度看，高收入者也可能是这幢住宅的潜在顾客。因为高收入者在住腻了高楼大厦之后，恰恰可能向往乡间的清静，从而可能成为这种住宅的顾客。

(2) **列举潜在顾客的基本需求**。例如，公司可以通过调查，了解潜在消费者对前述住宅的基本需求。这些需求可能包括：遮风避雨，安全、方便、宁静，设计合理，室内陈设完备，工程质量好等。

(3) **了解不同潜在用户的不同要求**。对于列举出来的基本需求，不同顾客强调的侧重点可能会存在差异。例如，经济、安全、遮风避雨是所有顾客共同强调的，但有的用户可能特别重视生活的方便，另外一类用户则对环境的安静、内部装修等有很高的要求。通过这种差异比较，不同的顾客群体即可初步被识别出来。

(4) **抽掉潜在顾客的共同要求，以特殊需求为细分标准**。上述所列购房的共同要求固然重要，但不能作为市场细分的基础。如遮风避雨、安全是每位用户的要求，就不能作为细分市场的标准，因而应该剔除。

(5) **根据潜在顾客基本需求上的差异，将其划分为不同的群体或子市场，并赋予每一子市场一定的名称**。例如，西方房地产公司常把购房的顾客分为好动者、老成者、新婚者、度假者等多个子市场，并据此采用不同的营销策略。

(6) **进一步分析每一细分市场需求与购买行为特点**，并分析其原因，以便在此基础上决定是否可以对这些细分出来的市场进行合并,或作进一步细分。

(7)估计每一细分市场的规模,即在调查基础上,估计每一细分市场的顾客数量、购买频率、平均每次的购买数量等,并对细分市场上产品竞争状况及发展趋势作出分析。

(二)市场细分的基本方法

市场细分方法是由细分变量选择的数量及其组合方式决定的,企业在进行市场细分时,根据营销目标可采用单一变量细分,也可采用多变量组合。

1. 主导因素法

根据影响消费者需求的主导因素进行市场细分,即从消费者特征中寻找和确定主导因素,然后与其他因素有机结合,通过细分确定目标市场。例如女性对服装的需求,年龄、职业与收入是影响其选择的主导因素,教育、婚姻、住地、气候等因素则居于其他因素。服装市场主导因素法细分表如表8-1所示。从理论上讲,变动其中的任何一项因素都可以形成新的细分市场。

表8-1 服装市场主导因素法细分表

主 导 因 素			其 他 因 素			
年 龄	职 业	收 入	教 育	婚 姻	住 地	气 候
婴儿	农民	低	文盲	未婚	城市	温带
儿童	工人	中下	小学	已婚	郊区	亚热带
青年	学生	中	中学		农村	寒带
中年	军人	高	大学			
老年	教师					

2. 多因素排列法

根据影响消费者需求的两个以上的因素进行市场细分。这是因为市场竞争的结果使得某一异质市场需要采用两个以上的因素对市场进行细分,或是有的产品的市场细分因素,其地位与作用是并列的,很难区分主导与非主导因素,这时可以采用多因素排列法选择细分市场。

例如,服装市场的消费者既有女性,又有男性,而且消费者有儿童、青年、中年、老年之分,消费水平有高、中、低差异,因此,服装市场在仅仅考虑这三种因素的基础上就需要进行如表8-2所示的细分。

表8-2 服装市场多因素排列法细分表

消费水平	男				女			
	儿童	青年	中年	老年	儿童	青年	中年	老年
高								
中								
低								

3. 序列因素法

在表 8-2 中，按照排列的三项因素，可以形成 24 个细分市场（2×4×3），如果再将服装市场细分为城市和乡村、正装与休闲，那么，服装市场就可细分为 96 个细分市场（24×2×2）。市场细分的目的不是细分，而是对细分市场进行逐个评估，从中选择一个或若干作为经营对象。但如果按照上述细分方法进行细分，后续市场评估的成本就会非常高，因此，多因素排列法一般适合于细分变量较少的情况，反之，就可以考虑采用序列因素法。这种方法涉及的细分因素是多项的，但各项因素之间先后有序，每细分一次，评估一次，选择一次，逐次进行细分。序列因素法示意图如图 8-1 所示。

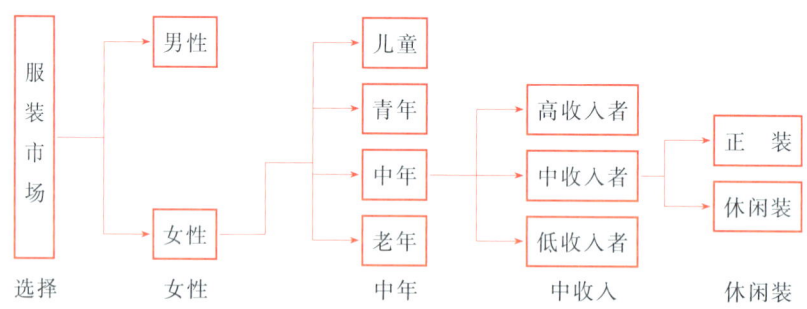

图 8-1　序列因素法示意图

上述细分方法是将服装市场首先按照性别进行细分，然后对男性和女性市场进行评估，选择女性市场为目标市场后，再对女性市场进行年龄细分，据此思路依次进行细分下去，则可以减少市场评估成本，如男性市场的后续细分工作自然省略，但这种方法的缺点是可能忽略了一些市场机会，如老年高收入休闲男性服装市场、中年女性中收入正装市场等。

第二节　目标市场选择策略

市场细分为企业提供了可以进入的多种市场选择，但限于资源和能力，企业只能选择一个或几个有利的作为目标市场。本节讨论的主要内容是如何对可供选择的目标市场进行评估，采取什么市场选择方式，针对目标市场可以采取哪些营销策略，以及实施中应注意什么问题。

一、目标市场的选择

（一）目标市场的概念

目标市场（market targeting）就是企业期望并有能力占领和开拓，能为企业带来最佳营销机会与最大经济效益的具有大体相近需求、企业决定以相应的商品和服务去满足其需求、为其服务的消费者群体。确定目标市场是企业市场营销战略规划的重要组成部分，也是制定营销组合策略的前提与依据。

（二）目标市场评估

企业必须经过准确的评估，才能作出某一细分市场是否值得进入的决策，评估的失误将会导致决策的失败。目标市场的评估标准主要包括以下三方面内容：

1. 细分市场的潜量

细分市场的潜量是指在一定时期内，在消费者愿意支付的价格水平下，充分考虑竞争因素，企业经过相应的营销努力，产品在细分市场上可能达到的销售规模。对细分市场潜量进行评估的重要性在于它会影响企业进入后的成本和收益。评估细分市场潜量不仅要考虑现实的消费需求，也包括潜在的消费需求和能够从竞争者市场转移过来的需求。从长远利益来看，消费者的潜在需求对企业更具有吸引力，只有当目标市场存在尚未满足的需求时，对企业来说才是值得进入的。

2. 细分市场的竞争状况

企业进入任何细分市场都必须面对与竞争者的博弈，应尽量选择那些竞争者较少，竞争者实力较弱的细分市场作为目标市场。而进入那些竞争激烈、竞争对手实力雄厚，特别是其已经具备很强控制能力的市场时则需谨慎，任何战略和策略上的失误都可能要付出高昂的代价。

3. 细分市场特征与企业优势的吻合程度

竞争需要扬长避短。企业选择的目标市场应该是有能力经营并能发挥自身竞争优势的市场。企业能力表现为技术水平、资金实力、经营规模、地理位置、管理能力和行业经验等方面。目标市场特征与企业优势的吻合程度越高，企业能力比竞争对手越大，则成功的可能性越大。

（三）确定目标市场的方式

目标市场评估的结果通常不是唯一的，究竟应当把所有细分市场都作为目标市场，还是选择其中一个或几个作为目标市场，这对企业是至关重要的决策。"产品/市场矩阵图"提供了决策的基本思路，结合以下案例，大致有五种确定目标市场的方式。

某家庭用品公司根据市场潜在销量、本公司的优势、市场竞争状况等，决定进入女性化妆品市场。该公司运用"产品/市场矩阵图"对女性化妆品整体市场进行分析：按消费者收入水平可以分为低收入、中等收入、高收入三个消费群体；按产品属性可分为美容保养品、生活化妆品、舞台化妆品三类；市场与产品的互相组合构成九个细分市场，如表8-3所示。

表8-3 某家庭用品公司"产品/市场"矩阵图

产品属性	消费者收入水平		
	低收入	中等收入	高收入
美容保养品	1	4	7
生活化妆品	2	5	8
舞台化妆品	3	6	9

如果一种产品的市场是同质市场，或者营销者认为该产品的市场基本上是同质的，企业就不必市场细分，而把该产品的整体市场作为目标市场。需要注意的是，纯粹的同质市场是不存在的，因为即使完全符合理论上界定的同质市场的标准，消费者的需求也会存在

着某些差异,企业提供的产品和相应的市场营销策略也就应当存在某种区别或差异,但这并不意味着不同企业之间的目标市场互不相同,而是它们运用了产品差异化策略的结果。

1. 产品—市场集中化

产品—市场集中化方式是指企业只生产某一种型号、规格的产品,满足某一消费群体的需要,以取得特定市场的竞争优势。如化妆品公司只选择进入1号细分市场(见图8-2),即专门生产供应低收入女性群体的美容保养品。这一策略通常被实力较弱的中小企业所采用。

2. 产品专业化

产品专业化方式是指企业只生产某种类型(规格)的产品,去满足不同类型消费者的需要。如化妆品专门生产美容保养品,希望满足各收入阶层的消费者对美容的需要(见图8-3)。这一策略容易在某一领域树立声誉,但是如果该市场需求突然下降,企业有可能面临破产的风险。

3. 市场专门化

市场专门化是指企业生产不同种类、规格的产品,去满足某一固定消费者群体需要。如化妆品企业生产美容保养品、生活化妆品、舞台化妆品三类产品,希望满足中等收入消费者群体的需要(见图8-4)。由于市场专门化策略是专门为某类消费者提供系列产品,因此容易和这类顾客保持良好的关系,获得良好的声誉。

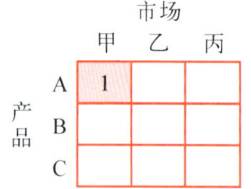
图8-2 产品—市场集中化

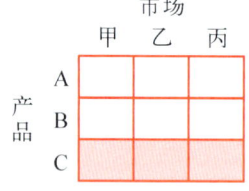
图8-3 产品专业化

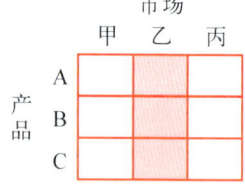
图8-4 市场专业化

4. 产品—市场选择型

企业选择若干个细分市场,根据每个市场的特殊要求,设计不同的产品,满足不同市场差异化需要。如化妆品企业选择高收入群体和中等收入群体,为其生产美容保养品和生活化妆品(见图8-5)。

5. 整体市场

如果一种产品的市场是同质市场,或者营销者认为该产品的市场基本上是同质的,企业就不必市场细分,而把该产品的整体市场作为自己的目标市场(见图8-6)。

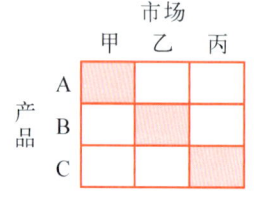
图8-5 产品-市场选择型

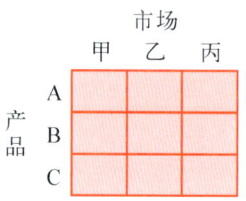
图8-6 整体市场

二、目标市场营销策略

企业确定目标市场的方式不同,选择目标市场的范围不同,目标市场营销策略也就不一样。归纳起来,可供企业选择的目标市场策略包括:无差异性营销策略、差异性营销策略和集中性营销策略。

(一)无差异性营销策略

无差异性营销策略又称为市场整体化策略,是指企业以市场整体为服务对象,不考虑市场需求的差异,只注重市场需求的共性,以一种产品、一种市场营销组合策略,力求在一定程度上吸引尽可能多的顾客,如图8-7所示。

图8-7 无差异性营销策略

无差异性营销策略的主要优点在于经济性。产品线狭窄,品种、规格、款式简单,有利于标准化和大规模生产,从而降低研发、生产、存货、运输、促销等成本。但是这种营销策略也存在明显的缺陷。企业仅用一种产品、一种市场营销策略去吸引和满足市场整体消费者的需求几乎是不可能的。由于忽视了不同消费者群体之间需求的差异性,其产品和营销策略的针对性不强,不能充分满足市场需求,很容易受到竞争对手的攻击,丧失市场机会。另外,由于实行无差异性营销策略的厂商,一般针对市场中的最大细分市场发展单一产品,当同行业中有几个厂商都采用这种战略时,就会使最大的细分市场内竞争加剧,而较小的细分市场的需求却得不到满足。

所以这种策略只适用于消费者具有共同需求特征的同质性产品市场,在促销、价格、渠道等方面无须采取特殊策略。如消费品中的食盐、白糖,生产资料中的汽油、载重货车等同质产品,而对大多数消费者需求具有差异性的异质产品市场就不适用。

(二)差异性营销策略

差异性营销策略又称市场细分策略,是根据消费者需求和购买行为的差异性,将某种产品的整体市场划分为若干细分市场,企业从中选择几个细分市场作为目标市场,并且按照各个细分市场的不同需求,分别设计和运用不同的市场营销组合策略(见图8-8),这是目前企业普遍采用的目标市场策略。

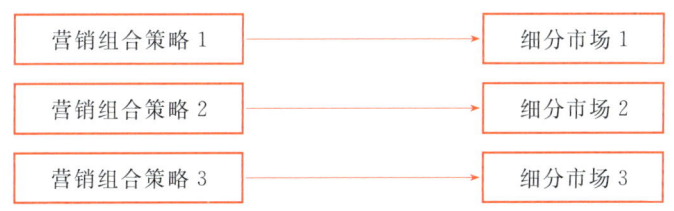

图8-8 差异性营销策略

差异性营销策略认为消费者的需求是不同的,不可能以完全相同的、无差别的产品去满足各类顾客的需要。采用这种策略的优点,一是小批量、多品种生产能更好满足各类消费者的不同需求,从而扩大销量,提高市场占有率;二是企业选择和维护多个目标市场,形成多个支点,当某个市场发生变化时,不会使企业陷入困境,降低了经营风险;三是企业可以通过多种营销组合来增强竞争力,有时还会因在某个细分市场取得竞争优势,树立品牌形象,从而带动其他目标市场的发展,形成连带优势。

差异性营销策略也有其局限性。由于采取这种策略必然增加企业的产品品种,要求具有多种销售渠道和推销方法,广告宣传也要多样化。这样生产成本和销售费用必然大量增加。因此,在决定采取差异性营销策略之前,要对细分出的市场进行认真评价,以确保每个细分市场有一定容量,否则不仅不会增加企业的利润,反而由于分散了资源而阻碍企业发展。

(三) 集中性营销策略

集中性营销策略又称市场密集型策略,是指企业在市场细分的基础上,集中全部力量,以一个或少数几个细分市场为目标市场,为某一个或少数几个细分市场服务(见图 8-9)。

图 8-9 集中性营销策略

无论是无差异性营销策略还是差异性营销策略,都是企业面向整个市场或其中大部分子市场。而采取集中性营销策略的企业则把自己的目标集中在一个或少数几个子市场上。采用这种策略的大多是资源有限的中、小型企业,或初次进入新市场的大企业。集中性营销策略追求的目标不是在一个较大的市场上占有较小的份额,而是在一个较小的市场上占有较大,甚至是领先的市场份额。

采用这种策略的优点在于企业营销对象集中,对一个或几个特定子市场有较深的了解,而且在生产和市场营销方面实行专业化,能充分发挥优势,降低成本,提高盈利水平。但是,实行集中性营销策略有较大的风险性,因为目标市场范围比较狭窄,一旦市场发生突然变化,如价格较大幅度的波动,消费者兴趣转移,或出现强有力的竞争对手,企业可能陷入困境。因此,企业在选用这种策略时,要谨慎从事,并留有回旋余地。

以上三种目标市场营销策略各有利弊,如表 8-4 所示,企业应根据自身的资源与能力,考虑市场竞争状况进行选择。

表 8-4 三种目标市场营销策略利弊

营销策略	追求利益	营销稳定性	营销成本	营销机会	竞争强度	管理难度
无差异性营销策略	经济性	一般	低	易失去	强	低
差异性营销策略	销售额	好	高	易发展	弱	高
集中性营销策略	形象和小市场占有率	差	低	失去	强	低

三、选择目标市场营销策略时应注意的问题

(一) 企业的资源状况

如果企业拥有大规模的单一流水线,产品标准化程度高,产品内在质量好,掌握广泛的分销渠道,可以考虑采用无差异性营销策略;如果企业资源丰富,产品开发能力强,管理水平较高,可以实行差异性营销策略;如果企业资源有限,实力较弱,没有能力开拓更大的市场,则最好实行集中性营销策略,在小市场上取得优势地位。

(二) 产品性质

在选择目标市场营销策略时,首先要看企业生产经营的是同质产品还是异质产品。对某些产品,如食盐、大米等,消费者具有大体相同的需求特征,需求弹性较小,尽管这些产品有质量上的差别,但消费者并不过分挑选,竞争焦点一般集中在价格上,对这种同质产品适合采取无差异性营销策略。而对服装、化妆品、家具等消费者需求差异较大,需求弹性也较大的异质产品,则适宜采取差异性营销策略。

(三) 市场性质

如果顾客对某种产品的需求、购买行为基本相同,对企业市场营销方案的反应也基本相同,即市场是同质市场,则可采取无差异性营销策略;反之,如果市场需求、购买行为的差异较大,即市场是异质市场,则宜采用差异性营销策略或集中性营销策略。

(四) 产品所处生命周期阶段

处于产品生命周期不同阶段的产品,要采取相应的目标市场营销策略。处在导入期和成长期的新产品,营销的重点是启发和巩固消费者的偏好,最好实行无差异性营销策略或针对某一特定细分市场实行集中性营销策略;当产品进入成熟期后,市场竞争激烈,消费者需求日益多样化,可改为差异性营销策略,开辟新市场或改进产品,以保持市场份额,延长产品生命周期;当产品进入衰退期时,宜考虑采取集中性营销策略,把资源集中于少数尚有利可图的目标市场。

(五) 竞争对手的目标市场营销策略

企业在确定目标市场营销策略前,通常要分析竞争对手的策略。如果竞争对手采取无差异性营销策略,企业应采用差异性营销策略,以提高产品的竞争能力;如果竞争对手也实行差异性营销策略,企业就应进一步细分市场,实行更有效的差异性营销策略或集中性营销策略;但若竞争对手力量较弱,也可考虑采用无差异性营销策略。

第三节 市场定位策略

无论企业采取什么样的目标市场营销策略,都会面临对手的竞争,除一些新兴产业外,大多数产业日趋成熟,市场竞争激烈,开发新产品难度很大,产品趋同,企业产品如何让消费者识别、认知和认同,并在其心中形成区别于竞争对手产品的独特的印象就成为关键,这是一个产品市场定位问题。

一、市场定位的概念

市场定位(market positioning)是 20 世纪 70 年代美国营销学家提出的一个重要概

念。它是根据竞争者现有产品在市场上所处的位置,针对消费者或用户对该种产品某种特征或属性的重视程度,强有力地塑造出本企业产品与众不同的、给人印象鲜明的个性或形象,并把这种形象生动地传递给顾客,从而使该产品在市场上确定适当的位置。市场定位并不是企业对某种产品本身做些什么,而是在潜在消费者的心目中做些什么。也就是说,企业给产品在潜在消费者的心目中确定一个适当的位置,如品质超群、新颖别致、高档品牌、方便实用等。因此,市场定位实际上是心理效应,它产生的结果是潜在消费者怎样认识一种产品。即市场定位是企业通过在目标顾客的心目中为自己的产品创立鲜明的特色和个性,从而塑造出独特的市场形象来实现的。

实际上,市场定位就是塑造企业及产品在目标市场上的位置,设法建立一种竞争优势,以便在目标市场上吸引更多的顾客。而这种位置和优势的取得取决于消费者或用户是怎样认识这种产品。如果产品形象或消费者的这种看法符合消费者的购买要求,企业的产品就接近了消费者,就能拥有消费者,获得巩固的市场地位和较高的市场占有率。因此,市场定位的准确性会直接影响企业的营销效果。例如,美国七喜公司在竞争激烈的饮料市场上,针对可口可乐、百事可乐公司的饮料产品的特点,把本公司生产的饮料定位于非可乐型饮料,并重点宣传它不含咖啡因的特点,从而拥有了自己产品的顾客。定位实施的当年,销售量就提高了10%。再如,可口可乐公司开发的白色饮料雪碧,定位在非可乐型饮料的位置,这样,既有别于公司可口可乐这种可乐型饮料,同时进入非可乐型饮料市场同"七喜"竞争,扩大非可乐型饮料的市场份额。

> **营销箴言** 一旦我们把自己从皮具生产商的定位提高到为高尚生活方式提供饰品的品牌时,一切都变得顺理成章了。
> ——卢·法兰克福,原古奇公司首席执行官

市场定位可分为对现有产品的再定位和对潜在产品的预定位。对现有产品的再定位可能导致产品名称、价格和包装的改变,但是这些外表变化的目的是保证产品在潜在消费者的心目中留下值得购买的形象。对潜在产品的预定位,要求营销者必须从零开始,开发所有的营销组合要素,使产品特色确实符合所选择的目标市场。

二、市场定位的依据

市场定位既然是一种心理效应,其本质就不是企业要做什么,而是消费者的感受是什么。因此,市场定位的依据是从消费者的角度,考察其消费心理和购买习惯以及对产品属性的重视程度。

(1)消费者对产品某种属性的重视程度。产品的属性可以从产品实质和产品形式上表现出来,如产品形状、物理化学性质、成分、造型、色彩等。还可以从消费者的不同消费心理和消费习惯上表现出来,如朴素、豪华、淡雅等。企业推出的产品应当着重于目标顾客对产品某种属性的重视程度,注意树立品牌形象,以吸引对产品和服务有不同要求的顾

客群,使产品和服务在目标顾客群的心目中,有一个特殊的地位。企业所树立的产品形象、市场位置是否恰当,必须通过与竞争者或本企业其他产品的比较来决定。产品定位必须通过整体营销战略的实施来实现。

(2)消费者或用户的购买心理和购买习惯。产品定位所强调的产品个性和形象,通常可从消费者或用户的购买心理、购买习惯上反映出来。因为不同的购买心理和购买习惯往往反映了不同消费者的不同生活情趣。如有的爱奢华,有的爱简朴等。不同的心理需求和个性心理特征,可使消费者产生不同的购买动机和购买习惯,因而,对产品和服务的个性和形象有不同的需求。因此,企业在进行目标市场定位时,应以消费者的购买心理和习惯的差异性为依据,采取不同的定位策略,使其产品的个性和形象与消费者的心理和习惯相吻合。

三、市场定位的程序

企业在进行市场定位时,一方面要了解竞争对手的产品特色和定位,另一方面要研究消费者对该产品的各种属性的重视程度,并结合消费者的消费心理和购买习惯,选定本企业产品的特色和独特形象进行市场定位。其基本程序一般分为三个步骤,即确认本企业的竞争优势,准确地选择相对竞争优势,明确显示独特的竞争优势。

(一)确认本企业的竞争优势

企业确认本企业的竞争优势,要尽可能系统地做好以下三项工作:一是标出竞争对手的产业定位情况,二是明确目标市场顾客需求满足情况,三是明确针对竞争者的市场定位和潜在顾客的需求,企业应该和能够做什么。通过完成上述三项工作,企业可从中找到并确认出本企业的竞争优势。例如,某奶制品企业为确认竞争优势做的上述三项工作。根据消费者心目中的产品属性重要性,选择营养程度和价格两个变量建立一个市场结构图,以横坐标代表营养程度,纵坐标代表价格,坐标图中的各点代表各种品牌或偏好,各点之间的距离则表示产品在消费者心目中的差异或相似程度,各点到坐标的距离则表示消费者对某种规格产品的营养程度和使用方便性的评价,圈的大小表示销售额的多少。

(二)准确地选择相对竞争优势

收集并分析市场上竞争者在战略管理、研发、采购、生产、营销、财务、产品七方面的优势和劣势来准确地选择相对竞争优势。

(三)明确显示独特的竞争优势

企业要通过一系列宣传促销活动,将其独特的竞争优势准确传达给潜在顾客,并在顾客心目中留下深刻印象。为此,企业首先应使顾客知道、熟悉、认同本企业市场定位。其次,通过各种营销措施努力强化本企业的市场形象,保持与顾客沟通,加深目标顾客感情来巩固企业市场形象。最后,引导顾客纠正在认识上与本企业定位不一致的模糊或偏差。

四、市场定位策略

企业在进行市场定位时,一方面要了解竞争对手的产品具有何种特色;另一方面要研究消费者对该产品的各种属性的重视程度,然后对这两个方面进行深入分析,再选定本企业产品的特色和独特形象。可供企业选择的市场定位策略主要有三种:

（一）错位定位策略

错位定位策略也称为避让定位，即把企业产品定位在当前目标市场的空白地带。当企业对竞争者的市场位置、消费者的实际需求和自己的产品属性等进行评估分析后，如果发现企业所面临的目标市场存在一定的市场空隙，而且企业的产品又难以与竞争对手正面对抗，这时企业就应把自己的产品定位在目标市场的空白处，与竞争者形成鼎足之势。营养程度高、使用方便的奶制品尚无人提供，这时企业可以采取错位定位策略，避免同行企业的竞争威胁，在一个新的市场位置上确立自己的优势。

采用错位定位策略时，要考虑的因素是：①该市场空缺是否有足够数量需求能使企业获得相应的收益；②市场空缺所需要的产品本企业是否具有技术开发的能力；③企业能否保证产品质量，是否拥有良好的销售服务体系。

（二）插入定位策略

插入定位策略就是企业将自己的产品定位于竞争者产品的附近，或者插入竞争者已经占据的市场位置，与竞争者争夺同一目标市场。这种策略的好处是，企业无须开发新产品，仿制竞争者的现有产品即可，这样，企业不必承担产品销售不畅的风险，也能省去大量的研究开发费用。例如，奶制品企业在现有竞争者 A 品种旁边确定本企业产品的市场位置，即如果竞争者 A 品牌为加钙奶粉，本企业也定位生产加钙奶粉，努力争取占领市场与扩大销售额。

实施插入定位策略必须具备五个前提条件：①在企业要进入的目标市场还有未被满足的市场需求；②企业推出的产品应具有竞争者产品所不具备的特色；③与竞争者不存在法律上的侵权问题；④企业具有足够的生产经营实力；⑤存在产品价格调整的可能性。虽然，这种定位是一种危险的战术，但很多企业认为这是一种能激励自己奋发上进的可行的定位尝试，一旦成功就会取得巨大的市场优势。例如，可口可乐与百事可乐之间的竞争，麦当劳与肯德基之争，都是这种市场定位策略的成功典范。

（三）取代定位策略

取代定位是将竞争对手赶出原来的市场位置，或者兼并竞争对手，从而达到取而代之的目的。企业采取这一策略的原因可能是目前没有其他市场位置能够达到企业的盈利目标；也可能是因为企业实力雄厚，有能力击败竞争对手，扩大自己的市场份额。

当然，采取取代定位策略必须具备以下条件：①企业推出的产品在质量、功能或者其他方面明显优于现有产品；②企业能借助自己强有力的营销能力使目标市场认同这些优势。

本章小结

市场细分要解决的是企业如何在市场中存大异求小同，谋求小市场的大份额的问题。消费者市场细分依据的因素包括地理因素、人口因素、心理因素、行为因素和利益因素五种基本形式；产业市场的细分标准包括最终用户需求、顾客规模、顾客位置三个方面。在具体进行市场细分时，常常用两个以上的变量组合为标志进行细分。可衡量性、可进入性、可营利性、可区分性是市场细分的四项基本原则。市场细分的基本方法有主导因素法、多因素排列法和序列因素法。

企业资源有限,为了提高企业的竞争优势,企业必须根据市场潜量、市场竞争状况和企业自身状况来确定目标市场。企业可以有五种方式选择目标市场:产品-市场集中化、产品专业化;市场专业化;产品-市场选择型;整体市场。可供企业选择的目标市场营销策略主要有无差异性营销策略、差异性营销策略、集中性营销策略。企业可以根据自己的实际情况选择错位定位策略、插入定位策略和取代定位策略。

关键名词

市场细分　目标市场　无差异性营销策略　差异性营销策略　集中性营销策略　市场定位

思 考 题

1. 市场细分的依据是什么?
2. 三种目标市场选择策略分别有哪些优点和缺点?
3. 企业选择目标市场营销策略时需考虑哪些因素?
4. 企业市场定位程序是什么?
5. 不同的市场定位策略运用的条件是什么?

案例分析

飞鹤奶粉是如何获取消费者信任的?

2019年11月,飞鹤乳业在港交所成功上市,成为中国历史上首发市值最大的奶粉企业,同年在中国市场的销售占比首次超越惠氏,成为中国婴幼儿奶粉市场的行业领军者。2022年3月28日飞鹤公布2021年飞鹤营收达227.8亿元,同比增长22.5%,净利润同比增长21.2%。其中,婴配粉业务实现营收215亿元,同比增长21.7%。2022年2月飞鹤乳业荣获央视评选的十大"国品之光"品牌,这背后是飞鹤60年安全生产零事故,历次国家抽检产品合格率100%,也是三聚氰胺事件中未受影响的极少数乳企,成就了今天中国品牌的榜样。

一、中国婴幼儿配方奶粉行业的两次洗牌

2008年9月,随着《甘肃14名婴儿疑喝"三鹿"奶粉致肾病》报道的推出,国产乳业出现行业危机,这次行业危机对中国婴幼儿配方奶粉行业进行了第一次洗牌。2016年"注册制"的推出则是行业的第二次洗牌。到了2018年1月配方注册制截止日期,我国共有123个工厂的907个配方获批,其中国内乳企配方占比接近80%,洋品牌配方有195个,占比21%。未取得注册证书的产品将会被勒令退出市场,市场得到了进一步规范。

二、飞鹤的发展背景

飞鹤的历史可以追溯到1962年,其前身是黑龙江省农垦局下属的赵光乳品厂,1984年在中国注册"飞鹤"商标,冷友斌1989年从原上海轻工业高等专科学校食品工程专业毕业后,到了家乡的赵光乳品厂担任技术员,后担任副厂长、厂长、黑龙江省农垦总局北安飞鹤乳业集团的总经理。飞鹤乳业也跟随国家政策方向,实施国有企业股份制改造,冷友斌抓住机会,利用和工友东拼西凑的资金购买乳品厂部分股份。2001年8月,冷友斌带着"飞鹤"品牌,以及100多名创业跟随者,背负着1 000多万元的债务,转至齐齐哈尔克东县,购买了克东乳品厂,成立黑龙江飞鹤乳业有限公司,开启了二次创业之路,这也是飞鹤重新建立品牌的一个转折点。随着销售量大增,企业急需融资并扩大产能,2003年,飞鹤选择在OTCBB上市,成功登陆美国资本市场,成为中国乳品行业第一家海外上市的公司。2004年,冷友斌将飞鹤乳业集团职能部门迁至北京,将新办公地址选在了当时雀巢总部旁边,时刻激励自己和团队,努力将飞鹤打造成为和雀巢一样的国际品牌。

三、飞鹤市场再定位

2014年突破30亿元销售额之后,飞鹤乳业陷入了增长乏力的局面。冷友斌说:"当时中国消费者认为进口产品是安全的,诚信的,高质量的。"飞鹤拥有完整的产业集群,超一流的奶源和产品品质,但还是不被消费者认可,尤其是在一线城市和省会城市,摆在飞鹤面前的困境是在拥有国际一流品质的基础上,如何赢得消费者的信任,塑造根植于消费者心中的国产婴幼儿奶粉品牌。

(一)提出"更适合"

2015年,冷友斌希望重构消费者心智,开始带领飞鹤重新进行品牌定位,提出了"更适合中国宝宝体质"的定位。因为饮食习惯,膳食结构不一样,中国人比较容易缺铁,缺锌,缺钙。拿铁的含量来说,中国标准的下限是0.42,美国的标准下限是0.15,这就是中外体质差异强有力的证明。通过这个差异化的品牌定位,飞鹤直击外国品牌痛点,同时以"五十多年安全零事故"为依据,为自家产品作出了安全承诺,为重构中国消费者信心迈出了第一步。

(二)站稳"更适合"

在提出"更适合"品牌战略之后,飞鹤乳业面临的下一个问题是如何将"更适合"和飞鹤乳业强关联起来,使消费者在看到飞鹤的时候就会联想到"更适合"。而现实情况是,所有的中国乳品企业都可以将自己的品牌定位为"更适合中国宝宝体质"的奶粉,伊利可以说,蒙牛可以说,光明也可以说,那么如何将"更适合"和飞鹤乳业捆

绑在一起,飞鹤乳业加大了与消费者多层次沟通的投入,还聘请拥有国际知名度的章子怡作为飞鹤品牌代言人,以增加品牌国际影响力;同时还在央视上线全新的以"更适合中国宝宝体质"为主题的广告,持续扩大飞鹤奶粉的传播声量及知名度。

(三)深化"更适合"

在飞鹤乳业从营销端、产品端和科研端发力,站稳"更适合"的定位之后,飞鹤的销售业绩实现了飞速增长。如何将国产品牌的影响力进一步扩大,成为消费者心目中的世界品牌,在加大科研投入的同时,飞鹤也开启了国际化的战略。2016年,飞鹤乳业开始布局加拿大,在加拿大金斯顿市投资2.25亿加元建设工厂。2019年底工厂已调试至生产水平,飞鹤乳业希望通过加拿大工厂,进一步拓展北美、亚太及中国市场,使飞鹤乳业的产品销往全球,从国产品牌成为世界品牌。对于美国市场,飞鹤在2017年完成对Vitamin World(维他命世界)的收购,维他命世界是美国知名保健品企业,在美国拥有157家连锁店,飞鹤借此收购不仅踏入营养品及大健康领域,而且以连锁店作为渠道,为打开美国市场提供了保障,结合2015年之后与哈佛等国内外高校建立营养实验室,飞鹤乳业董事长冷友斌希望未来5~10年,将飞鹤打造成国际化的品牌。

尽管通过近几年品牌战略的实施,飞鹤乳业已经从认知度、销售额等多方面获得了市场的认可,但依然说不上是一个世界知名的品牌。如何将其品牌影响力扩展至全球,成为令人尊敬的品牌,这需要飞鹤乳业付出更多的智慧和努力。

案例思考题:
1. 飞鹤婴幼儿奶粉是如何进行市场再定位的?
2. 飞鹤乳业是如何通过市场再定位赢得消费者信任的?

第三篇
营销策略

第九章　产品策略

引导问题

1. 怎样才能开发出消费者需要的产品？
2. 为什么货真价实、物美价廉的产品却经常卖不动？
3. 怎样调整企业的产品组合来适应市场需求的变化？
4. 怎样提高新产品开发的成功率？

学习目的与要求

1. 了解整体产品的概念及其分类。
2. 了解产品组合的概念及其策略。
3. 了解怎样实施产品组合的优化。
4. 掌握产品生命周期划分及其各阶段策略的制定。
5. 掌握新产品概念的界定及其开发原则。
6. 了解新产品开发的组织及其开发程序。
7. 掌握新产品构思的提出、形成及其筛选，以及新产品上市策略。

第一节　产品整体概念

不同的学科对同一概念的界定和解释是不同的。在经济学里把产品的概念定义为人们为了生存的需要，通过有目的的生产劳动所创造的物质资料。因此，产品不包括非生产劳动获得的实物，也不包括非物质形态的东西。而在市场营销学中，则把产品概念界定为能提供给市场用于满足需要的任何东西，包括实体商品、服务、经验、事件、人、地点、财产、组织、信息和创意，即所谓产品整体概念（菲利普·科特勒）。产品整体概念是从消费者需求的角度作出的界定，重要意义在于可以提供更为丰富的营销策略安排的线索。

一、产品整体概念的内容与意义

（一）产品整体概念的内容

企业在向市场提供产品而制定其产品策略时首先应该注意并充分考虑整体产品包含的五个层次，如图 9-1 所示。

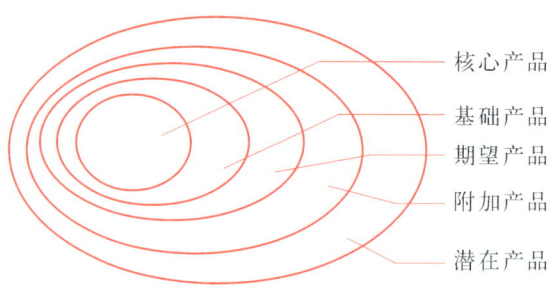

图 9-1 整体产品包含的五个层次

1. 核心产品

消费者购买产品一定会寻求一个核心利益,这是其购买的理由。企业营销人员经常遇到的困惑是,消费者究竟要买什么?如果仅仅是要买一台轿车,为什么要买宝马而不买奔驰?这说明消费者在购买产品表象的背后,一定还有一个更根本的核心利益诉求,其真正想要购买的是这一核心利益的满足。一个消费者选择某一家酒店入住的真正理由可能不是休息和睡觉,而是安静。企业在向市场提供产品之前,必须首先弄清楚消费者的核心利益并确定自己是这一利益的提供者。

2. 基础产品

基础产品是核心产品实现的载体,即满足消费者核心利益的具体形式,也是产品的基本形式。消费者选择的酒店必须有床、桌子、洗漱间等基础设施,而实物产品必须有设计、质量水平、特征、品牌、包装及基本功能等,这些构成要素成为在市场中消费者可以识别和判断的基本特征,进而成为其选择或者放弃的基本依据。

3. 期望产品

期望产品是消费者购买产品时所期望和默认的一组属性和条件,代表着前面两个层次产品实现的程度,影响消费者的认同感。因为企业认为能够满足消费者核心利益的产品与消费者的实际感觉的判断会有偏差。例如,消费者对入住的酒店期望和默认的条件是室内空气是清新的,床是干净的,周边环境是安静的等,他会将这些期望的默认条件与实际的感受进行比较,判断其核心利益能够满足的程度,最终促使其作出选择或者放弃的决策。因此,企业应当准确把握消费者的购买期望,确认能够提供满足其期望的产品,才有可能取得营销的成功。

4. 附加产品

附加产品是指消费者购买产品时所获得的增加服务和更多利益,主要包括免费送货、提供信贷、保证、安装、售后服务等。附加产品概念的提出,一方面是对消费者需要的深入认识,因为购买的目的是满足某种需要,但满足需要是有程度之分的,消费者希望得到与满足该项需要有关的一切,即有关的实物和服务组成的整体以增加满足感;另一方面,市场竞争日益激烈,使产品在前三个层次上逐渐趋同,附加产品的提供可以把企业提供的产品与竞争者提供的产品区别开来。美国学者西奥多·李维特曾经指出:"未来竞争的关键,不在于工厂能生产什么产品,而在于产品所提供的附加价值,如包装、服务广告、顾客咨询、资金融通、送货、仓储及具有其他价值的形式。"

联想公司的附加产品包括与电脑有关的一整套服务,如使用说明、事先设计好的软件程序、程序设计服务、维护修理、保证等。在电脑行业,该公司之所以能够独占鳌头,主要是因为它很早就认识到用户购买电脑时需要哪些附加的服务和利益并努力去满足。因此,一个企业如果善于开发适当的附加产品,就有可能在竞争中立于不败之地。

但是,附加产品的介入在为消费者提供了一个较为完善的"整体消费系统"的同时,也会给企业带来一些值得注意的问题。例如,并非所有的附加产品都可以免费附加,企业必须考虑增加附加产品所带来的成本,而消费者却不一定愿意为附加产品付费;另一种可能性是消费者会把附加产品认同为期望产品,在竞争的压力下,企业不得不寻求进一步新的附加,导致其成本的交替上升,而这时竞争者则可能反其道而行之,以较低的价格争取那些需求比较单一、对附加产品要求不高的消费者。

5. 潜在产品

潜在产品是指企业向市场提供的某种产品最终可能会实现的全部附加部分和新转换的部分。如果说上述四个层面构成的产品代表着在当前市场的状态,那么潜在产品则代表着该产品在未来市场中可能的延伸。市场竞争加快了产品更新换代的速度,也提升了消费需求的档次,促使市场向纵深发展,因为消费者的需求是可以被创造出来的,企业若能及时发现并了解潜在产品的需求,就有可能起到引领市场的作用。

上述产品的五个层次是不可分割并紧密相连的,它们构成了产品的整体概念,为企业制定营销策略提供了丰富的营销线索。在现代市场中,整体产品五个层次中的任何一个都有可能成为竞争的焦点,通常情况下,在经济较为发达的国家和地区的市场上,竞争主要集中在附加产品竞争上,而在经济欠发达的国家和地区的市场上,竞争主要集中在期望产品竞争上,这说明市场竞争的焦点是不断转移的,对消费者需求的满足也是在不断升级的,企业在市场营销中需要考虑的因素越来越多,竞争的难度也越来越大,但其结果却有可能达到经济学中所说的有需求就会有供给的理想状态。在这一过程中,每当企业向市场提供一种产品时,都依据这五个层次,从消费系统的角度,确认所提供产品能满足消费者哪些核心利益,设计出能够满足核心利益的基础产品,从基础产品与期望产品的比较发现不足,并通过设计开发附加产品来提高消费者需求满足的程度,还要认真研究和把握产品转化的方向以求引领市场。

(二) 产品整体概念的意义

产品整体概念的提出是市场营销理论的重大发展,对企业全面理解消费者需求,从不同的层次和角度制定营销策略有重要意义。

1. 明确消费者追求的核心利益

女性购买化妆品,并非为了占有产品本身,而是体现了一种爱美的愿望。如果企业不清楚这一点,消费者需求不可能真正得到满足,企业也不可能获得成功。

2. 重视产品的无形方面

消费者对产品利益的追求包括功能性和非功能性两个方面,前者更多地体现了消费者在物质方面的需要,后者则更多地体现了消费者在精神、情感等方面的需要。随着社会经济的发展和人民收入水平的提高,消费者对产品非功能性利益越来越重视,在很多情况下,甚至超过了对功能性利益的关注,因此,企业应重视产品非功能性利益的开发,以更好地满足消费者的需要。

3. 企业在产品上的竞争可以体现在多个层次上

对于全新产品,消费者更重视产品的基本效用和能给消费者带来的利益,这样,企业之间的竞争就体现在核心利益之争;而对于改进产品和换代产品,消费者除了考虑产品的基本效用,还会关注产品的外观形态;而对于已经成熟和标准化的产品,其在功能、品质、甚至外观上已经十分相近,难以在这些方面形成差异,则可以通过提供独特的附加利益而赢得消费者。

二、产品的分类

企业将产品提供给市场满足消费者需要,市场营销人员需要根据产品的特性制定相应的营销策略。但从上述产品概念中可知,产品包含的内容属性非常广泛,因此,科学的产品分类,可以帮助企业制定更为有效的市场营销策略,产品分类科学性的前提是要正确选择能够反映产品典型属性特征的分类标准。

(一) 按产品的耐久性与有形性划分

按产品的耐久性与有形性划分,可以将产品划分为非耐用品、耐用品、服务。有形性是指产品的表现形式是否具有实物形态,即物质实体;耐久性是指产品在使用中的耐用程度。根据这两个标准,产品可以分为:

1. 非耐用品

非耐用品是指在正常情况下一次或几次使用就被消费掉的有形物品。如文具、信封、牙膏、啤酒等生活中的快速消费品都属于这一类。对这类产品可以采取广设零售网点,以便于购买;毛利定得低,以实现薄利多销;以及大量应用广告,以广泛吸引顾客加以试用,并加深顾客试用后的印象等营销策略。

2. 耐用品

耐用品是指在正常情况下能多次使用且使用寿命较长的有形物品。例如,生活日用品中的电冰箱、服装、轿车,生活资料中的机床等。对于这类产品,通常需要人员推销和销售服务、销售保证,如提供维修和维护、送货和分期付款等。但这会给经营者造成较大的投资支出和运营维护的成本,因此也会带来较高的利润回报。

3. 服务

服务是非物质实体产品,它可以是为出售实体产品也可以是为出售其自身而提供的活动、效益或满足感。如生活中的理发、修理、旅馆,以及生产活动中的机器设备的安装与调试等。这类产品的特点是:①基本上是无形的;②很难实现大量生产,且服务的内容不易标准化;③生产和消费同时进行,所以服务的交易必须在适当的时间与地点进行才能有效满足需要;④对服务质量评价的主观性强。企业对于这类产品应加强服务的质量管理,密切消费者与销售者的联系,提高销售者的信誉和技能,以及对消费者的适用性(如个性化服务)。

(二) 按产品用途划分

按产品用途划分,产品可以分为消费品和生产资料两大类。其中,消费品直接用于生活消费,属于最终产品;生产资料则由企业购买后,用于生产其他产品,属于中间产品。消费品和生产资料在购买目的和购买方式及购买数量等方面有很大差异。这里仅对消费品按照购物习惯做进一步分类,分为便利品、选购品、特殊品和非寻觅品四类。

1. 便利品

便利品是指消费者经常购买，而且既不愿意花费太大的精力进行比较也不愿意用过多的时间去寻找，购买决策周期很短的物品和服务。根据消费者特定的购买态度和购买时所处的环境，便利品可以进一步分为：

（1）**日用品**。日用品是指价格较低，日常生活中经常购买和使用的产品，属于日用品的有形产品有矿泉水、肥皂、牙膏、火柴、电池、报纸及大部分杂货等；属于日用品的服务项目有：干洗、保洁等。消费者购买日用品很少去寻找和比较，其最突出的要求就是随时需要时随即买到，所以愿意接受任何性质相同或相似的代替品并不坚持特定的品牌。因此，这类产品的生产企业应在居民比较集中的地区和交通要道广设零售网点。

（2）**冲动品**。冲动购买品是指消费者事先并未计划购买，因视觉、嗅觉或其他感官直接受到刺激而临时决定购买的商品。如糖果、玩具、杂志、小吃、风味食品、集市上的文艺演出等。经营这类产品的企业除了要广设零售网点，应尽量把冲动购买品对感官的刺激传达给广大的群众，即多采取销售推广的促销方式，如玩具的示范表演、风味食品的临街制作与品尝、糖果食品布置于店面柜台等。

（3）**应急品**。应急品是消费者紧急需要时所购买的便利品。如大雨时的雨伞、登山时的轿子、临时应急的药品等。经营这类产品的企业也应广设零售网点，但重要的是应提高商品布置的可见度，包括标志的醒目、色彩的搭配和灯光的亮度都是需要考虑和精心设计的。

2. 选购品

选购品是指消费者在购买过程中，需要对商品的式样、适用性、耐用性和价格等进行比较以后才能作出购买决策的产品。如汽车和住房、家具和家用电器、女子美容美发、电视节目等。选购品挑选性强，消费者不知道哪家的最合适，且因其耐用程度较高不需经常购买，所以消费者有必要和可能花较多时间和精力去许多家商店物色合适的商品。选购品还可以进一步细分为同质品和异质品，购买同质品的消费者一般会认为产品差异小而价格差异大，应当进行比较。因此营销人员必须能够说清价格差异背后的理由，帮助消费者作出购买决定；购买异质品的消费者则只要价格在其能够承受的范围内，产品特色更为重要，个性化的差异是其作出购买决策的主要原因。因此，营销人员要考虑的是品种齐全，满足不同偏好的消费者，并通过提供咨询信息和良好的建议等专业化促销手段帮助其作出购买决策。

3. 特殊品

特殊品是指具有特殊效益及（或）特定品牌，能满足消费者特殊的利益要求，并且愿意特别花费精力认定其品牌而购买的产品。如具有特定品牌和特色的装饰品、定制的服装、昂贵的组合音响、专业俱乐部、畅销小说和著名的体育比赛入场券等。特殊品的显著特点是消费者坚持认品牌购买。因此，经营这类产品的企业不需要广设销售点，一般一个城市一两家经销店。特殊品在相当程度上排除了竞争，使经营者获得很大的利益，因此选购品的经营者力图使其经营的选购品改变为特殊品的状态。要实现这种改变关键在于以一流的产品质量提高其商标的知名度。

4. 非寻觅品

非寻觅品是消费者目前不知道，或虽知道还未有兴趣购买的产品。如刚上市的新产品、人寿保险、百科全书、殡葬用品等。但值得注意的是,"不知道"是可以转变的;"不感兴趣"可能是还没有发现一些潜在需求或者暂时没有遇到需要这类产品的情况因而没有产生购买的欲望。因此,营销人员应加强广告宣传和人员推销工作,如果是新产品,应使消费者了解产品特性,建立认知并逐步转化为认同感;如果是人寿保险、百科全书等消费者对其重要性缺少认识的产品,则应采用人员推销的方法,让消费者认识到这些产品与其自身利益的相关性,促使其产生购买的兴趣;而对于只有在特殊情况下才使用的产品,就应当通过宣传促销,事先让消费者知道在哪里能买到,以及还能得到哪些相关利益的满足,一旦产生需要,即可达成销售。

三、产品的等级关系

每种产品都与其他产品有关联。产品层级从基本需要开始,一直延伸到能够满足这些需要的一些具体项目。我们可以识别出七个产品层级。下面以人寿保险为例对其加以定义和说明。

(1) **需要集**。是指构成产品集基础的核心需要。例如,安全。

(2) **产品集**。是指能满足某种核心需要的所有产品类别组成的集合。例如,储蓄和收入。

(3) **产品类别**。是指产品集中具有某些相同功能的一组产品。例如,金融证券。

(4) **产品线**。也称为产品大类,它是指产品类别中具有密切关系的一组产品。它们以类似的方式起作用,或出售给相同的消费者群体,或通过同样的零售网点出售,或同属于一个价格幅度。例如,人寿保险。

(5) **产品类型**。是指在某一产品线中分别属于不同产品形式中的那些产品项目。例如,定期人寿保险。

(6) **品牌**。是指与产品线上一个或几个产品项目相联系的产品名称,用以识别产品项目的来源和特点。例如,某某公司的定期人寿保险。

(7) **产品项目**。是指某一品牌或产品线内明确的单位,它可以根据尺寸、价格、外观及其他属性加以区分。产品项目可以称作库存单位或产品实体。例如,某公司可更新的定期人寿保险。

与产品等级有关的术语还有两个,即产品系列和产品组合。所谓产品系列,是指一组不同但其功能可以相互配合使用的相关项目。例如,照相机都附有各种用途的镜头、滤光镜及其他配件,所有这些产品项目就构成了一个产品系列。所谓产品组合,是指某一企业所生产或销售的全部产品大类、产品项目的组合。

第二节 产品组合决策

企业通常是从单一的产品或者项目经营开始,逐步向其他产品或项目扩展,形成了包含多个相互关联的产品线和不同产品项目的集合体,某一特定的企业能够提供给市场的就是这个集合体。理论上讲,除非企业只生产一个规格的一个产品,否则都会面临如何进行产品组合的决策问题,而在现实中,很少见到企业只有一个产品项目,其组合的质量具有非常重要的意义,所以,产品组合是产品策略的重要组成部分。

一、产品组合的概念与意义

企业市场营销活动所谋求的是产品最优组合,这取决于对产品组合特性的理解,其中最重要的是对产品组合中一系列基本概念的理解。

(一) 产品组合的基本概念

企业的产品组合中最基本的概念有两个。一是产品线,是指企业生产和经营的一组能够满足具有同质需求的消费者,并可以通过同一渠道销售的产品。例如,海尔集团既生产和经营电冰箱、洗衣机等家用电器,也生产经营笔记本电脑和手机,可以把这三类产品理解为三条产品线,每条产品线中的产品在核心层次上能够满足消费者的核心利益基本相同,所以产品线通常代表一个产品类别。二是产品项目,是指在产品线中可以用规格、型号、品牌和价格等产品属性加以区别的具体的明确的产品单位。以这两个概念为基础,从数量、关系等不同角度,又可以扩展出产品组合的长度、宽度、深度和关联度等一系列概念。

1. 产品组合的宽度

产品组合的宽度是指一个企业有多少条产品线,反映的是这个企业生产和经营的几大类产品,经营范围越大,产品线越多,反映企业涉及的领域越多。以宝洁公司在中国生产和经营的产品为例,表9-1表明它有6条产品线。

表9-1 宝洁公司产品组合的宽度

洗发用品	香 皂	洗衣粉	牙 膏	护肤品	婴儿用品
潘婷 飘柔 海飞丝 沙宣 威娜	舒肤佳	汰渍 碧浪	佳洁士	玉兰油 SK-Ⅱ	帮宝适

注:表中产品组合的长度为13;产品组合的宽度为6;产品组合关联性较小。

2. 产品组合的长度

产品组合的长度是指一个企业的产品组合中产品项目的总数,是每一条产品线所包含项目的相加之和。在产品组合宽度一定的情况下,它所反映的是企业对其产品类别的纵向延伸程度,长度越长,企业生产和经营的产品品种越多;在企业采用多品牌策略时,长度概念也可以反映企业拥有的品牌数量。表9-1表明宝洁公司的产品组合长度为12,其品牌数为12。

3. 产品组合的深度

产品组合的深度是指产品线中每一个产品项目中有多少具体的品种规格。深度概念难以在二维的图表中直观地表达出来,例如舒肤佳香皂包括纯白清香型、薄荷舒爽型、金银花/菊花清香怡神型、苦艾爽洁型、芦荟护肤型、柠檬去味型、椰油温和护养型、中草药健康益肤型八种香型,分别代表着不同的功能。在只有一种规格的情况下,其产品组合的深度为8,如果有两种规格,则深度为2×8＝16。产品组合深度反映了企业在某一产品项目上的纵向延伸程度,也可以代表其满足消费者需求的程度。

4. 产品组合的关联度

产品组合的关联度是指一个企业的各个产品线在最终使用、生产条件、分销渠道等方面相关的密切程度。这里包含两层含义,一是从消费的角度,各产品线所提供产品在使用价值相关的程度,或者产品核心层次满足消费者需求的相似程度;二是从生产的角度,产品在原材料、工艺技术、仓储运输、宣传促销等方面的相关程度。因此,讨论产品关联度也应该从这两个角度出发,从生产的角度,宝洁公司产品组合有很强的关联度,但从消费的角度,该公司的产品组合又缺乏关联度。关联度的大小是企业多元化经营决策的结果,通常情况下,关联度高有利于各产品线之间在技术和管理方面相互支撑,节约原材料成本和降低市场营销费用。

(二) 产品组合特性的意义

理解产品组合特性的重要意义在于企业通过对构成组合的上述概念的调整,可以寻求最佳的组合方式,以达到最大化的经济效益。

(1) 增加产品组合的宽度,即增加产品大类,扩大经营范围,实行多元化经营等,可以充分发挥企业的特长,使企业尤其是大企业的资源、技术得到充分利用,提高经营效益;此外,实行多角化经营还可以减少风险。

(2) 增加产品组合的长度与深度,即增加产品项目,增加产品的花色、式样和规格等,可以在更为广泛和深入的层次上满足广大消费者的不同需要和爱好,产生更好的营销效果,为企业带来更好的效益。

(3) 增加产品组合的关联性,即使各个产品大类在最终使用、生产条件和分销渠道等各个方面密切关联,可以提高企业在某一地区、行业的声誉。

二、产品组合策略

产品组合策略包括三个层次的问题:①在产品项目层次上所面临的问题是产品项目的增加、修改或剔除的问题;②在产品线层次上面临的抉择是关于产品线的伸展、填充和删除的问题;③在产品组合层次上面临的抉择是增设、加强、简化或淘汰哪些产品线,使整体组合最优化的问题。

(一) 扩大产品组合策略

扩大产品组合策略主要从产品组合的长度、宽度和深度考虑,包括延长产品组合的长度,即在原有产品大类内增加新的产品项目;拓展产品组合的宽度,在原产品组合中增加一个或几个产品大类,扩大经营产品范围;增加产品组合的深度,即在原有产品大类的一个或几个项目中增加新的规格、型号等品种。

实施扩大产品组合策略时,应从企业的内、外部两个方面综合考虑消费者需求的变化、市场竞争的态势、企业资源的有效利用和生产技术能力的充分发挥等因素。当企业预测现有产品大类的销售额和利润额在未来一段时间内有可能下降时,就应考虑在现行产品组合中增加新的产品大类,或加强其中有发展潜力的产品大类;当企业打算增加产品特色,或为更多的细分市场提供产品时,则可选择在原有产品大类内增加新的产品项目。

一般而言，扩大产品组合策略的优点是：①有利于企业充分利用人、财、物资源，降低成本，分散风险，增强企业竞争能力；②减少季节性与市场需求波动的影响，使企业经营风险分散，增强企业经营的稳定性；③可充分利用商誉和商标，获得大量采购同类原材料的折价优惠，有利于提高企业的市场营销效率；④适应顾客多方面的需要，有利于扩大营业规模。

扩大产品组合策略也有局限性，它要求企业拥有多条生产线，具有多种销售渠道，同时，促销方式要多样化，这会增加企业的生产成本和销售费用。以下是实施扩大产品组合策略时的一些原则：①强势品牌、有标志性的影响大的品牌和广告及促销投入多的品牌的产品线扩展更容易成功，而在强势品牌中较早进入市场的品牌容易成功；②较早的拓展产品线可以帮助和促进其他品牌在市场上的拓展；③企业的规模和市场竞争能力对产品线拓展起着重要的作用。

扩大产品组合的方式包括：①在维持产品原有的质量和价格的前提下，增加同一产品的款式和规格；②增加不同质量与不同价格的同类产品；③增加相互关联的产品；④增加与现有产品使用同一材料或相同生产技术的其他产品；⑤增加可获得较高利润而与现有产品完全无关的产品。

(二) 缩减产品组合策略

缩减产品组合策略与扩大产品组合策略相反，它是指减少产品组合的宽度和深度，即从企业现有产品组合中剔除某些产品大类或产品项目。当市场繁荣时，较长、较宽的产品组合会为许多企业带来较多的盈利机会，但当市场不景气或原料、能源供应紧张造成价格上涨时，缩减产品组合反而可能使企业总利润上升。这是因为从产品组合中剔除了那些获得很少甚至不获得利润的产品大类或产品项目，使企业可集中力量发展获利多的产品大类和产品项目。

缩减产品组合策略的优点是：①企业可集中资源、技术于少数产品，提高产品质量，降低消耗；②减少资金占用，加快资金周转；③扩大少数产品的生产规模，以便从事大批量生产，产生规模效益；④使促销、渠道等策略目标集中，提高效率。

缩减产品组合策略的局限性是风险较大，一旦目标顾客的消费需求发生转移或市场上出现强有力的竞争者，企业很可能受到严重的损失，甚至破产。因此，缩减产品组合策略的实施必须能够确保因缩减而使保留的项目做得更好。

缩减产品组合有三种方式：①保持原有产品宽度或深度，即不增加产品大类和产品项目只增加产品产量，降低成本；②缩减产品大类，企业根据本身特长和市场的特殊需要，只生产经营某一个或少数几个产品大类；③缩减产品项目，即在一个产品大类内取消一些利润较低的产品，尽量生产利润较高的少数品种规模的产品。

一些企业由于生产能力过剩，或为了全面满足消费者需求等原因，产品大类具有不断延伸的趋势。但随着产品大类的延长，设计、工程、仓储、运输、促销等市场营销费用也随之增加，最终将会减少企业的利润。在这种情况下，需要对产品大类的发展进行相应的遏制，删除那些得不偿失的产品项目，使产品大类缩短，提高经济效益。由此可见，一家企业所能达到的最大的产品大类长度，并不一定是其产品大类的最佳长度。产品大类并非越长越好，关键在于把握产品大类延伸的度。

(三) 产品延伸策略

任何企业的产品线都只是该行业范围的一部分，有其特定的市场定位，如将产品定位在高档、中档或低档。奔驰汽车在整个汽车市场上只是一部分，其定位属于高档范围。但这种定位不是永远不变的,它要随着企业内外部环境的变化进行相应的调整,当企业认为有必要超出现有的范围,作出增加产品线长度的策略时,就称为产品延伸策略,即全部或部分地改变企业原有产品的市场定位。高档、中档和低档是产品延伸策略的三个出发点,具体做法有以下三种。

1. 向下延伸

向下延伸是指企业原来生产高档产品,后来决定增加低档产品。企业采取这种决策的原因是:

(1) **被迫**。企业发现其高档产品的销售增长缓慢或者停滞,因此,不得不将其产品大类向下延伸。

(2) **竞争**。企业的高档产品受到原来生产低档产品企业生产的高档产品的激烈竞争,必须用进入低档产品市场的方式来反击竞争者。

(3) **战略**。企业当初进入高档产品市场是为了建立其质量形象,然后再向下延伸的战略性考虑。

(4) **补缺**。企业增加低档产品是为了填补市场空隙,不使竞争者有隙可乘。

当然,企业在采取向下延伸决策时,也会遇到一些风险:①企业原来生产高档产品,后来增加低档产品,有可能使其名牌产品的形象受到损害,所以,低档产品最好用新的品牌,以避免消费者混淆,造成不必要的误解;②企业原来生产高档产品,后来增加低档产品,有可能会激怒生产低档产品的企业,导致其向高档产品市场发起反攻;③企业的经销商也许不愿意经营低档产品,因为经营低档产品所得利润较少。

2. 向上延伸

向上延伸是指企业原来生产低档产品,后来决定增加高档产品。主要理由有:①高档产品销售增长快,利润率高;②企业估计高档产品市场上的竞争者较弱,易于被击败;③企业想使自己成为产品线完整,能够更全面满足消费者需求的企业。

采取向上延伸决策也会有一些风险:①可能引起生产高档产品的竞争者进入低档产品市场,进行反攻;②未来的顾客可能不相信企业有能力生产高档产品;③企业的销售代理商和经销商可能没有足够的技术和服务能力来支持经营这种高档产品。

3. 双向延伸

双向延伸是指企业产品原定位于中档产品市场,当其获得了该市场优势以后,决定向产品大类的上下两个方面延伸,一方面增加高档产品,另一方面增加低档产品,扩大市场范围。双向延伸兼具了上述两种策略的特征,其主要风险是当原来使用中档产品的消费者面对同一品牌的高档产品可能会提出更多的产品功能和服务的要求,而面对低档产品时会要求原产品降低价格,这有可能动摇中档产品市场。

专栏 9-1

华为的产品生态

如果你已经拥有并习惯了使用一部华为手机,那么你在考虑购买一支用于健康监测的手环、一块智能手表或一个平板电脑时,可能会优先购买华为的产品,因为这些产品上的一些功能可以互通、信息可以共享、服务可以兼容,所以一旦你选择了华为的系列产品，那么也就形成了华为的"产品生态"。关于产品生态的概念，可以从生产者和消费者的角度进行定义，当然，也可以从其他视角进行定义，在这里侧重的是消费者视角，即消费者使用同一品牌的系列产品，所形成的消费观念、消费行为及品牌依赖。培养消费者"产品生态"，有利于企业实施产品组合策略。

华为较为重视生态圈建设，当然，这种生态圈建设更多的是基于生产者协作的视角，但正是这一理念和策略，让更多的消费者有了形成产品生态的可能。正如华为公司轮值董事长郭平在2021年年报的致辞中所讲："过去三年，严峻的外部环境和非市场因素，给公司经营带来了困扰。当暴风雨来临时，我们选择了在雨中奔跑。我们努力保障业务连续，确保对客户交付和服务不中断；我们也努力多打粮食，使自己能够活下来。倾盆大雨没有浇灭理想的火花，反而激发了我们的奋斗热情与创造力。当全世界都在关注华为会不会倒下的时候，华为最关注的还是坚持为客户创造价值、与生态圈合作共赢，同时踏踏实实提升经营质量、持续投入未来。"生态圈建设已然成为华为应对外部环境严峻挑战的重要理念。

在对智能终端未来发展的研判中，华为也分析指出，全场景智慧生活体验未来十年，消费者终端入口更加立体化，手机、PC、平板、TV、手表等用户设备单品智能化程度进一步提升，同时多终端设备间协同工作将给用户带来非凡的"超级终端"体验，从个人移动终端体验向居家、办公、出行的空间智能化体验发展；人机交互更加自然，语音识别、语义理解、计算机视觉技术广泛普及；物理世界和数字世界的进一步融合，VR、AR技术的发展推动沉浸式交互的新体验；智能主动服务变得更加精准，在充分理解用户习惯、保障隐私安全的前提下，实现从"人找服务"到"服务找人"的发展。

在基础软件研究中，华为也通过软件架构创新和系统全栈优化来大幅提高硬件资源利用效率，构建领先的竞争力。OS突破确定性调度、资源柔性隔离等技术，满足嵌入式场景极致时延要求、云典型场景资源利用率倍增。毕昇编译器突破多核并行、自动矢量化等技术，深度软硬协同助力自研芯片多样性算力性能领先业界。GaussDB突破全并行多核处理和AI自优化等核心技术，在高性能、高可用和自治运维等方面竞争力领先，实现七大关键行业格局突破。在软件生态方面，坚持开源开放，打造"四梁八柱"技术架构，面向金融、企业、政府等关键行业实现技术与生态双突破，欧拉、鸿蒙等生态建设进入快车道，搭载鸿蒙的华为设备超过2.2亿台。连接、渲染、AI、地图、搜索、数据管理、Kit框架和AR Engine等多项技术支撑超过3 000个应用迁移，HMS活跃设备超过6亿台。

三、优化产品组合

产品组合的优化可以基于两点考虑，即短期的静态和长期的动态。任何企业的产品组合都需要在一定时期内保持相对稳定的状态，失去了稳定也就失去了组合本身，也就不存在优化的问题；但市场环境的变化又使产品组合必须能够不断调整，动态地适应变化。可以说优化的本质是静态与动态的交替，最终表现为一个完整的动态过程。

(一)静态产品组合

静态产品组合是指在一种特定的市场环境和企业可能承担的风险水平下,有利可图的产品组合关系一经确定,计划不再变动。这种情况要求预测分析较为准确可靠,市场环境相对稳定,确定的产品组合能够实现企业预期的利润目标。

(二)动态产品组合

静态产品组合策略只能决定产品组合的基本形态,即在目前的风险程度、利润水平和其他限制条件已定的情况下,企业从多种可能的产品组合中,选择出来的使企业达到最大利润的产品组合。由于市场需求和竞争形势的变化,产品组合中的每个项目,必然会在变化的市场环境下发生分化,一部分产品获得较快的成长,一部分产品继续取得较高的利润,也有一部分产品则趋于衰落。企业如果不重视新产品的开发和衰退产品的剔除,则必将逐渐出现不健全的、不平衡的产品组合。为此企业需要经常分析产品组合中各个产品项目或产品线的销售成长率、利润率和市场占有率,判断各产品项目或产品线销售成长上的潜力或发展趋势,以确定企业资金的投向,作出开发新产品和剔除衰退产品的决策以调整其产品组合。

产品组合的动态平衡是指企业根据市场环境和资源条件变动的前景,适时开发和增加新产品和淘汰应退出的衰退产品,从而随着时间的推移,仍能取得最大利润的产品组合。可见,及时调整产品组合是保持产品组合动态平衡的条件。动态平衡的产品组合亦称最佳产品组合。

调整产品组合,保持其动态平衡,首先需要运用一些分析工具确定企业产品组合的现状,之后再制定调整策略。常用的分析方法有两种:波士顿矩阵法和通用电气公司法。

1. 波士顿矩阵法

(1) **主要内容**。波士顿矩阵法(BCG Matrix)是由美国著名管理学家、波士顿咨询公司创始人布鲁斯·亨德森于1970年首创的一种用来分析和规划企业产品组合的方法,其核心是要解决如何使企业的产品品种及其结构适合市场需求的变化,以及如何将企业有限的资源有效地分配到合理的产品结构中去的问题。这种方法把决定产品结构的基本因素确定为两个,一是市场吸引力,包括企业销售量(额)增长率、目标市场容量、竞争对手强弱及利润高低等。其中,最主要的是反映市场引力的综合指标——销售增长率,这是决定企业产品结构是否合理的外在因素。二是企业实力,包括市场占有率,技术、设备、资金利用能力等,其中市场占有率是决定企业产品结构的内在要素,它直接显示出企业竞争实力。销售增长率与市场占有率既相互影响,又互为条件:市场引力大,销售增长率高,可以显示产品发展的良好前景,企业也具备相应的适应能力,实力较强;如果仅有市场引力大,而没有相应的高销售增长率,则说明企业尚无足够实力,则该种产品也无法顺利发展。相反,企业实力强,而市场引力小的产品也预示了该产品的市场前景不佳。

(2) **基本步骤**。主要有两个环节。**一是核算企业各种产品的销售增长率和市场占有率**。销售增长率可以用本企业的产品销售额或销售量增长率。时间可以是一年或是三年以至更长时间。市场占有率,可以用相对市场占有率或绝对市场占有率,但需用最新资料。其基本计算公式为:

本企业某种产品绝对市场占有率=该产品本企业销售量/该产品市场销售总量 (9-1)

本企业某种产品相对市场占有率＝该产品本企业市场占有率/该产品市场占有

份额最大者（或特定的竞争对手）的市场占有率

(9－2)

二是绘制四象限的波士顿矩阵图，如图 9－2 所示。市场增长率由最低的 0% 至最高的 20%，一般以 10% 为界划分为两部分。相对市场占有率如果为 0.1，表示该产品的市场占有率为同行中领袖企业的 10%；若为 10，则表示企业的该项产品已为行业领袖且其市场占有率为次强者的 10 倍。相对市场占有率以 1.0 为界分为两部分。图中的十个圆圈代表企业当前十种产品，圆圈的位置表示各战略业务单位的市场增长率和相对市场占有率的高低，圆圈直径代表该产品销售额的大小。

企业可将产品按各自的销售增长率和市场占有率归入不同象限，使企业现有产品组合一目了然，同时便于对处于不同象限的产品作出不同的发展决策，以保证其不断地淘汰无发展前景的产品，保持产品的合理组合，实现产品及资源分配结构的良性循环。

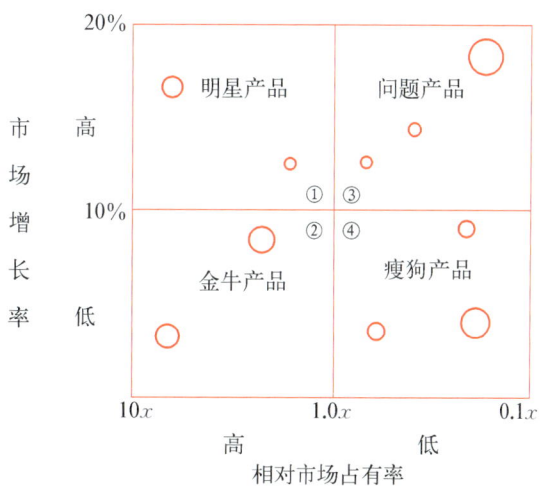

图 9－2　波士顿矩阵图

（3）**产品定义**。波士顿矩阵法对于企业产品所处的四个象限具有不同的定义。

第一象限，明星产品（star）。它是指处于高增长率、高市场占有率象限内的产品群，这类产品可能成为企业的现金牛产品，需要加大投资以支持其迅速发展。采用的发展战略是：积极扩大经济规模和市场机会，以长远利益为目标，提高市场占有率，加强竞争地位。明星产品的管理与组织最好采用事业部形式，由对生产技术和销售两方面都很内行的经营者负责。

第二象限，金牛产品（cash cow）。它是指处于低增长率、高市场占有率象限内的产品群，已进入成熟期。其财务特点是销售量大，产品利润率高，负债比率低，可以为企业提供资金，而且由于增长率低，也无须增大投资；因而成为企业回收资金，支持其他产品，尤其是明星产品投资的后盾。对这一象限内的大多数产品，市场占有率的下跌已成不可阻挡之势，因此可采用收获战略：即所投入资源以达到短期收益最大化为限。①把设备投资和其他投资尽量压缩；②采用榨油式方法，争取在短时间内获取更多利润，为其他产品提供资金。对于这一象限内的销售增长率仍有所增长的产品，应进一步进行市场细分，维持现存市场增长率或延缓其下降速度。对于金牛产品，适合于用事业部制进行管理，其经营者最好是市场营销型人物。

第三象限，问题产品（question mark）。它是指处于高增长率、低市场占有率象限内的产品群。前者说明市场机会大，前景好，而后者则说明在市场营销上存在问题。其财务特点是利润率较低，所需资金不足，负债比率高。例如，在产品生命周期中处于引进期、因种种问题未能开拓市场局面的新产品即属此类问题的产品。对问题产品应采取选择性投资战略，即首先确定对该象限中那些经过改进可能会成为明星的产品进行重点投资，提高市场占有率,使之转变成"明星产品";对其他将来有希望成为明星的产品则在一段时期内采取扶持的对策。因此,对问题产品的改进与扶持方案一般均列入企业长期计划中。对问题产品的管理组织,最好是采取智囊团或项目组织等形式,选拔有规划能力,敢于冒风险、有才干的人负责。

第四象限,瘦狗产品(dog)。它是指处在低增长率、低市场占有率象限内的产品群。其财务特点是利润率低、处于保本或亏损状态,负债比率高,无法为企业带来收益。对这类产品应采用撤退战略:首先应减少批量,逐渐撤退,对那些销售增长率和市场占有率均极低的产品应立即淘汰。其次是将剩余资源向其他产品转移。最后是整顿产品系列,最好将瘦狗产品与其他事业部合并,统一管理。

(4) 调整组合的策略。针对企业产品目前的市场状况,可以采用四种调整策略:

第一,建立策略。这一策略的目标是提高该产品市场占有率,甚至不惜放弃短期利润,该策略特别适用于提高其市场占有率,即有可能转变为摇钱树产品的问题产品。

第二,保持策略。这一策略的目标是保持该产品的市场占有率,特别适用于强大的摇钱树产品,使其继续为企业赚取大量现金。

第三,收获策略。这一策略的目标是取得短期利益,而不顾长远效果,特别适用于远景不佳的弱势摇钱树产品。此外,问题产品和"苟延残喘产品"亦可适用本策略。

第四,放弃策略。这一策略的目的为出售或清算该产品,而将资金转向更为有利的产品行业,本策略适用于瘦狗产品和问题产品。

2. 通用电气公司法

通用电气公司法是对波士顿矩阵法的一种改进。它用"多因素投资组合矩阵"来对企业的产品加以分类和评价。通用电气公司认为企业以其产品进行分类和评价时,除了要考虑市场增长率和相对市场占有率,还要考虑许多其他因素,这些因素可分别包括在两个主要变量之内:①行业吸引力,其中包括的因素有市场大小、市场年增长率、历史的利润率、竞争强度、技术要求和由通货膨胀所引起的脆弱性、能源要求、环境影响,以及社会、政治、法律的因素等;②企业业务力量,即产品在本行业中的竞争能力,其中包括的因素有市场占有率、市场占有率增长、产品质量、品牌信誉、商业网、促销力、生产能力、生产效率、单位成本、原料供应、研究与开发成绩,以及管理人员等。

在矩阵图9-3中,纵坐标代表行业吸引力,以大、中、小概括地表示;横坐标代表业务力量或竞争能力,以强、中、弱概括地表示;七个圆圈代表企业的七种产品,圆圈大小表示各个产品所在行业(市场)的大小,圆圈内的阴影部分则表示各个产品的市场占有率。

多因素投资组合矩阵图分为三个地带,针对每个地带所面临的行业

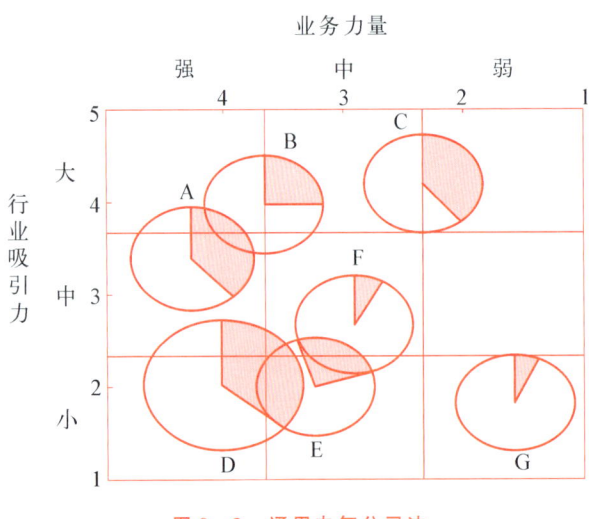

图9-3 通用电气公司法

吸引力和企业业务力量可以采取发展增大策略、维持策略、收割策略和放弃策略。

(1) 绿色地带。即图9-3中的左上角地带的"大强""中强""大中"三个小方格。这个地带产品的行业吸引力大和业务力量较强,如矩阵图中的A、B两种产品,对这类产品应"开绿灯",采取增加投资和发展增大的战略。

(2) 黄色地带。即图9-3中的对角线地带的"小强""中中""大弱"三个小方格。这个地带产品的行业吸引力和业务力量总的来说是"中中"。因此,企业对这个地带的产品要"开黄灯",采取维持原来的投资水平的市场占有率的战略。

(3) 红色地带。即图9-3中右下角地带的"小弱""小中""中弱"三个小方格。这个地带产品的行业吸引力和业务力量总的来说是偏弱。因此,企业对这个地带的产品要"开红灯",采取"收割"或"放弃"的战略。例如,矩阵图中的产品G,其业务力量弱,行业吸引力又小,企业对这种产品应考虑采取"收割"或"放弃"的战略。

无论采取哪种方法,企业都会遇到一个更为深层次的问题,就是产品线的现代化。企业的产品组合不仅涉及外延的规模大小,更要考虑内涵质量的高低,市场竞争使得产品的生命周期日趋缩短,在消费者需求变化速率日益提高的总体态势下,能够提供技术含量更高的新产品的企业在市场上会有更大的竞争优势。企业通常会采用逐渐的方式实现产品线现代化,这样可以减轻由于资源投入过快、过大带来的压力,也可以有时间来观察和研究市场对新产品的反应,但这也会给竞争者机会作出同样的反应。因此,产品线现代化的关键是时机的选择。

第三节　产品生命周期

同其他事物一样,企业的产品在市场上也会经历从出生、成长、成熟、衰退,直至退出市场的完整生命过程,其背后的动因是经济的快速发展、技术的日新月异、竞争者的不断超越、消费者需求的不断变化和新产品更新换代速度等。旧的产品逐渐退出市场,新的产品不断补充进来,形成循环往复的吐故纳新过程。

一、产品生命周期的内涵及其影响因素

(一) 产品生命周期的内涵及其阶段

1. 产品生命周期的内涵

一种产品从试制成功到开始投放市场,直到被市场淘汰的整个过程,称为该产品的生命周期,即该产品从上市到退市的时间间隔。产品生命周期是客观存在,从消费者的角度,它是使用价值的消失过程;而从市场的角度,它是交换价值的消失过程。

产品在市场上的这一周期性表现,提醒企业不能过分地注重自身现有的产品形式,忽视产品生命周期趋势的变化,这将有可能带来一个严重的后果——"营销近视症",导致企业失去市场机会和可能获得的竞争优势。

2. 产品生命周期的阶段及其表现形态

产品生命周期通常分为四个阶段:第一阶段导入期是指在市场上推出该项产品,产品销售呈缓慢增长状态的阶段;第二阶段成长期是指该产品在市场上迅速为消费者所接受,销售额迅速上升的阶段;第三阶段成熟期是指大多数消费者已经接受该项产品,产品

市场销售额从明显上升逐步趋于缓慢下降的阶段;第四阶段衰退期是指销售额急剧下降的阶段。这一过程的典型形式,可用产品生命周期曲线图来表示,如图9-4所示。

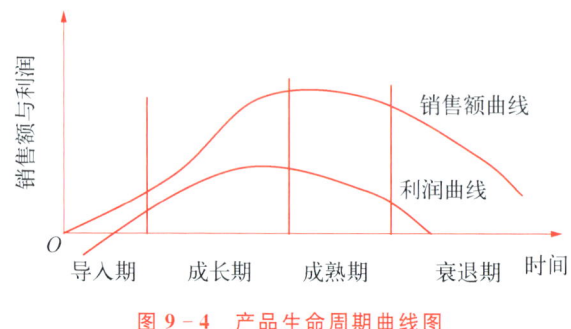

图9-4 产品生命周期曲线图

在现实经济生活中,并不是所有产品的生命历程都完全符合上述形态。除呈典型的正态分布曲线以外,还有以下几种形态:

(1) **非连续循环形态**。大多数时尚性商品呈非连续循环,这些产品一上市即热销,而后很快在市场上销声匿迹。厂商既无必要也不愿意作延长其成熟期的任何努力,而是等待下一周期的来临,如图9-5所示。

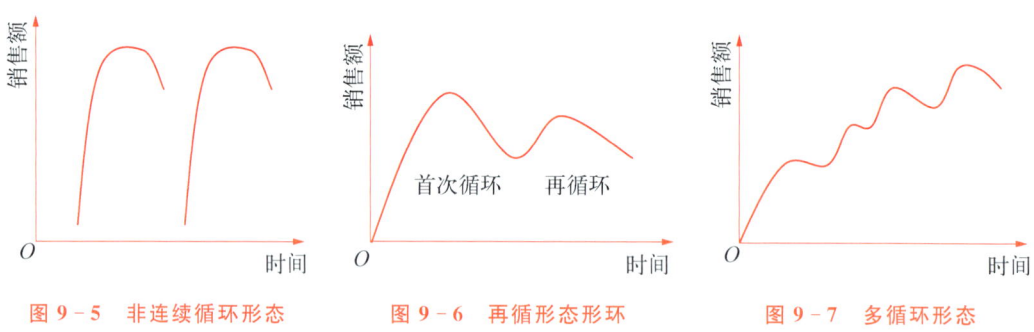

图9-5 非连续循环形态　　图9-6 再循形态形环　　图9-7 多循环形态

(2) **再循环形态**。它是指产品销售进入衰退期后,由于种种因素的作用而进入第二个成长阶段。这种再循环型生命周期是市场需求变化或厂商投入更多的促销费用的结果,如图9-6所示。

(3) **多循环形态**。也称波浪形循环形态,是在产品进入成熟期以后,厂商通过制定和实施正确的营销策略,使产品销售量不断达到新的高潮,如图9-7所示。

另外,产品种类(如电视机)、产品形式(如平板LED)和产品品牌(如康佳)的寿命周期各不相同。产品种类具有最长的生命周期。很多产品种类如食盐、服装、汽车等的产品成熟阶段可以无限期地持续下去,其销售量增加与人口增长率成正比关系。产品形式比产品种类能够更准确地体现标准的产品生命周期历程。例如,手控打印机在经历了典型的导入期、成长期、成熟期之后,由于电脑的普及而进入衰退期,最终退出市场。产品品牌相对于前两者而言则显示了较短的生命周期历程。

3. 生命周期阶段的识别

企业在制定产品生命周期阶段性营销策略时,要先识别该产品处于生命周期的哪个阶段,产品生命周期四个阶段一般是以销售量的变化来衡量和区分的,因此,可以通过销售增长率、产品普及率及同类产品类比等分析方法来识别不同的周期阶段。

(1) **销售增长率分析**。根据本年度和上年度的产品销售量计算出销售增长率,实际计算时应注意多计算几个年度的销售量增长率数据以观察其变化的趋势。其计算公式为:

$$销售增长率 = \frac{本年度的销售量 - 上年度的销售量}{上年度的销售量} \times 100\% \qquad (9-3)$$

根据销售增长率的高低变化来判断产品生命周期所处的阶段,其标准为:①导入期:小于10%且不稳定;②成长期:等于或者大于10%;③成熟期:在小于10%,大于-5%之间;④衰退期:小于-5%。需要注意的是,这一标准提供的是一般性参照,并不是具体精确的数据,只能说明产品生命周期的总体趋势。产品属性不同,市场环境不同,其生命周期可以出现很大偏差,应结合其他因素具体分析。

(2) **产品普及率分析**。可利用产品普及率指标来分析生命周期的不同阶段。对不同的产品可分别按下列两个口径计算普及率:

$$按人口计算的平均普及率 = \frac{某种产品的社会拥有量}{人口总数} \times 100\% \qquad (9-4)$$

$$按家庭计算的平均普及率 = \frac{某种产品社会拥有量}{家庭户数} \times 100\% \qquad (9-5)$$

一般认为,普及率为0~5%时,为导入期;5%~50%时,为成长期前期;50%~80%时,为成长期后期;80%~90%时,为成熟期;大于90%时,为衰退期。

(3) **同类产品类比分析**。即用一种产品的生命周期的变化规律类比分析另一种同类产品的生命周期。这种方法的关键是用于类比的参照产品的选择,应注意选择不同质或差异过大的产品。例如,可以用彩电的发展趋势分析电冰箱的发展趋势。因为这两种产品同属高档耐用消费品,而且,人们对拥有这类产品的消费心理很相似,所以,可以进行类比分析。

(二) 影响产品生命周期的因素

不同产品的生命周期各不相同。有的产品市场生命周期长,可达几年,甚至几十年,有的产品生命周期短,仅有几年甚至几个月。而且,不同产品经历生命周期各个阶段的时间也不尽相同,这是因为产品生命周期受多种因素的影响。主要有以下几个方面:

1. 科学技术的进步

随着科学技术的不断发展,新产品研发的周期在缩短,产品更新换代的速度越来越快,产品的生命周期也变得越来越短。例如,在欧美等国家,由于新产品不断出现,产品的生命周期出现普遍缩短的趋势,生命周期平均不到10年。日本产品的生命周期平均只有5年,家用电子产品仅1~3年。据统计,作为反映现代工业技术水平最敏感产品的小汽车,在20世纪,30至40年代一种车型的生命周期长达15~20年,50年代平均为10年左右,70年代平均只有5年左右,进入80年代后,生命周期更短,不少汽车公司几乎每年都要更新车型。

2. 产品的性质与用途

从产品的性质来说,基本生活资料产品的生命周期较长,非基本生活资料产品的生命周期较短。从产品的用途来说,实用性大,能够满足人民生活某种长期需要的产品,其生命周期较长,实用性小,只能满足人民生活一时需要的产品,其生命周期较短。

3. 产品供求关系的变化

首先,在产品供不应求时,消费者购买心切,刺激了生产部门扩大生产,此时产品多处于成长期;产品供求平衡时,则多处于成熟期;供过于求时,则多处于衰退期。其次,一般来说,需求量变化快的产品,生命周期较短;需求量变化慢的产品,生命周期较长。最后,市场竞争激烈的产品,生命周期较短;市场竞争不激烈的产品,生命周期较长。

4. 产品的价格与质量

产品的价格是否得当、质量是否优良,也会影响产品的生命周期。一般来说,价廉物美的产品和优质名牌商品,其生命周期相对较长;反之则较短。

5. 政府的政策与干预

为了维护社会公众的利益,政府可能采取行政的和经济的措施,禁止或限制有碍环境卫生、破坏生态环境和影响人们身心健康等的产品的生产和消费,从而缩短了这类产品的生命周期;相反,对有些产品,国家鼓励其生产和消费,从而延长了这类产品的生命周期。

二、产品生命周期各阶段的市场特点与营销策略

研究产品生命周期规律,就是要针对产品生命周期各阶段的市场特点,采取相应的营销对策。

> **营销箴言** 不要去考察产品的生命周期,而应该考察市场的生命周期。
> ——菲利普·科特勒

(一)导入期的市场特点与营销策略

导入期的市场特点是:产品初入市场,消费者对产品尚不了解,不愿冒风险放弃或改变自己以往的消费行为,有"试探性"购买的情况,但产品的销售量小;产品尚未建立完善的营销渠道,产品销售量上升缓慢,加上需要较多的宣传、推广费用,导致销售费用大,获利很低,此时产品市场竞争不激烈。因此,迅速提高消费者的认知度和选择适当的价格是关键。

根据上述特点,企业的主要任务是:投入市场的产品要准,投入市场的时间要适宜,设法使市场尽快接受该产品,缩短投入期,更快地进入成长期。这一时期的营销策略应突出一个"快"字。让产品快速进入市场,尽快让消费者了解产品。导入期一般有四种可选择的策略,如表9-2所示。

表 9-2 导入期可选择的市场策略

价格水平	促销水平	
	高	低
高	快速掠取策略	缓慢掠取策略
低	快速渗透策略	缓慢渗透策略

1. **快速掠取策略**

快速掠取策略又称"双高策略"，即以高价格和高促销推出新产品。实行高价格是为了在每一单位销售额中获取最大的利润，高促销费用是为了引起目标市场的注意，加快市场渗透。这一策略和目的是：赚取较大利润，尽快收回新产品开发投资。其市场条件是：有较大的需求潜力；目标顾客购买愿望强烈并愿意为此付出高价；企业面临潜在竞争者的威胁，需要及早树立名牌。

2. **缓慢掠取策略**

缓慢掠取策略又称选择性渗透策略，即以高价格低促销费用将新产品推入市场，通常适合创新产品。实施该策略的市场条件是：市场规模相对较小，竞争威胁不大，过高的促销不一定能产生良好效果；市场上大多数用户对该产品没有过多疑虑；适当的高价能被市场接受。

3. **快速渗透策略**

快速渗透策略又称密集式渗透策略，即以低价格和高促销费用推出新产品。目的在于先发制人，快速进入市场，提高市场占有率。实施这一策略的条件是：产品市场容量很大；潜在消费者对产品不了解，且对价格十分敏感；潜在竞争比较激烈；产品的单位制造成本可随生产规模和销售量的扩大迅速下降。

4. **缓慢渗透策略**

缓慢渗透策略又称双低策略，即企业以低价格和低促销费用推出新产品。低价是为了促使市场迅速地接受新产品，低促销可以避免过高的费用支出。实施这一策略的基本条件是：市场容量较大；潜在顾客易于或已经了解此项新产品且对价格十分敏感；市场需求价格弹性较高而促销弹性较低；已有相当的竞争者和即将加入的潜在竞争者。

（二）成长期的市场特点与营销策略

成长期的市场特点是消费者对新产品逐渐熟悉和接受，分销渠道畅通，销售量增长很快，促销费用所占比率开始下降；产量增加，成本降低，价格稳定或略有下降，企业利润迅速上升；竞争日趋激烈，更为完善的新产品特性出现，市场开始细分。

这一阶段的主要任务是：保证产品质量，促进产品的销售和利润快速增长，回收投资。由于这个阶段是企业产品销售的黄金时期，市场营销策略应突出一个"好"字来扩大并站稳市场，同时避免因产品质量问题而损害企业的形象和产品的信誉。企业应采取的主要营销策略有以下几种：

（1）**规模策略**。这一策略是指集中人力、物力、财力，增加产能和完善工艺，扩大市场供应量，形成规模效益。

（2）**品牌策略**。从质量、性能、式样等方面进行产品改进，强化产品特色，寻找并进入新的细分市场，满足消费者更广泛更深层次的需求；加强服务、加强促销，促销策略的重心从建立产品知名度转向树立产品形象，建立品牌偏好，形成品牌效应，以争取更多的顾客。

（3）**降价策略**。在扩大生产的基础上，选择时机，适当降低产品价格，这样既可以吸引对价格敏感的潜在消费者，又可以防止竞争者加入。

（4）**渠道策略**。加强与经销商合作，巩固原有销售渠道，可以考虑寻求新的渠道组合模式或增加新渠道，开拓新的市场。

（三）成熟期的市场特点与营销策略

成熟期的市场特点是销售总量大，但销售增长速度缓慢，随着市场需求渐趋饱和，销售增长率甚至呈现下降的特点；由于产品普及率高，市场需求减少，行业内生产能力开始出现过剩，市场竞争激烈，利润开始下降；由于这一时期销售总量大，加上持续的时间较长，因此一般是企业获利的最佳时期。成熟期又可以分为三个时期：

（1）**成长成熟期**。此时期各销售渠道基本呈饱和状态，增长率缓慢上升，还有少数后续的消费者继续进入市场。

（2）**稳定成熟期**。由于市场饱和，消费平稳，产品销售稳定，销售增长率一般只与消费者人数成比例，如无新消费者则增长率停滞或下降。

（3）**衰退成熟期**。销售水平显著下降，原有用户的兴趣已开始转向其他产品和替代品。全行业产品出现过剩，竞争加剧，一些缺乏竞争能力的企业将渐渐被取代，新加入的竞争者较少。竞争者之间各有自己特定的目标顾客，市场份额变动不大，突破比较困难。

这一阶段的主要任务是集中一切力量，尽可能延长产品成熟期，为企业带来更多的利益，积累更多的资金。这一时期市场竞争激烈，巩固市场占有率并设法将成熟期延长是关键，可以采取的营销策略有以下几种：

（1）**市场改良策略**。由于**销售量＝（产品原用户数量＋新用户数量）×用户使用次数×用户每次使用量**，因此在销售量增长缓慢的成熟期，增加销售数量可以采取开发新市场、寻求新用户的方法，同时还可以采取引导消费者合理的使用，开发产品新用途等方法增加用户使用次数和用户每次使用量。

（2）**产品改良策略**。也称为"产品再推出"，是指改进产品质量、特点、式样或服务使之升级换代，再投放市场。

（3）**营销组合改良策略**。它是指通过价格、渠道、广告、销售促进、推销和服务等促销工具的有效匹配来延长产品成熟期。但营销组合改进容易被竞争对手模仿，尤其是降价、附加服务等。对此，企业必须在事先作好充分考虑，以防不测。

（四）衰退期的市场特点与营销策略

衰退期的市场特点是产品销售量由缓慢下降变为迅速下降，新产品正在替代旧产品，消费者的兴趣逐渐转移；价格下降，多数企业无利可图被迫退出市场，竞争者减少。仍在经营的企业也逐渐减少产品的附带服务，削减促销预算等，以维持最低支出。

这一阶段企业的主要任务是：根据市场调查，准确判断产品销售量的快速下降是真正进入衰退期，还是受市场波动的影响，以免错误地选择转移而失去市场机会，或者把有限的资源耗费在已经没有市场空间的产品上，耽误了产品更新换代和进入新市场的时机。具体策略有以下几种：

(1) **维持策略**。由于这一阶段中很多竞争者已纷纷退出市场,而这种产品在市场上尚有一定的需求,因此,企业可以适当地保留一部分生产,保持原有的细分市场和营销组合策略,把销售维持在一个较低的水平上,等待时机,退出市场。

(2) **收缩策略**。通过降低销售成本来增加利润,如降低销售强度,减少销售和推销费用等。收缩策略可能导致产品在市场上的衰退加快,但企业可以增加眼前利益。

(3) **集中策略**。即把资源集中在最有利的细分市场、最有效的销售渠道和最易销售的品种、款式上,通过缩短战线,以最有利的市场赢得尽可能多利润。

(4) **重振策略**。积极主动改进产品的功能和特性,创造新的用途,开发新的市场,使产品进入新的循环。

(5) **放弃策略**。当某种产品已无改进和再生的希望时,企业要及时果断地停止该产品的生产和经营,转向对新产品的研究和开发。

第四节　新产品开发

发展才是硬道理。企业发展的重要标志就是所提供给市场的产品的外延规模的扩大和内涵质量的提升,产品创新是企业生命的源泉。

一、新产品的概念与种类

从技术角度来讲,只有采用了新工艺、新技术、新材料,从而使产品的功能、结构、技术特征等发生显著变化,才称其为新产品。而从市场营销的角度看,内容要广泛得多,只要在功能或形态上得到改进或与原有产品产生差异,并为顾客带来新的利益,即视为新产品,主要包括全新产品、换代产品、改进产品和仿制产品四种类型。

(一) 全新产品

全新产品是指采用新原理、新结构、新技术、新材料和新工艺研制开发的,能满足全新市场需求的市场上从未有过的产品。全新产品研发需要花费很长的时间和巨大资源投入,绝大多数企业很难提供。因此,全新产品通常可以申请专利,受到法律保护。

(二) 换代产品

换代产品是对原有产品采用或部分采用新技术、新材料、新结构,增加了产品功能或显著提高了原产品性能,给顾客带来了新的利益的产品。例如,彩色电视机是黑白电视机的换代产品,5G智能手机是普通手机的换代产品。

(三) 改进产品

改进产品不是由科学技术的进步而导致对产品的重大改革,而是对现有产品重新定位、提高品质、增进性能、改善款式,重新设计外观等。例如推出不同型号的汽车,不同款式和质量的服装等。

(四) 仿制产品

仿制新产品是指市场已经存在而企业通过模仿生产并销售的新产品。对于一些资源有限、研发能力和承担风险能力弱的企业,运用仿制策略推出新产品是一种实用的策略选择。仿制策略运用时应当注意的是容易造成侵权,同时,仿制也难以达到被仿制产品的效果。

以上新产品可以归为两类，一类是市场新产品，即对原有产品改进性能、款式外观而生产出的产品；另一类是技术新产品，即采用新技术生产的产品。前者容易生产，但也容易被仿制；后者生产难度较大，花费多，但一旦成功，就可能会成为企业的拳头产品，在较长时期内占领市场。因此，企业为了保证竞争的优势与地位，必须注意开发技术新产品。

二、新产品开发的原则

讨论新产品开发原则的主要目的是要确定企业研发新产品时的基本方向和制定策略的边界，达到较好的市场效果。

（一）市场导向原则

新产品最终要面向市场，市场是检验新产品成败的唯一标准。企业必须通过自身的情报系统或社会情报机构，广泛搜集和详细整理各类市场信息，及时掌握市场需求的变化趋势，研发市场能够接受并给企业带来经济效益的新产品。这是新产品研发最基本的原则。

（二）发挥优势原则

新产品的竞争力可以来源于几个方面：一是产品与目标市场的匹配度更高，对消费者的购买心理、购买习惯和购买能力适应性更强；二是新产品优势明显，这样既有利于消费者识别和认同，也有利于产品的市场定位；三是与竞争者产品相比在产品服务、销售人员和社会形象等方面的差异性。

（三）量力而行原则

新产品的研发要考虑成本收益比，避免成本过高导致市场难以接受的价格，或者收益过低难以获得效益。可以在充分考虑潜在的市场规模和竞争态势的基础上，用逆向定价方法进行本量利分析；同时还应该根据产品生命周期理论测算产品生命周期的总成本，并注重质量对产品成本的重要影响，研发优势新产品。

（四）与时俱进原则

科学发展和技术进步是新产品研发的不竭之源，企业只有不断地跟踪世界科技发展的新趋势，才能提高产品创新速度，节省开发时间和研制费用，提高产品创新投资效率，同时也有利于提高企业员工的整体素质和新产品质量，增强新产品市场竞争力。从未来发展趋势看，以下几个新产品研发方向值得注意：一是实现经济可持续发展的节能减排和安全性强的产品方向；二是能够更全面满足消费者多方面需求的智能化、多功能高科技产品方向；三是便于携带和使用的小型化和轻型化产品方向；四是满足消费者更高审美情趣的外观设计工艺化的产品方向。

（五）协调配合原则

协调是指新产品研发要注意利用环境机会，包括开发时机、企业环境、消费者、竞争者、国家相关政策以及其主要的企业关系人等，从战略的高度，在高度重视新产品开发的同时选择合适的开发策略；配合是指新产品开发是一项系统工程，不是某一个部门的职责，需要企业各职能部门的密切配合与协调，各部门职能的有机整合对新产品开发至关重要。按项目组建新产品开发团队，设置项目经理是回避各职能部门之间相互摩擦的有效途径。

三、新产品开发的组织

(一)传统的新产品开发组织

1. 产品线经理

有些实力雄厚、产品线丰富的大公司,将产品开发的主要职责委派给产品线经理负责。但产品线经理更多地强调对现有产品线的管理,对现有产品更改和扩充更感兴趣,往往缺乏开发新产品的专业知识与技能。

2. 新产品经理

在国外,有些大公司设有隶属于产品线经理领导的新产品开发经理,例如美国强生公司。这被认为是一个比较成功的模式,一是能使新产品开发的功能专业化,二是使新产品经理能集中投入更多的时间与精力。

3. 新产品开发委员会

对于那些全球化公司来说,新产品开发战略关系到公司与其他全球竞争者的力量对比和在全球竞争中的地位,因此,它们设置一个高层次的新产品开发管理委员会,负责新产品开发的计划、审核、组织及管理实施。

4. 新产品部

设立新产品开发专职部门,直接受公司最高管理层领导。

5. 新产品开发小组

由公司内各部门智囊人员组成,制定新产品开发预算、工作任务、期限和市场投放策略并组织实施。

(二)团队导向的"同时型产品开发"组织

在传统的产品开发组织模式中,虽然每个开发环节的管理责任分明,但彼此之间却缺乏有组织的团队协作精神,使得"序列化的产品开发"引发了某些难以避免的问题。例如,试制车间经常把设计方案退还设计室,理由是不能按照预计的成本试制出样品,设计人员必须重新设计;由于产品研发期过长,顾客的要求在不断地变化,加之激烈的竞争因素,使新产品不得不以低于预定的价格出售,在此情形下,销售部门对研究开发部门感到不满,而研究开发部门则指责销售部门无能。

在新产品开发中,应引入团队导向的"同时型产品开发"组织体制,它是相对于"序列化的产品开发"而言的,即在整个开发过程中,研究部门、设计部门、技术部门、生产部门、采购部门、市场营销部门和财务部门自始至终地通力合作,各种职能的交叉管理始终贯穿于产品开发全过程。

四、新产品开发的程序

建立科学的研发管理程序的重要意义在于提高新产品研发效率和成功率,不同的新产品项目,管理程序会有所差异,一般而言,新产品开发管理程序如图9-8所示。

(一)新产品构思

要进行新产品开发,首先要进行产品构思。构思是对新产品进行设想或创意的过程,是一种创造性思维过程。新产品构思的好坏对产品开发的成败起着关键性的作用。

1. 新产品构思的来源

通常,企业可以从企业内部和企业外部寻找新产品构思的来源。

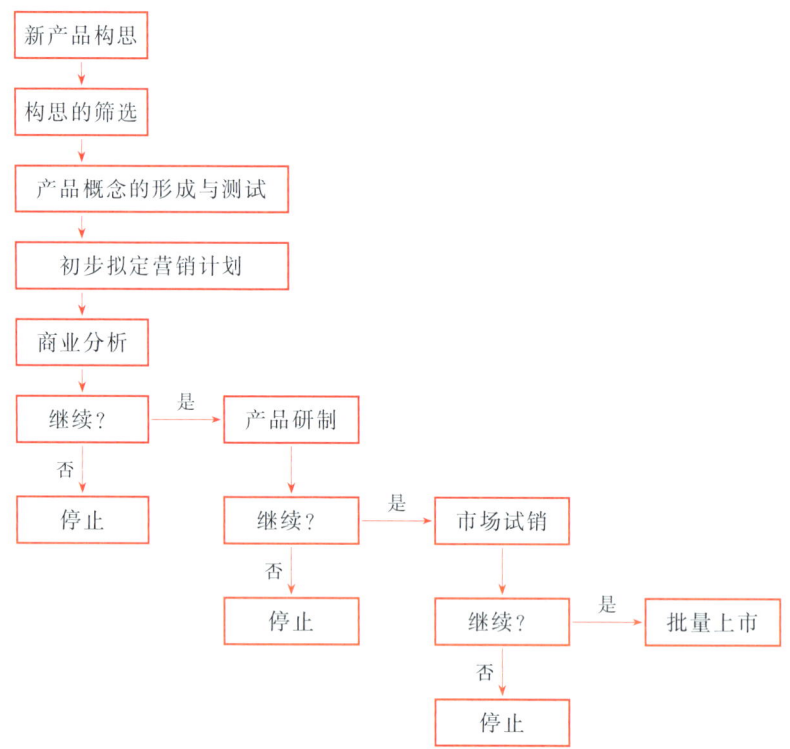

图 9-8 新产品开发管理程序

（1）企业内部人员。企业内部人员是产品构思的一个重要来源。这些人员与产品的直接接触程度虽然各不相同，但他们都对企业业务的某一或某几个方面较为熟悉，对企业所提供的产品也更为了解与关注，因此，通常能够针对产品的优缺点提出改进或创新产品的构思。

① 企业研发部门人员。通常是新产品构思的最重要来源，据统计，大约有88%的新产品构思来源于企业内部，其中有60%来自研发部门。企业研发部门的主要任务就是进行产品开发过程中的基础研究、应用研究及开发研究，产生各种新的产品构思，从而不断开发出畅销的新产品。从新产品开发工作的顺利启动、发展、维持直至获得成功，各个环节都需要研发部门人员的积极参与和努力。

② 高层管理人员。高层管理人员在审查与调整企业总体经营战略时，可能会出于下面的情况而得到有关新产品开发的构思。其一，打算调整企业现有产品线和产品组合，以更好地适应市场需求，从而增强企业竞争实力时，可能提出新产品的设想，至少，也会对新产品的范围与性能构架确定一个合适的范围或方向。例如，生产化妆品的企业设想开发出刺激性较弱的专供婴儿使用的香皂和沐浴露。其二，在重新审查原有但未执行或已废弃的产品计划的过程中发现新产品构思。例如，通过再度审查产品计划如设计、包装、材料、分销渠道等，可发现新产品构思。其三，为了充分利用原材料并节约成本，检查生产工艺过程，来寻找生产副产品的可能性，从而设想出新产品。

③ 销售人员。企业的销售人员在销售产品的过程中与消费者接触较多，尤其是当产品技术性较强，操作较复杂，需要销售人员提供相应的技术指导时，销售人员与消费者的关系更为密切。例如，在机器设备等工业品生产企业以及高科技产品企业，销售人员为了更好地售出产品，需要与用户保持紧密的联系，熟悉用户的使用要求，并应及时收集用户

对产品的意见,主动询问并探求用户对该产品有哪些新的需求。这些与产品相关的信息收集,使得销售人员的头脑中产生许多符合用户实际需要的新产品构思及对现有产品的改进性设想,这些想法往往会为企业进行新产品开发指明方向。

④ 企业内部其他部门的职工。企业职工相对他人而言,对本企业产品的性能优缺点最为关注,这直接影响他们自身的经济利益。发动全体职工都来构思新产品常常能取得良好的效果,调动全体职工的创新心理。可以采用雇员建议制度,欢迎每名雇员提出自己的设想。

(2) 企业外部人员。

① 消费者。消费者的需求和欲望是新产品构思最丰富的来源,也是企业寻求新产品构思的起点。消费者在购买和使用产品过程中,直接感受到产品的优点与不足之处,进而产生产品改进或进行相关产品系列扩展的需求,研发人员可以通过消费者调查来找到最理想的产品构思。虽然这种来源通常并不能包括完整的产品概念,但很可能给研发人员提供了产品构思的启发。企业可以通过顾客的直接调查法,集中小组讨论法,收集整理消费者建议甚至投诉,确定其需求动向,获取新产品构思的灵感。

② 中间商。由于企业的经纪人、推销员、分销商、批发商及零售商熟悉市场需求,了解现有产品的缺陷,且许多中间商已成为消费者直接的产品使用顾问,因此其提出的建议可能具备较高的开发价值,成为新产品构思的较好来源。

③ 竞争者。企业还可以通过研究竞争者所提供产品和服务,根据其某些特来点思考和来发现新产品构思来源,这至少对改进新产品和仿制新产品是有意义的。

④ 企业外的相关机构和发明人员。这些人员广泛存在于发明家组织、大专院校、行业协会、政府管理部门、商标局和专利局、大学的研究与创新中心等。他们的创新性思维、管理经验和创新发明可以为企业提供更广泛的产品改进或创新产品的灵感。

⑤ 咨询公司。当前各咨询公司在竞争过程中也都在不断丰富其管理咨询的内容,包括参与企业新产品构思活动,甚至成立相关部门,为企业提供专业化的产品构思服务。

⑥ 市场调研公司。在市场调研过程中,往往会无意发现一些企业未注意到的市场机会,从而引发新产品构思。一些市场调研公司还定期或不定期发布市场研究报告,也可以给企业新产品构思提供某些线索。

2. 新产品构思的方法

产品开发人员寻找新产品构思的方法主要有如下几种:

(1) **属性分析法**。其主要思想是将现有产品的主要属性一一排列出来,然后探讨、尝试改良每一种属性,在此基础上形成新产品构思。

(2) **引申关系法**。它是先将若干产品排列出来,然后考虑每一产品与其他各个产品之间的关系,将它们结合起来,产生一种新产品构思。例如,电器生产厂家根据很多消费者对于电视机和音响的需求特点,设计出一种新型的音响电视;又如将办公桌、电视机、时钟、电脑、复印机等办公设备联系在一起,产生了完全电子化的办公桌。

(3) **顾客问题分析法**。上述两种方法,在产品构思的产生过程中基本上没有消费者的参与,而这种方法是从消费者的角度开始,首先向顾客调查其使用某种产品时发现的问题或值得改进的方面,然后将这些意见进行综合分析整理,进而转化为创意。

(4) **集体思考法**。企业召集行业内的专家、学者、技术人员在一起座谈,将所有与会人员对特殊问题的主意聚积起来以寻求新产品构思。其主要思想是以集思广益的方式在一定时间内大量产生多种主意,主意越多,获得有价值构思的可能性就越大。开座谈会之前,企业可以提出若干有针对性的问题,给与会人员一段时间做准备,然后在会上畅所欲言,彼此激励,相互启发,提出种种设想和建议,经过分析归纳,形成新产品构思。

(二)构思的筛选

它是指按照一定评价标准,对各种构思进行比较、判断,从而得出最有价值的构思的过程。筛选的主要目的是选出那些符合本企业发展目标和长远利益,并与企业资源相匹配的产品构思。其筛选应遵循如下标准:

(1) **市场成功条件**。包括产品的潜在市场成长率,竞争程度及前景,企业能否获得较高的收益。

(2) **企业内部条件**。主要衡量企业的人、财、物资源,企业的技术条件及管理水平是否适合生产这种产品。

(3) **销售条件**。企业现有的销售结构是否适合销售这种产品。

(4) **利润收益条件**。产品是否符合企业的营销目标,其获利水平及新产品对企业原有产品销售的影响。这一阶段的任务是剔除那些明显不适当的产品构思。

当新产品构思筛选的目的和要求明确了之后,要对新产品构思进行具体的分析评价。最常见的新产品构思筛选程序如图9-9所示。

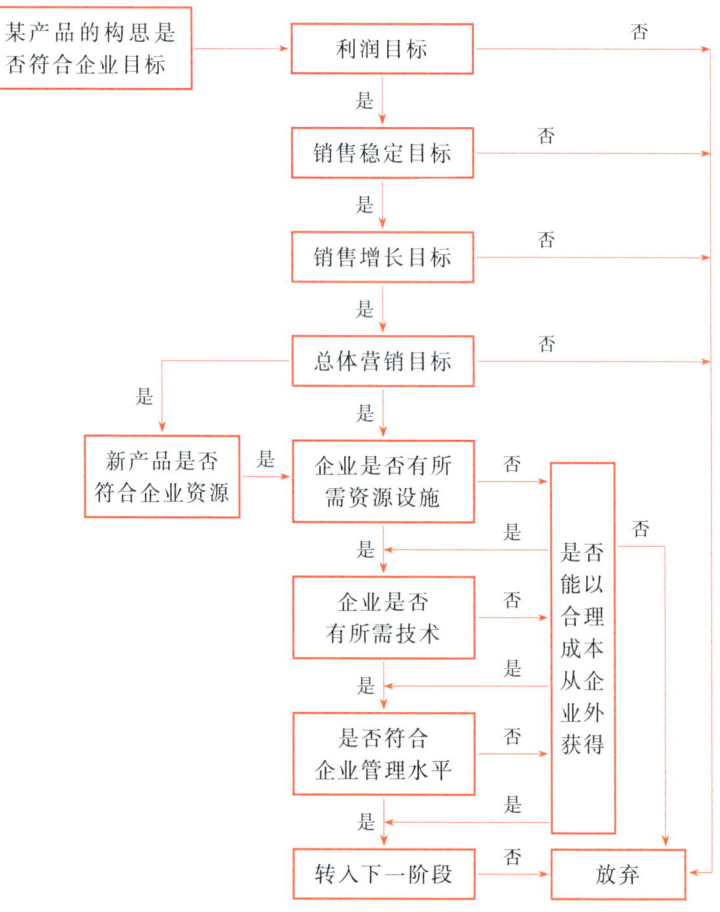

图9-9 新产品构思筛选程序

通过这一程序对产品构思进行筛选,再对选出的产品构思运用新产品构思评审表或运用评分模型进行更为细致的进一步筛选。评分模型是一种对各因素进行加权的排列模型。表9-3是一份比较典型的新产品构思评审表。

表9-3 新产品构思评审表

产品成功的必要条件	权重(A)	公司能力水平(B)											得分数(A×B)
		0.0	0.1	0.2	0.3	0.4	0.5	0.6	0.7	0.8	0.9	1.0	
公司信誉	0.20							*					0.120
市场营销	0.20										*		0.180
研究与开发	0.20								*				0.140
人　　员	0.15							*					0.090
财　　务	0.10										*		0.090
生　　产	0.05									*			0.040
销售地点	0.05				*								0.015
采购与供应	0.05										*		0.045
总　　计	1.00												0.720

分数等级0.00~0.40为"差";0.41~0.75为"中";0.76~1.00为"良"。目前可以接受的最低分数为0.70。

在筛选阶段,应力求避免两种偏差:一是漏选良好产品构思,对其潜在价估价不足,失去发展机会;二是采纳了错误的产品构思,仓促投产,造成失败。

(三) 产品概念的形成与测试

产品构思是企业希望提供给市场产品的一种可能的设想。产品概念是指对假设已经成型的产品构思,用有意义的、消费者可以识别的语言、图像、模型等对产品构思的详尽描述,使之在消费者心目中形成一种潜在的产品形象。一个产品构思可以转化为若干个产品概念,经过筛选后的新产品构思需要进一步发展成为更具体、明确的产品概念才能进行研发。

1. 产品概念的形成

在产品构思转化为概念的过程中,为了增加产品概念的可行性,需收集相关的信息。首先是收集辅助信息,从中获得市场特征、竞争状况等相关资料,然后从目标消费者那里来获得有关新产品概念的建议,提出若干个产品概念,并依据未来市场的潜在容量、投资收益率、销售成长率、生产能力,以及对企业设备、资源的充分利用等因素优选出最佳的产品概念。

选择的方法是,可采取问卷调查方式将产品概念提交目标市场有代表性的消费者群进行测试、评估。

2. 产品概念的测试

新产品概念的测试主要是要了解消费者对新产品概念的反应,通过测试还将从多个新产品概念中选出最有希望成功的新产品概念,以减少新产品失败的可能。受测试者必须是对未来新产品的目标市场有代表性消费者。产品概念的测试内容包括:

(1) **可传播性和可信度测试**。测试消费者是否清楚该新产品概念所提供的利益及对这种利益提供的信任程度。

(2) **需求水平测试**。测试消费者对该新产品概念的需求程度,消费者需求强烈,新产品概念成功的可能性会大些。

(3) **差距水平测试**。通过测试新产品概念与现有产品的差别来了解新产品概念的市场前景。当二者之间的差距较大时,则说明现有产品并没有充分满足消费者需求,潜在消费者对新产品概念可能会很感兴趣。

(4) **产品价值测试**。测试消费者对新产品概念所体现的价值的反应。相对于价格而言,该产品概念是否物有所值。消费者的兴趣往往与其对产品的认知价值成正比。

(5) **购买意愿测试**。测试假设产品已经存在,消费者购买该产品的可能性,这是产品概念测试的重要部分。

(6) 购买频率测试。消费者愿意在什么场合购买该产品,以及该产品使用的频率。

(四) 初步拟定营销计划

在确定最佳的产品概念之后,企业的有关人员还要拟订将该产品导入市场的初步的营销计划,这个计划在以后实施过程中还要不断修正和补充。新产品市场营销计划主要包括:

(1) 新产品营销计划概要。主要对新产品名称、新产品概要、目标市场特征、计划期限、面临的机遇和存在的问题等内容做简要叙述。

(2) 新产品营销战略与营销计划。主要包括:①总体营销战略,包括新产品的财务目标及市场营销目标;市场细分、目标市场选择及产品定位;新产品生命周期阶段的营销组合策略。②具体营销策略,包括对计划期内新产品关键营销活动的内容和时间进度作出安排,以及新产品关键目标控制、预算控制和应急计划等。

(3) 经济效果分析。新产品销售量预测、成本费用、利润、风险的评估;新产品计划中各项活动的费用支出预算;新产品盈亏报表;当前存在和可能发生的主要问题等。

(五) 商业分析

商业分析实际上是对即将研发的新产品在未来市场上可能产生的经济效益进行分析,其任务是在初步拟定营销计划的基础上,审查新产品概念的未来销售额、成本和利润,从财务上进一步判定其是否符合企业的目标,主要包括预测销售量和估算成本、利润。

1. 销售预测

销售预测是指企业以假设的营销环境为基础,按照营销计划要求,预测新产品在未来市场上可以达到的销售水平,它代表了一个新产品在潜在市场容量中可能拥有的份额。企业在进行新产品销售预测时,可参考市场上类似产品的销售发展历史并考虑以下因素:

(1) 环境的影响。企业新产品销售的实现会受到宏观营销环境变化的影响,如宏观经济状况、消费者可支配收入水平,或因国家新的政策、法律法规的出台而影响新产品的销售量。

(2) 竞争者的行动。竞争者的介入可能会严重影响企业的新产品销售,例如,竞争者有针对性地改变其产品价格,或采用新的促销方式,或推出类似本企业的新产品等。

(3) 潜在消费者的购买心理和购买行为。新产品最终将面对市场,接受消费者的检验,因此,消费者的认知、认同和购买决策将会对新产品的成败产生决定性的影响。

(4) 企业的新产品战略。企业开发新产品的目标和手段直接受制于企业的新产品开发战略。不同的新产品开发战略,如创业或冒险战略、紧跟战略、进取战略及防御战略,对市场份额的追求各不相同。因此,在预测新产品销售潜力时必须结合企业的新产品战略。

(5) 各种风险因素。任何新产品的研发都会面临许多风险,主要包括来自技术上的风险和来自商业上的风险,要对风险程度进行评估,制定相应的预防措施。

在充分考虑各种影响之后,可以采用新产品系数法进行销售预测:

$$新产品系数 = 技术成功概率 \times 商业成功概率 \times \frac{预期年销售量 \times 预期价格 \times 产品生命周期}{固定成本总额} \quad (9-6)$$

公式中的技术成功概率和商业成功概率是经验值,反映的是新产品研发的风险程度,可以取在 0~1 之间。产品系数越大,盈利的可能性越大。

2. 成本和利润估计

在对新产品可能的销售量作出预测之后,可以进一步推算其成本和利润情况。其公式为:

$$年盈利额 = (年平均价格 - 年单位变动成本) \times 年销售量 - 年固定成本 \quad (9-7)$$

(六) 产品研制

产品研制是将经过商业分析后可行的产品概念转化成产品模型的过程,包括新产品设计和试制两个步骤。

1. 新产品设计

新产品设计是应用相关的专业技术理论,将拟开发的新产品概念具体表达为被生产过程接受的技术文件和图样的过程。这是新产品概念转换成新产品实体的过程,是新产品开发的关键环节。产品设计质量的好坏将直接影响到产品质量的好坏及产品制造成本的高低。

产品设计的方式主要有:独立研制;技术引进;独立研制与技术引进相结合,以及对老产品进行改进设计。

2. 新产品试制

新产品试制阶段的主要工作是根据新产品设计图纸制造出新产品实体样品,其重要性在于通过试制可以验证新产品设计在技术和商业上的可行性,即试制品是否具备了概念产品要求的各项属性,其功能能否正常发挥,制造成本能否控制在预算内,从而对设计中不适应生产的部分进行改进和修正。同时,还可以摸索和掌握新产品生产的初步经验,为顺利投入大批量生产创造条件。

(七) 市场试销

企业进行试销的目的是了解市场的反应,发现问题及早调整,尽可能减少正式上市的风险。新产品在进行了商品化,即决定了新产品的包装、品牌决策、价格决策、分销决策、促销决策等之后,就可以进行市场试销,这时要考虑试销规模的大小和采取哪种试销方法。

1. 确定试销规模

试销规模的大小主要取决于两个因素:一是进行商业化生产时的投资规模和投资风险的大小;二是市场试销所需费用的多少和时间的长短。对于那些投资规模较大、风险较高的产品,市场试销规模则应大一些;反之,则可以小些。而对于市场试销需要的费用较多、时间较长的产品,市场试销的规模相应要小一些;反之,则可以大些。

2. 市场试销的方法

市场试销主要有以下几种:

(1)销售波法。一般用于新产品试销的早期,是指企业挑选一批测试对象,先免费提供新产品给他们使用,再以低价向其提供企业的产品和竞争者的产品,然后重复3～5次(销售波),以了解在每一次有多少消费者购买企业的这种新产品,以及其满意程度如何的一种试销方法。

(2)实验室试销法。是指企业在特定商店(实验室)里挑选一批消费者,请他们观看一批同类产品的广告片,其中插有企业新产品的广告,然后给他们一定数量的钱到一家陈列着本企业新产品的商店去购买商品。他们可以买也可以不买任何东西。观察消费者购买企业新产品和竞争者产品的数量,并询问他们买或不买本企业新产品的原因。一段时间后,再以电话或者登门拜访的形式询问他们对新产品的态度、使用情况、满意程度和再购买的想法。

(3)控制试销法。是一种在客观条件下进行的产品试销方法,是指企业在一些商店里开展的市场试销活动。在给予一定费用的条件下,这些商店同意经销企业的新产品。企业根据市场试销的目的,确定商店数量和地点;市场调研公司根据企业的计划将产品交给商店,并负责店堂布置、安排货架的位置、产品在货架上的陈列,以及产品定价等。在试销期间,企业还可以在地方媒体上测量小型广告的效果。

(4)测试市场法。它是指在更为现实的市场环境中,观察市场对新产品及其营销计划的反应。测试范围包括竞争者、中间商、新闻媒体、法律工作者等市场利益相关者。测试市场试销不仅仅是用来预测新产品的销售与盈利,进而决定新产品的市场投放,更主要是用来改进和完善新产品及其市场营销计划。被测试的市场是一个整体市场的缩影。

新产品试销应对以下问题作出决策:

第一,选择测试市场。在选择时应考虑以下因素:人口统计性特征;目标顾客的特征;产品分销情况;广告媒体,包括媒体的覆盖面、目标受众的特征,以及广告宣传费用等。

第二,确定测试时间。测试的时间或期限没有一个统一的标准,企业应根据所试销产品的特征来具体确定。一般情况下,新产品的平均再购买周期越大,测试所需的周期就越长,以便观察重复购买率。

第三,确定测试中需要取得的资料。一般应了解首次购买情况(试用率)和重复购买情况(再购率)。

第四,测试并进行决策。经过对试用率和再购买率的测试,可能出现四种情况,将可能出现的情况汇总记入新产品试销分析表,如表9-4所示。如新产品的试用率和再购买率都较高,企业则可以进一步扩大新产品销售;如试用率高,而再购买率低,则应重新设计或放弃它;如试用率低,再购买率高,则需加强广告宣传;如试用率与再购买率都较低,则应放弃该产品开发计划。

测试市场法的优点在于:其提供了典型的市场营销环境,使新产品试销更具真实性,可使企业获得一个较为可靠的销售预测;可以为企业提供大量的市场反应信息;可以事先测试不同的营销计划,为新产品选择最佳营销方案,从而大幅度降低新产品的不确定性,提高市场成功率,大大减少总体风险并避免重大失误的发生。

表9-4 新产品试销分析表

试 用 率	再 购 买 率	新产品决策
高	高	成功产品,可以投放市场
高	低	产品存在问题,需要改进
低	高	认知度低,加强促销宣传
低	低	失败产品,应当放弃

市场试销的缺点:试销耗资巨大,一般来说直接试销费用一般高达几十万元,甚至几千万元;另外试销时间长,在时间上给竞争对手提供了制定或调整应对策略的机会。

(八)批量上市

新产品试销成功后,就可以正式批量生产,全面推向市场。这时,企业要支付大量费用,而新产品投放市场的初期往往利润微小,甚至亏损,因此,企业在此阶段应对产品投放市场的时机、区域、目标市场的选择和最初的营销组合等方面作出慎重决策。

1. 进入市场的时机决策

在新产品正式投放市场时,选择恰当的进入时机是一个关键问题。新产品进入市场的时机决策在很大程度上取决于市场情况。恰当的引入时机能为新产品在市场竞争中赢得有利条件,使新产品很快获得消费者的认可。新产品进入市场的时机决策可以选择早期进入、平行进入和后期进入等策略。

(1)早期进入市场策略。采取这一策略的新产品开发企业通常可获得主动的竞争优势,即有机会建立防止竞争者进入的壁垒。早期进入市场可以建立起顾客壁垒,抢占有利的市场定位;可以选择最好的分销渠道;可以较早产生规模经济和经验曲线效应;能够较早地修正或改进产品投放后的市场营销计划和产品的生产技术,并获得产品声誉的领先地位。然而,采用早期进入市场策略的企业也要承担早期开拓市场的高成本和由于市场环境条件不断变化而导致的高风险,并且需要竭力抵制低成本仿制品的上市。因此,在采用早期进入市场策略时,企业要慎重考虑新产品初期市场的开拓、潜在消费者的教育、需求规模小造成的高成本,以及需求的变化和不确定、技术变革等市场和技术因素所造成的高风险。

(2) 平行进入市场策略。这一策略是指与其预期竞争对手同时或在十分接近的时间里将新产品投入市场。平行进入市场策略主要是使市场回归到竞争平衡状态，即在潜在消费者有机会了解、试用一种新品牌并培养起偏好之前，先进入者还未能建立起进入壁垒，第二个进入的新品牌将分享顾客的注意，因而达到竞争平衡状态。当企业可以轻易地得到主要竞争对手的产品信息时，则可采用平行进入市场策略作为一种防御性战略，以抵消竞争对手的新产品可能产生的潜在优势。反过来，如果企业能够及时发现善于迅速模仿的竞争对手是稍后进入者，则可以把平行进入市场策略作为一种进攻性策略，把竞争者的注意力从重要的市场吸引到较小的市场去，并且分享新产品广告等市场开拓费用。平行进入市场策略主要适用于品牌增值明显的市场。尽管平行进入市场策略可以排除先进入者的先发优势及市场占有率方面的优势，但稍后进入的企业要想达到与竞争对手相平衡的状态则需要具备迅速的市场反应能力，以及能够及时获得竞争对手新产品开发的相关信息。假如企业的产品无论是在质量上、价格上还是包装上都明显优于竞争产品，采用平行进入市场策略则可使竞争产品作为陪衬品进入市场，从而为本企业产品赢得比较优势。

(3) 后期进入市场策略。这一策略是指在竞争对手进入市场后，再将自己的新产品推向市场。这意味着推迟新产品的市场投放日期，从而取得长期的竞争优势。后期进入市场策略可以享受后发优势，既可以等待新产品的市场机会发展到足够的规模，回避市场规模的不确定性，也可以学习先进入者的市场经验，从而降低新产品的开发、设计、市场调研和生产的成本，降低决策的风险。并且，可从先进入市场的产品所暴露出的不足与缺陷中吸取教训和经验来改进本企业的产品，避免出现同类问题。更重要的是，后期进入市场策略能够使企业更好地了解消费者的需求和偏好，进行竞争产品分析，从而改进自己市场定位，提高新产品的市场竞争力。如前所述，采用后期进入的最主要目的是取得长期竞争优势。

2. 进入市场的规模决策

新产品市场进入规模是指新产品投放市场时投放实施的范围。有两种可供选择的规模，一是针对目标市场的一部分，以较小规模展开后，以某种顺序进行滚动式投放；二是针对目标市场以全面铺开方式投放。市场进入规模决策通常包含在新产品营销战略决策中。

(1) 滚动式市场进入方式。新产品滚动式的市场进入可以针对产品和市场特点，结合市场营销计划，选择不同的细分市场或市场区域来进行。在产品投放初期，可以采用新产品滚动式进入市场，获得市场反应信息和经验教训，及时地对新产品及其营销计划进行必要的调整，把获得的经验教训转移到下一个细分市场。当通过市场滚动积累了足够的信息时，便可以实施全面铺开式的市场投放。因此，通过滚动式进入，可以在存在高风险和对市场反应不能确定的情况下取得较好的效果。进行连续的市场滚动和调整，可以较快地完善新产品及市场营销计划。在足够的学习之后，甚至使某细分市场的进入而不需要市场调研。这种滚动式市场进入方式比较适合高风险的产品和高不确定性的市场，如高新技术产品。

(2) 全面铺开式市场进入方式。对于大部分的新产品，可以针对目标细分市场进行全面铺开式的投放。新产品的全面铺开式市场投放可以迅速占领市场，缩短进入市场的时间，但风险较大，投放费用也较高。这种全面铺开式市场进入方式比较适合于改进型新产品的市场投放，而实力不是很强的企业采用这种方式则可能带来不必要的麻烦。

本章小结

产品是指能提供给市场,用于满足人们某种欲望和需要的任何事物,它是核心产品、基础产品、期望产品、附加产品和潜在产品的总和。认识产品的整体概念对于企业经营具有重要意义。了解产品分类和产品等级有助企业制定合理的营销策略。

判断企业产品组合是否合理是产品策略的重要内容,对于企业来说可以采用波士顿矩阵法和通用电气公司法对企业的产品组合进行分析。根据企业产品组合现状,并结合市场情况,对企业的产品组合采取扩大策略、缩减策略和延伸策略。

产品生命周期理论及其应用与新产品开发,是产品组合决策中的两个十分重要的问题,对于企业营销活动具有重大影响。研究产品生命周期规律的意义在于,根据其阶段性的变动特点,采取不同的营销组合决策。在导入期阶段,营销重点是将产品推入市场,使消费者接受产品;在成长期阶段,应以扩大销售为主,通常以提高市场占有率为主;在成熟期阶段,由于竞争激烈,通常采用市场改良、产品改良等策略;在衰退期阶段,销售量迅速下降,多采用集中力量策略或榨取费用策略,或迅速开发新产品。

市场营销学所定义的新产品不仅包括科技发展所推出的全新产品,而且包括并主要是指形态或功能上有所改变的产品。开发新产品是企业得以生存和发展的根本途径。

关键名词

产品整体概念　产品组合　产品生态　产品项目　产品生命周期　新产品开发

思考题

1. 产品整体概念的组成有哪些?产品整体概念提出的意义是什么?
2. 企业常用的产品组合策略有哪些?
3. 如何用波士顿矩阵法分析企业的产品组合?
4. 简要说明产品生命周期不同阶段的营销策略。
5. 简要说明新产品开发应当遵循的基本原则。
6. 简要说明新产品试用率与购买率之间的关系。
7. 简要说明新产品构思筛选的过程。

案例分析

面对"卡脖子",华为如何做出关键技术抉择?

一、华为的困境:美国对芯片产业的封锁

2019年5月,美国商务部将华为及其70个关联企业列入美方"实体清单",禁止华为在未经美国政府批准的情况下从美国企业获得元器件和相关技术。2020年8月,美国商务部再一次升级禁令,将华为在全球21个国家的38家子公司列入"实体清单",进一步收紧了对华为的技术限制。美国采取的制裁和打压措施,使得华为芯片产业发展面临严峻挑战。

芯片产业链包括设计、制造和封测三个环节,美国的制裁和打压涵盖了全部环节,让华为发展芯片产业举步维艰。在封测(封装和测试)环节,中国芯片产业在这一领域的技术可以说是世界领先的,根据中国半导体协会统计,2019年中国封测行业全球市场占有率为64%,国内封测龙头厂商已进入国际第一梯队,龙头企业日月光集团占据了20%左右的市场份额,然而,国内封测企业的封测设备,严重依赖于美日进口,国产化的封测设备占比率极低且技术实力落后于美日企业,不能够满足芯片封测环节的高标准高要求。在制造环节,中国芯片产业较为薄弱,华为采取与"台积电"合作的策略,台积电是全球最大的晶圆代工厂,制造的3 nm、5 nm芯片处于行业领先地位,2018年的市场占有率为56%,华为作为其第二大客户,每年为其带来的收入超过了台积电总收入的30%,然而,台积电的产品优势源于它们采用了美国更先进的芯片生产设备,也正因如此,台积电遵循了美国禁令而放弃与华为合作;三星作为全球第二大芯片制造企业,因为韩国与美国的盟友关系,也未能给华为提供芯片支持;中芯国际作为中国芯片制造的龙头企业,尽管于2019年攻克了14 nm关键技术,但是与台积电和三星还有一定差距,不仅如此,中芯国际14 nm芯片生产线所使用的光刻机是从国外企业引进的,而光刻机技术却又是美国的。在设计环节,华为拥有自己的芯片设计公司华为海思,在经过十几年的发展后,华为海思已成为全球顶尖的芯片设计公司之一,其先进的鲲鹏处理器和自主的麒麟芯片,在国际上具有很大的竞争力,然而残酷的事实就是,华为在芯片设计环节,同样也受到了美国的严格限制,一是芯片设计所使用的架构采用英国arm公司的公版架构,而该公司于2020年宣布与华为终止合作;二是芯片设计所使用的eda设计软件主要由美国三家企业供应,即新思科技(Synopsys)、楷登电子科技(Cadence)和明导国际(Mentor Graphic),三大企业占全球市场的份额超过60%,尽管其中明导国际(Mentor Graphic)在2016年被德国西门子收购,但是其专利技术却全部属于美国。

二、华为的突破:坚持走技术创新的道路

2022年6月8日,华为在2022创新和知识产权论坛上公布了公司第四届"十大发明"评选结果。自2015年起,华为每两年举办一次"十大发明"评选活动。2022年有11项发明入选,涵盖自动驾驶、AI、网络部署等多个领域。

第一项是全新的加法神经网络。能够在保证精度的前提下,使计算功耗和电路面积下降70%,相关技术可以广泛应用于各种终端设备、消费电子产品、智能汽车和电信网络。

第二项是多目标博弈算法。解决了自动驾驶里的一些关键挑战,包括城市道路人车混杂的复杂场景里的定位、感知及决策问题。这项发明解决交互场景接管难例超过70%,缩短通行时间40%,减少存储开销200倍,降低算力消耗超过85%。

第三项是光虹膜。通过在光纤上刻写光虹膜,作为光纤的生物标签,帮助运营商加速光纤宽带部署,减少30%的资源浪费,降低20%的运营成本。

第四项是全精度浮点计算。实现了高效率和高精度的算力融合,解决了高性能计算、AI推理等多场景的浮点计算需求,已在昇腾芯片中投片。

第五项是抬头显示系统。解决了智能汽车抬头显示系统的重影、眼花和眩晕问题,大幅缩减体积,同时释放计算资源,降低时延,让消费者看得清、买得起、体验好。

第六项是确定性IP。实现了大规模分组网络的确定性低时延、低抖动,基于这一发明,华为发布了确定性IP网络解决方案,实现了微秒级精度的远程工业控制。

第七项是风筝方案。助力运营商在其企业客户的园区部署远程核心网或"风筝网络",满足制造、矿业和教育等行业高可靠性和安全性要求。

第八项是BladeAAU和Massive MIMO方案。解决了室内外5G部署的关键挑战,在室外,BladeAAU助力客户极简部署5G网络并同时保证不同制式的网络性能最优;在室内,分布式MIMO技术可大幅提升5G网络容量和用户体验。

第九项是5G Single Air。作为已纳入5G标准的技术,这项发明能够让网络使用更多共享频谱资源,把5G跨制式频谱资源的共享比例从4G时代的40%提升到了90%。

第十项是双活网络附属存储。实现了全球首个对称双活高端存储系统,性能两倍于业界,并能满足交通、能源、金融等领域的扩展和业务零中断的要求。

第十一项是LinkTurbo和Hyperhold。这是一个纯终端侧加速组合,利用该专利,智能手机可以在各种网络和内存使用情况下,为用户带来流畅体验。

三、华为的策略——活下来,把寒气传递给每个人

2022年8月23日,华为创始人任正非在公司内部讲话《整个公司的经营方针要从追求规模转向追求利润和现金流》中表示,"全球经济将面临着衰退、消费能力下降的情况,华为应改变思路和经营方针,从追求规模转向追求利润和现金流,保证渡过未来三年的危机。""把活下来作为最主要纲领,边缘业务全线收缩和关闭,把寒气传递给每个人。"

第一,未来三年首先要活下来。我们要看到公司面临的困难,华为对未来过于乐观的预期情绪要降下来,2023年甚至到2025年,一定要把活下来作为最主要的纲领,有质量地活下来,这个口号很好,每个业务都要去认真执行。如果按计划在2025年我们会有一点点希望,那么我们要先想办法度过这三年艰难时期,生存基点要调整到以现金流和真实利润为中心,不能再仅以销售收入为目标。我们的生命喘息期就是2023年和2024年,这两年我们能不能突围,现在还不敢肯定,所以每个口都不

要再讲故事,一定要讲实现,首先要活下来,活下来就有未来。

第二,盲目投资的业务要收缩。2023年预算要保持合理节奏,盲目扩张、盲目投资的业务要收缩或关闭。全公司都要有效地使用预算,节约出来的人力压到前线去,继续优化机关业务,合理编制人员ICT基础设施,还是我们的黑土地粮仓,一定要收缩到一个有竞争力的复杂硬件平台与复杂软件平台,挂在上面搭车的项目都要摘出来。我们是建基础信息平台,更好地卖ICT,基础设施卖底座不是做生态,终端是未来我们崛起突破的基础,但不能盲目。现在要缩小战线,集中兵力打歼灭战,提升盈利。除了为生存下来的连续性投资及能够盈利的主要目标,未来几年内不能产生价值和利润的业务应该缩减或关闭,把人力物力集中到主航道来,我们要面对现实。

第三,让寒气传递到每个人。夯实责任,奖金升职升级与经营结果挂钩,让寒气传递到每个人。军团比赛就是年底比奖金,因为奖金不是公司给的,是军团自己挣来的利润,而且交给公司一部分,如果挣不到粮食,我们要敢于不发奖金,因为员工的基本收入可以开支生活必需品。当然,有些战略业务短期内创造不出价值,我们可以通过评定的方式来确定,但很多业绩差的边缘业务一定要砍掉,这就是调整巩固充实提高。

第四,生存危机点上不惜代价投入。"100-1=0",对研发来说,单板的研发,单个器件的研发,系统的研发,一定要把质量放在首要,质量是研发制造人员对市场服务人员的最优支持保障。要提高服务体系的地位,服务专家对事故对网络体验要有综合判断能力。过去我们重研发轻服务,现在也要重视服务体系,要重视我们的网络不出问题,体验要好。科学合理地控制库存,从过去恐慌性的自救改为有质量的自救,注意合理地压库存,不要因为过大库存而造成公司的利润不足和现金流紧张,从而构成我们新的危机。在战略关键机会点上,生存危机点上,我们可以不惜代价投入,但在非战略机会点上不能乱花钱。

2022年8月12日,华为发布了2022年上半年经营业绩,期内公司实现销售收入3016亿元人民币,净利润率5.0%。2022年上半年营收同比下降了5.9%,净利润率下滑4.8个百分点。具体到三大核心业务,运营商业务收入为1427亿元人民币,同比增长4.2%;企业业务收入为547亿元人民币,同比上涨27.5%;终端业务收入为1013亿元人民币,同比下滑25.4%。可以看到,上半年除终端业务营收下降外,运营商和企业业务规模保持上涨。

案例思考题:
华为实施缩减产品组合策略的决定性因素是什么?

第十章 品牌与包装策略

 **引导问题**

1. 企业的产品必须做品牌吗?
2. 在企业资源有限的情况下,主要做品牌还是做销量?
3. 如何打造名牌?
4. 怎么才能让包装更好地促进产品销售?

 学习目的与要求

1. 了解品牌的内涵。
2. 了解驰名商标及其特点。
3. 了解品牌层次。
4. 掌握品牌设计原则。
5. 掌握品牌策略。
6. 掌握包装设计。
7. 掌握包装策略。

品牌与包装都是产品整体概念下形式产品的重要组成部分。品牌与包装的作用,对于制造商(经销商)和消费者都是不可或缺的。了解品牌与包装的含义、掌握制定和实施产品品牌(商标)与包装策略的原理与方法,既有利于优化产品组合,也有利于优化营销组合,进而提高营销效率与效果。

第一节 品 牌 概 述

品牌与商标都是用以识别不同生产经营者的不同种类、不同品质产品的商业名称及其标志。但在企业的营销实践中,品牌和商标并不完全等同。商标是指受法律保护的品牌,是获得商标专用权的品牌,是品牌的一部分。

一、品牌与商标

(一)品牌的概念

品牌(brand)是制造商或经销商加在商品上的标志。它由名称(name)、名词(term)、符号(sign)、象征(symbol)、设计(design)或它们的组合构成。品牌一般分为两个部分。第一部分称为品牌名称(brand name)，是指品牌中可以用语言称呼的部分。例如，海尔(Haier)、方太(FOTILE)、迪士尼乐园(Disneyland)等。第二部分称为品牌标志(brand mark)是指品牌中可以被认知，但不能用言语称呼的部分，包括专门设计的符号、图案、色彩等。例如，美国米高梅电影公司的怒吼中的狮子，迪士尼乐园的米老鼠和唐老鸭图案，以及我国永久自行车以"永久"二字排成的类似自行车的图案等。品牌标志主要是让消费者产生视觉效果。

> **营销感言** 品牌是一种错综复杂的象征，它是品牌属性、名称、包装、价格、历史声誉、广告方式的无形总和。品牌竞争是企业竞争的最高层次。
>
> ——大卫·奥格威

(二) 商标的概念

商标是指受法律保护的品牌，是获得商标专用权的品牌，是品牌的一部分。在商业领域而言，商标包括文字、图形、字母、数字、三维标志和颜色，以及上述要素的组合。

商标具有以下四个法律属性：

(1) **独占性**。商标权是商标申请人依照一定的申请、审查、注册等法定程序而获得的对商标使用、转让、许可等方面的特殊权利。商标权一经取得就有了独占性。

(2) **与商品的不可分割性**。依照《中华人民共和国商标法》的规定，核准注册的商标必须具有商标权的客体专指商品，没有专指商品的商标无法表现商标权利。核准注册的商标与核定使用的商品是组成商标专用权的一个整体，二者不能分割，也不能改变，在二者同时具备的情况下，商标注册人才享有商标专用权，并且受到法律保护。

(3) **时效性**。商标经核准注册之后，在正常使用情况下，可以在某一法定的时间内有效使用，受到法律保护。英国及沿袭英国制度的一些国家，商标权的保护期限为7年；古巴、斯里兰卡、坦桑尼亚等国的保护期限为15年；而美国、意大利、瑞士、菲律宾等国的保护期限长达20年。

(4) **地域性**。商标权的地域性是指在一国核准注册的商标，其有效范围或受保护的范围只在该国领域内，超出注册国或注册地域，商标的专用权不发生效力。也就是说，在一个国家核准注册的商标，仅在该国法律管辖的范围内受到该国法律的保护，其他国家对这一商标没有保护的义务。这对于要开拓国外市场的品牌来说，企业欲使自己的品牌获得目标市场所在国的法律保护，还必须按照规定到目标市场所在国及时申请注册，取得在该国地域受到法律保护的商标专用权。

(三) 品牌与商标的区别

品牌与商标是极易混淆的一对概念，二者既有联系，又有区别。有时，两个概念可以等同替代；但更多情况下，我们必须准确认识和区分这两个概念。

品牌是市场概念，是产品和服务在市场上通行的牌子，它强调与产品及其相关的质量、服务等之间的关系,品牌实质上是品牌运营者对顾客在产品的特征、服务和利益等方面的承诺。而商标属于法律范畴,是法律概念,它是经过注册获得商标专用权,并受到法律保护。显然,商标是品牌的法律形式。从这个意义上说,商标是品牌的一部分。

二、品牌的层次

品牌,就其实质来说,它代表着销售者(卖者)对交付给买者的产品特征、利益和服务的一贯性承诺。久负盛名的品牌就是优良质量的保证。不仅如此,品牌还是一个更为复杂的符号,蕴含着丰富的市场信息,主要包含以下六个层次。

(1) 属性。品牌代表着特定的商品属性,这是品牌最基本的含义。例如,奔驰品牌轿车意味着工艺精湛、制造优良、昂贵、耐用、信誉好、声誉高、专卖价值高、行驶速度快等。这些属性是奔驰轿车生产经营者广为宣传的重要内容。多年来,奔驰的广告一直强调它是"全世界无可比拟的工艺精良的汽车"。

(2) 利益。品牌不仅代表着一系列属性,而且体现着某种特定的利益。顾客购买商品的实质是购买某种利益,这就需要将属性转化为功能性或情感性利益。或者说,品牌利益在相当程度上受制于品牌属性。就奔驰而言,"工艺精湛、制造优良"的属性可转化为"安全"这种功能性和情感性利益;"昂贵"的属性可转化为情感性利益:"这车令人羡慕,让我感觉到自己很重要并受人尊重";"耐用"属性可以转化为功能性利益:"多年内我不需要买新车"。

(3) 价值。品牌体现了生产者的某些价值感。例如,奔驰代表着高绩效、安全、声望等。品牌的价值客观要求企业营销者必须分辨出对这些价值感兴趣的消费者群体。

(4) 文化。品牌还附着特定的文化。从奔驰汽车给人们带来的利益等方面看,奔驰品牌蕴含着"有组织、高效率和高品质"的德国文化。

(5) 个性。品牌也反映一定的个性。如果品牌是一个人、一种动物或一个物体,那么不同的品牌会使人们产生不同的品牌个性联想。奔驰会让人们想到一位谨慎的老板、一只勇猛的雄狮或一座庄严质朴的宫殿。

(6) 消费者。品牌暗示了购买或使用产品的消费者类型。

根据上述六个层次的品牌含义,品牌最持久的含义是其价值、文化和个性。它们构成了品牌的基础,揭示了品牌间差异的实质。

营销箴言 随便哪个傻瓜都能达成一笔交易,但创造一个品牌却需要天才、信仰和毅力。

——大卫·奥格威

三、品牌的作用

(一) 品牌对营销者的重要作用

对从事市场营销活动的企业来说,品牌的有益作用主要表现在以下几个方面:

1. 品牌有助于产品的销售,树立企业形象

品牌以其简洁、明快、易读易记的特征而使其成为消费者记忆产品质量、产品特征的标志,也正因如此,品牌成为企业促销的重要基础。借助品牌,消费者了解了品牌标定下的商品;借助品牌,消费者记住了品牌及商品,也记住了企业(有的企业名称和品牌名称相同,更易消费者记忆);借助品牌,即使产品不断更新换代,消费者也会在其对品牌信任的驱使下产生新的购买欲望,在品牌得到公众和消费者信任的同时,企业的社会形象、市场信誉得以确立并伴随品牌忠诚度的提高而提高。

> **营销箴言** 伟大的品牌是公司维持超额利润的唯一途径,伟大的品牌感觉了感性收益,而不是理性收益。
>
> ——菲利普·科特勒

2. 品牌有利于保护品牌所有者的合法权益

品牌经注册后获得商标专用权,其他未经许可的企业和个人都不得仿冒和侵权,从而为保护品牌所有者的合法权益奠定了客观基础。

3. 品牌有利于约束企业的不良行为

品牌是一把双刃剑,一方面因其容易被消费者认知、记忆而有利于促进产品销售,注册后的品牌有利于保护自己的利益;另一方面,品牌也对品牌使用者的市场行为起到约束作用,督促企业着眼于企业长远利益、着眼于消费者利益、着眼于社会利益,规范自己的营销行为。

4. 品牌有助于新产品开发,节约新产品市场投入成本

为适应市场竞争的需要,企业常常需要生产多种产品。因此对企业而言,产品组合是一个动态的概念。依据市场变化,不断地开发新产品、淘汰市场不能继续接受的老产品是企业产品策略的重要组成部分,而品牌是支持其新的产品组合(尤其是扩大的产品组合)的无形力量。若无品牌,再好的产品和服务也会因消费者经常无从记起原有产品或服务而无助于产品改变或产品扩张。有了品牌,消费者对某一品牌产生了偏好,则该品牌标定下的产品组合的改变或扩大就容易为消费者所接受。

5. 有助于抵御竞争者的攻击,保持竞争优势

可口可乐公司总裁伍德拉夫曾说过,即使我们所有的工厂和设施可能明天会被全部烧光,但只要我们的品牌还在,我们就能够迅速恢复生产。可见品牌作用之大。

(二)品牌给消费者带来的益处

1. 品牌便于消费者辨认、识别所需商品,有助于消费者选购商品

随着科学技术的发展,商品的科技含量日益提高,信息及科技传播速度的加快,增加了制造商的模仿能力。对消费者来说,同种类商品的差别越来越难以辨别。因为不同的品牌代表着不同的商品品质、不同的利益,所以有了品牌,消费者即可借助品牌辨别、选择所需商品或服务。

2. 品牌有利于维护消费者利益

有了品牌,企业以品牌作为促销基础,消费者认牌购物。企业为了维护自己的品牌形象和信誉,都十分注重恪守给予消费者的利益,并注重同一品牌的产品质量水平同一化。如此一来,消费者可以在厂商维护自身品牌形象的同时获得稳定的购买利益。

3. 品牌有利于促进产品改良

因为品牌实质上代表销售者对交付给买者的产品特征和利益等的承诺,所以营销企业为了适应消费者的需求变化,适应市场竞争的客观要求,必然会不断地更新或创制新产品,以兑现或增加承诺。这是厂商的选择,也是消费者的期望。可见,迫于市场的外部压力和企业积极主动迎接挑战的动力,品牌最终会带给消费者更多的利益。

品牌的有益作用还表现在有利于市场监控、有利于维护市场秩序、有利于发展市场经济等社会经济发展方面。

四、品牌标志的设计原则

莎士比亚曾经说过,玫瑰无论起什么名闻起来都是香的。这句话听起来似乎很有道理。殊不知,莎翁忽视了一个重要的问题,若"玫瑰"不叫玫瑰而是被叫作"刺儿玫",还会有那么多人去闻它吗?商品与玫瑰一样,为了吸引顾客去认知,也需要取个动听、别致的名字。在品牌设计过程中,一般应坚持以下几个基本原则。

(一)简洁醒目,易读易记

品牌所使用的文字、图案、符号都不应冗长、繁复,应力求发音简洁,图案清晰,符号简明,使人易于接受,便于记忆。尤其在现代信息社会中,只有简单明了的品牌,才能迅速强烈地捕捉住受众的视线,并留下深刻印象。"M"这个很普通的字母,对其施以不同的艺术加工,就形成表示不同商品的标记或标志。鲜艳的金黄色的拱门是麦当劳的标记。由于它棱角圆润,色调柔和,给人自然亲切之感,现如今,麦当劳这个标志已经出现在全世界近百个国家和地区。摩托罗拉的"M"虽然也只取一个字头"M",但是摩托罗拉充分考虑到自己产品的特点,把一个"M"设计得棱角分明、双峰突起,突出了自己在无线电领域的特殊地位和高科技的形象。例如,中国的大多数汽车和电器产品的中文名只有两三个字,且笔画尽可能少,如长城、奇瑞、比亚迪、吉利。

专栏 10-1

长城汽车坦克SUV

坦克品牌是长城汽车面向SUV新趋势推出的全球高端越野品牌,也是长城汽车品类创新的重要成果,致力于成为全球越野第一品牌。坦克logo(见图10-1)由"T"和"U"两大字母组成。T代表坦克(TANK)品牌、科技(technology)和潮流(trend)的定位,U代表用户(YOU)和共创(united)。坦克logo的设计呈现完美诠释坦克品牌"铁汉柔情"的情感表达,流露君临天下傲视群雄的霸气,以及兼济天下的绵绵情怀。以英文"TANK"名称中首字母"T"为主体部分,通过较强的金属感与立体感来凸显坦克品牌的硬派越野风格,车标整体设

图 10-1 坦克 logo

计体块强烈,方形为主的硬朗设计元素,棱角分明的切割面搭配对称式的方正设计,凸显强壮的力量感,整体犹如一辆蓄势待发的坦克,以坚实而强大的力量守护着品牌用户,给人以所向披靡,又刚中带柔的视觉冲击感。

(二)构思巧妙,暗示企业和产品属性

一个与众不同、充满感召力的品牌,在设计上还应该体现企业或产品的特色,使消费者对企业及其产品留下美好印象,暗示产品的优良属性。Benz(本茨)先生作为汽车发明人,以其名字命名的"奔驰"汽车,经过100多年的努力赢得了顾客的信任,其品牌一直深入人心。那个构思巧妙、简洁明快、特点突出的类似汽车方向盘的特殊标志,已经成了豪华优质高档汽车的象征。这个品名与品标的有机结合,不仅暗示品牌所标定的商品是汽车,而且是可以"奔驰"的优质汽车。"奔驰"汽车,既显示了商品的用途特性,又符合消费者的心理。因此,品牌设计一定要根据企业及其产品特点、销售对象等各种因素进行周密分析,慎重选择。

(三)富蕴内涵,情意浓重

品牌,大多都有独特的含义或释义。有的就是一个地方的名称,有的就是一种产品的功能,有的就是一个典故。富蕴内涵,情意浓重的品牌,因其能唤起消费者和社会公众美好的联想备受厂商青睐。如,中国国际航空公司的品牌标识由一只艺术化的凤凰和邓小平先生书写的"中国国际航空公司",以及英文"AIR CHINA"构成。凤凰是中华民族古代传说中的神鸟,也是中华民族自古以来所崇拜的吉祥鸟。据《山海经》中记载,凤凰出于东方君子国,飞跃巍峨的昆仑山,翱翔于四海之外,飞到哪里就给哪里带来吉祥和安宁。中国国际航空公司航徽的标志是凤凰,寓意正是希望这神圣的生灵及有关它的美丽的传说带给朋友们吉祥和幸福。

> **营销箴言** 品牌的价值,不在于产品本身的质量、价格优势和所属企业的传奇故事,而是这个产品和顾客之间的深层次的情感交流。
> ——米尔顿·科特勒,原美国科特勒营销集团总裁

(四)避免忌讳的发音和图案

品牌设计,除了要讲究美观、大方和新颖诱人,还要适应各国的宗教信仰、风俗习惯的要求,避免使用当地忌讳的发音和图案。例如,我国的"白象"牌汽车配件,翻译成英文是"White Elephant",但"White Elephant"在英文中有"废物"之意。再如,美国通用汽车公司生产的"Nova"牌汽车,在美国很畅销,但在销往拉美国家时一度无人问津。原来,许多拉美国家过去曾是西班牙的殖民地,在西班牙语中,"Nova"意为"不走"。于是,美国"Nova"汽车在拉美成为"不走"牌汽车了,这个名字显然不能增加潜在消费者对这种汽车的信心。

> **专栏 10-2**
>
> ### 金利来的诞生
>
> "金利来——男人的世界"的广告语享誉神州大地,品牌影响力经久不衰。"金利来"的创始人曾宪梓先生起初为其生产的领带起的品牌名称叫"金狮",并兴致勃勃地将两条"金狮"领带送给了他的一位亲戚。可没想到他的亲戚拒绝了他的礼物,并不高兴地说:"金输、金输,金子全给输啦!"原来,在香港常用语中,"狮"与"输"读音很相近,而且香港人爱讨个吉利,对"输"字很忌讳。初步命名的失败,使曾宪梓深切认识到名称对一个品牌成功的重大影响。于是曾宪梓绞尽脑汁改"金狮"的名字,最后终于想出了一个好办法:将"金狮"的英文名"Goldlion"由意译改为意译与音义相结合,即"Gold"仍为意译"金",而"Lion"(狮)取音译,为"利来",全称为"金利来"。金利来,金与利一起来,谁听了都高兴!于是,具有外国名字的韵味和具有东方色彩的金利来名称诞生了。

(五)避免雷同

品牌设计的雷同,是实施品牌运营的大忌。因为品牌运营的最终目标是通过不断提高品牌的竞争力而超越竞争对手。若品牌设计与竞争对手雷同,一方面容易被起诉,另一方面也可能永远居于人后,达不到最终超越的目的。在我国,由于企业的品牌意识还比较淡薄,品牌运营的经验还比较少,品牌雷同的现象更为严重。如,我国以"熊猫""海燕"和"天鹅"命名的品牌雷同数量比较多。除重名以外,还有像饮料市场的"椰枫"和"椰树"等极其相似的品牌。试想,当消费者听到"椰枫挡不住"这一广告时,自然会有一定比例的人联想到"椰树",进而拉动了对手品牌。除了注意避免雷同,为了延长品牌的使用时间、扩大品牌的使用区域,在品牌设计上还要尽可能超越时空限制。

> **专栏 10-3**
>
> ### 品牌管理的 3.0 时代
>
> 品牌管理发展到今天大致经历了三个阶段:19 世纪末至 20 世纪 80 年代末是品牌管理的 1.0 时代;20 世纪 80 年代末至 21 世纪初期的几年是品牌管理的 2.0 时代;目前品牌管理已经进入 3.0 时代。
>
> 品牌管理 1.0 时代的主要内容是外化管理,即企业面向市场宣传、推广自己的品牌,其手段是以广告为主的各种传播活动。这一阶段先后产生了几个著名的广告理论。20 世纪 60 年代初,罗瑟·瑞夫斯提出"独特销售主张"论。尔后,著名广告人大卫·奥格威提出了"品牌形象"论。1969 年,杰·特劳特在前述两个广告理论基础上,提出了定位理论,定位理论又不是对前两个观点的简单综合,而是强调以心理学为基础,利用消费者心理活动的特点开发出其认知领域的空缺,从而把品牌置入其中,达到说服消费者的目的。这就是所谓的"心理占位"或"占领头脑"。虽然上述三个广告理论内容有所不同,但共同点是通过媒体对外宣传说服消费者认同品牌,

因此称为"品牌外化管理"。当然,现在的传播手段和方式已经不局限于广告,但只要是通过对外宣传的方式塑造品牌的做法,都属于品牌外化管理。品牌外化管理对品牌管理理论发展的最大贡献是把品牌与产品区别开来。

品牌管理 2.0 时代的主要内容是内化管理。从 20 世纪 70 年代开始,西方发达国家先后进入服务经济时代。在这一过程中,企业发现仅仅依靠传统的外化管理即通过媒体传播塑造品牌形象有很大局限性。一方面,广告的效力在减弱;另一方面,也是更重要的,在服务经济的条件下,由于服务具有其生产过程和消费过程不可分开的特点,消费者更多地在与提供服务的员工接触过程中形成品牌印象。这使企业认识到,员工本身就是媒体,员工的行为就是广告和品牌;员工在与顾客接触时的表现对塑造品牌形象的影响要远远大于媒体传播的作用。因此,企业如何规范员工行为并以此展示品牌形象就成为品牌管理的重要策略——品牌内化管理由此而生。与品牌外化管理相比,内化管理扩展和深化了品牌管理的内容,使消费者与品牌的关系跨越了单纯的产品交易关系,扩展到了人与人之间的情感关系。品牌内化管理的最大贡献是开启了品牌管理模式的战略转向:品牌管理从企业外部做起再向企业内部渗透的模式,转向为品牌管理从内部开始然后向外部辐射的模式。品牌内化管理不是对外化管理的否定和替代,而是品牌管理的另一条路径。

品牌管理 3.0 时代的主要内容是个性化与共创价值。存在主义心理学创始人罗洛·梅所说的"存在感"。他认为,人不同于动物之处就在于他具有自我存在的意识,能够意识到自身的存在,这就是存在感。存在感是人对自身存在的体验。共创价值之所以能够在当代发展为一种重要的经济现象,除了消费者的个性化需求这一内生原因,还有两个重要的外部条件。首先,知识和信息的经济角色的转变是共创价值现象发展的社会条件。其次,互联网的发展为共创价值现象的发展提供了技术条件,为消费者参与生产摆脱了时间和空间的限制。3.0 时代的品牌管理与以往品牌管理的最大不同是消费者身份发生了变化,由单一的价值使用者或消费者身份变成了既是消费者又是生产者的双重身份,甚至美国学者阿尔文·托夫勒把 producer 和 consumer 整合为一个单词 prosumer 来表达作为生产者的消费者即"消费生产者"。与品牌内化管理不否定外化管理一样,品牌共创价值管理也不否定品牌外化管理和品牌内化管理,它是进一步对前两种管理的丰富和深化。在当代,企业的品牌管理是三种类型的叠加,只不过在不同行业中和不同情况下,三种类型的权重不一样。

总之,如何适应消费者个性化需求是未来品牌管理模式演化的重要趋势。谁能适应消费者的个性化需求,谁将在未来获得竞争优势。

第二节 品牌策略

在对品牌基本概念认知的基础上,如何使品牌资产得到不断的增值,提高企业市场竞争力是值得分析研究的问题,也是本节讨论的重点。不言而喻,做活、做大、做强品牌不可能仅仅是一项活动,而是一系列品牌策略组成的品牌运营过程。品牌运营过程包括品牌定位、品牌设计、品牌传播、品牌组合、品牌更新、品牌扩展、品牌保护、品牌管理等策略。

品牌定位是品牌运营的基本前提和直接结果,是确立品牌个性的谋略。市场定位的目的是企业在面对较多竞争者的市场环境中,通过对产品本身、服务、情感诉求等方面的设计,力图使品牌在顾客心目中占据一个独特有价值的位置。从这点看,市场定位的实质就是品牌定位,或者品牌定位就是市场定位的核心与集中体现。品牌定位是针对目标市场确定并建立一个独特的品牌形象活动的结果,它是对企业品牌整体形象进行设计,从而在目标顾客的心目中占据一个独特的有价值地位的过程或行动。

一、品牌化策略

品牌化策略就是企业是否对其产品使用品牌。在早期,大多数产品不用品牌,生产者和中间商的产品直接从桶、箱和容器内取出来销售,无须供应商的任何辨认凭证。中世纪的行会经过努力,要求手工业者把商品标志贴在他们的产品上,以保护他们自己并使消费者不受劣质产品的损害,这使最早的品牌标记得以诞生。目前,世界上大多数产品都规定有品牌。

品牌化虽然会使企业增加成本费用,但也可使企业得到许多好处:①规定品牌名称可以使卖主易于管理订货;②注册商标可使企业的产品特色得到法律保护,防止别人模仿、抄袭;③品牌化使卖主有可能吸引更多的品牌忠诚者;④品牌化有助于企业细分市场;⑤良好的品牌有助于树立良好的企业形象。当然,品牌化决定也可以使消费者得到某些利益:①消费者可以通过品牌了解各种产品的质量水平;②品牌化有助于消费者提高购买效率。

二、品牌使用者策略

品牌使用者策略是指由谁来使用产品的品牌。在这方面,企业可有三种选择:

(1) 企业可以决定使用自己的品牌,这种品牌叫作企业品牌。例如,华为、小米、飞鹤等企业品牌一直是品牌决策的主角,大多数企业都创立自己的品牌。

(2) 在以往的品牌运营实践中,因为品牌的设计、产品的质量水平和产品特色等都取决于制造商(生产者),加之市场供求关系对企业的压力还不太大,所以品牌几乎都为生产者或制造商所拥有。可以说,品牌是制造商设计的制造标记。但是,随着市场经济的发展,市场竞争日益激烈,品牌的作用日益被人们所认知,中间商对品牌的拥有欲望也越来越强烈。中间商使用自己的品牌将货物转卖出去,这种品牌叫作中间商品牌、私人品牌。

(3) 企业还可以决定有些产品用自己的品牌,有些产品用中间商品牌,这种品牌叫作混合品牌。一般来说,在生产者或制造商的信誉良好、企业实力较强、产品市场占有率较高的情况下,宜采用生产者自有品牌;相反,在生产者或制造商资金拮据、市场营销薄弱的情况下,不宜选用生产者自有品牌,而应以中间商品牌或其他生产者品牌为主,或全部采用中间商品牌。必须指出,若中间商在某目标市场拥有较好的品牌忠诚度及庞大而完善的销售网络,即使生产者或制造商有自营品牌的能力,也应考虑采用中间商品牌。这是在进占海外市场的实践中常用的品牌策略。

中间商品牌已经变成品牌竞争的一个重要因素。中间商使用自己的品牌可以带来种种利益:①可以更好地控制价格,并且可以在某种程度上控制供应商;②进货成本较低,因而销售价格较低,竞争力较强,可以得到较高利润。因此,越来越多的中间商特别是大批发商、大零售商都使用自己的品牌。当然,中间商用自己的品牌也会带来一些问题:①必须找到能提供质量稳定的产品的合格供应商;②必须订购大批量的产品,将它们的资金用于储备存货;③必须出钱宣传推广自己的私人品牌;④必须冒某种风险:如果中间商的私人品牌商品不佳,顾客就会对它们的其他产品也持否定态度。

三、家族品牌策略

企业如果决定其大部分或全部产品都使用自己的品牌名称,还要决定其产品分别使用不同的品牌名称,还是统一使用一个或几个品牌名称。对于企业来说,家庭品牌策略共有四种选择:

(一)个别品牌名称

个别品牌名称是指企业决定其各种不同产品分别使用不同的品牌名称。企业使用个别品牌名称的好处是:①没有将公司的声誉系在某一品牌的成败上;②可以使公司为每一新产品寻找最佳的名称;③一个新的品牌可以造成新的刺激,建立新的信念。例如,宝洁公司为其不同的产品选用不同的品牌名称。当然,这种品牌策略在分散风险的同时,也相应地增加了设计、宣传品牌的费用。

(二)统一家族品牌名称

统一家族品牌名称就是企业所有的产品(包括不同种类的产品)都统一使用一个品牌名称。例如,飞利浦公司的所有产品(包括音响、电视、灯管、显示器等)都以"PHILIPS"为品牌,佳能公司生产的照相机、传真机、复印机等所有产品都统一使用"Canon"品牌。我国海尔集团公司的所有产品都统一使用"Haier"这个品牌名称。再如,美国通用电气公司的所有产品统一使用"GE"这个品牌名称。企业采用统一品牌策略,能够降低新产品宣传费用;可在企业的品牌已赢得良好市场信誉的情况下实现顺利推出新产品的愿望;同时也有助于显示企业实力,塑造企业形象。不过,不可忽视的是,若某一种产品因某种问题如质量出现问题,就可能因此牵连到其他种类产品并影响全部产品和整个企业的信誉,即负面"株连效应";当然,统一品牌策略也存在着易相互混淆、难以区分产品质量档次等令消费者不便的缺憾。

(三)类别家族品牌名称

类别家族品牌名称是指企业各大类产品单独使用不同的品牌名称。例如,史威夫特公司生产的一个产品大类是火腿;还有一个大类是化肥,就分别取名为"普利姆"和"肥高洛"。再比如,巨人集团旗下包含了保健类产品和游戏类产品两大类产品,其中,保健类产品品牌为"脑白金",游戏类产品品牌名称为"征途"。

(四)公司名称与单个产品名称相结合

这种家族品牌策略是指企业决定其各种不同的产品分别使用不同的品牌名称,而且各种产品的品牌名称前面还冠以企业名称。例如,海尔集团的洗衣机产品"海尔小神童""海尔小神螺"等。企业采取这种决策的主要好处是:在各种不同的新产品的品牌名称前冠以企业名称,可以使新产品合法化,能够享受企业的信誉,而各种不同的新产品分别使用不同的品牌名称,又可以使各种不同的新产品各有不同的特色。

在家族品牌决策中应注意两个问题:

(1)**不同质量的产品用不同的品牌。** 例如,飞利浦公司对它的所有产品使用"PHILIPS"品牌,但是由于产品在质量上存在极大的差别,低质量的割草机和中等质量的产品影响了优质电器的销路。

(2) **生产截然不同的产品用不同的品牌。**例如,某公司新开发一种增加体重的食品新品种,应创造一个新的品牌,以避免与原有的减肥产品的品牌混淆起来。

四、多品牌策略

多品牌策略是指企业决定同时经营两种或两种以上相互竞争的品牌。传统的市场营销理论认为,单一品牌延伸决策能使企业减少宣传成本,易于被顾客接受,便于企业形象的统一。多品牌决策认为,单一品牌不是万全之策。因为一种品牌树立之后,很容易在消费者心目中形成固定的印象,不利于产品的延伸,尤其是那些跨多种行业、拥有多种产品的企业更是这样。

多品牌市场营销的好处有:

(1) 使每一个个性鲜明的产品满足不同消费群体的需要,从而使各个品牌都在消费者心目中留下深刻的印象,进而获得自己应有的市场定位。

(2) 多品牌形成对竞争对手的包围趋势,有利于提高产品的市场占有率及竞争力,延长每个产品的寿命。例如:在护发、美发用品的排行榜中,联合利华推出了"力士""夏士莲""清扬"等多品牌。

(3) 有利于在消费者心目中树立企业的形象,造成公司实力雄厚的感觉。

专栏 10-4

安踏多品牌战略

2021年12月18日,安踏发布未来新十年战略:单聚焦、多品牌、全球化。单聚焦是指聚焦运动鞋服行业和消费者价值,做好每一双鞋每一件衣服。多品牌和全球化就是要以多品牌满足消费者需求,实现市场地位、品牌布局、价值链布局和治理结构的全球化。

2009年,安踏以3.25亿元的价格收购了国际知名运动品牌斐乐(FILA)在中国地区的商标使用权和经营权,正式开启多品牌之路。彼时的斐乐一直处于全面亏损状态,安踏的这次收购并不被市场看好,甚至引发了外界的猜测和疑问。安踏将斐乐定位为高端运动时尚品牌,打造全直营商业模式,组建适合斐乐发展的团队及引进国际化人才。2016年,斐乐收入占比达到安踏集团的20%。2020年上半年,斐乐成为安踏集团营收的重要来源。这次收购是扭转斐乐颓势的关键之举,也让安踏尝到了多品牌战略的甜头。此后,安踏陆续收购了英国的运动时尚鞋品牌斯潘迪、日本高端运动品牌迪桑特和韩国户外品牌可隆。2017年,为了配合安踏儿童鞋服领域多品牌战略的实施,安踏又收购了童装品牌"小笑牛"。

通过收购兼并国际品牌,安踏在体育用品品类上实现了互补,形成了从大众到高端、从成人到儿童、从专业到时尚的品牌矩阵,实现了产品品质和多样性双提升。安踏的产业布局也从大众体育延展到专业体育,从城市健步延展到高端休闲和户外领域。2019年3月,由安踏体育、方源资本、Anamered Investments及腾讯组成的投资者财团完成收购亚玛芬体育公司的公开邀约,亚玛芬体育旗下的国际知名品牌也

> 加入了安踏集团的多品牌阵营,包括萨洛蒙(法国品牌)、始祖鸟(加拿大品牌)、阿托米克(奥地利品牌)、威尔胜(美国品牌)及Peak Performance(瑞典品牌)等。安踏集团董事局主席兼CEO丁世忠坦言,收购亚玛芬是一个可遇不可求的机会。这些品牌拥有国际一流的运动科技、材料工艺和很强的用户忠诚度,在户外运动、滑雪、球类及运动器械等运动细分领域位居全球前列。安踏集团并购亚玛芬之后,成为全球第三大综合体育用品集团。

五、品牌扩展策略

统一品牌、个别品牌、分类品牌,不管企业选择了哪一种,经过科学而有效的运营都有可能获得较好的品牌知名度和美誉度。那么,一个品牌获得了较好的市场信誉、赢得了较高的品牌忠诚度以后,该品牌是否可用在其他产品上,从而使该品牌得以拓展或扩展呢?这也是品牌运营过程中的重要命题。品牌扩展就是指企业利用其成功品牌的声誉来推出改良产品或新产品的过程。例如,海尔集团成功地推出了海尔(Haier)冰箱之后,又利用这个品牌及其图样特征,成功推出了洗衣机、电视机等新产品。显然,如果不利用"海尔"这个成功的品牌,这些新产品就不一定能很快地进入市场。许多企业都把品牌扩展看作一种有效的营销手段。在我国,"海尔""美的""小米""娃哈哈"等一些知名品牌也先后运用品牌扩展策略获得了理想的营销业绩。

品牌扩展策略是存在高度风险的。企业若是利用已成功的母品牌开发并投放市场的新产品不尽如人意,会影响母品牌的市场信誉,甚至会降低母品牌的市场经竞争力,因此,企业在制定品牌扩展策略时必须采取有效步骤规避上述潜在风险。

六、品牌再定位策略

品牌更新作为全部或部分调整或改变原有品牌形象使品牌具有新形象的过程,它实际上是对品牌重新定位、重新设计、塑造品牌新形象的过程,一个品牌能否久远,不仅仅取决于最初的品牌定位和品牌设计(当然,品牌定位和品牌设计在品牌运营全过程中的重要性是不容忽视的),而且取决于品牌的阶段性调整,由于营销环境的变化,对品牌进行适时、适当的阶段性调整是非常必要的。

品牌再定位策略也称重新定位策略,就是指全部或部分调整或改变品牌原有市场定位的做法。虽然品牌没有市场生命周期,但这不意味着品牌设计出来就一定能使品牌持续到永远。为使品牌能持续到永远,在品牌运营实践中还必须适时、适势地做好品牌重新定位工作。"七喜"的"非可乐"定位是品牌重新定位的成功范例。

受竞争者品牌逼近(竞争者品牌定位于本企业品牌附近,侵占了本企业品牌的市场份额)和部分消费者偏好的变化(消费者改变对本企业品牌的信任,转购竞争者品牌的商品,使企业品牌的市场占有率下降)等的影响,即使某一品牌在市场上的最初定位很好,随着时间的推移也需要重新定位。品牌重新定位的目的是使现有产品具有竞争者产品不同的特点,诱发消费需求,以增强品牌竞争力。

企业在进行品牌重新定位时,要综合考虑两方面的影响因素:一方面,要考虑再定位成本,即把企业自己的品牌从一个市场定位点转移到另一个市场定位点所支付的成本费用,包括改变产品品质费用、包装费用和广告费用等。一般认为,重新定位的距离越远,其再定位成本就越高。另一方面,要考虑再定位收入,即把企业品牌定在新位置上所增加的收入。

七、品牌保护策略

品牌是一种无形资产,如不能很好地保护,就会使其资产流失,降低品牌资产的增值能力,严重者还会使品牌资产荡然无存。有鉴于此,有效地对品牌进行保护是品牌运营的重要保障。

(一)注册商标,继而申请认定驰名商标

驰名商标起源于《保护工业产权巴黎公约》,现已为世界上大多数国家所认同。我国也是巴黎公约成员国。根据《保护工业产权巴黎公约》的规定,我国于 1996 年 8 月 14 日由国家工商行政管理局发布并实施了《驰名商标认定和管理暂行规定》。

1. 驰名商标的含义

驰名商标是指在市场上享有较高声誉并为相关公众所熟知的注册商标。《中华人民共和国商标法》规定,认定驰名商标应当考虑下列因素:①相关公众对该商标的知晓程度;②该商标使用的持续时间;③该商标的任何宣传工作的持续时间、程度和地理范围;④该商标作为驰名商标受保护的记录;⑤该商标驰名的其他因素。

2. 驰名商标的法律效力

其内容包括:

(1)驰名商标的专用权跨越国界,驰名商标的专用权不同于一般法律意义的有严格地域性的商标专用权,而是超越本国范围,在《保护工业产权巴黎公约》成员国范围内得到保护的商标专用权。驰名商标的注册权超越优先申请原则(按照《保护工业产权巴黎公约》的规定,即使驰名商标未注册,也在巴黎公约成员国内受到法律保护)。

(2)注册权超越优先申请原则。对于驰名商标而言,他人虽申请在先,也不准注册;即使他人申请已获准注册,驰名商标所有人也有权在一定期限内请求撤销该注册商标。对于这个期限,《保护工业产权巴黎公约》规定为自注册之日起 5 年,使得驰名商标具有超越普通商标的保护力。

(二)打假

假冒商标行为作为一种商标侵权行为,它是指以盈利或者以获取其他非法利益为目的,故意侵犯他人注册商标专用权的行为。假冒商标行为的主要表现形式有:故意在同一种商品上使用与他人注册商标相同的商标,并标明商标注册人的名字、地址;故意在同一种商品上使用与他人注册商标相同的商标,但又标明了自己的厂名地址;故意经销假冒商标商品谋取非法高额利润;故意向他人提供生产、销售假冒商标商品的方便条件,包括场地、工具、仓储、运输、银行账号、发票等;伪造、擅自制造和销售他人注册商标标识等。

第三节 包 装 策 略

包装是商品生产的继续,商品只有经过包装才能进入流通领域,实现其价值和使用价

值。商品包装可以保护商品在流通过程中品质完好和数量完整,同时还可以增加商品的价值。此外,良好的包装还有利于消费者挑选、携带和使用。作为重要的营销组合要素,产品包装在营销实践中成为市场竞争中的一种重要手段。

一、包装的概念、种类与作用

(一)包装的概念

包装是指对某一品牌商品设计并制作容器或包扎物的一系列活动。也就是说,包装有两方面含义:第一,包装是指为产品设计、制作包扎物的活动过程;第二,包装是指包扎物。一般来说,商品包装应该包括商标或品牌、形状、颜色、图案和材料等要素。

商标或品牌是包装中最主要的构成要素,应在包装整体上居于突出的位置。

适宜的包装形状有利于储运和陈列,也有利于产品销售。因此,形状是包装中不可缺少的组合要素。

颜色是包装中最具刺激销售作用的构成要素。突出商品特性的色调组合,不仅能够加强品牌特征,而且对顾客有强烈的感召力。

图案在包装中如同广告中的画面,其重要性、不可或缺性不言而喻。

包装材料的选择不仅影响包装成本,而且影响着商品的市场竞争力。开发和选用新型材料是包装设计中的一项重要工作。

此外,在产品包装上还有标签。在标签上一般都印有包装内容和产品所包含的主要成分、品牌标志、产品质量等级、生产厂家、生产日期和有效期、使用方法等。有些标签上还印有彩色图案或实物照片,以促进销售。

(二)包装的种类

包装是产品生产过程在流通领域的延续。产品包装按其在流通过程中作用的不同,可以分为运输包装和销售包装两种。

1. 运输包装

运输包装又称外包装或大包装,主要用于保护产品品质安全和数量完整。运输包装可细分为单件运输包装和集合运输包装。

(1)单件运输包装。它是指商品在运输过程中以箱、桶、袋、包、坛、罐、篓、笼、筐等单件容器对商品进行的包装。按其使用的包装材料,又可分纸、木、金属、塑料、化学纤维、棉麻织物等制成的容器和绳索;按其包装造型,又可细分为箱、桶、袋、包、捆、瓶、罐、篓等。

(2)集合运输包装。它是指将一定数量的单件包装组合在一件大包装容器内而合成的大包装。这种包装方法适应了运输、装卸现代化的要求,可以实现货物整批包装,有利于降低成本、提高工作效率。目前常用的集合运输包装有集装包(或集装袋)、托盘和集装箱等。

2. 销售包装

销售包装又称内包装或小包装,它随同产品进入零售环节,与消费者直接接触。销售包装实际上是零售包装,因此销售包装不仅要保护产品,而且更重要的是要美化和宣传商品,便于陈列展销,吸引顾客,方便消费者认识、选购、携带和使用。

在市场竞争日益激烈的今天,厂商竞相以日新月异的包装装潢作为吸引消费者的手段,借以达到开创市场、拓宽销路的目的。近些年来,随着超级市场的发展,销售包装的发展趋势日益呈现出小包装大量增加,透明包装日益发展,金属和玻璃容器趋向安全轻便,真空包装的应用范围越来越广泛,包装容器器材的造型结构美观、多样、科学,包装画面更加讲究宣传效果等发展趋势。这些都是营销企业应予研究的内容。

(三)包装的作用

包装作为商品的重要组成部分,其作用主要表现在以下几个方面:

(1)保护商品。包装保护商品的作用主要表现在两个方面:一是保护商品本身。有些商品怕震、怕压,需要包装来保护;有些商品怕风吹、日晒、雨淋、虫蛀等,也需要借助包装物来保护。二是安全(环境)保护。有些商品属于易燃、易爆、放射、污染或有毒物品,对它们必须进行包装,以防泄漏造成危害。

(2)便于储运。有的商品外形不固定,或者是液态、气态,或者是粉状,若不进行包装,则无法运输和储藏。因此,良好的包装有助于储藏和运输,从而使商品保值,同时加快交货时间。

(3)促进销售。商品给顾客的第一印象,不是来自产品的内在质量,而是来自它的外观包装。产品包装美观大方、漂亮得体,不仅能够吸引顾客,而且能够激发顾客的购买欲望。根据美国杜邦公司的研究,63%的消费者根据商品包装作出购买决定。可以说,包装是无声的推销员。

专栏10-5

国货蜂花"捡箱子"获得消费者大力"护盘"

蜂花品牌隶属上海蜂花日用品有限公司,成立于1985年,是一家集研发、生产于一体的洗护发专业企业。自成立以来,蜂花就一直坚持低调、平价策略,最初蜂花护发素的定价仅为3元/瓶,成为"一代人的记忆"。

正是因为定价亲民,蜂花一直不缺话题,近年来频频登上热搜榜。2021年,蜂花护发素发布新品,有网友吐槽其包装设计难看,"像洗洁精",而且"嫌弃"公司售价低。随后事件发酵,甚至被传出"将倒闭"的传闻,蜂花官方随即辟谣,很多网友霸气"护盘",表示不准蜂花倒闭,"为了蜂花不倒闭也是拼了"登上热搜。当时蜂花直播间热度骤升,据公开数据一天内销售出了2万单,是平时一个月的销量。蜂花还在短视频平台上表示"火了但也不会涨价""希望大家理性消费"。饱受吐槽的产品廉价、包装简陋却成为品牌方的营销借力点,比如介绍产品称"确实20年没换包装,还涨2块钱",而不换包装、不改名的原因是"要花钱"。有网友评价产品包装廉价,蜂花则回应说"我们本来就很廉价"。

蜂花的平价策略也带来销量的上涨。因为订单量过大,仓库发货纸箱不足,蜂花在发货时,还借用了其他产品的箱子发货。同时,为了节约成本,蜂花发货的纸箱还有从其他各个品牌的仓库捡来的。这一事件迅速在互联网发酵,诸多网友分享自己的经历,有收到护舒宝箱子的,有收到上海硫黄皂箱子的,还有收到多芬、白玉、清扬等品牌的箱子的,但网友皆没有"埋怨"之意,反倒是"捡箱子"的国货蜂花受到了更多的喜爱。网友调侃买蜂花产品就跟开盲盒一样,充满着惊喜和乐趣。

(4)增加盈利。装潢精美、使用方便的包装能够满足消费者的某种心理要求,因而消费者乐于按较高的价格购买;另外,包装材料本身也包含着一部分利润。因此,可以说包装能够增加企业的利润。

二、包装的设计原则

重视包装设计是企业市场营销活动适应竞争需要的理性选择。包装设计应遵循以下几个基本原则:

(1)安全。安全是产品包装(包括运输包装和销售包装)最核心的作用之一,也是最基本的设计原则之一。在包装活动过程中,包装材料的选择及包装物的制作必须适合产品的物理、化学、生物性能,以保证产品不损坏、不变质、不变形、不渗漏等。一方面,保证商品质量完好、数量完整;另一方面,保护环境安全。

专栏 10-6

利乐无菌包装

利乐无菌包装是由瑞典利乐公司提供的全套无菌生产线生产的复合纸质包装,主要为液态食品(如牛奶、果汁)提供整套包装系统。利乐公司自20世纪50年代开始为液态牛奶提供包装,并逐步发展成为世界上牛奶、果汁、饮料等多种产品包装系统的大型供应商之一。

利乐无菌包装是由纸、聚乙烯塑料和铝箔复合而成,可有效隔绝光线、氧气及外界的污染,从而保证包装内容物无须冷藏和防腐剂即可拥有较长货架期。既解决了长途运输对产品保质期的挑战,又避免了食品的浪费。同时,由于生产、运输、零售、存储、消费的整个过程中不需要冷藏车、冷藏销售柜、冰箱等冷链设备,有利于节能减排,无论对保护社会的大环境,还是减少个人生活的"碳足迹",都具有积极意义。

作为全球无菌包装行业的领导者,利乐无菌包装始终遵循"4R"原则,即可再生(renewing)、减量化(reducing)、可循环(recycling)和负责任(responsibly),从原材料使用、产品设计,到生产运作乃至消费后包装的回收再利用,一切都围绕着可再生和降低对环境的影响来运行,把环保业绩当作企业业绩的重要组成部分,对自然环境负责,对社会公众负责,实现真正的可持续发展。消费后的利乐包装是一种可以百分之百回收再利用的资源,通过水力碎浆和铝塑分离技术,能将复合纸包装中的纸、塑料和铝箔彻底分离,实现从资源回到资源的绿色循环模式。或者通过塑木技术、彩乐板技术等,变身为公园护栏、垃圾桶、课桌椅、室外地板、纸张和衣架等丰富实用的环保产品。

---

(2)适于运输、保管、陈列、携带和使用。在保证产品安全的前提下,应尽可能缩小包装体积,以利于节省包装材料和运输、储存费用。销售包装的造型结构,一方面应与运输包装的要求相吻合,以适应运输和储存的要求,另一方面要注意货架陈列的要求。此外,为方便顾客和满足消费者的不同需要,包装的体积、容量和形式应多种多样;包装的大小、轻重要适当,以便于携带和使用(如在保证包装封口严密的条件下容易打开);为适应不同

需要,还可采用单件、多件和配套包装等多种不同的包装形式,如软性饮料的包装种类及设计要求。软性饮料的包装设计与使用环境及分销渠道的关系如表 10-1 所示。

表 10-1 软性饮料的包装设计与使用环境及分销渠道的关系

包装种类	使用环境及分销渠道
利乐包装	零售店、超市、街头、网店
易拉罐	批发零售店、超市、流动摊点、街头、娱乐、高级宾馆、餐饮
玻璃瓶	流动摊点、街头
PET瓶	批发零售店、超市、流动摊点、街头、娱乐
袋 装	零售店、超市
纸杯装	街头、娱乐

(3) 美观大方,突出特色。销售包装设计得当,可以产生积极的促销作用。美观大方的包装给人以美的感受,有艺术感染力,进而使其成为激发顾客购买欲望的主要诱因。这就在客观上要求包装设计必须注重艺术性。与此同时,包装还应突出产品个性。这是因为,包装是产品的组成部分,追求不同产品之间的差异化是市场竞争的客观要求,而包装是实现产品差异化的重要手段。富有个性、新颖别致的包装更易满足消费者的某种心理要求。

企业进步发展的标识,例如"新产品""第二代"等字样,均给消费者提供了产品改进,品质提高的信息。产品特色的标识,例如特酿、特曲、特制、精制、精品等词语,刻意表达产品的与众不同,能够增强产品的深刻与独特性,有助于确立自身的市场地位。在食品方面属于各地的特产之类,就更需反映出来,例如标明"北京特产""山东特产"。

(4) 包装应与商品的价值或质量水平相配合。一流产品应当有一流包装,"金玉其外,败絮其中"自然不好,但如果相反,也不利于企业产品的销售。因为包装是产品的一部分,消费者购买的是一个完整的产品,当然也包括包装本身,所以,产品包装如何也是消费者选择产品的一个标准。

(5) 尊重消费者的宗教信仰和风俗习惯。因为社会文化环境直接影响着消费者对包装的认可程度,所以为使包装收到促销效果,在包装设计中,必须尊重不同国家和地区的宗教信仰和风俗习惯等社会文化环境下消费者对包装的不同要求,切忌出现有损消费者宗教情感和容易引起消费者忌讳的颜色、图案和文字。应该深入了解分析消费者特征,区别不同的宗教信仰和风俗习惯设计不同的包装,以适应目标市场的要求。

(6) 符合法律规定,兼顾社会利益。法律是市场营销活动的边界。包装设计作为企业市场营销活动的重要环节,在实践中必须严格依法行事。例如,应按法律规定在包装上标明企业名称及地址;对食品、化妆品等与人民身体健康密切相关的产品,应标明生产日期和保质期等。不仅如此,包装设计还应兼顾社会利益,努力减轻消费者负担,节约社会资源,禁止使用有害包装材料,实施绿色包装战略。此外,还应注意满足不同运输商、不同分销商的特殊要求。

三、包装策略

符合设计要求的包装固然是良好的包装,但良好的包装只有同科学的包装决策结合起来才能发挥其应有的作用。可供企业选择的包装策略主要有以下几种:

(一)类似包装策略

类似包装策略是指企业生产经营的所有产品,在包装外形上都采取相同或相近的图案、色彩等共同的特征,使消费者通过类似的包装联想到这些商品是同一企业的产品,具有同样的质量水平。类似包装策略不仅可以节省包装设计成本,树立企业整体形象,扩大企业影响,而且可以充分利用企业已拥有的良好声誉,有助于消除消费者对新产品的不信任感,进而有利于带动新产品销售。它适用于质量水平相近的产品。但是,因为类似包装策略容易对优质产品产生不良影响,所以大多数不同种类、不同档次的产品一般不宜采用这种包装策略。

(二)等级包装策略

等级包装策略是指企业对自己生产经营的不同质量等级的产品分别设计和使用不同的包装。显然,这种依产品等级来配比设计包装的策略可使包装质量与产品品质等级相匹配,对高档产品采用精致包装,对低档产品采用简略包装,其做法适应不同需求层次消费者的购买心理,便于消费者识别、选购商品,从而有利于全面扩大销售。当然,该策略的实施成本高于类似包装策略也是显而易见的。

(三)分类包装策略

分类包装策略是指根据消费者购买目的的不同,对同一种产品采用不同的包装。例如,购买商品作为礼品赠送亲友,则可精致包装;若消费者自己使用,则简单包装。此种包装策略的优缺点与等级包装策略相同。

(四)配套包装策略

配套包装策略就是指企业将几种有关联性的产品组合在同一包装物内的做法。这种策略能够节约交易时间,便于消费者购买、携带与使用,有利于扩大产品销售,还能够在将新旧产品组合在一起时,使新产品顺利进入市场。但在实践中,还需注意市场需求的具体特点、消费者的购买能力和产品本身的关联程度大小,切忌随意搭配、搭售。

(五)再使用包装策略

再使用包装策略也称双重用途包装策略,是指包装物在被包装的产品消费完毕后还能移作他用的做法。我们常见的果汁、咖啡等的包装即属此种。这种包装策略由于增加了包装的用途,可以刺激消费者的购买欲望,有利于扩大产品销售,同时也可使带有商品商标的包装物在再使用过程中起到延伸宣传的作用。

(六)附赠品包装策略

附赠品包装策略是指在包装物内附有赠品以诱发消费者重复购买的做法。在包装物中的附赠品可以是玩具、图片,也可以是奖券。该包装策略对儿童和青少年及低收入者比较有效。这也是一种有效的营销推广(促进销售)方式。

(七)更新包装策略

更新包装策略就是改变原来的包装。更新包装策略是指企业包装策略随着市场需求的变化而改变的做法。一种包装策略无效,依消费者的要求更换包装,实施新的包装策略,可以改变商品在消费者心目中的地位,进而收到恢复企业声誉之佳效。

本章小结

　　品牌策略和包装策略是企业产品策略的重要内容。

　　品牌策略是品牌运营的做法与技巧。品牌运营过程包括品牌定位、品牌设计、品牌传播、品牌组合、品牌更新、品牌扩展、品牌保护、品牌管理等品牌策略。包装是产品生产过程在流通领域的延续,它主要有运输包装和销售包装两大类。包装的营销作用主要表现在保护商品,便于储运、促进销售和增加盈利。包装设计还应遵循安全;适于运输、保管、陈列、携带和使用;美观大方,突出特色;包装与商品的价值或质量水平相匹配;尊重消费者的宗教信仰和风俗习惯;符合法律规定,兼顾社会利益等原则。实践中,可供企业选择的包装策略主要有类似包装策略、等级包装策略、分类包装策略、配套包装策略、再使用包装策略、附赠品包装策略、更新包装策略等。

关键名词

　　品牌　品牌名称　品牌标识　制造商品牌　中间商品牌　商标专用权　驰名商标　包装

思 考 题

1. 如何理解品牌的内涵?
2. 设计品牌应遵循哪些原则?
3. 可供企业选择的品牌策略有哪些?
4. 可供企业选择的包装策略有哪些?

案例分析

"国潮"风起如何赋能中国品牌建设?

　　近年来,"国潮"概念兴起,不仅众多传统中国品牌借力"推陈出新",以"国潮"为卖点的新品牌更是不断涌现。从美食饮品到服饰美妆,从电影电视到文创周边,从传统文化到现代科技，一时间似乎"一切皆可国潮"。"国潮"爆款不断涌现，涉及音乐、美术、建筑、家具、服装、美食、日用文创等精神生活与物质生活的各个方面。如何让"国潮"真正赋能中国品牌和文化，避免浮躁喧哗甚至造成资源浪费，成为人们思考的问题。

一、众"因"助推，"国潮"澎湃

多数专家认为，"潮"指的是一种时尚流行趋势与审美动向，是人们热爱某种事物所形成的一种风尚。当下的"国潮"多指以时尚潮流为载体，将中华优秀传统文化与现代生活方式融合而形成的一种潮流风格。曾经，进口大牌是品质的象征，欧美日韩文化一度引领潮流；如今，"国潮"正在改变传统的刻板印象，更时尚、更前沿的中国品牌和文化焕发亮眼的光彩。专家认为，"国潮"兴起并非偶然，而是有着鲜明的时代背景，是中国经济发展到一定阶段、民众消费观念转变、大国崛起背景下文化自信提升、制造创新能力提高，以及年轻一代特别是"Z世代"展现出强大底气和文化自信等原因共同引发的，从出生时间来算，"Z世代"指1995年至2009年出生的年轻人。他们从小接触互联网，在中华民族复兴和中国经济腾飞的背景下成长起来，不仅眼界开阔，对新生事物接受度更高，而且拥有平视世界的底气和更为坚定的文化自信。在消费心态上，他们不盲从外国品牌，乐意接受本土品牌，并以此为傲，愿意通过社交媒体等分享自己的审美偏好。新华网发布的报告指出，在全行业"国潮"品牌消费中，"Z世代"贡献了74%的"国潮"消费。清华大学文化创意研究院教授胡钰认为，"国潮"不仅是国货之潮，也是国力之潮，更是国运之潮。"国潮"有很重要的三个元素支撑着它，一个是民族文化，一个是国货品牌，再一个是青年力量。

二、"国潮"热的表现

一是很多老字号、新品牌通过对中国传统文化的创新挖掘与再创造，逐渐形成一股独特、贴近生活且能够引发大众共鸣的时尚消费潮流。如百雀羚化妆品、北冰洋汽水、回力运动鞋等"老品牌"以全新的方式回归市场；白酒品牌茅台的冰激凌店开业，在"i茅台"App上同步售卖，售价在59元至66元，还被抢购一空。故宫推出口红等文创产品，款款火爆，并且引发博物馆IP的文创热潮。在汽车领域，比亚迪推出"秦、汉、唐、宋、元"系列汽车……不仅国货，一大批叫好又叫座的国漫、国剧、传统文化IP等也实现了新生，比如，越来越多年轻人自信地穿着汉服走上街头，李子柒在网上的走红更是成为一种文化现象。国际咨询公司麦肯锡发布的消费者调查报告显示："中国企业正努力升级产品的品质、性能和价值，近1/3的消费者在高端产品上会选择中国品牌。"

二是它助推了新的审美风尚形成。无论是买"国货"、晒"国货"、用"国货"，还是穿汉服、听民乐、看古装影视、游红色景点，或是《国家宝藏》节目、《只此青绿》舞蹈、北京冬奥会开幕式上的二十四节气倒计时和闭幕式上的"折柳寄情"场景等引爆社交媒体话题榜，这些在消费、文化演艺等领域的流行趋势很大程度上折射出国人审美风尚和文化态度正在发生转变，消费者不仅更认可中国文化品牌形象、"国潮"消费品，而且在生活态度、审美趣味方面努力寻找与中华文化精神的契合，体现出较高的文化自信。

三、让"国潮"真正赋能中国品牌

专家表示,"国潮"热让人欣喜,它让人们看到了中华民族伟大复兴征程中,优秀传统文化的强大能量。但一定要戒除浮躁、狭隘和唯利是图等心理,踏踏实实做产品,这样"国潮"才能迸发出持久生命力。事实上,借助"国潮"发展的大趋势,不少品牌已经成功打响了自己的知名度,实现了过去难以企及的营收。有专家表示,任何优质品牌的塑造都不是一朝一夕的事情,只有沉下心来,持续不断地在"国"的深层意蕴中汲取营养,在求同存异中进行"潮"的推陈创新,"国潮"才能真正发扬光大。另外,也一定要防范打着"国潮"旗号的拜金主义和浮躁症,避免陷入一切向"钱"看,为牟利不惜采取"抄袭""炒作"等手段的怪圈。

以现代科技支撑优秀传统文化的创造性转化、创新性发展,是"国潮"发展的重要趋势。值得一提的是,2022年6月30日,工业和信息化部、商务部、国家市场监督管理总局、国家药品监督管理局、国家知识产权局五部门联合印发《数字化助力消费品工业"三品"行动方案(2022—2025年)》中提出,要挖掘中国文化、中国记忆、中华老字号等传统文化基因和非物质文化遗产,借力数字技术打造"国潮品牌"。这是有的放矢,也是大有可为的,因为中华文化元素的确是品牌价值的丰富宝藏。

未来一方面要引导供给端的全方位升级,包括产品研发、创意设计、性能把控、产品包装、市场营销各个环节,借助新一代信息技术,以及先进设计创意为中国制造赋能,应用数字技术实现"增品种""提品质""创品牌";另一方面要增强零售商等流通企业对"国潮"品牌的服务功能,产销协同建设"国潮"商品智慧供应链,并优化"国潮"品牌线上线下消费体验。此外,还要借助视频、微博、Vlog等新媒体平台的力量,进一步强化对民族品牌的宣传,在向海内外广大消费者讲好中国故事的同时,增强人们对"国潮"品牌的认同感,并提高中国品牌在全球的话语权。

案例思考题:

1. 何为"国潮"?
2. 试论"国潮"兴起的原因。
3. 如何因势利导让"国潮"真正赋能中国品牌?

第十一章 服务策略

引导问题

1. 市场竞争越来越激烈,产品高度同质化,企业的出路在哪里?
2. 消费者真正想要的是什么?
3. 消费者满意度不等于忠诚度,那么,怎样培养并提高消费者忠诚度?

学习目的与要求

1. 了解服务的本质与分类。
2. 了解服务产品的特点。
3. 了解服务利润链的构成。
4. 掌握服务营销组合策略。
5. 了解服务质量差距模型。
6. 掌握服务质量管理模型。

第一节 服务的本质、分类与特点

服务市场的形成源于消费者对服务的需求,这种需求可以包含两层含义,一是纯粹意义上的服务市场,即消费者在市场上购买的产品本身就不是实物产品而是服务产品,反映的是消费者独立于实物产品之外的服务需求,如心理咨询、文化娱乐需求等。二是由实物产品附带的服务需求构成的市场,即消费者购买实物产品的同时表现出来的与该实物产品相关的延伸(或附加)服务需求,如送货服务、免费维修等。因此,服务市场可以简单地理解为基于服务需求的市场和基于实物需求的市场。

现代科学技术的发展推动制造业越来越向大批量、高品质和精细化的方向发展,产品的标准化使消费者对于产品数量和质量的要求在更大的程度上得到满足,由实物消费带来的满足感在逐渐降低。相反,服务在社会经济生活中所占比例越来越大,消费者的消费需求也越来越由对产品本身的需要转向对产品服务和服务产品的要求,使企业面临着新的竞争形势和越来越严峻的挑战。这种发展趋势,一方面使产品营销的成功越来越依赖于服务市场营销的成功;另一方面,以服务为核心理念的企业大量出现,使企业的市场营销观念发生了本质变化。由于服务市场营销与产品市场营销的内容和侧重点都不尽相同,企业必须重新审视以往的市场营销理论和实战技术,突破传统市场经营观念的束缚,深刻理解服务市场的含义,重新规划企业市场营销策略,提升企业营销层次,实现营销战略转型,从而在市场竞争中取得主动。

一、服务的本质

从20世纪五六十年代起,国际市场营销学界的专家、学者从各自不同的角度对服务的概念和本质进行界定:

(1)美国市场营销协会(AMA)曾在20世纪60年代把服务定义为用于出售或者是同产品连在一起进行出售的活动、利益或满足感。之后,又在此基础上把服务重新定义为可被区分界定,主要为不可感知,却可使欲望得到满足的活动,而这种活动并不需要与其他产品或服务的出售联系在一起。生产服务时可能会或不会需要利用实物,而且即使需要借助某些实物协助生产服务,这些实物的所有权将不涉及转移的问题。

著名市场营销学家、美国的菲利普·科特勒对服务的定义是:服务是一方能够向另一方提供的基本上是无形的任何活动或利益,并且不导致任何所有权的产生。它的产生可能与某种有形产品联系在一起,也可能毫无关系。

二者的界定基本相同,后者更强调在服务提供和接受过程中不存在产品所有权的转移,并且这一界定清楚地说明服务市场的两个基本类型。在实际中,两类市场导致了以服务为核心理念的实物产品生产企业和以服务产品提供为核心的服务型企业。

(2)西方著名服务市场营销学者格鲁诺斯认为,服务是以无形的方式在顾客与服务职员、有形资源产品或服务系统之间发生的,可以解决顾客问题的一种或一系列行为。

而斯坦通对服务的定义是,服务是一种特殊的无形活动。服务向顾客或工业用户提供所需的满足感,与其他产品销售和其他服务并无必然的联系。

二者主要强调服务发生的主体(可以是服务职员、有形资源产品和服务系统)与客体(消费者),以及服务产生的结果是否提供消费者(包括非个人用户)所需要的满足感。但这种界定对服务属性的概括并不全面,而且其基本思路是基于两类不同性质的用户,一类是个人用户,需求和购买的目的是满足个人需求;另一类是工业用户,购买的目的主要是用于生产最终产品的中间消费。但这种分类思路不清晰之处在于,除工业外的其他企业也同样会有对服务的需求从而导致购买,形成服务市场。

(3)雷根把服务界定为直接提供满足或者与有形商品或其他服务一起提供满足的不可感知的活动。这一界定存在两个问题,一是或许其表达过于简略而多少显得有些晦涩,不容易理解,二是服务实际上是可以感知的,不同的人或者不同的企业提供的服务是有差别的,否则消费者就失去了对服务质量评价的最基本的依据。

从上述界定中能够比较清楚地分辨服务的一些基本属性:

第一,服务作为提供消费者所需满足感的活动既可以,也可能不需要与实物产品联系在一起。

第二,服务作为一种产品在消费者购买过程中不存在产品所有权转移,消费者买到的是产品使用权,这是与实物产品购买过程的重要区别。

第三,服务作为一种公共产品,其购买主要是通过间接方式(如纳税)进行,并且是在所有消费这种公共产品的消费者之间按事先制定的标准分摊。只有作为纯粹意义的商品出售时,才需要通过购买直接消费。

第四,服务作为一种产品,虽然消费者在接受服务过程中,能够通过直接体验感受到服务的差异性,但多数学者还是认为服务产品具有无形性特征。

综上,服务是指履行职务,为他人做事,不以实物形式而以提供劳动的形式满足他人需要,并使他人从中受益的一种有偿或无偿的活动。从服务营销科学的角度看,服务是指不可感知却可被区分界定并用于满足人类美好生活需要的活动。这种活动的生产与出售可以与其他产品相互独立,也可以联系在一起。

二、服务的分类

(一)我国学者对服务的分类

目前,服务已经不仅仅是传统服务行业的概念,理论界对服务的认识和研究已经超越了行业管理过程的界限,无论以什么形式向社会提供什么形式的产品,都存在着服务的问题。因此,能够作为市场营销管理过程的指导和提供决策依据的服务概念的分类应当具有跨越行业局限的一般性。

由于服务的内涵极其复杂,如果把对实物产品的需求理解为是要获得这种产品所提供的服务的话,那么,一个社会的所有部门,从政府到企业,从医院到大学,从非营利机构到博物馆和公园,都是在相互提供服务,若通过这些机构和个人提供服务的具体分工来划分服务是非常困难的。因此,对服务进行科学准确划分的关键是对划分标准的甄别。我国市场营销学著作中,通常把服务按五个标准分类:

1. 按照服务本身的表现形式和服务对象的属性不同分类

服务本身既可以表现为有形服务也可以表现为无形服务;而服务活动既可以针对人也可以针对物。这样服务组合的结果形成四种基本类型:作用于人的有形服务;作用于人的无形服务;作用于物的有形服务和作用于物的无形服务,如图11-1所示。

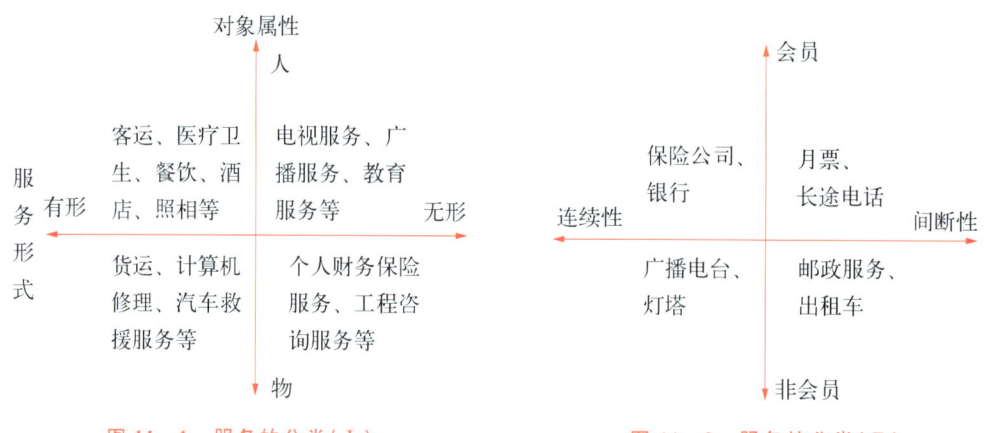

图11-1 服务的分类(Ⅰ)　　图11-2 服务的分类(Ⅱ)

2. 按照服务主体和服务对象之间联系形式的不同分类

服务主体主要是指提供服务的机构,其服务提供可以是连续的,也可以是非连续的;服务对象主要是指接受服务的消费者,接受服务可以通过会员的形式,也可以通过非会员的形式。这样服务组合的结果形成四种类型:连续会员式服务;连续非会员式服务;间断会员式服务和间断非会员式服务,如图11-2所示。

3. 按照服务供给和满足需求的标准化程度高低的不同分类

标准化程度高低会影响服务供给和服务产品消费选择的自由度，进而可以影响消费者服务消费的满意度，但需要注意的是，这种标准化程度与消费满意度之间并非一一对应关系。也就是说，标准化程度高，服务消费满意度可以较高也可能较低，正是这种非对应的关系形成了不同的服务组合：标准化服务、半标准化服务和非标准化服务。在实际中，服务的提供和消费过程是在自由度与满意度之间寻求一种平衡。

标准化服务，供给者与消费者自由选择余地都很小，其中有可能使消费者满意程度较高的，如民航服务；有些也可能会使消费者不满意，如一些公司咨询电话通过按不同数字键进行转接，虽然服务提供标准化了，但消费者经常抱怨不方便。

非标准化服务，供给者与接受者选择的余地都很大，当这种服务能够达到消费者个性化的要求时，其满意度就会很高，如消费者可以在几十种发式和颜色中选择最满意的；但当非标准化服务不能以一对一的形式提供时，就有可能降低其总体的满意度，如歌手的表演，无论其演艺水平高低，都会使一些人满意而另一些人不满意。

半标准化服务，可以分为两种情况，一是消费者满意度较高但提供者选择服务方式的自由度小；二是提供者选择服务方式的自由度较大但消费者满意度较小。

需要注意的是，任何一种服务形式都可以最大限度地贴近消费者的需求，尽可能高地提高其满意度。

4. 按照消费者对服务需求的稳定性的不同分类

由于受到诸如地理因素的影响，包括地域、季节和气候等，消费者对服务的需求会出现较大的波动，而另外一些服务需求则相对稳定得多。比较典型的例子是每年我国的春运和"五一""十一"黄金周期间，大量民工返乡和游客集中出门旅行给交通运输和住宿餐饮服务带来的巨大压力。而有些服务需求却很难出现这么大的波动性，如法律咨询、银行服务和家庭财产保险等。一方面，许多波动性比较大的服务需求都与季节引起的人口流动性有关，特别是这种流动性表现为一定程度的地域集中性时，对服务的需求就具有突发性。而另一方面，这类波动具有明显的规律性，企业可以预测并提前制定服务营销策略。

5. 按照服务营销的主体即营销者和交易形式不同分类

当服务供给者为营销者时，它既可以在单一地点主动或者被动地接触服务需求者，又可以在多地点主动或者被动地接触服务需求者；当服务需求者为营销者时，也同样可以在单一地点或者多地点主动或者被动地接触服务供给者。同时，服务供给者与接受者也可以在单一地点远距离交易。

按营销主体和交易形式对服务营销分类如表11-1所示。

表11-1 按营销主体和交易形式对服务营销分类

营销主体与交易形式	举 例
消费者在单一地点主动与服务提供者交易	看电影、喝咖啡等
消费者在多地点主动与服务提供者交易	快餐服务、汽车服务等
消费者与服务提供者在单一地点远距离交易	信用卡服务等

续 表

营销主体与交易形式	举 例
消费者与服务提供者在多地点远距离交易	电话服务、广播服务等
服务提供者在单一地点主动与消费者交易	出租汽车、直销服务等
服务提供者在多地点主动与消费者交易	快递等

上述分类虽然从不同的角度对服务进行了划分,但不难发现,其中一些分类标志是很难准确界定的。如服务主体自由度和服务对象满意度很难确定清晰的衡量标准;服务供求关系波动性的大小用什么来衡量? 多大算大,多小算小? 在实际中大小只能是一个模糊的相对概念。但同时也说明服务属性的复杂和界定的困难。

(二) 外国学者对服务的分类

国外的一些市场营销学者从不同的角度对服务进行了分类,其主要观点如表11-2所示。从这些学者在不同时期所作的界定中可以看出,人们对服务属性的认识经历了一个由浅入深的过程,也代表了服务本身的发展过程。

表11-2 外国学者对服务的分类

学 者	服 务 分 类	评 述
居德	①租赁服务:在规定时间内使用商品,但无所有权;②已售出商品服务:对已售出商品进行创新、维修和改进;③非商品服务:个人经验和经验财产	前两种较具体,第三类包括保险、金融、法律咨询、会计等
希尔雷斯	①销售类型;②消费者类型;③购买机构;④实践购买;⑤管理衡量	同样适用于有形产品,无大区别
希尔	①对人的服务与对物的服务;②永久服务和暂时的服务;③可撤销的服务和不可撤销的服务;④物质服务与精神服务;⑤个人服务与团体服务	强调服务利益的属性及服务生产和消费环境的变化
托马斯	①技术为主:包括自动化(汽车)、非技术工种(电影院)、技术工种(飞机航班);②人力为主:包括非技术劳动(法律代理)、技术劳动(修理)和职业技术劳动(医生)	虽然出于经营角度而非市场角度,但也提供了一种理解商品属性的有效方法
休斯	顾客参与服务生产的程度:分为高度参与(如医疗保健餐旅住宿)和低度参与(如邮政服务、批发零售)	顾客参与程度高的服务中,商品更难管理,顾客广泛参与对服务提出了更多的即时服务的要求
格诺鲁斯	①服务类型:包括职业服务和其他服务;②顾客类型:包括个体和组织	注意到同样的服务可以给个人也可以给组织(保险金融)
考特勒	①人力基础和设备基础;②顾客参与程度;③私人需求和商业需求;④国有和私营,营利和非营利	综合前人工作,指出服务组织目标的不同

续 表

学 者	服 务 分 类	评 述
勒夫劳克	①基本要求特征：针对性服务(人对物)，供求不平衡，顾客与服务商之间连续性和间断性的关系；②服务内容和利益：有形产品内容，私人服务内容，单个服务和群体服务，即时利益和长久利益；③服务生产程度：多地点与单地点生产，能力分配程度(反复性和一次性)，限定时间服务和限定任务服务，顾客参与程度	综合了前人分类方法增添了新方案，提出新的见解：特定的针对性服务是最基本分类方案；认为必须综合两种以上的分类方案才能获取有价值的市场判断
勒夫劳克	①服务行为性质：对人和物的有形行为、对人和物的无形行为；②顾客关系：持续生产、间断生产、成员关系、非正式关系；③服务生产惯例和判断：顾客判断、惯例服务；④供应者要求性质：供应限制的程度、需求挫折的程度；⑤服务生产方法：单地点和多地点生产、按供应方或顾客意愿的服务生产	提供了一种服务性质综合的分类方法，向管理者的决策提供不同的背景信息
斯凯姆	①规范程度：低、高；②劳动密集程度：低、高	一些服务规范化程度高，劳动密集，有助于理解战略与战术选择
瓦德姆查威克	①消费和生产交易的程度：低、高；②产品的相对比重：纯服务、附带产品，通过产品实现服务、产品中附带服务	认识到服务业中商品成分的重要性和作用

菲利普·科特勒在《营销管理》中，根据有形产品在出售时所附带服务的比例大小来区分市场上不同的产品，包括五种主要形式：

(1) 纯粹有形产品：即几乎不含有任何服务成分的产品。香皂、盐等，这类产品通常都是一些日用小商品。但在实际销售中，由于竞争因素的介入，小商品也越来越多地被加入服务的因素，如女性消费者在购买唇膏时专业销售人员代为适当化妆以提高其满意度。

(2) 附加服务的有形产品：产品生产者和经营者为了使产品更具有吸引力，从而增强其竞争能力，常常在有形产品出售之前、之中和之后附加一些相关的服务，在现代市场上所销售产品的结构越复杂、技术含量越高就越依赖伴随的服务保障。如汽车销售中附加的代为办理牌照和保险，三年十万公里免费维修保养的承诺，汽车召回制度的建立等以增加对消费者的吸引力。"没有服务就没有销售"已经成为市场发展的重要趋势。

(3) 产品与服务的混合体：有形产品和无形服务比例相当，如消费者去餐馆进餐购买食物与购买服务同样重要，修理汽车的技术水平与更换的汽车配件质量同样重要。这时的服务已经超越了传统的"服务态度"的概念，甚至把服务场所选址给消费者带来的便利性，店内布置设计给接受服务过程者带来的舒适性等都考虑在内。

(4) 以服务为主，附带有形产品：与上述第(2)点相反，服务提供者为使其服务更具有吸引力，常常在努力做好服务的同时附带一些实物产品，如消费者在享受良好服务的同时也能获得一些小礼品等。如主要提供消费者物理位置转移服务的航空公司，在旅行途中会提供食物、饮品、晕机药品等一系列有形产品。

(5) 纯粹的服务：在服务中几乎不附加任何有形产品，或者所附加的极其少量的有形产品仅仅是提供服务所需要的媒介，并不是作为随服务出售的产品。如心理咨询、医院陪护等。

在实际经济活动中，产品应包括三个层次，即形式的产品、实质的产品和延伸的产品。延伸的产品包括消费者在取得产品或使用产品过程中所能获得的形式产品以外的利益，也就是顾客需要的产品的延伸部分和更广泛的服务。如消费者在购买过程中，对产品相关知识的咨询；必要的操作技术的培训；产品的各种售前、售中和售后服务承诺；消费者在产品使用过程中需要的维护、修理等。越是技术含量高的产品，消费者在购买产品时越表现为非专业性，其延伸的服务部分就越重要。这时，消费者不但需要获得实物产品本身，更需要得到与产品相关的一切服务。

因此，把实物产品与服务严格区分开来是非常困难的。以上专家学者所作出的服务的分类都有其合理性，也都有其局限性。我们应该根据研究问题的目的和需要趋其利，避其弊，择而用之。

三、服务的特点

服务产品的属性非常复杂，而且在企业实际经营活动中实物产品与服务产品越来越难以区分，因此，需要确定描述服务产品特点的角度。一是从顾客需要和产品销售，即企业市场营销的角度，这些特点必须对企业制定市场营销策略具有影响；二是从广义的角度把实物和服务理解为不同层次的产品，这样纯粹的服务产品和实物产品附带的服务部分被等同于同一属性的产品，这时，实物产品和服务产品的确有着明显的不同，即抛开实物产品不论，绝大多数服务产品都具有一些共同的特征。以最具典型意义的纯服务产品为例：

（一）服务在消费之前无法直接预知

由于服务本身无形无质，提供者和接受者都难以用任何方式准确地计量。消费者在购买服务产品之前，不可能亲身直接感受该产品的作用，而只能通过其他已经购买过该服务产品的消费者的意见和态度间接了解，否则，就只能在消费过程中与服务供给者接触进行评价。有些学者把这一特点描述为"不可感知性"，然而，比较准确的概念应该是"无法直接预知"，其中的"直接"和"预知"是关键词。因为，绝少有服务产品是真正具有完全不可感知性的，感知可以是直接的，也可以是间接的，在购买一个服务产品之前，完全可以通过间接方式感知其作用和结果，从而趋利避害。况且，不可感知性并不能准确描述是在服务发生之前还是服务过程中，因此是不准确的。

（二）服务产生和消费过程合二为一，在时间上无法分离

由于服务本身无形无质，它是由一系列活动及过程组成的。服务活动开始，就是服务产品生产过程的开始，也是消费者享受服务即消费服务产品过程的开始，服务活动结束，就是服务产品生产过程的结束，同时也是消费者享受服务即消费服务产品过程的结束。二者合二而一的特征使得服务提供者和服务消费者必须同时参加到服务过程中，这样提供者才能生产出服务产品，消费者才能消费到服务产品。

相反，实物产品的生产过程和消费过程必须分离，否则消费者根本无法消费到这一生产成果。实物产品从开始生产到最终消费必须经过生产、分配、交换和消费四个基本环节，其中需要一定的时间间隔，无论是集中生产分散消费的产品还是分散生产集中消费的

产品都是如此。

（三）服务即产即销，不能贮存或者转移

由于服务产品的不可直接预知而且其生产过程和消费过程紧密结合在一起，因此不可能在生产过程结束之后把所生产的服务产品贮存起来，更不可能转移到异地消费。如果消费者需要在不同的时间享受服务产品，就只能重新参与到另一个服务产品的生产过程中；如果消费者需要在不同的地点享受同样的服务产品，就只能在消费地寻找相同服务产品的提供者，或者将原提供者带到异地并由其继续提供相同的服务产品。这一特点使得以下问题在服务产品生产中变得非常重要。

服务产品若不及时消费可能会给提供者造成浪费。服务产品必须实时消费，而服务产品的消费也会由于各种因素的影响，客观上存在着波动。当服务产品消费进入低谷时，对于服务产品提供者而言，表现为服务成本的上涨和服务机会的丧失。如旅游淡季时，许多高档酒店旅客入住率不足30%，酒店损失的不仅是提供服务获得利润的机会，同时还要承担各种费用的照常分摊。如何有效地解决由服务产品特点决定的供求失衡问题，是每一个提供服务产品企业面临的难题。它要求服务企业具有先进的管理理念和管理技术，重建企业的组织结构，制定科学合理的管理制度，谨慎选择服务营销策略，从而使服务企业能够有效地解决主动生产与被动消费的矛盾。

（四）服务的成分和质量缺乏统一的衡量标准

从总体上看，与大工业自动化生产不同，服务行业相对劳动密集，是以人为中心，由人来操作，归根结底是为人自身提供服务的。人的心理与个性千差万别，人的需求与偏好各种各样，这不仅使服务的质量很难依照统一的质量检验标准，同时也会带来这样两个问题。

第一，即使经过严格、统一、长期的培训，服务提供者受自身的因素的影响，所提供的服务也不可能像工业化生产那样整齐划一，同一人员在不同时间、不同地点、不同环境，甚至不同心情下，提供服务的质量难免有波动；同一企业的不同分支机构所提供的服务产品可能也会出现明显的差异，这种差异将会直接影响企业理念的传播和形象的树立，阻碍企业服务产品在较大范围内的推广。在重复性的服务产品提供过程中，始终保持一致的质量和统一步调是这类企业的难题之一。

第二，服务消费者由于自身素质的差异，在与服务提供者共同参与的服务产品生产和消费过程时，前者即使提供了完全符合企业规定标准的服务，但后者对服务产品的质量水平和服务效果的评价会产生很大的差异，无论提供者所提供的服务水准如何，总会有人认同，有人反对，有人评价高，有人评价低，即使像麦当劳这样的世界级企业，也不能例外。

（五）服务在生产和消费过程中不存在所有权转移的问题

这是服务产品上述特点的必然结果，既然服务产品无形无质而且不能储存，服务产品的生产过程和消费过程不能分离，必须由服务的提供者和接受者共同完成服务过程，因此，任何服务过程结束时，消费者不可能拥有该项服务的所有权，这样的理解似乎更有道理，提供者永远拥有服务产品的所有权，而享受者只能购买服务产品的使用权。这会使消费者在购买服务产品时要承担比购买实物产品更大的风险，也会直接影响消费者对服务产品的购买心理和是否重复购买的决策。许多企业制定的各种各样的市场营销策略会有

助于解决这一问题,如采取会员制等。

以上特征不仅有助于理解服务产品的属性,更重要的是这些特征会影响企业对服务产品营销策略和方案的安排。

四、服务利润链构成

基于上述特点,提供服务产品的企业的获利程度取决于消费者的忠诚度,进而又取决于企业员工能否通过高效率和高质量的工作为消费者创造其能够感知并认同的价值,企业员工的工作如何又取决于企业是否具有良好的企业文化,能否通过设计合理的管理体制和激励措施有效地激发其积极工作和努力提高工作质量的热情。因此,这就构成了服务企业的利润链。

消费者忠诚度主要来自其在购买和消费服务产品过程中产生的满意度,满意度是由消费者认为的在这一过程中所获得的价值大小决定的。消费者的购买决策会受到产品价格、购买总成本、对购买过程和结果等因素的影响,通过比较形成对产品对服务产品的自我评价,即感知价值。

$$感知价值 = \frac{购买结果 + 过程质量}{产品价格 + 购买总成本} \qquad (11-1)$$

消费者感知价值的大小是可以通过企业员工的工作效率和服务质量来创造的,而企业员工自身也存在着对企业的"感知价值"问题。员工对企业满意,就有可能转化为对企业的忠诚,并通过充分发挥其能力来达到较高的工作效率和良好的服务质量,为消费者创造更高的感知价值。

$$员工工作效率及质量 = 员工满意度 + 员工忠诚度 + 员工能力 \qquad (11-2)$$

这样就构成了一个较为完整的服务利润链,如图 11-3 所示。企业员工满意是消费者满意的前提条件,企业应通过开展内部营销创造良好的工作环境,提高服务质量。企业员工与消费者之间是一种互动关系,当消费者不满意时,会拒绝购买并可能会向其他人传播其感受,使企业利益受到损失,也会影响员工利益并导致其不满,从而降低工作效率和服务质量,形成恶性循环。相反,企业利益提高,员工自身状况改善,服务质量进一步提高,则会使消费者满意度和忠诚度进一步增强。

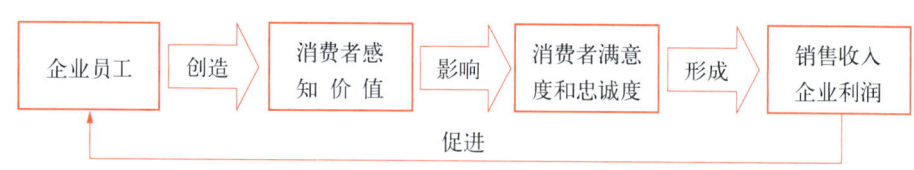

图 11-3 服务利润链

正确理解服务利润链的重要意义在于从整体的角度,把服务产品提供过程看作一个完整的系统,重视每一个环节的提升,克服只重过程不重结果,只重外部不重内部的倾向,树立全员营销和内部营销的思想,分析营销中存在的不足并予以改进,通过提高服务水平和消费者满意度,在市场上拉开与竞争者的差距。

第二节　服务营销策略

市场营销策略是企业用以指导其市场营销活动的总体原则和核心思想。制定服务营销策略的主要依据是服务产品本身的特点。科学、合理和可操作性强的服务营销策略有助于企业树立良好的企业形象，传播服务理念；也有助于企业推广服务产品，实现整体发展战略。而缺乏科学性甚至是错误的服务市场营销策略将会阻碍企业的发展。因此，企业应当对服务市场与一般实物产品市场的特点及其在组织营销上的差异有清楚的了解。

一、服务营销的特点

服务产品市场营销的特点主要是针对与实物产品市场营销的差别而言的，正确理解这些特点，可以帮助企业更好地制定服务产品营销策略组合，有效弥合消费者感知的服务质量与企业提供的服务质量之间的差距。

（一）基于产品属性的特点

服务产品通常并不表现为实体形态，而是表现为一个过程、一种行为、一种努力产生的不同绩效。服务提供者可以被理解为服务产品的一部分，其素质高低与服务质量的好坏有直接的关系。同时，消费者参与服务产品的生产过程，使得消费者自身的素质也对服务有重要影响，因此，对消费者的管理也就成为服务营销的重要特点。

（二）基于渠道方面的特点

在实物产品市场，消费者不必参与生产过程，生产过程中耗费的时间对于消费者来说是基本感觉不到的，甚至不需要亲自到场也能进行选购。但在服务市场上则不同，消费者要直接参与生产过程，这使得服务产品具有很强时效性，及时、快捷、方便和有效缩短消费者等待的时间是服务产品推广的重要特点。

（三）基于时间因素的特点

实物产品从生产到消费走的是一条物流渠道，其中各环节中产品所有权的转移形成商流，也就是人们通常所见到的生产—批发—零售—消费的过程。服务产品市场营销中的渠道选择全然不同。服务产品的"务虚"性质不存在以实物产品转移为标志的物流，服务产品更多地表现为人的技术能力，所以不存在以产品所有权转移为标志的商流。服务产品的传播渠道更多地表现为信息渠道，如依靠启动大众媒体进行宣传，或通过提供优质服务建立较高的信誉，利用消费者的口碑进行传播，也可以通过把生产、销售和消费的物理位置组合在一起进行服务产品的推广。

二、服务营销组合

实物产品市场营销中的各个要素在服务市场营销中同样需要考虑，如以产品、价格、渠道、促销为内涵的"4P"组合和以顾客、成本、便利、沟通为内涵的"4C"组合，以及以关联、反应、关系、回报为内涵的"4R"组合等。正如任何企业在实物产品市场营销中都不可能依靠单一要素取胜，必须把各要素进行恰当的组合，即制定正确的市场营销策略一样，服务市场营销同样如此。问题是：

第一,传统的实物产品市场营销中的各个要素能否全面涵盖服务产品市场营销的各个要素,服务产品营销组合中特有的要素或者说更为侧重的要素在哪里?

第二,传统的实物产品市场营销组合结构对于服务产品市场营销是否具有实用性,其组合的层面和范围能否适应于服务产品市场营销的要求?

由于服务产品的特殊性和与实物产品的相关性,在实际中,既要考虑传统实物产品市场营销组合中的各要素不能对服务市场营销作出全面解释的现实,又要考虑二者的连带关系。越来越多的实践证明,实物产品市场营销组合的层面和范围必须加以重新调整,即必须加入更多的体现服务产品属性的新要素,才能适应服务产品市场营销的需要。

服务营销组合的要素是根据实物产品市场营销组合要素结合服务产品特点经过扩充而来的,它包括七个主要因素,即产品、价格、渠道、促销、人、有形展示和过程。从本质上讲,前四个要素在实物产品和服务产品营销组合中似乎没有大的区别。

(一)产品

以满足消费者需要为出发点,在市场营销中,服务产品的设计水平、服务质量、服务产品的品牌、提供服务的范围、对消费者的服务承诺等都是必须考虑的问题。服务提供者根据自身的具体情况对这些要素进行不同的组合,从而形成深度、广度和关联度不同的服务产品线,进一步形成具有差异性的立体服务产品组合,给不同层次和有不同需求的消费者提供了更大的选择空间。

(二)价格

价格是市场竞争中永恒的主题,也是消费者永远不能不在意的重要因素。在市场没有受到其他因素的干扰,能够体现按质论价时,服务产品价格的高低就可以作为识别服务产品质量高低的重要标志,提供者可以根据所提供服务产品的质量和档次确定其价格,消费者也可以根据价格确定接受哪一层次的服务产品。

确定服务产品价格需要考虑的因素主要包括产品价格水平和付款方式等,价格折让、消费信用和佣金也是要考虑的因素。

(三)渠道

产品销售渠道是一个企业的生命线,因此,许多企业在建立、拓展和管理自己的销售渠道时都十分谨慎。与实物产品选择营销渠道类似,但由于在服务过程中提供者与消费者不可分离,因此,服务产品在选择营销渠道时,如分销渠道类型、渠道涵盖的区域、服务提供者与消费者的物理距离及其接触的方式,以及服务信息是否可以抵达等都是必须考虑的因素。

(四)促销

促销是一种沟通方式,服务产品的生产过程和消费过程密不可分,只有实现与消费者的有效沟通,获得其认同,才能顺利完成消费过程。通常的广告宣传、营业推广、公共关系、人员促销等都是与消费者沟通的有效方式。需要特别注意的是消费者的"口碑效应"常常比企业宣传具有更大的作用。

(五)人

服务产品的特点决定人在提供服务过程中的作用,从某种意义上说,人就是服务产品的重要组成部分,服务提供者与服务接受者的接触程度越高,人的因素就越重要。经常见到的现象是当消费者对服务产品不满时,就会直接与服务提供者发生冲突。这就对服务企业提出两个方面的要求,一是提供服务人员的性格特征是很重要的,并非每个人都适合从事服务工作,企业必须认真地选择、培训、激励和调整服务人员,使其逐步符合服务工作需要。二是消费者对服务产品的认同既会受到其他消费者的影响,也会影响其他消费者。因此,企业必须重视消费者之间的相互关系,努力提供高品质的服务以使消费者形成良好的态度和信念。

(六) 有形展示

消费者对于无形的服务产品在购买之前通常希望通过一些有形的线索或展示对服务进行评价。

服务产品无形无质,然而消费者通常需要"眼见为实",对于看得见摸得着的东西心里会踏实,更容易形成购买。也就是说,无形产品的有形展示会对消费者的心理产生影响,增加购买的概率。一家销售纯鲜牛奶的企业的产品有 250 克和 500 克两种规格的瓶装牛奶,销售人员发现,在每一次的促销活动中,让消费者亲口品尝后所获得的订单通常要比只给消费者认真详细地讲解而不让其品尝所获得的订单多得多。而且,在促销活动中,如果只展示 250 克瓶装产品,那么消费者购买 250 克的人要高于购买 500 克的人,相反也一样。这说明有形展示对消费者购买决策的影响作用。因此,公司在促销中,给每一名销售人员都配备不同规格、足够数量的赠饮牛奶,免费让消费者品尝,收到了很好的销售效果。

在实际中,服务产品的有形展示常常需要借助于一定的物质载体来实现,如良好的环境、先进的设备和其他能够起到展示作用的物品等。好的有形展示会有助于获得消费者对企业的良好评价,增加信任感和销售机会。

(七) 过程

过程是指从服务开始到消费者满意为止的全部时间。服务产品生产和消费不可分离的特点使得在服务过程中人的因素非常重要,全过程中给予消费者的感觉会形成消费者对服务产品、服务人员甚至服务企业的最终评价。服务过程可以分为两种,一是具体服务过程,二是整体服务过程。

具体服务过程是指消费者能够直接看见,多为与提供者直接接触的服务过程。这一过程中服务提供者的表情、心态、动作、言语等都非常重要,它既可以让消费者很平静、很满意,也可以让消费者很烦躁。

整体服务过程是指包括上述过程在内和那些消费者并不直接接触却同样会影响服务效率和服务质量的过程。

专栏 11-1

使用有形展示定位新服务

某公司在华盛顿州西雅图开业时,它是最早提出 10 分钟加油的服务企业。现在类似的商店不计其数,但在当时这一概念是全新的。对于基本汽车加油服务这一观念将提供垄断性加油站之外的另一种选择方案,10 分钟的快速事先预约。因为顾客当时并不了解这一概念,S 公司需要对这一服务进行清晰的传播与定位,以便消费者形成正确的期望。因为汽车维修具有很高的无形性,而且顾客经常不知道对他们的汽车实际做了什么,公司则依靠售前、售中和售后的有形展示来传播这一服务概念。

> 为传播快速有效的服务形象，S公司运用整洁活泼的字母直截了当地进行广告宣传。例如，一块大广告上用蓝色和白色字母写着："SPEED-LUBE, 10-MINUTE OIL CHANGE, NO APPOINTMENT, OPEN 7 DAYS, 9 TO 6."服务执行所在的建筑物本身也清楚地传达出效率的主题。实际上，一些早期的S公司服务站的外表看上去就像快餐店，这与速度、效率及可预测的意图相一致，进出口标记十分清楚，即使顾客首次来到服务站也可确切知道应将车开到哪里。
>
> 进入服务区，顾客会看到其他有形展示，这在当时使S公司明显不同于其他竞争对手。服务区非常整洁，油漆颜色很醒目，有一个看上去很专业的服务柜台，顾客在此填表以获得服务。身着专业制服的服务售货员将帮助顾客填表，顾客被邀请到干净舒适的等候区等候，这里提供有咖啡和杂志，同时也欢迎顾客留在服务区，观察为其汽车进行的服务。在等候室的一面墙壁上，一张很大的示意图显示出汽车的底部，并标明所有需要加油的部位及正在为该车进行的服务。这种展示为顾客提供了信息，并使其对正在进行的服务满怀信心。
>
> 服务完成后，顾客将拿到一份核对清单，上面逐条列出了所提供的服务。最后服务员为汽车门锁加润滑油，以表示没有遗漏任何细节。

三、服务营销战略

在现代市场竞争日益激烈的形势下，提供服务产品的企业应以企业整体发展战略为指导，重新整合企业资源，这是一项复杂而艰巨的系统工程。企业市场营销战略的调整是整体、全方位立体调整，企业不可能由于一个部门的变化而使整体发生根本变化。

由于消费者对于服务产品需求的特殊性，企业在进行市场营销战略调整时会遇到相当大的难度。它首先触及的是人，是人的思维方式和习惯的转变，它要求企业管理者能够认真检点以往营销战略的科学性和执行力，并用整体性发展的目光看待自己的企业、员工和服务战略的调整，要求企业全体员工的思想观念发生根本性变化，这些都非一朝一夕能够解决的。

整合服务营销战略，要对构成服务产品从生产到消费的各要素实施分析、计划、组织和控制，使整个过程从树立服务理念开始，直到建立起较为稳固的消费者忠诚度为止，构成不间断的完整链条，并由这一链条传导企业经营理念，传播企业良好形象，输送企业的服务产品并提高其知名度和美誉度。

（一）服务理念

这里讲的服务理念是指企业整体的服务理念，并非指企业管理者或员工某一个人或某几个人的理念。正确的服务理念应当是企业不同层面的绝大多数员工普遍认同的价值观，对企业制定和实施服务市场营销战略具有至关重要的作用。整体理念会形成企业文化和管理的大气候，形成某种工作氛围，而良好的工作氛围本身就具有约束力，影响全体员工的日常行为。当这种约束力使员工愿意接受并日渐成为其习惯时，约束力就转化成企业的凝聚力。也就是说，整体企业理念具有极强的同化作用，使企业稳定并形成良好的经营风范。例如，麦当劳的企业服务理念及产生的巨大经济效益举世瞩目，以至有人说，不论这个人是谁,只要进入麦当劳七天,就是麦当劳的员工。

良好的服务理念是在长期经营活动中逐步形成的,是在服务过程中逐步摸索、总结和培养起来的。在这一过程中,企业主要管理者,特别是企业一把手的认同和重视是关键。纵观所有在树立良好企业服务理念方面取得成功的企业的共同特征就是企业主要领导人的不折不扣的推动和始终如一的坚持。企业领导者必须首先理解服务的巨大的经济、社会价值,坚持不懈地推进服务理念的建立过程,企业管理者应该牢固树立"三品牌"概念,即服务产品的品牌是由三个因素组成其基本框架结构的,一是服务产品,二是企业员工,三是消费者。三者具有内在的逻辑统一性。

因此,应当将这三个要素都作为企业品牌,精心培育。就企业员工而言,要通过各种方式让员工理解做好服务对于企业发展的重要作用,积极建立员工与领导沟通的渠道,创造一种领导与员工、员工与员工、员工与顾客之间的相互尊重、相互理解、相互支持和相互竞争的健康工作环境。同时还要鼓励员工"在战争中学习战争,在游泳中学习游泳",积极参与企业的服务工作,并结合服务中出现的问题,组织讨论,共同研究,修正失误,改进制度,调整工作。通过这种员工积极参与的方式,培养企业良好的服务理念。

(二)消费者需求

消费者的需求是企业服务产品营销的导向,市场营销理论和实践的发展常常源于对消费者需求的深刻认识和理解。消费者对服务产品的需求与对实物产品的需求不同,其中心理和情感体验的因素更多。消费者购买一些实物产品后,如果对其中的某一个感到不满意,通常不至于全部退货或者从此不再购买,而消费者购买服务产品时则不同,服务是一次性的,如果感到不满意,可能从此不再购买。也就是说,劣质服务可能带来极高的经营成本。从以下市场研究机构的统计数据中,可以得到清楚地证明:

在购买小金额实物产品(如一个小包装物品)时遇到问题的顾客中 96% 的人不会向制造商抱怨,但 63% 的人不会再买。

在购买小金额服务产品(如电报和当地电话服务)的不快乐顾客中,45% 的人不会抱怨,但 45% 的人不会再买。

在购买大金额实物产品(如汽车、计算机)中遇到麻烦而不快乐的顾客中,只有 27% 的人不抱怨,但 41% 的人不会再买。

在购买大金额服务产品(如保险、贷款等)的不快乐顾客中,37% 的人不抱怨,但 50% 的人不会再买。

91% 的零售顾客会避开服务质量低劣的公司,其中 80% 的人会为获得更好的服务多付钱。

然而更为可怕的是,不快乐的顾客们会与他人分享这种不快乐的经历。对一个小问题不满的顾客通常会告诉 10 个以上的其他人,而对产品质量不满的人会告诉其他 16 个人。13% 的不满意的顾客会把他们的遭遇告诉 20 个或更多的人。

因此,企业必须清楚地了解消费者需要什么形式的服务,这样才能使企业为消费者提供与其需求相适应的服务以节省资源。站在消费者的角度看,当然得到的服务越多越好,而站在企业的角度看,则必须在不影响服务质量和消费者满意度的前提下,尽可能减少资源的消耗。以实物产品和服务产品同时出售的情形为例,消费者的需求可以分为三大类:

第一,售前服务。主要是指消费者在购买商品之前所需要了解商品有关信息,如咨询、品尝等产生的服务需求,良好的售前服务为企业创造营销机会。

第二,售中服务。主要是指消费者在购买商品过程中产生的诸如功能讲解、操作演示、单据处理等服务需求,充分的售中服务为企业达成更高的销售概率。

第三,售后服务。主要是指消费者购买商品之后产生的送货上门、使用咨询、维修、退换等服务需求,完善的售后服务为企业树立良好的形象。

另外,有时还会涉及一些情感需求,如对服务态度等,以及超越于上述需求之外的其他方面的需求。

企业主要可以通过两种途径了解消费者对服务产品及其质量的需求。一是可以直接向消费者了解,其方法很多,如组织市场调查(问卷调查、顾客座谈等)、通过设立服务热线回访等。二是通过企业内部一线员工间接调查,许多公司都设有售后服务部,他们几乎每天都要处理一些顾客信息,并且经常与顾客接触,可以通过他们了解顾客的实际需求。

专栏 11-2

美团的无接触配送、即时配送与外卖火锅

美团配送是美团旗下的即时物流平台,始终坚持把世界送到消费者手中的经营理念,秉持"以客户为中心、正直诚信、合作共赢、追求卓越"的价值观,拥有着强大的实时配送网络,能够满足商户、消费者的多种需求。2022年,美团配送单日完成订单突破 4 000 万单,平均每单配送时间仅 30 分钟,已经连接起 630 万商家、4.6 亿名消费者、近 400 万名骑手和各类生态合作伙伴;逐渐建立了全国覆盖密度最高、范围最广的即时配送网络。美团配送已覆盖全国 2 800 个市县,拥有超万个配送站点;能够根据不同场景,为不同规模和不同业态的商家提供定制化的物流方案和全方位的高效配送服务。

新冠疫情暴发以来,美团配送积极开展"无接触配送"服务。2020 年 1 月 26 日,美团配送在武汉率先试点"无接触配送"服务,随后迅速覆盖全国。在设立社区取货架、消毒柜等基础设施的基础上,美团配送不断升级无接触配送业务,保护居民饮食安全;为了更好保障用户安全,减少在人员相对密集区用餐可能带来的传染风险,2020 年 2 月 13 日,升级推出"无接触外卖防护罩",让用户在吃饭时实现简易的区隔,做到更好的防护,防护罩首批投放 2 万个进行试点推广,针对北京、上海部分医院及写字楼附近的商户和用户使用,用户通过美团在试点商家点餐可以获得"无接触外卖防护罩";在武汉地区推出外卖骑手参与拣货方案,打造全流程无接触服务,疫情暴发后,武汉市民急需更安全、更便利的超市送货上门服务,但疫情和春节双重因素导致超市人手极为短缺,出现了无人拣货、供给纷纷下线的情况,针对于此,美团配送推出外卖骑手参与拣货的方案。

美团配送积极推出即时配送业务,成为餐饮商户度过危机的重要抓手。疫情期间,即时配送凸显了作为生活基础设施的重要作用,成为保障民生的重要渠道,在很多企业受疫情影响,处于临时停摆状态的时候,即时配送成为支持国家和民众共抗

> 病毒的基础设施。疫情期间，至少有 5 000 多家火锅店、2 600 多家烧烤店新加入美团，外卖已经成为所有餐饮品类必备的通用能力，美团配送成为其度过疫情危机的重要合作伙伴。截至 2020 年 2 月 14 日，小龙坎全国正常营业 57 家门店，暂停 788 家，闭店率高达 93%，小龙坎因此决定上线美团，用了三天时间上线外卖和流量推广，上线后，小龙坎外卖日营业额比平日增幅 10 倍，仅成都外卖日订单量就超 2 000 单。

（三）服务设计

1. 服务硬件与软件系统设计

服务产品的性质不同，服务提供的形式不同，消费者对服务的要求不同，完成服务的硬件设施和软件系统的组织形式就不尽相同。企业应根据具体的实际情况对整个服务系统的组织结构进行认真的设计或修正，使构成服务系统的各个环节紧密相连，在能够满足消费者需要的条件下，形成没有冗余的最小完备集合。

（1）硬件系统设计：服务产品本身是无形的，它必须依赖于一定的基础设施才能提供给消费者。服务硬件系统设计主要包括企业内部组织机构的设计，特别是业务指挥系统的设计或调整；服务人员的优化组合；各种物质技术装备的配备；服务场所的设计和服务管理信息系统建设等单项设计，但更重要的还是如何将服务硬件系统的各个要素有机地连接起来，形成高效率的实用体系。

（2）软件系统设计：在企业中，硬件系统各个要素的有效连接是依靠一系列精心设计的科学、合理、优化的组织原则实现的，这就是服务系统中的软件系统。软件系统设计主要包括企业理念的设计；企业经营管理规范的设计；企业每一项活动的作业流程的设计；作为责任传递载体的表单体系的设计等。软件系统的不同设计思想和方法决定了硬件系统各要素以什么方式运转，如果把整个服务系统看成一个有机体，硬件系统是它的躯体，而软件系统则是它的灵魂。

2. 服务系统设计的原则

由于服务产品不能储存的特性，企业为提供服务产品所运用的资源与消费者对服务产品需求之间的匹配更加困难。企业不能不考虑自身经营成本高低，而生存与竞争的压力又使企业不能不尽最大努力满足消费者需求。二者的矛盾迫使企业在设计服务系统时遵循一定的原则，以便节省资源，满足需要，形成优势，实现整体目标。

（1）**供求匹配性原则**。企业为消费者提供的服务并非越多越好，因为这样一是会浪费企业有限的资源，二是缺乏针对性的服务并不能得到消费者的认同。企业应当在深入、准确分析消费者需要的情况下，做到供求相匹配。多渠道的消费者需求信息反馈则是必不可少的。

（2）**系统灵活性原则**。消费者对服务产品的需求会受到各种因素的干扰而出现一定的波动，企业的服务系统应当具有一定的弹性，能够对需求波动作出灵活的反应，进行适当的人力、物力和财力调整，并在业务数量不断增加时，始终保持稳定的服务质量。

（3）**服务特色原则**。特色即差异化。有特色的产品是吸引消费者的重要手段，是保持竞争优势的主要方法，可以说，无论是实物产品还是服务产品，未来的竞争肯定是特色竞争。因此,服务系统设计应当考虑如何创新,有特色,并创造出不同于竞争对手的特殊优势。

(4) **成本收益原则**。任何企业都无法满足所有消费者的全部需要,即使能够准确区别出属于自己的目标市场,也不可能百分之百地满足其需要。一些企业在提供服务产品时过分承诺,由于达不到而使其非常狼狈,最终不仅损害了自身形象,也使企业长期处于亏损经营而难以为继。企业必须有收益才能生存和发展,生存不保,服务也就不可能了。

规范化和标准化服务是企业必须坚持的,但这并不意味着消费者需要什么企业就必须满足什么,而是在认真核算成本和收益的前提下,确定能够承担得起的满足消费者需求的服务内容,然后,不折不扣地贯彻执行,并且随着企业的发展壮大,逐步增加服务的内容。企业的低收益运行只能出于竞争或者谋取未来长远发展的战略性考虑,是权宜之计。

(5) **实现目标原则**。上述所有原则归结起来都是为了实现企业的发展战略目标。因此,服务系统设计的原则和方法最终都要围绕企业目标来确定,并且随着企业目标的调整而作出相应的增减变化。这一原则对于把实物产品与服务产品同时出售的企业尤为明显。如提供纯鲜牛奶配送服务的企业,按照企业的发展目标,销售会不断向新的区域拓展,与此同时,配送服务、售后服务、信息服务等都必须跟上销售的进展,否则销售可能就无法继续进行了。企业进入一个新市场和重新进入一个市场是完全不同的概念。前者如同在一张白纸上写文字,对于写什么有很大的余地,而后者则不然,它如同在一张白纸上写了难看的字,需要先擦掉,再重新写,这就不那么简单了。迎合消费者信念要比转变他们的印象容易得多。

(四) 人员管理

服务产品在很大程度上属于劳动密集型,其生产过程不可能像生产实物产品那样可以达到相当高的自动化程度。服务的过程常常是人与人的接触过程,绝大多数消费者都没有机会接触提供服务产品的企业,而只能接触到为其提供服务的企业员工。消费者通过个别员工的情况来了解企业,体会企业优劣。因此,企业员工的行为方式就是一面镜子,映射出企业的形象。经常会出现这样的情况,一个员工良好的言谈举止和认真负责的工作态度,会使消费者认为这个企业是讲信誉、重承诺的,相反,就会让消费者对企业产生不信任的感觉,使企业获得消费者认同的概率大大降低。员工成为企业的广告。

服务产品是以人为核心的。消费者是人,服务者也是人,以人对人,就不可能仅仅是服务与被服务、提供与接受的简单关系,情绪、情感等因素必然掺杂其中。在服务中,尤其是在处理由服务中出现的问题导致顾客投诉时更是如此。因此,企业对服务人员的要求就会非常严格,从而也使服务人员的人事流动性比较大,并有可能影响到服务质量。

在服务人员管理中,应贯彻宽严适度的原则。既要通过制定科学合理,特别是严格的管理规范,约束每一个人的行为,使之符合企业和消费者的要求,并通过严格的奖罚使规范得以实施,又要善待每一位员工,使其具有归属感和成就感。

服务人员管理的主要内容包括对服务人员的招聘、培训、激励、奖励、惩罚等一系列内容。

(五) 质量控制

任何一家从事服务产品生产的企业都希望自己有能力向消费者提供满足其需要的优

质服务,而事实上并不是每一个企业都能做得好。服务产品的提供是一个由一系列要素组成的过程,为了保证质量,企业必须建立一整套严格的产品控制标准,并在运作过程中严格执行,这些是说着容易做着难的事情。服务质量控制标准的主要内容包括服务内容标准、服务行为标准、服务作业程序标准、服务结果跟踪反馈标准、服务质量评估标准、消费者投诉处理标准等。所有这些都围绕一个核心,即管理和提升服务质量,在实际操作过程中,可以通过两个步骤进行,一是分析质量存在的差距,二是实施服务质量控制。

服务质量差距模型提供了一种分析企业服务质量差距的基本思路和有效方法,如图 11-4 所示。

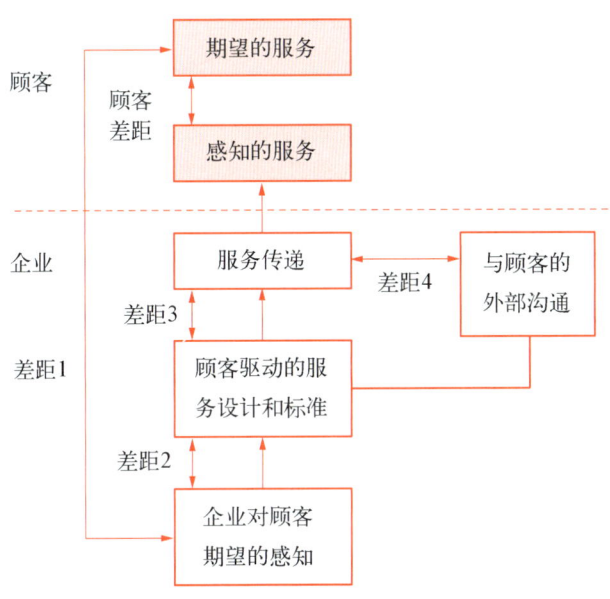

图 11-4 服务质量差距模型

上述模型的核心是顾客差距,即顾客期望与顾客感知的服务之间的差距。期望的服务是顾客在一次服务体验中的参考点,而感知的服务是对受到服务的实际反映。服务质量控制的中心思想在于努力弥合二者之间的差距,尽量使顾客满意以维持长期关系。而缩小顾客期望与顾客感知之间的差距就必须努力缩小服务供应商差距,包括以下四个方面差距:

差距1:由于企业不了解顾客的期望,企业感知的顾客期望与顾客实际的期望之间存在偏差。

差距2:可能企业已经清楚了解了顾客期望,但没有能够将其转化为顾客定义的服务设计和标准,导致与顾客实际感受的服务质量存在偏差。

差距3:企业有了符合服务定义的服务设计和标准,就可以提供优质服务,但这只是必要条件,不是充分条件,还必须有适合的组织系统、提供过程和相应的人员来保证传递与这一设计和标准相吻合,否则仍然可能导致顾客感知上的偏差。

差距4:在前三点基础上,企业应当能够保证所传递的服务设计与标准的一致性,并与顾客达到有效的沟通,使作出的承诺能够实现。

通过对质量差距的分析,企业可以发现并消除组织中阻碍优质服务传递的问题,制定相应的策略,最终弥合顾客差距,使其期望和感知的服务质量保持一致。而服务质量控制的总体思路可以由服务质量管理模型来提供,如图11-5所示。

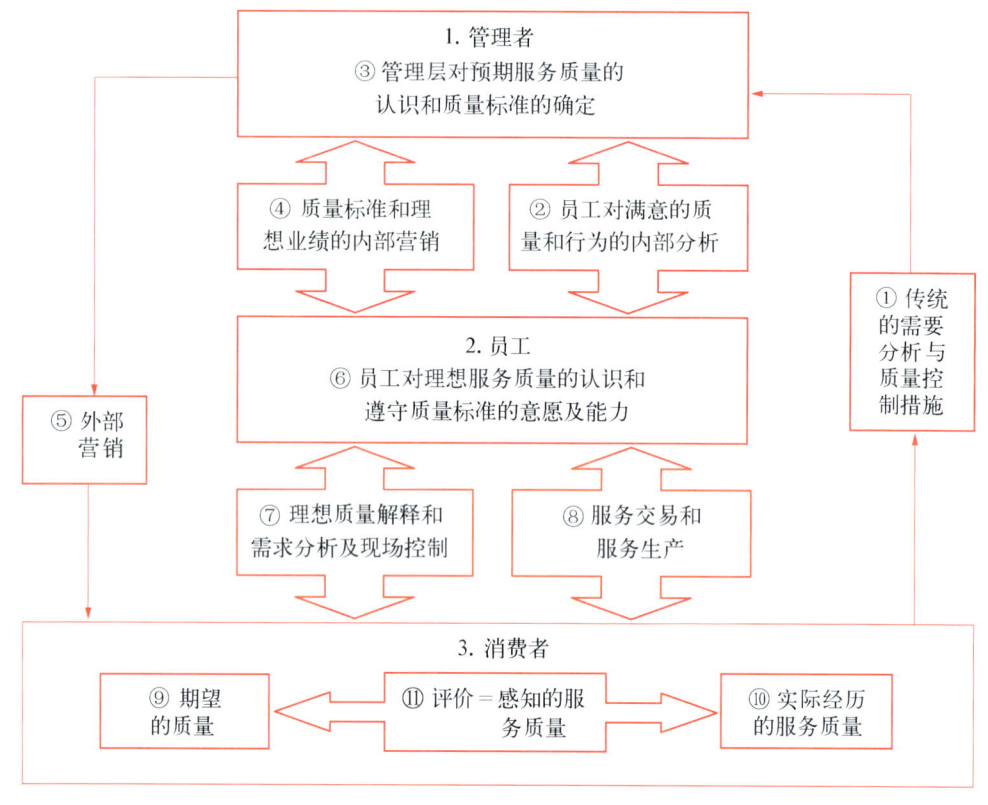

图 11-5 服务质量管理模型

服务质量管理模型首先根据服务生产和消费过程把管理者、员工和消费者作为相互影响、相互作用的统一行为主体,再按照不同层次的逻辑关系,分步骤实施管理。

①企业首先要进行一般性的传统需求分析和实施质量控制措施,这是全部工作的基础;②服务质量管理涉及企业整个组织系统的方方面面,需要全员参与,因此要求员工对于满意的质量和行为有充分的认识和理解;③在此基础上要求企业管理者根据分析的结果确定预期质量的认识和相应的质量标准,这是企业员工为消费者提供服务产品时必须遵循的基本准则;④要通过内部营销,加强对员工的培训教育使其明确企业目标和服务质量标准,这是提供优质服务的前提条件;⑤根据服务质量标准,再有针对性地实施企业营销;⑥在对外部的营销过程中,检验员工对质量标准的理解程度,并通过营销控制系统对员工遵守和执行服务质量标准的能力进行评估;⑦员工用已经认同并形成的对服务质量的解释和已经具备的需求分析能力及现场质量控制能力,观察、理解并满足消费者需求;⑧同时员工在服务生产和交易过程中,用实际的服务质量感受来进一步认识印证自身和企业对理想服务质量的解释及所确定的质量标准,并将结果反馈给企业管理者;⑨经过上述循环往复,企业对消费者期望的服务质量的理解会更为准确,服务质量标准的确定也更有针对性;⑩服务能力会不断加强,消费者感受到的企业所提供的服务质量与其期望的愈加接近;⑪消费者根

据感知的服务质量得出的评价应该是期望与实际相吻合的优质服务。

一个企业,特别是一个新的追求有特色服务的企业,往往由于对消费者的了解还不够,对市场把握的能力还不强,对服务产品内容和生产过程的经验还不足,经常遇到的情况是不知如何处着手,符合本企业特点的服务标准体系,需要经过比较长期的积累,甚至走过许多弯路之后,才能逐渐建立起来,使企业进入良性循环。

在现代激烈竞争的市场经济条件下,无论是否建立和执行了质量控制标准,企业服务产品质量控制的最终结果应体现在消费者的评价中。只有当服务产品符合消费者需要并优于竞争者,获得良好的口碑时,才能说明企业的服务产品质量控制是有效的。

(六) 建立忠诚度

消费者是否满意是服务产品成败的关键。任何企业都不能不在意消费者对其提供的服务产品是否满意,因为长期对服务感到满意的顾客会逐渐培养起一定的品牌忠诚度,而一大批有着较高品牌忠诚度的消费者是企业取之不尽的宝贵资源。他们不仅会使企业的市场相对稳定,更会在这种稳定中为企业带来许多发展的机会。

顾客忠诚是从顾客满意概念中引出的概念,是指顾客满意后而产生的对某种产品品牌或企业的信赖、维护和希望重复购买的一种心理倾向。顾客忠诚实际上是一种顾客行为的持续性,顾客忠诚度是指顾客忠诚于企业的程度。顾客忠诚表现为两种形式,一种是顾客忠诚于企业的意愿;另一种是顾客忠诚于企业的行为。而一般的企业往往容易将两种形式混淆起来,其实二者具有本质的区别,前者对于企业来说本身并不产生直接的价值,而后者则对企业来说非常具有价值;道理很简单,顾客只有意愿,却没有行动,对于企业来说没有意义。企业要做的,一是推动顾客从"意愿"向"行为"的转化程度;二是通过交叉销售和追加销售等途径进一步提升顾客与企业的交易频度。

顾客满意度与顾客忠诚度之间的关系比较密切,一般来说,只有顾客对企业的满意程度达到一定水平时,顾客才会有忠诚于企业的意愿;当这种满意程度得到进一步提升时,顾客才会产生忠诚于企业的行为。另外,如果一个企业提升了顾客满意度,却没有改变顾客的忠诚度,那这种顾客满意度的提高是没有意义的。《哈佛商业评论》发表的相关研究表明:顾客满意度、顾客忠诚度与顾客利润贡献度的关联程度比预期的要小得多。企业应当对忠诚顾客再进行细分,然后在更细化的顾客基础上对其进行分类管理,并采取相应的对策。

营销箴言 收入可以以其他形式出现,其中最令人愉快的是顾客脸上出现满意的微笑,这比什么都值得,因为它意味着他的再次光顾,甚至可能带个朋友来。

——雷·克罗克

多数企业面临的一个共同问题就是如何提高顾客的忠诚度。如果将企业在顾客忠诚培养过程中经常使用到的一些策略与方法按照一定的逻辑顺序排列起来,就可以形成一个相对完整的客户忠诚培养与提升流程,对企业培养顾客忠诚会有借鉴意义,如图11-6所示。

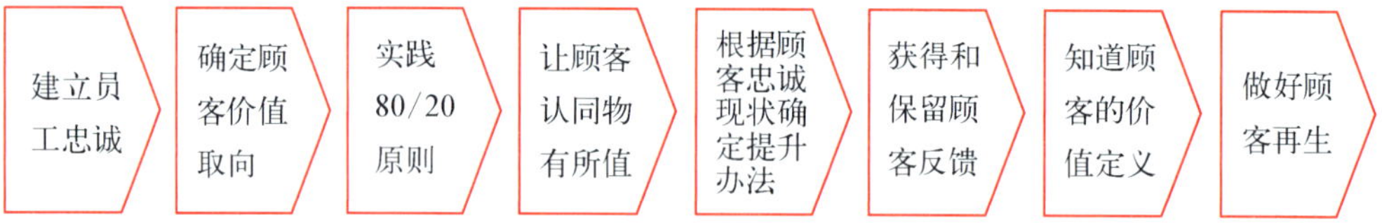

建立员工忠诚 → 确定顾客价值取向 → 实践80/20原则 → 让顾客认同物有所值 → 根据顾客忠诚现状确定提升办法 → 获得和保留顾客反馈 → 知道顾客的价值定义 → 做好顾客再生

图 11-6 客户忠诚培养与提升流程

现在,越来越多的企业认识到消费者的品牌忠诚度高低对企业发展的重要影响,并从改进企业组织建制入手,建立健全服务管理规范,严格培训服务人员,制定标准化的服务作业流程等,以期提供优于竞争对手的使消费者满意的服务,从而培养起消费者的品牌忠诚。

本章小结

服务市场营销的范围已经由单纯的服务产品领域发展到实物产品领域,重视服务、做好服务已经成为掌握市场竞争主动权的有力武器。因此,必须从更广泛的意义上理解服务概念。

服务的本质及其分类非常复杂。由于观察问题的角度和研究问题的需要不同,目前对服务并未形成统一的界定和分类。但服务的四个基本特征是非常明显的,即无形性、差异性、不可分离性和不可储存性。

企业实施服务营销战略是一项系统工程,良好的营销是系统因素整合的结果,其主要内容包括:①树立正确的服务理念;②准确确定消费者需求;③对服务进行科学的设计并组织实施;④对服务人员进行严格管理;⑤对服务质量进行有效控制;⑥增加消费者满意度和忠诚度。

关键名词

服务　服务分类　服务产品　服务市场　服务市场营销　服务质量差距模型　服务质量管理模型

思考题

1. 试述服务产品的一般特点。
2. 试述服务市场营销的一般特点。
3. 怎样培养和提高消费者忠诚度?

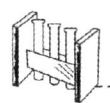 案例分析

海底捞的体验式服务营销强在哪儿?

海底捞品牌创建于1994年,历经多年发展,海底捞国际控股有限公司已经成长为国际知名的餐饮企业。截至2021年12月31日,海底捞在全球开设1 443家直营餐厅,其中1 329家门店位于中国大陆,114家门店位于中国香港、中国澳门、中国台湾及海外,包括新加坡、韩国、日本、美国、加拿大、英国、越南、马来西亚、印度尼西亚及澳大利亚等地。海底捞多年来历经市场和顾客的检验,成功地打造出信誉度高,融汇各地火锅特色于一体的优质火锅品牌。作为一家业务涉及全球的大型连锁餐饮企业,海底捞始终坚持诚信经营,以提升食品质量的稳定性和安全性为前提条件,为广大消费者提供更贴心的服务,更健康、更安全、更营养和更放心的食品。

民以食为天,说到餐饮,海底捞的发展堪称传奇。从1994年成立之初到现在,以独特的经营理念和服务迅速崛起,在全球开出上千家直营连锁店铺,甚至创造出"夏天排队吃火锅"的奇观。那海底捞为什么会成功呢?

一、企业文化

海底捞始终秉承"服务至上、顾客至上"的理念,以创新为核心,改变传统的标准化、单一化的服务,提倡个性化的特色服务,将用心服务作为基本理念,致力于为顾客提供"贴心、温心、舒心"的服务;在管理上,倡导双手改变命运的价值观,为员工创建公平公正的工作环境,实施人性化和亲情化的管理模式,提升员工价值。海底捞始终从顾客体验出发,创新性地为顾客提供愉悦的用餐服务,门店全部的个性化服务都来自服务员的创意,这些充满温度的个性化服务也真正让顾客的每一次用餐都成为一场欢乐时光。

二、特色服务

部分门店设有儿童游乐园,并有专人陪护;为女性顾客提供免费美甲(工作日)和手护(休息日);等位期间为顾客准备各种零食,水果,游戏;免费照片打印;四川特色的国粹变脸表演;融合中华武术的捞面表演;免费皮鞋擦拭清理服务。

三、人性化管理

海底捞努力为员工提供优良环境,给员工给以家的温暖。在海底捞有这样一些数据:20分钟,是海底捞规定的员工住宿地点到上班店的步行最长时间;50万元,是海底捞一家店每年在员工住宿方面的成本;100万元,是海底捞每年用于治疗员工和直系亲属的重大疾病的专项经费;800万元,是海底捞为核心高层离开创业时的补贴资金。这些数据显示着海底捞的高层对于员工的最人性化的关怀。海底捞还放弃了KPI指标考核,大胆放权给员工,解决了员工的后顾之忧,海底捞把员工当家人,员工把海底捞当家,形成了良性循环。

四、人性化服务

海底捞始终坚持把客户当上帝,海底捞的门店都有上网、下跳棋、象棋、小吃、美

甲、擦皮鞋等服务，没有做不到，只有想不到，这些增值服务让每一位客户在等待时都不觉得烦躁，在点餐时，不推销酒水，不鼓励客人多点，合适就好，海底捞的服务让绝大多数人体验到了无比的尊贵优越感，服务成为最核心的竞争力。当然，海底捞的成功还有其他因素，但人性化服务则具有决定性的作用。

五、细致的工作体系

海底捞每天晚上都会盘点客户的用餐情况，每2天都会分析哪些菜品可以优化，哪些菜品可以减分量，哪些菜品可以加分量，按照这些数据适当修改价格。

案例思考题：

1. 怎样设计差异化的体验式服务营销策略？
2. 企业如何导入体验式服务营销？

第十二章 价格策略

引导问题

1. 根据什么来给产品定价?
2. 产品原料成本上涨了,产品价格怎么处理?
3. 新产品一定要定高价吗?
4. 竞争者降价促销,企业必须跟进吗?

学习目的与要求

1. 了解产品定价目标的选择。
2. 了解产品定价需要考虑的因素。
3. 掌握产品定价方法的选择。
4. 掌握心理定价策略的应用、新产品定价策略的选择。
5. 掌握折扣定价策略的应用、地区定价策略的选择。
6. 了解主动调价的原因、市场反应及应注意的问题。
7. 掌握针对竞争者的主动降价,不同企业的对策选择。

第一节 定价目标及其影响因素

一、定价目标

产品价格是企业获得收益的来源,也是开展竞争的一个重要手段。因此,在定价之前要研究确定一个和企业营销战略总目标相一致的定价目标,作为确定价格策略和定价方法的依据。常见的定价目标有下列几种:

(一)利润目标

1. 最大利润目标

取得最大利润可以说是企业的共同愿望。最大利润是指企业在一定时期内可能并准备实现的最大利润总额,而不是单位商品的最高价格。最高价格不一定能获得最大利润,在一定时期内,企业综合考虑市场竞争、消费需求量、销售管理开支等因素后,以总收入减去总成本的最大差额为基点,确定单位商品的价格,以便取得最大利润,这种定价目标就是最大利润目标。但对大多数企业来讲,以取得最大利润作为定价目标具有较大难度。

因为企业若想取得最大利润,所定的价格必须具备三个条件:①企业对该产品的市场需求和成本函数能作出精确的预测;②微观营销环境中除顾客以外的其他参与者,如竞争者、供应商对企业的定价反应不变;③定价时假定营销组合中除价格以外的其他变量均已处于某种最佳水平并维持不变。由此可见,同时满足三个条件是比较困难的,因此,除了个别企业,最大利润并不能作为企业普遍的定价目标。

专栏 12-1

薄利多销策略与厚利限销策略

薄利多销策略,是指商品定价时有意识地以相对低廉的销售价格刺激需求,促进生产,降低成本,是实现长期最大总利润或扩大市场占有率的一种价格策略。其适用条件主要包括:①产品需求的变动幅度要大于价格的变动幅度;②生产条件有增产可能;③增产后扣除应纳税金的销售收入增长应大于成本费用的增长。

厚利限销策略,是指以偏离价值的较高价格出售商品,把社会需求限制在规定的范围之内,以获取高额利润的一种价格策略。其适用条件主要包括:①使用稀缺自然资源生产的非生活必需品;②具有较大心理价值的商品;③对消费者身心健康有不利影响但又不便采取行政或法律等非经济手段予以禁止或限制消费的商品。④需要特种工艺进行生产的高级消费品,如传统手工刺绣、镂雕等高级工艺品。

---

2. 满意利润目标

很多企业从实际出发,并不以没有切实把握且有极大风险的最大利润作为定价目标,而代之以满意利润作为定价目标。所谓满意利润是指在企业所能掌握的市场信息和前景预测的基础上,按照已达到的成本水平,所能得到的最大利润,亦即企业的目标利润,这种最大利润是相对于企业所具有的条件而言的,所以满意利润实际上就是相对的最大利润。这是以稳定市场价格,避免不必要的竞争,获取长期利润为前提的。在此种目标下,商品价格适中,顾客乐于接受,政府积极鼓励。

(二)市场占有率目标

市场占有率目标是指企业以扩大市场占有率为定价目标。市场占有率通常有两种表示方式:一是绝对市场占有率;二是相对市场占有率。市场占有率是企业经营状况和产品竞争力状况的综合反映。一般来说,市场占有率提高,企业的利润水平会相应增加,也有利于企业控制市场和价格垄断能力的形成。因此说,提高市场占有率比获取短期高盈利对企业更重要。

提高市场占有率,通常采用的是低价打入市场,开拓销路的方法。但低价并不是在任何情况下都能提高市场份额的,只有具备以下条件,企业才能以提高市场占有率作为定价目标:①市场对价格比较敏感,因而低价能有效促使销售量增大,从而提高市场占有率;②生产经验的积累、生产批量的扩大能使生产成本和销售费用显著降低,从长期来看,低价能使企业保证应有的利润率;③企业的经济实力足以承受一定时期内低价造成的利润和成本的损失;④低价能有效地抑制现实的或潜在的竞争,不致演变为竞争者之间两败俱伤的价格战。

(三)预期投资报酬率目标

预期投资报酬率目标是指企业根据投资额期望得到一定百分比的纯利或毛利为定价目标,是一种"将本求利"的定价目标。企业不追求尽可能大的利润,而是以获得合理报酬为目标,把价格限定在一定的预期利润水平上。因此,企业往往通过扩大销售的办法,增加利润。定价目标着眼于企业的长期利益与发展,容易被消费者接受与信任,从而树立良好的企业形象。

企业在定价时需要准确的信息,要估算某种投资报酬率下的销售量在既定的年限内能否收回投资。一般来说,向银行借贷资金时,预期投资报酬率应高于银行贷款利率;当投资为企业自有或自筹资金时,则预期投资报酬率可高于银行存款利率及其他证券利率。在不同阶段,投资报酬率可根据市场的形势来确定。如在竞争者没有出现前,投资报酬率可定得高一些,当价格不能带来满足目标报酬率的销售收入时,企业可适当降低投资报酬率,有的企业也以销售利润率代替投资报酬率,这是我国企业普遍采用的定价目标。

(四)稳定价格目标

稳定价格是实现一定的投资报酬率和长期利润的重要途径。因此,一些企业常把稳定价格作为定价目标,尤其是那些在同行业中占主导地位的大企业,为长期有效地经营自己的产品,并稳定地占领该产品市场,常常制定出一个相对固定的价格,以保持市场和价格的稳定,避免不必要的价格竞争。同时,价格稳定对同行业的中小企业也是有利的,否则激烈的价格竞争会给他们中的一部分带来灾难。

产品的稳定价格通常由该行业中的领袖企业所决定,以稳定价格为定价目标的其他中小型企业只能追随领袖企业同类商品的价格,与其保持一致,这样可以避免价格战,克服价格变动的盲目性和破坏性,否则会遭受巨大的冲击。尤其是对关系国计民生的重要产品,采取稳定价格目标是非常必要的。

(五)竞争目标

竞争目标是指企业以避免竞争或应付竞争对手为目标来制定本企业产品的价格。采用这种定价目标的企业,在定价之前,一般都要广泛收集主要竞争对手的资料,将本企业产品的品质、规格与其竞争产品进行比较,根据企业的竞争实力,以对市场有决定影响的竞争者的价格为基础,制定出针锋相对的价格策略与战略,同对手抗衡。一般来说,如果本企业产品在市场上有一定优势,企业实力雄厚,则可以将产品价格定得略低于竞争对手,以扩大产品销售量,提高企业市场占有率;如果本企业在产品品质及服务上与本行业的主导企业差不多,其他方面稍差,那么在市场竞争激烈的情况下,可以市场主导企业的价格为基础,随行就市定价,从而缓和竞争,稳定市场。

(六)生存目标

如果企业由于市场需求发生变化,产品积压滞销,开工不足而陷于周转不灵的困境时,就不能不以维持企业的生存作为定价的首要目标。为使企业能维持开工,存货得以脱手,就必须降低产品价格。此种目标下的产品价格的最低极限就是变动成本。只要定价能大于变动成本,就意味着不仅能回收变动成本,还能回收部分固定成本,这样,企业就可以继续维持营业。当然求得生存只能是企业的短期目标,渡过难关后必须提高价格,否则,无利可图,企业也就没有存在的意义了。

二、影响企业定价的主要因素

价格是一个变量,受到许多因素的影响和制约,包括定价目标、成本、产品特点、分销渠道、促销策略等内部因素,以及市场和供求情况、竞争、国家法律政策、社会心理与外部因素等。因此定价时必须首先对这些因素进行分析,从而制定出合理的定价目标、定价方法和定价策略。

(一) 成本

成本是价格的基础,是生产过程中所消耗的物质资料和有酬劳动的货币表现。它是产品定价的重要经济依据,在正常情况下,商品的价格要高于成本。

(二) 企业的营销组合策略

因为价格是营销组合的因素之一,又是一个最活跃的因素,所以定价策略必须与产品的整体设计、分销和促销策略相匹配,形成一个协调的营销组合。定价策略不能脱离其他营销组合因素而单独决定。

(三) 市场需求的性质与状况

市场需求是影响企业定价的最重要的外部因素,所以,企业给产品定价时不但要考虑营销目标,还必须考虑市场供求状况和需求弹性。

商品供过于求时价格下降,供不应求时价格上涨。在完全竞争的市场条件下,价格完全在供求规律的自发调节下形成,无所谓企业的定价策略;在不完全竞争的市场条件下,企业才有选择定价方法和策略的必要和可能。

需求的价格弹性、需求的收入弹性和需求的交叉弹性对企业产品的需求量有着重大影响,因此,企业在定价时必须据此制定出合理的价格,以确保产品的销量和利润。

(四) 竞争者的产品与价格

对质量近似的产品,顾客一般倾向于选择价格较低的产品,因此企业定价时必须考虑竞争者的产品价格和质量。企业可将竞争者的价格和产品情况作为自己定价的参照系数。如果自己的产品与主要竞争的产品相似,所定价格也应相似;如果比竞争者产品质量差些,价格也应较低些;如果比竞争者产品质量好些,则定价可高于竞争者。不过,企业必须估计到竞争者可能会调整其价格,对自己的定价作出反应。

(五) 消费者因素

消费者常常凭着经验对产品价格有一种估计,称为期望价格。当产品的市场价格在期望价格范围内,则容易接受;如果高于估计,人们会嫌贵,影响购买;如果低于估计,有时产品会被怀疑质量有问题,也不利于销售,因此,定价时应考虑消费者的期望价格。

消费者对价格的态度,是非常复杂微妙的,主要取决于收入因素和心理因素。在购买水平较低的情况下,人们对价格敏感,期望值往往低于市场价格;当收入增加,消费水平提高后,人们对价格的期望值会扩大,对购买的影响作用将减弱。就消费者心理差异而言,有的求实求廉,有的求名求质,不同的购买心理对定价有不同影响。

(六) 其他环境因素

企业定价时还必须考虑其他环境因素,如国家的政策法令、国内外的经济形势、货币流通状况、产品的市场寿命周期、分销渠道因素、产品的特性等。另外,通货膨胀、利率的高低都会影响产品的成本和顾客对产品价格与价值的理解,从而影响企业定价的方法和策略的选择。

第二节 定价方法

企业在确定了定价目标,掌握了有关影响因素的资料后,就开始具体的定价工作。影响定价最基本的三个因素是产品成本、市场需求和竞争。因此,定价方法也可分为三类:成本导向定价法、需求导向定价法和竞争导向定价法。

一、成本导向定价法

成本导向定价法是以产品成本作为定价基础的定价方法。常见的形式如下:

(一)成本加成定价法

这种方法是在单位产品成本上附加一定的加成额作为企业盈利的定价方法。其计算方法有两种:

1. 以企业的成本利润率来定价

其计算公式为:

$$单位产品售价 = 单位产品成本 \times (1 + 成本利润率)/(1 - 税率) \quad (12-1)$$

式中,成本利润率 = 可能实现的利润总额/总成本 $\times 100\%$。

2. 以企业的销售利润率来定价

其计算公式为:

$$单位产品售价 = 单位产品成本/(1 - 销售利润率 - 税率) \quad (12-2)$$

式中,$\quad$ 销售利润率 = 可能实现的利润总额/销售总收入 $\times 100\%$ $\quad (12-3)$

此种方法多用于零售业,加成率因不同商品而异,一般在 5%~30%。通常如冷冻食品业加成率低,而服装等款式变化快、经营风险大的商品加成率高。

这种定价方法的优点是:简便易行;对买方"将本求利",公平合理;对同业者可缓和价格竞争,减少矛盾。但也有一定的缺陷,如只从卖方角度考虑,忽视了市场需求和竞争,可能会造成产品滞销;此外,价格与企业实际产销量呈相反方向变化,即畅销产品价格低,销售困难的产品反而定价高。

(二)目标利润率定价法

目标利润定价法,又称目标收益定价法、目标回报定价法,是根据企业预期的总销售量与总成本,确定一个目标利润率的定价方法。目标利润率定价法的要点是使产品的售价能保证企业达到预期的目标利润率。企业根据总成本和估计的总销售量,确定期望达到的目标收益率,然后推算价格。目标利润定价法的计算公式为:

$$产品出厂价格 = [(单位变动成本 + 单位固定成本)/(1 - 销售税率)] +$$
$$[目标利润/预计销售量 \times (1 - 销售税率)] \quad (12-4)$$

式中,

目标利润＝(单位变动成本＋单位固定成本)×预计销售量×成本利润率 (12-5)

产品出厂价格＝[(单位变动成本＋单位固定成本)×(1＋成本利润率)]/(1－销售税率)

(12-6)

目标利润定价法与成本加成定价法的差别在于"成本加成定价法"公式中的成本只是制造成本,不包括期间费用;而目标利润定价法公式中的成本包括制造成本和期间费用。相应的,两个公式中的"成本利润率"也有所不同。因此,采用此种方法定价时,应首先明确要实现的目标利润是多少,然后再根据产品的需求弹性考虑多种价格对销售量的影响,最后将价格定在能够使企业实现利润目标的水平上。

(三) 边际成本定价法

边际成本是企业每增加一单位产品所必须支付的成本。当产量增量在一定范围内时,一般只增加变动成本,不增加固定成本,但如果产量增量比较大,边际成本中就可能会含有新增的固定成本。边际收入是指每增加一单位产品所获得的收入,边际收入减去边际成本即为边际贡献。我们把以边际成本为基础,用预期的边际贡献来补偿固定成本,进而获得收益的定价方法称为边际成本定价法。

在供过于求的市场条件下,企业为了迅速开拓市场,常采用边际成本定价法定价,即暂不考虑固定成本,以边际成本为基础定价,当边际贡献全部补偿了固定成本,即实现了保本;当边际贡献超过固定成本,即实现了盈利。在正常的生产经营条件下,可利用边际成本确定企业产品最优状况及最佳产销量。当边际贡献为正,说明企业可增加生产,获得利润;当边际贡献为负,企业只能越生产越亏本;当边际贡献为零,此时产品价格最优,产销量最佳,所获的利润也最大。

以边际成本定价,可以帮助企业迅速打开市场,但其缺点在于不易划分清楚产品成本中的固定成本和变动成本。

二、需求导向定价法

需求导向定价法是以需求为中心的定价方法,依据顾客对产品价值的理解和需求强度来制定价格,而不是依据产品的成本来定价。其特点是灵活有效地运用价格差异,对平均成本相同的同一产品,价格随市场需求的变化而变化,不与成本因素发生直接关系。其基本原则是:市场需求强度大时,制定高价;市场需求强度小时,可适度调低价格。这种定价方法综合考虑了成本、产品的生命周期、市场购买能力、顾客心理等因素。需求导向定价方法主要包括理解价值定价法和需求差异定价法两种。

(一) 理解价值定价法

这是以消费者对商品的认知程度和主观价值判断为依据来制定价格,即根据消费者为获得某种产品愿意支付的钱来确定产品价格。理解价值定价法的特点是按市场需求而不是按生产成本来定价,定价顺序为消费者价格→中间商价格→生产者价格,因此也称为"反向定价法"。这种方法主要适合全新产品、需求弹性大的产品和花色品种翻新较快的产品。

(二) 需求差异定价法

所谓需求差异定价,也叫差别定价、价格歧视,是指企业按照两种或两种以上不反映成本费用的比例差异的价格销售某种产品或服务。主要形式包括顾客差别定价、产品形式差别定价、产品部位差别定价、销售时间差别定价。实行需求差别定价法必须有两个条件，一是顾客不可能倒卖价格不同的同一产品；二是顾客需求的具体差别不可能替代。

三、竞争导向定价法

在竞争激烈的市场上，企业通过研究竞争对手的生产条件、服务状况、价格水平等因素，依据自身的竞争实力，参考成本和供求状况来制定有利于在市场竞争中获胜的产品价格。这种定价方法就是通常所说的以竞争为中心的定价法。其特点是：产品的价格不与产品成本或需求发生直接关系。产品成本或市场需求变化了，但竞争对手的价格未变，就应维持原价；反之，虽然成本或需求都没有变动，但竞争对手的价格变动了，则相应地调整其产品价格。当然，为实现企业的定价目标和总体经营战略目标，谋求企业的生存和发展，企业可以在其他营销手段的配合下，将价格定得高于或低于竞争对手的价格，并不一定要求和竞争对手的产品价格完全保持一致。竞争导向定价法主要包括随行就市定价法、投标定价法、渗透定价法和拍卖定价法等。

（一）随行就市定价法

此种方法是把本企业产品按当时市场通行价格定价。这是一种比较稳定而常用的定价方法，既容易被消费者接受，企业也可以获得相对平均的利润，同时又可以避免激烈的竞争，减少风险。这种方法主要适合同质产品或同质化产品，对有些成本和需求难以估算的产品和企业尤其适用。因为行业内各企业同进同退，既避免相互之间的价格竞争，又可在一般经营条件下维持必要利润，所以风险较小。

（二）投标定价法

这是买方引导卖方通过竞争成交的一种方法，常用于建筑包工、大型设备制造、政府大宗采购等。一般由买方公开招标，卖方竞争投标，密封递价，买方按物美价廉的原则择优选取，到期当众开标，中标者与买方签约成交。投标的价格主要以竞争者可能的递价为转移。递价低于竞争者，可增加中标机会，但不可低于边际成本，否则就不能保证适当收益。因此，投标企业通常要计算期望利润，以期望利润最高的价格作为递价依据。

（三）渗透定价法

渗透定价是以打进某市场或扩大市场占有率、巩固市场地位为目标的定价方法。它的特点是价格偏低，低到什么程度完全根据竞争形势，而不顾成本，采取这种定价方法时，成本和利润需要在较长时间才能回收。渗透价格虽然比市场流行价格水准要低，但是不像倾销价格那样相差悬殊，而且着眼于维持一个较长的时间，并有可能作进一步的下降，以对付竞争形势的变化。这种方法主要适宜的产品主要包括：以打进某市场、扩大市场占有率、巩固市场定位为目标的产品；需求弹性大的产品；替代品多的产品。

（四）拍卖定价法

这是商品所有者或委托代理人（如拍卖行）事先不作具体定价，而在拍卖地点进行公开叫卖，根据不同买主的报价，选择一个对卖方有利的价格，即将不再有人竞争的最高价格作为成交价格的一种方法。常用于文物古董、高档艺术品、房地产、机器设备等的变卖。应用此种方法，可以加快交易速度，有利于对闲置物资的处理。拍卖价格与投标价格的区别在于前者是买方公开竞价，后者是卖方密封递价。

第三节 定价策略

在激烈的市场竞争中,定价策略是企业争夺市场的重要武器,企业必须善于根据市场环境、产品特点和生命周期阶段、消费者心理和需求特点等因素,正确选择定价策略,以顺利实现营销目标。

一、心理定价策略

心理定价策略是零售商针对消费者的心理特点,采用的灵活定价策略。企业只有认真研究和掌握消费者的心理特点,才能制定出消费者乐于接受的价格。

> **营销箴言** 经济的一半是心理。
>
> ——里根,美国前总统

(一)零头定价

这是一种取零不取整的标价技巧。如一件 10 元的商品定价为 9.90 元,比标价 10 元更能吸引消费者。因为这个定价使顾客感到不到 10 元的开支,比较便宜;或被认为是原价打了一个折扣;同时尾数价格也易被认为是精确计算的结果,会增加货真价实的信任感。西方国家的零售企业大多采用一种奇数定价,因奇数是单数,使人觉得单比双少。例如在美国,标价尾数为 49 美分的商品比标价为 48 美分和 50 美分卖得都好。虽然相差无几,却能带来良好的促销效果。必须注意不同地区的消费者有不同的喜好和禁忌,因此在设计零头价格时需予以考虑,以免弄巧成拙。

(二)声望定价

这种方法与上一种方法相反,不是为了让人觉得价廉,而是故意把价格定成整数或定一个较高的价格,以显示商品或企业的名贵超群、与众不同。因为消费者常有"一分钱一分货""便宜没好货"的心理,所以名优特产品定价低了反而不利于销售。当然声望定价要和产品在人们心目中的地位相称,如果定价过高,会失去顾客的信任。例如"海飞丝"洗发水打入中国市场时,在同类产品中定价最高,反而畅销,便是成功的一例。

(三)习惯定价

人们经常购买的日用品,在市场上长期形成了一种为人们习惯、熟悉且愿意接受的价格,如大米、调味品等。如果企业定价偏离了习惯价格则会引起疑虑,高于习惯价格往往被认为是不合理涨价,低于习惯价格又会被怀疑产品的质量和真实性。因此,对此类商品,企业定价时需注意按惯例定价,否则会影响产品的销售。如果必须变动价格时,应采用一些措施,如改换包装或品牌,以减轻习惯价格心理对新价格的影响。

（四）招徕定价

这是企业针对消费者求廉的购买心理，将一些商品价格定得低于常价，以招徕顾客。这些价格定低的商品称为牺牲品，其目的在于吸引大量顾客在购买这些特价品时还会购买其他价格正常的商品。企业还常利用季节转换或某些节日时举行大减价，以吸引更多的顾客。

（五）分档定价

消费者心理上对价格的较小差异较不敏感，而对大的差异则很敏感，因此很多零售商在出售具有多种商标、规格、花色的同类商品时，把商品分为若干档次，档次之间价格差别大，这种定价法会使顾客产生质量高低不同的联想，以适应不同层次的需要。

二、产品组合定价策略

产品组合是指一个企业所生产经营的全部产品线和产品项目的组合。对于生产经营多种产品的企业来说，定价须着眼于整个产品组合的利润实现最大化，而不是单个产品。因为各种产品之间存在需求和成本上的联系，有时还存在替代、竞争关系，所以实际定价的难度相当大。

（一）产品线定价

通常企业开发出来的是产品大类，即产品线，而不是单一产品。当企业生产的系列产品存在需求和成本的内在关联性时，为了充分发挥这种内在关联性的积极效应，需要采用产品线定价策略。在定价时，首先，确定某种价格为产品最低价格，它在产品线中充当招徕价格，吸引消费者购买产品线中的其他产品；其次，确定产品线中某种产品为最高价格，它在产品线中充当品牌质量象征和收回投资的角色；最后，产品线中的其他产品也分别依据其在产品线中的角色不同而制定不同的价格。如果是由多家企业生产经营时，则共同协商确定互补品价格。选用互补定价策略时，企业应根据市场状况，合理组合互补品价格，使系列产品有利销售，以发挥企业多种产品整体组合效应。

（二）必需互补品定价

互补产品是指两种或两种以上功能互相依赖、需要配合使用的商品。例如，胶卷和照相机、计算机软件和硬件都是不可分开的互补产品。把价值高而购买频率低的主件价格定得低些，而对与之配合使用的价值低而购买频率高的易耗品价格适当定高些。一旦顾客买了主产品后就非买连带产品不可，企业可以通过大量销售互补产品获取高额利润。

类似的定价策略也可用于服务业，具体方法是将价格分为固定部分和变动部分。例如，电话公司规定除向使用者收取固定电话费外，如果超过规定的通话次数，再额外收费；游乐场的门票包括有限的食物、饮料和游乐场所，如果超出范围，也要额外收费。

（三）非必需互补品定价

一些企业在提供主要产品的同时，还提供一些与主要产品密切相关的非必需互补品，如购买汽车同时附带车用电话。对这些非必需的互补品哪些计入汽车的价格中，哪些另行计价，这就需要根据目标消费者的偏好、市场环境等因素认真分析。例如，有些饭馆可将饭菜的价格定得较低，而将酒水的价格定得较高；一家宾馆可将住宿、餐饮的价格定低些，而将娱乐、健身的价格定高些。

（四）捆绑定价

捆绑定价指的是将两种或两种以上的服务作为一揽子服务，以特别优惠的价格销售给顾客。例如，有时影剧院不是单卖一场影剧票，而是将几部影片合在一起售票，或出售月票、季票，饭店不单独出租客房，而是将客房、膳食和娱乐一并收费。捆绑销售可选择合适的模式，销售模式可分为部件销售、纯捆绑及混合捆绑三种。部件销售指仅提供各种产品的单独售价；纯捆绑也可称为整体捆绑，指不单独销售其中的部件，仅销售一揽子的产品或服务；混合捆绑则是除了一揽子销售捆绑，也单独销售捆绑产品内的各个部分。实施捆绑定价策略需要具备如下条件：首先，捆绑定价产品需要具备相当的市场支配力，从而可与竞争产品进行价格差别竞争。微软的办公软件便是如此。其次，捆绑定价产品之间需要一定的关联性。如产品之间在消费对象、销售渠道、品牌影响力等方面相近等。典型的例子是惠普推出购买指定机型，除了装备操作系统，还会送JBL音箱及Photosmart7268照片打印机，进行三合一整合捆绑销售。最后，捆绑定价产品的目标顾客要存在重叠性，产品组合是目标消费者所需要的。宝马汽车在南非推出一种销售策略，将防盗窃抢劫保险费用与其新推出的车型进行捆绑销售。在保险费用不断提高的情况下，此策略对消费者极具吸引力。此外，捆绑定价产品要有相似的市场定位。消费者的职业、收入、交易水平等不同，消费习惯和心理也有很大差别。因此，捆绑产品的市场定位至少是相同或者相近的，否则该策略就难以成功。如奢侈品与劣等品便不能进行捆绑定价。

三、新产品定价策略

新产品定价是新产品开发的一个十分关键的问题，定价得当，新产品就可能打开销路，占领市场，否则就有可能失败。

（一）取脂定价策略

这种方法因如同从鲜奶中撇取奶油而得名。企业把新产品价格定得较高，利用其特点和无竞争对手的条件，尽可能在短期内赚取更多的利润，尽快收回投资，以后随着产量和销量的扩大、成本的降低，再逐步降低价格。它适合于需求弹性小、寿命周期短或者有专利权的新潮产品。

取脂定价策略是一种追求短期最大利润的策略，运用它可以迅速补偿研究与开发费用，获得高额利润，并掌握调价的主动权。但使用这种策略需要具备以下条件：①产品的质量与高价格相符；②要有足够多的顾客能接受这种高价并愿意购买；③竞争者短期内不易打入该产品市场。

（二）渗透定价策略

这是与取脂定价策略相反的一种定价策略，企业把新产品价格定得较低，使新产品迅速被顾客接受，以迅速打开市场并提高市场占有率。渗透定价策略着眼于企业的长期利益与发展，但价低利微，需较长时间收回投资，所以要求企业有雄厚的实力。

渗透定价策略适合于需求弹性大、替代品多的新产品。但低价易造成产品的低档形象，所以采用此种策略需具备以下条件：①产品需求的价格弹性大，目标市场对价格敏感；②生产和分销成本有可能随产量和销量的扩大而降低。如瑞幸咖啡就是采用这种定价策略获得成功的。

（三）满意定价策略

这是介于取脂定价和渗透定价之间的一种适中价格战略，它兼顾了生产者与消费者的利益，既能避免取脂价格过高给消费者带来的利益损失，又能防止渗透价格过低可能给企业带来的经济困难,其目的在于从长期稳定的销售增长中获取平均利润。由于其风险小,一般会使企业收回成本、取得适当盈利,因此又称稳妥价格战略。它主要适用于大量生产、大量销售、市场较稳定、价格弹性相对较小的一般商品。

四、折扣定价策略

所谓折扣定价就是企业根据所选定的定价策略,先定出一个正式的价格,然后配合折扣和折让以吸引经销商和顾客购买。企业常用的方式有以下几种:

(一)现金折扣

这是指在赊销的情况下,卖方鼓励买方提前付款,按原价给予一定折扣。典型的折扣条件如(2/10,N/30),表示货款须在30天内付清,如客户在10天内付款,则给予2%的现金折扣。可见现金折扣包括三个因素:①现金折扣率;②给予现金折扣的期限;③付清货款的期限。这种折扣在当代很流行,它可增加企业的变现能力,减少信用成本和呆账。确定现金折扣率大小的基本原则是:其上限不能高于由于资金周转速度加快所带来的盈利,其下限不能低于同期银行的存款利率。

(二)数量折扣

这是卖方为鼓励客户大量购买或经常购买本企业产品所采用的一种价格策略。典型的数量折扣条件如"购买100单位以下者,单位售价9.95元,购买100单位以上者,单位售价8.95元"。数量折扣的幅度一般不宜超过因大量销售而节省的成本。包括销售费用、存货成本和运输成本。数量折扣主要有两种方式:

1. 累计数量折扣

累计数量折扣即按顾客在一定时期内购买商品所达到的一定数量或金额给予不同的折扣。此种方法可以鼓励顾客经常购买本产品。

2. 非累计数量折扣

非累计数量折扣即按规定一次购买某种产品达到一定数量或购买多种商品达到一定金额时,给予一次性折扣,其目的在于鼓励消费者大量购买,节约营销费用。

(三)功能折扣

这是生产者给中间商的折扣,也称贸易折扣。制造商可根据中间商在营销过程中所负担的功能不同,给予不同的价格折扣,如某制造商报价:100元,折扣40%及10%,表示给零售商折扣40%,即卖给零售商价格是60元,给批发商再折扣10%,即54元。不同的流通渠道中,由于中间商提供的服务不同,生产商应根据不同的情况给予不同的折扣。

(四)季节折扣

这适合于季节性强的商品,生产商利用这种折扣,鼓励中间商和顾客在淡季购买,以减少自己的资金负担和仓储费用,并有利于均衡生产。如冬季服装的制造商在夏季可给中间商和顾客季节折扣;旅馆业和航空公司票价也在淡季给顾客折扣。

(五)折让

这是一种减价的形式,如抵换折让:顾客以旧货折价抵换购买同类新货时,企业在新货价格上给予的减让,多用于汽车行业或其他耐用品;再如促销折让,是制造商给参与产品促销活动的经销商的一种津贴,如广告津贴、展览津贴等。

五、地区定价策略

一般地说,一个企业的产品,不仅卖给当地顾客,而且同时卖给外地顾客。而卖给外地顾客,把产品从产地运到顾客所在地,需要花一些装运费。所谓地区性定价策略,就是企业要决定:对于卖给不同地区(包括当地和外地不同地区)顾客的某种产品,是分别制定不同的价格,还是制定相同的价格。也就是说,企业要决定是否制定地区差价。地区定价策略的形式有:

(一)原产地定价

原产地定价就是顾客(买方)按照厂价购买某种产品,企业(卖方)只负责将这种产品运到产地某种运输工具(如卡车、火车、船舶、飞机等)上交货。交货后,从产地到目的地的一切风险和费用概由顾客承担。如果按产地某种运输工具上交货定价,那么每一个顾客都各自负担从产地到目的地的运费,这是很合理的。但是这样定价对企业也有不利之处,即远地的顾客有可能不愿购买这个企业的产品,而购买其附近企业的产品。

(二)统一交货定价

和前者正好相反,统一交货定价是企业对于卖给不同地区顾客的某种产品,都按照相同的厂价加相同的运费(按平均运费计算)定价。也就是说,对全国不同地区的顾客,不论远近,都实行一个价。因此,这种定价又叫邮资定价。

(三)分区定价

这种形式介于前两者之间,是企业把全国(或某些地区)分为若干价格区,对于卖给不同价格区顾客的某种产品,分别制定不同的地区价格。距离企业远的价格区,价格定得较高;距离企业近的价格区,价格定得较低。在各个价格区范围内实行一个价。企业采用分区定价也存在问题:①在同一价格区内,有些顾客距离企业较近,有些顾客距离企业较远,前者就不合算;②处在两个相邻价格区界两边的顾客,他们相距不远,但是要按高低不同的价格购买同一种产品。

(四)基点定价

企业选定某些城市作为基点,然后按一定的厂价加上从基点城市到顾客所在地的运费来定价,而不管货实际上是从哪个城市起运的。有些公司为了提高灵活性,选定许多个基点城市,按照顾客最近的基点计算运费。

(五)运费免收定价

有些企业因为急于和某些地区做生意,负担全部或部分实际运费。这些卖主认为,如果生意扩大,其平均成本就会降低,因此足以抵偿这些费用开支。采取运费免收定价,可以使企业加深市场渗透,并且能在竞争日益激烈的市场上站得住脚。

第四节 价格调整

企业为产品定出基本价后,在营销过程中还需要根据市场供求状况、服务对象和交易条件等因素的变动,随时调整价格,以取得更大的经济效益和社会效益。

> **营销箴言** 我被反垄断法烦透了。假如价格涨了,它就说是"垄断性定价",价格跌了,它就说是"掠夺性定价",价格不变,它就说是"合谋性定价"。
> ——科斯,1991年诺贝尔经济学奖获得者、美国经济学家

由于市场形势和营销环境不断变化,因此企业常常面临价格变动的问题。此时企业可采取相应的策略调整价格。

一、主动调价

企业给产品定价以后,由于情况变化,经常还要变动价格。变动价格主要有两种情况:一是市场供求环境发生了变化,企业认为有必要调整自己的价格;二是竞争者价格有所变动也不得不作出相应反应。

(一)主动调价的原因

1. 主动降价的原因

虽然降价往往会造成同业者的不满,甚至引发价格竞争,但在某些情况下,企业积极主动降价,可使企业迅速收回成本,加速资金周转,提高市场占有率,从而打败竞争者。当企业面临如下情况时应考虑降价:①企业生产能力过剩,产品积压,虽运用多种营销手段(如改进产品、努力促销等),仍难以打开销路;②面临着激烈的价格竞争,企业市场占有率下降,为击败竞争者,扩大市场份额,企业必须降低价格;③企业的产品成本比竞争者低但销路不好,需要通过降价来提高市场占有率,同时使成本由于销量和产量增加而进一步降低,形成良性循环。

2. 主动提价的原因

提高产品价格会引起顾客、经销商甚至本企业销售人员的不满,但成功的提价也会为企业带来可观的利润。当企业面临以下情况时应考虑提价:①市场供不应求,企业无法满足顾客对其产品的全部需求时,只有提高价格以平衡供求,增加收入;②在通货膨胀、物价上涨,使企业成本费用上升时,必须提高产品销价,以平衡收支,保证盈利;③竞争者提价。

企业的任何价格变动必然会引起有关各方的反应,对于消费者的反应,企业必须予以充分重视,认真分析研究,并采取相应的对策。产品降价时,消费者往往会认为:该产品已近淘汰,将被新品种取代;产品有问题,是滞销货;降价还会继续,等降得更低时再买等等,形成消费者持币观望的局面。降价本应带来销售增加,但在上述情况下往往适得其反,不适当的降价甚至会使销量减少。产品提价一般会抑制需求,减少销量,但有时消费者会从另一角度理解,反而加速购买,如产品正在走俏,可能很快脱销;可能还会涨价,不如提早购买等。因此,消费者对价格变动最初的反应,往往并不是准确客观的,这就要求企业必须认真研究消费者心理,并作出正确的引导。

(二)主动调价的市场反应

1. 消费者对调价的反应

降价本应吸引更多的消费者,但有时对某些消费者却适得其反,这些消费者可能会认

为降价是为了处理积压存货,降价的产品一般无好货,或是企业财务困难,该产品今后要停产,零配件将无处购买,价格可能还会进一步下跌,故造成持币观望的局面。因此,不适当的降价反而会使销售量减少。

产品提价应该会抑制购买,但消费者可能认为提价是因为这种产品是畅销货,不及时购买将来可能买不到,或者以为该产品有特殊价值,值得购买,或认为该产品可能还要涨价,赶快去买。结果是涨风越大,抢购风越大。

因此,企业在产品涨价、降价之前和之后,都应尽可能向消费者解释清楚,让消费者了解情况,以便对调价作出正确的购买反应。

2. 竞争者对调价的反应

企业在营销中还往往受到竞争调价的攻击,这就需要企业分析竞争调价的目的、持久程度和对本企业的影响并及时作出反应。选择方法如下:保持价格不变;价格不变的同时,改进质量、样式、包装等,用非价格手段来进行反攻;降价以扩大销售量;提价,同时研制新品牌以攻击对方。

(三) 主动调价需要注意的问题

企业调价的方式有明调和暗调两种形式。暗调是指看起来商品标价不变,但实际上价格已经提高或降低。常用暗提方式有减少使用让价和折扣,减少销售服务或对原来提供的服务计价。常用暗降方式有通过送货上门、免费安装、调试、维修,赠送礼品或者增大各种折扣、回扣,以及为消费者购买保险等手段,在保持名义价格不变的前提下,降低产品的实际价格。

企业主动调价,需要解决好以下几个主要问题:一是主动向客户说明理由,取得客户的正面理解,避免客户作出负面猜测;二是掌握好调价的幅度,调价的幅度需要结合销量、利润、市场份额的增加等因素综合考虑;三是注意选择调价的时机,如淡季降价比旺季降价有利。

二、被动调价

被动调价是指企业对率先进行价格调整的竞争者的价格行为所作出的调价反应。被动调价分为被动提价和被动降价两种类型。

竞争者率先提价,如果企业认为提价是大势所趋,则宜跟进;否则,价格不变,如果此趋势判断正确,那么,率先提价的竞争者经历市场挫伤后又会回归原价。

竞争者率先降价,对于不同的产品市场应采取不同的对策。对于同质产品,如果竞争者降价,企业也要随之降价,否则,顾客就会购买竞争者的产品。对于同质产品,企业的应对策略相当复杂,需要根据企业在行业中的地位、产品状况等因素作出应对。

(一) 一般市场者的对策

1. 探析问题

在采取行动之前,企业应当先比较不同反应的可能结果。一般要分析研究以下问题:

(1) 竞争者为什么要变动价格?是想扩大市场,以充分发挥它的生产能力,还是为了适应成本的变化?或者是希望引起全行业的一致行动,以获得有利的需求?

(2) 竞争者的价格变动是暂时的,还是长期的?

(3) 若对竞争者的价格变动置之不理,企业的市场占有率和利润等会受到什么影响？其他企业又会怎么办？

(4) 对企业每一个可能的反应,竞争者和其他企业又会有什么举动？

2. 应对策略

由于企业市场地位和营销成本、产品特性及市场环境的实际情况不同,企业被动调价时的策略也应不同,可供企业选择的对策主要有：

(1) 降价。尤其对于市场主导者的降价行为,中小企业很少有选择的余地,被迫应战,随之降价。

(2) 提价。同时推出低价或高价新品牌、新型号产品,以围堵竞争者。

(3) 维持原价不变。如果随之降价会使企业利润损失超过承受能力,而提价会使企业失去很大的市场份额,维持原价不失为明智的策略选择,同时也可以运用非价格手段进行回击。

(二) 市场领导者的对策

市场领导者有如下对策可供选择：

1. 价格不变

对于市场领导者来说,降价可能会减少太多利润；而保持价格不变,市场占有率也不会下降太多,必要时也很容易夺回来。借此机会,市场领导者便乘机甩脱一些所不希望的顾客,自己也有把握掌握住较好的顾客。

2. 运用非价格手段

市场领导者可以考虑通过改进产品、服务和市场传播,使顾客得到比竞争者更多的价值。很多企业发现,不打价格战而打价值战往往更有效。

> **营销箴言** 我们只打价值战,不打价格战。
> ——张瑞敏,海尔集团创始人

3. 降价

市场领导者可以考虑通过降价增加销量和产量,降低成本费用,同时,市场对价格非常敏感,不降价会丢失太多的市场占有率,而市场占有率一旦下降,就很难恢复。

> **营销箴言** 没有两分钱改变不了的忠诚。
> ——菲利普·科特勒

4. 涨价

市场领导者也可考虑反其道而行之,不但不维持原价或降价,而是提高原来产品的价格,此举反倒可能使其销量或市场份额进一步提升,同时,针对竞争者降价后价位的产品推出新品牌,攻击竞争者品牌。

 本章小结

价格策略是市场营销组合中最活跃的策略,同时也是企业难以把握的策略之一,定价成功与否对产品及企业的营销成败有着重要影响。

可供选择的定价方法包括成本导向定价法、需求导向定价法和竞争导向定价法三种类型。其中,成本导向定价法包括成本加成定价法、目标利润率定价法和边际成本定价法;需求导向定价法包括理解价值定价法和需求差异定价法;竞争导向定价法包括随行就市定价法、投标定价法、渗透定价法和拍卖定价法。

企业为产品制定了一个基本价格后,由于消费者心理错觉规律、厂商交易因素的差别等,还需要对产品的基本价格加以适当的调整,这就需要根据上述因素采取各种定价策略确定产品的最终价格。这些定价策略包括心理定价策略、产品组合定价策略、新产品定价策略、折扣定价策略。其中,心理定价策略包括零头定价、声望定价、习惯定价、招徕定价和分档定价;产品组合定价策略包括产品线定价、必需互补品定价、非必需互补品定价和捆绑定价;新产品定价策略包括取脂定价策略、渗透定价策略和满意定价策略;折扣定价策略包括现金折扣、数量折扣、功能折扣、季节折扣和折让;地区定价策略包括原产地定价、统一交货定价、分区定价、基点定价和运费免收定价。

即使企业根据一定的定价方法和定价策略制定的产品最终价格在一定时期既符合消费者需求又具有竞争力,但是随着市场形势和营销环境不断变化,产品的价格也需要随之加以调整,这种价格调整有主动调价和被动调价之分。其中,被动调价中的被动降价应对最为复杂,处于不同地位的企业可采取不同的应对策略,一般市场者有降价、提价和维持原价不变三种选择,而市场领导者的应对策略包括价格不变、运用非价格手段、降价和涨价四种选择,具体如何选择,需要根据竞争者的调价意图、目标消费者可能的反应、产品的市场地位等多种因素加以确定。

 关键名词

成本加成定价法　目标利润率定价法　边际成本定价法　理解价值定价法　功能折扣　需求差异定价法　渗透定价法　声望定价　捆绑定价　取脂定价　渗透定价

 思考题

1. 企业的定价目标有哪些?
2. 企业的定价方法有哪些?
3. 心理定价策略有哪些?
4. 产品组合定价策略有哪些?
5. 新产品定价策略有哪些?
6. 折扣定价策略有哪些?
7. 地区定价策略有哪些?
8. 被动降价的应对策略有哪些?

 案例分析

雪糕刺客 VS 雪糕护卫

不知你是否有这样的经历：炎炎夏日，暑热难耐，走进一家便利店，看到冰柜中琳琅满目的雪糕，随手拿起一根，到结账时，却发现价格不菲，出于面子只好咬牙买下，还没吃就来了个"透心凉"。不少网友将这样的高价雪糕调侃为刺伤钱包的"雪糕刺客"，与之相对的低价雪糕、平价雪糕则被称为"雪糕护卫"，相关话题引发热议。

雪糕涨价不是新现象。此前，我们聊过雪糕"火起来"的几种方式，聊过15元一支的"文物雪糕"。彼时，高价雪糕通过原料升级、独特口味、别致造型、跨界联名等方式推陈出新，满足更加个性化的消费需求，走出了一条差异化竞争的路子。时下，一些雪糕为何成为"刺客"？一个重要原因是，除了性价比刺痛很多人的心，"商品标价不够清晰和显著"也引起诸多不满。一些商家利用模糊的价格策略销售商品，或者将单价按照克数来标记，利用消费者多数看标价、很少注意计量单位的习惯，冷不丁地"刺"消费者一刀；也有商家的价签和产品不对应，等消费者挑好商品付款时，无意中就陷入高消费的圈套；还有商家"无论用户要多少，一铲子铲到底"，与消费者进行"面子博弈"……种种"套路"，无疑都增添了消费者苦涩的消费体验。2022年4月14日国家市场监督管理总局令第56号公布，自2022年7月1日起施行的《明码标价和禁止价格欺诈规定》要求经营者以显著方式明码标价，一定程度上堵住漏洞，避免高价雪糕"浑水摸鱼"。

政府可以干预"雪糕刺客"定价吗？当前市场上存在的"雪糕刺客"乱象，折射出商品或服务的定价合理性的问题。北京市朝阳区人民法院行政庭法官孙雯表示，根据《中华人民共和国价格法》第三条规定，价格的制定应当符合价值规律，大多数商

品和服务价格实行市场调节价,极少数商品和服务价格实行政府指导价或者政府定价。该法第三章对政府指导价和定价进行了规定。由于雪糕不属于政府指导价或政府定价的范围,应当实行市场调节价,也即由经营者自主制定,通过市场竞争形成价格。但是,市场调节价也应当接受法律监督、规制,经营者必须在公平、合法和诚实信用的原则之下,合理考量经营成本,以不扰乱市场秩序为前提,制定合理的售价,否则也可能构成相关价格违法行为,需要承担相应法律责任。

但消费者的质疑不止于此。近年来,从抽检大肠杆菌超标,到"不加一滴水"的虚假宣传,一些高价雪糕频频翻车,损害了行业形象。某品牌雪糕凭"31度室温下放1小时不化""用火烧不化"等内容相继登上热搜。相关企业回应表示用烤雪糕、晒雪糕判断品质并不科学。该问题有待监管部门继续调查,但公众对此高度关注背后,恰恰是对食品安全的担忧。这也为雪糕品牌敲响警钟:造噱头、搞营销固然能扩大影响力,但关键还是要守住食品安全的底线,提升品质这一核心竞争力。高价格是对高品质的承诺,品质不只意味着舌尖的享受,更是优质的材料、周全的服务、令人放心的品牌形象,以全方位的优秀对得起消费者的投入。

也要看到,价格是由供求关系决定的。从这个意义上说,只要符合法律规定,确保食品安全,能够满足消费者需求,有人愿意为此买单,贵贱都无可厚非。但很多消费者担心的是:货柜里十几元、几十元一支的雪糕越来越多,一块钱、几块钱的冰棍难觅身影,自己将失去想买就买的"吃冰自由"。这种担忧不无道理。几支高价雪糕的利润能赶上一箱平价雪糕,将谁放在货架"C位"显而易见。久而久之,平价雪糕虽有受众,却失去销售渠道,生存空间不断被挤占。最终结果或许就是,雪糕行业普遍涨价,吃冰成本水涨船高。

在一些商家看来,"高价打败低价"是一种市场策略。但时下高价雪糕的走红之道,存在一些共性问题。从制定高价,到精心包装、讲好故事,再到通过评测、直播、短视频等方式在社交媒体传播,不少雪糕成为"网红"。但打造"网红"只有短期效果,品牌塑造需要长期耕耘。过度重视营销的推广方式,一方面不断提高成本,挤占市场;另一方面容易重视流量、忽视质量,使品质跟不上价格。长远来看,如果不能依靠产品形成强大的品牌心智和用户黏性,一旦热度减退、资本退潮,消费重回理性,人们不愿为高溢价买单,品牌就会丧失发展后劲。

有报告显示,我国冰激凌市场2021年已超过1 600亿元,市场规模稳居全球第一。但很长一段时间里,国产品牌多集中于中低端市场,虽然给人留下了平价亲民的印象,却也将高端雪糕市场拱手让于外国企业。时下国产高价品牌的出现,以及新消费群体的参与,让我们看到雪糕产业提档升级的希望。这一方面对高价品牌如何迈向产业高端提出更高要求,也倒逼平价品牌作出应对,保留属于自己的一席之地。当高价雪糕与平价雪糕各安其位,品质消费与时尚消费各行其道,雪糕市场才会发育得更加完善,雪糕产业才能更加壮大。

当人们纠结于"雪糕刺客"与"雪糕护卫"孰是孰非时,容易陷于高价模式还是低价模式的争论。事实上,这并不是非此即彼的选择题。高价未必就是"刺客",低价未必就是"良心",关键在于是否让目标群体觉得物有所值。从这个意义上说,挖掘自己的独特卖点,找准自己的销售渠道,打造自己的品牌形象,进而开展商业业态和服务创新,应当成为企业更加关注的问题。我们也期待,除了几毛一根和几十块一支,雪糕市场还有更丰富的产品供人挑选,让更多人畅享清爽一夏。

案例思考题:
1. 雪糕越卖越贵,背后原因是什么?
2. 政府可以干预"雪糕刺客"定价吗?

第十三章 分销策略

引导问题

1. 企业必须建立自己的分销渠道吗？企业如何构建自己的分销渠道？
2. 如何借鉴成功企业的分销渠道模式？
3. 渠道模式在什么情况下需要变革？
4. 如何管好中间商？
5. 窜货是企业的不治之症吗？

学习目的与要求

1. 了解分销渠道的职能与类型。
2. 掌握直复营销与访问推销的区别。
3. 掌握中间商类型。
4. 了解有店铺零售和无店铺零售业态的分类和基本特点。
5. 掌握渠道策略内容。
6. 掌握窜货现象及整治方法。

在现实生活中，大多数生产者并不将产品直接出售给最终用户，而是出售给在生产者和最终用户之间的执行不同功能和具有不同名称的商业中间机构。这种把生产和消费联系起来，前后贯通买卖活动序列的营销渠道系统已成为许多企业成功最关键因素，良好的销售渠道也是绝大多数产品取得成功的必要保证。企业只有在适当的时间、地点，以适当的方式把产品出售给市场需求者，才能保证企业营销和经营目的的实现。而且渠道策略作为"4P"组合中的"1P"，也是和其他营销策略相联系的，它的选择会直接影响其他营销策略的成败。如何恰当地利用渠道策略对企业来说，是至关重要的。

第一节 分销渠道的职能与类型

一、分销渠道的含义与职能

（一）营销渠道与分销渠道的含义与区别

在营销理论中，有两个与渠道有关的术语经常交替使用，这就是营销渠道和分销渠道。

营销渠道是指配合生产、分销和消费某一生产者的产品和服务的所有企业和个人。营销渠道包括参与某种产品的供产销全过程的所有的有关企业和个人,包括供应商、生产者、商人中间商、代理中间商、辅助商,以及最终消费者或用户等。

分销渠道也叫"销售渠道"或"通路",是指促使某种产品和服务顺利经由市场交换过程转移给消费者(用户)消费使用的一整套相互依存的组织。一个企业的分销渠道的成员包括产品(服务)从生产者向消费者转移过程中,取得这种产品和服务的所有权或帮助所有权转移的所有企业和个人。其中既有商人中间商——取得所有权,也有代理中间商——帮助转移所有权,还有处于渠道起点和终点的生产者和最终消费者或用户。

与市场营销渠道有所不同的是,分销渠道中不包括供应商及起辅助作用的中间商。作为帮助企业把产品及所有权从生产者转移到消费者或用户的有关中介单位组成的一个系统,这个系统的起点是企业自己,即生产者,终点是消费者或用户。产品在这个过程中,所有权至少要转移一次。

(二)分销渠道的职能

分销渠道的职能主要在于调节和弥补生产者和消费者之间的矛盾,即调节生产者和消费者在数量、品种、时间和地点等方面的矛盾,更加有效地推动产品进入目标市场。具体来说分销渠道的职能包括:

(1)调研。收集制定计划和进行交换所必需的信息。
(2)促销。进行关于所供应的物品的说服性沟通。
(3)接洽。寻找可能的消费者并与之进行沟通。
(4)配合。使所供应的物品符合消费者需要,包括分类、分等、装配、包装等活动。
(5)谈判。为了转移所供物品的所有权,就其价格及有关条件达成协议。
(6)物流。组织产品的运输、储存。
(7)融资。为补偿渠道工作的成本费用而对资金的取得与支出。
(8)承担风险。承担与渠道工作有关的全部风险。

前五项职能主要在于促进交易,后三项职能主要是辅助完成交易。

专栏 13-1

全渠道营销与O2O的概念区别

全渠道营销中的"全渠道"含义是,组织和个人在进行营销规划时,把所有渠道类型作为备选对象,而最终选择的结果可能是线上和线下渠道的融合,也可能都是线上渠道,也可能都是线下渠道,其宗旨是在适合的基础上融合尽可能多的渠道类型(一般不会是所有渠道)。O2O(Online to Offline)强调的不是选用尽可能多的渠道类型,而是更加关注线上和线下两种渠道类型的融合。当然,无论是线上,还是线下,一条渠道既可以选择完成营销过程中的一部分功能,也可以选择完成营销过程中的全部功能。

全渠道营销,无论在理论上,还是在实践上,都是一个新的课题。我们还不能了解这场变革的全貌,也不能预测出未来其所有重大的变化。但是,有一点是非常肯定的,就是无论是营销学者,还是实践者,都必须关注这场变革并且尽可能地适应这场变革,否则一定会被淘汰。

二、分销渠道的类型

（一）按分销渠道的层次分类

分销渠道可根据其渠道层次分类。在产品从生产者转移到消费者的过程中,任何一个对产品拥有所有权或负有推销责任的机构,就成为一个渠道层次;由于生产者和消费者都参与了将产品及其所有权转移到消费地点的工作,因此它们也都被列入渠道中。

市场营销学以中间机构层次的数目,确定分销渠道的长度,如图13-1所示。

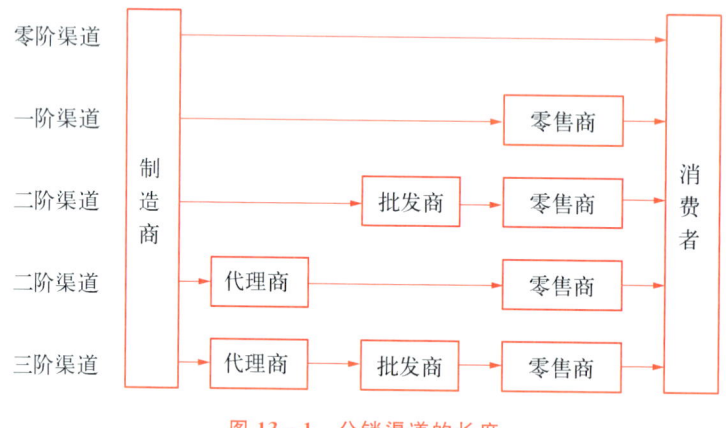

图 13-1 分销渠道的长度

1. 零阶渠道

零阶渠道也叫"两站式渠道",即直接分销渠道,简称直销。如同公共汽车线路,横跨生产者、消费者两个站头,所以也叫"两站式渠道"。

直销是指生产者不经过中间商和零售店铺,而将商品直接销售给消费者的渠道策略。直销作为一种销售渠道的组织形式是古老的,而在现代市场经济条件下,它又有了许多新的发展,被赋予了许多新内容,重新受到重视。

直销的主要形式有：

（1）企业内设销售部直销。它是生产企业在本厂内部开设自己的销售部门销售商品。它是工业品尤其是专业性较强的工业品重要的分销形式。比如大型设备、专用工具及某些技术复杂需提供专门服务的产品的分销等。

（2）定制产品。它是指按顾客需要定制的产品,只要生产出的产品合格,生产完成后即可按合同规定交货并收取货款,而无须经过中间商的售卖。这是经济不发达阶段生产者在接到订单时才开始生产的一种方式,后来几乎为大规模的生产需求所淘汰。但近些年,随着人民生活水平的提高,又有互联网等良好设施的支撑,定制营销又开始重新流行,成为一部分消费水平较高、个性较强的消费者购买产品的重要渠道。服装、汽车、房屋等许多都是通过这种渠道销售的。

（3）路边货摊。农业小生产者在路边设摊，以高于卖给中间商却低于中间商卖给消费者的价格出售自己的各类产品。这种形式尤其适用于某些鲜活产品。

（4）访问推销。它是指推销人员直接上门推销企业产品。这种渠道形式使得企业的推销员与消费者得以直接接触，不仅有利于鼓励和说服顾客购买企业的产品，而且利用访问推销，不仅推销了企业的产品，也推销了企业的形象。但这种形式的有效性，与销售员的素质有直接关系。

（5）直复营销。美国直复营销协会对直复营销的定义是：一种为了在任何地方产生可度量的反应和达成交易而使用一种或多种广告媒体的互相作用的市场营销体系。直复营销利用广告、邮购销售、电话介绍产品，顾客可写信、打电话，通过互联网等方式订货，货物通过邮寄或直接派送的方式交给顾客，钱款可以邮寄、用记账卡交付和利用其他一些方式付清。直复营销与访问推销有很明显的区别。直复营销没有推销员的介入，是以非个人方式向顾客推销商品，而访问推销是以个人方式向消费者推销产品或服务，企业与消费者之间必须有推销员的介入。直复营销的具体形式主要包括：邮购销售、电话营销、电视营销、网络营销等。

① 直接邮购。企业将图册、目录或报刊上刊登的广告、传单邮寄给潜在顾客，顾客根据这些介绍说明向企业订购产品。在发达国家通过直接邮购的方式进行销售很普遍。

② 电话营销。西方电话营销包括向顾客打电话推销商品和接纳顾客的电话购货两方面。而后者一般提供免费电话接受订单。电话营销在美国已成为一种主要的直复营销工具，据统计，每年电话营销的总营业额可高达1 150亿美元。

③ 电视营销。它主要有直接反应广告和家庭购物频道两种形式。前者通过电视媒体向消费者传递产品信息，顾客可以打免费电话订购广告宣传的产品；后者是通过闭路电视或地方电视台播放一整套节目，专门用来销售各种套装产品。

④ 网络营销。在互联网上建立主页供顾客浏览，顾客通过上网得到有关产品信息，据此选购商品。目前网络营销销售总量已达全国零售总量的相当规模。

2. 一阶渠道

一阶渠道也叫"三站式渠道"。在制造商与消费者之间，有零售商的参与。

3. 二阶渠道

二阶渠道也叫"四站式渠道"。制造商把产品售给批发商，由批发商转卖给零售商，最后由零售商销往消费者，是消费者市场最普遍的一种渠道；或由代理商代为联系零售商，再由零售商购进产品卖给消费者。代理商并不取得产品所有权，它只为买卖双方牵线搭桥，撮合成交之后按比例收取佣金。规模较小的生产者，其销售渠道常有代理商的参与。

4. 三阶渠道

三阶渠道也叫"五站式渠道"。制造商经由代理商、批发商、零售商再销往消费者。

（二）按分销渠道的宽度分类

分销渠道宽度是指每个层次中使用的同种类型中间商的数目。它与分销渠道策略密切相关。企业的分销策略通常分为三种，即密集分销、选择分销和独家分销。

1. 密集分销

密集分销也称广泛或普通分销，即制造商在同一渠道层次选用尽可能多的中间商经销自己的产品，使产品在目标市场有铺天盖地之势，达到使自己产品品牌充分显露、实现路人皆知和随处可买、最广泛地占领目标市场的目的。在市场上，日用品中大部分食品，工业品中的标准化和通用化商品，需要经常补充和替换或用于维修的商品、替代性强的商品等，多采用这种分销渠道。

2. 选择分销

介于密集分销和独家分销二者之间的是选择分销，即生产者在某一地区仅仅通过少数几个精心挑选的最合适的中间商分销其产品。一些已建立信誉的公司，或者一些新公司，都利用选择性分销来吸引经销商，并与挑选出来的中间商建立良好的工作关系，获得一个高于平均水平的推销努力。选择分销能使生产者获得足够的市场覆盖面，与密集分销相比有较大的控制权和较低的成本。

3. 独家分销

有些生产者，有意识地限制经营其产品的中间商的数量。最极端的方式就是实行独家分销，即生产者在某一区域仅选择一家中间商分销其产品。因为产品本身技术性强，使用起来复杂而独特，所以需要一系列的售后服务和特殊的推销措施相配套，使企业在一个目标市场只选择一个中间商来经销或代销他的产品。采用这一渠道的生产企业必须与被选中的独家经销商签订协议，协议保证作为独家经销商，其只能经销该生产企业的产品，不得同时经销其他厂家的同类产品。独家分销有助于提高产品形象，并且有较高的利润率。

第二节　中　间　商

一、中间商的概念与功能

中间商是指处于生产者与消费者之间，参与商品流通业务，促进买卖行为发生和实现的组织和个人。根据不同的分类标准，可以对中间商从两个角度加以区分：一是按其是否拥有产品所有权，可分为经销商和代理商；二是按其在流通过程中的地位和作用，可分为批发商和零售商。

中间商在商品流通中，主要有三种功能：

（一）集中、平衡与扩散商品

集中功能就是通过采购活动把若干生产企业的产品集中起来；平衡功能就是将各种不同的商品根据不同的细分市场需要加以平衡分配，满足各种需要；扩散功能就是将集中采购的大量商品运销到各地，从而满足不同地区消费者的需要。

（二）沟通信息功能

生产者既要随时掌握消费者对企业和产品的意见和要求，又要让消费者了解自己的企业和产品，生产者和消费者之间需要信息沟通。而中间商连接产销双方，接触面广，最了解市场信息，可以向双方传递信息，使产品能适销对路，既可以避免生产的盲目性，又能指导消费。

（三）减少交易次数，降低流通费用

如果没有中间商，生产企业就要负担起市场调研、广告宣传、商品储存和运输，以及消费者服务等职能,这样就会分散从事商品生产的精力,不能有效地完成生产和经营任务。而让中间商承担这部分功能,不仅可以降低成本,而且可以扩大商品流通,减少交易次数,加速再生产进程。

二、批发商

批发是指一切将产品或服务销售给为了转卖或者其他商业用途而进行购买的个人或组织的活动。批发商是那些主要从事批发业务的公司。其内涵不仅排除了主要从事生产的制造商和农场主,也排除了零售商。

批发商主要有三种类型。

(一)商人批发商

商人批发商是指自己进货,取得所有权后再批量发售的商业企业,也就是人们通常所说的独立批发商。商人批发商是批发商中最主要的类型。

商人批发商按职能和提供的服务是否完全,分为两种:

1.完全服务批发商

这类批发商执行批发商业的全部职能,提供的服务主要有保持存货,雇用固定的销售人员,提供信贷、送货和协助管理等。它们又分为批发商人和工业分销商。批发商人主要向零售商销售,并提供广泛的服务;工业分销商向制造商而不是向零售商销售产品。

2.有限服务批发商

这类批发商为了减少成本费用,降低批发价格,只执行一部分服务。它们又分为六种类型:

(1)现购自运批发商。这种批发商不赊销也不送货,顾客要自备货车去其仓库选购,当场付清货款,自己把物品运回。现购自运批发商经营食品杂货,其顾客主要是小食品杂货商、饭馆等。

(2)承销批发商。它们拿到顾客(包括其他批发商、零售商、用户等)的订货单,就向制造商或其他生产者进货,并通知生产者将产品直运顾客。因此,承销批发商不需要仓库和产品库存,只需要有办公室或营业所,因而又叫"写字台批发商"。

(3)卡车批发商。它们从生产者那里把产品装上卡车,立即运送各零售商、饭馆、旅馆等。这种批发商也不需要仓库和产品库存。由于卡车批发商经营的是易腐和半易腐产品,因此一接到顾客的要货通知就立即送货上门,每天送货几十次。卡车批发商主要执行推销员和送货员的职能。

(4)托售批发商。它们在超级市场和其他食品杂货商店设置自己的货架,展销其经营的产品,产品卖出后零售商才付给货款。这种批发商经营费用较高,主要经营家用器皿、化妆品、玩具等产品。

(5)邮购批发商。指那些借助邮购方式开展批发业务的批发商。它们经营食品杂货、小五金等,顾客是边远地区的小零售商等。

(6)农场主合作社。指为农场主共同所有,负责将农产品组织到当地市场销售的批发商。合作社的利润在年终时分配给各农场主。

(二)经纪人与代理商

经纪人与代理商专门从事购买、销售或二者兼备的洽商工作,但不取得所有权。与商人批发商不同的是，它们对经营的产品没有所有权，所提供的服务比有限服务批发商还少，主要职能在于促成交易，赚取佣金作为报酬；与商人批发商相似的是，它们通常专注于某些产品种类或某些顾客群。

经纪人与代理商主要分为以下几种。

1. 产品经纪人

产品经纪人的主要作用是为买卖双方牵线搭桥，协助他们谈判，买卖达成后向雇用方收取费用。他们并不持有存货，也不参与融资。

2. 制造商代表

制造商代表比其他代理批发商人数更多，代表两个或若干个互补的产品线的制造商，分别和每个制造商签订有关定价政策、销售区域、订单处理程序、送货服务和各种保证，以及佣金比例等方面的正式书面合同。他们了解每个制造商的产品线，并利用其广泛的关系销售制造商的产品。制造商代表常被用在服饰、家具和电气产品等产品线上。大多数制造商代表都是小型企业，雇用的销售人员虽少，但极为干练。无力为自己雇用外勤销售人员的小公司，往往雇用代理商。某些大公司也利用代理商开拓新市场，或在那些难以雇用专职销售人员的地区雇用代理商作为其代表。

3. 销售代理商

销售代理商是在签订合同的基础上，为委托人销售某些特定产品或全部产品的代理商，对价格、条款及其他交易条件可全权处理。这种代理商在纺织、木材、某些金属产品、某些食品、服装等行业中常见，这些行业竞争非常激烈，产品销路对企业生存至关重要。

4. 采购代理商

采购代理商一般与顾客有长期关系，代他们采购，负责为其收货、验货、储运，并将产品运交买主。例如，一些中心城市的主要服饰市场有一批常驻采购员，为小城市的零售商采购适销的产品。他们消息灵通，可向客户提供有用的市场信息，而且能以最低价格买到好的产品。

5. 佣金商

佣金商是指对产品实体具有控制力并参与产品销售协商的代理商。大多数佣金商从事农产品的代销业务。农场主将农产品委托佣金商代销，付给一定佣金，委托人和佣金商的业务一般只包括一个收获和销售季节；例如，菜农与设在某大城市中央批发市场的佣金商签订协议，蔬菜收获和上市时随时将蔬菜运送佣金商委托全权代销。佣金商通常备有仓库，替委托人储存、保管物品。此外，佣金商还执行替委托人发现潜在买主、获得最好价格、分等、再打包、送货、给委托人和消费者以商业信用（即预付货款和赊销）、提供市场信息等职能。佣金商对农场主委托代销的产品通常有较大的经营权力，收到农场主运来的产品以后，有权不经过委托人同意，以自己的名义按当时可能获得的最好价格出售。因为这种佣金商经营的是蔬菜、水果等易腐产品，必须因时制宜，尽早脱手。佣金商卖出产品后，扣除佣金和其他费用，将余款汇给委托人。

（三）销售分店、销售办事处与采购办事处

批发的第三种形式，是由买方或卖方自行经营批发业务，不通过独立批发商进行。这种批发业务分为两种类型。

1. 销售分店与销售办事处

生产者往往设立自己的销售分店和销售办事处，以改进其存货控制、销售和促销业

务。大多数经营木材和自动设备及零件等的销售分店,持有自己的存货;在织物制品和杂货业,销售分店持有存货的现象最为突出。

2. 采购办事处

许多零售商在大城市设立采购办事处,作用与经纪人或代理商相似,是买方组织的一个组成部分。

21世纪以来,随着市场经济的发展,批发业将主要通过兼并、合并和地区扩张实现持续发展。地区扩张要求分销商懂得如何在更广泛、更复杂的地区有效竞争。计算机的使用和日益推广,将有助于批发商在这方面开展业务。批发商在扩大其地区范围时,将越来越多地启用外部公共或私人运输工具运送产品。外国公司在分销方面所起的作用将有所加强。对批发业主管和管理人员进行培训的工作,将主要由行业协会承担。

三、零售与零售业态

(一) 零售与零售商的含义

零售是指所有向最终消费者直接销售产品和服务,用于个人及非商业性用途的各种交易。尽管大多数零售商直接向消费者销售产品,但当零售商将产品销售给其他类型的企业时,非零售性交易却时有发生。零售交易一般发生在店铺或服务场所中,但不通过店铺进行的直销、直接营销和自动售货机销售等交易形式也属于零售范畴。

零售商或零售商店,是那些销售量主要来自零售的商业企业。零售商的类型千变万化,新的业态和组织形式层出不穷,大体分为商店零售商和无门市零售商两种。

(二) 零售业态的分类

零售业态是零售企业为满足不同的消费需求进行相应的要素组合而形成的不同经营形态。零售商店的类型也像产品一样,有出现、发展和衰退的阶段,称为零售生命周期。通常一种零售类型在某个历史时期出现,经过迅速发展,日臻成熟,然后衰退。老式的零售商店经过很长时间才发展到成熟阶段,但是新式零售商店发展成熟所需的时间短多了。新型商店的出现是为了满足顾客对服务水平和具体服务项目的各种不同的偏好。

1. 有店铺零售业态的定义与分类

(1) 有店铺零售业态的定义。有店铺零售业态是指有固定的进行商品陈列和销售所需要的场所和空间,并且消费者的购买行为主要在这一场所内完成的零售业态。

(2) 有店铺零售业态分类。有店铺零售业态分为:食杂店、便利店、折扣店、超市、大型超市、仓储式会员店、百货店、专业店、专卖店、家居建材店、购物中心、工厂直销中心12种业态。有店铺零售业态分类和基本特点如表13-1所示。

表13-1 有店铺零售业态分类和基本特点

序号	业态	基本特点				
		选址	商圈与目标顾客	规模	商品售卖形式	服务功能
1	① 食杂店	位于居民区内或传统商业区内	辐射半径300米,目标顾客以相对固定的居民为主	营业面积一般在100平方米以内	柜台式和自选式相结合	营业时间12小时以上

续 表

序号	业态	基本特点				
		选址	商圈与目标顾客	规模	商品售卖形式	服务功能
2	②便利店	商业中心区,交通要道及车站、医院、学校、娱乐场所、办公楼、加油站等公共活动区	商圈范围小,顾客步行5分钟以内到达。目标顾客主要为单身者、年轻人。顾客多为有目的的购买	营业面积一般在100平方米左右,利用率高	以开架自选为主,结算在收银处统一进行	营业时间16小时以上,提供即食食品的辅助设施,开设多项服务项目
3	③折扣店	居民区、交通要道等租金相对便宜的地区	辐射半径2 000米左右,目标顾客主要为商圈内的居民	营业面积300~500平方米	开架自选,统一结算	用工精简,为顾客提供有限服务
4	④超市	市、区商业中心、居住区	辐射半径2 000米左右,目标顾客以居民为主	营业面积600平方米以下	自选销售,出入口分设,在收银台统一结算	营业时间12小时以上
5	⑤大型超市	市、区商业中心、城郊接合部、交通要道及大型居住区	辐射半径2 000米以上,目标顾客以居民、流动顾客为主	实际营业面积6 000平方米以上	自选销售,出入口分设,在收银台统一结算	设不低于营业面积40%的停车场
6	⑥仓储式会员店	城乡接合部的交通要道	辐射半径5 000米以上,目标顾客以中小零售店、餐饮店、集团购买和流动顾客为主	营业面积6 000平方米以上	自选销售,出入口分设,在收银台统一结算	设相当于营业面积的停车场
7	⑦百货店	市、区级商业中心、历史形成的商业集聚地	目标顾客以追求时尚和品位的流动顾客为主	营业面积6 000~20 000平方米	采取柜台销售和开架面售相结合方式	注重服务,设餐饮、娱乐等服务项目和设施
8	⑧专业店	市、区级商业中心以及百货店、购物中心内	目标顾客以有目的选购某类商品的流动顾客为主	根据商品特点而定	采取柜台销售或开架面售方式	从业人员具有丰富的专业知识
9	⑨专卖店	市、区级商业中心、专业街以及百货店、购物中心内	目标顾客以中高档消费者和追求时尚的年轻人为主	根据商品特点而定	采取柜台销售或开架面售方式、商品陈列、照明、包装、广告讲究	注重品牌声誉,从业人员具备丰富的专业知识,提供专业性服务
10	⑩家居建材店	城乡接合部、交通或消费者自有房产比较高的地区	目标顾客以拥有自有房产的顾客为主	营业面积6 000平方米以上	采取开架自选方式	提供一站式购足和一条龙服务,停车位300个以上

续 表

序号	业态	基本特点			
		选址	商圈与目标顾客	规模	商品售卖形式	服务功能
11	⑪购物中心	社区购物中心	市、区级商业中心	商圈半径为5 000~10 000米	建筑面积为5万平方米以内	各个租赁店独立开展经营活动	停车位300个至500个
		市区购物中心	市级商业中心	商圈半径为10 000~20 000米	建筑面积10万平方米以内	各个租赁店独立开展经营活动	停车位500个以上
		城郊购物中心	城乡接合部的交通要道	商圈半径为30 000~50 000米	建筑面积10万平方米以上	各个租赁店独立开展经营活动	停车位1 000个以上
12	⑫工厂直销中心	一般远离市区	目标顾客多为重视品牌的有目的的购买	单个建筑面积100~200平方米	采取自选式售货方式	多家店共有500个以上停车位

① 食杂店是以香烟、酒、饮料、休闲食品为主,独立、传统的无明显品牌形象的零售业态。

② 便利店是满足顾客便利性需求为主要目的的零售业态。

③ 折扣店是店铺装修简单,提供有限服务,商品价格低廉的一种小型超市业态。拥有不到2 000个品种,经营一定数量的自有品牌商品。

④ 超市是开价售货,集中收款,满足社区消费者日常生活需要的零售业态。根据商品结构的不同,可以分为食品超市和综合超市。

⑤ 大型超市是指实际营业面积6 000平方米以上,品种齐全,满足顾客一次性购齐的零售业态。根据商品结构,可以分为以经营食品为主的大型超市和以经营日用品为主的大型超市。

⑥ 仓储式会员店是指以会员制为基础,实行储销一体、批零兼营,以提供有限服务和低价格商品为主要特征的零售业态。

⑦ 百货店是指在一个建筑内,经营若干大类商品,实行统一管理,分区销售,满足顾客对时尚商品多样化选择需求的零售业态。

⑧ 专业店是指以专门经营某一大类商品为主的零售业态。例如办公用品专业店、玩具专业店、家电专业店、药品专业店、服饰店等。

⑨ 专卖店是指以专门经营或被授权经营某一主要品牌商品为主的零售业态。

⑩ 家居建材店是指以专门销售建材、装饰、家居用品为主的零售业态。

⑪ 购物中心是多种零售店铺、服务设施集中在由企业有计划地开发、管理、运营的一个建筑物内或一个区域内,向消费者提供综合性服务地商业集合体。

社区购物中心是在城市的区域商业中心建立的,面积在 5 万平方米以内的购物中心。

市区购物中心是在城市的商业中心建立的,面积在 10 万平方米以内的购物中心。

城郊购物中心是在城市的郊区建立的,面积在 10 万平方米以上的购物中心。

⑫ 工厂直销中心是指由生产商直接设立或委托独立经营者设立,专门经营本企业品牌商品,并且多个企业品牌的营业场所集中在一个区域的零售业态。

2. 无店铺零售业态的定义与分类

(1) 无店铺零售业态的定义。无店铺零售业态是指不通过店铺销售,由厂家或商家直接将商品递送给消费者的零售业态。

(2) 无店铺零售业态的分类。无店铺零售业态分为:电视购物、邮购、网上商店、自动售货亭、电话购物 5 种业态。无店铺零售业态分类和基本特点如表 13-2 所示。

① 电视购物是以电视作为向消费者进行商品推介展示的渠道,并取得订单的零售业态。

② 邮购是以邮购商品目录为主向消费者进行商品推介展示的渠道,并通过邮寄的方式将商品送达给消费者的零售业态。

③ 网上商店是通过互联网进行买卖活动的零售业态。

④ 自动售货亭是通过售货机进行商品售卖活动的零售业态。

⑤ 电话购物是主要通过电话完成销售或购买活动的一种零售业态。

表 13-2 无店铺零售业态分类和基本特点

序号	业态	基本特点			
		目标客户	商品(经营)结构	商品售卖方式	服务功能
1	电视购物	以电视观众为主	商品具有某种特点,与市场上同类商品相比,同质性不强	以电视为向消费者进行商品宣传展示的渠道	送货到指定地点或自提
2	邮购	以地理上相隔较远的消费者为主	商品包装具有规则性,适宜储存和运输	以邮寄商品目录为主向消费者进行商品宣传展示的渠道,并取得订单	送货到指定地点
3	网上商店	有上网能力,追求快捷性的消费者	与市场上同类商品相比,同质性强	通过互联网进行买卖活动	送货到指定地点
4	自动售货亭	以流动顾客为主	以香烟和碳酸饮料为主,商品品种在 30 种以上	由自动售货机器完成售卖活动	没有服务
5	电话购物	根据不同的产品特点,目标顾客不同	商品单一,以某类品种为主	主要通过电话完成销售或购买活动	送货到指定地点或自提

专栏 13-2

盒马鲜生——新零售的探索者

新零售是指企业以互联网为依托，运用大数据、云计算、移动通信、物联网、人工智能等技术手段，对产品的生产、流通与销售过程进行升级改造，并对线上服务、线下体验以及现代物流进行融合的全新零售方式。盒马鲜生是阿里巴巴集团旗下的新零售平台，成立于2015年，其愿景是为消费者提供社区化的新零售体验中心，通过运用科技手段以及人性化的服务方式为消费者提供"鲜美生活"。

作为新零售业态的代表，盒马鲜生由线下实体门店和线上 App 结合而成。在线下门店中，突出产品的精品性，其生鲜和餐饮品类占比更高，生鲜商品基本是包装后销售，卖场内没有电子秤。消费者既可以把买完的产品直接带走，也可以在盒马门店购买食材，在餐饮处加工，可加工生蚝、龙虾、帝王蟹、大闸蟹、扇贝等海鲜，按重量收费。同时，盒马鲜生门店有顾客自助区，提供加热、取水等服务。因此，盒马鲜生的线下门店不同于传统的超市，是消费者的一个新的生活消费场景，为消费者提供沉浸式消费新体验。线上 App 销售的商品也主要来自线下门店，门店附近5公里范围内最快30分钟送达，送货上门可以预约精确到半小时。消费者既可以在门店外下单，也可以在门店里直接下单。

盒马鲜生依托于互联网技术，打造线上线下有机结合、人与场合有机统一的新零售卖场，为消费者提供了更为方便的购物和生活体验，并运用大数据、区块链技术打通从田间到餐桌的鸿沟并实现产品的保真。自2016年开出第一家门店开始，截至2023年9月，门店数量已经突破350家。

（三）零售业中的战略问题

1. 零售店的选址

在零售战略规划中，店址选择是最缺乏灵活性的一项工作，但它却是事关经营成败的重要环节之一，原因在于店址决定了零售商开展零售业务的地理区域范围，而这又决定了零售商能吸引到的顾客数量。当对各个可能的店址进行评估时，零售商要考虑诸多不同因素，包括企业的目标市场在贸易区域中所处的位置、所销售产品的种类、公共交通的便利性、顾客的特点和竞争者的店址。

在选择店址时，零售商要考虑所选择的地址是否便于顾客进出，需要具体考虑的因素有行人和机动车流量、泊车的便利性和交通状况。同时，零售商还要考虑店址本身的特点：该地方店铺的类型、所考虑场地或建筑物的大小、形状和可见性、租借或所有权条款。此外，零售商还要考虑自己的店铺与周围店铺的兼容性，原因在于互为补充的店铺可为彼此吸引更多顾客。

许多零售商都将店址选在市中心的商业区，但也有一些零售商喜欢在经过规划的购物区内开店。许多零售商（包括沃尔玛）都选择那些不与其他建筑相连的独立建筑物，但许多连锁店则将店铺开在了经过规划的购物区和购物中心内。还有一些零售商则将店开在某些特殊场所。例如，麦当劳就在医院内开了多家店铺，而肯德基则开在火车站、飞机场等场所内。

2. 店铺形象

为了吸引顾客,零售店必须建立某种形象(在消费者心目中形成具有某种功能和心理影响的一幅图画)以吸引自己的目标市场。购物气氛、商品质量和服务质量是决定店铺形象的三个重要因素。

购物气氛指店面形象要符合消费者的购物需要并能促使他们前来购物。它可以帮助零售商建立店铺形象,并进行定位。例如,西餐厅中的壁画所呈现的名人名画,而且里面还挂有绘着某些典籍的封面的木框画,从而塑造出一种具有文化气息的店铺形象。在对顾客的购物动机进行分析后,零售商可以使用不同的元素(如音乐、颜色、布局的精致性和商品展示方式)以激起消费者的购买欲望。例如,由于到超市购物的顾客多以完成购买任务为购物动机,因此超市应采用较冷的色调和简单的布局及陈列方式;然而,专卖店则应采用较明亮的色调和较为复杂的布局,以激起顾客的购买欲望,因为它们的顾客多出于娱乐动机而购物。

(1) 外部购物气氛元素包括店铺的前脸形象、展示窗口、店铺入口和客流密集程度等。对于新顾客而言,外部购物气氛尤为重要,因为他们一般根据外部形象来判断一家从未去过的店铺;而且,如果感觉到某建筑物让人产生怯意或不方便停车,他们或许就不会进入。

(2) 内部购物气氛元素包括美学设计(如灯饰)、墙和地板的覆盖层、试衣间和店内家具等。内部敏感元素对购物气氛的营造起着很大作用。零售店可以利用某些色彩吸引顾客观看自己的产品展示。许多快餐店都采用了亮丽的颜色(如红色和黄色),原因在于这些颜色能让顾客感觉更饿、吃得更快,从而加快了店内客流的周转速度。声音是营造购物气氛的另一个重要的敏感元素,店铺内可以寂静无声,也可以播放某些柔和的背景音乐。例如,在接受调查的消费者中,有90%的人将店铺(尤其是超市)的清洁程度列为影响其作出购买决策的首要气氛元素。另外,灯光、温度和走廊的宽度也被列为重要的考虑因素。然而,一些活跃元素(如店内电视)却被列为影响程度较低的元素。

3. 电商平台网络店铺开店与建设

伴随着电子商务的快速发展,电商平台网络店铺建设已经成为企业除了线下门店之外的重要选择。在电商平台上开设网络店铺,需要遵循以下步骤:

(1) 合理选择电商平台。需要选择一个适合商家的产品和目标市场的电商平台。目前知名的电商平台包括淘宝、天猫、京东、拼多多、亚马逊、唯品会等。其中,淘宝主要是面向个人商家的C2C平台,天猫主要是面向企业的B2C平台。

(2) 注册网络店铺账号。在选择的电商平台上注册一个商家账号。通常,需要向平台提供一些基本信息,如公司名称、联系方式、营业执照。同时,商家也要研究平台对商家的各项政策,以便做出合理决策。

(3) 完善网络店铺信息。在注册成功后,需要完善网络店铺的基本信息,如店铺名称、LOGO、产品描述、企业形象。这些信息将帮助商家吸引更多的消费者。

(4) 上架商品或服务信息。将要销售的商品或服务添加到店铺中。为每个商品或服务添加详细的描述、价格、库存等信息。同时,确保商品或服务的图片清晰、吸引人,并且把商品或服务的价值定位要清晰地传递给消费者。

（5）营销推广。为了吸引更多消费者，需要进行一定的营销推广，包括搜索引擎优化（SEO）、社交媒体营销、付费广告以及社群传播等。同时，根据商家的实际情况，可以设置合理的运费和退货政策，并在节假日参与平台的各种营销推广活动以及自己通过各种主题活动进行营销推广，从而提升客户满意度和购买意愿。

（6）提供优质的客户服务。为了保持客户的忠诚度，需要为客户提供优质周到的服务，包括快速回应客户咨询、处理订单问题、解决售后问题等。在此过程中，要确保遵守电商平台的规则和政策，不发布虚假信息、不侵犯消费者隐私以及相关的知识产权等。

（7）分析数据并动态改进和优化店铺运营。定期和不定期分析网络店铺的销售数据，及时复盘店铺营销策略，总结哪些商品受欢迎、哪些营销策略有效等，并根据数据调整商品和营销策略，以提高店铺的整体表现和竞争力。

4. 品类管理

品类管理是一种用于管理由不同制造商生产的多组相似（通常互为替代品）产品的零售战略。例如，超市就利用品类管理技巧确定不同产品（如化妆品、谷物和汤类）所占的销售空间。零售商对所销售的商品进行组合，既是为了更好地满足顾客的需要，也是一种提高销售量的战略行为。品类管理在食品行业中得到了很好的发展，原因在于超市对各制造商之间的激烈竞争非常关注。

品类管理是朝着建立合作供应链以提高顾客价值这一目标迈出的重要一步。品类管理这种战略的成功，取决于零售商和制造商对销售信息和消费者信息的获取、分析和共享的具体情况。例如，沃尔玛公司就与某些制造商（如宝洁公司）建立了牢固的供货关系。零售商应从同一个信息来源处获得与需求、消费者行为和产品的最佳搭配等方面相关的信息。

5. 争夺经营

当零售商在已有的某个产品组合中添加某些无关的产品和产品线（尤其是某些销售量大、销售速度快的产品）时，它所采用的就是争夺经营战略。零售商实施这种战略旨在实现以下一种或几种目的：①将店铺转化为一站式购物中心；②提高客流量；③实现更高的边际利润；④促进冲动性购买。采用该战略时，零售商必须兼顾不同的营销渠道。零售商采用这种战略可能会损害自己在消费者心目中的形象，致使自己更难在当今高度竞争和趋近饱和的市场中取得成功。最后，采用这种战略将会加剧传统上界限分明的不同类型店铺之间的竞争，并迫使供应商调整自己的分销系统以方便新的渠道成员。

6. 零售业之轮

随着新型零售店的演化、发展，它们竭力在变化着的零售环境中寻找自己的位置。同时，一种假说——零售业之轮也随着这些新型零售店的演化和发展而出现了。根据该理论，新的零售商以低价、低利润和低调的形象进入市场。低价通常是由技术革新后的成本削减而引起的，而这将引来许多模仿者。逐渐地，这些零售店要想扩大消费群体、提高销售量，就要改进经营方式、提供优质经营设施并提高服务水平。它们可能会将店铺搬到更好的地段，开始销售高质量的商品，或增加服务项目。最终，它们必然是以高价、高成本和高水平服务的方式出现，与那些经过同样的变革过程而出现的新型折扣零售商进行竞争。

例如，超市自1921年出现后就已经经历了许多变化。最初，它们提供的服务项目有限，而且其销售的食品价格也低。随着时间的推移，它们开发出了各种服务项目，包括提供免费咖啡、建立美食部和儿童游乐场等。今天，超市的地位受到来自能以低价提供更多产品的超级商店的挑战。

例如，百货商店、折扣店、仓储式会员店和在线零售商的发展过程。像西尔斯这样的百货商店，开始是以大量低价商品与普通的零售商及其他小型零售商店进行竞争。之后，折扣店又对服务成本日益上升的百货商店造成威胁。现在，似乎许多折扣店也在遵循零售业之轮理论，开始提供更多服务项目、选择更好的店址、储存质量更高的商品，结果其销售价格也随之提高。

伴随着信息技术的快速发展，驱动零售业从线下转为线上再转为线上线下融合的O2O模式，多场合的新零售业态以及移动互联网背景下的直播带货等零售方式出现，零售业的发展面临着技术迭代周期加快带来的更多、更迅速的动态性变化和演进。

总之，零售业之轮随着营销环境和购买行为的变化而变化，它要求零售商要为了生存和竞争而变革。消费者没有太多时间购物，也不常去商店。如今的购物活动更关注"满足需要"，因而它的功利性和工作导向性更强。这一事实已经引起了许多大型零售企业执行官的重视。由于消费者用于购物的时间越来越少，但可以利用更加复杂的先进技术，因此零售渠道（如目录零售、家庭电视购物和网上零售）的重要性日益凸显。新型零售商将会抓住这样的机遇发展自己，而那些不能适应变化的零售商则无法生存。

第三节　分销渠道策略

一、分销渠道的作用

英国学者马科姆·麦当娜、马丁·克里斯托弗也认为"企业分销渠道的最基本作用就是，消费者在适宜的时间可以用到适宜的产品，这意味着通过渠道把产品送达消费者手中"。因此，企业在分销渠道设计与选择时，既要考虑交易的路线（管理和财务上的控制），又要考虑将来变化的环境。

（一）分销渠道选择制约与影响其他营销要素

产品的最终售价，不仅取决于生产该产品的成本，而且取决于流通费用的补偿。比如，制造商是选择大型的、高质量的中间商还是选择中等规模、中等质量的中间商，这在很大程度上决定着产品的最终售价。另外，中间商的声誉、实力还会影响产品的销量和市场份额的变化。同时，制造商的广告决策也会受到所选择销售形式的影响。

（二）分销渠道建设需要相关企业的协作与配合

分销渠道与产品、价格和促销等营销要素显著的不同点，即分销渠道系统及网络在很大程度上是与相关企业分工协作的结果。因此，分销渠道在市场营销管理中表现出更强的复杂性。

（三）分销渠道较其他营销要素具有强制内生惯性

分销渠道可以具有不同的作用，不仅是提供顾客实物产品的一种方式，也是交换信息和想法的方式。正因为这样，分销渠道的选择、开发和管理才显得重要。我们把分销渠道建设看作一个长期的工程，由此，决定了营销者在进行分销渠道决策时，需要周密思考，立足长远发展。

二、影响分销渠道选择的因素

分销渠道的选择,应以企业所要达到的目标市场为起点。分销渠道决策的中心问题,是如何确定到达目标市场的最佳途径。因此,选择分销渠道必须充分考虑以下因素的影响:

(一) 顾客特性

渠道的选择首先受到顾客人数、地理分布、购买频率、平均购买数量及对不同促销方式的敏感性等因素的影响。如果企业要进入一个大规模的或者顾客人口分布很广的市场时,就需要长渠道。如果顾客的购买量小,购买次数多,渠道就要长而且要宽,因为要满足少量而频繁的订货,成本比较高。

(二) 产品特性

容易腐烂的产品要求直接营销,因为拖延和重复搬运会造成巨大损失。体积庞大的产品,如建筑材料或者软性材料,需要通过生产者到最终用户搬运距离最短、搬运次数最少的渠道。非标准化产品,如顾客定制的机器和特制模型等则由企业销售代表直接销售,因为中间商缺乏必要的知识。需要安装或长期服务的产品通常也由企业或者独家代理商经销。单位价值高的产品,一般多由企业的推销员销售而不是通过中间商销售。

(三) 中间商特性

选择渠道还必须考虑所需的营销中间机构的优势和劣势。例如,由制造商的代表与顾客接触,花在每一个顾客身上的成本较低,因为总成本由若干顾客共同分摊,但制造商代表对顾客所付出的努力,则不如中间商的推销员。一般来说,中间商在执行运输、广告、储存及接纳顾客等职能方面,以及在信用条件、退货特权、人员训练和送货频率等方面,都有不同的特点和要求。

(四) 竞争特性

分销渠道的选择和设计还受到竞争者所使用的分销渠道的制约。有的生产者希望能在与竞争者相同或相近的经销地点与竞争者抗衡。例如,食品企业就希望自己的品牌和竞争品牌摆在一起销售,汉堡王选择与麦当劳相近的地点开店,在渠道设计与选择上,采取直接竞争的方式。在有的行业,生产者则希望避开竞争者所使用的渠道。

(五) 企业特性

企业特性在渠道选择中起着重要作用,企业的规模决定了它的市场规模及其控制中间商合作的能力。企业的财务资源决定了它能够承担何种营销职能,中介机构又承担哪些营销职能。企业的产品组合影响它的渠道模式,产品组合越广,企业直接向顾客出售的能力就越大。产品组合越深,采用独家经销或少量有选择的中间商就越受益。企业产品组合的关联性越强,所采用的营销渠道也就越相似。企业的营销政策也会影响渠道的选择。例如,奉行对终端顾客快速送货的政策,会影响到生产者要求中介机构所承担的职能、最终环节上销售点的数量和存货点的多少,以及运输工具的选择等。

(六) 环境特性

渠道选择还要受到环境因素的制约,当经济不景气时,生产者总是要求以最经济的方法将其产品推入市场,这就意味着利用较短的渠道,并减少那些会提高产品最终售价但不必要的服务。

三、分销渠道的管理与改进

企业在确定了渠道方案之后，必须对每个中间商进行选择、激励和评价。

（一）选择渠道成员

1. 了解渠道成员的类型

弄清目前经营该类商品的中间商类型，即首先区分是经销商、代理商、批发商还是零售商，在此基础上再进一步详细区分，以利于找出方便生产企业销售的最佳中间商。

2. 确定渠道成员的数目

即长渠道、短渠道；宽渠道、窄渠道。

3. 选择具体的渠道成员

选择具体的渠道成员时需要考虑以下几个因素。

（1）理念。①认同，渠道成员能否认同厂商的理念是合作的基础；②共同利益，共同利益是合作之源；③合作意愿与态度，考察渠道成员是否对厂商企业的品牌感兴趣及在多大程度上感兴趣；④销售信心，考察渠道成员对企业产品的销售前景是否有信心及有多大程度的信心；⑤行销意识，要渠道成员走出去对下线客户加强服务，重视终端销售而非大客户之间的库存转移；⑥现代营销思路，有了现代营销思路，才能跟上市场营销环境的变化。

（2）信誉。企业所使用的渠道成员信誉如何，直接关系到企业产品的销量，那些信誉高的渠道成员总是有众多的忠诚的顾客群、良好的社会关系。因此企业应该选择信誉较高的作为自己的具体渠道成员。

（3）实力。①考察渠道成员的资金实力、网络实力和销售业绩等；②考察渠道成员是否有高效的市场覆盖能力、满意的终端覆盖率及以较低成本做终端服务的能力；③营销成本最小化；④专业的分销储运能力。

（4）管理。渠道成员领导干部的才能、经营本领、组织结构和人员配备，对经营关系极大。因此在其他条件相同的情况下，厂商应尽可能选择管理水平较高的渠道成员。

（5）对产品的熟悉程度。渠道成员对本企业产品的熟悉程度，即对产品的性能、用途等了解很深的渠道成员，经营起这种商品来，就会得心应手。因此，生产企业应尽可能选择那些熟悉本企业产品的渠道成员。

（6）对用户提供的服务。现代经营十分重视对用户提供各种服务，生产企业往往把渠道成员能否提供各种服务，如送货上门、技术指导、更换零件、维修保养等，作为选择渠道成员的重要考虑因素。

（二）激励渠道成员

生产者不仅要选择中间商，而且要经常激励中间商，使之尽职。促使中间商进入渠道的因素和条件已构成部分激励因素，但仍需生产者不断监督、指导与鼓励。当生产者给予中间商的优惠条件超过它取得合作所需提供的条件时，就会出现激励过分的情况，其结果是销售量提高而利润下降。当生产者给予中间商的条件过于苛刻，以致不能激励中间商努力时，会出现激励不足，其结果是销售降低、利润减少。要刺激渠道成员出色地执行任务，生产者必须从尽力了解各个渠道成员的不同需要和欲望做起。

1. **激励经销商的常用方法**

(1) 合作：这是一种"胡萝卜加大棒"的方法。即企业采用各种正面鼓励，例如较高的毛利，特殊优惠，各种奖金，合作性广告补助，陈列津贴以及推销竞赛等，或采用反面制裁，如威胁说要减低毛利，放慢交货，或者终止关系等。上述方法的不足之处是生产者并没有真正了解分销商的需要、问题、实力和弱点。相反，生产者只是基于那种粗糙的刺激——反应的想法，应用各种各样的激励手段。

(2) 合伙：制造商要弄清楚，在市场覆盖面、产品供应、市场开发、账务要求、技术建设和服务，以及市场情报等方面，制造商要从经销商那里得到什么，而经销商又有哪些期望。制造厂商企求在这些政策上得到分销商的合作，并且可以根据分销商执行这些政策的情况而给予报酬。如某公司不是直接支付 25% 的销售佣金，而是这样支付：

备有适当水平的存货，支付 5%。

完成预定销售配额，支付 5%。

有效地为顾客服务，支付 5%。

提供有关顾客购买水平的适当的报告，支付 5%。

对会计应收款项进行适当管理，支付 5%。

(3) 分销规划：我们将它定义为建立一个有计划的专业管理的纵向营销系统，把制造商和分销商双方的需要结合起来。制造厂商在市场营销部门内部设立一个"分销商关系规划部"，其任务是探求分销商的各种需要；制定推销方案，以帮助每个分销商的经营尽可能达到最佳水平。该部门和分销商联合规划：销售目标、存货水平、铺面空间和商品陈列显示安排、销售培训要求及广告促销计划等。其目的在于转变分销商的这种想法，即它们主要是赚买方的钱，而使它们认识到作为精明的纵向营销系统的一员，它们能够从卖方赚到钱。

2. **激励零售商的常用方法**

激励零售商必须有明确的目标。只有明确的具体目标，才能有的放矢，才能根据目标制定有计划的激励方案，才能通过激励得到企业真正想要的东西。显然具体目标不同，激励具体措施就会不同。激励零售商的具体目标及方法通常有以下几种。

(1) 新产品上市，为减少铺货阻力，加快铺货速度。

(2) 相对于同类竞争产品，争取零售商更多的推荐机会。

(3) 鼓励零售商进更多的商品，以此来抢占零售商的资金，阻截竞争对手。

(4) 争取较好的陈列位和更多的陈列面，做好理货、补货工作，保持最佳陈列效果。

(5) 争取较好的 POP 广告位置，并能较好地保存宣传品。

(6) 鼓励零售商向企业反馈零售终端信息。

(7) 鼓励零售商维护零售价格的统一。

(8) 激励零售商配合开展对消费者的促销活动。

（三）评估渠道成员

生产者必须定期按一定标准衡量中间商的表现，如销售配额完成情况，平均存货水平，向顾客交货时间，对损坏和遗失商品的处理，与公司促销和培训计划的合作情况，以及中间商应向顾客提供的服务等。

生产者一般应该对中间商规定销售配额，每隔一段时间，生产者应该检查每个中间商销售配额完成情况,随后就应该对那些没有完成任务的中间商进行分析诊断,并采取相应的激励措施。

(四)渠道改进策略

企业一旦选择了某一种形态的渠道系统,该渠道系统中将具有相对的稳定性,即企业会在相当长的时期内依从所选择的渠道。因此,生产者的任务不能仅限于设计一个良好的渠道系统,并推动其运转。渠道系统还要求定期进行改进,以适应市场新的动态。

渠道改进措施有三个不同的层次,包括增减个别渠道成员,增减某些特定的市场渠道,创立一个全新的方式在所有市场中销售其产品。

在分析一个提议中的渠道改进措施时,要解决的问题是该渠道是否处于均衡状态,所谓一个渠道处于均衡状态是指:无论如何改变结构或者功能,也不可能导致利润增加的状态。结构变动包括增加或者取消渠道中某一级的中间商,功能变动是指在渠道成员中间重新分配一项或几项渠道任务,当渠道处于不均衡状态时,变动的时机就成熟了。

四、窜货现象及其治理

(一)窜货的定义与分类

1. 窜货的定义

窜货是指分销渠道中的某个渠道成员为获取非正常利润,受利益驱动,以低于正常、规定的价格向授权区域以外的地区倾销产品,从而造成市场倾轧、价格混乱,严重影响厂商声誉的恶性营销现象。在营销实践中,窜货也称倒货、冲货。

2. 窜货的分类

(1)按窜货性质分类。

① 恶性窜货:是指为获取非正常利润,经销商蓄意向自己辖区以外的市场倾销产品的行为。经销商向辖区以外倾销产品最常用的方法是降价销售,主要是以低于厂家规定的价格向非辖区销售。恶性窜货给企业造成的危害是巨大的,它扰乱企业整个经销网络的价格体系,易引发价格战,降低通路利润;使得经销商对产品失去信心,丧失积极性并最终放弃经销该企业的产品;混乱的价格将导致企业的产品、品牌失去消费者的信任与支持。

② 自然性窜货:是指经销商在获取正常利润的同时,无意中向自己辖区以外的市场倾销产品的行为。这种窜货在市场上是不可避免的,只要有市场的分割就会有此类窜货。它主要表现为相邻辖区的边界附近互相窜货,或是在流通型市场上,产品随物流走向而倾销到其他地区。这种形式的窜货,如果货量大,该区域的通路价格体系就会受到影响,从而使通路的利润下降,影响二级批发商的积极性,严重时可发展为二级批发商之间的恶性窜货。

③ 良性窜货:良性窜货是指企业在市场开发初期,有意或无意地选中了流通性较强的市场中的经销商,使其产品流向非主要经营区域或空白市场的现象。在市场的开发初期,良性窜货对企业是有好处的。一方面,在空白市场上企业无须投入,就提高了其知名度,另一方面,企业不但可以增加销售量,还可以节省运输成本。只是在具体操作中,企业应注意,由于由此而形成的空白市场上的通路价格体系处于自然形态,因此企业在重点经营该市场区域时应对其再进行整合。

专栏 13-3

制造商巧妙利用窜货管理经销商

在黑龙江的某县级市的啤酒经销机构中,主力经销机构只有几家,特别是其中一家有二十几年历史的"大当家",由于它特殊的历史地位和该经销商的特殊背景,在近几年啤酒经销商的混战中,逐渐形成了独特的垄断地位,该市的啤酒产品品牌有近乎一半掌握在这位"大当家"的手中,并且这位"大当家"通过特殊的社会背景控制着该市绝大多数比较有规模的餐饮、商超终端。

河北某啤酒厂的产品在打入该市时,首选自然也是这位经销商,借助他强大的网络渠道达到迅速介入该市啤酒市场的目的。而这位"大当家"也非常爽快,愿意接受该产品,但条件只有一个——独家经销。由于他渠道的高覆盖性,该啤酒厂也只好同意签约,并签订了一个认为合理的年销量要求,一切都在情理当中,按照正常的流程运作。随之,在接下来的三个月当中,这位"大当家"把该厂的产品以百分之百的加价率进行销售,根本达不到厂家的预期效果。与其交涉时,由于其在当地特殊的地位,也没有任何的结果,甚至厂方的高层经理与其会晤也收效甚微。因为对他而言有足够的品牌和货源供应,而对于啤酒厂的这个新产品,赚钱是他唯一目的,而厂家关心的销量对他来说却是次要的。

鉴于厂商双方达成的由该经销商独家经营的协议,啤酒厂也无法在该市选择另外的销售渠道,但本市的销售任务又必须完成。啤酒厂几经考虑,便决定用窜货来干预该市的啤酒价格,指使毗邻该市的另外一个城市的产品窜货到了该市,以较正常的价格进行销售,数量非常小,但作用特别大,打破了原有的经销商制定的近乎暴利的价格体系,使整体价格趋于合理。经过一个月的窜货运作,效果比较明显。该市的本品牌啤酒占有率明显提高,该县的这家大经销商在没有办法的情况下,也被迫降低了价格,使整个价格体系趋于合理。随着该市本品牌啤酒整体销量的增加,市场占有率不断提高,这位"大当家"也看到该产品的潜力,不想放弃该产品的经营,便逐渐改变态度,接受厂方的指导与管理,该品牌啤酒的销量也在迅速提高,达到了啤酒厂利用窜货管理经销商的目的。

(2) 按窜货的地域分类。

① 同一市场内部的窜货。只要总经销商下存在两个或两个以上不同的二级经销商或批发商,就有发生窜货的可能。

② 不同市场之间的窜货。参与不同市场窜货的主体是总经销商和同一家企业的不同分公司。同级别的总经销商之间肯定会窜货,同一家企业的不同分公司或业务员也可能会在不同市场之间相互窜货。

(二) 窜货的危害与治理

1. 窜货的危害

(1) 窜货将引发价格战,一旦造成价格混乱,将使通路利润降低,导致中间商对厂家不信任,对经销其产品失去信心,直至拒售。

(2) 制造商对窜货现象控制不力,部分地区差价混乱,将使消费者怕吃亏上当而不敢购买,直至对产品品牌失去信心。

(3) 一旦价格体系崩溃、品牌形象不足以支撑消费者和经销商的信心,竞争品牌会乘虚而入,占领市场份额。

2. 治理窜货的对策

(1) 消除窜货产生的条件。窜货的发生需要具备三个条件:窜货主体、环境、诱因。因此,要想从根源上解决窜货问题,就必须从选择好经销商、创造良好的销售环境、制定完善的级差价格体系和结算制度,从源头上堵住窜货。

(2) 制定合理的奖惩措施。在招商声明和合同中明确对窜货行为的惩罚规定,为了配合合同有效执行,必须采取一些措施,包括:

① 交纳保证金。保证金是合同有效执行的条件,也是企业提高对窜货经销商威慑力的保障。如果经销商窜货,按照协议,企业可以扣留其保证金作为惩罚。这样经销商的窜货成本就高了,如果窜货成本高于窜货收益,经销商就不会轻易窜货了。

② 对窜货行为的惩罚进行量化。企业可选择下列模式:警告、扣除保证金、取消相应业务优惠政策、罚款、货源减量、停止供货、取消当年返利和取消经销权。同时奖励举报窜货的经销商,调动大家防窜货积极性。

(3) 建立监督管理体系。

① 把监督窜货作为企业制度固定下来,并成立专门机构,由专门人员明察暗访经销商是否窜货。

② 企业各部门配合防止窜货的发生。

③ 利用技术手段配合管理,建立防窜货平台。适时监视经销商,帮助收集窜货证据。基于这种目的,采用带有防伪防窜货编码的标签对企业产品最小单位进行编码管理,把防伪防窜货结合起来,便于对窜货作出准确判断和迅速反应。可借助消费者力量建窜货预警平台,在矛盾激化前平息问题,保证整个销售体系的和谐、平顺。目前,许多先进的生产企业已经率先采用了这种技术。这种技术手段的特点,主要借助通信技术和电脑技术,在产品出库、流通到经销渠道各个环节中,追踪产品上的编码,监控产品的流动,对窜货现象进行适时的监控。

本章小结

分销渠道是产品和服务从生产者向消费者转移过程中,取得这种产品和服务的所有权或帮助所有权转移的所有企业和个人。影响渠道选择的主要因素有顾客特性、产品特征、中间商特征、竞争特征、企业特征和环境特征。企业必须对个别中间商进行选择、激励与定期评估,由于营销环境不断地在变化,必须定期地改进渠道。公司方面必须分析评价,是否要增减个别中间商,或者增减个别渠道,甚至可能要修正整个渠道体系,防止经销商置经销协议和制造商长期利益于不顾而进行的产品跨地区降价销售,加强渠道管理和根治窜货。

关键名词

市场营销渠道　分销渠道　直销　直复营销　网络营销　中间商　商人批发商　渠道管理　窜货

 思考题

1. 市场营销渠道与分销渠道有何区别？
2. 中国企业的分销渠道管理存在哪些主要问题？如何解决？

 案例分析

"好想来"快速扩张，量贩零食"忙起来"

2024年9月，"量贩零食第一股"万辰集团的股价在22个交易日里实现19次上涨，且有两次7个交易日连涨的记录。9月10日，万辰集团股价报收31.46元，相比8月12日的起始价为20.3元，整体涨幅超54%，在所属板块下跌4.09%的背景下，走出了逆市行情，这主要得益于旗下"好想来品牌零食"的快速扩张。

"好想来品牌零食"是知名连锁品牌，致力于打造"家门口的零食乐园"。截至2024年7月，好想来门店已覆盖全国27个省、直辖市、自治区，门店数量及门店增速均行业领先。在快速开店的同时，集团在供应链、品牌建设、组织精细化管理、数字化等方面持续投入，增强和巩固竞争优势，不断提升经营效率。

一、品牌历程

2023年9月，万辰集团宣布将旗下"陆小馋""好想来""来优品"和"吖嘀吖嘀"四大品牌合并为"好想来品牌零食"，与50余家食品行业各品类一线供应商签署战略合作协议，在货品保供、食品安全、新品开发、品类规划、需求分析、商品定价、消费者满意度等方面进行深度战略合作。"好想来品牌零食"聚焦社区商业和乡镇市场大力促进渠道下沉，通过坚定的长期主义和极致的效率提升，打造零食文化，创新新消费体验，为消费者和合作伙伴创造长期价值，以"超级门店、零食乐园"定位开启中国量贩零食行业新纪元，获第四届"鲸潮奖"年度最具人气品牌奖和财联社2024美好消费品牌奖。

二、品牌优势

一是团队优势。品牌团队骨干普遍具备丰富的零售连锁行业经验，能够在各业务环节基于实践经验做出迅速而有效的管理决策;同时,品牌秉承以人为本的经营理念、核心团队保持开放的管理思维,注重人才的培养和团队结构的优化,结合内部培养和外部引进等多种渠道,不断进行人才扩充和人才梯队培养建设,为长期持续发展奠定坚实的人才基础。配套激励机制方面,公司内部建立公平的竞争机制、积极的企业文化环境、形成长期持续的股权激励机制,充分提升团队凝聚力、保证管理团队的稳定性和积极性,支持企业的长远发展。

二是区域先发优势。品牌所在公司敏锐地把握住行业渠道格局变化带来的结构性机会,在华东、华北、华中等人口基数大、消费能力强的区域市场快速拓店,不断做深和加密。目前,在江苏省、安徽省、山东省、浙江省、河南省、河北省、辽宁省、重庆市、四川省、陕西省、内蒙古自治区、山西省、天津市、福建省、贵州省、吉林省、江西省等多个省市已经成为门店数量领先的量贩零食头部品牌,品牌也在这些区域积累了较强的加盟商资源、消费者忠诚度、门店规划选址经验等资源及能力,先发优势显著,通过提高渗透率不断加深消费者对"好想来"品牌零食的认知度,为未来的渗透率继续提升和门店加密扩展、门店迭代和模型深化提供了坚实的基础。

三是供应链管理优势。品牌所在公司设立了专门的商品中心,通过集团统一与国内国际头部食品饮料品牌和地方特色品牌直接建立了深度业务合作关系,省去了多重中间环节,最大程度地缩短了零售链条,在保供保量的同时获取了极具竞争力的采购成本。为确保供货的及时性和效率,公司已在全国设立了超过35个仓储中心,确保快速满足各门店的供货需求,实现"T+1"配送原则。同时,公司拥有超50万平方米现代化物流仓和数字化供应链系统。这一专业标准化的物流体系极大提高了整体运输效率,确保产品以最快的速度送达终端店铺。高效的供应链周转不仅减少了库存积压,而且保证了产品新鲜度,使消费者能够享受到更新鲜、更美味的休闲零食。

四是产品多样性与创新性。公司的专业选品团队深入分析市场趋势,迅速响应消费者需求,不断引入满足消费者新需求的产品,确保产品组合的多样性和创新性,更进一步与厂家紧密合作,推进产品共创,开发更适应量贩零食业态的创新产品。在产品组合方面,公司覆盖水饮冲调、膨化食品、烘焙糕点、糖巧果冻、肉类零食、坚果炒货、方便速食、果干蜜饯、素食山珍等9个品类,单店SKU数量近2 000个,丰富的产品线有效满足了不同消费者群体的多元化需求。公司产品兼顾品牌零食与平价零食,在确保产品质量和口味的同时,向消费者提供更广泛的选择,充分发挥量贩零食的多样性和高性价比优势。

五是运营管理优势。公司的管理团队建立了一套成熟的经营管理流程,涵盖店铺拓展选址、门店装修、开业培训、日常运营等各个方面。公司为加盟商提供从选址到运营的全面支持服务,加速新店的开业进程,并通过培训学习,促进加盟商管理能力提升。此外,公司重视加盟商在运营中遇到的问题,通过收集和分析这些反馈的情况,不断优化自身的运营管理经验。这种持续改进的策略不仅提高了加盟商的满意度和运营效率,而且增强了公司的品牌力和市场竞争力。

三、盈利压力大

尽管"好想来品牌零食"门店数和覆盖范围逐渐扩大，但是品牌盈利能力仍面临较大压力。2024年上半年，万辰集团实现营业收入109.15亿元，同比增长392.45%，但净利润尚不足100万元。业绩提升绝大部分靠量贩零食业务带动，量贩零食业务为万辰集团贡献106.74亿元营收，同比增加447.78%，占总营收的97.79%。万辰集团前身为万辰生物，是以菌类业务起家，后因原材料成本上升、食用菌价格下行等因素影响，上市首年业绩"变脸"，不得不转型发展。从2022年8月公司明确拓展量贩零食业务至今，其已逐渐成长为行业龙头，但转型、快速扩张背后带来的盈利难问题一直伴随着万辰集团。

高营收、不赚钱，万辰集团仍处在转型阵痛期。根据业内专业人士分析，万辰集团业绩的增长是基于门店规模的提升，但质量不高。截至2024年6月末，万辰集团旗下量贩零食店的数量为6 638家；其中，华东地区门店数量高达4 093家，在长三角地区优势显著；华中地区有894家门店，华北地区也有658家门店；西北、西南、华南、东北地区覆盖门店均不足400家。半年内，万辰集团共新增门店2 105家，相当于日均新增11.57家，而去年全年日均新增12.69家店，下半年这个数字更是涨至15.74，今年扩张速度已显著放缓。其中，增长大头依然在华东、华北地区这些优势区域，西南、华南地区新增数量均不足200家。2024年初，万辰集团提出加快全国化，重点布局南方城市。但从结果看，南方城市门店增加量有限，这一地区正是其竞争对手"很忙系"的大本营。

营业成本是影响利润的重要因素。2024年上半年，万辰集团营业成本达97.67亿元，同比增长384.8%，是随着量贩零食业务增加而大幅增加，公司毛利率10.52%，虽较上期有所微增，但与同行差距甚远。根据Choice数据，申万行业零食板块的12家企业中，万辰集团以中期超109亿元营收居行业首位，形成反差的是其10.52%的毛利率排倒数第一，距离倒数第二的黑芝麻（21.19%）还有超10%的差距。

案例思考题：
1. 量贩零食的渠道优势在哪里？
2. 未来，量贩零食将何去何从？

第十四章 促销策略

引导问题

1. 企业如何走出"不促销等死、促销找死"的尴尬局面?
2. 企业必须做广告吗?要做该怎么做?
3. 营业推广的形式那么多,究竟采用哪一种好?
4. 如何推销才能成功?
5. 公关就是"攻关"吗?

学习目的与要求

1. 了解促销概念,掌握促销组合及其选择。
2. 掌握广告宣传策略。
3. 掌握营业推广策略。
4. 掌握人员推销策略。
5. 掌握公共关系策略。
6. 掌握会展营销策略。

第一节 促销与促销组合策略

一、促销的概念

促销是促进产品销售的简称,它有广义和狭义两层含义。

广义的促销是指企业应用各种信息沟通方式与手段,向消费者传递企业及其产品或服务的信息,通过信息沟通,使消费者对企业及其产品或服务产生兴趣、建立好感与信任,进而作出购买决策,产生购买行为的活动。这些信息沟通手段主要包括人员推销、广告宣传、营业推广和公共关系。其中,人员推销是指企业的推销人员直接向顾客进行介绍、说服工作,促使顾客了解、偏爱本企业的产品,进而采取购买行为的一种手段。广告宣传是指企业(广告主)通过付费方式,利用一定的媒介,把有关产品和企业的信息传递给广大消费者的一种非人员推销的促销手段,其目的是促使消费者认识、偏爱,直至购买本企业的产品;营业推广是指企业在某一段时期内采用特殊的手段,对消费者、中间商和企业销售人员实行强烈刺激,以促进企业销售迅速增长的非常规、非经常性使用的促销行为;公共关系是指企业通过与公众沟通信息,使企业和公众互相了解,以提高企业的知名度和信誉度,为企业的市场营销活动创造一个良好的外部环境的活动。

狭义的促销是指销售促进或营业推广。

促销实质上就是与消费者进行信息互动、促进消费者购买的活动。在商品经济不发达的时期,由于企业的市场范围较小,消费者不难了解企业生产什么产品,到什么地方去购买,以什么代价去取得产品等信息;因此生产经营者无须做促销努力,但随着商品经济发展到一定程度,企业的市场范围不断扩大,这就使企业和消费者之间的空间距离越来越远,如果企业不进行促销活动,消费者就不可能了解到企业和产品的情况,更谈不上购买企业的产品。随着商品经济的发展,生产同类产品的企业不断增加,企业之间为争取顾客展开了激烈的竞争,这种竞争不仅包括产品、价格等方面的竞争,而且包括信息的竞争,如果企业不采取有效的手段将有关信息传递给消费者,突出本企业产品的优点,促使消费者购买本企业的产品,企业必然会在竞争中失败。促销在营销活动中起着传递信息、刺激需求和使消费者产生偏爱的重要作用。可见,当商品经济发展到一定的程度,企业能否科学地制定促销决策就成为决定企业成败的一个重要因素。

二、促销组合的概念与影响因素

(一)促销组合的概念

为了把有关企业和产品的信息传递给消费者,有效地发挥促销的作用,企业必须采取一定的促销手段。所有的促销手段可以分为两大类:一类是人员推销,另一类是非人员推销。非人员推销又可以分为广告宣传、营业推广和公共关系等。各种促销方式的优缺点如表14-1所示。

表14-1 各种促销方式的优缺点

促销方式		优 点	缺 点
人员推销		直接对话、反应迅速	点辐射、成本高
非人员推销	广告宣传	大众性、表现力强	单向、低信任
	营业推广	吸引顾客、刺激购买	高成本、短期性
	公共关系	可信度高、具戏剧性	间接性、长期性

各种促销方式的优缺点决定了企业的促销策略不能仅靠某一种手段,而是应该相互配合综合运用。例如,广告的优点意味着采用广告手段能够实现大范围的形象化传播,但其传播的单向性使得想要更详细了解产品或企业信息的消费者仍然存在着购买障碍,这便需要人员推销或营业推广手段加以弥补才能促使促成交易;而广告的低信任度问题则主要通过公共关系来解决。同理,任何一种促销方式也都需要其他促销方式配合才能解决信息的有效互动问题,这就意味着企业有效的促销策略必须是对企业可采用的各种促销方式进行科学组合,即促销组合。所谓促销组合就是指企业为了达到促销目标,对人员推销、广告、营业推广和公共关系等各种促销手段综合运用而形成的一个统一的促销整体。

> **专栏 14-1**
>
> **整合营销传播**
>
> 1992年，全球第一部 IMC（Integrated Marketing Communications，简称 IMC）专著《整合营销传播》在美国问世。作者是广告界极负盛名的美国西北大学教授唐·舒尔茨及其合作者斯坦利·田纳本、罗伯特·劳特朋。整合营销传播是指将与企业进行市场营销有关的一切传播活动一元化的过程，也被称为 Speak With One Voice（用一个声音说话）即营销传播的一元化策略。它强调一方面要把广告、营业推广、公共关系、人员推销、CI、产品设计、产品包装、店堂陈列、客户服务等一切传播活动都涵盖于营销活动的范围之内，另一方面要使企业能够将统一的传播资讯传达给顾客。其内容包括客户接触管理、沟通策略及传播组合等几个层面。

（二）促销组合的影响因素

企业在制定促销组合决策时不仅要考虑各种促销手段的特点，而且要考虑以下影响促销组合的因素。

1. 促销目标

企业促销目标不同需采取的促销组合也不同。如促销目标为树立企业形象，提高产品知名度，促销重点就应放在广告上，同时辅之以公关宣传；如促销目标是让顾客充分了解某种产品的性能和使用方法，则印刷广告、人员推销或现场展示是较好的办法；如促销目标为在近期内迅速增加销量，则营业推广最易立竿见影，并辅以人员推销和适量的广告；而公共关系手段则偏重于企业的长期促销目标。

2. 市场与产品的类型

各种促销手段在消费资料和生产资料的信息传递中具有不同的重要性，如图 14-1 所示。对营销消费资料的企业来说，最重要的促销手段是广告，其次是营业推广、人员推销，最后是公共关系。而对营销生产资料的企业来说，最重要的促销手段是人员推销，其次是营业推广、广告，最后是公共关系。各种促销手段对消费资料和生产资料有不同的重要性，这是由不同产品的特点所决定的，因为多数消费资料价格较低，使用简单，消费者市场人多面广，每次购买数量少，因此广告是消费资料的最重要的促销手段，可以通过广告以较低的相对成本达到广而告之的目的。相反，多数生产资料的价格较高，技术性强，用户数量较少，分布较为集中，每次购买数量较大，因而适宜人员推销。但值得一提的是，各种促销手段对不同产品的重要性是相对的，虽然广告对消费资料的促销十分重要，但也不能忽视人员推销的作用，特别是对消费资料的生产者来说，它们在向批发商和零售商促销时，人员推销仍然是一种非常重要的

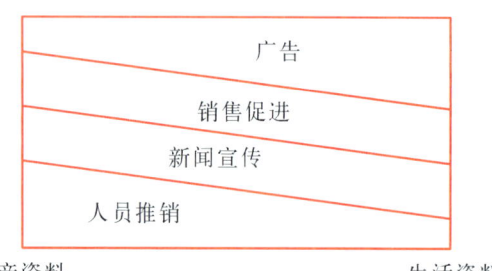

图 14-1 各种促销手段在消费资料和生产资料的信息传递中的不同重要性

促销手段。同样,广告在生产资料的促销中也有不可低估的作用,通过广告宣传,用户对有关生产资料产生了初步的印象,这就为有效地开展人员推销打下了良好的基础。

3. 企业的促销策略

企业的促销策略可分为推式策略和拉式策略两种类型,分别如图 14-2 和 14-3 所示。

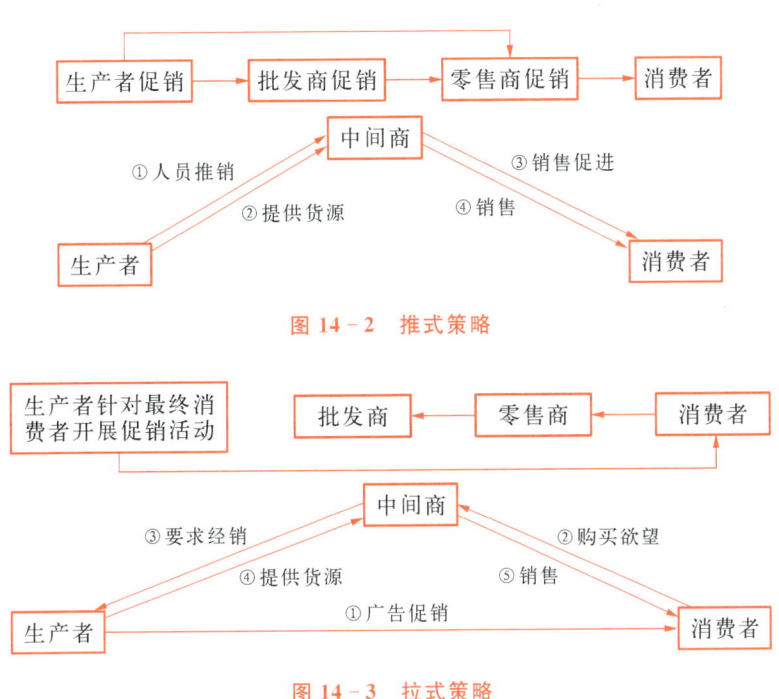

图 14-2 推式策略

图 14-3 拉式策略

推式策略是指利用人员推销、销售促进等手段,把产品从制造商推向批发商,由批发商推向零售商,再由零售商将产品推向最终消费者。该策略适用于以下几种情况:企业经营规模小,或无足够资金用以执行完善的广告计划;市场较集中,分销渠道短,销售队伍大;产品具有很高的单位价值,如特殊品、选购品等;产品的使用、维修、保养方法需要进行示范。

拉式策略是企业通过广告和公共关系等措施吸引目标消费者,使其产生强烈的购买欲望,形成急切的市场需求,然后"拉引"中间商纷纷要求经销这种产品。该策略适用于以下几种情况:市场广大,产品多属便利品;商品信息必须以最快速度告知广大消费者;对产品的初始需求已呈现出有利的趋势,市场需求日渐上升;产品具有独特性能,与其他产品的区别显而易见;能引起消费者某种特殊情感的产品;有充分资金用于广告。

推式策略和拉式策略都包含了企业与消费者双方的能动作用。但前者的重心在推动,着重强调了企业的能动性,表明消费需求是可以通过企业的积极促销而被激发和创造的;而后者的重心在拉引,着重强调了消费者的能动性,表明消费需求是决定生产的基本原因。企业的促销活动,必须顺乎消费需求,符合购买指向,才能取得事半功倍的效果。许多企业在促销实践中,都结合具体情况采取"推""拉"组合的方式,既各有侧重,又相互配合。

4. 产品生命周期阶段

在产品生命周期的不同阶段，各种促销手段的经济效果也不相同。在投入期，为了使消费者尽快了解新产品和生产企业的情况，广告和公共关系是最主要的促销手段，为了促使消费者试用新产品，企业也可运用营业推广；在成长期，企业仍可运用广告和公共关系，由于失去了对消费者实行早期刺激的必要，故可减少营业推广；在成熟期，由于企业之间竞争比较激烈，因此，企业应尽可能多地运用人员推销，同时运用营业推广，采取一定的方式（如扩大价格折扣等）刺激消费者购买，广告的重要性相对削弱；在衰退期，最重要的促销手段是营业推广，企业应通过削价等方式，尽快地抛售库存。

5. 消费者的待购阶段

消费者的待购阶段可分为认识、了解、兴趣和准备购买这四个阶段，在不同的待购阶段，各种促销手段的效果是不同的。在认识阶段，企业主要让消费者知道某种产品的存在，因此，广告和公共关系是最主要的促销手段；在了解阶段，消费者需要知道更多的产品信息，因此，企业除了运用广告，还可以运用人员推销；而在兴趣阶段，人员推销的影响力最大，其次是广告；在最后的准备购买阶段，营业推广和人员推销更具成效。

企业认识了各种促销手段的特点和影响促销组合的诸因素后，就不难制定促销组合决策，即决定在特定的时期，对特定的产品以何种促销手段为主，其他促销手段如何配合，以形成最佳的促销组合，有效地把有关企业和产品信息传递给消费者。

三、促销预算的确定

企业开展促销活动必然会发生促销费用，为了有计划地开展促销活动，企业必须制定合理的促销预算。但确定促销预算是企业最为困难的市场营销决策之一。不同行业、不同企业的促销预算差别很大，似乎没有统一标准。下面介绍四种确定促销预算的常用方法，它们既可以用来确定企业总的促销预算（即各种促销手段所需要的费用总和），也可以用来确定单项促销预算（即某一种促销手段所需要的费用，如广告预算等）。

（一）量力而行法

即根据企业的经济实力决定促销费用，经济实力强时，促销预算就较多；反之则较少。虽然这种方法十分简单，但它忽视了促销对销售额的影响，由于企业的经济状况常常会发生波动，这就必然使企业的促销预算很不稳定，从而影响企业制定长期促销计划。

（二）销售额百分比法

即根据销售额（上一年度的销售额或下一年度预计销售额）的一定百分比确定促销费用，如某企业以销售额的 1.5% 作为促销费用，若该企业预计 2023 年的销售额为 2 000 万元。则该企业 2023 年的促销预算就为 30 万元。这种方法的优点是：①促销费用和销售额相联系，这就为促销预算提供了有支付能力的经济基础；②这种方法有利于把企业的促销成本、销售单价和单位产品的利润相联系，从而有利于开展经济核算，讲求促销效果；③如果竞争企业也以基本相同的销售额比例确定促销预算，这就能使企业之间的促销竞争相对缓和。但用此法决定促销预算，也有一定的缺点：①它根据销售额决定促销预算，这就颠倒了因果关系，使销售额成为决定促销预算的原因，而不是促销结果；②它是根据资金的可能性，而不是根据实际的需要来确定促销预算，这就必然会失去一些良好的促销机会；③促销预算决定于波动性较大的年销售额，这也会影响企业制定长期的促销计划；

④由于市场情况经常发生变化,而这种方法并没有选择适应的销售额百分比的标准,只是根据过去的或竞争的百分比来确定销售额的比例,这往往同实际需要不相符合。

(三) 竞争对等法

即根据竞争者促销预算水平来确定本企业的促销预算方法。采用这一方法的指导思想是:①竞争者的促销预算水平能反映整个行业的集体智慧,可以借鉴;②以这种方法确定促销预算,有利于防止两败俱伤的"促销之战"。但许多市场营销专家认为这种指导思想并不正确,这是因为:①没有理由说明竞争者比本企业更知道应该如何确定促销预算,由于每个企业的声誉、资源、促销机会和促销目标各不相同,竞争者促销预算并不能作为本企业的指南;②采用这种方法也没有根据能保证企业之间不发生"促销大战"。

(四) 目标任务法

即根据企业的促销目标(如提高企业或产品的知名度、扩大市场范围、提高销售增长率等)确定促销预算的一种方法。这首先要求企业明确促销目标,然后决定为实现促销目标应该开展哪些促销活动,并对每项促销活动的费用作出估计,最后进行汇总即得企业的促销预算。这种方法的最大优点是根据企业的实际需要决定促销预算,具有一定的科学性。

第二节 广告宣传策略

广告宣传策略是指企业(广告主)通过付费方式,利用一定的媒介,把有关产品和企业的信息传递给广大消费者的一种非人员推销的促销手段,其目的是促使消费者认识、偏爱,直至购买本企业的产品。广告作为传递信息的有效工具,被越来越多的企业所采用。因此成为我国发展速度最快的促销方式。

> **营销箴言** 商品不做广告,无异于姑娘在黑暗处向小伙子频送秋波,脉脉此情只有自己知道。
>
> ——布里特,英国广告学专家

企业要通过广告将有关信息有效地传递给消费者,并为企业带来更大的经济效益,这必然要求企业制定科学的广告决策。

一、广告目标决策

广告目标就是企业通过做广告所要达到的直接目的。广告目标应同企业已经确定的目标市场、市场定位和市场营销组合策略保持一致,广告的最终目标无非是促使消费者购买本企业的产品,以扩大销售额。但由于受市场因素、产品因素和企业本身因素的影响,企业的广告目标往往不是固定的。例如,对处于产品生命周期不同阶段的产品应有不同的广告目标,对处于投入期的新产品,企业以"告知"为目标,而对处于成熟期的产品,由于竞争激烈,企业应以"说服"为目标,促使消费者偏爱企业的产品。广告的目标很多,但可归纳为以下三大类。

(一) 告知性广告

告知性广告即通过广告使消费者了解有关信息。它主要适用以下情况:让消费者了解某种新产品已投放市场;向消费者介绍某种新产品的新用途;介绍企业的产品价格调整情况;解释产品的使用、保养方法;介绍企业能提供的服务项目;纠正消费者对企业的不正确印象;消除顾客购买产品的后顾之忧,树立企业的形象和提高企业的知名度。

(二) 说服性广告

说服性广告即通过广告使消费者偏爱和购买企业的产品,大多数广告目标属于这一类型。它主要适用以下的情况:当产品竞争十分激烈时,企业通过广告使消费者认识到本企业产品的特色,能为顾客带来较为满意的使用价值,促使消费者选购本企业产品;当市场上同类产品很多时,促使消费者对本企业的产品品牌产生偏爱;鼓励竞争企业的顾客购买本企业的产品;鼓励顾客在短期内购买产品;转变顾客对某些产品特征的感觉,使顾客真正了解产品的价值等。

(三) 提示性广告

提示性广告即通过广告提醒消费者采取某种行为。它主要适用于以下情况:当产品处于成熟期时,企业通过反复做广告,使消费者经常想到本企业的产品;提醒消费者在不久的将来需要某种产品,如在夏季来临时,提醒消费者购买电扇、夏衣等;提示消费者购买某种产品的地点;在某种产品的销售淡季使消费者不忘记该产品。与这类广告目标相类似的还有加强性广告目标,即通过广告使现有的消费者确信自己的购买决策是正确的,如一些企业通过描绘顾客使用某种产品的满意情况来达到这一目标。

二、广告信息决策

确定了广告目标后,企业就要将一定的信息,通过合适的方式传递给消费者,以达到预期的目的,这就要求企业制定科学的广告信息决策。广告的效果不仅取决于广告信息(内容)的质量,而且取决于广告信息的表达方式。最常用的信息表达形式有以下五种。

(一) 情感诱导与理性诱导策略

广告在劝说消费者时,可以采取两种方法,一种是同消费者讲道理,另一种是同消费者交流感情,前者叫理性诱导,后者叫情感诱导。对人类行为影响更大的往往是情感而不是理性。在广告传播中,情感的煽动有时比理性的劝说作用更大。这两种手法,可以单独使用,也可结合起来运用。对文化程度较低的消费者和女性消费者,采用感情诱导方法比较有效,而对文化程度较高的受传者则宜以理性剖析为主;如果广告的传播目的是使消费者在较短的时间内,马上采取购买行动,可运用感情煽动的方法;如果广告传播的目的是使消费者长期对商品保持良好的印象,那么比较好的做法是诉诸理性劝服;一般技术性较强,价格较高的产品,在进行广告宣传时常采用理性诱导的方法,而生活日用品,或是价格较低的大众品适于用情感诱导的方法。

(二) 承诺式广告策略

这是企业为使其产品赢得用户的依赖而在广告中作出某种承诺式保证的广告策略。

值得提出的是承诺式广告的应用,在老产品与新产品上的感受力度和信任程度有所不同的。承诺式广告策略的真谛是:所作出的承诺,必须确实能够达到。否则,就变成骗人的欺骗广告了。

(三)推荐式广告策略

企业与商品自卖自夸的保证,未必一定能说服人。于是,就要采用第三者向消费者强调某商品或某企业的特征的推荐式广告策略,以取得消费者的信赖。因此,这种广告策略,又可称为证言形式。对于某种商品,专家权威的肯定,科研部门的鉴定,历史资料的印证,科学原理的论证,都是一种很有力的证言,可以产生"威信效应",从而导致信任。在许多场合,人们产生购买动机,是因为接受了有威信的宣传。

(四)实证广告策略

实证广告策略即表明本企业生产某种产品所拥有的专长和经验,如显示某一药厂以高级人参为原料,通过现代化的生产线制造某种滋补品,或通过提供调查结果或科学证据说明本企业产品符合科学原理,或优于其他同类产品,或通过显示企业的产品得到过某些奖励,或权威人士对产品的高度评价来说明本企业产品的优点。

(五)正向劝说与反向劝说策略

正向劝说的方法是一种鼓励的形式,告诉消费者购买或使用某一商品,可以得到的种种好处,赞许消费者的选择是正确的。反向劝说的方法是一种警告,告诉消费者若不购买或不使用某一商品,可能遇到的什么危险。如某些药品广告。但如果劝说得当,所得到的刺激往往更强。如香烟广告:"禁止抽烟,皇冠牌也不例外。"反而引起烟民的好奇和对皇冠牌香烟的注意。反向劝说的方式应该慎重把握。往往也采用反面劝说和正面劝说结合的方式。如有一则洗衣机的广告语:"既然你买得起洗衣机,为何不买最好的呢?"就采取这样的方式。广告先对消费者的经济地位和购买能力进行赞许肯定,然后激励他应该购买最好的商品,这样劝说,消费者对所传递的信息可能更容易接受一些。

营销箴言 我们希望消费者说:"这真是个好产品。"而不是说:"这真是个好广告。"

——李奥贝纳,李奥贝纳广告公司创始人

三、广告媒介决策

制定了广告信息决策后,企业的下一个任务是选择广告媒介以传递广告信息,即制定广告媒介决策,这一决策包括以下两个方面的内容。

(一)决定广告覆盖面、显示频率与效果

广告的覆盖面是指在特定的时间内通过某种广告媒介使多少消费者接收到广告信息。广告的显示频率是指在一定的时期内向消费者传递几次同一内容的广告信息。广告效果是指广告信息对消费者的影响力。决定广告的覆盖面、显示频率与效果是选择广告媒介的前提,因为不同的广告媒介有不同的覆盖面,如中央电视台的覆盖面是向全国的消

费者提供信息,而省电视台的覆盖面是向省内的消费者传递信息。不同的广告媒介有不同的广告效果,如电视台的广告效果往往优于广播的效果。此外,显示频率对广告效果也有很大的影响,显示次数太少,消费者就很难记住广告内容,印象肤浅;显示次数太多,不仅费用增加,而且消费者会对重复同一广告内容感到一定程度的厌烦。广告的显示频率取决于广告信息的数量和复杂性,一般地说,同一广告内容的显示次数不能少于三次。

(二)广告媒介的选择

广告媒体是用于向公众发布广告的传播载体,是指传播商品或劳务信息所运用的物质与技术手段。广告媒体按功能可分为:视觉媒体、听觉媒体和视听两用媒体。视觉媒体包括印刷广告(报纸、杂志、海报、传单)、户外广告(店招、车厢、候车亭、地铁站、电梯、墙体、楼顶、霓虹灯、LED显示屏等)、电子文字广告(微信、微博等)等媒体形式;听觉媒体包广播、口头叫卖、宣传车、录音等媒体形式;视听两用媒体主要包括有线电视、楼宇电视、交通工具移动电视、超市多媒体、手机电视、直播、网络视频、影视、戏剧、小品及其他表演形式。不同媒介各有利弊,比如视觉媒体抗干扰性好,但表现效果比较单一;听觉媒体声音具有丰富的直觉感、浓厚的感情色彩和艺术魅力,容易引起受众的兴趣,但保留时间短;视听两用媒体时效性、表现性及互动性都很好,但是干扰因素多且虚假信息较多。因此,企业在选择媒体类型时,要综合考虑以下若干因素,选择促销力度大、目标群体依赖程度高及能够实现精准传播的广告媒体。

1. 目标消费者接触媒体的习惯

不同的广告媒体会把广告信息传给不同的消费者,所以企业选择广告媒体时应与目标消费者接触广告媒体的习惯相一致。最有效的广告媒体是那些能最准确、最迅速将广告信息传到目标消费者的媒体。例如目标群体为青少年的产品,网络是最有效的广告媒体;目标群体为老年的产品,最有效的广告媒体则是电视和广播。

2. 产品的性质

产品的性能、用途、价值、使用者不同,应分别选用不同的媒体。例如需要全面展示其外貌和功能的服装、化妆品等,应优先选择视听两用媒体;而同质产品或同质化产品则可采用视觉媒体及听觉媒体。

3. 广告的内容

不同媒体能够承载的广告内容是不同的,企业应根据所要传播的内容不同选择不同的媒体。例如广告内容是宣布即将展开的促销活动,海报、微信、广播媒体最及时。而如果广告信息中有大量的技术资料,则宜登载在专业杂志上或邮寄广告媒体上。

4. 媒体成本和企业支付能力

不同的广告媒介的费用相差很大,同一媒介,经营单位不同或广告登出时间、登出版面不同,收费标准也不一样。因此,企业要考虑广告费用和自己的支付能力来选择广告媒体。

5. 广告媒体的辐射范围

广告媒体的辐射范围,主要是指能够接触广告的观众或听众的人数。有的媒介覆盖面很广,如中央电视台、新浪网等门户网站,在其中任意一个平台登播广告可以说是全国性的了;而地方电视台一般仅限于某个地区。例如加湿器,就不应该选择全国性媒体而应选择地方性媒体,因为南方一般不需要加湿器。

四、广告时间决策

企业确定了具体的广告媒介后,还要决定广告的时间,广告时间决策主要表现在广告时限决策和广告频度决策两个方面。

(一)广告时限策略

广告的时间策略在时限运用上主要有集中时间策略、均衡时间策略、季节时间策略、节假日时间策略四种。

1. 集中时间策略

集中时间策略主要是集中力量在短时期内对目标市场进行突击性的广告攻势,其目的在于集中优势,在短时间内迅速造成广告声势,扩大广告的影响,迅速地提高产品或企业的声誉。这种策略适用于新产品投入市场前后,新企业开张前后、流行性商品上市前后,或在广告竞争激烈时刻,以及商品销售量急剧下降的时刻。运用此策略时,一般运用媒介组合方式,掀起广告高潮。

2. 均衡时间策略

它是有计划地反复对目标市场进行广告的策略,其目的是持续地加深消费者对商品或企业的印象,保持现在消费者的记忆,挖掘市场潜力,扩大商品的知名度。在运用均衡广告策略时一定要注意广告表现的变化,不断给人以新鲜感,而不要长期地重复同一广告内容,广告的频度也要疏密有致,不要给人以单调感。

3. 季节时间策略

它主要用于季节性强的商品,一般在销售旺季到来之前就要开展广告活动,为销售旺季的到来做好信息准备和心理准备。在销售旺季,广告活动达到高峰,而旺季一过,广告便可停止。这类广告策略要求掌握好季节性商品的变化规律。过早开展广告活动,会造成广告费的浪费,而过迟,则会延误时机,直接影响商品销售。

4. 节假日时间策略

它是零售企业和服务行业常用的广告时间策略。一般在节假日之前数天便开展广告活动,而节假日一到,广告即告停止。这类广告要求有特色,把品种、价格、服务时间及异乎寻常之处的信息突出地、迅速地和及时地告诉消费者。

(二)广告频度策略

广告的频度是指在一定的广告时期内发布广告的次数,在策略上可根据实际情况需要,交替运用固定频度和变化频度两种策略。

1. 固定频度策略

固定频度策略是均衡广告时间常用的时间频度策略,其目的在于实现有计划的持续广告效果。固定频度法有两种时间序列:均匀序列型和延长序列型。均匀时间序列的广告时间按时限周期平均运用,如每旬 10 次,每天 1 次,或每旬 10 次,每隔一天 2 次。延长时间序列是根据人的遗忘规律来设计的,广告的频度固定,但时间间隔越来越长。如广告仍按总量 10 次、1 天 1 次进度推出,但广告发布时间延长到 20 天,第一波以每天 1 次间隔,发布 4 次;第二波以每两天 1 次间隔,发布 3 次;第三波以每三天 1 次间隔,发布 3 次。这是为了节约广告费,又按照人们的遗忘规律来设计的,使时距由密到疏,在广告费一定的情况下,延长了广告影响时间。适用于这种媒体进度的广告商品,大都属于人们经常要购买的生活必需品,另外还有药品、电视机、洗衣机等产品。一般是根据消费者购买行为的时间和地点,选用相应的媒体,适时发布。

2. 变化频度策略

变化频度策略是广告周期里用各天广告次数不等的办法来发布广告。变化广告频度可以使广告声势适应销售情况的变化。常用于集中时间广告策略、季节与节假日广告时间策略,以便借助于广告次数的增加,推动销售高潮的到来。变化频度策略有：①波浪序列型,它是广告频度从递增到递减、又由递减到递增的变化过程,这一过程使广告周期内的频度由少到多,又由多到少,适用于季节性和流行性商品的广告宣传;②递升序列型。它是频度由少到多、至高峰时戛然而止的过程,适用于节日性广告;③递降序列型。它是广告频度由多到少、由广告高峰跌到低谷、在最低潮时停止的过程,适用于文娱广告、企业新开张或优惠酬宾广告等。

上述各种广告时间策略可视需要组合运用。如集中时间策略与均衡时间策略交替使用,固定频度与变化频度组合运用等。广告时间策略运用得法,既可以节省广告费,又能实现理想的广告效果。这是广告策略中极为重要的一环。究竟一个商品广告在一种媒介上投放几次,才可以使人们记住它,这一问题的研究目前还处在摸索阶段,但目前亦有研究表明至少是六次,即一个人接触同一个广告六次便会记住这个广告。如果有关此类问题的研究有所突破,将会使广告的刊播工作在科学、合理、有效的轨道上运行。

五、广告效果评价

广告的最终目的是提高企业的经济效果,因此,每个企业应当重视评价广告本身的经济效果,以期积累经验,提高日后的广告效果,评价广告效果包括两方面的内容：一是信息传递效果分析;二是销售效果分析。

营销箴言 我知道有一半的广告投入没有效果,糟糕的是我不知道到底是哪一半。

——沃纳梅克,美国第一家百货商店沃纳梅克氏的创始人

(一) 信息传递效果分析

信息传递效果分析就是分析广告是否能将信息有效地传递给消费者,它可以分为广告前和广告后的信息传递效果分析。广告前效果分析的主要做法是：企业邀请一些消费者和广告专家,对几种可供选择的广告样稿进行评价,企业可以要求他们对广告吸引注意力的能力、可读性、趣味性、可认知性、影响力及能被记忆的能力等方面提出意见,以便改进广告样稿和选择最优秀的广告样稿。广告后效果分析的主要做法也是企业邀请一些消费者,了解他们是否听到或见到过某一广告,并要求他们尽可能回忆广告的内容,以分析广告吸引注意和容易记忆的能力。

信息传递效果分析还可以通过抽样调查,采取定量分析的方法进行,较常用的定量分

析指标有阅读率、视听率和记忆率。对于报纸、杂志之类的广告媒介可用阅读率指标进行分析,阅读率是指通过报纸杂志阅读过广告的人数和报纸杂志发行量之间的比值。对于电视、广播之类的广告媒介可用视听率指标进行分析,视听率是指通过电视机、收音机接触过广告的人数与电视机、收音机拥有量之间的比值。记忆率是记忆广告主要内容的人数和接触过广告的人数的比值。

(二)销售效果分析

销售效果分析就是分析广告对扩大销售额的影响,但由于企业的销售额受广告的影响外,还受产品的价格、市场形势的变化、竞争企业的行为和产品销售的季节性等因素影响,这就为销售效果分析带来了困难,但企业仍然能以一定的办法大致地分析广告对销售额的影响,其中最常用的方法有以下两种:

1. 统计分析法

统计分析法即通过比较广告前一段时间的平均销售额和广告后一段时间的平均销售额的变化情况以分析销售效果。我们可用单位广告费用销售增加额和单位广告费用利润增加额这两个指标来衡量广告的经济效益。

2. 试验法

试验法即在各种条件基本相同的几个地区进行试验,如在某一地区做大量的广告,在另一地区做少量的广告,而在其他地区基本上不做广告,然后对各个地区在广告前后实现的销售额或利润额的增长情况进行分析,以评价广告对销售的影响。

第三节 营业推广策略

企业在某一段时期内采用特殊的手段,对消费者、中间商和企业销售人员实行强烈刺激,以促进企业销售迅速增长的非常规、非经常性使用的促销行为。在国外,营业推广日益为广大企业所重视,用于营业推广的费用在整个促销费用中占的比重不断增加。在我国,近年来企业为达到促销目的,越来越注重营业推广,各种营业推广方式随处可见。为了有效地发挥营业推广的促销作用,企业必须制定科学的营业推广决策,其内容主要包括以下六个方面:建立营业推广目标、选择营业推广方式、规划营业推广方案、预试营业推广方案、实施与控制营业推广方案、评价营业推广效果。

一、建立营业推广目标

营业推广目标从属于企业的整个促销目标,它是促销目标的具体化。为了扩大企业的销售额,企业既可以向消费者开展推广活动,刺激他们的购买欲望,也可以向中间商和企业的推销人员开展营业推广活动,刺激他们积极推销本企业的产品。因此,对于不同的营业推广对象,企业应有不同的营业推广目标。

(1)对消费者的营业推广目标。鼓励老顾客增加采购数量,促使新顾客试用产品,吸引竞争者的顾客购买本企业的产品等。

(2)对中间商的营业推广目标。促使中间商经营新品种,扩大采购批量,增加库存数量,采购过季商品,抵制竞争者的促销活动,建立和巩固对本企业产品品牌的偏爱,以及增加本企业产品的陈列空间,积极推销本企业的产品等。

(3) 对推销人员的营业推广目标。鼓励其积极推销本企业的新产品,努力开拓市场,寻找新顾客,大力推销过季商品等。

二、选择营业推广形式

营业推广的方式有很多,企业应根据营业推广的目标、市场类型、竞争状况和各种营业推广方式的费用和效果,选择最合适的方式。可供选择的营业推广的主要方式如图14-2所示。

表14-2 可供选择的营业推广的主要方式

营业推广对象	营业推广方式
消费者	样品派送、买赠、折扣、优惠券、积点优惠、加量不加价、现场演示、有奖销售
中间商	价格折扣、补贴、激励、展销(会展)
推销人员	奖金、推销竞赛、旅游

(一) 营业推广形式

1. 对消费者的营业推广形式

(1) 样品派送。企业免费向消费者赠送商品的样品,促使消费者了解商品的性能与特点。样品赠送的方式可以是派人上门赠送,也可以是通过邮局寄送;可以是在购物场所散发,也可以是附在其他商品上赠送等。这是一种推销新产品最有效但费用也最高的方式,主要适用于能够使消费者明显感知到优于竞争品牌的低价快速消费品。

(2) 买赠(附加交易)。买赠(附加交易)是一种短期的降价手法,其具体做法是在交易中向顾客给付一定数量的免费的同种商品。常见的这种方法的商业语言是"买几送几"。附加交易也被快餐店广泛使用,例如,在北京的"必胜客"饼屋,客人如果在规定的店堂比较清闲的时间里用餐,根据不同的用餐量,顾客可以得到不同的免费饮料。

(3) 折扣(打折)。折扣(打折)即在销售商品时对商品的价格打折扣,折扣的幅度一般从5%至50%不等,幅度过大或过小均会引起顾客产生怀疑促销活动真实性的心理。折扣(打折)主要适宜于高价位的产品,以及为防御强势竞争者而开展的促销活动。

(4) 优惠券(代价券)。优惠券(代价券)是指企业伴随广告或产品的外包装送给顾客的一种标有价格的凭证,但其价值只能在代价券责任者指定的商店里实现。通常顾客使用代价券购物可以在价格上获得百分之几的优惠。优惠券(代价券)主要适宜于知名度较高的产品及新产品。

(5) 积点优惠。它又叫商业贴花,种类繁多,但其最终目标都是以建立再次购买某种商品或再度光顾某店为主。通常有两种方式:一是消费者必须收集积分点券、标签或购物凭证等证明,达到一定数量时,则可兑换赠品;二是消费者必须重复多次购买某种商品或光顾某家零售店数次之后,才得到收集成组的赠品。这种方法主要适用于竞争激烈的同质化快速消费品。

(6) 加量不加价(附加赠送法)。加量不加价(附加赠送法)是指当消费者每购买一定数量或金额的商品后,就按其比例附加赠送同类商品,以此来刺激消费者增加购买数量的促销方法。如果某一时期的促销目标是增加消费者的商品购买量或使用量,或是为提高现有的销售量时,或当竞争品牌的竞争压力大时,可以运用加量不加价方式来解决问题。加量不加价(附加赠送法)主要适用于包装简单的低价快速消费品。

(7) 现场演示。现场演示的促销方法也是为了使顾客迅速了解产品的特点和性能,以便激励顾客产生购买的意念。现场演示可以大量节约介绍产品邮寄广告的费用,并使顾客身临其境,得到感性认识。现场演示特别适合技术含量小、有新型使用功效、演示效果明显的产品。

(8) 有奖销售。企业给购买一定数量的顾客一张兑奖票(如每购买20元商品给顾客一张兑奖票),顾客在规定日期凭兑奖票兑奖,它能刺激消费者大量采购本企业的产品。有奖销售是最富有吸引力的促销手段之一,因为消费者一旦中奖,奖品的价值都很诱人,许多消费者都愿意去尝试这种无风险的有奖购买活动。

此外,还有退费优待、分期付款和展销会等很多种营业推广形式。

2. 对中间商的营业推广形式

(1) 价格折扣。

(2) 补贴。制造商可以通过补贴的形式刺激中间商积极销售企业的产品,这些补贴主要包括售点广告补贴、合作广告、商品陈列补贴、产品示范演示和现场咨询补贴、降低零售价补贴、点存货补贴、恢复库存补贴、延期付款或分期付款、赠货补贴等。

(3) 激励。制造商还可以通过包括供货、专营权、资源援助、赠品、销售竞赛等激励手段鼓励中间商积极销售企业的产品。

(4) 展销。详见本章第六节会展营销策略。

3. 对销售人员的营业推广形式

制造商需要对两类销售人员进行营业推广,一是本企业的销售人员,二是中间商销售人员。营业推广形式主要包括奖金、推销竞赛、旅游等。

营销箴言 跨国公司并没有我们所不知道的促销宝典,本土企业的差距在于细节与执行。

——魏庆,理念到动作营销培训机构首席顾问

(二) 选择营业推广形式应考虑的因素

1. 营业推广目标

企业经营目标决定着营业推广方式的范围和限制条件。例如,为了扩大销售量,可对消费者选用有效的营业推广方式增加销售量和对推销员开展推销竞赛等。

2. 产品类型

由于不同的产品,消费者不同,购买的目的也不同,因此使用的营业推广方式也不同。如对消费资料和生产资料、耐用消费品和一般消费品,可分别采用不同的方法。

3. 市场环境

不同市场的营业推广的对象不同，选择的方式、方法也不同。由于各个市场的消费者素质不同，其对各种营业推广方式的反应也不一致；另外，市场经济状况的变化，也会对营业推广产生不同影响。

4. 营业推广期限

营业推广的时间安排必须符合整体策略，选择最佳的市场机会，有恰当的持续时间。如果时间太短，可能会失去有希望的潜在消费者；如果时间太长，又会给消费者造成误解，令消费者以为不过是一种变相减价，失去吸引力。

5. 营业推广费用

营业推广固然可以使销售额短期内迅速增长，但同时也加大了营销费用。企业要权衡推销费用与经营效益的得失，认真分析其可能产生的效果，然后根据各种方式的作用大小，选择采用恰当的方式。

三、规划营业推广方案

为了达到营业推广目标，取得良好的效果，企业必须重视规划营业推广方案。

（一）确定刺激的强度

因为营业推广的实质是企业通过刺激消费者、中间商或推销人员，使其对企业产生有利的反应的活动，所以，企业首先要确定刺激的强度，如某生产企业准备对中间商提高购货折扣，那就必须决定购货折扣提高的幅度。如果刺激强度不够，就不能引起刺激对象的较大反应，从而达不到预期的目标，如果刺激过多，企业就要花去过多的费用，从而会影响营业推广的经济效益。企业应对每次营业推广的成本和效益进行记录，以便确定合适的刺激强度。

（二）确定刺激对象

许多营业推广活动是针对所有顾客的（如商品削价、商品展销会），但某些企业推广活动应确定刺激的对象，如对"赠送样品"这一营业推广方式，企业就必须确定"赠送"的对象，在确定刺激对象时，企业应优先考虑那些可能成为企业顾客的潜在买主和对企业的产品销售有较大影响的顾客。

（三）确定营业推广途径

企业要决定通过什么途径传递信息，对营业推广对象发生刺激。如企业向顾客赠送代价券可以通过直接邮寄，附在某些产品中或通过印刷广告等途径，企业应根据成本和效果选择具体的途径。

（四）确定营业推广的持续时间

营业推广的持续时间必须适当：如果持续时间太短，许多顾客就可能不知道，或虽然知道但没有时间马上购买企业的产品，这就会使企业失去很多有希望的顾客；对于某些营业推广方式（如提高购货折扣），如果持续时间太长，往往会使顾客误认为由于企业的产品质量太差或者其他问题给予顾客一定的优惠，这就会降低营业推广的刺激作用。

（五）确定营业推广的总预算

许多企业往往在某一时期内同时采用几种营业推广方式，这就要求企业确定总预算。这有两种方法：第一种方法是估计每种营业推广所需的费用，然后估算营业推广的总预算；第二种方法是按一定的比例从企业的促销总预算中提取一定的费用作为营业推广的总预算。

四、预试营业推广方案

由于企业往往是凭经验规划营业推广方案的,而市场状况和竞争强度是不断变化的,因此,企业有必要对某营业推广方案在正式实施前进行预试,分析各种营业推广方式是否合适、刺激强度是否适度。对于将在广大地区进行的营业推广方式,企业可以先在较小的地区范围内预试,也可以邀请一些顾客对营业推广方案作出评价。预试的目的是进一步修正和完善营业推广方案。

五、实施与控制营业推广方案

通过预试,如果证明企业所规划的方案是可行的,企业就可以大规模地正式实施营业推广方案,在实施过程中还应重视控制活动,不断地监督和检查营业推广方案的实施情况,以便根据事先意料不到的实际情况灵活地调整甚至改变原来的营业推广方案。

六、评价营业推广效果

营业推广的目的是取得一定的经济效果,所以,企业应重视评价营业推广的效果,同时,这有利于企业积累经验,为今后开展更有效的营业推广活动打下基础。企业可以从多种途径评价营业推广的效果,其中最主要的有以下三种途径:①对营业推广前、营业推广期间,以及营业推广后三个时期的销售额进行比较。通过比较营业推广前和营业推广期间的销售额,企业就能发现该项营业推广的短期效果;通过比较营业推广前后的销售额,企业就能分析该项营业推广对后来产品销售的影响。②进行消费者调查。了解消费者受营业推广的影响,大约多少人参与并得到某些利益,以及对他们今后的购买行为有什么影响。③试验法。即企业在不同地区采用不同的营业推广方案,然后比较多种方案的效益。

第四节　人员推销策略

一、人员推销的概念

人员推销是企业的推销人员直接向顾客进行介绍、说服工作,促使顾客了解、偏爱本企业的产品,进而采取购买行为的一种手段,包括上门推销、柜台推销和会议推销三种基本形式。在企业中推销人员通常要承担收集和传递信息、寻找和沟通顾客、推销产品、提供服务、分配商品、树立形象六个方面的职责。

> **营销箴言**　为了赚钱而鼓励顾客多买商品,那你只是一个沿街叫卖的小贩,为顾客的利益而宣传商品,那你已是一个推销的行家。
> ——齐格·齐格勒,世界最杰出十大推销大师之一、百万圆桌协会成员

二、推销组织

为了保证人员推销工作的有效进行，企业应根据实际需要搞好人员推销的组织结构设计。推销组织结构主要有以下四种类型：

（一）区域型推销组织结构

这种推销组织结构，按销售区域分配推销人员，一个推销人员专门负责一个区域的推销工作，在该地区常驻。这种推销组织结构的优点是：推销人员责任明确，有利于鼓励推销人员努力工作，便于推销人员熟悉所在销售区域的情况，可以提高推销工作的针对性和连续性，能够节省差旅费开支。这种推销组织结构，最适合那些产品的相关度比较高、目标市场大致相同的企业，不适合那些产品种类多、市场结构复杂的企业，因为产品多、市场复杂使推销人员很难熟悉情况，将影响推销工作的效率。

（二）产品型推销组织结构

这种推销组织结构，以产品为基础进行组织内部的分工，要求一个推销人员专门负责一种或一类产品的推销工作。这种推销组织结构比较适合于那些产品技术性强、工艺复杂、型号繁多的企业。这种推销组织结构也有一定的缺陷，当用户面比较窄、一个用户购买同一企业的多种产品时，就会出现多名推销人员同时向同一个用户推销同一个企业的不同种类产品的情况，这不仅会引起用户的反感而且是很不经济的。

（三）用户型推销组织结构

这种推销组织结构，按用户的类型来划分销售组织，确定推销人员的分工。在确定用户类型时，企业可根据自身情况和用户特点来进行，通常可以按产业类别、用户规模、销售途径来划分。这种推销组织结构的优点是：推销人员面向具体的用户，了解他们的需求，增加了推销工作的针对性，有利于提高工作效率，同时还可以密切与用户的关系，便于提供优质售后服务，促成用户重复购买。但是，如果用户过于分散就不宜采取这种结构，否则将给推销工作带来许多不便，而且会增加推销费用。

（四）复合式推销组织结构

这种推销组织结构是以上三种组织结构的混合运用，具体又可以分为区域-产品复合式、区域-用户复合式、产品-用户复合式、区域-产品-用户复合式四种类型。当企业产品的销售范围较广、针对的用户类型较复杂时，就可以根据具体的情况选择其中的一种。

三、人员推销的基本策略

（一）试探性策略

它又称"刺激—反应"策略。推销人员在尚未了解到顾客具体要求的情况下，事先准备好几套话题，进行"渗透性"交谈。通过试探"刺激"，看顾客的反应，然后进行说服、宣传，以激发顾客的购买行为。

（二）针对性策略

它又称"配方—成交"策略。推销人员事先已大致掌握了顾客的基本或可能需求，从而有针对性地与之交谈，投其所好，引起对方的兴趣和购买欲望，促成交易。

（三）诱导性策略

它又称"诱发—满足"策略。通过交谈，看对方对什么感兴趣，然后诱导他对所感兴趣的商品或服务产生购买动机;接着,因势利导,不失时机地介绍本企业经销的商品如何能满足这些需要,使其产生购买行为。这是一种"创造性的推销",要求推销人员有较高的推销艺术,使顾客感到推销员是他的"参谋"。

四、人员推销流程

推销业务按照推销对象可分为向个人推销和向集团客户推销两种类型,难度最大也是最复杂的是向集团客户推销。典型的向集团客户推销流程包括以下八个环节。

(一)寻找潜在客户

推销人员可以通过多种途径寻找潜在的客户,主要包括逐户寻访法、连锁介绍法、亲缘利用法、中心开花法、群体介绍法、现有客户挖潜法、客户争夺法、活动利用法和资料查询法等。

(二)客户拜访

1. 拜访准备

这一阶段的准备工作包括物质准备和精神准备两个方面:

(1)物质准备:包括仪容仪表、销售手册、样品、名片、笔记用品、协议书、客户资料卡和拜访计划书等。

(2)精神准备:自信、乐观、热情。

2. 客户拜访

推销人员应以合适的方式接近客户,接近客户的方式包括约见和闯见两种。约见是指与客户事先预约然后见面,即不约不见。约见的方式包括电话约、信函约、通过第三方约等几种方式。闯见是指事先不与客户约见而直接贸然与客户见面,即不约而见。在西方社会与客户见面通常采用约见方式,闯见被视为是不礼貌的。在我国,由于约见的成功概率较低,因此,闯见方式应用较多。

与客户见面后,要相机组织合适的开场白与客户进行初步沟通,为正式推销进行良好的铺垫。

(三)需求确认

客户购买产品是要满足其需求,客户对产品的需求包括两个层次的内容:一是对某种产品是否存在需求;二是对该产品各种属性和利益的需求的结构,如客户更看重产品质量还是价格?功能还是款式?因此,推销人员在进行产品介绍之前,必须对客户的需求了解清楚,才能有的放矢地进行产品介绍。

(四)产品介绍

推销人员在推销产品之前,通常需要先将自己成功地推销给客户,以取得客户的信任,之后进行产品介绍。在进行产品介绍时,一般应循序 FAB 法则。即推销人员首先要向顾客说明本企业产品的特点(F),然后说明该特点所产生的优点(A),最后向顾客说明能为客户带来的实际利益(B)。

(五)异议处理

推销人员在向客户介绍或要求客户订货时,客户往往会提出一些异议,如价格、发货时间、产品的某些特征等方面的不同意见,为了处理这些异议,推销人员要采取积极的态度,如向客户解释某些误会,向客户提供某些保证,以消除客户的后顾之忧。在此过程中,推销人员不要与客户争论,否则,将会"赢了观点,输掉生意"。

(六)协商谈判

客户异议处理之后,双方合作的主要障碍基本消除,然后就要进入协商谈判环节,双方就合作数量、价格、结算、售后支持等方面进行磋商。

(七)促成交易

推销人员要善于从客户的身体动作、问题和谈话内容等方面了解客户想要结束交谈的意向。这时,推销人员要特别注意,运用一定的技巧促成交易,促成技巧主要包括直接询问法、渐进追问法、假定成交法、二选一法、前提条件法、实证借鉴法、宠物缔结法、利益汇总法、富兰克林法和试探促成法等。

(八)客情维护

推销人员应重视推销访问后的工作,进行业务关系维护和人际关系维护,以保证让客户满意并重复购买产品。其工作内容包括落实交货时间、采购条件和其他双方商定的具体事项,定期或不定期地访问客户,沟通感情,了解顾客的满意程度,处理事先没有考虑到的问题,以促使客户再购并进而进行积极的客户推荐。

五、对销售人员的激励

任何组织中的成员都需要激励。对销售人员的激励包括精神激励和物质激励两个方面。其中,精神激励主要包括荣誉称号、颁奖(发新闻)、VIP俱乐部、与老板共进晚餐等形式。物质激励主要通过报酬制度和销售竞赛两种手段进行。其中,报酬制度是物质激励的主要形式。

(一)报酬制度的形式

企业的报酬制度形式主要包括固定薪金制、完全佣金制、混合制三种。

1. 固定薪金制

企业在一定时期支付给推销人员的薪金相对固定,薪金水平由学历、资历、岗位、上期业绩考核结果等因素确定,有的再辅之以一定的奖金。这种方法的主要优点是使推销人员在收入方面有所保障,解除后顾之忧使其安心工作,并能吸引高素质人才;其主要缺点是不利于调动推销人员的积极性。

2. 完全佣金制

企业按推销额或利润的一定比例向推销人员支付报酬。它有两种做法:一是企业支付推销人员完成推销工作所需要的费用津贴;二是企业不负责推销人员的费用。这两种做法在佣金提取率上存在较大的差别。佣金制的优点是:①它能最大限度地调动推销人员的积极性;②在企业不负责推销费用的情况下,有利于推销人员千方百计地节省费用;③企业通过对不同产品规定不同的佣金提取率能促使推销人员重视推销所有畅销或滞销、利大或利小的产品。其缺点是由于推销人员的报酬只和销售额或利润额挂钩,因而,推销人员往往忽视同收入无关的活动,如向顾客提供服务,向企业反馈市场信息、编写销售报告等。同时,在经济萧条时,推销人员没有收入保障,必然会影响其积极性。

3. 混合制

混合制即底薪、佣金和奖金相结合,采取底薪加佣金、底薪加奖金、底薪加佣金加奖金三种形式中的一种,尽量吸收前两种形式的优点,避免其缺点。这种方法既能调动推销人员的积极性,又能促使推销人员去完成必要的促销任务。在经济萧条时,企业既能降低推销费用,又能使推销人员具有一定的稳定收入。

(二)确定推销人员报酬形式需要考虑的因素

企业对于上述三种报酬形式如何选择,需要根据诸多因素加以确定,详见表 14-3。在企业的知名度高、企业对各种促销活动的信赖程度高、产品的竞争力强等情况下,固定薪金所占整个报酬的比率就应降低而奖金(佣金)占整个报酬的比率需要提高,反之,则应增加固定薪金的比率而降低奖金(佣金)的比率。

表 14-3 确定推销人员报酬形式需要考虑的因素

情 况	奖金(佣金)占整个报酬的比率	
	较 高	较 低
企业的知名度	一般	很好
企业对各种促销活动的信赖程度	小	大
产品的竞争力	一般	强
服务的重要性	一般	强
技术或集体推销的影响范围	小	大
个人技能在推销中的重要性	强	一般
经济前景(整个市场环境)	一般	好
其他推销人员不可控因素	少	多

第五节 公共关系策略

一、公共关系的概念、作用与对象

(一)公共关系的概念与作用

公共关系是指企业通过与公众沟通信息,使企业和公众互相了解,以提高企业的知名度和声誉,为企业的市场营销活动创造一个良好的外部环境的活动。公共关系有三个明显的作用:

(1)它有利于美化企业的形象,提高企业的声誉。一个企业有了高质量的产品,向消费者提供了优质服务,为整个社会作出了一定的贡献后,通过公共关系使公众了解到企业的成绩和为公众服务的经营思想,这会使公众对企业有一个更好的评价,从而有利于美化企业的形象,提高企业的声誉。

(2)它有利于企业与公众相互理解,消除误会,排除矛盾,维护企业的声誉。每一个企业在同外界接触中,必然会产生一定的摩擦和矛盾,这会影响企业的声誉,通过公共关系,企业就能防止或及时解决各种矛盾,从而挽回和维护企业的声誉。

(3) 协调企业内部关系,增加企业的凝聚力。每一个企业内部也会产生一定的矛盾,如干部和职工之间的矛盾,各职能部门之间的矛盾,通过企业内部的公共关系,有利于缓和或解除各种内部纠纷,协调各种关系,从而强化企业的凝聚力。

(二) 公共关系的对象

企业要开展公共关系活动首先就要明确公共关系的对象,从公共关系的概念可知,公共关系的对象就是"公众",所谓"公众",就是对企业的经营活动具有现实的或潜在的利害关系或一定影响力的群体或组织。这些公众主要包括内部公众、金融公众、新闻媒介公众、政府公众、社区公众、消费者公众等。有的公众对企业的经营活动具有一定的利害关系(如企业和企业、企业和消费者),有的公众对企业的经营活动虽然没有利害关系,但存在一定的影响力(如消费者协会、新闻单位)。

二、公共关系的主要活动方式

企业要同公众沟通信息,就必须开展灵活多样的活动,其主要活动方式有以下几种。

(一) 利用新闻传播媒体开展宣传

企业可以向新闻媒体投稿传播企业及其产品的信息,或召开记者招待会、新闻发布会、新产品信息发布会,或邀请记者写新闻通讯、人物专访、特写等。新闻媒体具有权威性,对社会公众有很大的影响力。因此,通过新闻媒体向社会公众介绍企业和产品具有很强说服力,可以有效地提高社会公众对企业及其产品的认同感与接受程度。

> **营销箴言** 英格兰队主教练40%的精力用来带队,60%的精力要对付媒体。
>
> ——泰勒,前英格兰队主教练

专栏14-2

事件营销

事件营销是企业通过"借势"和"造势",策划、组织和利用具有名人效应、新闻价值及社会影响的人物或事件,吸引媒体、社会团体和消费者的兴趣与关注,以求提高企业或产品的知名度、美誉度,树立良好品牌形象,并最终促成产品或服务的销售目的手段和方式。主要包括重大事件营销、公众高度关注事件营销、公益活动事件营销、社会问题事件营销、体育事件营销和营造事件营销六种类型。

(二) 参与各种社会福利活动和公益活动

这类活动包括捐赠(慈善救济、福利活动、公共设施建设、教育事业、学术研究等),赞助(体育赞助、文艺赞助、专题活动赞助、学生赞助等),支持义卖、义演,开展环境保护工作,参与社区公益活动,维护社区安全等。通过这些活动,有助于提高企业的声誉和知名度,赢得社会公众的信任和支持。

(三)举办各种专题活动

这类活动包括开业典礼、开工典礼、厂庆、周年纪念、有奖评优、知识竞赛、参观访问等。通过这些活动可以扩大企业的影响,加强同外界公众的联系,树立良好的企业形象。

(四)建立与社会各界的良好关系

建立与政府机构、供应商、中间商等有关组织的联系,努力搞好关系,以求得其了解和协助;建立同有关社会团体及在社会上有一定影响的人士之间的联系,如同消费者协会、各种行业协会建立联系,同著名的科学家、教授、学者、体育明星、电影明星、文学家、记者等建立联系,使他们了解企业,争取他们在适当的场合为企业进行宣传。

专栏 14-3

关 系 营 销

美国著名营销学专家巴巴拉·本德·杰克逊于1985年提出的一种营销理论,所谓关系营销,是把营销活动看成一个企业与消费者、供应商、分销商、竞争者、政府机构及其他公众发生互动作用的过程,其核心是建立和发展与这些公众的良好关系。其基本模式是发现正当需求—满足需求并保证顾客满意—营造顾客忠诚。在此基础上,贝瑞和帕拉苏拉曼归纳了三种建立顾客价值、营造顾客忠诚的方法:①一级关系营销(频繁市场营销或频率营销):维持关系的重要手段是利用价格刺激对目标公众增加财务利益。②二级关系营销:在建立关系方面优于价格刺激,增加社会利益,同时也附加财务利益,主要形式是建立顾客组织,包括顾客档案,建立正式的、非正式的俱乐部及顾客协会等。③三级关系营销:增加结构纽带,同时附加财务利益和社会利益。与客户建立结构性关系,它对关系客户有价值,但不能通过其他来源得到,可以提高客户转向竞争者的机会成本,同时也将增加客户脱离竞争者而转向本企业的收益。

(五)刊登公共关系广告

公共关系广告的形式有很多,如介绍企业的广告、节假日庆贺的广告、对同行表示支持的祝贺广告、向公众致意或道歉的广告、鸣谢广告等。公共关系广告与一般商业广告有很大不同,它不直接介绍企业的产品,其作用主要是塑造企业形象,促进公众的了解,进而推动商品的销售。

(六)个别事件处理

企业经常会遇到一些个别事件,如消费者投诉、不合格产品引起的事故、对企业不利的信息传播以至造谣中伤等。这些事件的发生往往会使企业的信誉下降,产品销售额下降。当这类事件发生时,公共关系人员应该迅速行动起来,协助有关部门查清原委并及时做好处理工作,以使企业遭受的损失减少到最低程度。

> **专栏 14-4**
>
> **公关危机和危机公关**
>
> 公关危机,是指企业在进行公共关系活动的时候,由于执行操作不当而引起的对企业有负面影响甚至带来灾难的事件和因素。
>
> 危机公关,是指由于企业的管理不善、同行竞争甚至遭遇恶意破坏或者是外界特殊事件的影响,而给企业或品牌带来危机,企业针对危机所采取的一系列自救行动,包括消除影响、恢复形象。
>
> 前者是指企业在公关过程中所遇到的危机,后者指企业在面对危机时应采取的公关措施。

(七)开展企业内部公共关系

企业对外开展公共关系不能只靠几个专职人员,而要依靠全体职工的努力,所以,企业内部的公共关系是企业对外开展公共关系的基础。通过开展内部的公共关系,以形成企业的精神,增强企业的凝聚力,沟通领导与职工、部门与部门、职工与职工之间的感情,为对外开展公共关系打下基础。企业开展内部公共关系的方法很多,如定期开展领导与职工的对话谈心活动;实行民主管理,动员职工参政议政;编写企业发展史,让职工了解企业在建立和发展中所经历的艰苦岁月,以及为企业曾作出重大贡献的优秀人物,以激发职工对企业的自豪感,使职工对企业的前途充满信心和希望;努力为职工办实事,排忧解难;向职工讲明形势,交代任务,明确奋斗目标;为职工沟通和交流感情,建立和发展友谊创造条件,如举办舞会、俱乐部、演讲会、办好企业刊物等。

第六节 会展营销策略

一、会展的营销功能

会展是指会议、展览、大型活动等集体性活动的简称。其概念内涵是指在一定地域空间,许多人聚集在一起形成的、定期或不定期、制度或非制度的传递和交流信息的群众性社会活动。狭义的会展仅指展览会和会议;广义的会展是会议、展览会和节事活动的统称。会议、展览会、博览会、交易会、展销会、展示会等是会展活动的基本形式,世界博览会为最典型的会展活动。从1851年的英国"万国工业博览会"算起,展览会已经走过了一百七十余个春秋,并正在朝规模化、品牌化和信息化方向发展,尽管不断受到视频、网络等高新技术以及恐怖活动的冲击,却丝毫没有萎缩的迹象。其根本原因在于展览会具有强大的营销功能,归纳而言,主要体现在以下四个方面:

(一)展示产品、宣传品牌

展览会的核心部分由"展"和"览"组成,因而"展示"是展览会的首要营销功能。在展览会上,参展商可以与客户进行面对面的交流,向他们直观、生动地演示自己的新产品,并广泛地接触对本展台感兴趣的顾客,从而详细地了解有关产品改进或销售的信息。

其次,通过展览会上的产品展示、展台设计,包括媒体报道、赠品发放等途径,参展商能有效地宣传企业品牌和塑造企业形象,这一点已经得到越来越多企业的认识。事实上,在国外很多大公司参加展览会的主要目的在于展示和沟通,而不在于现场签订了多少金额的购买协议甚至是现场销售。

(二)洽谈贸易、拓展市场

会展孕育巨大商机,具有联系和交易功能。会展的联系沟通作用非常明显:联系量大、联系面广、联系效果好,因此会展可以向会展组织者、参展商、观众提供彼此联系和交流的机会。通常在短短几天有限的会展期间,参展商往往可以接触整个行业或市场的大部分客户,可能比登门拜访等其他常规方式一年甚至几年所接触的客户还多。展会参加者在专业展会上可以接触到行业主管部门领导、本领域专家、现有客户、潜在客户、供应者、代理商、用户等与己相关的各种角色的人,其中不乏决策人物、关键人物,形成的人际联系质量高。会展的环境氛围典雅,有利于进行高质量的交流。

贸易成交一般有若干环节:生产厂家向客户宣传产品,客户产生兴趣并进行询问了解,客户产生购买意向,厂家与客户洽谈,讨价还价成交。通常这个过程有时可能比较长,但在展览会上,这一过程可以比较迅速完成。在会展中,丰富的信息、知识交流传播使得生产、贸易、生活趋于更轻松、直接、快捷、准确,消除了供求中的许多不确定因素,产生高效低耗的经济功能,创造了经济均衡的巨大可能性。在展销会上,参展商为卖而参展,参观者为买而参观,均有备而来。参展商可以在有限的时间内最广泛地接触买主、观众,购买商可以在有限的空间里最广泛地了解产品,参展商可以在潜在客户表示出兴趣时就抓住机会开展推销、洽谈工作,直至成交甚至当场回款,买卖双方可以完成介绍产品、了解产品、交流信息、建立联系、签约成交等买卖流通过程,展会起到沟通和交易作用。

(三)收集信息、调节供需

通过参加展览会,参展商可以在很短的时间内与目标顾客(老客户或潜在客户)直接沟通,并能较全面地收集到主要竞争者和分销商的信息,从而更好地把握行业的竞争态势和未来发展趋势,为企业制定下一步的发展战略提供比较可靠的依据。这里的"信息"主要包括五个方面:①同类产品的生产及销售情况,本企业产品的竞争优劣势;②做好相关记录,以便准确、及时地更新企业的客户数据库;③顾客对相关产品的需求变化;④本行业的最新技术以及本企业的掌握水平;⑤整理与客户的业务洽谈情况,分析后期签订协议的可能性。

展览会可以视为信息市场,会展信息市场反映信息交换中供求之间的各种经济关系,它连接市场信息供应方、市场信息用户、市场信息资源应用等重要生产力要素,促进各类市场资源得以优化配置,有效地刺激需求,调节供给。

(1) **刺激需求**。会展提供新产品示范的平台,通过参展的产品或科技成果的展示,广大消费者可以发现以前未曾有过的消费品和相关信息,可以促进消费结构的优化和重组,提高自己的消费水平。因此会展可以培养新的消费需求,更好地满足消费者的需要。例如北京举办的"中国国际科技产业博览会",展会上中外高科技最新成果层出不穷,异彩纷呈,叫人目不暇接,诱导市民进行现代消费。这些新产品一经展会亮相,经媒体报道,为全国众多顾客消费群所了解,刺激了中国社会产生新的产品需求。

(2) **调节供给**。会展活动能为产品供给者提供展示产品性能的机会,比较不同产品的性能、价格等方面的差异,测算市场供给方面的竞争态势,为企业的市场供给决策提供依据,从而促进有效供给增长。

(四) 整合传播、强力促销

会展作为企业之间的一个有效的营销平台,为企业展示产品、收集信息、洽谈贸易、交流技术、拓展市场提供了桥梁和纽带作用,会展在企业市场营销战略中的地位日显重要。在发达国家,会展营销已经成为很多企业的重要营销手段。同时,会展经济也是一种竞争的经济,众多的供给者和需求者聚集在一起,供给信息和需求信息直接交流,信息被充分披露,是一个近似于完全竞争的市场,市场价值规律可以发挥最大的作用,产品的销售价格趋近生产成本,消费者可以购买到价廉物美的产品。

整合营销理论认为,在营销可控因素中,价格、渠道等营销变数可以被竞争者仿效或超越,而产品和品牌的价值难以替代,因它们与消费者的认可程度有关。整合营销的关键在于进行双向沟通,建立一对一的长久的关系营销,提高顾客对品牌的忠诚度。会展具有整合营销功能,可以利用多维营销的组合手段,如会展的报刊、电视、广播、互联网、户外广告、实地展示、洽谈沟通等各种营销方式,这种整合营销功能有利于企业与顾客的交流,增强消费者对企业产品与品牌的认同度,促进企业销售工作。

在会展上,生产商、批发商和分销商汇聚一堂,进行交流、贸易,某种程度上甚至就是一个信息市场。企业可以利用各种信息渠道宣传自己的产品,推介自己的品牌、形象。企业与顾客可以直接沟通,得到及时反馈。企业可以收集有关竞争者、新老顾客的信息,企业能了解本行业最新产品动态和行业发展趋势,构成决策依据。

会展具备了其他营销工具的相关属性:作为广告工具,会展媒介将信息有针对性地传送给特定用户观众;作为促销工具,会展刺激公众的消费和购买欲望;作为直销的一种形式,可以直接将展品销给观众;作为公共关系,会展具有提升形象的功能。

二、会展营销的优势

(一) 吸引目标群体

与其他营销手段相比,会展被证明是一个吸引目标群体的更有效方式。各种营销手段命中目标客户的效率如表14-4所示。

表14-4 各种营销手段命中目标客户的效率

营销手段	会 展	广 告	推销信函	公共关系
发掘潜力客户	39%	27%	20%	13%
获取订单	12%	5%	8%	8%
新品推介	42%	24%	28%	14%
提升品牌形象	42%	43%	19%	19%
扩大公司知名度	33%	32%	22%	24%
开拓全新市场	28%	25%	24%	15%

(二)成本较低

据英联邦展览业联合会调查,通过推销员推销、广告、公关等手段的一般营销渠道找到一个客户,平均成本 219 英镑;通过会展寻找一个客户,平均成本 35 英镑,仅为前者的 1/6。美国展览业研究中心有个调查报告,证明用其他方式与目标客户联系的支出为 277 美元,而用会展方式的话,仅需 162 美元。该报告还指出,以其他方式来完成针对潜在客户的全套工作约需要 977 美元,而采用会展方式则只需花 550 美元。这说明会展营销成本较低。

(三)客户身临其境

参观者有机会亲自体验到企业的产品、服务、计划,以及与工作人员的直接交流。参观者希望能触摸到、看到、听到、品尝到、闻到这些产品,而且在展会上,与其他营销方法相比,参观者有机会去发掘更多的此类感受。

(四)创造财富

首先,如果没有利益可图,营销人员是不会认真对待会展的。而会展带来的真正回报就在于参观者的反应,如表 14-5 所示。

表 14-5 参观者的反应和会展带来的回报率

参观者的反应	会展带来的回报率
签订销售合同	26%
找到至少一个新的供应商	77%
索要报价单	76%
商定销售代表回访事宜	51%
进行比较采购	94%

其次,对于参观者而言,会展是种一站式的购物体验。他们需要的所有解决方案和信息可以在一个会展上得到全部呈现,参观者能比较集中地进行比较和挑选。会展使与会者能亲身体验到全新的产品和服务。

会展中的重要决策信息及其带来的回报率如表 14-6 所示。

表 14-6 会展中的重要决策信息及其带来的回报率

重要决策信息	带来的回报率
深层次的产品信息	67%
评估产品、服务的信息	62%
比较竞争对手产品的信息	59%

再次,决策者把会展作为寻求新品、新服务的盛会,同时也是紧跟潮流、导向的机会。决策者对于商业会展的认知及其带来的回报率如表 14-7 所示。

表 14-7 决策者对于商业会展的认知及其带来的回报率

决策者对于商业会展的认知	带来的回报率
节约公司的时间与金钱	85%
紧跟时代潮流	83%
提高生产效率	82%
提供无限商机	80%
帮助作出决策	79%
公司信赖的业界趋势指标	70%

最后,会展确实能给参展商带来利益,其在整个销售过程中的重要性仅次于直销和地区分销。销售过程中使用的营销手段及其带来的回报率如表 14-8 所示。

表 14-8 销售过程中使用的营销手段及其带来的回报率

销售过程中使用的营销手段	带来的回报率
直销/区域分销	85%
会展	81%
广告	66%
直接致函	62%
公关	58%
电话销售	38%

三、会展营销的实施

参观者们来参与会展时,总是抱着一定的期望的。他们在此寻找新的产品与服务,但最重要的是,他们试图找到能理解其需要的厂商。参展商参加会展,是为了寻求一种机会,来完成从销售到招募代理人和分销商的一系列商业活动,事实上,参加会展的理由数不胜数。

(一) 参展目标的确定

参展企业是否参加展会,参加什么样的展会,确定参展目标是一个关键性前提。归纳起来,企业的参展目标主要包括两大类:销售与沟通。显然,销售目标能引导企业成功地销售商品与服务。而沟通目标则帮助企业向参与者传达想法、理念、计划或市场信息。可以认为所有目标都是销售,它是所有商业活动的核心——销售或说服参观者接受企业的产品、理念、服务、技术。具体包括:在会展现场销售产品与服务;收集经资质鉴定合格的目标客户,为展后的跟进做准备;示范新的产品或服务,把新的产品或服务推向市场;直接接触那些在销售过程中较难接触到的客户;示范已有产品、服务的新用途;给参观者一个与专家接触的机会;直接与客户联系;打开新的市场。

(二)展览会的选择

在全国各地,每时每刻都在举办着各种各样的博览会、订货会、展销会、展览会,对于企业来讲,参展的目的有多种多样:宣传企业文化和经营理念、推广新产品和拓展新市场、寻求行业之间的交流与合作等。那么,企业要参展首先应考虑的问题是参展目的和参展目标,接下来才能考虑在什么时候、在什么地方、参加哪个展会;其次,选择展览会的主办单位,确认其办展资格、信誉、品牌。展览会也有优质名牌和假冒伪劣之分,为了使企业的参展权益免受侵害,就必须认真甄别主办单位的资格、信誉、知名度,看其是否工商证照齐全、有无正式批文、有无经济实力、有无固定办公地点等,才能确定其办展身份资格的优劣性;再次,还要通过调查展览会的档次、专业、规模和广告宣传投入力度等方面,来评估展览会的质量,以进一步降低企业的参展风险;最后,参展企业还须对办展的场地、收费标准和同行对参展的态度等因素加以详细了解,以此作为对该展览会最后的质量评估依据,决定是否报名参展。

(三)参展前的准备

当企业决定报名参展后,就必须马上选定有利的展位,做好参展费用预算,同时拟定一份详细的参展方案,并围绕方案仔细认真地完成各项工作:

1.设计、制定展位布置方案

为了取得好的展示效果,重点突出企业形象,这就不仅要求展位布置要新颖别致、富有创意,还要注重展位的装修特点及应用材料方面的考究。例如,在色彩搭配、照明设计、墙壁地板的设计与施工、展台摆设等方面,都有着与一般生活环境截然不同的特殊要求,才能极大地引起参观商、目标客户的广泛注意,并加深其观后印象。

2.设计与包装展品

向参观商、目标客户展示展品是参展活动中的一项重要环节。事实证明,鲜明的包装、醒目的摆设、运用声光电的效果,再配合图片、影像和精练的文字说明,并进行现场展品演示等活动,定能使展品的知名度迅速扩大,达到理想的展示效果。

3.宣传资料的编写制作

根据不同的参展主题、参展目的,须要制定不同的参展口号,编写不同的宣传资料,而且要求文字简练、图案新颖、设计精美、印制严谨。

4.纪念品的制作

对于参观商、广大观众而言,一份设计精美、寓意深刻的纪念品,更能起到加深印象,保持更长时间的宣传效果。

5.参展工作人员的培训

参展工作人员的言行,无疑是企业形象、企业文化的最集中代表和反映。因此,必须强化对参展人员的培训工作,包括良好仪态、礼貌用语、专业素质和职业道德等方面培训,务求使之成为高素质、高效率、重服务的一流精英参展队伍。

(四)展期工作

参展期间,企业应注意做好:①了解行业的发展趋势及观察业内的发展动态,收集各种有价值的客户信息和业内信息;②大力开展各项宣传公关工作;重点选择拜访一些目标参展商和潜在客户,相互交换资料,进一步与之建立合作伙伴关系;推广合作项目,努力寻求合作伙伴；③积极参与展览会安排的各项行业交流活动,通过演讲、办专题讲座等形式,大力宣传企业文化、树立企业(产品)品牌形象；④在展览现场举行展品的演示说明会,派发企业(产品)宣传资料,有选择性地给目标客户赠送纪念品。

(五) 展后工作

1. 展后总结

有相当部分参展人员,在撤展后便"胜利大逃亡",回到单位后把收集到的名片上缴或安排录入电脑,就算完成参展任务了。其实,企业还应该就本次参展的各项工作执行情况,进行一次全面总结。与其他展商企业进行比较,找出成功与不足,吸收经验,争取在今后的参展机会上,操作得更加完美,使企业的参展水平、质量不断提高。

2. 合理利用信息,跟踪客户

对展览会上收集到的有价值信息,应进行分类研究；对重点客户、潜在客户,应及时进行会后跟踪联络。

3. 重新调整企业发展战略

根据展后所掌握的行业发展趋势和业内动态,企业应致力于寻找自身存在的差距和不足,尽快重新调整、优化生产结构、管理水平,确定企业新的发展战略、新的目标任务。

本章小结

促销是企业营销活动的最后一环,其内容从实质上看是企业与消费者所进行的信息互动,用以互动的手段包括人员推销、广告、营业推广、公共关系和会展营销等。这些手段由于各有优缺点,因此,必须综合协调运用以形成促销组合,即企业为了达到促销目标,对人员推销、广告、营业推广和公共关系等各种促销手段综合运用而形成的一个统一的促销整体。

促销组合的科学设计与实施需要充分考虑影响促销组合的因素,这些因素主要包括促销目标、市场与产品的类型、企业的促销策略、产品生命周期阶段和消费者的待购阶段。因此,企业需要根据促销预算安排设计促销组合。其中,促销预算的确定方法主要包括量力而行法、销售额百分比法、竞争对等法和目标任务法。促销组合主要包括人员推销、广告、营业推广和公共关系四个领域。其中,广告策略主要包括广告目标决策、广告预算决策、广告信息决策、广告媒介决策、广告时间决策、广告效果评价等方面的问题。营业推广策略主要解决建立营业推广目标、选择营业推广方式、规划营业推广方案、评价营业推广效果等方面的问题；人员推销策略主要解决推销组织建设、人员推销的基本策略选择、按照人员推销流程推销和对销售人员的激励等方面的问题；公共关系可采取积极进行宣传报道、听取和处理公众意见、建立与社会各界的良好关系、编写散发宣传材料、介绍企业情况使更多的公众了解企业、开展同企业职工的公共关系等方式；参展企业会展营销包括参展目标的确定、展览会的选择、参展前的准备、展期工作和展后工作五个环节。

关键名词

促销　促销组合　营业推广　公共关系　推式策略　拉式策略　会展营销

 思 考 题

1. 促销预算的确定方法有哪些？
2. 影响促销组合的因素有哪些？
3. 企业的广告目标有哪些？
4. 如何选择广告媒介？
5. 广告信息表达的方式有哪些？
6. 推广方式的类型有哪几种？
7. 人员推销的基本策略有哪些？
8. 人员推销流程包括哪些具体环节？
9. 对销售人员的激励方式有哪些？
10. 公共关系的主要活动方式有哪些？
11. 参展企业如何进行会展营销？

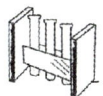 **案例分析**

案例1　三只松鼠采用了怎样的促销组合？

安徽三只松鼠电子商务有限公司，于2012年2月在安徽芜湖国家高新区注册成立，是一家以坚果、干果、茶叶等森林食品的研发、分装及B2C品牌销售为主的现代化新型企业，也是当前中国销售规模最大的食品电商企业。

产品的目标人群为年轻群体，其定位是"多品类的互联网森林食品品牌"，产品品牌为三只松鼠，品牌logo由鼠小贱、鼠小酷、鼠小美三只可爱的松鼠组成。每只松鼠代表不同种类的产品，鼠小贱代表坚果类产品，鼠小美代表花茶类产品，鼠小酷代表干果类产品。

为了有效推广三只松鼠的品牌及其产品，三只松鼠打出了一套组合拳：

（1）动画片传播。"三只松鼠"公司对三只松鼠进行动漫编剧与运营，将其品牌logo发展成为一个完整的"萌"系品牌形象和故事，通过线上店铺、公司官网与微博播放。

(2)影视节目介入。①在综艺节目《你好！菜鸟》中，请保剑锋、明道、田亮等明星现场体验当三只松鼠客服吸粉。②在《欢乐颂》《好先生》《微微一笑很倾城》《小别离》等电视剧中三只松鼠产品配合剧情以零食或玩具公仔反复出境，让观众印象深刻。

(3)微博运作。①三只松鼠与某些品牌、IP 合作，只要转发微博就能获得抽奖资格，就有机会获得奖品，用户为了得到奖励而主动转发微博，形成传播，这样也靠合作品牌、IP 的效应使自身得到更多的关注。②设计优惠和微博转发送奖品活动，借助微博话，通过微博向目标用户精准定向推广，为粉丝提供"三只松鼠"优惠券赢取攻略，并鼓励转发，既有趣又有利，极大地激发了粉丝参与热情。③三只松鼠通过微博和时趣 BI(智能分析后台)找准相关粉丝，将微博广告的投放人群进行分类，实现对指定账号的广告精准投放，并通过账号互动排名持续优化。④在新浪微博上，三只松鼠拥有着自己的家族体系，以松鼠老爹、松鼠小贱、松鼠小美、松鼠小酷、松鼠服务中心为首的松鼠互动系统，经常和消费者进行沟通和卖萌，增加"三只松鼠"消费者(粉丝)的活跃度。

(4)网络促销。在互联网销售平台上开展赠送促销、代金券、捆绑促销、互动游戏和节日促销等推广活动，其中赠送促销是消费者在购买产品之后，赠送同类商品或者其他小礼品；在公司推出新产品时，开展免费品尝，参与游戏赠送活动；通过扫码兑换，微信摇一摇等方式对目标消费者派送代金券或抵价券等；用三只松鼠的产品与其他产品进行捆绑；在松鼠物语中开展有奖竞猜活动，顾客通过竞猜来赢取不同面额的店铺红包抵用券；在双十一等节假日开展砸红包、秒杀、聚划算、邀请好友返利、抽奖和免单等活动。

案例思考题：

1. 三只松鼠为什么选择案例中的影视节目介入？
2. 三只松鼠采用了什么样的促销组合？各种促销方式的具体形式是什么？

案例2　Seth 的促销计划应该怎样做？

Seth 从一所长春藤大学拿到了 MBA 后，来到宝洁公司(P&G)的包装肥皂和洗涤剂部门的 Cheer 品牌组上班。从部门厚厚册子中了解到 Cheer 牌的洗涤剂是专门为开顶式洗衣机设计的一种白色并有蓝色和绿色微粒的洗涤产品。

在以百亿美元计算的美国洗涤品市场上，宝洁公司的汰渍(Tide)独占鳌头，远远领先其他产品，排名第二的 Cheer 虽然比不上老大哥，却也排名第二。而在全球范围内，三巨头瓜分了大部分市场：美国的宝洁(P&G)、高露洁-棕榄(Colgate-Palmolive)，还有一家是欧洲的联合利华(Unilever)。研究表明，大多数顾客在走进商店时，要买什么牌子的洗涤品心中早就想好了。因此，它们都创造了几十个眼花缭乱的品牌来占据客户内心最首要的位置。为此，各式各样的折扣、优惠券、小礼品是它们进行激烈却司空见惯的厮杀的惯常工具。

这天，公司促销部的 Sonya，想和 Seth 谈谈 Cheer 新促销方案的事。

在促销部里，Seth被琳琅满目的小礼品惊呆了："这么多五花八门的玩意儿，怎么知道哪个适合Cheer啊？Cheer也不常采用小礼品来促销，我不知道部门的同事会怎么想呢。Cheer适不适合礼品促销，什么礼品适合它？"

"完全正确，"Sonya回答，"但是至少值得一试吧，我们这儿有完善的测试手续，每个产品都有它自己独特的地方，我请你来就是希望你能选择几个你觉得适合Cheer的小礼品，也许能够促进Cheer的销售呢？"Seth坐下来，仔细察看每个小礼品，它们从毛巾、烹饪书到小玩具，什么都有。越看他越觉得Cheer不适合这样的促销手段，Sonya也有些灰心了。

正当Seth要离开的时候，某个蓝绿色交织有红斑纹长腿的小玩意儿吸引了他的注意："这是什么？""噢，这是新来的样品，一种橡胶玩具，给很小的小孩的，它们无毒，又足够大让小孩子无法吃下去，安全经用。"Seth把它抓在手里："我带这个回去给大伙儿看看。"

面对这个小玩意儿，部门的同事有不同的看法。Skip看了一眼，就说："纯粹浪费时间"然后扬长而去。Lorinda是三个小孩的母亲，她说："我带回去给我的孩子们看看有什么反应。"经理Tom觉得这么做是个好主意。

第二天Lorinda却很兴奋地跑来说她的孩子们爱不释手，这让Seth觉得很鼓舞，如果能够成功，他就可以成为公司引人注目的人物了，晋升也是十拿九稳的事情。他赶紧和Sonya联系，她答应用这个产品及另外4个参照做一系列测试。一个月后，就在Seth觉得这事可能没戏了时，Sonya打来电话告诉他令人震惊的结果：不仅这个玩具很受欢迎，而且是整个公司历史上最畅销的三个促销礼品之一。Seth简直手舞足蹈了，他给它命名为Cheery怪物，并仔细考虑各种的促销选择。

根据采购部门的估计，这个玩具的成本大约每个6分钱。这包括制造成本和从亚洲的产地运到辛辛那提的运费。Seth的设想是每个大包装的Cheer放三个Cheery怪物来促销。那么，一盒就要增加18分的成本，如果增加销售的效果好的话，抵消这部分损失绰绰有余。Seth分析了所有能想到的促销方式：

（1）邮寄促销：让顾客把洗涤剂包装盒上的UPC寄到公司换取礼品。这样的方式对生产毫无影响，但无疑会减少礼品的吸引力，邮寄和等上两三个礼拜来收取小玩意儿实在是一件烦琐的事情。

（2）放在包装内：礼品放在包装内，那么包装外面就必须有醒目的提示。包装过程不受影响，但是包装盒制造要修改一下，况且设计吸引顾客的提示也是个问题，另一个消极因素是，顾客不能直接看到可爱的小怪物。

（3）包装外面，但是和产品捆在一起：用真空包装膜将礼品和Cheer洗涤剂捆在一起，这要看工厂有没有专门的设备了。但是爱占便宜的客户可能会将礼品扯下偷走，而不买产品。不过放在外面的直观性要强多了。

（4）随产品派送：别打产品包装的主意了，在购买点即时奉送好了。这要求零售商安排额外人员，而且，也许某些小的零售店就干脆"贪污"了这些小礼品或者拿出来卖……

(5) 互联网上促销：Seth 没能马上想到如何用互联网来促销，但是他觉得这也许是条路子。无论如何，不能不考虑互联网的潜在作用。

在向上司 Tom 作出详尽汇报之前，Seth 需要作出选择和决定。

案例思考题：

1. Seth 的促销计划应该怎样做？
2. 这些方案各有什么利弊？应该如何选择？

第四篇
营销管理、国际市场营销与市场营销的新发展

第十五章　营销组织与控制

引导问题

1. 如何在不断变化的市场环境中实现既定的营销目标?
2. 有了完备的营销战略和策略就一定能实现企业的营销目标吗?
3. 进行营销控制就是要监视员工吗?
4. 有人说:我们也研究顾客啊,花了不少时间、人力、金钱去实施,为什么没有效果呢?

学习目的与要求

1. 了解市场营销组织设计的原则。
2. 掌握营销组织的主要模式。
3. 了解营销组织的变动、调整及发展。
4. 掌握市场营销控制的类型及主要内容。

企业开展市场营销活动的过程就是制定和实施市场营销战略和策略的过程,在这一过程中,为了保证企业的营销活动能按照既定的目标与计划顺利地进行,企业必须建立起相应的营销组织,加强对各项营销活动的控制。

第一节　营销组织

企业的各项营销活动都需要有一个健全的营销组织来承担和执行。市场营销组织是指企业内部涉及营销活动的各个职位及其结构。每个企业都应根据所处的营销环境和自身实际情况,建立起富有效率的营销部门体系,使之面向市场担负起组织和实施企业各项营销活动的任务,成为连接企业内部其他职能部门实现整个企业经营一体化的核心。

一、设计营销组织

(一)市场营销组织设计的原则

市场营销组织的设计原则,即组织设计的指导思想,是企业进行营销组织设计的依据与方法,应满足以下基本要求。

1. 市场导向原则

买方市场的市场环境背景下,企业在设计营销组织时应服从市场导向的观念指导,一切应从客户出发。先由营销部门收集市场信息及客户相关的需求资料；然后所有职能部门均参与选择、评价新产品的设想；再将选中的创意送交研发和工程设计部门，生产部门负责产品实体的生产，营销部门负责产品的销售，同时关注客户的反应，注意收集反馈信息。因此，在设计组织结构时要使市场导向的原则贯穿于组织设计之中。

2. 系统原则

企业内部各个部门，如市场营销、研究与开发、生产部门、财务及人事部门，以及市场营销所属的各部门——广告宣传、市场调研、人员推销、实体分销等，要相互配合，构成一个完整的系统，为一个共同的满足顾客需要的目标协同工作，制定策略，获得整体大于部分之和的效果，最终实现企业的经营目标。因此，岗位设置要明晰，责权利分配要明确，同时，制定的管理规定与制度明确、易行，不相互矛盾。

3. 合理原则

组织机构里各个岗位的设置要合理，要依据具体实际情况来确定。集权与分权要相结合，以便充分调动企业员工的主观能动性。高度的集权容易导致独断专行，不能调动员工的积极性，高度的分权又会使员工容易偏离目标方向，影响营销目标的实现和营销效率。

4. 便利协调沟通的原则

营销组织的设置要具有畅通的沟通系统，这是企业能对市场环境变化作出快速反应的保障。信息畅通，能快速地把有关信息资料送到需要这些资料的工作人员的手中，企业就能快速了解企业内、外部环境出现的各种变化、挑战和趋势，从而能迅速地制定相应的措施来应对这些变动，在竞争中争取主导地位。

> **营销箴言** 一切尽在变动之中。
>
> ——民间谚语

5. 稳定性与灵活性相结合的原则

营销组织结构一经确定，就要保持相对的稳定性。但是营销环境日新月异，为了及时、准确地作出经营决策，营销组织结构要适应环境、企业目标和战略、策略变化的要求，即具有一定的弹性。所谓灵活性是指企业营销组织具有适应市场环境，或随市场营销变化而自我完善的能力，即企业组织能够根据营销环境和营销目标、策略的变化，适应需要，迅速地调整自己。若一个组织不具有适应环境变化、迅速调整自己、作出正确反应的能力，它就是一个惰性很强、僵化的组织，这样的组织很难把握住变化了的环境提供的新机会，以至坐失良机。因此，营销组织结构的设计要遵循稳定性与灵活性相结合的原则。

专栏 15-1

亡羊补牢

即使最完美的营销组织设计，也无法保证永远有效。由于消费观念的变迁、竞争状态的变化、产品生命周期的递进、企业自身所处的发展阶段，以及资源配置的变化都可能导致营销组织不再有效;因此,与时俱进,在保持营销组织具有相对稳定性的前提下,对其进行调整也是必需的。

(二)营销组织模式

现代营销部门呈现出多种形式,不同的情况有不同形式,但所有的市场营销组织都必须与营销活动的各个领域——职能、地域、产品和消费者市场相适应,都要体现以顾客为中心的营销指导思想。市场营销部门有六种基本的组织模式:职能式组织、地区式组织、产品管理式组织、市场管理式组织、产品—市场式组织和事业部组织。

1. 职能式组织

这是最常见的组织模式,即营销部门中的各类专家直接向营销副总裁报告,营销副总裁的主要任务是协调他们之间的活动。职能部门的数量,可以根据需要随时增减。图15-1所示的五种专业人员分别是营销管理经理、广告和促销经理、销售经理、市场调研经理和新产品经理。除了这五种营销职能专家,还可能包括的营销职能专家有:顾客服务经理、营销计划经理和产品储运经理等。

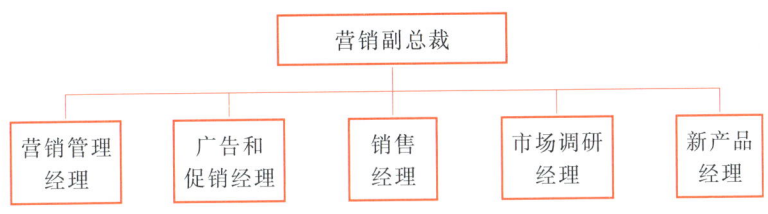

图 15-1 职能式组织

职能式组织主要的优点是管理层次少,上下协调方便,简便易行。但从另一方面看,随着产品的增多和市场的不断扩大,这种组织形式会逐渐失去有效性。首先,制定的规划与具体的产品及市场不相适应,因为没有人对某种产品或某个市场负完全责任,不受职能性专业人员欢迎的产品常常会被漏掉;其次,各个职能部门为了获得更多的预算和较其他部门更高的地位而加剧竞争,使营销副总裁经常面临调解纠纷的难题,营销副总裁不得不经常审查职能性专业人员的有竞争力的主张,并解决难以协调的问题。

2. 地区式组织

这种组织形式通常适用于在全国范围内销售新产品的企业。这种企业常常在职能式组织的基础上将其销售经理按地域划分,比如全国性销售经理、地区销售经理、区域销售经理、小区销售经理、销售人员等,如图15-2所示。从全国性销售经理依次到小区销售经理,其管辖的下属人员数目即"管理宽度"逐级增大。在销售任务复杂,销售人员薪金很高,并且推销人员对利润影响极大的情况下,这种分层的具体控制就很有必要了。

地区销售经理掌握一切关于本地区市场环境的资料,因此能开展有针对性的、切实可行的营销活动,为公司产品在该地区打开销路制定长、短期计划,并负责计划的实施。

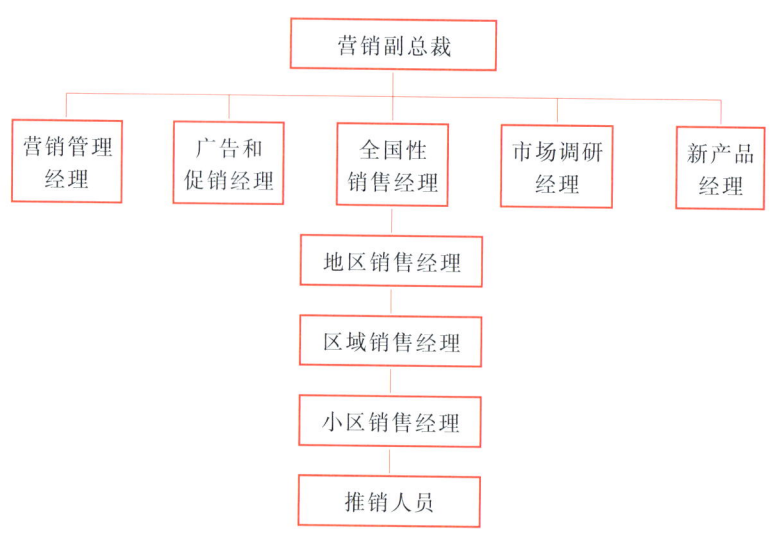

图 15-2 地区式组织

3. 产品管理式组织

生产各种产品或多种不同品牌的企业,往往按产品或品牌建立管理组织,即在一名总产品经理的领导下,按每类产品分设一名经理,再按每个具体品种设一名经理,分层管理,如图 15-3 所示。

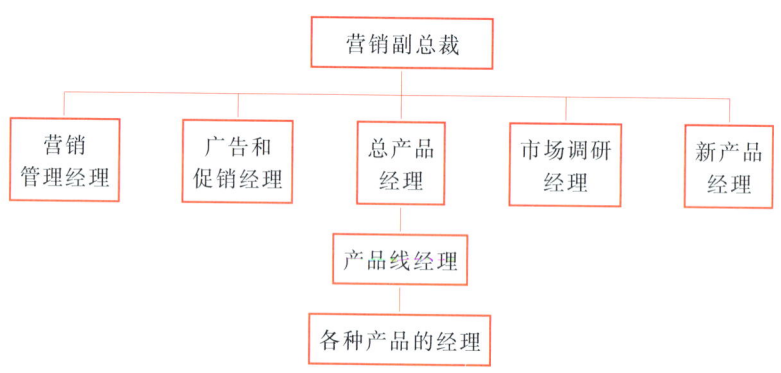

图 15-3 产品管理式组织

并非所有组织都需要产品管理式组织,只有那些产品差异大,或新产品多到使职能式营销组织没有足够的能力来管理时,方有设置产品管理式组织的必要。1927 年,宝洁公司率先采用了产品管理式组织模式。

4. 市场管理式组织

一些大企业将同类产品卖给不同的细分市场,可采取市场管理式组织。它同产品管理式组织类似,由一个总市场经理管辖若干细分市场经理,如图 15-4 所示,各市场经理负责自己所辖市场的年度销售利润计划和长期销售利润计划,分析市场趋势及所需要的新产品,他们更注重长远的市场占有率而不是目前的获利能力。这种组织形式最大优点是企业可围绕着特定客户的需要开展一体化的营销活动,因此有些营销专家认为,市场管理式组织是最符合现代市场营销观念的。

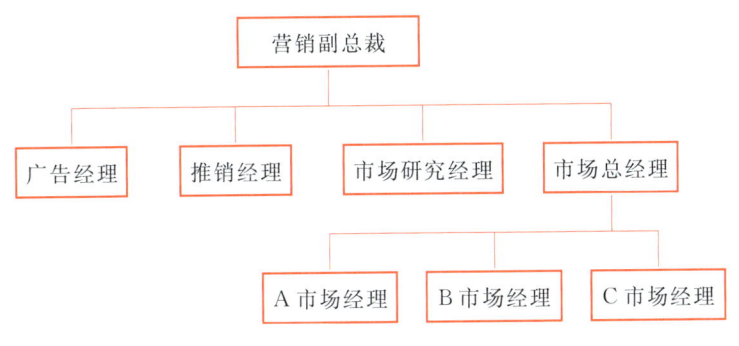

图 15-4 市场管理式组织

5. 产品—市场式组织

生产多种产品并面向多个市场的公司在确定营销组织结构时常常面临着两难的抉择,要么采用产品式组织,这就要求产品经理熟悉高度细分化的市场;要么重用市场式组织,那就要求市场经理必须熟悉他所负责的市场上售卖的花色品种繁多的产品;要么任命产品和市场两位经理,这就是矩阵组织,即产品—市场式组织,如图 15-5 所示。产品经理负责产品的销售利润和计划,为产品寻找更广泛的用途;市场经理则负责开发现有和潜在的市场,着眼市场的长期需要,而不只是推销眼前的某种产品。然而,这种组织结构管理费用又太高,而且极易产生内部矛盾,因而绝大部分经理认为,只有对那些少数、极个别的且相当重要的产品和市场才需要同时分设产品经理和市场经理,但也有人认为,这种组织结构的潜在冲突和较高的管理费用并不可怕,因为它所能带来的收益远在为它所付出的代价之上。一般来说,多元化经营的公司适用于这种组织形式。

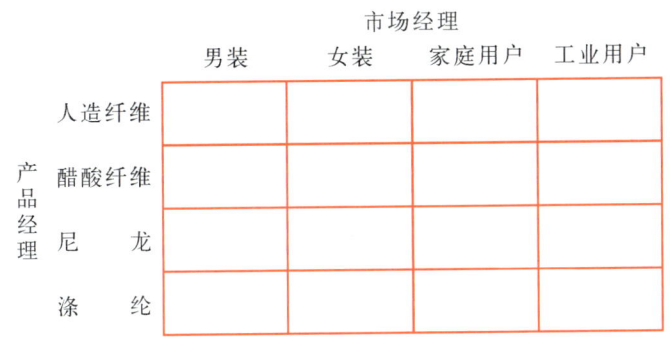

图 15-5 产品—市场式组织

6. 事业部组织

当企业的规模很大,企业产品的种类和市场都很多时,常常为不同的产品种类分设事业部。

事业部具有相对独立性,由自成体系的组织实行独立核算,设置自己的职能部门,并对总公司负有利润责任,由此就产生了营销职能如何在公司总部与事业部之间划分的问题。一般情况下,总公司的市场营销活动就面临着以下几种选择。

(1) 公司总部不再设营销部门,营销职能完全由各事业部自己负责,独立完成。

(2) 在公司总部内设一规模很小的营销部门,只承担极小一部分营销职能,如协助最高层领导评价整体市场机会,为提出要求的事业部给予咨询帮助,帮助没有或是只有少数营销人员的事业部,向公司及其他部门推广营销观念。

(3) 建立适当规模的总公司级营销部门,主要为各事业部提供多种营销服务,如广告宣传、产品促销、营销调研、推销人员培训等。

(4) 总公司设置庞大的销售部门,除从事上述服务外,还直接参与各事业部营销规划的制定工作,并对计划实施过程加以控制。

但最终公司会作出什么样的选择这是不确定的,也不是一成不变的。因为在公司演变的不同阶段,公司营销部门的贡献、发挥的作用是不同的,因此要视具体情况而定,并随公司的发展而进行调整和变化。

专栏 15-2

新型企业形态：全球公司

在全球化和信息技术双引擎的推动下,一种称为全球公司的企业形态已经初具雏形。全球公司具有如下特点:①具备全球市场影响力;②有可供支配的全球财务;③员工来源于全球;④具有全球吸引力的产品;⑤拥有全球的利益相关者。企业要成为真正的"全球公司",必须具备足够的条件。从跨国公司到全球公司虽非质的飞跃,但从 IBM、GE、联想等企业身上,的确能够看到诸多有别于跨国公司的特点。

从组织结构来看,跨国公司采取的是轮辐式结构,即以总部为轮轴,以海外子公司为轮辐。在这种结构下,企业试图将其在母国公司的所有商业流程复制到每个海外子公司中。宝洁公司就颇具典型性。该公司曾表示,它实现全球化的做法就是将宝洁总部的复制品搬到世界各地,组建一批"小宝洁"。然而,在全球化时代,轮辐式结构对效率的制约日益突出,不少企业已经意识到,需要在全球范围内进行整合,根据优化配置的原则对组织结构进行调整,企业的机构因此变成了多点辐射的网络状结构。

跨国公司明显带有一民族国家的特征,而全球公司却没有这一特性。全球公司的总部可能在美国,生产和采购中心可能在中国,客服中心可能在印度,研发中心可能在欧洲。通过前面的分析,可以得到一个初步的结论,即内部整合和外部竞合是全球公司的共性。通过加强内部的整合与协作,实现内部交易成本的最小化,这不仅是发展的需要,也是生存的需要。在一个门槛迅速降低的竞争平台上,企业之间是系统运营能力的对决,唯有获得系统整体优势的企业,方具备相对持久的竞争力。另外,全球化和技术发展也在很大程度上改变了企业的竞争规则。企业比任何时候都需要清楚自身的能力,并灵活调整与其他企业之间的关系,因为除了纯粹的竞争或合作关系,既竞争又合作关系正在变成常态。

全球公司并非没有风险。当企业内部,以及企业与外部之间联系越来越紧密时,任何一个链条的断裂都可能成为企业的致命伤。而在企业的管理上,正如 IBM 公司 CEO 帕米萨诺所说的,"层级森严、命令加控制式的模式再也行不通了"。面对新的组织结构和文化思想上多元化的全球员工队伍,或许企业管理的革命才刚刚开始。

二、建立营销组织

适应市场营销的需要是企业在市场营销中建立什么样的市场营销机构的基本出发点，所建立的营销机构应能符合市场营销的需要。因为客观上企业所处的营销环境是动态的，所以为满足它而建立的营销机构应能随环境的变化不断调整自己，提高适应能力，这样才能抓住市场机会，成为一个有效合理的市场营销组织。企业市场营销组织的建立是一项较为复杂的工作，通常要经过以下几个步骤。

（一）明确营销目标

明确营销目标要注意以下几个问题：

（1）目标系统化。在多元化的企业营销目标中，各目标之间的主从关系、结构关系、层次关系必须符合系统要求，组成一个目标系统。

（2）具体性。目标一般包括两个部分：项目与数量。要求目标值应尽可能以量化形式来表示，如果是难以量化的，可采取计划制度。这时不是按完成率来进行评估，而是按"谁、何时、完成哪几件事"来制定日程目标。

（3）突出重点。如果目标过多就会分散精力，导致收效甚微，因此可按其重要性的先后顺序加以区别对待。

（4）目标要定在可行的水准上。不经过任何努力就可以达到的，谈不上是目标；但也不要走向另一个极端，目标不是越高越好，如果实际成绩总是低于目标，就会影响积极性。

（二）决定管理层次

管理层次是由企业最高管理者到基层工作人员之间隶属级数的数量。影响并决定管理层次多少的主要因素是企业规模和管理幅度。一般来说，规模大的企业，管理层次较多；规模较小的企业，管理层次就相应少些。领导者的控制能力强，管辖幅度宽，有可能减少管理层次，反之，管理层次要多些。一个企业究竟设置多少个管理层次，要根据各企业的经营发展的需要来确立。

（三）设置岗位

设置岗位涉及三个方面的问题：①设置哪些岗位；②规定各种岗位的责任和权限；③明确各种岗位之间的关系。

（四）配置人员

配置人员要求做到"两个相适应"，即人员的知识、能力与岗位的要求相适应，权力与责任相适应。若配备不当，要么造成人才浪费，要么会因为人员能力与任职不符而降低组织的效能。若权责分配不当，也会产生主观主义、官僚主义或人员不能有效履行职责等毛病。因此，应根据工作量的多少确定所需的人员的数目，并根据他们的素质分配性质不同的工作，尽量做到量才用人，用人所长，人尽其才。

（五）形成信息沟通网络

信息沟通的目的是把组织成员联系在一起，以实现共同目标，因此，建立营销组织的过程，同时就是在各管理层次、部门和环节之间形成信息沟通网络的过程。企业可以通过一定的方法，使组织的每个成员了解他应当掌握哪些信息、传递哪些信息、向谁传递、何时传递，以及传递信息的有效方法，从而使组织能够把握整个营销活动运作过程和环境系统的发展变化，增强组织结构的弹性，提高实现营销目标的能力。

三、调整营销组织

(一)营销组织的变动与调整

任何一个企业都是在不断变化着的社会经济环境中运行的,都是在与其他企业、目标顾客和社会公众的相互联系中开展市场营销活动的。企业建立营销组织的目的是有助于企业完成营销活动目标,因此营销组织一经建立就再也不变的情况是没有的。事实上,它总是要受到企业外部环境力量的影响和约束,只要环境有所变化,组织就必须随之作出相应的变动。

一旦营销组织各部门之间出现了有碍于营销效益和效率的因素,也要进行及时的调整,以保持各营销部门与营销活动的一致性。同时,营销部门同企业其他部门之间的调整,同企业外部的中间商、运输业者、广告代理机构等方面的调整也是很有必要的。

(二)市场营销组织模式的发展趋势

在经济全球化、市场竞争日益激烈的今天,如何利用现代科技与管理,尤其是利用信息技术,使组织结构适应新环境,充分调动人的积极性,增强企业竞争能力,是每一个企业都必须面对的问题。

1. 树立全员营销观念

营销组织设计应同企业组织设计一并进行,建立起面向市场、面向企业营销的整体组织。

2. 扁平化发展

传统观念下营销组织的发展变化总是从职能出发,按产品和地理区域进行结构变革。其结果往往是变革后组织层次增多,等级更加分明,组织效率并未提高,而且上层战略往往偏离市场趋势。未来营销组织结构应该向扁平化方向发展,这样做可以减少营销组织的层次,提高组织信息传递和营销决策的效率,最终发挥营销人员的潜力和创新能力。营销组织是企业内部与外部市场交流一个最关键的纽带,只有扁平化才能使企业对外部瞬息万变的市场作出迅速准确的反应,从而保证企业的可持续发展。信息技术及网络技术的发展,也为营销组织扁平化的发展提供了条件。

3. 柔性化发展

在传统观念下,营销组织变革后结构往往还具有刚性,也就是说组织内部部门一旦确定,很难撤销或改变,人员也局限于各部门内。而在可持续发展的观念下,要求组织结构变革后要具有柔性,可以根据具体任务迅速建立项目团队。项目团队,就是组织员工可以打破原来的部门界限,绕过间接的管理层次,直接面对顾客和任务目标,从而以协作或群体优势顺利完成任务。能够在组织内迅速建立有效项目团队的营销组织就具有柔性,也就更具备适应性。因此,具有柔性的营销组织在一定程度上有助于实现企业的发展。

4. 建立现代的营销管理系统

企业营销功能能否发挥效能,取决于营销组织职能完善与科学的运作机制。现代的营销管理系统应包括营销决策系统、营销信息系统、营销物流系统、现代服务系统、现代结算系统、产品开发系统等,如图15-6所示。

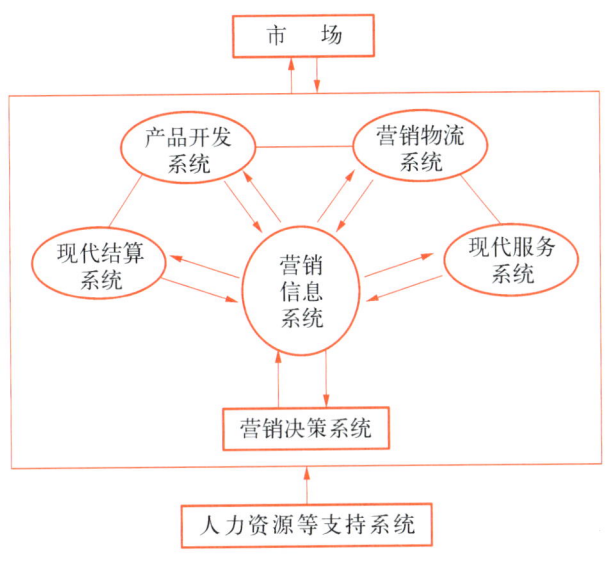

图 15-6 现代的营销管理系统

当然,对于企业来说,要学会活学活用。组织本身只有利弊之分,无所谓最优最劣,一切取决于企业当时的环境和需要,企业应根据实际需要建立自己的模式。

第二节 市场营销控制

为了保证营销目标的实现,企业必须对营销活动进行实时监管,必须不断地对市场营销活动进行监督、评价,以控制其发展方向,确保公司经营的效率与效益。

> **营销箴言** 市场营销是如此基本,以至不能把它看成一个单独的功能。从它的最终结果来看,也就是从顾客的观点来看,市场营销就是整个企业的活动。
>
> ——彼得·德鲁克

市场营销控制包括年度计划控制、盈利能力控制、效率控制和战略控制四种类型,如表 15-1 所示。年度计划控制主要检查市场营销活动的结果是否达到了年度计划的要求,并在必要时采取调整和纠正措施;盈利能力控制是为了确认在各产品、地区、最终顾客群和渠道等方面的实际获利能力;效率控制的任务是提高促销等方面的效率;战略控制则是审查企业的战略、计划是否有效地抓住了市场机会,是否同市场营销环境相适应。

表 15-1　市场营销控制的四种类型

控制类型	主要负责人	控制目的	方法
1. 年度计划控制	高层管理层 中间管理层	检查计划目标是否实现	销售分析,市场份额分析,费用—销售额比率,财务分析,市场基础的评分卡分析
2. 盈利能力控制	营销审计人员	检查公司在哪些地方赚钱,哪些地方亏损	盈利情况:产品,地区,顾客群,细分片销售渠道,订单大小
3. 效率控制	直线和职能管理层 营销审计人员	评价和提高经费开支效率及营销开支的效果	效率:销售队伍,广告,促销和分销
4. 战略控制	高层管理者 营销审计人员	检查公司是否在市场、产品和渠道等方面,正在寻求最佳机会	营销效益等级评估,营销审计,营销杰出表现,公司道德与社会责任评价

一、年度计划控制

年度计划控制的目的是确保年度计划中所确定的销售、利润和其他目标的实现。

(一) 控制过程

年度计划控制过程分为四个步骤,如图 15-7 所示。

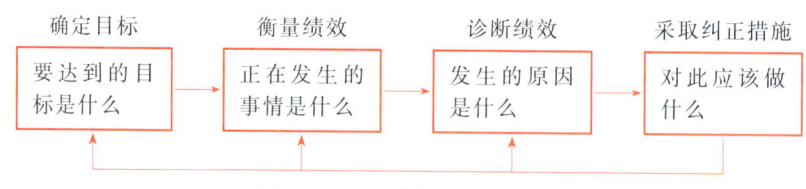

图 15-7　年度计划控制过程

1. 确定目标

即确定这一行动的预期目标是什么。如规定某项新产品在投入市场一年之后,其市场占有率要达到 $x\%$;某零售商的年利润率要达到 $x\%$;各地区的销售额每年应增加 $x\%$,等。为了便于衡量实际结果,衡量标准应尽可能具体。控制标准的制定应切合企业实际,同时也应考虑激励作用。

2. 衡量绩效

衡量绩效就是将控制标准与实际结果进行比较。实际结果如与预期标准相符,甚至优于预期标准,则应总结经验,以便继续发扬;实际结果若未能达到预期标准,则应进入下一步,找出问题的症结。

3. 诊断绩效

对实际结果与预期标准发生的偏差进行诊断,即找出产生偏差的原因,这是有效控制过程中的重要环节。产生偏差通常有两种情况:一是实施过程中的问题,这种偏差比较容易分析;二是计划本身的问题,确认这种偏差相对比较困难。例如,某公司的推销员完不成预定的销售标准,可能是因为工作不努力或者不够灵活,那么,管理当局可以采用某种新的刺激-报酬制度,或者加强对推销员的培训等。但是,也可能是由于销售指标定得过高,那么,就应降低计划指标。然而,在实践中,造成偏差的原因往往是复杂多样的,如上例中的推销员素质不高和销售目标不切实际可能同时发生作用,甚至除了这两个原因,还有其他因素,如广告费支出不足、产品缺乏吸引力等。因此,营销经理必须综合考虑各种因素。

4. 采取纠正措施

在查明产生偏差的原因以后,应采取相应的改正行动。一般来说,可根据诊断的不同情况分别采用下列三个措施:

(1) 维持原来的标准:一般来说,当实际结果略微超过或基本达到原定标准时,则不应对原定目标或衡量标准进行改动。例如,原计划要求降低营销成本3%,而实际结果为3.3%或2.9%,这说明计划是可行的,实际绩效也是不错的,应继续按原计划进行下去,不用作任何调整。

(2) 纠正偏差:如果原定降低成本3%,而实际降低了1.5%的话,就必须采取相应的措施,例如减少广告开支,或者缩减销售队伍等。

(3) 改变原定的计划或标准:如果大多数推销员都大大超过原定的销售目标,就意味着这个标准可能定得太低了;相反,如果只有一两个人能达到,而大多数推销员无法完成,则说明这个销售标准可能定得太高了。当出现上述情况时,营销经理就应根据实际情况对原定标准作出适当的改动。当然,有时候原定标准本身是合理的,只是由于环境发生了意想不到的变化,才使原来合理的标准变得不合理了。例如,原定的年销售量要增加10%,在常规的情况下是可以实现的,但是由于出现了新的强有力的竞争对手,要完成原定目标也许不可能了。在这种情况下,作一些适当的调整恐怕更为现实。这种控制模式适用于组织中的各级管理部门,区别仅在于最高主管控制的是整个企业年度计划的执行结果,而各部门或地区经理控制的是各个局部的计划执行结果。检查年度营销计划执行情况的工具主要有以下几种:销售分析、市场份额分析、市场营销费用与销售额的比率分析、财务分析、顾客态度分析。

(二) 销售分析

销售分析就是衡量并评估实际销售额与计划销售额之间的差距,在这方面有两种具体方法:

1. 销售差额分析

这种方法是用来衡量不同因素对造成营销差额的影响程度。

专栏 15-3

销售差额分析法的具体应用

例如,某公司年度计划中要求:某产品第一季度出售5 000件,单价1美元,总销售额5 000美元。而实际上,季度末只售出4 000件,且售价降为0.85美元,总销售额为3 400美元,实际销售差额为1 600美元,占计划销售额的32%。这个差额是由售价下降和销售量减少两个原因造成的,那么其中有多少是因为售价下降造成的?

有多少是由销售量减少造成的呢？请看下面的计算：

$$因降价引起的差额 = (1 - 0.85) \times 4\,000 = 600(美元)$$
$$600/1\,600 \times 100\% = 37.5\%$$
$$因销量减少引起的差额 = 1 \times (5\,000 - 4\,000) = 1\,000(美元)$$
$$1\,000/1\,600 \times 100\% = 62.5\%$$

通过以上的计算，我们可以知道约有 2/3 的销售差额是由于销售量没有达到目标造成的，因此，该企业应进一步分析没有达到预期销售量目标的原因。

2. 地区销售量分析

这种方法是用来衡量导致销售差距的具体产品和地区。例如，某公司在 A、B、C、D 四个地区推销其产品，具体情况如表 15-2 所示。

表 15-2 某公司各地区产品销售量

地区	销售目标/万元	实际销售/万元	实际完成率	差额/万元
A	86.4	100.0	116%	+13.6
B	72.0	76.8	107%	+4.8
C	60.8	61.6	101%	+0.8
D	68.8	49.6	72%	−19.2
总计	288.0	288.0	100%	0

从表中我们可以看到，B 地区和 C 地区刚刚完成计划目标，A 地区则远远超过，而 D 地区则没有完成。至此，我们发现，尽管从总量看，这家公司达到了销售目标，但是各地区的完成情况是有很大差异的。营销经理必须找出 D 地区未能完成目标的原因，并决定应该采取的措施。营销经理也应该进一步分析 A 地区成功的原因，这类信息可能对其他销售地区有借鉴意义。

（三）市场份额分析

销售分析是一个有用的评估工具，但它无法告诉我们，与竞争者相比，本公司做得如何。因此，我们需要进行市场份额分析，即把公司的销售与行业销售进行比较。

1. 应注意的问题

这里要注意的是，市场份额用销售数量表示还是用销售金额来表示。用销售数量表示的市场份额的变化反映了竞争企业之间在商品销售量之间的变化，而以销售金额表示的市场份额的变动则反映了销售量和价格的综合性变化。公司在追踪其市场份额的同时，要注意加以分析，若公司的市场份额增加了，就意味着公司领先于竞争者，则要辨析原因；若公司的市场份额下降了，则更要查明其中的原委，是因为产品缺乏吸引力、价格结构不合理、促销力度不够，还是由于有一些新的竞争者加入而导致的。然而，有时一个公司市场份额的下降并不意味着该公司的经营管理比其他公司差，所以，营销经理除了对总的市场份额进行分析，可能还需要进行相对市场份额分析，即将本公司的销售和最大竞争者的销售相比，以便进一步了解其市场地位的变动情况。

2. 需满足的条件

一般情况下，运用市场份额分析方法得出的结论必须满足以下条件：①假设"外在力量以同种方式影响所有公司"这一论断常常是不成立的，例如，关于吸烟有害人体健康的科学论据导致香烟的销售量徘徊不前，但并不是所有公司都如此，因为一些经营名牌过滤嘴香烟的公司受损失较少；②一个公司的绩效应按全部公司的平均绩效来判断，这种假设并不总是正确的，一个公司的工作绩效应综合考虑其主要竞争对手的绩效来判断；③假若有一个新企业进入本行业，则该行业中每个现有企业的市场份额就都可能下降，但正如前所说，公司的市场份额下降并不意味着公司的工作比别的公司差，一个公司市场份额的损失取决于进入市场的新企业对应该公司具体市场的冲击程度；④有时，市场份额降低是公司为了提高利润而精心策划的，例如，公司为了提高利润可能会放弃某些无利可图的产品或地区；⑤市场份额的波动可能是由许多偶然因素引起的，例如，市场份额可能受本期最后一天或下期第一天是否会有一笔大买卖的影响，因此，并不是所有的市场份额波动都具有市场营销意义。

（四）市场营销费用与销售额的比率分析

年度计划控制是要确保企业在达到销售计划指标的同时营销费用无超支。要检查的主要比率是市场营销费用与销售额之比。例如某公司的这一比率为30%，其中所包含的五项费用占销售额的比率分别为：人员推销费15%，广告费5%，营业推广费6%，营销调研费1%，营销行政管理费3%。

管理者应该对各项费用加以分析，并将其控制在一定限度内（费用率控制曲线，见图15-8）。如果费用率变化不大，处于安全范围内，则没必要采取任何措施。如果变化幅度过大，或是上升速度过快以至接近或超出控制上限，则必须采取有效措施，例如，图15-8中，费用率为8时为控制下限，费用率为10时为期望值，费用率为12时为控制上限，当时间15的费用率已超出控制上限，应该立即采取措施。有时即使费用率落在安全控制范围之内，也应该加以注意，如图15-8，从时间9起费用就不上升，如能及时采取措施则不至于升到超出控制上限的地步。

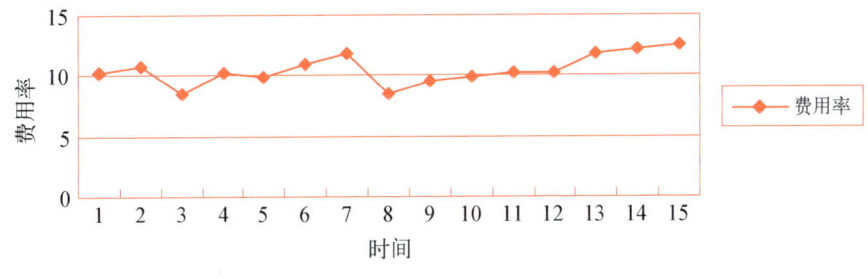

图15-8　费用率控制曲线

（五）财务分析

费用与销售额的比率应在一个总的财务框架结构中分析，以确定公司在何处及如何获得收益,市场营销人员正在更多地运用财务分析来寻找盈利性策略,而不是仅仅加强销售策略。

管理部门运用财务分析来鉴别影响公司净资产收益率的各种因素。图 15-9 显示了一家大型连锁零售商店资产净值收益的财务模型。该商店的净资产收益率为 12.5%,它是资产收益率与财务杠杆利率之比。为了提高净资产收益率,公司必须增加净资产的比率,或者增加资产与资产净值的比率,公司应当分析公司资产的构成,并设法提高资产管理水平。

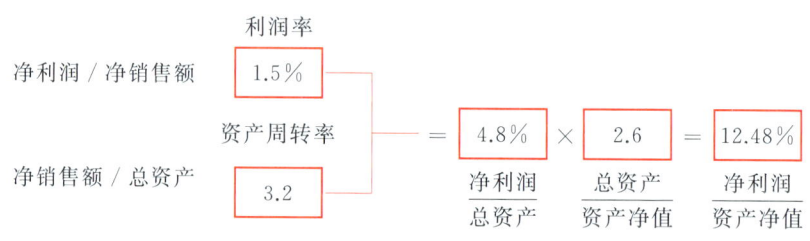

图 15-9 资产净值收益的财务模型

资产收益率是利润率和资产周转率的乘积。对零售来说,利润率似乎偏低而资产周转率较正常,这时可用两种方式改进工作:①通过增加销售或减少成本来提高利润率;②通过增加销售或减少承担一定销售水平的资产来提高资产周转率。

(六) 顾客态度分析

上述控制措施大多属于财务和定量性质的,它们的确很重要,但还不够,还需要一些定性标准,以便向管理部门提供市场份额即将发生变化的早期警告,因此具有远见和高度警惕性的公司还建立了跟踪顾客、中间商及与市场营销有关人员的态度的系统。这个系统包括:

1. 顾客投诉与建议制度

通过设置意见簿、建议卡等,企业记录、分析和答复来自客户的信函和口头抱怨。零售商、旅馆、餐馆这些通过服务直接与广大消费者打交道的企业都可通过各种增加顾客反馈意见的措施,鼓励顾客提意见,使企业对自己的产品、服务在顾客心中的地位有更全面的了解,为以后的改进工作提供依据。

2. 典型客户调查

组成典型客户小组,向那些同意定期通过电话或信函向企业反映他们的意见和建议的客户进行跟踪调查。通过这种方式企业可以获得比前述投诉系统更完整、更全面的资料情报。

3. 定期客户随机调查

这是一种通过随机抽样了解顾客对公司服务质量满意程度的调查,以评价公司工作人员的服务态度、质量等。有关部门及主管可将顾客当前的评分与上期相比,与其他企业的得分相比。

企业应加强客户关系管理,以便更好地追踪顾客的态度,为调整和改进营销活动、提升顾客忠诚度提供依据。

二、盈利能力控制

企业需要衡量它的各类产品在不同地区、不同市场,通过不同分销渠道出售的实际盈利能力,即盈利能力控制。下面举例说明营销—盈利能力分析方法。

假定某电瓶车厂的市场营销经理要测算一下在不同地区销售其产品的盈利能力,该厂的主要销售地区设为 A、B、C 三区,总销售收入、成本、净利润如表 15-3 所示。

表 15-3 总销售收入、成本、净利润

项　目	金额/万元
销售收入	6 000
销售成本	4 000
毛利润	2 000
费用:	1 500
人员酬金	800
杂项	700
净利润	500

第一步,将费用开支分摊到各项职能上。假定费用主要发生在人员推销、广告和包装运输部门,将工资费用和杂项开支分配在三项营销活动中,如表 15-4 所示。

表 15-4 费用开支分摊

科　目	总　额	推销费/万元	广告费/万元	包装运送费/万元
工　资	800	500	100	200
杂　项	700	400	100	200
合　计	1 500	900	200	400

第二步,将各职能性费用按不同地区的费用支出分配,如表 15-5 所示。

表 15-5 各职能性费用按不同地区的费用支出分配

地　区	总　额	推销费/万元	广告费/万元	包装运送费/万元
A	480	200	80	200
B	480	300	80	100
C	540	400	40	100
合　计	1 500	900	200	400

第三步,根据各地区销售额和费用支出额,编制各地区销售支出损益表,如表 15-6 所示。

表 15-6 各地区销售支出损益表

单位:万元

科　　目	A	B	C
销售额	4 000	1 500	500
销售成本	2 667	1 000	333
销售毛利	1 333	500	167
费用	480	480	540
推销费	200	300	400
广告费	80	80	40
包装运送费	200	100	100
净利润(或净损失)	853	20	-373

直观看统计结果,似乎应该放弃 C 地区,也不应重视 B 地区,应集中致力于 A 地区的市场营销。但我们不能轻易地下结论。假如我们可以提出这样一些问题:①上述三个地区的市场潜力如何?本企业的市场占有率及竞争对手情况怎样?②三地区市场在全国电瓶车市场中的地位如何?③企业对上述三地区的市场营销策略是否适宜,有无大的偏差?

根据上述问题的不同回答,企业可在下述对策中作出选择:①对 B、C 两地区相对减少人员推销次数,增加广告次数,扩大产品信息传播的领域,前提条件是改变促销手段会对该地区销售产生影响;②为了降低推销费用,减少对 B、C 两地区访问客户的数量,根据目标顾客潜在购买力的分析,选择向人口集中的地区和订货数量较大的顾客推销,以提高推销的成功率;③通过采用给予优惠的数量折扣(累计折扣和一次性折扣)等激励措施,鼓励较大额度的订单,尤其是对 B、C 两区;④按兵不动,此对策假定当前的市场营销策略十分适宜,B、C 地区的市场的销售额正在渐上升,预期前景良好,而 A 地区市场纯利虽高,但本企业产品市场占有率已很高,发展潜力不大,因此企业进一步发展的关键是在新地区市场的开发;⑤虽然不放弃任何一个地区,但有重点地减少某些效益差的局部地域;⑥暂时放弃或缩减在 C 地区的营销努力,集中力量在 B 地区取得大进展。

综上所述,市场营销盈利能力分析能提供企业在不同产品、地区、分销渠道、客户群盈利能力方面的资料;但它并不能说明最好的办法就是放弃那些不赚钱的产品、地区或分销渠道,也不能证明放弃它们企业利润就能有改善。

三、效率控制

假设盈利能力分析提示了公司在某些产品、地区或市场方面盈利甚微,那么剩下的问题就是是否有更有效的途径,来对这些经营不善的市场营销实体中的销售、广告、销售促进等活动进行管理。

一些公司设立了一个"市场营销控制员"的职位来帮助市场营销人员提高市场营销效率。市场营销控制员不在控制员办公室工作,而是在具体业务的市场营销部门。一些公司进行先进的市场营销收支和结算的财务分析。特别是它们通过检查盈利计划的遵守情况来帮助品牌经理进行预算;测定促销效率;分析中间产品成本;评价顾客和地区的盈利能力,并培训市场营销人员分析市场营销决策中暗含的财务意义。

(一)销售效率

对销售工作的控制方法因公司而异,无论采取哪一种措施,人们的选择最终将取决于公司的业务和市场的性质。如图15-10所示的销售金字塔提供了一个有价值的绩效水平监控系统,对工业部门特别有用。它的基础是这样:在实际销售量与销售努力的各阶段存在一个侵蚀率。

图15-10 销售金字塔

实现的销售额一定是与提交给顾客的建议书的数量有关的。其结果是,它变成了访问顾客次数的函数,接下来,它又是最初同顾客接触次数的函数。金字塔表明的是这样的事实:并不是所有的最初接触都能带来访问,也并不是所有访问都要求向顾客提交建议书。最终,只有一部分建议书才会带来实际的订单。

如果公司的销售金字塔与图15-10中的相似,那么很清楚,对销售效率的关键控制如下:每周接触新顾客的数量;接触变为访问的转化率;访问对建议书的比例;建议书对订单的比例。

对管理控制来说,这里的每一条信息都是很重要的。如果一直注意这些指标,它们就能帮助企业找出问题出在哪里。进而,这些测量指标能够告诉企业应该采取哪类纠正措施。

专栏15-4

销售效率的关键控制指标下降及其解决对策

新接触顾客的下降:

这个问题可以通过以下努力来解决:如增加电话推销活动;改进打电话的技巧;调整交流组合(如邮寄、直应式广告)等。

由接触变为访问的转化率下降:

通过以下努力来解决这种状况:如训练交流技巧;改进市场定位顾客分类法;使用更好的销售手段;改进对顾客的成本效益说明等。

访问对建议书比例的下降:

这个问题可以通过以下努力来解决:如改进推销技巧;更好的动机激励;允许延长销售付款期限,特别是在前景看好的情况下。

建议书对订单比例的下降:

这需要改进建议书的质量和描述技巧,从发挥企业自身优点和能力的角度,深入进行企业之间的比较分析。

上面所举的是几个用来说明控制过程不是简单地强迫销售人员去努力的手段,它们实际上是一个非常有力的系统,将销售工作融为一个整体,使其更有效率、更良好地运行。

还必须记住,很有必要监控销售费用,监控标准包括每次打电话平均费用、招待费支出与效果、作为整体销售努力一部分的现场销售费用。掌握了这些信息,就有利于将销售活动置于我们的控制之中。

(二)广告效率

虽然测定广告效果是非常困难的,但如果从一开始就将目标清晰确定下来,将会使测量和控制变得容易。否则,由于任务非常复杂等,许多市场人员不愿意做什么尝试。在这种情况下,可以说做广告无法得到适当的控制,其结果也是无法预测的。

广告效率的控制表现在:①每1 000位顾客时的成本;②媒体有效性比较;③对顾客的影响;④信息的保留率;⑤对产品和服务态度的变化;⑥广告所带来的询问。

上面绝大部分的信息无法从内部消息源得到,而且要求市场研究为此提供必要的反馈。因为这样的费用比较高,所以公司必须想清楚要测量什么,为什么测量。控制好一个或两个杠杆要远比对许多要素进行混乱控制有更大价值。

(三)销售促进效率

销售促进包括许多刺激买主兴趣和试用产品的方法。为提高销售促进效率,管理部门应记录每项销售促进的成本及销售效果。因此,管理部门应注意下列统计数字:①按优惠方法售出的销售额百分比;②每一个单位销售额的陈列成本;③赠券回收的百分比;④促销演示所引起的咨询次数。

如果公司委派一名销售促进经理,他就可以分析不同销售促进的结果,并建议广告经理应采用的最佳促销法。

四、战略控制

所谓战略控制,是指公司对其整体营销效益进行全面而详尽的评估。在营销领域内,各种目标、政策、战略和计划变得过时是常有的事。实际上,当前的营销业绩不一定能反映营销效益,结果非常可能是由于某个产品的适时适地,而不是有效的营销管理所致,改进该产品的营销工作可能使结果从良好转为优秀。因此,每个公司都应该定期对其进入市场的总体方式进行评价,即进行战略控制。有两种工具可用于战略控制:营销效益等级评估和市场营销审计。

(一)营销效益等级评估

先看一个例子:一家大型工业设备公司的总经理重新审查了各个事业部的年度营业计划,发现几个事业部缺乏完整的市场营销计划。他叫来了公司的市场营销副总经理,对他说:"我对我们公司的一些事业部的市场营销工作质量不太满意,它们的市场营销质量非常不稳定。我希望你能找出我们公司哪个事业部的市场营销工作能力较强,哪个居中,哪个较弱。我想知道,它们是否理解并正在执行顾客导向的市场营销活动。我要求给每个事业部制定出一个在今后几年中提高其市场营销素质的计划,并且我要看到明年每个缺乏市场营销素质的事业部都能在提高市场营销能力方面有明显进步。"

公司的市场营销副总经理表示同意,但也认识到这是一项艰巨的工作。他首先想根据每个事业部在销售增长、市场份额和盈利能力等方面的绩效来评价其市场营销效果。他的观点是绩效高的事业部一定会有好的市场营销导向,绩效差的事业部则其市场营销导向也必然欠佳。

但事实上,市场营销效果并不一定能从目前的销售和利润绩效上反映出来,好的市场营销效果可能是由于该事业部具有"天时""地利"的条件,而不是因为具有较有效的市场营销管理,改善事业部的市场营销工作可能导致绩效由良好变得极好。而另一个事业部尽管具有极好的市场营销计划,却还是效果较差,如果更换现任的市场营销经理可能会把事情变得更糟。

该项评估主要是从以下五个方面对企业营销管理的效率进行衡量:

(1) 顾客导向,即公司管理当局所制定的营销计划和策略,所规划的日常活动等,是不是以顾客的需要作为出发点。

(2) 整体营销组织,即各重要营销职能部门是否被高度有效地统合在一起,以及营销管理部门能否有效地和市场调研、制造、采购和财务等其他职能部门进行合作,并从公司整体利益出发来解决问题。

(3) 足够的营销信息,即营销管理当局能否及时掌握有关不同的细分市场、顾客、地区、产品、分销、竞争者等必要信息,以从事有效的营销活动。

(4) 战略观念,即营销管理当局是否以公司长期的成长和获利为出发点,来制定公司的营销计划和策略,现有的营销战略是否具有创新性,或者只是传统战略的延续。

(5) 工作效率,即营销管理当局是否有效利用了各种营销资源,对市场环境的各种变化能否迅速有效地作出反应。

在实际进行评估时,通常可以通过问卷作答的形式。首先对上述五个方面分别设计若干个问题,每一个问题后面列出若干个答案,每个答案代表一个分值,如 0 分、1 分、2 分等,从而制成"营销效益等级评估表"。然后将此表请营销经理或其他相关人员填写,对每一个问题选择一个适当答案。最后将各答案所代表的分值加在一起,其总分就表示该公司营销效益的高低。

(二) 市场营销审计

通过营销效益等级评估,找出公司的薄弱环节和业务单位,着手进行一次更为全面的评估,即营销审计。菲利普·科特勒对营销审计定义如下:营销审计是对一个公司或一个业务单位的营销环境、目标、战略和行动所进行的一种全面的、系统的、独立的和定期的检查,其目的在于确定问题和机会,提出行动计划,以改善公司的营销业绩。

1. 市场营销审计的基本步骤

营销审计是一项复杂而细致的评估活动。首先应由公司管理当局和营销审计人员一起拟订一份有关审计目标、涉及面、深度、资料来源、报告形式及时间安排的协议。然后根据协议要求准备一份详尽的计划,包括会见何人、询问什么问题、接触地点和时间等。在进行营销审计时,尤其应该注意的是,审计人员不能仅仅向公司经理征询意见,还必须访问顾客、经销商以及外界其他有关人士。最后,对收集到的资料进行分析评估,提出主要的审计结果和建议。营销审计过程实际上就是公司经理吸收、消化和发展所需营销行动新概念的过程。基本步骤如图 15-11 所示。

图 15-11 市场营销审计的基本步骤

2. 市场营销审计的组成部分

市场营销审计对公司的市场营销状况进行六个主要方面的考查：

(1) 营销环境：企业的宏观环境（如人口、经济、生态、技术、政治、法律、社会和文化环境）和微观环境（如顾客、竞争者、供应商、经销商和社会公众）中有哪些重要的变化趋势？这些变化可能给企业带来哪些营销机会和问题？

(2) 营销战略：企业的任务、营销目标和战略是什么？它们是否与企业的营销机会相适应？

(3) 营销组织：企业的营销组织结构是否与它执行的营销目标和战略相适应？

(4) 营销系统：企业的营销情报系统、计划系统和控制系统是否足以支持其营销努力？企业是否具有一个有效开发新产品和服务的系统？

(5) 营销效益：企业不同的产品、市场、地区和分销渠道相应的盈利率分别是多少？不同营销活动的成本效益如何？

(6) 营销功能：对营销组合各要素，如产品、分销、定价和促销等是否实施了有效管理？

五、市场营销控制的程序

(一) 确定控制目标

确定控制目标是进行营销控制的第一步。要把抽象或者综合性的目标进一步细化成具体目标，下达落实到企业的相关部门，目标要具体化，易于操作。

(二) 选择控制方法

市场营销控制的方法主要有两种。一是直接控制，即企业总公司有关管理人员或者企业领导层直接参与下属机构的营销管理；二是间接控制，即企业总公司有关管理人员或者企业领导层通过各种杠杆机制干预调节下属机构的营销活动。间接控制包括下达各种指令性或指导性计划指标，制定和实施一整套完善的规章制度，投入或撤回部分资金等。企业应该根据营销实际情况采取不同的控制方法。

(三) 确定控制标准

控制标准是判断营销状态是否处于正常范围内的依据，每一个营销状态指标都应该建立控制标准。如顾客流失率低于10%、顾客满意度大于95%等。建立控制标准的依据一般是长期经验或上期状态，行业（或产品）性质和区域特征是影响标准的最重要因素。

(四) 选择控制人员

为了有效地实施控制，企业要将基本职责、权力和利益落实到具体人员，以有效发挥控制机制。

（五）评估营销绩效

绩效评估就是根据已明确的控制标准对市场营销部门及其人员的工作进行检查、分析和评估，以找出实际工作绩效与控制标准的差距，分析差距产生的原因，以便为下一步纠正偏差工作提供可靠的依据。

（六）及时纠正偏差

纠正偏差就是对出现的偏差采取应对的措施。纠正偏差通常分为两种情况：

一是如果偏差产生的原因是营销目标或者控制标准本身不合理，纠正偏差的工作就是重新确定营销目标或者控制标准，以达到消除偏差的目标。

二是如果偏差产生的原因是营销活动本身，纠正偏差的工作就是改进市场营销工作的相关方面，以提高绩效并消除实际与预期目标的差距。

本章小结

本章从营销组织设计入手，阐述了现代营销组织的模式，以及企业如何根据自身情况选择营销组织并根据环境的变化给予适时适当的调整。

营销控制就是根据营销计划检查实施情况，作出必要调整，以更好地实现既定的营销目标和任务。公司必须实行四种类型的市场营销控制，即年度计划控制、盈利能力控制、效率控制和战略控制，它们各有侧重点，相互补充，其中盈利能力控制是企业普遍和经常采用的重要工具。年度计划控制主要是检查营销活动的结果是否达到年度计划的要求，并在必要时采取调整和纠正措施；盈利能力控制是为了确定在各种产品、地区、最终顾客群和分销渠道等方面的实际获得能力；效率控制的任务是提高人员推销、广告、销售促进等市场营销活动的效率。经理们必须注意能表明这些功能运作效率的特定的主要比率；战略控制则是审查企业的营销战略是否有效抓住了市场机会，以及是否同迅速变化着的营销环境相适应。

关键名词

市场营销组织　营销目标　企业经营目标　营销组织模式　职能式组织　地区式组织　产品管理式组织　市场管理式组织　产品-市场式组织　事业部组织　市场营销控制　市场营销审计

思考题

1. 可供企业选择的营销组织模式有哪些？

2. 市场营销组织的设计应体现哪些原则？
3. 举例说明检查年度营销计划执行情况的主要工具。
4. 简述建立营销组织的步骤。
5. 简述营销组织模式的发展趋势。
6. 举例说明盈利能力控制的主要内容。
7. 简述销售效率控制的主要目标。
8. 简述市场营销审计的主要内容。

 案例分析

雀巢公司的市场营销组织结构是什么样的？

成立于1867年的雀巢公司，总部设在瑞士日内瓦，最初是以生产婴儿食品起家，后以生产巧克力棒和速溶咖啡闻名遐迩。经过150多年的发展，目前已经拥有了咖啡、饮品、奶制品、保健营养、烹饪食品、巧克力、糖果、冰激凌、瓶装水共9大系列300多种产品，生产工厂遍布全球各地，在2021年全球最佳品牌100强排名中位列第62位。

作为世界上最大的食品制造商，雀巢公司的经营理念就是想办法要和市场实况连接在一起，采取的行动和手段都力求能合乎当地的需要和要求，由于从市场营销学的角度看，企业的盈利机会都是以消费需求为转移的，因此，消费需求的变化必然潜藏商机。瑞士总部对生产工艺、品牌、质量控制及主要原材料作出了严格的规定，而行政权基本属于各国分公司的主管。他们有权根据各国的要求决定每种产品的最终形成。这意味着公司既要保持全面分散经营的方针，又要追求更大的一致性，为了达到这样的双重目的，必然要求保持一种微妙的平衡。

为了实现标准化和差异化的统一，雀巢公司在结构和组织上遵循"权限彻底分散"的原则，实施模块组合营销。各模块独立运作，根据模块市场的变化，在不影响企业总战略的条件下，有权进行适当的调整，采取恰当的策略。

雀巢公司将其总市场分成各模块市场，每一模块市场由相应模块来负责，各模块基于自己的市场具有独立性，但又与其他模块相互联系，共同组成企业的"大块"结构。这种市场营销组织的设计既有利于收集信息，又有利于针对信息作出快速反应，从而可以更准确地把握市场动态，提高市场需求的准确把握和满足程度。

长期以来，企业都是按照职能设置部门，按照管理幅度划分管理层，形成了金字塔型的管理组织结构。这种组织结构已越来越不适应信息社会的要求。模块组合把企业的营销部门和经营业务部门划分为多个规模较小的经营业务部门并受总部统一管理，其结果是管理组织结构正在变"扁"变"瘦"，综合性管理部门的地位和作用更加突出，网络性的组织结构形成。传统的层级式组织形式的基本单元是在一定

指挥链条上的层级,而网络式组织形式的基本单元是独立的经营单位。雀巢公司的模块组合营销,造就了网络型组织结构,也使雀巢公司具有了网络化的特点:

一是用特殊的市场手段代替行政手段来联络各个经营单位之间及其与公司总部之间的关系。网络式组织结构中的市场关系是一种以资本投放为基础的包含产权转移、人员流动和较为稳定的商品买卖关系在内的全方位的市场关系。

二是在组织结构网络的基础上形成了强大的虚拟功能。处于网络式组织结构中的每一个独立的经营实体都能以各种方式借用外部的资源,对外部的资源优势进行重新组合,创造出巨大的竞争优势。

案例思考题:

请结合以上材料,分析雀巢公司市场营销组织模式的特点及其成功的原因。

第十六章　国际市场营销

引导问题

1. 企业为什么要进入国际市场营销？
2. 企业如何进入国际市场营销？
3. 企业在国际市场营销中要特别注意哪些问题？

学习目的与要求

1. 了解企业进入国际市场营销的意义。
2. 了解进入国际市场营销要重点考虑的环境因素。
3. 掌握国际目标市场确定。
4. 掌握进入国际市场的主要方式。
5. 掌握国际市场营销的策略安排。

第一节　国际市场营销概述与国际市场营销环境

一、国际市场营销的含义、阶段与重要意义

（一）国际市场营销的含义

国际市场营销是指企业在两个或两个以上国家，以全球资源优化配置为手段，从事跨国界的生产经营活动。国际市场营销活动有如下特点：首先，它是超越国界进行的商业活动；其次，由于国际市场的环境复杂，因此，企业不可控制的因素很多；最后，国际市场营销满足的是国际市场消费者，国际市场消费者需求广泛、特点多样，需要企业制定有针对性的国际市场营销策略，才能适应国际市场消费者的需求。此外，国际市场营销涉及的内容、范围更为广泛。

（二）国际市场营销的阶段

国际市场营销是在国际经济交流日益频繁、国际竞争日益激烈的形势下产生和发展起来的。由于各企业的营销目标、经济实力及营销经验不同，其国际营销开展的程度也会不同。对企业国际市场营销活动进行分析、归纳，可将企业国际市场营销活动分为以下四个阶段。

（1）被动的国际市场营销：这类企业的目标市场在国内，内部尚未设立专业的出口机

构,也不主动面向国际市场,只是在外国企业或本国外贸企业求购订货时,产品才进入国际市场。其产品虽进入国际市场,但显然是被动的而非主动出击,因此属于最低层次的国际市场营销。

(2) 偶然的国际市场营销:这类企业的目标市场仍然在国内,一般也不设立对外出口的机构,但在某一特定情况下却主动面向国际市场。这些企业偶然面向国际市场,主要是因为某一时期国内市场供过于求、竞争激烈或因其他问题一次性外销产品,视国外市场为短期销售地。当国内供求及竞争趋于缓和时,这些企业又转向国内,生产本国市场所需要的产品。

(3) 稳定的国际市场营销:这类企业的目标市场包括国内市场也包括国际市场,一般成立专门的出口机构,甚至在国外成立分销机构,在不放弃国内市场的前提下,制定国际市场营销战略,专门开发国外消费者所需产品,针对国际市场营销环境,制定国际市场营销组合策略,参与国际竞争,企图在国际市场上建立持久的市场地位。

(4) 完全的国际市场营销:这类企业完全把国际市场作为目标市场,甚至把本国市场视为国际市场的一个组成部分。它们一般在本国设立公司总部,在世界各国发展参股比例不等的子公司,并在这些国家从事生产经营活动,其产品、资源在国际市场流通,依靠国际市场获取利润。

以上四个阶段,反映了国际市场营销的历史进程,其中前两种类型属于国际市场营销的初级形式,后两种类型则属于国际市场营销的高级形式。由于各个企业处于国际市场营销发展的不同阶段,因此必须据此来确定自己的营销策略,以便达到预期的目标。

(三) 企业开展国际营销的重要意义

企业开展国际营销的意义有:①发挥比较优势获得更大的利益回报;②开拓国际市场,扩大企业的产品销售,获得规模效益;③积极开展国际市场营销,可以在本国经济不景气时寻求有利的市场机会,在一定程度上避开国内市场饱和与竞争过度给企业带来的损失;④开展国际市场营销,可以在全球范围内进行资源有效配置,提高企业竞争力,并保证企业的健康发展;⑤积极开展国际市场营销,使企业投身到激烈的国际市场竞争中去,可以磨炼企业的生存发展能力,加快技术进步,提高经营管理水平,从而加速企业成长壮大。对于我国这样一个发展中国家来说,鼓励国内企业积极开展国际市场营销,参与国际竞争,可以在强手如林的激烈竞争中锻炼企业,在融入世界经济主流的同时,从根本上转变我国企业的发展思路,锻造出适应国际竞争趋势的新型现代企业。

二、国际市场营销环境

国际市场营销是超越国界进行的市场营销活动。国际市场营销与国内市场营销的根本区别就是它们所面临的营销环境背景不同,而这种不同又主要体现在以社会文化背景为基础形成的各国政治法律、经济技术等宏观环境的差异上。因此,国际营销成功的关键在于要了解国际营销环境,要能在环境因素的变动中发现并利用市场机会,及时地规避、防范风险。

(一) 国际社会文化环境

世界各国社会文化的差异,影响着消费者行为,进而影响到这一市场的消费结构、消费方式,并使生活在同一文化范围里的人们的个性具有相同的方面。不同国家或地区社会文化之间的差异很大,且错综复杂,很难将其划分为几个类型。一般来说,对一个国家的社会文化环境,可以从主要构成因素入手,进行全面分析。

1. 教育水平

一国教育的发达程度可以用识字率、入学率等指标来衡量。一国的教育水平的高低与其经济发展水平基本一致,而教育水平的高低又直接影响一国的经济发展,影响到劳动者收入水平;进而影响到消费者生活态度、购买行为特点、具体的消费方式,以及对商品的价值取向、对广告等促销方式的反应等多方面。从国际上看,发达国家的教育水平普遍较高。受教育水平高的消费者,知识比较广泛,对于商品的鉴赏能力较强,理性购买的程度较高,作出购买决策的过程也相对比较复杂,接受新产品的速度较快,往往追求高品质、高性能、环保型产品。在教育水平高的国家,市场需要的商品一般都具有先进、精密、复杂、多功能等方面的特点。促销方式多种多样,但在教育水平低、文盲较多的国家进行商品促销时,一般不宜采用手册、传单等印刷品。

2. 语言

不同的国家有不同的语言,企业在进行国际市场营销活动时,必须首先进行语言文字上的沟通,充分、准确地表达出有关各方的合作意向、经济交往的目的、愿望、方式、途径等等。因此,语言是国际市场营销中文化环境因素里最有意义的一项。语言是国际市场上各国通商的钥匙;通过研究出口市场的语言来掌握目标市场国的信息,以利于制定相应的营销对策;语言常常是产品的重要组成部分,通过一种语言或一种以上的语言将产品的品名、规格、性能(用途)、质量(成分)、操作规范、使用方法、注意事项等内容作必要的注释。

世界各国的语言文字非常复杂。据统计,世界上的语言有3 000多种,超过5千万人使用的文字有13种之多。有些国家还流行几种语言文字,如加拿大有英法两种文字。英语是世界最流行的语言。

3. 宗教

宗教对企业国际市场营销活动的影响,主要是不同的宗教有不同的宗教戒律和文化倾向,直接影响到人们认识事物的方式、行为准则和价值观,进而影响着人们的消费行为。宗教是一个重要的国际市场细分指标。宗教不仅把世界统一的大市场划分为若干个细分市场,而且可能把一个国家分成好几个细分市场。国际营销人员必须根据各个细分市场的需求、禁忌制定相应的营销策略,以满足各个细分市场的不同需求。

4. 风俗习惯

一个社会、一个民族的饮食起居、婚丧仪式、劳动分工、社团活动等都与人们的文化素养和传统习惯分不开,对其消费嗜好、消费方式起着决定性的作用。企业在选择目标市场,进行国际市场营销活动时,应注意这些差别,灵活调整营销策略和营销规划。一国的社会文化因素影响并形成了各国不同的商业习俗和商业惯例,对国外商业惯例的无知、缺乏感情投入是国际营销的大忌。

5. 价值观

不同的文化背景下,价值观念差异很大,影响着消费需求、审美标准和购买行为,从而制约企业的营销决策。例如时间观念的影响,高度工业化的发达国家生活节奏较快,人们的时间观念强,因此对于节省劳动、节省时间的商品和服务的需求强烈,如网上购物、上门家务劳动和机械化等。

6. 社会结构

社会结构确立了人们的社会角色与社会关系形态。考察社会结构一般考察亲属群体和社会群体两大类。亲属群体中最基本的单位是家庭,家庭又分为核心家庭和扩展家庭。通过对所进入国家的家庭结构、家庭生命周期等因素的研究,探求以家庭为购买单位的市场营销问题,对国际市场营销企业是有很大帮助的。社会群体主要指家庭以外的其他群体,如年龄群体、性别群体、共同利益群体等。除了对不同年龄、性别群体的研究,国际营销企业对各种社会组织、协会、行会等共同利益群体也应给予高度重视,因为在市场营销中,这些共同利益群体对该企业能否顺利在东道国顺利经营,有着举足轻重的作用。

专栏 16-1　文化只有差异,没有对错和好坏之分

对文化行为的好与坏、对与错是无法作出价值判断的,文化不存在是非问题,只存在差异问题。

不同国家或地区的人们都对本国文化抱有一种强烈的情感,都把本国文化看作是最佳文化,对外国文化的好奇之处经常会觉得滑稽可笑。例如,美国人会对法国人将狗带进高级宾馆,享受美食的做法感到惊奇。

(二) 政治法律环境

在现代各国经济生活中,政府是企业从事经营活动非常重要的影响方面。政府对企业营销的影响,是通过政府政策、法律法规,以及其他限制或鼓励的措施而起作用的。

1. 政治环境

政治环境是指企业市场营销的外部政治形式,包括政府和政党体制、政局稳定性、政府的方针政策,以及国际政治关系等。

专栏 16-2　日本车企在华损失或比海啸时严重

路透社 2012 年 9 月 19 日援引一家全球汽车咨询公司的数据称,受钓鱼岛事件影响,以日产公司为首的数家日本汽车制造商近日暂停在华生产,据估计已损失 2.5 亿美元的产值,而未来还将面临在中国这个世界最大汽车市场销售停滞的危险。彭博社 2012 年 9 月 19 日则称有汽车业内人士表示,日本汽车制造商目前在中国遭遇的危机可能要大于其在 2011 年海啸灾难时的损失。

据报道,日本汽车企业在中国市场正面临风险,日产公司在中国市场的汽车销量占其全球总销量的 27%,而本田和丰田公司的这一比例分别为 18% 和 11%,法国巴黎银行的一名高级分析师表示:"现在更重要的是,消费者将怎样做,可能会有一些人认为还不如购买韩国汽车。"报道称,丰田汽车公司的社长丰田章男表示:"希望问题能够很快得到解决,日本汽车能够再次回到购物清单上。"中国乘用车协会副秘

> 书长崔东树说:"日本汽车制造商将面临长期影响。市场上有这么多选择,如果因对日情绪存在安全担忧,为何还要买日本品牌呢?消费者可能转向美国或德国等国的品牌。"

2. 法律环境

现代企业在市场经济中的行为主要由法律来规范和约束,国际市场营销活动也不例外。但国际营销中的法律因素是一个重要而又复杂的因素。迄今为止,世界范围内,还没有一个能够解决国际商事争端的统一的国际司法机构,也没有一个适用于解决一切争端的超国家的法律制度。因此,国际营销企业进入多少个国家,就要面临多少种不同的法律环境。不了解企业所面临的具体法律环境,不掌握目标市场国具体的法律内容和规定,国际营销活动就会面临很大的困难,甚至遭受巨大的损失。国际市场营销的法律环境是由目标市场国法律、国际法律、母国法律相互作用形成的。

(1) 目标市场国法律。影响国际市场营销活动最经常、最直接的因素是目标市场国即东道国有关国外企业在该国活动的法律规范,它涉及的范围十分广泛,包括企业产品开发、商标运用、定价、促销、分销渠道等所有的商业活动。东道国的涉外法规是每个进入东道国的企业必须遵守的。这些涉外法规主要有三个方面:一是基本法律,如外资法、商标法、专利法、反倾销法、环保法、反垄断法、保护消费者权益法等,这些法规虽然都是国内立法,但对进入该国的国际企业仍然具有直接的约束;二是关税政策,包括进口税、出口税、进口附加税、差价税、优惠税等税种的设置,以及关税的征收形式,如从量计税、从价计税和混合计税、选择计税等;三是进口限制或非关税壁垒,如进口配额制、进口许可证制、进口押金制、进出口国家垄断,以及各种苛刻的商品检验技术标准等。所有这些法律、法规,国与国之间都不尽相同,有的差别甚大,在进行国际市场营销活动中,必须了解东道国的法律法规的性质和具体内容,才能进行最有成效的营销活动。

(2) 国际法律。国际法律是调整交往中国家间相互关系,并规定其权利和义务的原则和制度。国际法的主体,即权利和义务的承担者一般是国家而不是个人。其主要依据是国际条约、国际惯例、国际组织的决议,以及有关国际问题的判例等。这些条约或惯例可能适用于两国间的双边关系,也可能适用于许多国家的多边关系。尽管国际上没有一个相当于各国立法机构的国际法制定机构,也没有一个国际性执行机构实施国际法,也没有实际的法官裁判国际法,国际法依然在国际商业事务中扮演了重要的角色。

(3) 母国法律。每个国家出于自身的政治利益或经济利益,对于本国企业开展国际营销活动,卷入涉外民事活动所形成的国际民事法律关系,都制定出明确的法律规定加以规范。从全球来看,某国法律对国际市场营销行为的影响,主要可以归结为进出口贸易立法管制、技术贸易立法管制、投资立法管制等三个方面。

(三) 经济环境

经济环境是指企业营销活动所面临的社会经济条件及其运行状况和发展趋势,世界各国的经济环境条件差异较大,国际营销对此必须充分了解方能制定有针对性的营销对策。国际市场营销中的经济环境可以分为经济体制、经济发展水平、经济结构、市场规模、经济的稳定性、国际金融环境等方面。

1. 经济体制

世界各国的经济体制不尽一致,有以公有制为主体的经济,也有以私有制为主体的经济。发达国家的经济制度是混合式的,既有国有企业,也有私有企业,但私有企业在整个国民经济中占主导地位。在市场经济体制中,具体的组织形式和经济调控程度也不尽相同。在国际市场营销中,首先要对东道国的经济体制予以充分了解,才能制定相应的营销策略。

2. 经济发展水平

认识一国经济处于何种发展阶段,是企业确定目标市场的前提。美国经济史学家罗斯托将世界各国的经济发展水平分为以下五个阶段:传统社会、起飞前夕、起飞阶段、趋向成熟阶段、高度消费时期。大致而言,凡是属于前三个阶段的国家,一般被称为发展中国家,而属于后两个阶段的国家,则可视为发达国家。此外,还要指出,多数发展中国家的经济呈现两面的经济态势:一方面,有最现代化的经济形态;另一方面,却又同时存在着落后的农业式的经济形态,尤其是发展中国家二元经济往往混合相间。因此,对发展中国家的国际营销活动,必须有一套极有弹性的营销策略,方能胜任这种特殊的市场需求。

3. 经济结构

经济结构是指一个国家的第一产业、第二产业和第三产业之间,劳动密集型产业、技术密集型产业之间,以及各部门之间的比例关系。经济结构直接决定需求结构。随着一国经济的发展,其经济结构总在不断升级或变化,由此决定需求结构也在不断变化。通过对一国经济结构现状及其变化趋势的分析,企业可以发现某些市场机会,所以经济结构也是选择目标市场的首要依据之一。从目前情况看,各国的经济结构大致可以划分为生存经济、原材料或能源出口经济、新兴工业化经济、发达工业经济四种主要类型:

(1) 生存经济型。这类国家的特点是生产力水平低,自给自足的传统农业经济占统治地位,即第一产业所占比例最高。商品经济很不发达,市场基本封闭,对外贸易仅限于偶然调剂,所以进入该国的机会极小。

(2) 原材料或能源出口经济型。其特点是国内某种自然资源储量极为丰富,资源开采部门发展迅速,其他产业部门相对比较落后,国家收入主要依赖原材料或能源的出口。这类国家对其"支柱"工业所需的先进技术设备、运输工具有旺盛的需求,高档消费品也有一定的市场。一般来说,这种经济结构的国家都拥有一种以上丰富的天然资源,其收入大部分来自资源的出口,外汇充裕。例如,智利出口锡、铜,刚果出口橡胶,沙特阿拉伯、伊拉克等出口石油等。这类国家大量从国外进口轻纺产品、日用消费品、耐用消费品及开发本国资源所需的机电产品、大型成套技术设备、运输工具等。

(3) 新兴工业化经济型。其特点是依靠国内廉价而丰富的劳动力资源,通过引进先进的生产技术,大力发展国内的加工制造业,从而提高国内的劳动生产率,增加国家收入,促进经济的快速发展。此外,加工制造业的快速发展,又带动了能源和原材料进口需求量大幅度增加,同时,制造业所生产的劳动密集型产品也大量销往世界各地。这些国家进出口贸易的迅速增长,表明它们对国际市场的依赖性越来越大。一般地说,在这种经济类型的国家里,轻纺工业、家用电器工业、机电工业等制造业发展很快,其地位也日趋重要,制造业所创造的产值占国内生产总值的20%~45%。例如,中国香港、新加坡、韩国、中国台湾、菲律宾、印度尼西亚、泰国、马来西亚等国家和地区属于此类,巴西、墨西哥、阿根廷等也属此类。

（4）发达工业经济型。其特点是工业基础雄厚，生产力水平高，资金充裕，技术先进，尤其是以通信、信息、网络等为主的第三产业迅速发展，并已远远超过第二产业，跃居第一位。这类国家技术、信息等新兴高科技产业对本国经济发展的贡献率均在50％以上，是目前国际市场上资本、技术密集型产品及知识、信息产品的主要输出国；同时，需要进口大量的原材料或能源及劳动密集型产品。由于这些国家国内的消费市场庞大，消费水平高，因此是国际市场营销的主要场所。一般来说，处于这种经济结构的国家，都已建立起相当雄厚的工业基础，如美国、日本、西欧各国等。近年来，随着世界经济的发展与科技革命的推进，这些国家逐渐将劳动密集型和污染严重的产业转移到发展中国家，集中精力发展技术和知识密集型的产品。因此，它们向国际市场大量推出高科技产品和人工材料，而从国际市场进口大量的轻纺产品、一般消费品、耐用消费品和部分机电产品等。这类国家是我国企业目前最大的国外市场。

4. 市场规模

市场规模决定于一国的人口和社会购买能力，而社会购买力又与一国居民的收入、储蓄和信贷及物价等因素密切相关。对于一国人口因素，可从总人口、人口密度、年龄结构、性别结构、家庭数目、人口自然增长率等指标考虑。对于一国的收入因素，一般可用国内生产总值、国民生产净值、国民收入、个人收入、个人可支配收入等指标来统计核算。体现一国经济力量总和的指标是国民生产总值或国民生产净值、国民收入等，它们是衡量工业品市场规模和潜力的。而消费品生产企业，则应把注意力集中在人均收入水平上。个人可支配收入水平的高低直接影响一个国家的生活消费水平、消费结构及消费方式，它才是衡量一国消费品市场规模，确定进入商品的数量、结构、销售价格的重要依据，个人可支配收入才能真正体现一国市场的自由购买力。对于消费者收入因素分析中要考虑物价因素，要注意"货币收入"与"实际收入的区别"，消费者的实际收入才是影响实际购买力的重要因素。另外，对于一国收支状况的分析还要注意消费者的储蓄和信贷情况，以及消费者支出模式及其变化，了解消费者需求结构的特点及其变化趋势。

5. 经济的稳定性

企业进入国际市场经营是一个较为长期的过程，即便是较为简单的产品出口，从签订合同到最终履行完合同，也需要一定的时间，短则几天（产品出口到周边国家），长则需要几个月，而如果企业选择投资进入方式，经营时间就要以年来计算，在这较长的经营期内，经济频繁的波动，尤其是经济急剧下滑（经济危机）对企业不利影响将是非常严重的。企业必须对目标市场的经济的稳定性有较为准确的把握，做好充分的思想准备，并作出合理的选择与安排，尽量降低风险与损失。企业面对经济下滑的不利影响也要冷静应对，密切关注影响经济发展的各种因素的变动趋势，以及可能对经济发展的影响，作出合理的安排，不要轻易放弃国际市场，要坚定企业国际化经营的信念，对于多数企业来说困难是暂时的，克服困难坚持下去就会迎来更好的发展机会。

6. 国际金融环境

企业在国际市场上开展营销活动，其资金流动不可避免地面临国际金融市场的影响，企业在国际市场经营会面临汇率变化、货币转换的风险，以及外汇进出的管制。因此，企业必须了解国际金融及外汇环境，防范国际金融市场上的金融与外汇风险。为此要了解各国政府制定的相关制度和措施。例如,国际收支及其调节机制,汇率与汇率制度,国际货币资产或储备资产的确定,以及国际货币的协调与管理。此外,要了解金融货币市场,特别是外汇市场运行,以及汇率的变动规律,掌握各种国际金融风险,特别是外汇的交易风险、折算风险、经济风险等的防范措施。

(四)基础设施与自然、技术环境

1. 基础设施

任何一个企业的国际市场营销活动都离不开当地市场的交通、通信、能源,以及具有销售辅助功能的情报、财务、销售网络等机构或部门。因此,基础设施的可获得性与质量是衡量国外市场营销环境优劣的重要因素之一。基础设施主要包括交通运输条件、能源供应、通信设施,以及商业和金融的基础设施等诸多方面。

一般来说,经济发展水平越高的国家,基础设施越完善;相反,在经济欠发达的国家,基础设施发展比较落后,甚至有些方面十分短缺。因此,国际营销人员在进入不同的目标市场国时,必须对其基础设施状况加以研究和分析。

2. 自然条件

自然条件包括各种自然因素,如气候、地形、自然资源等,它们对市场营销活动都会产生直接或间接的影响。在气候炎热、风沙大的地区或国家推销空调器与在温带地区或海边城市推销空调器的策略显然就不一样;山区与平原地理条件的差异决定了对运输车辆的性能、装备等的需求不同,山区对运输车辆性能、设备等的要求较高,平原就略低一些,因而,山区的运输成本一般也比平原要高一些;可通航的河流与不可通航的河流的经济价值差别很大,因为可通航河流能够使流域内的任何地区交通便利,信息畅通,经济因此就比较发达,所以可通航河流的经济价值较高。此外,港口、码头、山川、湖泊、海滩等自然资源与自然条件本身也可能创造出许多独特的营销机会,如旅游、娱乐、体育、观光、度假等。

自然资源的差异还会影响一国的经济和购买力水平。如盛产石油的国家——科威特、沙特阿拉伯等,依靠石油输出,可以换取大量外汇收入,使国内人民的生活水平和购买能力均较高,这为消费品生产企业的国际市场营销提供了理想的目标市场。但相反,有些国家自然资源匮乏,为了满足国内生产发展的需要,就需要从国际市场上大量进口原材料、能源等初级产品,如英国、日本、新加坡等,这为资源开采型生产企业提供了理想的目标市场。

3. 技术环境

技术环境也是国际营销环境的重要组成部分,技术环境不仅直接影响企业内部的生产与经营,同时还与其他环境因素,特别是与经济因素相互依赖、相互作用。技术因素对企业营销活动的影响巨大,这主要表现在:科技进步使新产品不断涌现、产品生命周期大大缩短,消费者的消费模式与生活方式也发生改变,消费者的需求趋于个性化和理性化,由此影响到企业的营销观念,以及企业的营销对策。各国科技环境差异较大,这直接反映为经济发展水平的差异,为此,要了解各国科技发展状况以便制定适宜的营销对策。对于技术环境的了解可以通过一国目前的科技总体水平,某一技术的领先程度,以及科技研发投入,科技人才的数量、质量,新产品,特别是高新技术产品的研发速度等方面了解;同时一国的科技环境还可以通过一国的经济发展状况、基础设施建设,以及人们受教育水平,消费观念,人们对知识产品的需求情况等方面间接得到了解。

第二节　国际目标市场的选择与进入模式的确定

一、选择国际目标市场

全世界有 200 多个国家和地区，但每一个国家和地区的市场差异很大，并不是每一个国家和地区市场都是国际营销企业应该进入并能够进入的。企业应当根据企业的营销优势，以及企业可以利用的各种资源，选择最有发展机会的市场作为企业的目标市场。

（一）国际市场细分

依据市场营销基本原理，确定目标市场的前提是市场细分。在庞大的国际市场中选择目标市场当然也不例外。对国际市场进行细分常用的细分标准有：

(1) 地理标准，如按地区分为北美、欧洲、拉美、东南亚等市场。

(2) 文化因素，如按语言、宗教、种族等标准进行划分。

(3) 经济标准，如按经济发展水平，国际市场细分为发达国家、发展中国家市场；按人均国民收入可以划分为高、中、低收入三类市场。

此外，在上述大的市场区域划分的基础上，按照国内市场营销细分的常用指标，如按家庭、性别、年龄、职业、文化程度、消费心理、消费行为等标准将国别或地区市场进行进一步细分。由于确定目标市场往往要考虑很多因素，需要从地理区域、人口、经济发展水平、政治经济制度和市场基础设施、竞争状况、各种风险等方面综合考虑，因此，在市场细分时可以运用多因素组合来进行市场细分。

（二）目标市场选择

将国际市场细分之后，在众多的细分市场中确定企业的目标市场。选择企业国际营销目标市场要注意评价细分市场的市场规模，市场增长速度，竞争状况，此外，还要注意国际营销中可能发生的与国内营销不同的交易成本（如关税），以及自然灾害、意外事故、战争、政局不稳、两国关系恶化、原料供求变化、货币贬值、通货冻结等各种风险。在此基础上，要对可能的目标市场进行深入的分析，估计其现在及未来的市场潜力，预测可能的市场占有率、成本、利润，以及投资收益率与风险，以便为企业选择机会更多、风险更小（企业能够承担）的国际营销目标市场提供科学可靠的依据。

二、进入国际市场的模式

国际营销开展企业及其产品采取什么模式进入国际市场十分重要，它不仅涉及企业及产品如何跻身国际市场，而且涉及进入国际市场后如何根据实际情况的变化进行恰当的调整，从而有效地开展营销活动。企业应根据本国及所进入国家的各种政治经济情况，以及自身的各种条件适当选择进入模式。

（一）出口进入模式

出口进入是指产品在国内生产，然后通过适当渠道销往国际市场的方式。这是一种传统的企业进入国际市场的方式，也是目前进入国际市场普遍采取的一种方式。采用这种方式生产地点不变、生产设施仍然留在国内，劳动力没有国际流动，出口的产品可与内销产品相同,或根据国际市场需要作适当的变动,产品在国际市场遇到阻力时,还可及时转向国内市场,因此,这种方式的经营风险相对较小,对产品结构调节、生产要素组合的影响都不大。

出口进入又分为间接出口和直接出口两种方式。

1. 间接出口

间接出口是指利用本国中间商向国际市场出口产品,是企业开始走向国际市场最常用的方式。

间接出口的主要做法有:①生产企业把产品卖给外贸公司,产品所有权由生产企业转向外贸公司,由外贸公司再将产品销往国际市场;②生产企业委托外贸公司代理出口产品,产品所有权未转移,外贸公司是生产企业的代理商;③生产企业委托本国其他企业在国外的销售机构代销自己的产品,合作开拓国际市场。

间接出口方式的优点是:①投资少:企业不需要建立自己的国外销售机构,甚至不需要聘请专门的国际营销专门人才;②风险小:经由国内专门的外销机构,通过这些机构积累的国际营销经验为自己服务,可以减小风险,同时,由于没有为国际营销设立专门机构,也会减少损失;③企业可以集中精力生产,不必为外销渠道分心。

但是,间接出口的缺点也是明显的:①不能直接了解国际市场,难以围绕国际市场需求展开营销;②过于依赖国内中间商,易于造成外销失控,甚至造成被中间商抛弃的风险。

2. 直接出口

直接出口指生产企业自行承担一切出口业务。如果有外商前来洽谈购买企业产品,或企业生产规模很大并且出口额也很大时,往往采取直接出口的方式。

直接出口的主要做法有:①直接向外国用户提供产品;②直接接受外国政府或厂商订货;③根据外商要求定做销往国外的产品;④参与国际招标活动,中标后按合同生产销往国外的产品;⑤委托国外代理商代理经营业务;⑥在国外建立自己的销售机构。

直接出口方式的优点是:①可以节省国内中间环节的费用;②可以直接面对国际市场,获取国际市场的需求变动信息,及时调整生产经营活动;③可以在一定程度上自主决策,控制产品外销。

当然,直接出口也有不足:①一般需要建立产品出口的专门机构,甚至在国外建立机构,并需要聘用专门的国际营销人才,这增加了一定的费用;②需要自己承担由直接出口带来的经营风险。

(二) 合同进入模式

合同进入,又称契约进入,是指国际营销企业与目标国家的法人单位之间建立的较长期的非股权联系,前者向后者转让技术、服务等无形产品而进入国际市场的方式。20世纪70年代以来,由于国际贸易保护主义盛行,出口进入受到一定阻碍,一些企业转向合同进入方式,向国外目标市场输出技术和服务,带动产品出口。采用这种方式,可以降低生产成本,避免经营风险,减少汇率波动损失,加强经济技术合作,正是这些优点使之在贸易保护主义盛行的时代,日益得到各国企业青睐。

合同进入又分许可证贸易、特许经营、合同管理、合同制造、工程承包等方式。

1. 许可证贸易进入模式

许可证贸易是指以签订许可证合同的方式,出口企业(许可人)在指定的时间、区域内将其工业产权(专利、专门技术、工艺、注册商标等)、技术诀窍等的使用权转让给国外企业(被许可人)。许可证贸易是工业产权、技术诀窍等使用权的有偿转让,转让企业可获得使用权转让费或其他形式的报酬。

许可证贸易根据不同的划分标准,可分为多种类型:①根据被许可方取得的权限大小,可分为独立许可、排他许可、普通许可等类型;②根据合同对象划分,可分为:专利许可、商标许可、专有技术许可等类型;③根据被许可方是否有技术的再转让权划分,可分为可转让许可、不可转让许可等类型;④此外还有一些特殊类型,如交叉(交换)许可、一揽子许可等类型。

许可证贸易是一种简单的走向国际市场的方式,它的优点是:①可避开进口国提高关税、实行进口配额等限制,使自己的产品快速进入国际市场;②不用承担东道国货币贬值、产品竞争的风险和其他政治风险;③不需支付高昂运输费用,节约经营成本。但是它的缺点是:①对被授权企业的控制有限;②可能会培养出国际竞争对手。

2. 特许经营进入模式

特许经营是许可证贸易的一种特殊方式,企业(特许人)将其整个经营体系,包括企业商号、商标、企业标志、专有技术、工艺、经营观念,以及经营管理方法和经验等特许给国外企业(被特许人)使用。

特许合同双方的关联程度较高,特许人往往将被特许人的企业作为自己的分支机构,统一经营政策、统一风格、统一管理,向客户提供标准化的服务。

特许经营的优点是:①标准化的经营方式可最大限度地扩大特许企业的影响力;②将企业间激烈的竞争关系转化为利益分享的伙伴关系,以较低的资本迅速扩展国际市场;③商业风险和政治风险较小。

特许经营方式的不足是:①这种方式的使用有一定的限制,特许人的工业产权及其管理模式也必须有较大的吸引力;②对被许可人的控制有一定难度,利润也受到一定的限制。

专栏 16-3

肯德基超低价开放特许加盟

目前,肯德基在中国已开设多家分店,虽然早已把对手麦当劳远远抛在身后,却仍未放缓扩张脚步。

不久前决定在地域和价格方面扩大特许加盟店选择范围,此举与麦当劳、星巴克等外资连锁餐饮企业特许加盟的策略明显不同。

据悉,肯德基在地域上扩大加盟店选择范围后,除北京、上海、广州、深圳等一线城市和苏州、无锡等合资公司,以及浙江全省暂时未开放特许加盟业务以外,其余所有二、三线城市都将开放特许加盟。不仅增加可供加盟的店数,还将部分餐厅的购入费降低至 200 万元人民币。此前,肯德基加盟餐厅的购入费一直保持在 800 万元人民币左右。肯德基"不从零开始"的特许加盟业务一直受到业内关注,已有 37 家"不从零开始"的肯德基餐厅在中国被授权加盟。

3. 合同管理进入模式

合同管理方式是通过签订合同（合约）的方式，由国际营销企业向外国企业提供管理知识和专门技术，并提供管理人员，参与指导外国企业的经营管理。合同管理方式是通过提供管理这种技术和服务的方式而得到回报的。这种方式的优点是：①可迅速进入国际市场，开展市场营销活动；②政治风险和商业风险较小。这种方式的最明显的不足是在合约期满后培养出自己的竞争对手，另外这种方式具有阶段性。

4. 合同制造进入模式

合同制造是介于许可证合同和对外直接投资二者之间的一种方式。企业为了开拓国外目标市场，与当地制造商签订合作制造产品的协议，向其提供技术、技术援助、制造设备，以及零部件、原材料或提供详细的制造技术由其仿制，由企业负责经营的一种方式。合同制造的基本特点是：它超越了国内生产产品到国外销售的阶段，而是把生产机构转移到了目标市场国，当地制造，就地销售或到其他国家销售（含产品返销），与国外目标市场有了进一步的结合。

合同制造的优点是：①与对外直接投资相比，资金投入相对较少，风险较小，但能迅速进入目标市场；②不涉及股权关系，回避了有关所有权的问题；③与许可证贸易方式不同，合同制造方式允许企业对所制造的协议产品拥有营销权。

合同制造方式的不足之处是：①与许可证合同方式相似，较难找到合适的当地合作伙伴；②为保证协议产品的质量，负有监督和提供大量技术援助的责任；③有扶植潜在竞争对手的危险。因此，当目标市场潜在销售量不大、不宜采取直接投资进入方式，而出口方式又受到种种限制或成本明显加大时，合同制造才是可行的进入方式。

5. 工程承包进入模式

工程承包进入模式是指企业通过与外国企业签订合同并完成某一工程项目，然后将该项目交付给对方的方式进入外国市场。工程承包合同实际上就是工程建设所需的非资本要素的转让合同，其中主要是劳动力、技术和管理等。工程承包合同还可能涉及工程建设所需的原材料和设备的进出口贸易。承包企业的责任一般包括项目的设计、建造，以及在交付项目之后提供服务，如提供管理和培训工人，为对方经营该项目做准备。

国际工程承包合同有几种不同的类型：

(1) 分项工程承包合同：只承包国外总工程中的部分项目。

(2) "交钥匙"工程承包合同：承包国外工程的全部项目，包括勘察、可行性研究、设计、施工、设备安装、试运转和试生产等，整个工程试运转和试生产合格后，再移交给外国工程业主，即所谓"交钥匙"合同。

(3) "半交钥匙"工程承包合同：不负责试生产的"交钥匙"合同。

(4) "产品到手"工程承包合同：不仅负责"交钥匙"所包括的所有项目，而且负责工程投入使用后一定时间内的技术服务，如技术指导、设备维修、技术培训等，使产品质量达到稳定后，再移交给工程业主。

工程承包进入模式是劳动力、技术、管理甚至是资金等生产要素的全面进入和配套进入，这样有利于发挥工程承包者的整体优势。工程承包进入模式最具吸引力之处在于，它所签订的合同往往是大型的长期项目，利润颇丰。但正是其长期性，使得这类项目的不确定性因素增加，企业预期外国政府的变化对项目结果的影响往往很困难，风险很大（如遭遇政治风险）。

(三)投资进入方式

投资进入是指企业在国外进行投资生产,并在国外市场销售产品的方式。企业通过投资方式进入国际市场,可以及时了解市场行情,充分利用东道国的资源,取得东道国政府的理解和支持,但由于投入了资本及其他生产要素,政治风险和商业风险明显增大。促使一个公司在国外进行直接投资的因素有很多,主要分为市场营销因素、贸易限制因素、成本因素、投资环境因素等。表16-1列举了决定在国外直接投资的主要因素。

表16-1 决定在国外直接投资的主要因素

因素类别	主 要 因 素
市场营销因素	①市场规模和潜力的吸引;②市场增长速度的吸引;③保持市场占有份额的愿望;④加强母公司出口能力;⑤保持与客户的更密切联系;⑥建立出口基地
贸易限制因素	①回避贸易障碍;②满足当地顾客偏爱当地生产的商品的愿望
成本因素	①投资地接近销售地;②投资地有丰富且低成本的劳动力;③投资地有丰富的原材料;④投资地有雄厚的资金和技术;⑤投资地生产成本低;⑥低运输成本;⑦政府给予优惠吸引;⑧总的成本水平低
投资环境因素	①投资所在国政府对外商的鼓励态度;②政局稳定;③投资产权上无限制;④良好的外汇管制制度;⑤汇率稳定;⑥良好的税收政策;⑦对该国的熟悉程度

投资进入根据其资金投入的比例,又分为独资经营和合资经营两种类型。

1. 独资经营

独资经营方式是企业在国外单独投资兴办企业,独立经营,自担风险,自负盈亏。独资经营的优点是:①可获得东道国的支持与鼓励;②可获得东道国廉价的生产要素,降低经营成本;③可加强对独资企业的控制,避免工业产权向企业外转移,避免竞争对手的迅速成长。但是,独资经营也是所有进入国际市场方式中风险最大的方式,如东道国没收、征用、通货膨胀、价格限制等,都可能使企业遭受全部或极大的损失。

2. 合资经营

合资经营方式是本国企业与国外一个或一个以上企业按一定比例共同投资兴办企业,共同生产经营并承担经营风险,获取经营收益的方式。合资经营方式的优点是:①由于与东道国企业合资经营,政治风险较小,可能享受较多的优惠;②可以利用国外合营伙伴熟悉该国政治法律、社会文化及经济状况的优势,比较容易取得当地资源并打开当地市场。合资经营的缺点是在投资各方人员的管理上难以协调,利润分配和使用上也容易产生矛盾。

第三节 国际市场营销策略

一、国际市场营销产品策略

国际市场营销产品策略是国际市场营销4P组合中的核心,是价格策略、分销策略和促销策略的基础。由于企业面对的是错综复杂的国际市场营销环境及不同的各国消费者,国际市场营销的产品,必须适应国际市场的需求,无论产品的设计、包装及商标、新产品开发等,都必须符合特定国家和地区的社会文化以及消费者购买偏好。与此相适应,国际市场营销产品策略主要有以下几个方面。

(一) 产品延伸策略

产品延伸策略,又称为产品标准化策略,是指对现有产品不加任何变动,直接延伸到国际市场的策略。这一策略的核心是在原有产品基础上跨国界规模扩张,即在产品功能和外形的设计上、在包装广告上都保持原有产品的面貌,不作任何改动,不增加任何产品研制和开发费用,只是将现有产品原封不动地打入国际市场。对企业生产上要求规模经济、市场需求只有同质性的产品。宜于大量采用直接推广策略的主要是原材料、资源性产品和某些技术性较强的工业产品,前者如石油、钢材、谷物;后者如某些成套工业设备、电视机、录音机等。而多数消费品则因各国经济发展水平、居民收入、社会文化背景的差异等,很难通过直接推广在国际营销中获得成功。

产品延伸策略的优点是:①可以获得规模效益,把生产成本和营销费用保持在最低水平;②可以壮大企业声势,在国际市场上以同样产品、同样包装、同样广告形成巨大的宣传综合效应;③便于企业对全球营销进行有效控制。

产品延伸策略的缺点是对国际市场的适应性较差,难于满足不同市场消费者不同的需求。

(二) 产品适应策略

产品适应策略,又称产品差异化策略,是指对现有产品进行适当变动,以适应国际市场不同需求的策略。这一策略的核心是对原有产品进行适应性更改,即一方面保留原产品合理的部分,另一方面对某些部分作适当更改,以适应不同国家客户的具体要求。产品更改通常包括:功能更改、外观更改、包装更改、品牌更改。多数情况下,各国对产品所需具有的基本功能的要求相似,如电视机、汽车、咖啡饮料。但产品的使用情况,消费者的收入水平、经济技术发展状况、社会文化背景和政府的要求从一个国家到另一个国家可能有较大差别。如气候和路面条件的不同,对车内是否安装电热设备、空调和使用什么样的轮胎有不同要求;收入水平的不同对在各国销售小汽车的档次要求不同,再如一些国家对汽车燃油、发动机尺寸、废气污染有税收要求或其他严格规定,向这些国家销售的企业均不能不依此对产品作出调整。从本质上看,产品差异化能够较好地适应不同国家消费者需求的特殊偏好,也能很好地适应各国政府不同规章制度的要求,从而扩大企业营销范围和市场份额。但决策的最终目标是利润,因此在作出产品更改决策前,先要进行成本效益分析,确信更改产品的投入小于可能取得的销售收益,此策略才是最佳选择。

产品适应策略的优点是增加产品对国际市场的适应性,有利于扩大销售,增加企业收益;缺点是增加更改费用,提高产品成本。

专栏 16-4

瓷器茶杯的畅销

早在 19 世纪 30 年代,中国商人已把中国的瓷器茶杯打入欧洲市场。虽然其漂亮的外观、良好的质地得到了欧洲人的认可,但不知为何,欧洲人只喜欢看,却很少

> 有人购买。中国的瓷器商人百思不得其解,最后只好放弃了欧洲市场。当时,一位中国瓷器的爱好者和收藏者——日本的稻本一男,正在欧洲游历。他看到中国瓷器茶杯在柜台上被束之高阁,也很是费解。
>
> 为何中国茶杯在欧洲举步维艰呢?带着这个疑问,稻本一男进行了近半年的调查研究。最后,他终于弄清了原因:传统的中国茶杯口一样高,而欧洲人鼻子大,喝水的时候,鼻子经常将杯子挡住,必须仰头才能喝完杯里的水,用起来非常不便。稻本一下子发现了其中的商机,兴奋不已。他把茶杯口设计成斜口,把图纸样式交给中国厂家,从中国订货,再运到欧洲。
>
> 正当国人笑话稻本设计的茶杯不伦不类时,斜口茶杯早已在欧洲市场上供不应求。就这样,没有茶杯工厂的稻本一男,通过对产品的独特设计,一买一卖,一举成为欧洲有名的茶杯大王。

(三)产品开发策略

产品开发策略是一种全面开发设计新产品,以适应特定国际目标市场的策略。产品开发策略的核心是产品的全面创新,即在产品功能、外观、包装、品牌上都针对目标市场进行新产品的开发。在市场具有独特的巨大需求,企业技术规模都比较大的情况下,可以采用产品发明的策略。

产品开发策略的优点是产品对国际市场的适应性强,能够大大提高对消费者的吸引力,减少销售风险,迅速有效地进入国际市场;其缺点是研制开发投资大、费用高、困难多、风险大。

二、国际市场营销定价策略

在国际市场竞争中,价格是最为常用也是最为敏感的竞争手段之一。同时,企业产品价格的高低直接影响到企业的经济效益。由于企业在国际市场面临的营销环境更为复杂,国际市场产品定价比国内市场产品定价也更加复杂,定价影响因素更多,价格构成也更复杂。

(一)国际市场产品价格构成

国际市场价格仍然是由生产成本、流通费用、利润和税金构成的。但是,由于受国际商品或劳务的交换特点所决定,其构成相对要复杂一些。除包括国内市场价格的各个要素外,还包括国际的运费、装卸费用及储存费用、保险费、关税、国外中间商的加成等。

1. 生产成本

成本是国际市场价格的首要组成部分,而且是出口商品定价的最低数量界限。在一般情况下,商品的售价总是要收回其全部制造费用。这些费用包括全部固定费用和变动费用。由于许多商品的国际市场竞争异常激烈,因此,一些企业在国际市场定价中仅仅考虑销往海外市场产品的边际成本或称增量成本,运用可变成本定价,以利于在国际市场上进行最有潜力的竞争。但是,产品是不完全成本定价,很可能受到倾销的指控,被征收反倾销税,使产品的竞争优势完全丧失。

2. 流通费用

由于国际市场营销中的买卖双方一般相距遥远,进出口货物自卖方所在地运交买方所在地时,往往需要经过长途运输和多次装卸及储存,期间需要办理洽租运输工具、装货、卸货、货运保险、申请进口或出口许可证、报关纳税等手续,相应地需要支付运费、装卸费、仓储费、保险费、银行手续费及其他各项费用。因此,与国内销售相比,其各项费用的支出明显增加,流通费用所占的比例相应要高一些。

3. 税金

国际市场价格中的税金主要由关税及一般流转税组成。一般流转税除了包括国内的增值税、消费税,还包括出口商品在目标市场国缴纳的消费税、增值税、零售税、营业税等,这些税收使得商品价格大幅度提高。

总之,国际市场商品的最终价格虽然还是由生产成本、流通费用、利润、税金等要素构成,但是,由于受运输距离远、分销渠道长、中间人活动范围大以及特别是税收和外汇变动等因素的影响,其价格远远高于其国内价格,出现价格升级现象。

(二) 决定与影响国际市场价格的因素

为商品制定一个既能为国外市场消费者接受,又符合公司利益的价格,其实并非易事。需要企业站在全球市场的角度,充分考虑各方面的影响因素,拟出一个具有竞争力、为各方所接受的适当价格。

1. 国际价值

根据马克思的劳动价值学说,商品的价值是由生产该商品所花费的社会平均必要劳动时间所决定的。当商品超出国家的地域范围,进入国际市场时,其价格的形成基础是国际价值。国际价值是国际价格形成的基础,但具体于某一种商品,由于受多种因素的影响,国际价格并不直接是国际价值的货币表现,而是在供求规律的作用下,围绕国际价值上下波动,有时高于国际价值,有时低于国际价值,但不管它如何偏离价值,最终决不会离开国际价值这个轴心。

2. 汇率与货币价值

目前,各国一般都实行浮动汇率,即本国货币对外国货币的比价根据外汇市场上的供求关系自由波动。一般情况下,在外汇市场上当一国货币供过于求时,汇率下浮;当供不应求时,汇率上浮。汇率波动幅度没有官方上下限的范围,但事实上,各国在一定程度上都会对外汇市场进行必要的干预活动。

外汇汇率的波动还使得区域性成本优势变得复杂化。通常汇率每年都会发生20%~40%的波动。这么大的波动可能会将一个国家的低成本优势完全抵消,也可能使原来成本很高的地方变成一个很有竞争力的地方。美国坚挺的美元使得美国公司在国外进行经营和运作更加具有吸引力。美元的贬值可能会抵消外国公司相对于美国制造商而拥有的大部分成本优势,甚至可能会促使外国的公司在美国设立生产工厂。

3. 供求与竞争

供求关系是决定和影响国际市场价格的又一基本因素。当国际市场上某种商品的供给小于需求时,价格就会呈上涨趋势,若供给大于需求时,价格就会呈下降趋势。而价格的上涨和下降,又反过来调节需求。在国际市场上,由供求关系所反映的国际生产和国际需求之间的矛盾运动,主要是通过市场上的竞争得以实现的。目前,由于国际市场竞争异常激烈,以及国家垄断和超国家经济组织的存在和发展,国际市场已经分化为四个领域并产生四类不同的国际市场价格:一是以跨国公司的国际经营为代表的国际垄断领域,形成了垄断价格与划拨价格;二是以国家与国家之间或国家与外国私营公司之间的长期合同和以国营对外贸易为代表的国家垄断调节领域,形成了国家垄断价格或管理价格;三是以进口和出口贸易的国际计划分配为原则的经互惠国家的国际计划贸易领域,形成了国际计划价格;四是以现货市场和期货市场为代表的世界自由市场领域,形成了世界自由市场价格。除了世界市场的竞争状况,企业制定出口商品价格时,还应考虑具体目标市场国的竞争状况。

4. 价格管制因素

价格管制是影响国际市场价格的又一重要因素。来自国际市场上的价格管制主要有两个方面:一是目标市场国政府的管制;二是其他工商集团组织的管制。由于进入国际市场的各个国家,其经济发展水平、竞争能力、国内资源情况各不相同,许多国家的政府都需要在一定程度上对价格实行管制。其手段主要有规定毛利、规定限价、限制价格变动、利用市场调节、实行补贴、由政府集中控制及政府规定贸易形式等。此外,在国际市场营销领域,一些获得垄断地位的工商集团出于保护本集团利益的目的,总是要设法控制价格。其方法主要有定价协议、价格安排、共谋、共同利益集团利润联合体、专利权特许协议、卡特尔、贸易协会、领头定价、习惯定价等。由于各国法律对垄断的定义和限制方法并不一致,再加上历史等多种问题,形形色色的工商集团使用了各种不同的价格控制方法。他们对于价格控制的程度,取决于他们对市场的垄断程度。

5. 国际市场的定价目标

定价目标是指企业希望通过价格手段的运用而达到相应的营销结果。由于不同的国外市场环境和不同的企业状况,不同企业的定价目标会有所不同。例如,有些企业开展国际营销的时间不长,自身实力有限,主要将国内市场作为主导市场,而将国外市场看作国内市场的延伸和补充,因此所采取的国际市场价格策略会相对保守;而一些实力雄厚的跨国公司则将世界市场看作一个整体,将国内市场当作国际市场的一部分,他们往往会采取进攻型的定价策略。另外,企业针对各个国外市场设定的战略目标不同,其定价策略也会有所不同。在成长性较好的国外市场上,企业可能更注重占有率的增长而暂时降低对利润的要求,采取低价渗透策略。在成长性较差的国外市场上,企业可能更多地考虑短期财务绩效,而采用高价取脂策略。除上述因素以外,如果企业与当地厂商合资经营或合作经营,那么在定价上除考虑自己本身的目标外,还必须考虑合作伙伴的要求。

企业的定价目标主要有以下几种:开拓国外市场,争取最大利润,市场占有率最大化,保持价格稳定,增加出口创汇。为了增加出口创汇,在某些情况下,一些企业定价的主要目的就是不论盈亏,都要扩大出口,以便多创外汇,满足企业发展中对外汇的某方面需要。

(三) 国际市场营销定价策略面对的问题

在国际市场营销中,企业定价仍然可以采用新产品定价策略、折扣与折让定价策略、心理定价、地理定价策略等,但在国际市场营销中还经常要面对以下问题。

1. 统一定价与差别定价

许多企业在国际市场营销活动中,在价格方面常常会遇到这样一个问题:究竟同一种产品的价格应该在世界各国市场上保持一致,还是针对各国的不同情况,分别制定不同的价格? 从众多企业的营销实践上看,大多数都采用差别定价决策。因为受历史、文化、经济发展水平、国内资源、政府政策等因素的影响,各国的生产成本、竞争价格、分销渠道及其分销成本、产品生命周期及税收等都不一样,企业应根据这些方面的差别制定不同的价格。但是,也有少数企业认为,在国际市场上保持统一的价格,有利于公司和产品在各国市场上形成一致的形象,而且统一的市场定价策略有利于节约营销成本,同时便于公司总部对整个营销活动的控制。由此可见,不同的企业有不同的选择。

2. 公司总部定价与子公司定价

许多规模较大的企业在国际营销的价格管理方面,面临这样一个问题:由总公司统一制定商品在世界各地的价格,还是由在各国的子公司独立地定价?对这个问题的回答有三个:其一是由公司总部定价;其二是由子公司单独定价;其三是由公司总部与子公司共同定价。由于各国的生产、市场和竞争等条件都有所不同,因此,由总公司为各国的子公司统一定价的情况还不多见。比较常见的方法是由总公司和子公司联合定价,其具体做法是:由总公司确定一个基价和浮动幅度,子公司可以根据所在国的具体情况,在总公司规定的浮动范围以内,灵活地制定本地区的商品价格。这样,既能使总公司对子公司的定价保持一定的控制,又能使子公司有一定的自主权,使价格适应当地市场的具体情况。

3. 本国货币计价与外国货币计价

企业在出口商品时,是使用本国货币还是使用外国货币?这是摆在每一个企业面前的又一个重要问题。商品在国际市场上的成交价格,一般都选择可兑换的货币和较为稳定的货币。企业选择进出口商品报价货币时,要特别考虑外汇汇率波动的情况,采用对自己有利的货币来报价。为此,企业应及时了解影响外币汇率变动的因素,如相对汇率、相对通货膨胀率、国际贸易状况等,从而把握外币汇率的变动趋势,正确地选择商品报价货币。一般来说,企业在进口时,应选择汇价有下浮趋势的货币;在出口时,应选择汇价有上升趋势的货币,即所谓"硬货币"。

4. 倾销与反倾销

近年来,随着经济全球化趋势的逐渐加快和国际市场竞争的激化,倾销与反倾销已成为国际市场营销的一个焦点之一。所谓倾销是指某一组织机构以低于国内市场的价格,甚至低于商品生产成本的价格向国外抛售商品,以期达到打垮竞争对手、垄断整个市场的目的。倾销可分为以下几种。

(1)偶然性倾销。这种倾销也称短期性倾销。

(2)间歇性倾销。这种倾销的主要做法是,以低于国内价格甚至低于成本的价格手段向国外大量抛售商品,其目的就是打垮国外竞争对手,垄断市场,然后再提高商品的价格,以获得更丰厚的利润。

(3)持续性倾销。这类倾销也称长期性倾销,是指长期以低于国内市场的价格向国外市场抛售商品。它最显著的特点就是具有长期性。

所谓反倾销是指进口国政府为了维护正常的国际贸易秩序,通过立法及对倾销产品征收高额反倾销税等措施来遏制倾销的一种手段,以此保护本国工业的发展。近年来,西方各国经济不景气,贸易保护主义势力抬头,加之反倾销是保护本国同类工业有效而便利的手段,所以,各国自行其是,直接将反倾销作为贸易保护的撒手锏。

5. 转移价格策略

转移价格策略是指国际营销企业通过母公司与子公司、子公司与子公司之间转移产品时确定某种内部转移价格,以实现全球利益最大化的策略。采用这一策略,母公司与子公司、子公司与子公司之间转移产品时,人为提高内部结算价格,造成总公司内部这一企业的部分利润转移到另一企业的状况,但从整体上使总公司的利益达到最大化。

三、国际市场营销分销策略

国际营销企业的产品从本国转移到国外市场的最终消费者,形成国际市场分销渠道。在国际市场营销的分销渠道结构中,不仅包括出口国的销售渠道,而且包括进口国的销售渠道。国际分销渠道模式如图 16-1 所示。

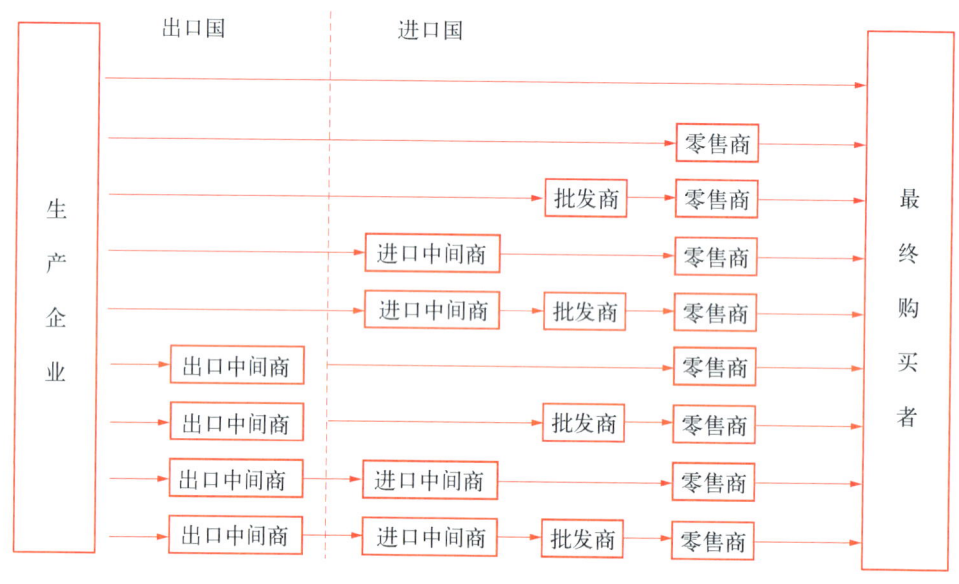

图 16-1 国际分销渠道模式

（一）选择国际市场分销渠道应考虑的因素

选择国际市场营销分销渠道,要求企业对各种环境因素进行综合分析,包括顾客因素、产品性质、中间商因素、企业因素、环境因素和渠道成员彼此的权利和义务等方面。由于各国市场环境不同,渠道安排错综复杂,因此存在着许许多多国际市场分销的渠道形式。企业可根据不同国家的市场状况,采用不同的渠道。

（二）国际市场营销分销渠道基本模式的确定

1. 窄渠道策略

窄渠道策略是指国际营销企业在国际市场上给予中间商一定时期内独家销售特定商品的权力。其中又包括独家包销和独家代理两种形式。独家包销是国际营销企业将产品的专卖权转移给国外的中间商,产品所有权转移,再由中间商将产品在国际市场销售,并承担经营风险。独家代理则是国际营销企业将产品委托国外中间商独家代理销售,产品所有权未发生变化,代理商只收取佣金但不承担经营风险。

2. 宽渠道策略

宽渠道策略是指国际营销企业在国际市场上的各个经营环节中选择较多的中间商来销售企业的产品,与窄渠道策略相反,宽渠道策略强调选择中间商的广泛性,要求在特定目标市场上形成众多中间商销售特定产品的格局。

3. 短渠道策略

短渠道策略是指国际营销企业直接与国外零售商或产品用户交易。短渠道策略尽可能越过中间环节,使商品在跨国界销售中的中间环节减少到最少的层次。短渠道策略可采取两种具体方式:一是国际营销企业直接与大百货公司、超级市场、大连锁商店进行交易;二是国际营销企业直接在国外建立直销机构进行销售。

4. 长渠道策略

长渠道策略是指国际营销企业选择两个或两个以上环节的中间商来销售企业的产品。对于那些与广大的消费者贴近的商品,国际营销企业往往必须采用多个环节的中间商将产品分散出去。

确定了分销渠道的结构之后,接下来就要评价和选择具体的渠道形式。为此企业要了解、评价中间商。评价中间商可以依据中间商的财力和绩效、市场覆盖率、目前正在经营的业务,以及中间商的信誉和合作的态度等。企业一旦找到理想的中间商,就可以与该中间商签订协议,协议必须明确规定生产厂商和中间商双方各自的责任。其中,最低销售量通常是考核中间商工作成效的基本指标,如果不能完成最低销售量,出口商有权终止与该中间商的关系。渠道组建后,为了保持渠道的畅通,还应进行管理,包括对渠道的激励和控制两个方面。需要说明的是,国际市场营销渠道一般比国内的渠道系统更为复杂,因而增加了企业控制渠道的难度。于是,有些企业就在国际市场建立自己的分销系统,有些企业通过特约代销或独家经销等方式,控制整个渠道。一旦渠道失控,且无法进行调整时,为了保证企业目标的实现,应更换中间商。但在有些国家,如要与中间商解除合约,须付出相当昂贵的代价,因此企业要持慎重态度。

四、国际市场营销促销策略

国际市场促销的主要任务是实现国际营销企业与外国客户之间的沟通。国内市场促销策略中有关人员推销、公共关系、营业推广、商业广告宣传的策略,很多同样适用于国际市场促销。但是,由于国际市场营销环境的复杂性,国际市场促销策略的运用比之国内市场要复杂得多。

(一)人员促销

在国际市场上,人员促销因其选择性强、灵活性高、能传递复杂信息、有效激发购买欲望、及时反馈信息等优点而成为国际营销中不可或缺的促销手段。

1. 国际市场人员推销的类型

在国际市场,人员推销通常包括四种类型:

(1) 企业经常性派出人员。

(2) 企业临时派出的推销人员和销售服务人员。

(3) 企业在国外的分支机构的推销人员。国外许多大公司特别是贸易公司,都在国外设有分支机构。这些分支机构都有自己的推销人员,专门负责本公司产品在有关地区的推销工作。

(4) 利用国际市场代理商和经销商进行推销。

利用国际市场代理商和经销商进行推销,在国际营销中比较常用。因为:①企业不熟悉国际市场情况;②新产品刚进入国际市场时,风险较大,请国外中间商代为推销,风险小,简便易行;③企业没有也难以找到合适的推销人员;④产品出口总量太少或批量太小,不值得派人员到国际市场推销;⑤企业在经济上难以承受国际市场人员推销所需的高费用等。

但是,请国外代理推销人员,必须有适当的监督和控制,不能单听代理推销人的意见和策略,或者完全交给代理推销人去做。在必要的时候,企业应该直接了解目标市场顾客的有关情况,或派出专业人员陪同代理推销人员去推销,或企业直接派自己的推销人员。

2. 国际营销人员的管理

国际营销人员的管理主要包括招聘、培训、激励、评估等环节。

(1)国际营销人员招聘。国际营销人员主要从这几个方面人员中招聘:一是企业的外销人员,其优势是易与公司沟通,忠诚度高;二是母公司所在国移居国外的人员,其优势是懂得两国的语言和文字;三是国外当地人员,其优势是在当地有一定社会关系,且熟悉目标市场的政治经济和社会文化。

(2)国际营销人员培训。对营销人员的培训集中在适应性和技能性两个方面。一是要使营销人员熟悉当地的社会、政治、经济、法律,特别要适应当地的文化,包括价值观、审美观、生活方式、宗教信仰、商业习惯等;二是要使营销人员熟悉营销的技能和技巧,提高他们市场营销的能力。

(3)国际营销人员激励。在国际市场人员营销的管理中,最普遍使用的激励措施是根据营销人员的业绩给予丰厚的报酬。如高薪金、佣金或奖金等直接报酬形式,并辅之以精神奖励,如晋升职位、进修培训或特权授予等,以调动他们的积极性。对海外营销人员的激励,更要考虑到不同社会文化因素的影响。海外营销人员,可能来自不同的国家或地区,有着不同的社会文化背景、行为准则与价值观念,因而对同样的激励措施可能会作出不同的反应。

(4)国际营销人员业绩的评估。对于海外营销人员的激励,建立在对他们推销成绩进行考核与评估的基础上。但是企业对海外营销人员的考核与评估,不仅是为了表彰先进,而且要发现推销效果不佳的市场与人员,分析原因,找出问题,加以改进。在国际市场营销中企业在对人员推销效果进行考核与评估时,还应考虑到当地市场的特点,以及不同社会文化因素的影响。比如,产品在某些地区可能难以销售,可相应地降低推销限额或者提高酬金。若企业同时在多个海外市场上进行推销,可按市场特征进行分组,规定小组考核指标,从而更好地分析比较不同市场条件下营销员的推销成绩。

(二)公共关系

国际市场营销中,公共关系促销的作用日益加强,特别是进入一些封闭性较强的市场,公共关系的好坏直接关系到能否进入市场并在进入后能否取得较好的经济效益。在国际市场营销中,公共关系应特别重视以下工作:①与当地政府保持良好关系,争取当地政府的支持和帮助;②利用有关传媒正面宣传企业经营活动和社会活动,树立良好的企业形象;③建立多条意见沟通渠道收集各阶层公众对企业的意见,及时消除相互间的误解和矛盾。

(三)营业推广

营业推广的手段非常丰富,其基本方式与国内营销区别不大。但在运用时要考虑有关法律、法规和文化习俗因素。

此外,在国际市场营销中,博览会、交易会、展销会、举办或参加拍卖等营业推广形式对产品促销具有十分重要的作用。

(四)商业广告宣传

国际营销企业的产品进入国际市场初期,广告通常是促销的先导,它可以帮助产品实

现预期定位,也有助于树立国际营销企业的形象。国际广告促销要注意以下几个问题:

1. 广告限制因素

在国际市场上进行广告活动,有诸多限制因素,需要国际营销企业认真分析,以便择善而行。一是法律限制,不同国家对广告有不同法规,须遵守这些国家的广告法及有关法规;二是媒体限制,不同国家广告媒体的可利用性、质量、覆盖面及成本不同,须根据媒体情况作出适当选择;三是观众限制,不同国家的居民有自己的价值准则、宗教信仰和审美观,须认真进行分析,使广告真正切合当地消费者的需求动机及文化背景。

2. 广告标准化与差异化

广告标准化是指对同一产品在不同的目标场推出同一广告,这种选择突出了国际市场基本需求的一致性,并能节约广告费用,但缺点是针对性不强。广告差异化则充分关注国际市场需求的差异性,对同一产品在不同目标市场推出不同的广告,针对性强但广告成本较高。

3. 广告管理

国际广告管理方式有:集中管理、分散管理、集中管理与分散管理相结合。这三种方式中,集中管理有利于总公司控制成本;分散管理使广告决策权分散到国外各子公司,有利于开展差异化广告促销;集中管理与分散管理相结合,则试图按目标市场的具体情况采取集中或分散的管理方式,使国际广告形成有效的管理方式。

本章小结

国际市场营销是指企业在两个或两个以上国家,以全球资源优化配置为手段,从事跨国界的生产经营活动。

国际市场很大,企业进入国际市场营销要选择合适的目标市场。选择国际目标市场,首先要对国际市场进行细分,根据国际市场特点,一般选择地理标准、文化因素、经济标准等对国际市场细分之后确定企业的目标国市场。选择国际营销目标国市场要注意评价细分市场的市场规模,市场增长速度,竞争状况,此外,还要注意国际营销中可能发生的与国内营销不同的交易成本(如关税),以及自然灾害、意外事故、战争、政局不稳、两国关系恶化、原料供求变化、货币贬值、通货冻结等各种风险。在此基础上,要对可能的目标市场进行深入的分析,估计其现在及未来的市场潜力,预测可能的市场占有率、成本、利润,以及投资收益率与风险,以便为企业选择机会更多、风险更小(企业能够承担)的国际营销目标市场提供科学可靠的依据。

进入国际市场方式主要有三种:出口进入、合同进入、投资进入。选择进入方式时企业要考虑目标国市场因素、目标国环境因素、目标国家生产因素、国内因素、企业产品因素,以及企业资源与投入因素。

进入国际市场的产品策略有产品延伸策略、产品适应策略和产品开发策略三种。这三种策略各有利弊,企业应酌情选择。

在国际市场竞争中,价格是最为常用,同时也是最为敏感的竞争手段之一。由于企业在国际市场面临的营销环境更为复杂,国际市场产品定价比国内市场产品定价影响因素更多,价格构成更复杂。国际市场价格除包括国内市场价格的各个要素,还包括国际的运费、装卸费用及储存费用、保险费、关税、国外中间商的加成等。决定和影响国际市场价格的因素有国际价值、汇率与货币价值、供求与竞争、价格管制因素、国际市场的定价目标等。在国际市场营销中,企业定价仍然可以采用新产品定价策略、折扣与折让定价策略、心理定价、地理定价策略等,但在国际营销中还经常要面对以下问题:统一定价与差别定价、公司总部定价与子公司定价、本国货币计价与外国货币计价、倾销与反倾销、转移价格策略等问题。

国际营销企业的产品从本国转移到国外市场的最终消费者,形成国际市场分销渠道。在国际市场营销的分销渠道结构中,不仅包括出口国的销售渠道,而且包括进口国的销售渠道。由于各国市场环境不同,渠道安排错综复杂,因此存在着许许多多国际市场分销的渠道形式。企业可根据不同国家的市场状况,采用不同的渠道。

国际市场促销的主要任务是实现国际营销企业与外国客户之间的沟通。国内市场促销策略中有关人员促销、公共关系、营业推广、商业广告等,很多同样适用于国际市场促销。但是,由于国际市场营销环境的复杂性,国际市场促销策略的运用比之国内市场要复杂得多。

关键名词

国际市场营销　国际营销环境　间接出口　直接出口　许可证贸易　特许经营　合约管理　合同制造　独资经营　产品延伸策略　产品适应策略　倾销　转移定价

思考题

1. 什么是国际市场营销?开展国际市场营销的意义何在?
2. 国际市场营销与国际贸易、国内市场营销的联系与区别有哪些?
3. 国际市场营销环境包括哪些方面,国际金融危机对国际营销有何影响?
4. 选择目标市场的必要性及主要依据有哪些?
5. 企业以何种方式进入国际市场?各有什么优缺点?
6. 试述国际市场营销主要产品策略。
7. 国际市场营销应注意哪些渠道策略问题?
8. 试述国际市场营销的价格构成。
9. 影响国际市场营销价格的因素有哪些?定价策略有哪些?

案例分析

三一重工如何开发美国市场？

2015年11月5日，三一集团董事、三一重工总裁向文波终于可以舒心地笑了。

2015年11月4日，长达三年有余的"三一集团诉奥巴马案"以双方达成全面和解画上句号。罗尔斯公司(Ralls Corp)撤销了对奥巴马总统和美国外国投资委员会(Committee on Foreign Investment in the United States, CFIUS)的诉讼，美国政府也相应撤销了对罗尔斯公司强制执行总统令的诉讼。

2012年10月18日，三一集团举行了一场主题为"就风力发电项目在美受阻起诉奥巴马政府"的新闻发布会。三一集团董事、三一集团控股子公司三一重工副董事长兼总裁向文波表示："我们是被迫高调……美国总统奥巴马签署了法令，对这个问题做了一个我们认为不公正的裁决或者处理，造成极大的影响。"发布会前，向文波对媒体表示，这次起诉更多的是为中国企业的尊严而战，起诉奥巴马政府完全是"无辜、无奈、无路可走"。时隔三载，和解消息传来，三一重工的官网滚动界面上很快换上了奥巴马的头像，并配文"三一集团诉讼奥巴马案达成全面和解"。点开之后，整版都是有关此讯的媒体报道和视频，将过去三年来失去的尊严一一拾起。

三一集团多年前就进入了美国市场，2012年是一切事件的起点。2012年2月，三一集团子公司罗尔斯公司正式收购 Terna US 公司的 Butter Creek 项目资产，并已完成并网协议、美国联邦航空管理局(FAA)等所有的合法手续。

然而6个月后，美国外国投资委员会却以妨碍美国安全为由，命令罗尔斯公司撤出 Butter Creek 项目所有的股权和设备，而且只有在拆除了风场所有三一重工生产的设备后，罗尔斯公司才能将资产转让，而转让方必须为美国人且非三一重工员工。更为离谱的是，拆除 Butter Creek 项目过程中，除了美国国籍员工，三一重工工作人员禁止再进入风场。同年9月，美国总统奥巴马以"威胁美国国家安全"为由，签发行政命令，禁止罗尔斯公司兴建风力发电厂。

2012年10月1日，原本已经将美国外国投资委员会告上法庭的罗尔斯公司再次向美国哥伦比亚特区联邦地方分区法院递交诉状，追加美国总统奥巴马为被告。"三一是不是疯了？"三一重工宣布起诉奥巴马之后，人们开始对这家中国工程机械公司有了新的看法，包括美国人和中国人。这是一场蚂蚁对巨人的战斗，而且是在巨人的本土作战。人们无法预测这场官司能否打赢。

转机出现在2013年2月，位于美国华盛顿的哥伦比亚特区联邦地方分区法院签署了裁决结果，称"本法庭没有被禁止对罗尔斯公司对总统令提出程序正义挑战进行审查"，即认定美国地方法院有权审理三一重工起诉美国总统奥巴马及美国外国投资委员会一案。2014年7月15日，美国哥伦比亚特区联邦巡回上诉法院裁定，奥巴马政府禁止罗尔斯公司一案侵犯了原告罗尔斯公司的合法权益。三一重工代理律师、美国美瑞律师事务所资深合伙人夏廷康在发布会上表示，随着美国哥伦比亚特区联邦巡回上诉法院的判决下达,从那一刻起,美国奥巴马总统就 Butter Creak 风电项目下达的命令在法律上已经失效。2015 年 11 月 4 日,罗尔斯公司撤销了对奥巴马总统和美国外国投资委员会的诉讼,美国政府也相应撤销了对罗尔斯公司强制执行总统令的诉讼。

在三一重工之前,曾有大量中国企业赴美收购终因"国家安全"之难折戟沉沙,悻悻而归。此次三一重工的胜利不仅是三一重工的胜利,也为其他已经赴美或即将赴美收购的企业提供了一道维权法门。

回顾三一重工的诉讼策略,最好的经验是充分利用了美国的法律资源和党争的现实来维权。三一重工选择了偏共和党的律师团。这个律师团包括小布什政府时期的司法部总检察长保罗·克莱门特、司法部副部长丁越,以及克林顿政府时期的海军部首席律师和小布什政府时期的白宫副首席律师。

三一重工做这样的安排并不是没有根据的。共和党一直都在质疑奥巴马的执政能力。2013 年是奥巴马的中期选举年份,选举结果直接影响此后两年奥巴马能否继续当选美国总统。而彼时奥巴马在美国的政绩不佳,在国会经常受到共和党攻击。如果三一重工让奥巴马败诉,对于共和党来说是增加了胜算筹码。

"用美国法则解决美国问题",2012 年的新闻发布会上向文波的这句话与他在本案和解之后所说的话做了最好呼应:"一个外国企业在美国起诉美国总统,居然获胜,对于外国人了解美国也是有帮助的。所以我认为,这个案件是一个双赢的结局。"

经过多年的发展,三一重工在美国市场也得到了长足发展。据中国驻美国大使馆官方网站 2023 年 5 月 12 日消息,公司首席执行官弗瑞森弗在接待秦刚大使参观时,向秦大使详细介绍了三一重工在美国的运营情况,表示自 2007 年在桃树市设立美国总部及产业园以来,三一公司基于扎根当地、以质取胜的发展理念,贴近美本土市场需求进行产品调适,将中国总部的研发制造实力与美本土团队营销和服务经验有机结合,近年来在美口碑、竞争力和市场份额取得长足发展。公司目前拥有二百多名当地员工,五十多家优质代理商,已成长为集研发、生产、销售、服务、融资、市场于一体的本土化运营企业。公司还积极履行社会责任,帮助当地民众、用户和经销商共渡难关,受到美各界积极评价。

对中国企业来说,要走向国际,关键在于文化适应。中国企业要走出国门,在国外寻求更好的发展,不是将企业搬到国外简单了事,而是应该学习当年外国企业进入中国市场的经验与教训。企业要了解自己在陌生的文化土壤上生长的前提条件,包括竞争模式、盈利模式和成长模式。

中国企业也必须有这样一个意识,在美国从事贸易投资,法律成本要计算在内,不能一心只想赚钱。如果遭受不白之冤,就必须拿出钱来打官司。"三一重工如果不是顶着这个精神,它就完了。"

案例思考题:
1. 三一重工在开发美国市场时遇到了哪些困难?三一重工是如何解决这些困难的?
2. 三一重工的所作所为带给中国企业国际化的启示是什么?

第十七章　网　络　营　销

引导问题

1. 什么样的企业应该开展网络营销?
2. 网络营销与传统营销相比具有哪些特征?
3. 网络营销会取代传统营销吗?

学习目的与要求

1. 了解网络营销的产生与发展。
2. 了解网络营销的概念与特点。
3. 了解网络营销与传统营销的联系与区别。
4. 掌握网络营销的理论基础及方法。

第一节　网络营销的产生与发展

20世纪80年代以来,随着互联网通信技术的快速发展,人与人之间的交流方式及沟通效率都发生了巨大的变化。互联网作为连接世界的纽带,能够为提升经济运行效率开辟新的途径。在此背景下,电子商务应运而生。电子商务以互联网为交易媒介,不仅能够帮助交易双方达成合约,而且能够突破时间和空间的限制,极大地促进了世界经济的一体化和自由化。

现代网络技术及个人计算机的快速普及,促进了电子商务的快速发展,使得人们在信息获取、消费理念等方面都发生了重大的变化,同时也对企业的营销模式带来了重要的影响。很多企业充分发挥现代网络技术与信息技术的巨大优势,发展具有企业特色的网络营销。可以说,网络营销是企业利用网络技术与IT技术开展的各项营销活动,是传统营销在信息时代的延伸和发展。

1993年,基于互联网的搜索引擎诞生,标志着利用搜索引擎进行营销活动的基础已经建立。1994年4月,美国两名律师制造垃圾邮件,引起了大众广泛的关注和思考,网络广告于同年第一次出现。1995年,随着美国亚马逊购物网的成立,网络营销正式出现在大众面前。中国互联网络信息中心(CNNIC)发布的第49次《中国互联网络发展状况统计报告》显示,截至2021年12月,我国网民规模达10.32亿人,互联网普及率达73.0%;在信息通信业方面,截至2021年12月,累计建成并开通5G基站数达142.5万个,全年新增5G基站数达到65.4万个。随着我国网络基础设施的不断改善,我国网购人数的规模持续攀升。得益于互联网应用的不断发展,农村居民和老年人上网、用网的需求活力进一步激发。截至2021年12月,我国农村网民规模已达2.84亿人,农村地区互联网普及率为57.6%;我国60岁及以上老年网民规模达1.19亿人,互联网普及率达43.2%。在我国互联网应用用户规模保持平稳增长的基础上,互联网应用呈现了一些新特点,比如,即时通信等应用基本实现普及,截至2021年12月,在网民中,即时通信、网络视频、短视频用户使用率分别为97.5%、94.5%和90.5%,用户规模分别达10.07亿人、9.75亿人和9.34亿人;在线办公、在线医疗等应用保持较快增长,截至2021年12月,在线办公、在线医疗用户规模分别达4.69亿人和2.98亿人,同比分别增长35.7%和38.7%,成为用户规模增长最快的两类应用;网上外卖、网约车的用户规模增长率紧随其后,同比分别增长29.9%和23.9%,用户规模分别达5.44亿人和4.53亿人。

现代信息技术的迅猛发展、企业之间激烈的竞争环境、消费者消费观念及方式的转变,使得传统的营销模式无法适应社会的发展节奏,更不能满足消费者新的消费需求。在商业竞争愈演愈烈的信息时代,传统营销的局限性变得越来越明显。在技术条件、消费观念及企业环境等因素的共同作用下,网络营销得以产生并不断发展。

一、网络营销产生的基础

(一)技术基础——互联网通信技术的普及与发展

互联网技术的应用改变了信息的分配和接收方式,改变了人们生活、工作和学习环境。在信息时代,互联网连接世界各地计算机及其用户的同时,缩小了世界范围内人们的空间距离和时间距离,逐渐成为全球范围最便捷的沟通方式。商品交易的过程需要传输大量的数据信息,由于互联网具有开放共享及使用费用低廉等优势,互联网的商用潜力被充分挖掘。互联网为用户提供电子邮件、网络BBS等多种沟通平台,使其具备了互动交流与商品交易的能力,并逐渐成为企业营销不可或缺的工具。

根据人民网研究院2022年6月29日发布的《中国移动互联网发展报告(2022)》,2021年年底,全球上网人口达到49亿。

(二)观念基础——消费者消费观念与行为的转变

满足消费者的需求,是企业经营永恒的核心。随着互联网在商业领域的应用和发展,全球各个企业纷纷通过网络为消费者提供各种类型的信息服务,并把抢占这一科技制高点视为获取未来竞争优势的重要途径。网络营销为消费者提供了一个在线购物平台,利用互联网平台为消费者提供各种优质的服务,是取得未来竞争优势的重要途径。在信息社会,人们生活节奏日益加快,个人拥有时间变得越来越少,而且在传统购物中的交通问题、商场服务问题、付款排队等候问题等对于工作压力大、时间紧迫的消费者来说,提高购物的速成率成为他们关心的焦点。此外,市场上的产品无论是在数量还是品种上都已极为丰富,消费者能够以个人心理意愿为基础挑选和购买商品和服务,主动通过各种渠道获取与商品有关的信息,以增加对产品的信任和获得心理上的满足感。

在我国,网络购物逐渐被消费者熟悉。越来越多的消费者开始尝试网络购物。据国家统计局数据,2019—2021年,全国网上零售额分别为10.6万亿元、11.8万亿元和13.1

万亿元。2022年上半年全国网上零售额6.3万亿元,同比增长3.1%;其中,实物商品网上零售额5.45万亿元,增长5.6%,占社会消费品零售总额的比例为25.9%。

(三) 现实基础——企业之间日趋激烈的竞争环境

当今市场竞争日益激烈,企业为获取竞争优势,想方设法使用各种招数来吸引顾客,传统的营销方法已经很难帮助企业在竞争中出奇制胜。市场竞争已不再依靠表层的营销手段,必须在深层次的经营组织形式上不断创新。企业经营者通过变革营销方式,尽可能地降低商品在从生产到销售的整个供应链上所占用的成本和费用比例,以获得竞争优势。

网络营销的产生为企业提升竞争力提供了平台,为企业在竞争中取胜提供了新的机遇。企业开展网络营销,可以节约大量昂贵的店面租金,可以减少库存商品的资金占用,可以使经营规模不受场地限制,可以方便了解采集客户信息。上述几个方面都可以降低企业的经营费用,缩短运营周期,从根本上增强企业的竞争优势。

专栏 17-1

网红直播带货营销

根据中国互联网络信息中心发布的报告,截至2023年6月,短视频用户规模达10.26亿人,较2022年12月增长1 454万人,网民使用率达94.8%;网络直播用户规模达7.65亿人,较2022年12月增长1 474万人,网民使用率达70.3%。2016年开始,网络直播崭露头角,2020年,网红直播带货的关注人数和参与人数都上升到了一个新的台阶。网红即网络红人,是在互联网平台上凭借个人的才华被网民关注和传播的人。演员、老师、学生及干部都有可能成为网红。网红具有天然的亲和力,更容易和大众产生共鸣并受到关注。相较于传统媒体产品宣传的高难度、高成本,网红直播因相对较低的成本、具有更好的互动性与直观性,而受到企业的关注,特别是中小企业的关注。例如,@陶白白Sensei、@张国伟_国家伟大、@天元邓刚等成为抖音2021年增粉的代表性KOL(Key Opinion Leaders,关键意见领袖),其中,@张国伟_国家伟大凭借自身国家运动员的身份与短视频内容充分展现了创作的反差感,比较容易引起粉丝互动,以搞笑的创意和视频在一年间涨粉1 661万人。

二、网络营销的发展

(一) 我国网络营销的发展历程

在我国,网络营销已经被大多数企业采用,各种网络调研、网络广告、网络分销、网络服务等网络营销活动,正异常活跃地介入企业的生产经营。从历史发展轨迹来看,我国的网络营销大致可以分为以下三个阶段。

1. 网络营销的起步阶段(2000年以前)

20世纪90年代初,由于互联网技术尚未成熟,网络普及率不高,很多企业对上网一无所知,更谈不上网络营销。1993年底,"三金"工程的实施拉开了国内信息化建设的序幕①。1996年,在国民经济信息化联席会议基础上成立了国务院信息化领导小组,将企业信息化、电子商务和金融电子化列为三大重点任务,提出了"推进国民经济信息化""企业信息化是基础,金融电子化是保证,电子商务是核心"的指导思想,鼓励进行网络营销试点,加强网络政策研究,参与国际网络对话。20世纪90年代后期,互联网发展迅速,网络广告和E-mail营销出现在中国市场,电子商务网站相继出现,搜索引擎日益普及。各式各样的网络营销形式开始被应用。北京、上海、广州等地不少商业企业在网上开设虚拟商店,全国网上商店已达100家左右。中国首家网络营销资讯门户——中国网络营销网的成立,为企业及消费者提供了丰富的网络营销信息资源。

据相关媒体报道,1996年山东青州农民李鸿儒首次在互联网上开设"网上花店",年销售收入达950万元,客户遍及全国各地,但公司却没有一名推销员;1997年,江苏无锡小天鹅利用互联网向国际上八家大型洗衣机生产企业发布合作生产洗碗机的信息,并通过网上洽商,敲定阿里斯顿作为合作伙伴,签订了价值2 980万元的合同。

2. 网络营销的发展阶段(2000—2008年)

这一时期,网络营销服务市场初步形成,网络营销服务市场快速增长,新型网络营销服务不断出现;企业网站建设发展迅速,企业网络营销的认识和需求层次提升;B2B电子商务平台普及程度提高;网络广告形式和应用不断发展;搜索引擎向深层次、专业化、产业化方向发展;网上销售环境日趋完善,营销手段更加丰富;更多有价值的网络资源为企业网络营销提供新机会。同时,网络营销管理意识也得到了很大提高。国家信息中心的有关统计数据显示,截至2008年,我国有8万余家企业已加入互联网,并涉及网络营销,其中以计算机行业、通信行业、金融行业较为普遍。这一阶段网络营销的主要特点是,我国企业对网络营销的认识和利用还处于初级阶段,虽然对互联网和网络营销有一定程度的了解,但对互联网和网络营销的兴起究竟会对企业产生什么样的影响、网络营销究竟是什么,以及如何根据企业自身特点及实际情况构建网络营销模式等问题还缺乏深入的研究。

3. 网络营销的飞跃阶段(2008年至今)

网络营销的发展是伴随信息技术的进步而发展的,目前信息技术的升级,特别是通信技术的发展,促使互联网成为辐射面更广、交互性更强的新型媒体,它不再局限于传统的广播、电视等媒体的单向性传播,而是与媒体的接受者进行实时的交互式沟通与联系。网络营销的效益随着入网用户的指数倍数增加,网络的效益也随之以更大的指数倍数增加。这一时期,网络营销开始向全员网络营销发展;网络营销思想得到进一步深化,出现了更多的新型网络营销平台;社会化媒体网络营销蓬勃兴起;部分传统网络营销模式的影响力逐渐降低;基于移动互联技术的网络营销开始占据重要地位。

(二) 网络营销未来发展趋势

网络营销蕴含着无限的市场发展空间和新的商机,面对网络营销的快速健康发展,英特尔公司原董事长格罗夫曾说过:"未来所有的企业都将是网络企业,网络营销将会成为网络时代企业的基本营销方式。"网络营销的广泛应用降低了企业经营、管理和商务活动的成本,

---

① 继美国提出信息高速公路计划之后,世界各地掀起信息高速公路建设的热潮,中国迅速作出反应。1993年底,我国正式启动了国民经济信息化的起步工程——"三金工程",即"金桥工程""金卡工程""金关工程"。

促进了资金、技术、产品、服务在全球范围内的流动,推动了经济全球化的发展。美国的亚马逊、Ebay及中国的淘宝网、当当网等网络营销模式的成功运行,说明网络营销正在引领世界服务业发展,并影响着未来商业发展模式。网络营销发展之快,让人们没法准确地预见其未来的发展方向,只能对其发展做一个趋势性的展望。目前,网络营销呈现出以下几个趋势。

1. 营销专业化

近年来,虽然我国很多企业都建立了自己的官方网站。利用专业性网络平台开展网络营销的成功企业有美国的苹果公司和日本的SONY公司等。以分享生活方式为核心的小红书、以短视频为主的抖音。因此,企业网站将会向着专业网络营销平台的方向发展,以便真正为网络营销奠定更加稳固的基石。

2. 营销个性化

消费者越来越追求标新立异的商品,企业能否彰显自身产品个性往往成为决定消费者购买的关键性因素。为了满足消费者的需求,制定个性化信息和商品成为当前网络营销面临的一个重要课题。因此,对所有面向个人消费者的网络营销活动来说,能否提供多样化、个性化的商品和服务成为网络营销成败的关键。

3. 搜索引擎日渐重要

搜索引擎营销将成为最重要和最受欢迎的网络营销方法。因为企业推广自己的网站及产品,提高产品知名度,最便宜最便捷的方式便是加入搜索引擎。搜索引擎能够让顾客通过搜索行为主动找到自己所需要的产品和服务,这对企业来说,效果无疑是最佳的。搜索引擎在网站网址推广方面的作用是毋庸置疑的。在美国,搜索引擎已经成为最成熟的一种网络营销方法。在我国已经出现一批提供搜索排名服务的网站,这项服务因起点低、灵活性和覆盖率广,而受到广大网络营销企业的欢迎。显然,被绝大多数企业接受和使用的网络营销服务主要是搜索引擎推广,搜索引擎推广已然成为最重要和最受欢迎的网络营销服务。

4. 移动终端网络营销迅速发展

近年来,越来越多的消费者告别以往传统的上网方式而转向使用智能移动终端设备,宣告了移动互联网时代的来临。4G、5G移动网络技术的来临,使得移动互联网营销为中小企业打开了一个新的窗口,智能移动终端便成为一种新的营销介质。智能终端的普及、App应用的全面火爆,对营销渠道产生了很大的影响。在智能手机构筑的移动互联网新世界里面,传统渠道优势正在减弱,取而代之的是像移动互联模式下的新平台。比如通过平台渠道将广告嵌入一些热门的App应用中。随着微博、微信、抖音短视频平台等移动通信应用程序的广泛使用,越来越多的商家开始利用移动互联应用开展业务,如微博营销、微信营销、抖音短视频平台营销等。这种基于消费者完整数据的收集与分析,移动媒体不仅仅帮助广告主进行精准产品推广、品牌宣传和客户关系管理,更可以帮助广告主对其业务模式进行整合优化,成为广告主长期的营销平台。

第二节 网络营销的概念与特点

一、网络营销的概念

网络营销起源于美国,国内外相关专家学者在谈论网络营销时都给出了他们的定义,因网络营销还没有形成一门公认的学科,对它的理解国内外尚无统一的说法。

目前,关于网络营销的定义,主要集中在以下几种表述:

网络营销是基于虚拟的互联网,为目标顾客制造、提供产品和服务,与目标顾客进行网上沟通的一系列战略管理过程。

网络营销就是"网络+营销",即利用互联网的功能从事营销活动的全新的、革命性的营销模式。

网络营销是企业整体营销战略的一个组成部分,是为实现企业总体经营目标所进行的,以互联网为基本手段,营造网络经营环境的各种活动。其中,网络经营环境是指企业内部和外部与开展网上经营活动相关的环境,如企业营销网站、目标客户、合作伙伴、供应商、销售商、相关行业的网络环境等。

网络营销是以互联网为媒介,以全新的方式、方法和理念开展营销活动,更有效地促成个人和组织交易活动的实现。

网络营销是以互联网作为传播手段,通过对市场的循环营销传播,达到满足消费者需求和商家需求的过程。

由此可知,从狭义来讲,网络营销是指以互联网为媒体从事的营销活动,强调互联网在整合营销中的商业价值;从广义来讲,网络营销是市场营销的一种新的营销方式,它是企业整体营销战略的一个组成部分,是企业为实现总体经营目标,利用互联网等信息通信技术手段开展产品服务等一系列营销活动的总称。

专栏 17-2

抖音短视频——借势营销新渠道

借势营销就是将销售的目的隐藏于营销活动之中,将产品的推广融入一个消费者喜闻乐见的环境里,使消费者在这个环境中了解产品并接受产品,将企业或产品的知名度、美誉度提高,进而促成产品或服务销售的营销策略。随着抖音 App 用户的不断增加,不少企业都开始借抖音的势进行营销活动。根据抖音官方 2022 年 6 月发布的数据,抖音日活跃用户达到了 2.2 亿人次。强大的流量红利使抖音成为品牌宣传的新渠道。在抖音平台上,一大波品牌试水短视频,借助抖音的火爆,玩起了借势营销,在获赞无数的同时,也给品牌带来了新的活力和新的收入。抖音用户的男女比例基本持平,主要以年轻用户为主,内容趋向娱乐化,而年轻化早已成为品牌绕不开的一门必修课,以此为基础,适合在抖音上进行营销的企业多为与生活方式(服装、食品、住房和交通等)密切相关的服务型企业。例如:美食界"大佬"海底捞,几年前在抖音上流行起海底捞"鸡蛋虾滑油面筋"的吃法,让不少"吃货"为之流口水。而后陆续出现的"番茄牛肉饭""最好吃的蘸料"等海底捞网红吃法,更是刷爆了抖音,更有网友吃海底捞就是为了体验抖音吃法。而海底捞也根据抖音网红吃法,打造出了新菜单,让不少"吃货"惊喜不已。抖音让海底捞又火了一把,2022 年客流量超过了 2.76 亿人次,年收入达 347.41 亿元。

事实上,无论是哪种营销方式,最终的目的都是为了获取更多的用户,收获更多的收入。本质上,品牌在抖音平台上的造势,都是内容和传播方式的创新。将产品植入短视频中从而获得更高的曝光量,新颖的视频拍摄方法和洗脑的音乐让年轻人欲罢不能。这无疑是品牌借势营销的制胜"法宝"。与此同时,即便是依靠抖音这样的流量大咖平台,最终吸引用户注意的还是与之关系密切的生活话题。抛弃高端大气的广告,从身边小事入手,往往更能走进消费者的心理。

二、网络营销的特点

网络营销作为一种全新的营销理念和营销策略,随着现代网络通信技术的发展与快速普及而产生和发展,与传统营销相比有着许多与生俱来的、传统营销方式不可比拟的优势,并对企业的经营方式带来了巨大的冲击和影响。互联网的普及使得企业、团体、组织及个人跨时空地联结在一起,使得他们之间的信息交换变得十分便捷。正是由于互联网与营销密不可分的关系,网络营销呈现出以下一些特点:

(一)市场开拓性

基于互联网的网络营销,具有比传统营销更强的市场开拓能力。在开拓市场、占领市场方面,网络营销克服了传统营销被动式的营销方法(如平面媒体广告牌,只能让潜在消费者被动浏览),通过采用多种主动式的网络营销方法(如网站植入广告、搜索引擎营销),有目标、主动地向潜在消费者宣传、推销商品,从而扩大市场,增加销售收入。

(二)跨时空性

网络的互联性决定了网络营销能够超越时间约束和空间限制进行信息交换,因此使得脱离时空限制达成交易成为可能,企业能够拥有更多的时间和在更广阔的空间中从事营销活动。网络营销可以使企业在世界范围内,自由地寻找目标客户。市场的广阔性、文化的差异性、交易的安全性、价格的变动性、信息价值跨区域的不同增值性和网上顾客的可选择性带来了更大范围成交的可能性。与此同时,基于互联网的网络营销具有传统营销无法比拟的快捷性,大大缩短了营销环节,提高了营销效率。

(三)个性化

网络营销的最大特点在于以消费者为主导,消费者将拥有比传统营销更大的选择自由,他们可根据自己的个性特点和需求在全国乃至全球范围内找寻满意的商品,而不会受时间和地域的限制。通过进入感兴趣的企业网站或虚拟商店,消费者可获取产品的相关信息,使购物更能彰显个性。企业根据收集到的消费者相关信息,可生产更符合消费者个性需求的产品,在互联网上的交易帮助企业实现与消费者一对一营销。

(四)交互性

通过网络平台,企业和顾客可以随时随地进行信息交流,如通过展示商品图像、商品信息等实现供需互动与双向沟通。企业可以通过互联网向客户展示商品目录,通过链接资料库提供有关商品信息的查询,可以和顾客进行双向互动式的沟通;用户也可以通过网络主动地查询自己喜欢的产品和企业的信息,将自己的信息提供给厂商。这种"零距离"互动式的直接沟通,完全改变了企业的被动式营销。

(五)整合性

在实施网络营销的过程中,将对多种资源进行整合,对多种营销手段和营销方法进行整合,对有形资产和无形资产的交叉运作和交叉延伸进行整合。这种整合的复杂性、多样性、包容性、变动性和增值性具有丰富的理论内涵。网络营销可以完成从商品信息的发布到交易操作的完成和售后服务的全过程,这是一种全程的营销渠道。企业还可以借助互联网将不同的传播营销活动进行统一的设计规划和协调实施,通过统一的传播途径向消费者传达信息,从而可以避免不同传播渠道中的不一致性产生的消极营销。

第三节 网络营销与传统营销的关系

> **专栏17-3**
>
> **知识型主播——带货直播营销的新趋势**
>
> 2022年的夏天,主播董宇辉爆红。董宇辉原本是新东方高三英语名师和学科负责人,8年间教过50万名学生,因其个人魅力和深入浅出的知识讲解能力受到了不少学生的好评。转型直播后,他将在课堂上积累的丰富的教学经验巧妙地添加到直播间讲解中,形成了一套独特的"讲解话术"。董宇辉的知识,在直播间里大放异彩。他会在商品里,赋予诗词和故事的灵魂。卖鲥鱼,他讲人生三恨。海棠无香,鲥鱼多刺,红楼未完。卖本诗集,他张嘴就是柏拉图的名言。"智慧的人说话,是因为他们有话要说;愚蠢的人说话,则是因为他们想说。"卖玉米,他能为你描绘出一整个童年。他连卖大米,都能说出不同的人生感悟:"你后来吃过很多菜,但是那些菜都没有味道了,因为每次吃菜的时候,你都得回答问题,得迎来送去,得敬酒,得谨小慎微,你吃得不自由。你后来发现回到家里,就是这样的西红柿炒鸡蛋、麻婆豆腐,甚至土豆丝,那个饭真香,越吃越舒服。"
>
> 一字一句,满是他对人生的思考和感悟。短短几个月,他从一个寂寂无名的老师,变成了现象级的网红。
>
> 董宇辉爆红这一现象级案例的背后,充分说明了观众对于直播价值层面的要求越来越高。在内容为王时代,传统"喊麦型"主播开始因其门槛较低、内容价值感不足、同质化严重而逐渐被受众抛弃。在未来,作为一名优秀的主播,既要有有趣的灵魂,又要有智慧的头脑。

一、网络营销与传统营销的比较

网络营销是企业整体营销战略的一个组成部分,是以互联网为基本手段,为目标顾客制造、提供产品和服务,与目标顾客进行网上沟通的一系列战略管理过程。从营销手法来看,传统营销是指没有借助互联网技术进行的营销。从理论范畴上来讲,传统营销的理论思想是没有受到互联网技术冲击的。从以上两个概念可以看出,网络营销与传统营销的本质是相同的,都是为了了解顾客的需要并满足其各种各样的需求,其最大的区别是所采用的营销手段不同,网络营销最显著的特征就是利用互联网技术进行各种营销活动,通过对市场的循环营销传播,来达到满足消费者和商家的诉求。

（一）网络营销与传统营销的共同点

1. 营销目的相同

网络营销与传统营销的目的都是通过销售、宣传商品及服务,加强和消费者的沟通与交流,最终实现企业最小投入、最大收益的经营目标。网络营销与传统营销都是企业的经营活动。二者涉及的范围不局限于商业性内容,即涉及的不仅是产品生产出来之后的活动,而且包括产品制造之前的开发活动。

2. 都需要通过营销组合发挥作用

网络营销与传统营销都需要通过组合发挥功能。二者都不是单靠某种手段,而是要开展各种具体的营销活动去实现营销目标。现代企业的市场营销目标已不仅仅是某个目标,更重要的是要追求某种价值的实现。为实现企业的营销目标需要启动多种关系,制定各种策略并进行有效组合。

3. 都以满足消费者的需求为出发点

网络营销与传统营销都把满足消费者需求作为一切活动的出发点。二者对顾客需求的满足,不只停留在现实需求,还包括各种潜在需求。

（二）网络营销与传统营销的不同点

1. 营销组织结构

传统营销的组织结构为职能式结构。部门间的关系缺乏沟通与协调,协调方式是靠规章制度和权力等级；结构形式特征是金字塔式,组织活动特征是单一、稳定、重复；权力高度集中,注重权威,管理层次多,中间管理环节比较臃肿,信息流向以纵向为主。而网络营销的组织结构为有机式结构。部门间的关系是沟通方便,重视沟通,协调方式是通过网络灵活协调,结构形式特征是扁平式和团队式,强调灵活、自主、分散、协作；权力高度分散,强调自主创新,管理层次较少,信息流是纵向与横向兼备。

2. 营销产品

传统营销主要是经营和销售实物产品。新产品开发策略主要是指对现有产品进行改进、扩大产品或劳务的花色品种、增加产品线等,一种新产品的推广往往需要投入大量人力、物力和财力。而网络营销针对的是无形的服务产品,即企业售出的是一种综合服务的理念。产品与服务必须适合利用互联网进行推广和销售。产品策略中信息因素所占的比例越来越多。

3. 营销对象

传统营销企业的宣传、广告和营销策略是针对目标顾客的,成本高,而且带有很大的盲目性。顾客对商品的购买行为来自实际生活或对某种商品的需求和广告,或者因其他各种信息传媒而引发的对某种商品的需求。网络营销为顾客提供了全方位的商品信息展示和多功能的商品信息检索机制。生产者和顾客在网络的支持下直接构成商品流通循环,生产者更容易掌握市场对产品实际需求。顾客面对的是系统,没有嘈杂的环境和各种诱惑,主动表达对产品的欲望。

4. 营销渠道

网络营销的分销渠道以方便顾客购买为主,可以大大提高购物效率。通过网络,消费者在家里就可以获得相关产品的信息,通过对产品价格、性能等指标的比较,就可以足不出户地挑选自己所需要的产品。软件、电子图书等数字化的产品可以经由网络直接送达用户的计算机。由于网络有很强的互动性,通过网络营销,企业可以实时地和消费者进行沟通,解答消费者的疑问,并可以通过 BBS、电子邮件快速地为消费者提供信息,从而改变了传统营销的面貌,再造了客户关系,转变了竞争态势。基于网络自身的物理条件,使得离开网络便不可能谈及网络营销,而传统营销的渠道则是多种多样的,并不拘泥于网络。

5. 营销环境

传统营销中的市场环境是实体环境,营销具有很强的区域性。对企业而言,市场营销环境通过市场内容的不断扩大和自身因素的不断变化,对企业的营销活动发生营销;对消费者而言,消费者面对具体商品,可以进行现场体验,一手交钱,一手交货,购物安全性较高。网络营销中,市场环境是在虚拟平台之上的全球市场,从企业角度看,互联网具有超越时空限制进行信息交换的功能。从消费者角度看,在网络营销的虚拟市场中,顾客看到的商品并非实物,而是企业网站对商品的数字化表示,消费者面对的是虚拟的不确定的市场。传统营销现实空间中厂商之间进行的是面对面的竞争,其游戏规则是"大鱼吃小鱼"。而网络虚拟空间进入企业和家庭等消费者现实空间,其游戏规则是"快鱼吃慢鱼"。

6. 广告促销方式

传统营销信息传播模式是分离的,即电视台主要传播视频信息,电台主要传播音频信息,而报纸、杂志、出版社等平面媒体主要传播文字信息。主动传播固定的广告内容,创意空间大,但消费者往往是被动接受广告信息,针对性较差。网络营销信息的传播则是一种双向的信息需求和传播模式。目前各类电子杂志、各种书刊的网络版、虚拟图书馆、网络影院都陆续实现了多媒体信息在网络的统一。网络营销下的广告以丰富和翔实的商品分类信息为主,采取双向式的网络分类广告形式,强调信息的定向与分类,注重消费者与对商品信息的甄选,使消费者能够迅速得到有购买欲望的商品广告信息。

二、网络营销与传统营销的整合

随着互联网在全球的迅速发展,依托互联网环境的网络营销作为一种全新的营销理念和策略,与传统营销相比有很多与生俱来的优势,并对企业的传统经营方式形成了巨大的冲击。然而,互联网毕竟只是生活中的一部分,还有大量的消费者并不习惯于网络购物,参与网络购物的消费者在进行购买决策时也不会完全忽视传统媒体的信息。因此,网络营销并不可能完全取代传统营销,至少在相当长的时期内会二者共存。事实上,网络营销与传统营销是一个整合的过程,在今后可预见的很长的一段时间里,网络营销和传统营销将相互影响、互相促进,直到将来实现相互融合的内在统一。

(一) 传统媒体与网络媒体的整合

在整合营销过程中,可以把互联网信息强制性地印到所有说明书、商品目录和各种广告、广告包装上,企业每项沟通媒体的内容必须包括公司地址、主页地址、回复电子邮件地址。在顾客支持的媒体上提供企业网站建设情况,将网络战略和传统的支持战略集成起来,以提高企业相关网站的访问量。在企业网站中提供相关有形证明,建立用户信任感与公司的信誉。例如,在海尔集团网站中提供公司总部、分公司或工厂的照片、公司重要人物的简历等让用户信服企业的信息。传统媒体的宣传有助于企业扩大知名度,网站应随时跟踪传统媒体对企业的正面宣传,并及时反映到网站中。

(二)传统市场调研与网络市场调研的磨合

通过市场调研发现消费者需求动向,从而为企业细分市场提供依据,是企业开展市场营销的重要内容。一方面,对于市场名气不大、网站不太引人注意的企业可采用传统市场调研或请专业网络市场研究公司协助自己的企业进行网络市场调研,并实时在委托商的网站获取调研数据及进展信息,而不仅仅是获得最终调研报告。另一方面,对于知名企业,企业网站的常客多是一些对该企业有兴趣或与企业有一定关系的用户,他们对企业有一定了解,进行网络市场调研将有利于为访问者提供更准确、更有效的信息,也为调研过程的及时双向交流提供了便利。

(三)传统分销渠道与网络分销渠道的整合

尽管电子商务发展速度很快,但对于传统营销而言,其份额仍然是较小的,企业传统的分销渠道仍然是企业的宝贵资源。但网络所具有的高效及时的双向沟通功能的确能加强企业与其分销商的联系。企业可通过互联网络构筑虚拟专用网络,将分销渠道融入其中,及时了解分销过程的商品流程和最终销售状况,这将为企业及时调整产品结构、补充脱销商品、分析市场特征、实时调整市场策略等提供帮助,从而为企业降低库存,采用实时生产方式创造条件。而对于传统分销渠道而言,网络分销也开辟了及时获取畅销商品信息,处理滞销商品的巨大空间,从而加速销售周转。

(四)网上销售集成与传统营销关系的整合

网络是一种全新的市场环境,将在企业组织、运作及管理观念上产生重大影响。一些企业已经迅速融入这一环境,依靠网络与原料商、制造商、消费者建立密切联系,并通过网络收集、传递信息,从而根据消费需求,充分利用网络伙伴的生产能力,实现产品设计、制造及销售服务的全过程,这种模式称为网上营销集成。网上营销集成是对互联网的综合应用,是互联网对传统商业关系的整合,它使企业真正确立了市场营销的核心地位。企业的使命不是制造产品,而是根据消费者的需求,整合现有的外部资源,高效地输出一种满足这种需求的品牌产品,并提供服务保障。在这种模式下,各种类型的企业通过网络紧密相连、相互融合,并充分发挥各自优势,形成共同进行市场竞争的伙伴关系。

(五)传统营销策略与网络营销策略的整合

在网络营销中,传统营销的目标并没有改变,但网络使得企业实施各种营销策略的环境发生了变化,企业的营销手段与策略变得更为广泛和丰富。网络营销不仅包括在网上针对网络虚拟市场开展的营销活动,而且包括在网上开展的服务与传统有形市场的营销活动,还包括以传统手段开展服务与网络虚拟市场的营销活动。基于网站的网络营销是网络营销的主体,如网站的规划、建设、维护、推广,以及与其他营销方法的整合。因此,网站不是唯一的解决方案,而是整体方案的一部分。网络营销战略必须与公司的整体战略相互匹配、相互支撑。

第四节 网络营销的理论基础与基本方法

在网络营销中,由于企业与环境的界限不像传统模式下那样清晰可辨,因此需要对传统的营销理论进行重新演绎和梳理。然而,网络营销不过是老树新枝,它与传统营销之间并没有严格的界限,网络营销理论是传统营销理论在互联网环境下的应用和发展。

一、网络营销的理论基础

(一)直复营销理论

直复营销是指使用一种或多种广告媒体实现一种为了在任何地方产生可度量的反应和达成交易的市场营销体系。直复营销中的"直"是指不通过中间分销渠道而直接通过媒体连接企业和消费者。基于互联网的网络营销更加吻合直复营销的理念。直复营销特别强调直复营销者与目标顾客之间的"双向信息交流";直复营销活动的关键是为每个目标顾客提供了直接向营销人员反映的渠道;直复营销活动强调在任何时间、任何地点都可以实现企业与顾客的"信息双向交流";直复营销活动最重要的特性是效果可以测定。

(二)整合营销理论

当前,服务业发展是全球经济的主要增长点,以制造业为主的传统经济正向服务型经济转变,新兴服务业如金融、通信、信息技术等行业正迅速发展。后工业社会要求企业的发展必须以服务为主,必须以顾客为中心,为顾客提供适时、适地、适情的服务,最大限度地满足顾客需求。互联网作为跨时空传输的"超导体"媒体,可以为顾客提供及时的服务,同时,由互联网的交互性可以了解到顾客需求并提供针对性的响应,因此可以说互联网是顾客时代中最具魅力的营销工具。利用互联网,可以促进传统的4P营销组合与以顾客为中心的4C营销理念的整合:首先,产品和服务以顾客为中心;其次,以顾客能接受的成本定价;再次,产品的分销以方便顾客为主;最后,压迫式促销转向加强与顾客沟通和联系。

(三)关系营销理论

关系营销理论的核心是保持顾客,为顾客提供高度满意的产品和服务价值。通过加强与顾客的联系,提供有效的顾客服务,保持与顾客的长期关系。在与顾客保持长期关系的基础上开展营销活动,实现企业的营销目标。加强与顾客之间的关系并建立顾客忠诚度,可以为企业带来长远的利益,它提倡的是企业与顾客双赢策略。互联网作为一种有效的双向沟通渠道,可以使企业与顾客之间实现低成本沟通和交流,为企业与顾客建立长期关系提供有效的保障。通过互联网,企业可以直接接收顾客的订单,顾客也可以提出自己的个性化需求。通过互联网,企业可以实现与相关企业或组织建立关系,实现双赢发展。

专栏 17-4

新媒体营销流量密码:小红书的美妆社区

随着互联网技术的不断发展和普及,越来越多传统企业开始投入精力和资源转向新媒体营销。其中,小红书在过去几年间快速崛起,成了一个备受企业青睐的新媒体营销平台。在小红书上,用户通过分享个人使用心得、评测、教程等内容,完成了一个"众包式美妆社区"的建设。不同于大型电商企业和品牌自营平台,小红书充分发掘了用户创造性的一面,提供了属于他们自己的内容创作和分享平台。在互动中,用户的口碑肯定和推广效果是不可替代的——这也是新媒体营销的最大价值所在。例如:资生堂在小红书上推出了基于平台初衷的"日本妆容邂逅小红书——SHISEIDO CLUB优选会"。通过小红书用户不断更新、评测、分享资生堂产品,预测潜力产品的准确性、口感及使用效果,及时投入资金和人力调整产品生产线,极大地提高了用户关注度和黏性。SK-II在小红书上精准锁定年轻女性用户,将品牌和生活场景巧妙结合,通过"慢节奏三部曲——找寻睡眠的舒适感"活动,引发用户极大共鸣,该活动进一步推广了品牌形象。同时,用户中心的"SK-II护肤产品评测"让用户获得了使用反馈和指导,并在此基础上衷心地向朋友推广SK-II产品。

新媒体营销的最大优势在于提高了消费者对产品的参与度和黏性,让消费者自主分享和推荐品牌和产品,通过优秀口碑有效提高品牌形象和销售额。小红书凭借其独有的优点及特色,给予企业新的营销思路和思维范式,成为一个广受欢迎的新媒体营销渠道。在未来,小红书将以不断优化平台体验、完善用户生态和强化社交效应为核心,向内容社区与垂直社交方向持续发力,从而深度挖掘受众需求,实现更多品牌转化和用户创造价值。

二、网络营销的基本方法

(一)网上商店

建立在第三方提供的电子商务平台上、由商家自行经营的网上商店,如同在大型商场中租用场地开设商家的专卖店一样,是一种比较简单的电子商务形式。常见的网上商店有微店、淘宝店等。网上商店除了通过网络直接销售产品这一基本功能,还是一种有效的网络营销手段。从企业整体营销策略和顾客的角度考虑,网上商店的作用主要是表现在两个方面:一是网上商店为企业扩展网上销售渠道提供了便利的条件;二是建立在知名电子商务平台上的网上商店增加了顾客的信任度,从功能上来说,对不具备电子商务功能的企业网站也是一种有效的补充,对提升企业形象并直接增加销售具有良好效果,尤其是将企业网站与网上商店相结合,效果更明显。

(二)搜索引擎营销

搜索引擎营销是网络营销的一种新形式,其本质就是企业有效地利用搜索引擎来进行网络营销和推广。搜索引擎优化是网络营销一种非常有效的手段,对于网站推广、网络品牌、产品推广、在线销售等具有明显的效果,通过较高的搜索引擎排名来增加网站的点击率(浏览量),增加产品或服务的销售额。近些年,虽然搜索引擎的效果已经不像几年前那样有效,但搜索引擎依然是人们发现新网站的基本方法。因此,在主要的搜索引擎上注册并获得最理想的排名,是网站设计过程中需要考虑的问题之一,网站正式发布后尽快提交到主要的搜索引擎,是网络营销的基本任务。

(三)E-mail营销

E-mail营销泛指所有符合许可营销原理的电子邮件营销方式,有时又特指通过电子邮件投放广告的营销方式。E-mail营销强调三个基本因素:获得用户许可、通过电子邮件传递信息、信息对用户的价值。基于用户许可的E-mail营销比传统的推广方式或未经许可的E-mail营销具有明显的优势,如可以减少广告对用户的滋扰、增加潜在客户定位的准确度、增强与客户的关系、提高品牌忠诚度等。开展E-mail营销的前提是拥有潜在用户的E-mail地址,这些地址既可以是企业从用户、潜在用户资料中自行收集整理的,也可以利用第三方的潜在用户资源。

（四）即时通信营销

即时通信营销是企业或商家通过即时通信工具（如 QQ、微信）帮助企业推广产品和品牌的一种手段。常用的即时通信营销主要有两种：一种是网络在线交流，中小企业建立网店或者企业网站时一般会有即时通信在线工具，这样潜在的客户如果对产品或者服务感兴趣自然会主动和在线的商家联系；二是通过广告，企业或者个体商家可以通过 QQ 空间、微信朋友圈等应用，发布一些相关产品信息及促销信息，或者可以通过图片发布一些网友喜闻乐见的新闻，同时加上企业要宣传的商标和品牌。即时通信营销与传统网络媒体广告相比，具有受众定位准确、到达率高、时效性长、可信度高、传播速度快等优点。

（五）微博营销

微博来源于博客，是网络日记在手机等移动网络终端上运行的载体。从营销学的观点来看，有人气就必定会有市场，有市场就可以开展营销活动。微博营销就是利用微博这种移动网络应用形式开展的一种网络营销模式。微博一般都具有知识性、自主性、共享性等基本特征，正是微博的这种性质，决定了微博营销是一种基于应用个人的知识资源，使用包括自己的思想、体验等以文字作为表现形式，以网络信息交互作为传递形式，来对某一个领域的知识进行有效的利用，自觉或不自觉地展开网络营销方式。公司、企业或个人利用微博这种网络交互性平台发布并更新企业、公司或个人的相关概况及信息，密切关注并及时回复微博上客户对企业或个人的相关疑问以及咨询，通过微博平台帮助公司零成本获得搜索引擎的较前排位，以达到宣传的目的。通过微博营销，企业可以和公众建立起一个双向沟通的桥梁，可以让企业及时了解公众对企业的看法。同时，企业通过微博可以随时表达公司的发展意向与企业文化，通过这种形式建立起的企业形象会更加人性化。

（六）网络媒体植入广告

网络广告营销是指利用网络广告实现营销活动的一种营销方式。目前，网络广告的一般形式包括网幅广告（全屏、对联、漂浮、旗帜广告、通栏等）、电子邮件广告、搜索竞价广告、弹出式广告、富媒体广告，以及基于用户群体细分的定向广告等。几乎所有的网络营销活动都与品牌形象有关，在所有与品牌推广有关的网络营销手段中，网络广告的作用最直接。标准标志广告曾经是网上广告的主流，进入 21 世纪以来，在网络广告领域发起了一场轰轰烈烈的创新活动，新的广告形式不断出现，新型广告由于克服了标准条幅广告信息承载量不足、交互性差等缺点，而获得了相对较高的点击率。研究表明，网络广告的点击率并不能完全代表其效果，网络广告对那些浏览而没有点击广告的、占浏览者总数 99% 以上的访问者同样产生作用。

（七）网络代购

网络代购是指可以使互联网用户足不出户，仅通过在网上与网络代购人或专业的代购网站的信息交互，就能通过其帮助买到低于市场价、本地没有或者国内暂无出售、新款限量的外地或外国的商品。在实际应用中，网络代购主要服务于国际性网络购物，随着网络代购的发展，目前在国内的异地代购也发展很快。代购网站作为专门的网络代购服务商进行与消费者和供货商的沟通中介，而货运、邮寄等环节则由供货商完成。网络代购的优势，很受国内网络消费者特别是年轻白领人士的欢迎，而且目前已经从原来只提供国际代购的基础上,发展了兼有国内异地代购的服务。而代购网站自身也在电子商务领域中成为一种新的网络营销模式,并得到了迅速的发展。

(八) 网上易物

易物就是通过物与物的交换,获得所需要的东西。在互联网上易物双方可以将不需要的玩具、工艺品等任何东西的信息发到网上帖子中,并通过查看对方的帖子,如果一方看到有所需要的物品,而且恰好对方也需要另一方的物品,这样双方就可以通过对方留下的联系方式,非常时尚地以原始的物物交换来获得所需要的物品。网上易物与易趣、淘宝等网上购物有本质上的不同。易物不涉及金钱交易,换客们并不专门追求等值交换,他们在网上易物也不是以物品的实际价值作为衡量尺度,物品能否交换成功,全以交换双方的需求和自愿为准。

(九) 直播营销

直播营销是指在现场随着事件的发生、发展进程同时制作和播出节目的营销方式,该营销活动以直播平台为载体,达到企业获得品牌的提升或是销量的增长的目的。直播营销是一种营销形式上的重要创新,也是非常能体现出互联网视频特色的板块。对于广告主而言,直播营销具有一定优势。直播营销也是事件营销,不仅具有广告效应,而且有较好的新闻效应,一个事件或者一个话题,可以更轻松地进行传播和引起关注;直播营销能体现出用户群的精准性,在观看直播视频时,用户需要在一个特定的时间共同进入播放页面,这种播出时间上的限制,能够识别出并抓住具有忠诚度的精准目标人群;直播营销具有较好的实时互动性,用户可以在观看的同时,通过弹幕、点赞、献花打赏等方式,参与到直播过程中;直播营销能通过深入沟通引起情感共鸣,带有仪式感的内容直播,能让一批具有相同志趣的人聚集在一起,实现情绪相互影响。

 本章小结

  现代电子信息技术和网络通信技术的迅速发展、互联网和计算机在人们生活领域的广泛应用,促使人们不断改变购买行为。为满足消费者的个性化需求,企业逐渐意识到运用网络进行营销可以充分利用网络市场蕴藏的无限商机,于是网络营销应运而生。

  传统营销和网络营销都是经济发展的产物,传统营销是网络营销的理论基础,而网络营销则是传统营销的延伸。尽管在营销活动中网络营销相对传统营销在程序和手段上发生了很大的变化,但市场营销的实质并没有改变,网络营销与传统营销都需要把消费者的现实需求和潜在需求作为一切活动的出发点。只有结合网络营销与传统营销各自的优势,实现两种营销模式的整合,才能使企业的整体营销策略获得成功。

  网络营销是以现代营销理论为基础的,如直复营销理论、整合营销理论、关系营销理论等。网络营销有网上商店、搜索引擎营销、E-mail营销、即时通信营销、微博营销、网络媒体植入广告、网络代购、网上易物、直播营销等多种营销方式。

关键名词

网络营销　直复营销理论　整合营销理论　搜索引擎营销　微博营销　关系营销理论　网络代购　网上易物　直播营销

思考题

1. 从网络营销的产生发展看，网络营销今后将向什么方向发展？
2. 与传统营销相比，网络营销有哪些优势和特点？
3. 网络营销会取代传统营销吗？
4. 网络营销的理论基础是什么？
5. 常见的网络营销方式有哪些？

案例分析

淄博烧烤如何火爆"出圈"？

淄博烧烤火爆出圈，带动淄博旅游持续火热。在2022年"五一"假期里，淄博高铁站客运累计接送旅客24万人次，较2021年同期增长8.5万人次，增幅达55%。美团数据显示，淄博市酒店住宿预订量较2021年上涨865%，增幅位居山东省第一。

现在，一提到"烧烤"，必定想到"淄博"。就好比，一说到臭豆腐，就不得不提长沙。可以肯定的是，淄博已经打出了一张响亮的"名片"，但接下来城市如何可持续发展成为各方焦点。淄博给后继者留下了参考样本，但"爆火"模式能否复制也成了当下备受关注的问题。

一、新文化，"烧烤"也可以是亮点

淄博虽然是个小城市，但也是齐国故都和齐文化发祥地，已有3 000多年的历史，有姜太公、齐桓公、管仲、孙武、左思、房玄龄、蒲松龄、赵执信、王渔洋等一批历史文化名人，还有中国第一所官办大学——稷下学宫。淄博也是一座重要的工业城市，近现代工业发展历史有近120年。淄博陶瓷生产史已逾万年，可追溯至新石器期时代早期的后李文化时期，是中国"五大瓷都"之一、中国"琉璃之乡"，有"当代国窑"的美誉。淄博博山更是鲁菜的发祥地，其菜品有着鲁菜鲜咸脆嫩的特点，又独具特色自成一格，博山"四四席"菜品规制是深受鲁中地区人们喜爱的筵席模式。只是这

些都没火,大家都知道且都吃过的"烧烤"却火了!全国各地的游客不远千里奔赴淄博,只为吃一口来自"淄博的烧烤"。

实际上,除了烧烤之外,近几年,淄博还陆续推出了"陶琉文化节""赏花节""五音戏艺术节""潭溪山冰瀑节"等旅游项目,希望能把淄博某些区域打造成更适合旅游的目的地,但吸引更多的是省内或者是当地的游客。淄博因"烧烤"扬名天下之前,缺少一张"名片",这张名片能切入大众消费者的心中,但不是传统意义上大家熟知的景点,最好也不是人为造出来的景点。

以逛景点为核心的"千人一面"的传统旅游已经不再是旅游的全部,旅游景点开始去中心化,旅游开始成了以找体验为主的旅游探索。中国消费者对于细分的体验和风土人情接受程度越来越高,消费者热衷于那些既有历史底蕴、又有特色的旅游产品。现在的烧烤游、寺庙游、特种兵式旅游等等,都符合新文化表达的特点,有趣且能凑热闹。凑热闹的本质是要表达,要蹭流量。从网红经济的角度看,网络达人们通常爱寻找一些差异化、性价比高、还能带来流量的热点内容。

以此次淄博烧烤爆火为例,网络上宣传的原创内容,从一开始单纯的"淄博良心好地方""淄博烧烤好吃、性价比高",逐步发展成"便宜又实在的绿豆糕大爷被网友围追""5块钱卖10个冰激凌球的大爷""明码标价绝不缺斤少两的八大局菜市场"等内容,网络流量都在为各式各样差异化、高性价比的内容让步。比如,与淄博烧烤同时爆火的,还有全国各地逐渐兴起的露营热、特种兵式的大学生旅游浪潮。

二、谁带火了淄博?

2022年5月,山东各地有12 000多名学生因新冠肺炎疫情防控被转送到淄博隔离,热情好客的淄博人,为学生们提供了很好的食宿环境。隔离结束后,学生们临行前的最后一个晚上,当地政府请同学们吃了一顿烧烤,并约定来年解封之时,大家再回来吃烧烤。2023年2月,淄博市网信办、B站联合KOL"大漠叔叔"开展文旅宣传直播,将淄博这个城市从小众推到了大众的面前。

2023年3月,随着淄博火车站的大学生客流越来越多,"大学生组团到淄博吃烧烤"成为抖音同城的热搜,"superB太""学好姐姐""乌啦啦"等多位本地或外地的博主也当起了"自来水",为淄博"烧烤"加热。

2023年4月,在大学生"特种兵"打卡淄博及各路"大V"的轮番加热下,淄博"烧烤"迅速成为网络爆点。淄博市政府迅速反应,召开新闻发布会,官宣打造"淄博烧烤"美食品牌,宣布举办"五一烧烤节"、开通"烧烤专线"公交、成立淄博市烧烤协会、发布淄博烧烤地图等内容,对这波热度做了很好的承接。显而易见,在这一套组合拳中,以抖音为代表的各大社交媒体在流量助推上,发挥了不小的作用。

@明明闯北京是北京本地拥有46.7万粉丝的自媒体博主,在淄博还没爆火时,他的团队第一时间嗅到了流量的气息,从北京赶到济南,坐上了第一波从济南开往淄博的"烧烤专列",赶到淄博,吃上了第一波流量热度的烧烤。据后面发布的宣传视频来看,该博主平日单条作品的点赞量仅为"10 000+"左右,而"淄博烧烤"的内容突破到了"30 000+"。当被问到去淄博的原因时,"明明闯北京"向记者表示:"全国流量都集中在那里,基本上谁拍谁火。以牧羊村烧烤店为代表的几个流量集中地,可以看到很多自媒体博主在那里直播,而且都是大家自发自愿的行为,因为去那拍,视频有人看,也有人评论和点赞。"

淄博烧烤的爆火,很符合当下互联网营销的去中心化打法,每个人都有自己传播的平台,每个人都能标新立异、分享跟别人不一样的内容,这势必会导致一些小众、独特的东西被挖掘出来,这也给淄博这样有风土人情特色的小城市带来"出圈"的机会。如果将城市作为一个"品牌"来看,社交媒体在前期的趋势识别以及中期推广造势上发挥的作用更大。社交媒体可以帮助当地政府识别一些非常细微的趋势,再通过短视频等内容"种草",通过直播平台把声量做大,邀请更多的达人参与推广,进而不断去挖掘更有趣的营销爆点,进一步去推爆。这也符合短视频平台的流量逻辑,就像滚雪球一样,越滚越大。

三、烧烤可以一直吃吗?

营销专家认为,在营销上,传播解决的是知晓和第一次尝试的问题,但产品和体验则决定了复购和口碑。网红产品大多速生速死,因为他们善于传播,但不注重产品和体验。淄博烧烤如果想持续下去,必须在产品价值本身和体验上下功夫,这才是复购和口碑的基础。当下,各方都在关注淄博下一步该怎么做,实际上更迫切的是要弄明白并且做好现在所能做的事情。

淄博烧烤爆火,发挥的是社交媒体的作用,是社交媒体有效地激活了市场,引导了市场需求流向。社交媒体由于其灵活性、创意性和快速性,在淄博烧烤"出城""出圈"过程中起到了巨大作用。现在,需要积极发挥权威媒体的作用,以使淄博在扩内需、促消费方面的典型经验和创新举措获得高层的关注,也有必要结合文旅消费促进工作向文旅部门报送相关材料。还可以结合当前调查研究的工作安排,发动社科学术界进行相关专题研讨。有必要从现象级消费中总结现象级模式,尤其是要从表象化的"淄博烧烤现象"到本质性"淄博现象"进行深入探讨总结,从而形成有关"淄博为什么会红"的全面、客观、权威的分析。

要思考目前现象级消费究竟能沉淀下什么?从未来发展角度看,"淄博烧烤现象"可以沉淀下最重要的东西就是形象和产品。其中,"形象"就是在传播中确立起来的城市形象,比如:解决来淄博游客的各种后顾之忧、满足游客各种消费诉求、全力解决游客消费中遇到的问题等等,这个形象是游客对淄博最大的褒奖。

"产品"则是指,之所以导致"全网"盛赞淄博、"全民"奔向淄博的根本原因,不是这里的烧烤多好吃,蘸料多特别,而是在于这里的氛围、体验和人们在这里能够品尝地道的当地美食。淄博最应该做的"产品",就是适应人们到淄博希望全面释放、尽情狂欢的那种期待。尽管"淄博烧烤节(季)"仍需要继续发展推动,但更重要的是打造"淄博狂欢节"的内涵,并把它发展成一个具有更强烈主题性和更广泛延展性的淄博标志性"产品"。

同样地,从"产品"角度来看,专家们也对未来淄博烧烤的发展给出了几点猜想:第一,淄博烧烤的热度会降下去,成为一个单独的美食品类,将来淄博的烧烤协会可以像沙县小吃、兰州拉面那样做成弱连锁经营,让淄博烧烤走向全国。第二,淄博会成为一座美食文化地标,成为一个以美食为基础的旅游目的地。可以和周边的县市联动,做成一条旅游线路,同时扩大淄博的接待能力。第三,淄博烧烤的体验,应该是整座城市的文化、氛围、风土人情上的体验,这才是淄博烧烤与外地淄博烧烤店的区别和壁垒。

案例思考题:
1. 淄博烧烤"出圈"的网络营销特点及创新有哪些?
2. 淄博烧烤"出圈"的网络营销主体有哪些?不同主体的网络营销方式有哪些?

第十八章 市场营销的新领域

引导问题

1. 市场瞬息万变,企业怎样才能更好地适应市场变化?
2. 数字社交媒体时代,最火的营销工具是什么?
3. 新领域的出现对企业有哪些挑战与机遇?

学习目的与要求

1. 理解体验营销的主要策略。
2. 了解内容营销与传统营销区别。
3. 了解制定社交媒体营销计划的主要步骤。
4. 理解数字营销与传统营销的异同。
5. 了解国务院发布的《"十四五"数字经济发展规划》。

第一节 体验营销

体验(experience)是一个包罗万象的词,用于指个体在日常生活中的各种经历。营销学者一直未能确切界定"体验"的内涵。诸多争论及理解上的含混源于大家对"体验"这个词的不同理解方式。"体验"既是一个名词又是一个动词,它被用于反映过程本身,参与活动,或通过感官或心智对物体、思想及情感的感觉,甚至学习经历。

一、体验营销的内涵

体验营销是企业通过开发体验产品和营造体验情景,吸引顾客参与互动,从而形成体验价值并加以实现,以达到企业经营目标的一种创新商业模式。体验营销建立在对消费者个性心理特征的认真研究、充分了解的基础之上。其以激发顾客的情感为手段,使整个营销理念更趋于完善,目的是为目标顾客提供超过平均价值的服务,让顾客在体验中产生美妙而深刻的印象或体验,获得最大程度上的精神满足。

体验营销并非仅仅是一种营销手段,确切地说它是一种营销心理、营销文化、营销理念。在消费需求日趋差异化、个性化、多样化的今天,顾客关注产品和服务的感知价值,比以往更为重视在产品消费过程中获得"体验感觉"。我们经常会看到这样的现象,消费者在购买很多产品的时候,如果有"体验"的场景和气氛,那么对消费者的购买决策就能产生很大的影响。例如,在购买家用汽车时,如果 4S 店不能让顾客试乘的话,有很多顾客就会马上离开……因此,对于企业来说,提供充分的体验就意味着能够获得更多消费者的机会。

二、体验营销的特征

(一) 顾客参与

在体验营销中,顾客是企业的"客人",也是体验活动的"主人",体验营销成功的关键就是要引导顾客主动参与体验活动,使其融入企业设定的情景当中,透过顾客的表面特征去挖掘、发现其心底真正的需求,甚至是一种朦胧的、顾客自己都说不清楚的、等待别人来唤醒的需求,发现它、唤醒它,消费者就自然愿意和企业产生互动。在企业与顾客的互动中,顾客的感知效果便是体验营销的效果。顾客参与程度的高低,直接影响体验的效果。例如在采摘体验中,积极的参与者会获得比较丰富的体验。

(二) 体验需求

体验营销感觉直观,形象生动,极易聚集人流、鼓舞人心,促使消费者即时作出购买决定,具有立竿见影的促销效果。但是体验营销的基本思想仍然是"顾客至上",强调消费者消费时理性与感性兼具,企业不仅要从理性的角度开展营销活动,而且要考虑顾客情感的需要,从物质上和精神上全面满足顾客的需求。首先要了解在体验经济中,消费需求已出现多方面的变化:从消费结构看,情感需要的比例相对物质需要的比例增加;从消费的内容看,个性化的产品和服务需求日益增多;从价值目标看,消费者日益关注产品使用时所产生的感受,并且日益关注环境保护等公益问题。在营销设计中,不仅要想到企业能创造什么,更要想到顾客想要什么,力求提供能更好地满足顾客的体验诉求的产品和服务。

(三) 个性特征

个性是一个区别于他人的、在不同环境中显现出来的、相对稳定的、影响人的外显和内隐行为模式的心理特征的总和。在体验营销中,由于个性的差异性,精神追求个性化,并且每个人对同一刺激所产生的体验不尽相同,而体验又是个人所有的独一无二的感受,无法复制。因此,与传统的营销活动中,强调提供标准化的产品和服务,要满足消费者大众化的需求有所不同,企业应加强与顾客的沟通,发掘其内心的渴望,从顾客体验的角度,在营销活动的设计中,体现较强的个性特征,在大众化的基础上做到独特、另类、别具一格、别开生面,满足追求个性、讲究独特品位的顾客的需求。

三、体验营销的主要原则

(一) 适用适度

这个原则主要指向体验营销模式的适用范围和行业选择。不是所有的行业都适合体验营销。体验营销要求产品本身具备一定的体验特性,消费需要一个明显的过程,才能有体验产生的时间和空间。比如食品、图书、药品就极少采用体验营销,而旅游、餐饮、房地产、医疗器械、汽车、美容化妆品等行业则广泛采用体验营销的模式。

(二) 合理合法

体验营销能否被消费者接受,与地域差异关系密切。各个国家和地区由于风俗习惯和文化的不同,价值观念和价值评判标准也不同,评价的结果存在差异。因此,体验营销活动的安排，必然适应当地市场的风土人情，既富有新意，又合乎常理。同样的道理，各个国家和地区的法律体系，如消费者权益保护法、反不正当竞争法、广告法、商标法、劳动法、公司法、合同法等，既存在差别，又极其复杂。体验营销实施过程中，具体的操作环节和内容，都应该在国家政策和法律法规允许的范围之内。

（三）经济性

这个原则很显然就是指向投入与产出、经营效率与效益的问题。体验营销的企业关注财务指标、关注投入产出的经济性指标。但这里要强调一个问题，经济性的追求、投入产出的测量不能成为企业仅仅追求眼前利益和短期行为的借口，企业要做好短期核算、短期收益与长期投资、长期回报之间的平衡，不能因为眼前利益的"经济性"而牺牲企业的长期发展和远大前景。

四、体验营销的主要策略

美国著名学者伯德·施密特博士主张体验式营销是通过看、听、用、参与等手段，让消费者能够充分调动自己的感官、情感、思考、联想、行动等感性和理性因素，从而对品牌提供的场景、产品或者服务能够投入其中，感受到商品优势的一种营销方式。

（一）感官式营销策略

感官式营销策略的目标是创造知觉体验，它是通过视觉、听觉、触觉、味觉与嗅觉等以人们的直接感官建立的感官体验。感官式营销可以突出公司和产品的识别，引发消费者购买动机和增加产品的附加值等。如某头部主播在直播卖货时，总是会用各种形容词来包装他的商品，当他拿出一支口红，会说"接触到你嘴巴上，它就变成了水，这是我用过最薄的口红""忘记前任的一支颜色"；当他拿出一瓶香水时，会说"穿着白纱裙，在海边漫步的女生，非常干净的那种感觉""下过小雨的森林里的味道"。他通过"听"让消费者调动了自己的情感，甚至联想到了各种场景，仿佛自己已经买到了这个商品，仿佛自己置身于雨后森林。这种情况下，没有人会不想去体验这款商品，他们会迫不及待想要购买。

（二）情感式营销策略

情感式营销策略通过诱发触动消费者的内心情感，旨在为消费者创造情感体验。情感式营销诉求情感的影响力、心灵的感召力，激发消费者积极的情感，并融入这种情景中来，促进营销活动顺利进行。如，"电子宠物"，更是"会吃""会拉""会走失""会生病""会长大"，照顾不周甚至会"死亡"，迷得"主人"如痴如醉。

（三）思考式营销策略

思考式营销策略通过启发智力，运用惊奇、计谋和诱惑，创造性地让消费者获得认知和解决问题的体验，引发消费者产生统一或各异的想法。思考式营销策略往往被广泛使用在高科技产品宣传中。在其他许多产业中，思考式营销已经被使用在产品的设计、促销和与顾客的沟通上。如，"剧本杀"没有固定的台词，允许玩家创造性地自由发挥，给了玩家在角色上的掌控感。国内的剧本杀大多以推理破案为主，玩家根据分配到的设定化身为剧本里的角色，通过和其他玩家的互动，进行有逻辑的侦探式推理，在烧脑的同时给自己带来刺激和新鲜感。剧本杀的这些特性成功击中了当代年轻人的痛点，他们愿意用几个小时的短暂地逃离现实的工作学习中的压力，去一个安全的、不涉及现实利益的空间体验一种不一样的人生。

(四) 行动式营销策略

人们生活形态的改变有时是自发的,有时是外界激发的。行动式营销策略就是一种通过名人、名角来激发消费者,增加他们的身体体验,指出做事的替代方法、替代的生活形态,丰富他们的生活,使其生活形态改变,从而实现销售的营销策略。如,2015 年,《爸爸去哪儿》第一季大火之后,地方卫视上密集播出森蝶和天天拍的小天才手表广告,用的是蓝精灵动画片的曲子,洗脑的广告词不断循环,"无论你在哪里一通电话马上能找到你,马上能找到你……"是不是有种很熟悉的感觉? 就像是"步步高点读机,哪里不会点哪里""妈妈再也不用担心我的学习啦"一样,小天才的广告营销,就是一种典型的"步步高"行动式营销模式。

(五) 关联式营销策略

关联式营销策略包含感官、情感、思考与行动营销等层面。关联式营销超越私人感情、人格、个性,加上"个人体验",而且与个人对理想自我、他人或是文化产生关联,从而建立个人对某种品牌的偏好,同时让使用该品牌的人们进而形成一个群体。如,《长津湖》电影的台词,"我们这一代把仗打完,下一代就不用打仗了"。历史从文字中走来,从画面中走来,从一段段感人的故事中走来。心有所信,方能行远。崇尚英雄才能产生英雄,争当英雄才能英雄辈出。我们向英雄致敬,也要时刻以他们的优秀品质来要求自己、用他们的坚定信念来武装自己,让红色基因、红色精神,更加鲜亮,绽放光芒,信仰如果有颜色,那一定是中国红。

第二节 内 容 营 销

一、内容营销的由来与内涵

(一) 内容营销的由来

1. 纸质媒体介质的内容营销

在纸质媒体时代,就有企业通过发行自己的出版物的方式,来吸引顾客,维护顾客关系。比如,早在 1732 年,本杰明·富兰克林就发行了北美大陆第一本面向普通民众的年鉴:《穷理查年鉴》(*Poor Richard's Almanack*),借机推广他的印刷业务。1900 年,米其林轮胎出版了世界上第一份为开车出行人士专门制作的出行参考书《米其林指南》(*Michelin Guide*),其中包括大量开车出行可能会用到的实用信息,如汽车维修、城市地图、酒店、餐厅、景点等。2005 年,红牛公司发行杂志《积木秘籍》(*Brick Kicks*),主要包括其目标市场青年人喜爱的音乐、体育、文化、夜生活等主题相关的内容。报纸、杂志一直是企业内容营销的主要工具,也是内容营销最初始的实施工具。不过直到 2001 年,美国俄亥俄州的定制出版公司(Penton Custom Media)才首次正式提出"内容营销"这个词。在当时,内容营销主要是指 B2B(企业与企业之间)的定制出版杂志,即企业通过自己的媒体或出版商的媒体发行出版物,以直接接触消费者的形式传播信息。

2. 广播电视媒体的内容营销

1922 年当时世界上最大的零售连锁超市——西尔斯播出广播节目,向农民提供来自农业基金会的信息,顺带引出超市的名称,这开创了广播媒体内容营销的先河。1924年电视机诞生,1954年彩色电视机诞生。电视的出现使信息内容的形式从纯文字或声音上升到更丰富的视觉、听觉和文字相结合的形式。1995年,海尔集团投资出品以品牌标识为主角形象的动画片《海尔兄弟》。不过这一阶段,内容传播更多是企业单向的,而内容制作、传播受限于电视媒体。

3. 互联网媒体的内容营销

20世纪90年代中期互联网蓬勃发展,也催生了众多社交媒体平台,如2004年脸书成立,2006年推特成立,2012年微信公众平台上线。社交媒体平台的出现,为有意从事内容营销的企业带来了革命性的变化,企业纷纷建立自己的内容团队,利用社交媒体平台传播内容,塑造品牌。虽然内容营销这个概念只是近几年才在中国出现的,但发展迅速,如小米、海尔、江小白等一批企业在新媒体环境下进行内容营销并都取得了成功,内容营销已成为中国企业在新媒体时代的一种重要营销手段。

纵观内容营销在营销发展史中的演化历程,尽管企业营销的内容经历了从纸质媒体到广播电视媒体再到数字媒体的变迁,但变化的只是内容的载体、内容的创造技术,以及向受众传播的具体途径,而让消费者觉得有价值的内容本身,一直是内容营销成功的关键。

(二) 内容营销的内涵

内容营销(content marketing)是指利用有价值的内容,首先吸引消费者的关注,进而增加其对品牌的了解,培养好感,最终导致购买,培养长期忠诚度的一种营销手段。在这个定义中,内容指的是企业通过创造或收集整理,主动发布的文字、图片、信息图、视频、直播等各种形式的内容。从内容营销定义来看,内容营销的本质是为传递有价值的内容;营销的目的除了推广销售,还有传递价值;内容营销的核心是持续生产优质的营销内容;内容营销的关键是渠道传播。

传统营销更注重向消费者"推",内容营销更注重向消费者"拉"。二者之间的区别还体现在消费者反应心理、可控性、精准性、长期性、分享性等层面上,见表18-1。

表 18-1　内容营销与传统营销的区别

区别层面	内 容 营 销	传 统 营 销
消费者反应心理	愿意体验	躲避(广告时间,或许是观众去上厕所的时间)
可控性	企业可以自己控制	媒体掌握:发布时间、形式,甚至内容
精准性	根据目标市场需求有针对性地创造内容	希望发布广告给尽可能多的潜在消费者,针对性不强
长期性	可能有长效传播	广告费花完,就是传播的结束
分享性	对好的内容,消费者愿意二次或多次传播	比较难

二、内容营销的层次

在内容营销的应用上,每个企业的能力及经验不同,因此在实战中体现出的层次可能也不尽相同:

(一) 基础

有的可能处在打基础阶段,内容营销的主要目的是让用户更多地了解企业及产品。在内容营销基础阶段,应围绕四个维度发力:一是企业核心产品的内容。二是从自家产品扩展到整个品类,甚至是相关的生活方式。三是内容发布的频次。企业发布内容频次越高,内容营销效果越明显。四是内容传播。应通过主要社交媒体平台及其他途径发布内容,提高内容曝光度,增大被读者发现的可能性。

(二) 技巧

有的则已经不满足于简单的产品介绍,而是开始上移到技巧层次,采用娴熟的内容技巧增加用户的兴趣。在内容营销技巧阶段,可以在标题设计略施技巧、图片运用上进行。比如,买机票的网站,文中标题为"便宜机票,打折机票",就不足为奇。若在标题上略施技巧,改为"我如何忽悠航空公司给我廉价机票"就显得颇有新意。首先,用第一人称,增加真实感。其次,个人战胜企业。最后,忽悠的字眼吊读者胃口。比如,图片技巧高超,也能引人入胜。

(三) 亮点

有时,企业掌握了内容有用和内容表达有技巧,但为什么效果不好?因为类似内容可能已经有很多。因此,必须找到内容营销的亮点,即内容的风格、个性或闪光点。只有独特的声音,才能让企业的内容从内容营销的"红海"中冒头出来,被清晰记住和二次传播。

(四) 价值观

企业内容营销的最高境界,是超越产品、技巧和风格,进入品牌价值观的塑造中。只有清晰地打造和传递品牌价值观,并获得用户认同,才是建立用户忠诚度的关键。

三、内容营销遇到的新挑战

数字时代内容营销面临着诸多的新挑战,《2011—2021中国内容营销十年趋势报告》对此归纳为:

(一) 信息过载成为内容营销在沟通消费者时面临的首要挑战

随着社交媒体成为用户获取各种信息的首要渠道,信息过载问题也因技术的发展而变得日益严重,并成为当下网络信息环境中的核心话题。调研报告显示,在使用移动互联网时,有超八成的用户感觉每天有看不完的内容,感到信息过载,网上的信息良莠不齐,让人无从判断,更有用户认为朋友圈充斥着鸡汤,浪费太多的时间,这也意味着内容超载过量、同质化等成为内容营销在亲近消费者时遇到的棘手问题。

(二) 消费决策的内容可控感,让内容营销需要呈现更丰富的信息

消费者在决策中关注的因素越来越多,还越来越注重安全感和主导权,从多方求证寻求"性价比"最高的产品,到对产品的多方位、全面的信息掌控,再通过社交媒体平台观看产品测评内容和评价,决策链路的复杂也让品牌需要提供更多元化更丰富的内容,呈现的信息需要更加丰富。

（三）复合消费场景时代，内容触点和用户消费场景边界被打破

数字时代的消费者已经进入了一个"复合消费场景"时代，消费者获取内容及购物的渠道越发离散，各触点的流量分布呈现"去中心化"，消费者场景多元化，内容捕捉消费者的难度也在不断加大，消费决策也呈现快速且随机的特点，要应对这样的变化，内容营销需要针对移动的内容触点和用户场景进行更好的匹配和整合。

（四）内容营销需要融入营销的全链路中

调研报告显示，在对于内容营销希望达成的目的的期待中，"提升效果转化"被排在了首位，其次为获取私域流量，再次是强化品牌形象和提升知名度，最后是加强用户互动等。可见，"内容营销"已经不是孤立和单一的存在，而是融合到了营销的全链路中。

（五）内容营销不仅要契合品牌调性，而且要考虑成本和扩散效应

调研报告显示，对评价一个内容营销的效果，55.4%的人认为内容营销要与品牌契合，其次还要考虑内容的成本和社交分享度，以及对目标群体的影响力，因此，要做好内容营销，不仅需要注重内容本身，还需要更多维度的考量。

四、内容营销的内容设计

（一）内容营销的表现形式

内容营销的表现形式一般包括：软文、新闻稿、音频、播客、博客、白皮书、音乐、动画、图片、信息图、在线教学或电视广播、幻灯片、视频、研讨会、App、游戏等。例如，淘宝内容营销常见的形式：

（1）图文。图文是淘宝内容营销最常见的形式，图文这一形式的优势在于，能够通过一定的文字给买家对图片进行相关的讲解，帮助买家更好地了解宝贝，从而进行购买。

（2）短视频。短视频是淘宝内容营销的重点发展形式，也是主要集中渠道，它能够让买家更加全面生动地了解宝贝，场景化和代入感更强，消费欲望也更高。

（3）直播。直播就等于给买家们提供了一个专业的导购，给他们解决相关疑问，直播的过程中主播能与买家互动，精准引流，促进转化；同时还提高买家的黏性，积累更多老顾客。

（二）内容营销平台选择

目前，比较流行的内容营销平台大体有：知乎、小红书、简书、微信、抖音、微博等。

1. 知乎

知乎是一个搜索式问答社交网络。知乎是一个平台，我们只是借用这个平台做营销，平台和公司之间只有一个媒介，那就是账号。因此，内容运营的根基是账号，账号好了，内容流量多，账号做得不好，可能就要面临限流甚至封号了。互联网数据显示，知乎2021年总用户数超过4亿人，这个数据在国内网站流量排第五左右，而更让人惊讶的是，知乎的用户质量也非常高：66%是一线城市用户，80%是大学本科学历以上。

2. 小红书

小红书是年轻人的生活方式平台，小红书以"Inspire Lives 分享和发现世界的精彩"为使命，用户可以通过短视频、图文等形式记录生活点滴，分享生活方式，并基于兴趣形成互动。小红书官方网站显示，小红书月活跃用户数已经过1亿人，其中70%用户是90后，并持续快速增长。

3. 简书

简书类似一个简洁版的知识类播客网站，上面有大量的知识型文章。简书中对文字进行了分类，用户可以选择看自己感兴趣的文章类型。

4. 微信

主要包括公众号平台、朋友圈和个人平台。企业可以通过在微信平台上上传符合目标用户需求的文章来吸引粉丝。

5. 抖音

以抖音为代表的一系列短视频平台也在内容营销中占据了很重要的位置。在这类平台上，企业可以通过高频次的更新，吸引流量，从而在短时间内获得较高的知名度。

6. 微博

微博操作简单，信息发布便捷。一条微博，只需简单的构思，就可以完成一次信息的发布；互动性强，能与粉丝即时沟通，及时获得用户反馈，具有低成本的特点。

五、内容营销的常见技巧

（一）热点内容营销

热点内容营销（newsjacking）这个词，由美国营销公关专家大卫·米尔曼·斯科特在2011年出版的一本同名书中首次使用，指的是把企业或品牌的想法及理念巧妙融入新闻性突发事件中，以期达到以下目的：媒体曝光，吸引顾客，塑造品牌，促进销售。虽然这个概念提出的时间不长，但是随着社交媒体的飞速发展，它在全球范围内的使用已经日趋普遍。

一般而言，热点可以分为两类：确定性热点和突发性热点。确定性热点指的是重大节日或活动，如，春节、"双十一"、母亲节、每年的高考等；突发性热点由于随机性及不可预见性，往往更能激发大众的好奇和关注，但突发性热点事件主题一定得和企业价值观相一致，不能损坏企业的价值观，如果盲目跟风，可能会招致反感。热点内容营销并非盲目跟风，而是需要了解热点事件背后受众的社会心理特征，找到合适的主题创意方法。

（二）节日内容营销

节日指的是人们生活中的特定日子，用于纪念特别事件、历史典故、人物角色等。人们对节日通常有情感性期待，也伴有特定行为。节日期间，人们一般都会展现正面情绪，也乐意分享节日的喜悦。企业可以借用节日体现品牌的共情，拉近与消费者的距离。

节日内容营销可围绕以下几个方面展开：与核心节日主题直接相关的内容营销、与节日仪式相关的内容营销、与延展节日主题相关的内容营销。

例如，此前由于疫情反复，各地都号召"就地"过年。在"就地过年"这一特殊环境下，餐饮商家纷纷推出了以"春节不打烊"为主题的营销活动，借助外卖、堂食等服务挖掘消费者就地过年的商机。例如成都餐饮同业公会发布的首批"成都年味·中餐厅清单"显示，2021年春节期间成都将有火锅、特色餐饮、老字号小吃等超过300家中餐厅宣布"春节不打烊"。对本地生活业务布局已久的抖音，也联动20多个城市发起了"2021过年不打烊·城市年味节"活动，这都为商家提供了一个春节营销窗口。

（三）用户创造内容战略

用户创造内容指的是用户在社交媒体平台上自愿发布的提及企业品牌的内容，包括文字、图片和视频等形式。随着智能手机高度普及,年轻一代更热衷于自己创造内容,比如,朋友圈晒图片。用户创造内容具有三个优势:真实感、关联感、社会认同。例如,2020火爆抖音的一首《明月夜》,是用户自己创作的音乐短视频,歌词中"走过千山我历经多少风霜,才能够回到你的身边,等待的容颜,是否依然没有改变,迎接我一身仆仆风尘,等待我的人,是否还坐在窗前,带几行清泪迎接晨昏,是否还依然,在门前挂一盏小灯,牵引我回到你身边,明明是一场空在梦里浮沉,不敢问当年是假是真……"配上《楚汉传奇》韩信衣锦还乡找季桃的桥段,此时季桃已嫁给曾经让韩信受胯下之辱的屠夫的场景。这个用户创造的音乐短视频,既带火了不少翻唱的歌手,也给《楚汉传奇》电视剧带来更多的复播点击率。这个例子显示了用户创造内容的流行及其成为一种不可小觑的消费力量。上述是正面的用户创造内容营销的例子,但企业也不可小觑用户创造的负面内容营销例子。

第三节 社交媒体营销

一、传统媒体与社交媒体

(一)传统媒体与社交媒体概述

1. 传统媒体

传统媒体在我国历史发展的长河中,从盛唐时期"邸报"的出现,到现在互联网媒体的诞生,每发展一步都反映出了我国社会文明发展变革的进程,不仅为新媒体的诞生奠定了基础,还为其指明了方向。目前我国的传统媒体形式主要有:报纸、期刊、电视、图书、广播等。

2. 社交媒体

社交媒体指的是互联网上基于用户关系的内容生产与交换平台。比如:Facebook、QQ、微信、百度贴吧、Twitter等。社交媒体运用移动技术和网络技术对用户的原创内容进行分享、维护、讨论和修改。社交媒体改变了以单向传播(从营销者到客户)为主的传统营销传播模式,形成了一种新的传播模式——反向反馈(从客户到营销者),消费者之间的互动显著增加。

(二)传统媒体与社交媒体的特点

1. 传统媒体特点

(1)专业化运作。传统媒体,如图书、期刊,从信息采集、审读内容、润色文字,到制作成书,每一流程都有专业的技术人员为其把关。因此传统媒体是品牌、公信度的塑造者和维护者。

(2)内容的剖析力强。每一种图书、期刊都有与之相对应的学术领域,聚焦着科技的发展、专业的细化。因此传统媒体在开拓学术领地,引导科研方向等方面起着重大的推动作用,这也是一般网络期刊所不能比拟的。

(3)便于携带。受众在阅读传统媒体,如报纸、期刊时不需借助其他辅助工具,只要有基础的阅读能力,随时随地都可以翻阅。

2. 社交媒体特点

（1）消解功能。消解传统媒体之间的边界，消解社群之间、产业之间的边界，消解信息发送者与接收者之间的边界。开放、无处不在和不受约束地表达，改变了传媒的秩序，改变了人的生活方式。

（2）交互性强。个性化的收视需求不必再顺从群体收视选择，观众从一定程度上成为传播者，在内容选择方面拥有了更大的自主权，并能通过双向互动和交流，直接影响电视台的节目选择和编排。

（3）跨时空。社交媒体打破了空间限制，帮助媒体和广告商锁定传统电视难以把握的年轻人和高收入群体。

（4）流量惊人。用户及观众数量巨大。

二、社交媒体营销概念与制定计划步骤

（一）社交媒体营销概念

丹麦学者斯文德·霍伦森与美国市场营销之父菲利普·科特勒等给社交媒体营销下的定义，即利用社交网络和社交工具，通过一系列营销活动引导潜在客户，使其采取营销者期待中的行动，最终目标是将新客户变为具有高终身价值的忠诚客户。

维基百科认为，社交媒体营销是指企业为了达到营销的目的，在社交网络服务上创造特定的信息或内容来吸引消费者的注意，引起线上网民的讨论，并鼓励网民通过其个人的社交网络去传播散布这些营销内容，进而提升客户满意度的营销策略。

（二）制定社交媒体营销计划的主要步骤

社交媒体营销计划应涵盖公司准备在社交媒体营销中要做的一切，以及公司希望通过社交网络达成的所有业务目标。社交媒体营销计划还应涵盖客户现状审视、希望引导客户达到的目标，以及为实现上述目标公司拟使用的所有社交媒体工具。

一般而言，制定社交媒体营销计划要经历以下六个步骤：

第一步，确定社交媒体营销目标。确定公司希望达到的目标。例如，在社交媒体发布方面，我们将通过分享照片来传播公司文化。为此，我们将选择一个照片分享类社交媒体网站，每周发布 10 张照片，目标是每周至少获得 100 个赞和 30 条评论。

第二步，审视社交媒体使用现状，对公司目前的社交媒体使用情况及运作方式进行评估。在制定社交媒体营销计划前，公司需要对其目前的社交媒体使用情况及运作方式进行评估。也就是说，要弄清目前是哪些人通过社交媒体与公司及其品牌联系，公司的目标客户常使用哪些社交媒体平台？与竞争对手相比，公司在社交媒体上的影响力如何？审视后，公司应能清楚地了解公司使用的社交媒体平台有哪些，分别由谁运营或掌控，分别起到了什么作用。此外，公司审视后，公司应能轻松确定哪些社交媒体平台的账户需要更新，哪些需要彻底删除。

第三步，选择相符度最高的社交媒体平台开展工作。要选择最符合公司社交媒体营销使命和目标的平台。

第四步，从行业领导者、竞争者和网络社区的关键意见领袖处获取社交媒体营销灵感。如果公司不确定哪类内容与信息能获得最多参与，那么可以了解一下业内其他公司正在分享什么内容，以资借鉴。公司还可以通过社交媒体平台倾听，看看如何将自己与竞

争对手区分开,吸引自己可能错过的受众。每家公司都应关注行业领导者,看看他们是否在网上分享过社交媒体营销方面的建议和见解。

第五步,为公司社交媒体工作制定内容计划和时间表。社交媒体计划应包括内容营销计划。内容营销计划包括内容创作策略和内容编辑计划。分享优质内容,把握分享时机,对于社交媒体营销的成功至关重要。

第六步,对社交媒体营销计划进行测试、评估和调整。应对整个计划进行持续测试。

三、社交媒体营销的区域与平台

我们将按 Tuten 和 Solomon 的社交媒体的四个分区介绍社交媒体营销的区域和平台,社交媒体既能用于个人目的,也能用于商业目的,其用途的多样性往往意味着各个分区之间会有交叠,如 Facebook、微信不止一次出现,这是由社交媒体本质决定的。

(一)社交社区区域

社交社区区域的社交媒体专注于人际关系,以及兴趣相投者共同参与的活动。因此,社交社区的特征是:双向和多向沟通、对话、协作、经验及资源共享。所有社交媒体都是围绕着关系网络构建的,但对于社交社区而言,人们参与社区互动和协作主要是为了构建和维护关系。社交社区区域的社交渠道包括社交网站、留言板、论坛。Facebook 和微信几乎是目前最大的用户友好型社交社区平台,拥有账号的用户可以毫不费力地与朋友取得联系。有了社交媒体的支持,朋友们可以随时聊天,不再需要见面交流。这样,朋友之间相互交流,了解时事新闻,联系世界各地的人就不难了。

(二)社交发布区域

社交发布平台用于向受众传播内容,社交发布渠道包括博客、微博、媒体分享站点、社交书签和新闻站点。在博客类网站上,用户可以像记网络日记一样,时常更新上面的内容,博客上的文章都按时间顺序排列。专业博客通常专注于一个特定主题,而且每篇博文后面都有讨论区供用户讨论使用。很多人利用博客发表个人日记。博客由博主维护,包含的主题非常广泛。博客具有社交属性,因为读者可以参与其中,可以留言、评论,甚至进行与博文相关的讨论。例如,微博允许用户通过 Web、Wap、Mail、App、IM、SMS,以及用户可以通过电脑、手机等多种移动终端接入,以文字、图片、视频等多媒体形式,实现信息的即时分享、传播互动。

(三)社交娱乐区域

社交娱乐平台是指提供游戏和娱乐的渠道和媒介,包括具有社交功能的游戏机游戏、社交游戏、游戏网站及娱乐社区。例如,说起社交游戏,很多网民似乎会感觉很陌生。但如果说到"偷菜",几乎家喻户晓。在 2009 年,"种菜""偷菜"等在网上流行起来,而上网"偷菜"更是让很多网民"夜不能寐",众多网民的参与使得社交游戏在这一年获得了极大的发展。再比如,剧本杀是最近几年最火的聚会游戏,游戏成员扮演不同的角色,与侦探一起破解各种未解之谜,发表自己的看法,上手简单,只要有逻辑就能取胜,可以与相熟的伙伴相约剧本杀,也可以随机匹配。

(四)社交商务区域

社交商务即利用社交媒体助力产品和服务的在线交易,是电子商务的子集。电子商务即通过互联网购买或销售产品和服务。阿里巴巴集团是社交商务领域的一个巨头,它是一家电子商务公司,通过旗下网站提供 C2C、B2C 和 B2B 销售服务。此外,阿里巴巴还提供电子支付服务、购物搜索引擎服务和以数据为中心的云计算服务。

四、社交媒体营销控制

(一)社交媒体营销传播目标

社交媒体营销传播计划核心是传播目标。在社交媒体营销中,传播目标可以是以下几项。

1. 提高知名度

内容分享是社交媒体的一大功能,当一则消息在短时间内被广泛分享时,我们就可以说这则消息被"疯转"。这则消息会广为流传,撰写这则消息的人也会名声大噪。

2. 汲取灵感

消费者越来越喜欢在社交媒体上寻求购买产品和服务方面的建议,这意味着公司可以通过关注社交媒体上的话题,发现本公司产品或服务可以解决的问题。

3. 鼓励试用

促销活动的目的通常是鼓励用户试用产品和服务。常见的在线促销形式,包括可打印的优惠券、折扣代码、竞赛和游戏。

4. 鼓励回购

一种方法是通过激励计划留住现有客户,鼓励回购。激励计划的重点是说服顾客不要转向竞争对手。例如,对回购同一产品的客户,公司可以给予一定折扣。另一种方法是给客户个人网络账号发送"积分",积累到一定数量后可以兑换成其他商品或服务。

5. 提高客户满意度

公司可以通过社交媒体提供产品和服务支持,从而提高客户满意度,如软件开发人员经常通过 Facebook 和 Twitter 接收或回复技术支持请求。客户有不满可以通过社交媒体直接与公司联系,公司如能及时有效地处理此类投诉,客户将不满传播给其他人的可能性就会大大降低,此外,通过监控社交媒体上客户最近发布的帖子并作出回应,公司可以让客户感到安心,使其相信自己作出了正确的选择,从而减少其认知失调。

6. 构建品牌关系

通过品牌与客户之间的积极反复互动,品牌关系能够得到发展。公司可以通过发布相关的内容,如新闻、文章、照片、视频、游戏等来激发客户的互动热情。

为实现上述传播目标,下面将探讨对于营销者而言最具参考价值的社交媒体指标。指标分为两类:非财务类社交指标和财务类社交指标。

(二)非财务类社交指标

非财务类社交指标包括态度指标和行为指标。例如,广告"效果层次"模型(知晓、了解、喜欢、偏好、信服、购买)就是基于态度构建的,而行为指标多基于行动构建,下面,我们将进一步探讨几个重要的非财务社交指标。

1. 提及量

提及量是一段时间内品牌在社交媒体渠道中被提及的总次数。这个指标虽然简单,但可以很好地反映品牌的知名度。

2. 参与率

参与率是指潜在客户在网站采取的浏览之外的其他行动。参与率的衡量行动包括

"赞"某个品牌的帖子、评论或回复某个品牌的帖子,与他人分享某个品牌的帖子。因此,我们可以将参与率定义为:

$$参与率(\%)=截至某时刻所有帖子的参与次数/截至某时刻所有帖子的浏览次数\times100\% \tag{18-1}$$

3. 点击率

点击率指标旨在捕捉客户对网站的最初反应。因此,我们将一则广告的点击率定义为:

$$点击率(\%)=广告被点击次数/广告被显示次数\times100\% \tag{18-2}$$

4. 转化率

转化率关乎将网站访客转化为付费客户的过程。有时"转化"也可以指销售之外的其他结果。我们将转化率定义为:

$$转化率(\%)=实际购买的客户数量/网站访客数量\times100\% \tag{18-3}$$

提高转化率是一项长期投资,它涉及以下活动:增加网站流量、提升在线服务的客户数量、提升在线客户的满意度和体验。

(三) 财务类社交指标

财务类社交指标涉及营销传播活动的利润。

1. 投资回报率

投资回报率主要用于评估短期社交媒体目标,如打造品牌知名度、鼓励试用、鼓励回购等。例如,在做线上活动时,公司可以提供打印优惠券或折扣代码,以刺激潜在客户试用。我们将投资回报率定义为:

$$投资回报率(\%)=(通过活动获得的超额收益-活动成本)/活动成本\times100\% \tag{18-4}$$

当然,不能将超额收益完全归功于社交媒体活动(尤其是不提供激励的线上活动)。既便是提供激励的活动,投资回报率的计算也会忽略有激励活动和无激励活动之间的潜在协同效应。因此,作为传统投资回报率的替代方案,公司可以从客户的角度考虑投资回报,即客户投入时间在社交媒体上与某品牌互动得到的回报。

2. 每点击成本

每点击成本指标用于评估在线营销的成本效益和收益率。该指标用于衡量品牌在潜在客户中的知名度,以及潜在客户对品牌的兴趣。我们将每点击成本定义为:

$$每点击成本=广告成本/广告被点击的次数 \tag{18-5}$$

确定每点击成本主要有以下两种方式:统一费率、竞价费率。

(1) 统一费率。公司和网站就每次点击需要支付的固定金额达成一致。当然,在许多情况下,公司可以压低费率(价格),特别是在签订长期或高价值的合同时。

(2) 竞价费率。公司签署合同,同意在网站主持的竞价中与其他公司竞争。每家公司都告知网站,其愿意为网站上的某个广告位支付的最高价格,网站选择出价最高的为中标者。

第四节 数字营销

数字经济是继农业经济、工业经济之后的主要经济形态,是以数据资源为关键要素,以现代信息网络为主要载体,以信息通信技术融合应用、全要素数字化转型为重要推动力,促进公平与效率更加统一的新经济形态。数字经济发展速度之快、辐射范围之广、影响程度之深前所未有,正推动生产方式、生活方式和治理方式深刻变革,成为重组全球要素资源、重塑全球经济结构、改变全球竞争格局的关键力量,数字经济的快速兴起,导致中国市场营销环境发生了翻天覆地的变化。

一、数字中国

2015年12月,习近平总书记在浙江乌镇举行的第二届世界互联网大会开幕式上的讲话提出5点主张,其一为"推动网络经济创新发展,促进共同繁荣",在这个主张中首次提出"数字中国"建设倡议;2017年党的十九大报告明确提出建设科技强国、质量强国、航天强国、网络强国、交通强国、数字中国、智慧社会;2020年4月,《中共中央 国务院关于构建更加完善的要素市场化配置体制机制的意见》明确了数据是与土地、劳动力、资本、信息具有同等地位的第五类生产要素;2021年公布的《中华人民共和国国民经济和社会发展第十四个五年规划和2035年远景目标纲要》第五篇就是"加快数字化发展建设数字中国",在第五篇中明确提出:"迎接数字时代,激活数据要素潜能,推进网络强国建设,加快建设数字经济、数字社会、数字政府,以数字化转型整体驱动生产方式、生活方式和治理方式变革。"2021年12月出台的《"十四五"数字经济发展规划》中明确提出数字经济是继农业经济、工业经济之后的主要经济形态,是以数据资源为关键要素,以现代信息网络为主要载体,以信息通信技术融合应用、全要素数字化转型为重要推动力,促进公平与效率更加统一的新经济形态。这也是我国数字经济领域的首部国家级专项规划。

(一)数字中国建设成就

从国务院印发的《"十四五"数字经济发展规划》中可以看出,"十三五"期间,以习近平同志为核心的党中央高度重视发展数字经济,统筹推进数字中国建设,取得了一系列历史性成就:

一是到2020年,我国数字经济核心产业增加值占国内生产总值(GDP)比例达到7.8%。

二是信息基础设施全球领先。建成全球规模最大的光纤和第四代移动通信(4G)网络,第五代移动通信(5G)网络建设和应用加速推进。宽带用户普及率明显提高,光纤用户占比超过94%,移动宽带用户普及率达到108%,互联网协议第六版(IPv6)活跃用户数达到4.6亿人。

三是新业态新模式竞相发展。数字技术与各行业加速融合,电子商务蓬勃发展,移动支付广泛普及,在线学习、远程会议、网络购物、视频直播等生产生活新方式加速推广,互联网平台日益壮大。

四是数字政府建设成效显著。一体化政务服务和监管效能大幅度提升,"一网通办""最多跑一次""一网统管""一网协同"等服务管理新模式广泛普及,数字营商环境持续优化,在线政务服务水平跃居全球领先行列。

五是数字经济国际合作不断深化。《二十国集团数字经济发展与合作倡议》等在全球赢得广泛共识,信息基础设施互联互通取得明显成效,"丝路电商"合作成果丰硕,我国数字经济领域平台企业加速出海,影响力和竞争力不断提升。

(二) 数字经济面临的形势

当前,新一轮科技革命和产业变革深入发展,数字化转型已经成为大势所趋,受内外部多重因素影响,我国数字经济发展面临的形势正在发生深刻变化,国务院印发的《"十四五"数字经济发展规划》对此有着清晰准确的描述。

1. 发展数字经济是把握新一轮科技革命和产业变革新机遇的战略选择

数字经济是数字时代国家综合实力的重要体现,是构建现代化经济体系的重要引擎。世界主要国家均高度重视发展数字经济,纷纷出台战略规划,采取各种举措打造竞争新优势,重塑数字时代的国际新格局。

2. 数据要素是数字经济深化发展的核心引擎

数据对提高生产效率的乘数作用不断凸显,成为最具时代特征的生产要素。数据的爆发增长、海量集聚蕴藏了巨大的价值,为智能化发展带来了新的机遇。协同推进技术、模式、业态和制度创新,切实用好数据要素,将为经济社会数字化发展带来强劲动力。

3. 数字化服务是满足人民美好生活需要的重要途径

数字化方式正有效打破时空阻隔,提高有限资源的普惠化水平,极大地方便群众生活,满足多样化、个性化需要。数字经济发展正在让广大群众享受到看得见、摸得着的实惠。

4. 规范健康可持续是数字经济高质量发展的迫切要求

我国数字经济规模快速扩张,但发展不平衡、不充分、不规范的问题较为突出,迫切需要转变传统发展方式,加快补齐短板弱项,提高我国数字经济治理水平,走出一条高质量发展道路。

二、数字营销及其独特优势

(一) 数字营销概述

王永贵认为数字营销就是基于数字化技术融通市场营销的"道"和"术",深刻地将数字化基因嵌入企业的营销战略、营销资源、营销能力和营销过程之中,表现为在数字化时代对传统市场营销"STP+4PS"范式的超越与升级,以便更好地服务于"数字化了的顾客"及其需求这一关键目标。从本质上说,数字营销依然关注消费者、企业乃至整个社会的价值创造与交付,依然以识别并满足顾客需求为基础,依然需要在对市场营销环境进行分析的基础上制定和实施有效的市场营销战略。传统营销更注重单向的市场路径,由企业引导顾客,向顾客提供产品和配套服务,通过定位和细分市场策略实施4P营销组合。数字营销则更加注重交互。价值不再由企业单独创造,而由企业与顾客共同创造。不过,两者在以顾客为中心这一点上是相同的,无论是传统营销还是数字营销,重心永远是顾客,顾客行为发生转变,营销的方式也需要更迭。

数字营销根植于互联网与数字化技术的发展。大数据所具有的 4V 特点,即大量 (volume)、高速 (velocity)、多样 (variety) 和价值 (value),使得数据产生的量级和速度都极大改变,线上线下多数据的融合成为 21 世纪营销的关键。例如,通过发现用户购物车中的不同商品之间的联系,分析、预测用户的消费习惯和规律,获悉哪些商品被哪些用户频繁地购买,从而帮助营销人员由此及彼,举一反三,掌握消费者的购买行为及其规律,有针对性地制定出相关商品的营销策略。因此,也有一些专家学者认为,在商业实践中,不是每个企业都能完全进行数字营销,因为数字化技术本身需要较大的成本投入,同时需要组织结构和流程的匹配。一个传统企业转变成数字化企业并不是一蹴而就的,而是一个适应性过程。正因如此,各个企业在整合数字化营销理念和工具方面存在着很大的差异性。

传统营销和数字营销在本质上都强调价值的创造、传播和交付,主要区别体现在战术层面对数字技术的应用。传统营销与数字营销的区别见表18-2。

表18-2 传统营销与数字营销的区别

项目		获取目标顾客	接触目标顾客	管理目标顾客
	主要工作	评价顾客价值	传播营销信息	对收益和成本的考量
传统营销		重心:评估每位顾客的终身价值	重心:大规模投放传播信息	收益:基于顾客历史消费记录的分析
		关注点:每位顾客	方向:以单向的信息传播为主	成本:客户服务中投入人力成本
		目标:识别对企业盈利性有重要贡献的顾客	目标:促销导向,促进顾客购买	目标:专注于忠诚管理,特别关注服务成本低、收益高的优质顾客
		路径:基于交易价值和终身价值分析的经验技术	渠道:电视、电话、印刷、邮购、户外广告牌等	技术:传统的IT技术
		特征:致力于目标市场实施标准化、程序化营销策略,依赖直觉经验,顾客大多是价值的被动接受者		
数字营销		重心:多维度和动态分析顾客价值	重心:随时随地定向传播有价值的信息	收益:对收益的考量基于多维、实时和动态的预测
		关注点:每位顾客及其社交圈的顾客	方向:双向的信息互动	成本:数字技术的投入
		目标:更广泛的顾客获取(流量)和更深入的顾客挖掘	目标:包括交易量的行为(如购买)和非交易类的行为(如分享、转发、点赞)	目标:粉丝管理、社群(社区)管理
		路径:流量管理	渠道:社交媒体、移动终端、App、搜索引擎、短视频等	技术:大数据、数据库、人工智能、机器学习等
		特征:能够实现个性化、信息化、可量化、可追溯、动态实时、多维度,顾客的主观能动性更强,是价值的共同创造者和能力的共同开发者,甚至是产销合一者		

(二)数字营销的独特优势

数字营销主要体现在"术"的革新,先进数字技术应用可以赋能企业有更多渠道随时随地接触顾客并与顾客进行实时互动,社交媒体、网店、短视频等数字工具创造的市场机遇无处不在。与传统营销相比,数字化营销展现出更多的独特优势,主要体现在以下几个方面:

1. 平台化和国际化

在互联网条件下,覆盖全球虚拟市场这个新交易平台的建立使得交易不再受时间和地域的限制,买卖双方的互动可以随时随地展开。与此同时,互联网海量信息的共享及搜索的便利性,也使顾客能够以较低的成本获得大量的相关信息。因此,消费者比较与选择的机会相应地增加,价格变得更加透明,竞争更加激烈。此外,在线零售商支持送货上门和货到付款,为顾客提供了便利,也赢得了信任。同时,互联网及移动平台中产生的海量交互数据可以为企业所用,企业需要采用适宜的分析方法对这些数据进行分析,并在此基础上制定和开展营销策略,参与到消费者的购买过程中。

2. 低市场进入门槛

在数字化时代,线下渠道资源的绝对优势在某种程度上被削弱了,无论何种规模的企业,都可以通过创建网站、官方微博、社交媒体账号或入驻线上商城等方式轻松地进入目标市场,这在以前可能是企业连想都不敢想的事情。显然。在数字营销实践中,线上渠道为企业带来了更多的潜在顾客,在数字时代他们被称为"流量"。对于依赖线下渠道的传统产业而言,如传统零售业,无论企业的规模大小如何,都面临着极大的冲击。而对于一些市场上的新进品牌,如元气森林、江小白、泡泡玛特则受到了市场的大肆追捧。究其缘由,这些企业不再投入过多资源在传统营销渠道上,而是通过低进入门槛的线上渠道去渗透市场并开展角逐。

3. 更直观的测量

在市场营销资源配置中,主要存在两项基本的价值活动:价值创造活动(研发开支)和价值攫取活动(广告宣传开支)。无论在传统还是在数字时代,广告都是营销活动开支的重要方面。业界有一句俚语:"我知道我的广告有一半是浪费的,但遗憾的是,我不知道是哪一半"。在数字营销实践中,先进的数字技术往往能够更加精准地让企业把握广告中的各项数据指标,如曝光率和点击率,营销管理者可以根据这些数据来实时调整和优化其广告活动计划。在数字营销实践中,企业可以采取多种有效方式,对浪费的另一半广告的投入有所作为,进而提高其广告效率和效果。

4. 更精准的个性化

传统营销在为顾客提供个性化产品或服务方面存在两个痛点:一是缺乏可靠的数据来论证顾客的真实偏好,难以准确预测顾客偏好的变化。二是定制化产品与服务的生产一般相对缓慢,在交付方面存在一定的滞后性,因而往往对渠道物流环节的效率有更高的需求。在数字化时代,这些痛点都能够很大程度地缓解。大数据的海量性和动态性能够为企业提供相对真实、及时的数据。在对顾客需求的把握和分析方面,能够比传统营销更有效。

5. 即时且贴心

在过去,顾客试图与企业沟通和互动时,主要通过电话人工服务这一渠道,传统企业通常也会成立专门的呼叫中心来为顾客提供服务。这种模式虽然能够在一定程度上解决某些顾客的诉求,但仍然存在高昂的呼叫中心建设成本、人工客服成本,实时调度、顾客等候等问题。人工智能技术的应用使企业在顾客关系管理方面更加大有可为,对于人工智能客服而言,除了呼叫中心、等待时间以外,顾客可以随时随地,甚至可以在非工作时间呼叫人工智能客服为其提供服务,具有即时性的优势。而且,从顾客与企业沟通和互动角度而言,传统营销往往是单向的,沟通互动渠道相对有限,但在数字营销中,任何一个消费者都可以通过企业官网、社交媒体账号,同在线店铺展开交易以外的沟通与互动,如咨询、点赞或转发,从而为企业建立、培育和维系顾客关系提供了更多的机会和空间。

6. 高度互动性

互联网的出现创造了一种全新的由顾客发起的主动搜寻信息的模式,在这种模式中,顾客愿意并能够以较低的成本获取有关所需产品的信息。顾客的这种主动意愿使得通过互联网进行的各种双向交流更加容易、更加普遍。不仅如此,这种实时的、有针对性的沟通还有助于产生更高的顾客满意度,从而有利于企业与顾客长期关系的建立与强化。基于位置定位、大数据分析等数字化技术,企业可以针对每个消费者进行个性化的信息推送。移动互联网和社交媒体的出现促进了企业和顾客互动营销的变革,企业不仅可以一对一与顾客进行沟通,还会建立社群进行群体性管理。如华为花粉俱乐部、小米社区论坛等。

7. 高度整合性

企业可以通过互联网对线上和线下活动进行整合。互联网不但可以作为一个直接沟通的渠道,还可以提供支持性信息以促进间接或线下的交易或沟通行为。例如,网站可以在线建立一种自动联系机制。当顾客填入他们的姓名、电话号码和方便时间等相关信息后,企业的客户服务部门会按照顾客的要求与顾客取得联系。另外,企业通过提供在线问答系统等咨询信息,可以对线下的咨询及售后服务活动进行补充。如今,移动互联网的发展使得过去只能在线下进行消费的产品或服务都可以通过网络获取。如美团外卖、饿了么平台,顾客仅需在平台下单即可享受送餐到家的服务,这一商业模式的出现大大拓展了线下餐饮企业的经营范围,促进了店面经营方式从单一的线下经营向线上线下融合经营的方向转变。

数字营销传播一定要关注不同顾客群体行为的新变化,保持对数字化平台中顾客偏好变化的知觉,知悉所有线上线下的顾客接触点。现在的顾客几乎都是多屏多任务型用户,他们在看电视的同时也会接触手机信息,因而基于电视的社交网络互动不失为一种全新的营销方式。例如,春晚的"微信摇一摇红包"就是非常成功的营销传播活动。另外,基于人工智能技术的普及,支付宝开展了春节期间扫码集"福"活动,其他诸如此类依托数字化技术的营销活动层出不穷。不过,数字化传播并不是说企业一定要采用先进的数字化技术,而是说企业依然可以沿用一些传统营销的沟通方式,但是应知悉每一种线上或线下传播渠道的优势和劣势。换句话说,企业要有整合的观念,传播策略可以整合传统与数字化技术,并能够与顾客无缝连接,发挥各个要素的协同作用,最终促进顾客的契合与融入。

(三) 新营销传播——直播营销的出现

中国已形成了全球规模最大、应用渗透最强的数字社会,互联网应用和服务的广泛渗透构建起数字社会的新形态:10.26亿人看短视频、7.65亿人看直播、8.84亿人网购、5.35亿人叫外卖……网络流量增速正逐年放缓,新增流量红利趋弱,互联网流量价值已由追求增量转向盘活存量,结构性创新已经成为互联网营销必须深入探寻的发展方向。

在互联网的早期发展阶段，组织乃至个人都可以通过博客平台与顾客进行交流，这种方式具有简便快捷、情感化、个性化和成本低及传播广泛等特点。在不断发展的数字化技术的支持下，博客逐渐升级为短视频、直播平台等新型互动传播媒介，直播营销崭露头角，企业或个体可以通过短视频或在线平台实时播出现场事件的发生及进展。这种营销近几年得到井喷式发展，直播的内容丰富多样，如真人秀、体育和游戏竞技等；直播平台品牌繁多，如娱乐类的美拍、游戏类的斗鱼等。在认识到这一模式的发展前景后，淘宝网开通了直播卖货以吸引更多的消费流量。尤其新冠疫情后，除淘宝外，抖音、快手、拼多多等平台都在进行直播带货业务，尤其直播助农活动的开展，成为解决农产品滞销、带动乡村经济发展的重要一环，兼具了社会和经济机遇。

三、数字营销存在的问题与防范对策

（一）存在的问题

1. 网络欺诈

由于互联网是一个完全虚拟的营销环境，买卖双方呈现出新的信息不对称性。没有实体店铺，顾客只能通过文字和图片等信息了解企业、产品和相关的服务，然后进行在线或离线支付。顾客如果购买的是数字产品，往往可以立即收到产品；如果购买的是实体类产品，则需要经历送货过程。整个交易过程的每一个环节都存在欺诈的可能性。网络欺诈的形式多种多样，以"网络钓鱼"为主体的网络欺诈活动危害巨大。网络欺诈的存在使得信任在互联网条件下愈加重要。这要求企业在开展数字营销的过程中，重视信任机制的建立。具体而言，这种信任机制可能包括保证服务、退款服务、身份认证服务、先行赔付和履约保障服务等保障机制及各种沟通互动机制等。不仅如此，网络声誉体系的建立还要求企业必须在开展营销活动的过程中注重企业声誉的建立和维护。

2. 泄露顾客信息

用户使用网络的过程中存在大量的注册过程，使得营销人员能够接触到大量的顾客信息。在与顾客进行在线互动及建立在线顾客关系的过程中，企业可获得大量的顾客个人信息。因此，开展数字化营销的企业必须在保护顾客隐私方面有所作为。例如，建立明确的隐私保护政策，在实现个性化服务的同时消除顾客对个人信息泄露的担忧；针对是否公开顾客个人信息、如何使用和分享顾客个人信息等事项给予顾客选择权；做好网站的基础设施和安全保障工作，确保数据安全。近年来，移动端隐私问题逐渐暴露出来，如团购平台被披露存在"窃听"用户语音并以此提供个性化推荐的嫌疑，引起了广泛关注。数字化时代的顾客隐私问题日益被顾客所关注，企业应坚守商业伦理底线，避免出现危机公关的情况。

（二）防范对策

1. 完善多元共治新格局

建立完善政府、平台、企业、行业组织和社会公众多元参与、有效协同的数字经济治理新格局，形成治理合力，鼓励良性竞争，维护公平有效市场。加快健全市场准入制度、公平竞争审查机制，完善数字经济公平竞争监管制度，预防和制止滥用行政权力排除限制竞争。进一步明确平台企业主体责任和义务，推进行业服务标准建设和行业自律，保护平台从业人员和消费者合法权益。开展社会监督、媒体监督、公众监督，培育多元治理、协调发展新生态。鼓励建立争议在线解决机制和渠道，制定并公示争议解决规则。引导社会各界积极参与推动数字经济治理，加强和改进反垄断执法，畅通多元主体诉求表达、权益保障渠道，及时化解矛盾纠纷，维护公众利益和社会稳定。

2. 提升数据安全保障水平

建立数据分类分级保护制度，研究推进数据安全标准体系建设，规范数据采集、传输、存储、处理、共享、销毁全生命周期管理，推动数据使用者落实数据安全保护责任。依法依规加强政务数据安全保护，做好政务数据开放和社会化利用的安全管理。依法依规做好网络安全审查、云计算服务安全评估等，有效防范国家安全风险。健全完善数据跨境流动安全管理相关制度规范。推动提升重要设施设备的安全可靠水平，增强重点行业数据安全保障能力。进一步强化个人信息保护，规范身份信息、隐私信息、生物特征信息的采集、传输和使用，加强对收集使用个人信息的安全监管能力。

本章小结

近年来，大数据、云计算和人工智能等新兴技术在经济社会生活中的广泛应用，在助推营销环境改变的同时，也为市场营销的创新发展提供了前所未有的机遇。国内外市场营销领域专家、学者，对推动市场营销在研究范式、研究方法和理论创新等方面作出贡献，本章选取数字经济时代的营销新范式，体验营销、内容营销、社交媒体营销、数字营销四个领域，对其内容做了简要的介绍，涉及一些基本问题。虽然已经有不少企业在尝试推进内容营销、社交媒体营销、数字营销的在营销实践中的应用，但挑战依然不少。

关键名词

体验营销　内容营销　社交媒体营销　数字营销

思考题

1. 什么是体验营销？
2. 什么是内容营销？
3. 什么是社交媒体营销？
4. 试归纳不同学者给出的数字营销的概念。

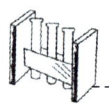 **案例分析**

元宇宙将如何影响市场营销?

数字技术正在构建新的产业生态,形成更强大的创新活力,数字经济将引领新一轮经济周期,成为经济发展的新引擎。随着互联网广告市场增速呈放缓型增长态势,这标志着数字营销正走向成熟。截至2020年3月,我国网民规模达9.04亿人,互联网普及率达64.5%,我国网络购物用户规模达7.10亿人,网络消费作为数字经济重要组成部分,在促进消费市场蓬勃发展方面正发挥日趋重要的作用。中国过去经济发展离不开移动互联网的利用,而未来数字经济发展将离不开元宇宙。

元宇宙无疑是当下非常热的话题之一。元宇宙是5G、VR、AR、MR、大数据、云计算、区块链、人工智能、数字孪生等技术的集成,是现实世界的映射,是新型社会体系的数字生活空间。在元宇宙时代,人们成为穿梭在现实世界与虚拟世界的"双栖人",每天花几小时在元宇宙学习研究、休闲购物、娱乐社交。第一代互联网是PC个人互联网,第二代互联网是移动互联网,第三代互联网Web3.0是元宇宙。元宇宙不仅使BATJ等大厂纷纷入局,而且各个数字营销公司们也都在争相布局。当前,发展数字经济成为国家战略,元宇宙将引领世界数字经济的发展,是数字经济的新赛道,是数字经济发展的新引擎。

一、虚拟数字人链接现实世界与虚拟世界

元宇宙在数字媒体营销方面发挥了重要作用,比如将虚拟数字人广泛用于直播、网红KOL、影视作品、品牌代言人、线上会议和公司业务等多个领域。在2021年两会,央视网推出了两会特别节目"C+真探",央视网数字虚拟小编小C首次亮相,以新鲜、独特兼具趣味性的两会报道方式快速出圈,深受广大网友特别是年轻人的喜欢。"3D超写实数字人"成为央视网两会报道的创新表达,并成功实现"出圈"。同年万圣节期间抖音诞生了首位元宇宙博主——柳夜熙,这个号称"会捉妖的虚拟美妆达人",凭借一条视频,一夜圈粉超百万。元宇宙为传统的受物理空间限制的新闻报道、美妆教学打开了另一扇窗,受众可以深入体验。

元宇宙作为万亿美元级的市场空间,随着基础设施和经济体系构建日渐成熟,必将成为营销竞争的新领域,元宇宙广告营销已成为现实。VR技术的应用能够使用户以虚拟数字人角色进入元宇宙,可以做现实世界无法做的任何事情,提升人的幸福感,用户沟通范围更广、沟通效率更高、沟通方式更拟真。在元宇宙中,人们摆脱物理空间的束缚,在数字空间中成就更好的自己。

二、数字藏品暗藏玄机

近年来,在相关部门发布遏制"天价"月饼的公告之后,市面上月饼礼盒单价基本不敢逾越500元的"红线"。然而,天价月饼被禁后,数字月饼却悄然兴起。国内多个元宇宙数字藏品平台发行了数字月饼,发行价格从几元到数千元不等,一些玩家在平台抢购数字月饼后又在二手平台挂出转卖。在"XMate"元宇宙收藏品交易平

台,一款名为"AYAYI鲸探数字月饼09"的数字月饼,价格竟然高达10万元。不仅如此,一些上市公司、老字号酒店也开始在元宇宙卖月饼,部分数字月饼打着"只抢不卖"、限量发行10 000份等字眼。比如广州酒家就联合饿了么发行了10 000份"中国首款广式数字月饼"。给传统月饼赋予元宇宙、区块链的概念确实能够吸引一部分新潮消费者的关注。但创新的同时也应避免过度炒作,数字月饼的售卖主体是数字藏品,过度炒作、盲目跟风容易造成行业混乱,甚至会有一批人被"割韭菜"。

虚拟世界让人们紧密相连。在元宇宙虚拟世界中,除了尽情享受,也要提高警惕。

案例思考题:
1. 元宇宙对数字营销有哪些方面的影响?
2. 怎样能尽可能降低元宇宙营销带来的风险?

主要参考文献

［1］张洁梅.市场营销学［M］.2版.北京：高等教育出版社，2021.
［2］郝文艺，等.市场营销学［M］.北京：高等教育出版社，2020.
［3］科特勒，等.营销管理：亚洲版［M］.王永贵，等，译.6版.北京：中国人民大学出版社，2020.
［4］科特勒，加里.市场营销：原理与实践［M］.楼尊，译.17版.北京：中国人民大学出版社，2022.
［5］科特勒.营销革命4.0：从传统到数字［M］.王赛，译.北京：机械工业出版社，2018.
［6］加里，科特勒.市场营销学［M］.王永贵，等，译.14版.北京：中国人民大学出版社，2023.
［7］王永贵.数字营销［M］.北京：高等教育出版社，2023.
［8］王永贵.市场营销［M］.2版.北京：中国人民大学出版社，2022.
［9］郭国庆.市场营销学通论［M］.8版.北京：中国人民大学出版社，2022.
［10］窦文宇.内容营销：数字营销新时代［M］.北京：北京大学出版社，2022.
［11］霍伦森，等.社交媒体营销实践指南［M］.张寿峰，等，译.北京：机械工业出版社，2020.
［12］庄贵军.营销管理：营销机会的识别、界定与利用［M］.3版.北京：中国人民大学出版社，2021.

郑重声明

高等教育出版社依法对本书享有专有出版权。任何未经许可的复制、销售行为均违反《中华人民共和国著作权法》，其行为人将承担相应的民事责任和行政责任；构成犯罪的，将被依法追究刑事责任。为了维护市场秩序，保护读者的合法权益，避免读者误用盗版书造成不良后果，我社将配合行政执法部门和司法机关对违法犯罪的单位和个人进行严厉打击。社会各界人士如发现上述侵权行为，希望及时举报，我社将奖励举报有功人员。

反盗版举报电话　（010）58581999　58582371
反盗版举报邮箱　dd@hep.com.cn
通信地址　北京市西城区德外大街4号　高等教育出版社知识产权与法律事务部
邮政编码　100120